한 번에 합격, 자격증은 이기적

이렇게 기막힌 적중률

오직 스터디 카페 멤버에게만 주어지는 특별 혜택!

이기적 스터디 카페

이기적 스터디 카페 🔍

합격을 위한 기적 같은 선물
또기적 합격자료집

혼자 공부하기 외롭다면?
온라인 스터디 참여

모든 궁금증 바로 해결!
전문가와 1:1 질문답변

1년 내내 진행되는
이기적 365 이벤트

도서 증정 & 상품까지!
우수 서평단 도전

간편하게 한눈에
시험 일정 확인

합격까지 모든 순간 이기적과 함께!
이기적 365 EVENT

QR코드를 찍어 이벤트에 참여하고 푸짐한 선물 받아가세요!

1 기출문제 복원하기

이기적 책으로 공부하고 시험을 봤다면 7일 내로
문제를 제보해 주세요!

2 합격 후기 작성하기

당신만의 특별한 합격 스토리와 노하우를 전해
주세요!

3 온라인 서점 리뷰 남기기

온라인 서점에서 책을 구매하고 평점과 리뷰를
남겨 주세요!

4 정오표 이벤트 참여하기

더 완벽한 이기적이 될 수 있게 수험서의 오류를
제보해 주세요!

※ 이벤트별 혜택은 변경될 수 있으므로 자세한 내용은 해당 QR을 참고해 주세요.

기적의 적중률, 여러분의 참여로 완성됩니다
기출 복원 EVENT

영진닷컴 쇼핑몰
30,000원

기출 복원하기 ▶

**전원
지급**

N Pay

네이버페이
포인트 쿠폰

최대
20,000원

1 이기적 수험서로 공부하고 시험에 응시했다면 누구나 참여 가능

2 응시일로부터 7일 이내 복원 문제만 인정(수험표 첨부 필수!)

3 중복, 누락, 허위 문제는 당첨 대상에서 제외

※ 이벤트별 혜택은 변경될 수 있으므로 자세한 내용은 해당 QR을 참고해 주세요.

도서 인증하면 고퀄리티 강의가 따라온다!
100% 무료 강의

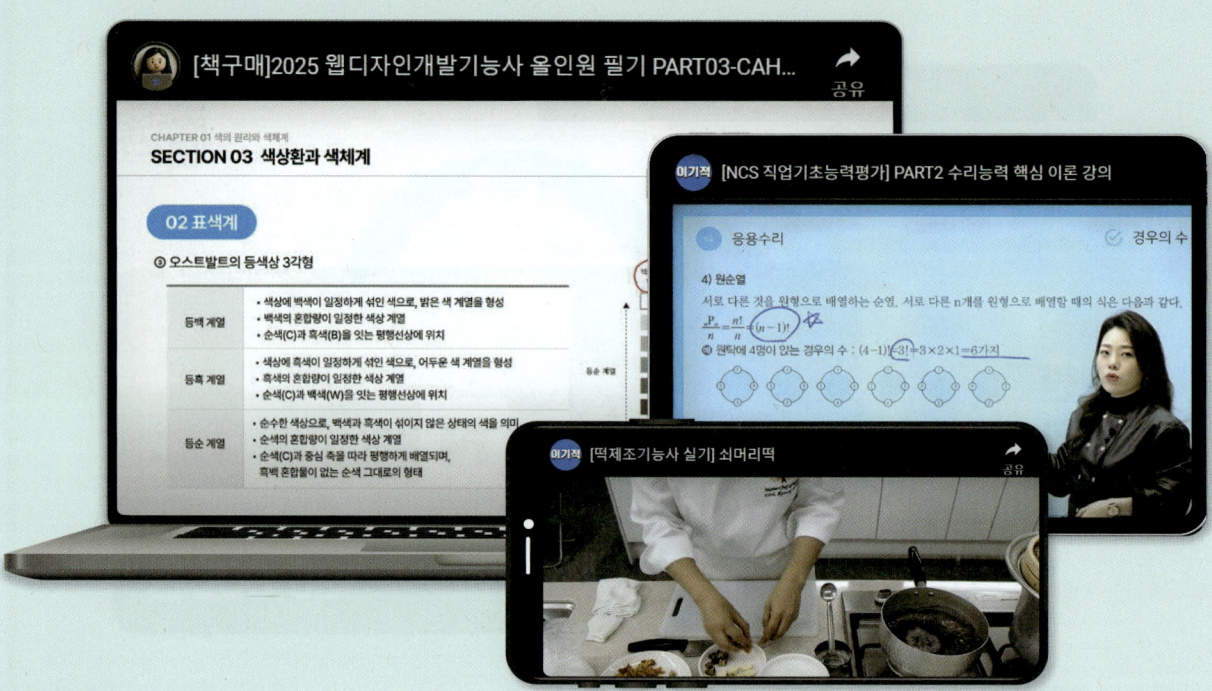

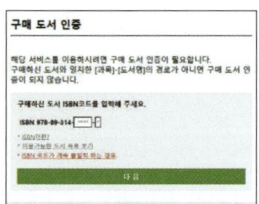

◀ 이기적 홈페이지 바로가기

영진닷컴 이기적

합격을 위해 모두 드려요.
이기적 합격 솔루션!
이기적이 여러분을 위해 준비했어요

저자가 직접 알려주는, 무료 동영상 강의

도서와 연계된 저자 직강을 100% 무료로 제공합니다.
도서 내에 수록된 QR 코드로 바로 접속하여 시청하세요.

도서 구매 인증 시 증정, 핵심 요약 & 용어 정리 노트

이기적 스터디 카페에서 구매를 인증하면 '또기적 합격자료집'을 드립니다.
핵심 요약 노트를 비롯한 다양한 추가 자료가 준비되어 있습니다.

무제한 모의고사 서비스, CBT 온라인 문제집

온라인으로 랜덤 모의고사에 무료 응시해 보세요.
언제 어디서나 온라인 환경에서 모바일/PC 모두 이용 가능한 서비스입니다.

여기로 물어보세요, 1:1 질문답변

학습하다가 모르는 문제가 있다면 혼자 고민하지 말고 선생님께 질문하세요.
이기적 스터디 카페에서 전문 강사님이 1:1로 답변해 드립니다.

※ 〈2026 이기적 검색광고마케터 1급 기본서〉를 구매하고 인증한 회원에게만 드리는 자료입니다.

◀ 모든 혜택 한 번에 보기

정오표 바로가기 ▶

또, 드릴게요! 이기적이 준비한 선물
또기적 합격자료집

또, 드릴게요! 이기적이 준비한 선물

또기적
합격자료집
이기적 구매인증자료

Younglin.com Y.

도서구매자
신청 시
100% 증정

PDF
파일 제공

1 **시험에 관한 A to Z 합격 비법서**
책에 다 담지 못한 혜택은 또기적 합격자료집에서 확인

2 **편리하고 똑똑한 디지털 자료**
PC · 태블릿 · 스마트폰으로 언제든 열람하고 필요한 부분만 출력 가능

3 **초보자, 독학러 필수 신청**
혼자서도 충분한 학습 플랜과 수험생 맞춤 구성으로 한 번에 합격

※ 도서 구매 시 추가로 증정되는 PDF용 자료이며 실제 도서가 아닙니다.

◀ 또기적 합격자료집 받으러 가기

이렇게
기막힌
적중률

검색광고마케터
1급 기본서

"이" 한 권으로 합격의 "기적"을 경험하세요!

차례

출제빈도에 따라 분류하였습니다.
- 상 : 반드시 보고 가야 하는 이론
- 중 : 보편적으로 다루어지는 이론
- 하 : 알고 가면 좋은 이론

▶ 표시된 부분은 동영상 강의가 제공됩니다.
이기적 홈페이지(license.youngjin.com)에 접속하여 시청하세요.

▶ 본 도서에서 제공하는 동영상은 1판 1쇄 기준 2년간 유효합니다.
단, 출제기준안에 따라 동영상 내용은 변경될 수 있습니다.

부록 BONUS **또기적 합격자료집** PDF

- 시험장 스케치
- 스터디 플래너
- CBT 온라인 문제집 서비스
- 기출 OX 퀴즈
- 핵심 요약 노트
- 마케팅 용어 정리 노트
- 네이버/구글 노출 방식 실정 방법
- 공개 기출문제 01~03회

※ **참여 방법** : '이기적 스터디 카페' 검색 → 이기적 스터디카페(cafe.naver.com/yjbooks) 접속 → '구매 인증 PDF 증정' 게시판 → 구매 인증 → 메일로 자료 받기

이 책의 구성

STEP 1 핵심만 정리한 이론

STEP 2 퀴즈 & 예상문제로 복습

전문가가 핵심만 정리한
완벽 이론

퀴즈로 개념 복습
예상문제로 실력 체크

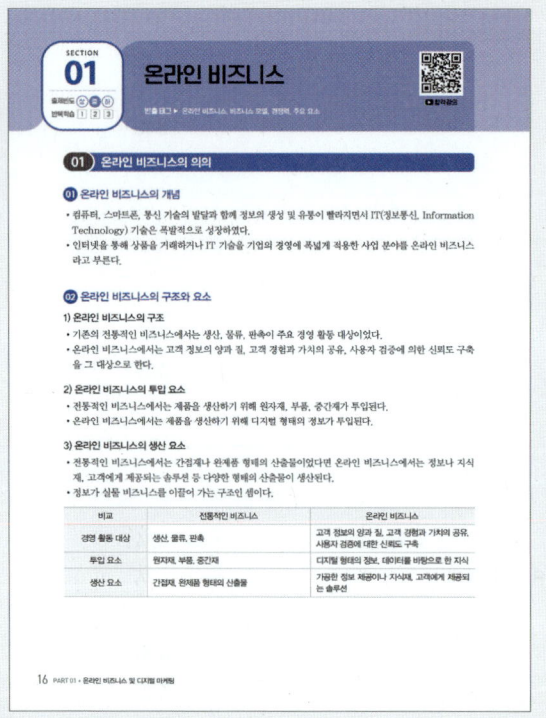

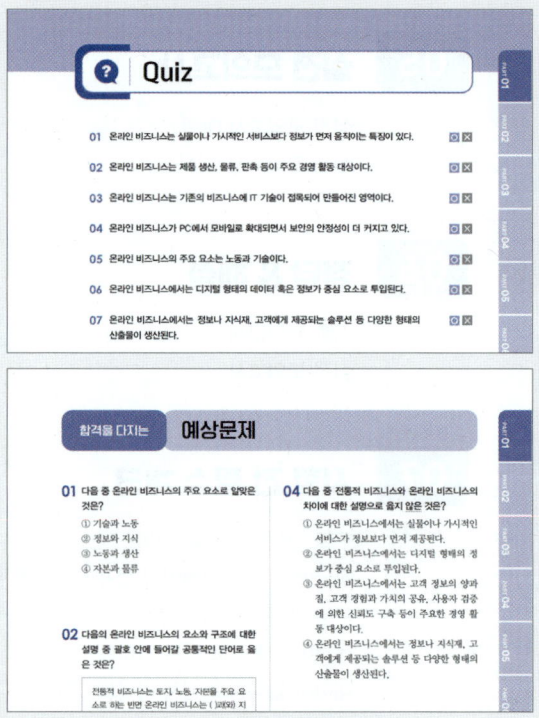

- ✅ 출제빈도와 빈출태그 확인
- ✅ 정리된 표과 이미지로 이해도 상승
- ✅ QR 코드로 동영상 강의 바로 시청
- ✅ 다양한 팁으로 학습 능률 상승

- ✅ 이론 학습 후 2단계 복습 구성
- ✅ OX 퀴즈로 빠른 이론 복습
- ✅ 예상문제로 실력 체크하고 유형 파악
- ✅ 필요한 부분은 이론으로 개념 보충

BONUS

또기적 합격자료집

2024~2025년 최신 기출 복원문제와 모의고사로 완벽 대비

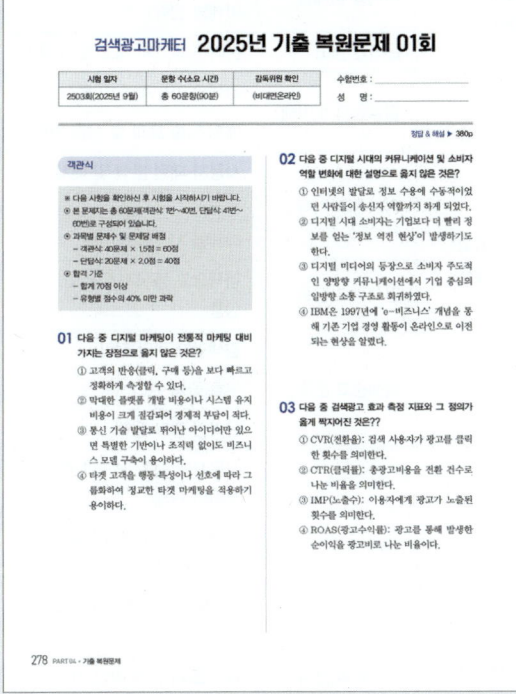

도서 구매자 특별 제공
인증 시 학습 콘텐츠 무료 제공

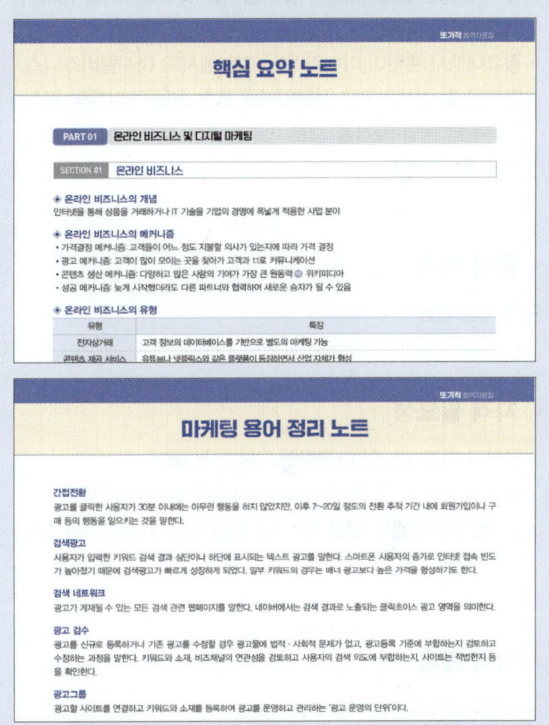

- ✔ 최신 출제 경향 반영 문제
- ✔ 2024~2025년 기출 복원문제 5회분
- ✔ 실전 모의고사 2회분으로 마무리
- ✔ 시험 전 체크할 등록 가이드와 법규

- ✔ 핵심 요약 노트
- ✔ 마케팅 용어 정리 노트
- ✔ 스터디 플래너 & 기출 OX 퀴즈
- ✔ 시행처 공개 기출문제 01~03회와 해설

시험의 모든 것

시험 알아보기

● 자격 소개 및 이슈
- 디지털 정보화로 초연결사회가 되면서, 마케팅은 불특정 대중을 향한 일방향 광고에서 데이터 기반의 채널 맞춤형 디지털 마케팅으로 중심이 이동함에 따라 변화에 맞춰 특정 분야에서 필요한 전문 지식과 실무 능력을 갖추었는지를 평가하고 인증하는 자격
- 광고대행사 뿐만이 아니라 많은 기업에서도 디지털비즈니스, 마케팅 및 검색광고의 전문인력을 통한 효율적 마케팅 분석, 전략수립 등의 자격을 갖춘 마케팅 직무자격조건으로 활용할 수 있는 자격

● 응시 자격
자격 제한 없음

● 자격 필요성
- 온라인 비즈니스 및 마케팅의 기본 지식 배양
- 네이버, 카카오 등 국내 검색광고시스템 실무내용 반영
- 온라인광고대행사 취업 대비 및 현업 광고 기획자(AE) 실무 능력 향상

● 자격 종류
- 민간등록자격(등록번호: 2012–1136)
- 상기 자격은 자격기본법 규정에 따라 등록한 민간자격으로, 국가공인자격이 아님

● 시험 형식
- 비대면 검정 방식
- 문항 수: 60문항(객관식 40문항+단답식 20문항)
- 시험 시간: 90분(배점100)

출제 기준

● 출제 기준

과목	검정 항목	검정 내용
온라인 비즈니스 및 디지털 마케팅	온라인 비즈니스	온라인 비즈니스 환경 및 시스템
	디지털 마케팅	디지털 마케팅 이해 및 마케팅 전략
	온라인 광고	온라인 광고의 개요 및 종류
검색광고 실무 활용	검색광고의 이해	검색광고의 개념 및 특징
		매체 노출 효과 및 산출 방법
	검색광고 기획	사용자 패턴 분석 및 매체 믹스
		매체별 시스템의 이해
	검색광고 등록	검색광고 등록시스템 및 상품
	검색광고 운용	검색광고 관리 전략
		무효 클릭 관리
		온라인 광고 정책
검색광고 활용 전략	효과 분석을 위한 사전이해 및 실제효과 분석	사용자의 행동 단계와 효과 분석의 관계
		검색광고에서 매일 효과 분석을 해야 하는 이유
		효과분석을 위한 목표설정 방법
		광고 효과 분석 방법 기초
		기초적인 광고 효과 분석 흐름
		기본정보 분석
		광고 효과 분석 방법 기초
	사후관리	키워드 사후관리
		랜딩페이지 관리

접수 및 응시

● 접수 기간

시험 일자 48일 전 접수 시작(11일간 접수 가능)

● 시험 일자

정기 시험 연 4회 시행

● 시험 접수

- 시행처 홈페이지 https://www.ihd.or.kr에서 접수
- 수험표 출력은 시험 일자로부터 5일 전 가능

● 합격 기준

100점 만점에 70점 이상

● 과락

40% 미만 과락 처리

합격 발표

● 합격 발표

시행처 홈페이지에서 시험일로부터 21일 후 합격자 발표

● 자격 활용처

- 학점 인정: 세명대학교, 차의과학대학교, 협성대학교, 남서울대학교, 서원대학교, 인하대학교
- 채용 우대: 한국건강증진개발원, 오케이몰, KT(인턴), 카카오뱅크, ㈜더좋은생각, ㈜위트커뮤니케이션, ㈜아인스미디어
- 취득 의무 사항: 어니스트마케팅, OPMS, 망고크리에이티브, 생각하는늑대, 마인드노크, 써치엠, 인라이플, 그루브, 나무커뮤니케이션 등
- 인사 고과 반영: 어니스트마케팅, 유디엠, 인라이플, 롯데렌탈, 망고크리에이티브, 이인벤션, 이지엠앤씨, 스마일코리아 등
- 취득 시 수당 및 장학금 지급: 동명대학교, 동아방송예술대학교, 서영대학교, 협성대학교 등
- 직무교육 대체: OK금융그룹, 빌딩포인트코리아, 월드비전, 쥬퍼, 파워튜브, 팹몬스터, 평창국제평화영화제, 동아대학교, 가톨릭관동대학교 등

비대면 방식 및 시험 관련 문의

- 시행처 : 한국정보통신진흥협회
- https://www.ihd.or.kr/

📞 **1899-0628**

시험 출제 경향

PART 01

온라인 비즈니스 및 디지털 마케팅

디지털 마케터의 기초가 되는 온라인 비즈니스와 디지털 마케팅에 대한 배경 지식을 배웁니다. 디지털 시대 환경 변화의 소비자의 특성이 자주 출제되므로 단순한 암기보다는 이해를 바탕으로 꼼꼼한 학습이 요구됩니다. 기존 이론을 바탕으로 새로운 최신 트렌드가 반영되는 부분이므로 기술의 변화와 업데이트되는 기업의 광고 정책도 꼼꼼히 체크할 필요가 있습니다.

01 온라인 비즈니스 `10%`
빈출 태그 온라인 비즈니스, 비즈니스 모델, 경쟁력, 주요 요소

02 디지털 마케팅 `11%`
빈출 태그 마케팅 패러다임, 디지털 마케팅, 디지털 미디어, 디지털 소비자, 마케팅 프로세스, 4E

03 디지털 광고 `11%`
빈출 태그 디지털 광고의 발전사, 배너 광고, 디지털 광고의 산업구조

PART 02

검색광고 실무 활용

검색광고 운영 실무를 다루는 부분으로 반복 학습과 문제풀이를 통해 개념을 확실하게 익혀두어야 합니다. 현업에서 바로 사용할 수 있는 검색 전문가의 면모를 갖추는 것을 목표로 이론과 실무를 입체적으로 공부하기 바랍니다. 검색광고 시스템은 사용자가 가장 많은 네이버를 중심으로 사용법을 익힌 뒤에 카카오와 구글의 시스템을 비교하면 정리하기 쉽습니다.

01 검색광고의 이해 `10%`
빈출 태그 키워드 광고, 검색엔진 마케팅, 광고 운영 시스템

02 검색광고 기획 `8%`
빈출 태그 미디어믹스, 기획 프로세스, 예산 설정 방법

03 검색광고 등록 `21%`
빈출 태그 네이버 광고 등록 시스템, 카카오 키워드 광고, 구글애즈

04 검색광고 운용 `11%`
빈출 태그 캠페인 관리, 광고그룹 관리, 키워드 관리, 광고 관리 전략

PART 03

검색광고 활용 전략

광고는 매출 및 영업 성과에 대한 분석이 필수입니다. 퍼포먼스 광고인 검색광고의 특성상, 그 효과를 수치로 분석하고 성과를 끌어올리는 방법까지 구체적으로 살펴보시기 바랍니다. 계산에 익숙해질 수 있도록 다양한 문제에 대한 적응력을 키우는 것이 중요합니다. 난이도가 높아지는 계산문제와 산출식을 충분히 숙지하고, 반복해서 풀어보시기 바랍니다.

01 효과 분석을 위한 사전 이해 및 실제 효과 분석 `12%`
빈출 태그 검색광고 효과 측정, ROAS, CVR, CTR, CPC, 광고 전환

02 사후관리 `6%`
빈출 태그 키워드 관리, 랜딩페이지 관리, 고객유입률

"이 도서가 합격의 꿈을 넘어
당신을 성공적인 마케터로 인도하기를!"

현대사회는 정보와 광고로 이루어져 있다고 해도 과언이 아닙니다. 하지만 현대인들에게 광고를 유심히 지켜볼 만한 시간적 여유는 그리 많지 않습니다. 어떻게 하면 사람들의 시선을 광고에 붙잡아 둘 수 있을까? 마케터라면 누구나 한 번쯤 해 본 고민일 것입니다.

시중에는 이미 검색광고마케터에 관한 수많은 책이 있습니다. 대다수는 자격증만 따기 위한 매뉴얼에 불과할 뿐, 정작 마케터의 기본기를 다져주는 책은 드물고, 실무에 도움이 되는 책은 훨씬 더 적습니다. 이 책은 자격증을 준비하는 예비 마케터에게는 기초를 다지고, 현직 마케터에게는 최신 이론을 업데이트할 수 있도록 최신 경향을 모두 반영하고 있습니다.

그동안 대학에서 수많은 예비 마케터를 가르치면서 학생마다 성과가 다른 점이 안타까웠습니다. 수업만 듣고 성과를 내는 학생이 있는 반면에 여러 번 실습해도 어려워하는 이들이 있습니다. 어려워하는 이유는 단 하나, 기계적인 암기만으로 이해했다고 착각하기 때문입니다. 그런 사람들을 위해 다음의 기획 의도로 이 책을 집필했습니다.

- 고기를 잡아주는 것이 아닌 고기 잡는 방법을 가르쳐주는 책
- 검색광고와 플랫폼에 대한 이해를 도울 수 있는 책
- 이론적인 배경과 구체적인 사례가 조화된 책
- 실질적인 내용과 그것을 익히는 문제까지 충분히 담은 책

이 책을 검색광고마케터 1급 자격증을 준비하려는 사람이 봐야 할 단 한 권의 책이라고 말하고 싶지는 않습니다. 그러나 수험생이 귀한 에너지를 무용한 대상에 낭비하지 않고, 시간 절약할 수 있기를 바라는 마음으로 양질의 문제와 풍부한 해설을 만드는 데 가장 노력을 기울였습니다. 도서로 학습을 마친 후 자격증을 취득하고 나면 도서의 목적은 달성하는 것이겠지만, 마케팅은 트렌드를 가장 빨리 반영하는 분야인 만큼, 합격한 뒤에도 이 도서에 담긴 이론을 폭넓게 숙지하여 실무에 유용하게 활용하기를 바라며 집필하였습니다.

저자 박노성

(주)대홍기획에서 '로레알 메이블린', '롯데칠성 2% 부족할 때' 등 다양한 브랜드의 성공 캠페인을 이끌었고, (주)한우리열린교육에서 홍보마케팅을 진두지휘하여 브랜드를 업계 1위로 키워 놓았다. 부산 신라대학교 광고홍보학과 겸임교수로 학생들을 가르쳐왔으며, 현재 셰익스컴퍼니에서 CJ그룹, 삼성전자, KB금융그룹 등 국내 굴지의 대기업과 중소기업을 대상으로 컨설팅하고 있다. 주요 저서로 〈이기적 검색광고마케터 1급 기본서〉, 〈이기적 SNS광고마케터 1급 기본서〉 〈리마케팅하라!〉, 〈최강의 유튜브〉, 〈최강의 쇼핑몰〉 등이 있다.

▶ https://www.youtube.com/@dr.shakes

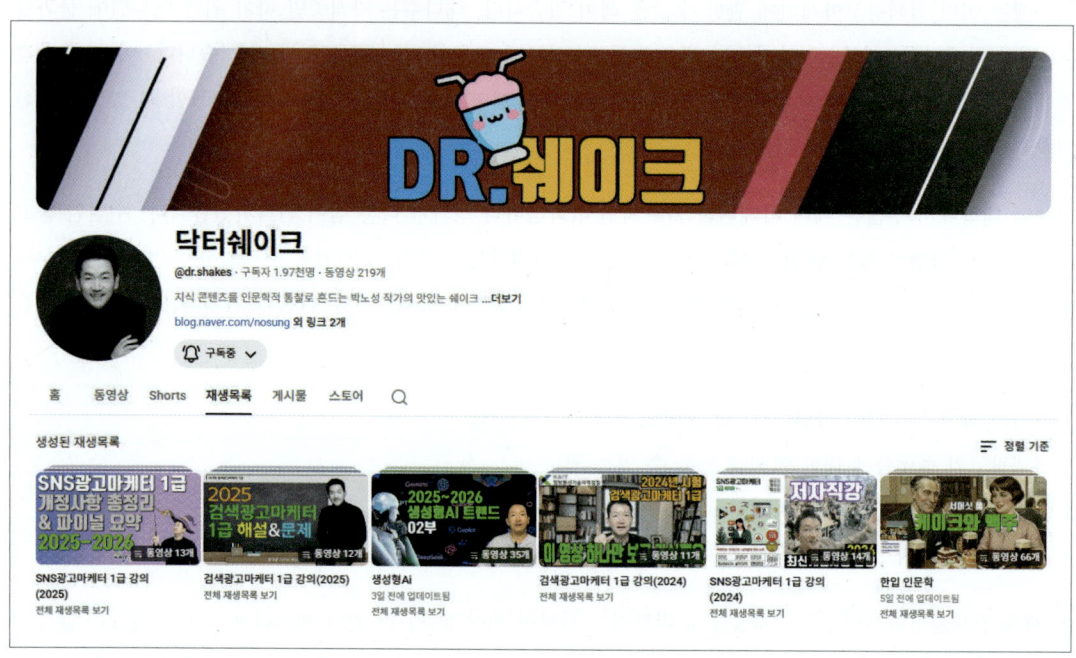

P A R T
01

온라인 비즈니스 및 디지털 마케팅

학습 방향

기존 이론을 바탕으로 새로운 이론을 이해해야 합니다. 최신 트렌드가 반영되는 부분이므로 기술의 변화와 업데이트되는 기업의 광고 정책도 꼼꼼히 확인할 필요가 있습니다.

출제빈도

SECTION 01	중	10%
SECTION 02	중	11%
SECTION 03	중	11%

온라인 비즈니스

▶ 합격 강의

빈출 태그 ▶ 온라인 비즈니스, 비즈니스 모델, 경쟁력, 주요 요소

01 온라인 비즈니스의 의의

01 온라인 비즈니스의 개념

- 컴퓨터, 스마트폰, 통신 기술의 발달과 함께 정보의 생성 및 유통이 빨라지면서 IT(정보통신, Information Technology) 기술은 폭발적으로 성장하였다.
- 인터넷을 통해 상품을 거래하거나 IT 기술을 기업의 경영에 폭넓게 적용한 사업 분야를 온라인 비즈니스라고 부른다.

02 온라인 비즈니스의 구조와 요소

1) 온라인 비즈니스의 구조

- 기존의 전통적인 비즈니스에서는 생산, 물류, 판촉이 주요 경영 활동 대상이었다.
- 온라인 비즈니스에서는 고객 정보의 양과 질, 고객 경험과 가치의 공유, 사용자 검증에 의한 신뢰도 구축을 그 대상으로 한다.

2) 온라인 비즈니스의 투입 요소

- 전통적인 비즈니스에서는 제품을 생산하기 위해 원자재, 부품, 중간재가 투입된다.
- 온라인 비즈니스에서는 제품을 생산하기 위해 디지털 형태의 정보가 투입된다.

3) 온라인 비즈니스의 생산 요소

- 전통적인 비즈니스에서는 간접재나 완제품 형태의 산출물이었다면 온라인 비즈니스에서는 정보나 지식재, 고객에게 제공되는 솔루션 등 다양한 형태의 산출물이 생산된다.
- 정보가 실물 비즈니스를 이끌어 가는 구조인 셈이다.

비교	전통적인 비즈니스	온라인 비즈니스
경영 활동 대상	생산, 물류, 판촉	고객 정보의 양과 질, 고객 경험과 가치의 공유, 사용자 검증에 대한 신뢰도 구축
투입 요소	원자재, 부품, 중간재	디지털 형태의 정보, 데이터를 바탕으로 한 지식
생산 요소	간접재, 완제품 형태의 산출물	가공한 정보 제공이나 지식재, 고객에게 제공되는 솔루션

03 온라인 비즈니스의 메커니즘

1) 가격 결정 메커니즘

과거 산업 경제 시대에는 제품 생산에 드는 원가와 이윤에 따라 가격이 결정되었으나, 디지털 경제 시대에는 고객들이 어느 정도 지불할 의사가 있는지에 따라 가격이 결정된다.

2) 광고 메커니즘

- 기존의 대중 매체에 의한 광고는 그 위력을 점점 잃어가고 있다.
- 고객이 봐주기를 기다리는 것이 아니라 아웃바운드로 고객이 많이 모이는 곳을 찾아가 고객과 1:1로 커뮤니케이션하고 있기 때문이다.

3) 콘텐츠 생산 메커니즘

아날로그 콘텐츠는 소수의 전문가 그룹에 의해 제작되고 다수의 일반인이 이를 소비했지만, 디지털 콘텐츠는 다양하고 많은 사람의 기여도가 가장 큰 원동력이다. **예** 디지털 백과사전 '위키피디아'는 콘텐츠를 제작한 사람의 동의 없이도 누구나 콘텐츠를 사용하거나 수정할 수 있다.

4) 성공 메커니즘

- 온라인 비즈니스에서는 늦게 시작했더라도 선도자가 가지지 못한 부분을 다른 파트너와 협력을 통해 이루어냄으로써 새로운 승자가 될 수 있다.
- 상생과 협업을 할 수 있는 새로운 비즈니스 형태라고 할 수 있다.

04 온라인 비즈니스의 유형

1) 전자상거래

- 웹사이트를 이용한 물건 및 서비스 판매로 가장 오래된 온라인 비즈니스 형태이다.
- 가격비교가 쉬워 소비자에 유리하나 고객 이탈을 막지 못하는 기업에게는 불리하다.
- 고객 정보의 데이터베이스를 기반으로 별도의 마케팅이 가능하다.
- 취급 제품군에 따라 산업재 혹은 특정 서비스를 특화한 B2B 전자상거래의 형태도 존재한다.
- 다운로드 방식으로 판매하는 소프트웨어와 각종 구독 서비스 역시 전자상거래의 범주로 해석할 수 있다.

2) 콘텐츠 제공 서비스

- 음악, 영상, 뉴스, 게임 등의 콘텐츠를 제공하는 서비스를 말한다.
- 디바이스가 다양해지면서 영화와 E-book 등 제공하는 콘텐츠의 범위가 점점 늘어나고 있다.
- 유튜브나 넷플릭스와 같이 특정 분야에서 인기 플랫폼이 등장하면 산업 자체가 형성되는 특징이 있다.

3) 정보 검색

- 인터넷상에서 수많은 정보를 수집해서 원하는 고객에게 제공하는 서비스이다.
- 인터넷 초창기에는 웹사이트를 유형별로 분류하는 디렉터리 서비스로 시작하였고, 이후 특정 키워드를 검색하는 사람에게 원하는 결과를 제공하는 방식이 일반화되었다.

PART 01
PART 02
PART 03
PART 04
PART 05
PART 06
PART 07

- 모바일이 발달하면서 애플의 시리, 아마존의 알렉사, 구글 등 빅테크 기업들을 중심으로 음성을 통한 검색에 관한 연구가 활기를 띠게 되었다.
- 챗GPT(Chat Generative Pre-trained Transformer)의 등장으로 검색된 정보를 정리하고 요약해주는 인공지능 기술이 정보 검색에 다양하게 활용되고 있다.

4) 커뮤니티
- 사용자와 사용자를 연결하는 서비스를 말한다.
- 고객들의 피드백이나 고객서비스를 통한 관계구축에 기업들이 많이 활용한다.
- 일반적으로는 관심사를 기반으로 하는 동호회 활동을 하는 카페나 밴드 등의 서비스를 말하지만 넓은 의미에서 SNS 등을 포함한다.

5) 대행 서비스
- 사용자가 요구하는 제품이나 서비스를 대신 주문, 예약 또는 호출을 하고 판매자에게 수수료를 받는 비즈니스를 말한다.
- 스마트폰의 대중화로 사용자의 위치와 연계하여 서비스가 발달하였다.
- 대표적으로 카카오 택시, 배달의 민족, 영화 예매 등을 들 수 있다.

6) 신용/결제 서비스
- 전자지불, 신용보증 기능을 특화하여 온라인으로 서비스를 제공하는 모델이다.
- 기존의 서비스를 단순화하여 간편함으로 소비자에게 접근한다.
- 수익 발생보다 부가서비스를 통한 사용자 확보 목적이 강하다.
- 공동인증서, 토스, 삼성페이, 인터넷 전문 은행 등을 들 수 있다.

7) 가상공간 제공
- 컴퓨터가 비즈니스의 주요 도구가 되면서 다양한 디바이스에서 작업을 하는 경우가 증가하고 있다.
- 재택근무로 인해 직원끼리 공동 작업이 가능하게 만드는 도구의 필요성이 증가했다.
- 소프트웨어 등을 제공하고 같은 인터페이스를 기업들에 제공하는 서비스이다.
- 대표적으로 각종 협업 툴이나 디지털 노트, 클라우드 서비스 등을 들 수 있다.

8) 디지털 전환(DT, Digital Transformation)
- 스마트폰을 통한 검색이 늘고 사용자 위치 추적이 가능해지면서 오프라인 매장이나 기업 역시 온라인을 비즈니스에 접목하는 경향이 늘어나고 있다.
- 앞으로는 거의 모든 산업 분야에서 온라인과의 연계가 이루어질 것으로 보이며, 이에 따라 검색엔진의 역할이 점점 더 중요해질 것으로 예상된다.

PART 01
PART 02
PART 03
PART 04
PART 05
PART 06
PART 07

02 온라인 비즈니스의 경쟁력과 성공 요인

01 온라인 비즈니스의 경쟁력

신규성	새로운 거래 구조와 거래 당사자의 참여를 통해 가치를 창조하는 것이 온라인 비즈니스의 경쟁력을 끌어올림
선도성과 배타성	남보다 먼저 사업 영역을 구축하고 남보다 앞서가는 사업 전략을 구사하는 전략
효율성	거래 비용의 절감을 통해 가치를 창출하기 위해 기업이 가진 인적 · 물적 자원을 효율적으로 배분하고 활용하는 노력이 필요
보완성	제품 간, 온 · 오프라인 간, 기술 간, 활동 간 시너지를 통해 가치를 증대시키는 노력이 필요
고착성	• 전용 표준 구축과 같은 네트워크 효과, 마일리지 같은 로열티 프로그램, 브랜드 신뢰도와 같은 전략적 자산으로 고객 이동을 제한하여 가치를 창출하는 활동으로, 록인(Lock-in) 전략이라고도 함 • 고착성을 높이는 대표적인 프로그램으로 네이버플러스 멤버십, 아마존 프라임 서비스, 쿠팡와우 등의 멤버십 서비스를 들 수 있음

02 온라인 비즈니스의 성공 요인

1) 새로운 가치 제안

① 고객 경험 극대화
• 고객 경험(CE, Customer Experience)은 브랜드와 맺는 모든 상호 작용을 통해 고객이 얻게 되는 인식과 인상을 말한다.
• 마케팅에서부터 영업, 고객 서비스에 이르기까지 구매 여정의 모든 지점에서 고객 경험 극대화를 위해 노력해야 한다.

② 고객 관점의 사용자 인터페이스
• 키보드나 디스플레이처럼 사람과 기기를 연결하는 장치를 인터페이스(Interface)라고 부른다.
• 사람과 기기를 연결하는 장치를 개선하여 고객에게 편리한 환경을 제공하는 것으로 가치 제안이 가능한데, 이를 사용자 인터페이스(UI, User Interface)라고 한다.

2) 신속한 자원 운용 시스템

온라인 비즈니스 환경은 매우 빠르게 변화하므로 신속한 사업 운영, 과감한 신규 서비스의 도입 등의 효율적인 자원 운용 시스템에 의한 의사판단이 성패를 좌우한다.

3) 지속적인 수익 창출 모델
• 온라인 비즈니스는 디지털뿐만 아니라, 기존 오프라인 비즈니스도 디지털 기술, 네트워크와 결합하면 새로운 온라인 비즈니스 모델을 창출할 수 있다.
• 고객가치를 창출하는 비즈니스 모델을 구축했다 하더라도 수익과 연결하지 못하면 실패할 수밖에 없다.
• 기업이 행하는 다양한 활동 간에 상승 작용이 일어나 경쟁력을 강화하기 위해서는 선순환 구조의 구축이 중요하다.
• 수익 구조는 반드시 제품판매 → 대금 회수라는 전통적인 비즈니스의 구조를 따를 필요는 없다. 예 사용자를 효과적으로 확대하여 대기업 반열에 오른 카카오톡

4) 차별화된 콘텐츠

차별화된 콘텐츠와 캐릭터 서비스 등의 지식 재산(IP, Intellectual Property)은 모방할 수 없으므로 그 자체로 높은 부가가치를 창출한다. **예** 한국이 낳은 세계적인 뮤지션 방탄소년단(BTS), 카카오톡의 이모티콘에서 출발한 카카오 프렌즈

03 온라인 비즈니스 모델

01 포털사이트

1) 포털사이트의 개념

- 영어 단어 'Portal'은 웅장한 정문이라는 뜻으로, 인터넷을 사용자가 처음 웹브라우저에 접속할 때 정문 역할을 하는 웹사이트를 지칭하는 말이다.
- 포털사이트의 주요 매출은 광고 수익으로부터 발생하며 이것이 배너 광고의 시초이다.
- 가장 많은 사람이 드나들기 때문에 동일한 광고를 노출해도 더 많은 사람이 볼 수 있다.

2) 포털사이트의 특성

- 포털사이트란 유동인구가 가장 많은 번화가에 해당하므로 특정한 시점에 가장 많은 사용자를 끌어모으는 서비스가 포털사이트의 지위를 차지해 왔다.
- 인터넷 초창기에는 웹사이트 디렉터리와 뉴스를 제공한 야후! 코리아(Yahoo! Korea)가 상당한 인기를 끌어 대표적인 포털사이트로 불렸다.
- 이메일 사용자가 증가하면서 한메일 서비스를 제공한 다음(Daum)에 그 자리를 내주었으나 이메일 서비스의 차별점이 없어지고, 검색 결과의 품질 경쟁이 가속화되면서 현재는 네이버(Naver)가 가장 인기 있는 포털사이트가 되었다.
- 구글(Google)은 검색창 이외의 모든 콘텐츠를 제거하는 파격적인 전략으로 모든 경쟁사를 물리치고 전 세계 포털사이트 점유율 92%를 달성하였다.
- 결국, 포털사이트는 특정한 시점에 사용자가 원하는 정보를 가장 많은 사람에게 제공하는 서비스라고 정의할 수 있다.
- 디렉터리와 뉴스, 이메일, 자연어검색, 지식검색, 검색 등으로 변화해왔으며 최근에는 구글, 네이버 등의 검색엔진과 챗GPT, 제미나이, 퍼플렉시티, 코파일럿 등의 생성형 AI 서비스가 포털사이트의 지위를 두고 각축을 벌이고 있다.

02 검색엔진

1) 검색엔진의 개념

- 온라인상의 다양한 정보를 사용자가 입력한 키워드에 맞게 제공하는 서비스를 말한다.
- 검색엔진은 사용자가 원하는 검색 결과를 만들어내기 위해 다양한 방식으로 웹사이트를 데이터베이스에 저장하고 그 인기도를 측정하여 노출 순위를 정하는 알고리즘을 보유하고 있다.

2) 검색엔진의 종류

포털사이트	사용자들이 입력한 키워드를 바탕으로 웹브라우저 이용을 도와주는 대신, 광고비를 받고 검색 결과 상위에 광고주의 웹사이트를 노출해주는 것이 주요 수익 모델 예 네이버, 다음
검색엔진	검색창을 통해 사용자가 검색한 결과를 바탕으로 문서와 콘텐츠를 제공하는 사이트 예 구글(Google), 덕덕고(Duckduckgo), 빙(Bing) 등
검색엔진 솔루션 업체	병원이나 공공기관, 뉴스 등의 웹사이트 검색 결과를 효과적으로 제공하기 위해 기술을 제공하는 업체 예 코리아 와이즈넷, 코난테크놀로지, 솔트룩스 등

03 디지털 콘텐츠

1) 디지털 콘텐츠의 개념

- 기존의 아날로그 콘텐츠를 디지털 기기 안에서 소비되도록 변환한 것이 디지털 콘텐츠이다.
- 초창기에는 영상, 이미지, 음원, 책 등의 콘텐츠를 파일 형태로 만들어 언제 어디서나 사용할 수 있도록 유통했으며 최근에는 디지털 기기에서만 유통할 수 있도록 디지털 콘텐츠 플랫폼을 만들어 독자적인 수익 모델을 구축하는 경우도 존재한다.
- 결제부터 서비스 이용까지 모두 개인용 컴퓨터와 모바일 기기에서 가능하므로 전자상거래의 새로운 분야로 주목을 받고 있다.

2) 디지털 콘텐츠의 유형

신문, 방송, 게임, 웹툰, 도서 등의 디지털로 변환하거나 제작하여 온라인에서 유통할 수 있는 모든 콘텐츠를 그 대상으로 한다.

3) 디지털 콘텐츠 산업의 향후 발전 방향

- 최근 컴퓨터와 스마트폰, 태블릿 PC 등 사용하는 디지털 기기가 다양해지고 인터넷망의 속도가 빨라지면서 물리적인 하드디스크 저장장치를 디지털로 관리하는 클라우드 서비스의 수요가 늘고 있다.
- 어디서나 필요한 콘텐츠를 바로 찾아볼 수 있으므로 많은 용량의 하드디스크가 필요 없다는 의미이기도 하다.
- 비디오 대여를 디지털 OTT(Over The Top) 산업으로 전환한 넷플릭스처럼 콘텐츠를 디지털로 전환하려는 노력은 지속될 것이다.

04 소셜미디어

1) 소셜미디어의 개념

- 인터넷이 상용화된 이후로 개인의 생각이나 의견, 경험, 정보 등을 공유하고 타인과의 관계를 생성 또는 확장할 수 있는 공간은 언제나 있었다.
- 소셜미디어(Social media)는 이러한 공간을 스마트폰에서 제공하는 플랫폼을 말한다.
- 개방, 참여, 연결이 가능한 디지털 네트워크의 기반 위에서 개인 간 정보를 공유하고 타인과의 관계를 생성 또는 확장할 수 있는 개방화된 플랫폼이라면 대부분 소셜미디어의 범주에 포함된다고 볼 수 있다.

PART 01
PART 02
PART 03
PART 04
PART 05
PART 06
PART 07

2) 소셜미디어의 발전 단계

웹1.0 시대	개인용 컴퓨터가 보급되면서 인터넷이 사람들의 생활에 가까워지기 시작함
웹2.0 시대	• 컴퓨터로 인터넷에 접속하는 시대와 구분하여 스마트폰의 등장으로 인터넷이 생활화된 시기를 뜻하는 용어로 이 시기부터 소셜미디어와 디지털 화폐가 등장함 • 인스타그램(Instagram), 유튜브(Youtube) 등과 같이 개인에게 공간을 제공하는 미디어 서비스가 대표적인 소셜미디어에 해당
웹3.0 시대	음성서비스 등의 활용도가 높아지면서 시계나 안경 등의 웨어러블(Wearable) 기기를 중심으로 하는 VR(가상현실, Virtual Reality)과 AR(증강현실, Augmented Reality), 생성형 AI 등에 관한 연구가 점점 활발해지고 있는데, 이를 웹3.0 시대라고 부름

05 전자상거래

1) 전자상거래의 개념
• 인터넷을 통해서 제품이나 서비스를 거래하는 비즈니스를 말한다.
• 최근 스마트폰 사용자의 증가로 거의 모든 분야가 전자상거래를 동반하는 비즈니스로 변하고 있다.

2) 전자상거래 시장의 흐름
① 멤버십 서비스를 통한 록인(Lock-in) 전략
• 아마존의 '아마존 프라임'과 쿠팡의 '로켓와우'와 같은 유료 멤버십이 대표적이다.
• 네이버 역시 오픈마켓인 스마트스토어와 웹툰, 영화 등의 콘텐츠를 중심으로 '검색, 쇼핑, 결제'로 이어지는 유료 멤버십을 구축하고 있다.

② 옴니채널(Omni-channel) 전략
• 옴니채널 전략은 모든 채널을 통합하여 고객에게 일관된 경험을 제공하는 것을 말한다.
• 오프라인 이마트와 온라인 G마켓을 연결하는 SSG닷컴이 대표적이다.

06 생성형 AI(대화형 AI 챗봇 서비스)

1) 생성형 AI의 개념
• 텍스트, 이미지, 코드 등을 자동으로 생성할 수 있는 인공지능 기술을 말한다.
• 방대한 데이터를 학습하여 인간과 유사한 수준의 창작물을 만들어 내는 것이 특징이다.
• 채팅 방식의 챗GPT와 이미지 생성 방식의 Midjourney 등이 대표적이다.

2) 생성형 AI 시장의 흐름
① AI 에이전트 중심의 자동화 전략
• 텍스트, 이미지, 음성 입력 등을 통해 코딩, 문서 작성, 데이터 분석 등을 자율 수행하는 서비스이다.
• 최근 주요 AI 기업들이 다양한 AI 에이전트 서비스를 출시하고 있다.
② 멀티모달(Multi-modal)과 AI의 광고 활용
• 챗GPT, 제미나이, 퍼플렉시티, 클로드, 코파일럿 등은 텍스트와 이미지를 동시에 이해하고, 텍스트로 영상을 생성하는 등 여러 모달리티를 융합한 멀티모달 서비스를 확산 중이다.
• 구글은 애셋 스튜디오(Asset Studio)라는 AI 기반의 도구를 통해 광고 이미지 · 비디오 품질 개선 등 광고 플랫폼에 생성형 AI를 적극 활용하고 있다.

PART 01
PART 02
PART 03
PART 04
PART 05
PART 06
PART 07

? | Quiz

01 온라인 비즈니스는 실물이나 가시적인 서비스보다 정보가 먼저 움직이는 특징이 있다. ☐ ☒

02 온라인 비즈니스는 제품 생산, 물류, 판촉 등이 주요 경영 활동 대상이다. ☐ ☒

03 온라인 비즈니스는 기존의 비즈니스에 IT 기술이 접목되어 만들어진 영역이다. ☐ ☒

04 온라인 비즈니스가 PC에서 모바일로 확대되면서 보안의 안정성이 더 커지고 있다. ☐ ☒

05 온라인 비즈니스의 주요 요소는 노동과 기술이다. ☐ ☒

06 온라인 비즈니스에서는 디지털 형태의 데이터 혹은 정보가 중심 요소로 투입된다. ☐ ☒

07 온라인 비즈니스에서는 정보나 지식재, 고객에게 제공되는 솔루션 등 다양한 형태의 산출물이 생산된다. ☐ ☒

08 온라인 비즈니스의 등장과 몰락, 그리고 대체는 과거 어느 시대보다 느리고 어렵게 이루어진다. ☐ ☒

09 디지털 미디어의 보급으로 고객 사용 디바이스가 많아짐에 따라 기업은 막대한 플랫폼 개발비를 투자해야 하고 그것을 유지하기 위한 인건비, 시스템 비용 등이 지속해서 지출된다. ☐ ☒

10 디지털 사회가 성숙할수록 사회적, 국가적 차원의 경제성이나 자원 효율성보다는 개인적, 기업적 차원의 비용 효율성과 편리성이 온라인 비즈니스의 중요한 전략적 판단 기준이 될 것이다. ☐ ☒

11 디지털 활용도가 높은 신세대 고객의 경험과 눈높이에 맞는 콘텐츠와 서비스를 제공하는 것보다 50~60대 미중년의 눈높이에 맞추는 것이 더욱 중요해지고 있다. ☐ ☒

12 사람과 기기를 연결하는 장치를 개선하여 고객에게 편리한 환경을 제공하는 것으로 가치 제안이 가능한데, 이를 사용자 인터페이스(User Interface)라고 한다. ☐ ☒

13 기존 오프라인 비즈니스도 디지털 기술, 네트워크와 결합하면 새로운 온라인 비즈니스 모델을 창출할 수 있다. ☐ ☒

14 고객가치를 창출하는 비즈니스 모델을 구축했다면 수익과 연결하지 못해도 성공이라고 볼 수 있다. ☐O☐X

15 온라인 비즈니스도 수익 구조는 반드시 '제품판매 → 대금 회수'라는 전통적인 비즈니스의 구조를 따라야 한다. ☐O☐X

16 차별화된 콘텐츠와 캐릭터 서비스 등의 지식 재산(IP, Intellectual Property)은 모방할 수 없으므로 그 자체로 높은 부가가치를 창출한다. ☐O☐X

17 소셜미디어(Social media)는 개인의 생각이나 의견, 경험, 정보 등을 공유하고 타인과의 관계를 생성 또는 확장할 수 있는 공간을 스마트폰에서 제공하는 플랫폼을 말한다. ☐O☐X

18 포털사이트란 인터넷을 사용자가 처음 웹브라우저에 접속할 때 정문 역할을 하는 인터넷 사이트(웹사이트)를 지칭하는 말이므로 검색엔진을 뜻한다. ☐O☐X

19 전자상거래 서비스는 백화점 형식의 종합쇼핑몰부터 개인에게 판매 공간을 제공하고 수수료를 받는 오픈마켓 형식까지 다양하며, 최근에는 오픈마켓 형식의 전자상거래 비즈니스가 인기를 끌고 있다. ☐O☐X

20 개인용 컴퓨터가 보급되면서 인터넷이 사람들의 생활에 훨씬 가까워졌는데, 이를 웹 2.0 시대라고 부른다. ☐O☐X

정답				
01 ○	02 ×	03 ○	04 ×	05 ×
06 ○	07 ○	08 ×	09 ○	10 ×
11 ×	12 ○	13 ○	14 ×	15 ×
16 ○	17 ○	18 ×	19 ○	20 ×

해설
02 일반적인 비즈니스에 대한 설명이다.
04 보안에 취약한 무선 연결에 노출되면서 보안의 불안정성이 더 커지고 있다.
05 지식과 정보이다.
10 양쪽 다 중요하다.
11 MZ세대의 유행이 50~60대에게도 영향을 미치기 때문에 MZ세대가 중요하다.

PART 01
PART 02
PART 03
PART 04
PART 05
PART 06
PART 07

01 다음 중 온라인 비즈니스의 주요 요소로 알맞은 것은?

① 기술과 노동
② 정보와 지식
③ 노동과 생산
④ 자본과 물류

02 다음의 온라인 비즈니스의 요소와 구조에 대한 설명 중 괄호 안에 들어갈 공통적인 단어로 옳은 것은?

전통적 비즈니스는 토지, 노동, 자본을 주요 요소로 하는 반면 온라인 비즈니스는 ( )과(와) 지식을 주요 요소로 한다. (   )의 속성상 온라인 비즈니스의 등장과 몰락, 대체는 과거 어느 시대보다 빠르고 쉽게 이루어진다.

① 기술   ② 가치
③ 정보   ④ 자본

03 다음 중 괄호 안에 들어갈 내용으로 알맞은 것은?

온라인 비즈니스란 기존의 비즈니스에 (   ) 기술이 접목되어 만들어진 새로운 비즈니스 영역을 말한다.

① IT   ② 메타버스
③ 미디어   ④ 스마트폰

04 다음 중 전통적 비즈니스와 온라인 비즈니스의 차이에 대한 설명으로 옳지 <u>않은</u> 것은?

① 온라인 비즈니스에서는 실물이나 가시적인 서비스가 정보보다 먼저 제공된다.
② 온라인 비즈니스에서는 디지털 형태의 정보가 중심 요소로 투입된다.
③ 온라인 비즈니스에서는 고객 정보의 양과 질, 고객 경험과 가치의 공유, 사용자 검증에 의한 신뢰도 구축 등이 주요한 경영 활동 대상이다.
④ 온라인 비즈니스에서는 정보나 지식재, 고객에게 제공되는 솔루션 등 다양한 형태의 산출물이 생산된다.

05 다음의 온라인 비즈니스의 주요 요소에 대한 설명 중 괄호 안에 들어갈 단어로 옳은 것은?

온라인 비즈니스는 지식과 (   )을(를) 주요 요소로 한다.

① 금융
② 자본
③ 정보
④ 유통

06 다음의 온라인 비즈니스에 대한 설명 중 괄호 안에 들어갈 단어로 옳은 것은?

> 스마트폰, 통신, 컴퓨터 기술의 발달과 함께 (   )의 생성 및 유통이 빨라지고 다양한 형태의 비즈니스 모델이 활용되는 등 경영 방식이 변화되고 있다.

① 지식
② 서비스
③ 정보
④ 기술

07 다음의 디지털 비즈니스의 주요한 경영 활동에 관한 내용 중 아래의 내용이 가리키는 용어로 옳은 것은?

> 사람과 기기를 연결하는 장치를 개선하여 고객에게 편리한 환경을 제공하는 것으로 가치를 제안하는 방법

① User oriented
② User interface
③ User opinion
④ User relevance

08 다음 중 온라인 비즈니스에 대한 설명으로 옳지 않은 것은?

① 기존의 비즈니스에 IT 기술이 접목되어 만들어진 새로운 비즈니스 영역을 말한다.
② 실물이나 가시적인 서비스보다 정보가 먼저 움직인다. 즉 정보가 실물 비즈니스를 이끌어가는 구조이다.
③ 간접재나 완제품 형태의 산출물이 생산된다.
④ 디지털 형태의 데이터가 중심적인 요소로 투입된다.

09 다음 중 온라인 비즈니스에 대한 설명으로 적절하지 않은 것은?

① 실물이나 가시적인 서비스보다 정보가 먼저 움직인다.
② 제품 생산, 물류, 판촉 등이 주요 경영 활동 대상이다.
③ 기존의 비즈니스에 IT 기술이 접목되어 만들어진 영역이다.
④ 미디어가 모바일로 확대되면서, 보안 문제도 중요해지고 있다.

10 다음 중 온라인 비즈니스에 대한 설명으로 옳지 않은 것은?

① 데이터를 바탕으로 하는 지식 등이 주요한 투입 요소이다.
② 실물이나 가시적인 서비스보다 정보가 먼저 움직인다.
③ 정보 통신이나 인공지능 기술이 접목되어 만들어진 새로운 비즈니스다.
④ 플랫폼 사업자와 입점 업체 간 공정한 수익 배분이 자동으로 이루어진다.

11 다음 중 온라인 비즈니스와 달리 전통적 비즈니스가 가진 요소로 옳은 것은?

① 디지털 형태의 데이터 혹은 정보가 중심 요소로 투입된다.
② 제품을 생산하기 위해 원자재, 부품, 중간재가 투입된다.
③ 고객 정보의 양과 질, 고객 경험과 가치의 공유, 사용자 검증에 대한 신뢰도 구축 등이 주요한 경영 활동 대상이다.
④ 정보나 지식재, 고객에게 제공되는 솔루션 등 다양한 형태의 산출물이 생산된다.

12 다음 중 온라인 비즈니스의 메커니즘에 대한 설명으로 옳지 <u>않은</u> 것은?

① 제품 생산에 드는 원가와 이윤을 계산해서 그에 따라서만 가격이 결정된다.
② 고객이 봐주기를 기다리는 것이 아니라 아웃바운드로 고객이 많이 모이는 곳을 찾아가 고객과 1:1로 커뮤니케이션하고 있다.
③ 디지털 백과사전 '위키피디아'의 경우 콘텐츠를 제작한 사람의 동의 없이도 누구나 콘텐츠를 사용하거나 수정할 수 있다.
④ 늦게 시작했더라도 선도자가 가지지 못한 부분을 다른 파트너와 협력을 통해 이루어 냄으로써 새로운 승자가 될 수 있다.

13 다음 중 온라인 비즈니스 메커니즘에 대한 설명으로 옳지 <u>않은</u> 것은?

① 소비자가 자신이 원하는 가격대나 기타 요구사항들을 구체화하는 경향이 있다.
② 고객들이 어느 정도 지불할 의사가 있는지에 따라 가격이 결정된다.
③ 고객과 1:1로 커뮤니케이션을 하는 적극적인 형태로 광고가 변하고 있다.
④ 소수의 전문가 그룹에 의해 콘텐츠가 제작되고 다수의 일반인이 이를 소비한다.

14 다음 중 온라인 비즈니스 메커니즘을 설명한 것으로 옳은 것은?

① 생산자가 어느 정도 받을 의사가 있는지에 따라 가격이 결정된다.
② 콘텐츠 생산에 소수의 전문가만이 참여할 수 있는 메커니즘으로 변했다.
③ 디지털 환경에서는 소비자가 인터넷을 이용하여 제품의 가격과 기능을 자유롭게 비교 검토할 수 있다.
④ 워낙에 변화가 빠른 시장이라 늦게 시작했다면 다른 파트너와 협력을 해도 새로운 승자가 될 수 없다.

PART 01
PART 02
PART 03
PART 04
PART 05
PART 06
PART 07

15 다음 중 디지털 시대의 비즈니스 메커니즘을 요약한 내용으로 옳지 <u>않은</u> 것은?

① 가격 결정 메커니즘 - 네이버, 쿠팡 등의 전자상거래 기업이 원하는 가격과 요구사항을 구체화하는 경향
② 광고 메커니즘 - 아웃바운드로 고객이 많이 모이는 곳을 찾아가 고객과 1대1로 커뮤니케이션하는 보다 적극적인 형태
③ 콘텐츠 생산 메커니즘 - 다수의 사용자가 협업을 통해 더 광범위하고 정확한 정보의 생성
④ 성공 메커니즘 - 상생과 협업의 새로운 비즈니스 형태를 생성

16 다음 중 온라인 비즈니스의 메커니즘을 설명한 것으로 옳은 것은?

① 콘텐츠 생산에 소수의 전문가만이 참여할 수 있는 메커니즘으로 변했다.
② 고객들이 어느 정도 지불할 의사가 있는지에 따라 가격이 결정된다.
③ 디지털 환경에서는 소비자가 인터넷을 이용하여 제품의 가격과 기능을 자유롭게 비교 검토할 수 있으므로 제품 생산에 드는 정확한 원가와 이윤에 따라 가격이 결정된다.
④ 디지털 경제 시대에는 자신이 원하는 가격대나 기타 요구사항들을 구체화하는 경향이 있으므로 늦게 시작했다면 새로운 승자가 될 수 없다.

17 다음 중 디지털 시대의 비즈니스 메커니즘을 요약한 내용으로 적절한 것은?

① 가격 결정 메커니즘 - 원가와 이윤에 따라 가격이 결정되는 형태
② 광고 메커니즘 - 고객이 많이 모이는 곳을 찾아가는 적극적인 형태
③ 콘텐츠 메커니즘 - 콘텐츠 제작 능력과 유튜버나 인플루언서 등만이 참여할 수 있는 형태
④ 성공 메커니즘 - 늦게 시작한 경우 선도자를 추격하기 어려워 새로운 승자가 될 가능성은 작다.

18 다음 중 온라인 비즈니스의 메커니즘에 관한 설명으로 옳은 것은?

① 기업들이 원가에 어느 정도 투입할 의사가 있는지에 따라 가격이 결정된다.
② 통신 기술의 발달로 TV, 신문, 라디오, 잡지와 같은 대중 매체에 의한 광고가 점점 더 그 위력을 발휘하고 있다.
③ 상생적, 협력적 경쟁 전략보다 선도적, 배타적 경쟁 전략이 성공 전략으로 떠오르고 있다.
④ 지식 콘텐츠의 제작에 누구나 참여할 수 있는 오픈 메커니즘으로 변화하고 있다.

19 다음 중 온라인 비즈니스의 성공을 위한 필수 구성 요소로 적절한 것은?

① 광고를 통하여 해당 제품이 경쟁 제품보다 더 좋다는 확신을 소비자에게 심어주어야 한다.
② '제품판매 → 대금 회수'라는 수익 구조를 따라야만 성공할 수 있다.
③ 신속한 사업 운영, 과감한 신규 서비스의 도입 등 기업이 가진 인적/물적 자원을 효율적으로 배분하고 활용하는 시스템이 필요하다.
④ 고객가치를 창출하는 비즈니스 모델을 구축했다면 이를 수익과 연결하지 못해도 실패로 보기 어렵다.

20 오늘날의 온라인 기업은 다양한 관점에서 비즈니스 경쟁력을 창조할 수 있다. 다음 중 아래에서 설명하는 비즈니스 경쟁력을 높이는 방법으로 가장 옳은 것은?

> 제품 간, 온·오프라인 간, 기술 간, 활동 간 시너지를 통해 가치를 증대시키는 노력이 필요하다.

① 효율성
② 보완성
③ 고착성
④ 신규성

21 다음은 온라인 비즈니스의 주요한 경영 활동에 관한 내용이다. 아래의 내용이 가리키는 용어로 옳은 것은?

> 브랜드와 맺는 모든 상호 작용을 통해 고객이 얻게 되는 인식과 인상으로, 마케팅에서부터 영업, 고객 서비스에 이르기까지 구매 여정의 모든 지점에서 노력하는 것

① 고객 경험(Customer Experience)
② 사용자 인터페이스(User Interface)
③ 지식 재산(Intellectual Property)
④ 디지털 전환(Digital Transformation)

22 아래의 온라인 비즈니스 모델의 유형에 대한 설명 중 괄호 안에 들어갈 단어로 옳은 것은?

> 온라인 비즈니스는 (   )상에서 이루어지는 비즈니스만 의미하는 것은 아니다. 기존 오프라인 비즈니스도 (   ) 기술, 네트워크와 결합하면 새로운 온라인 비즈니스 모델을 창출할 수 있다.

① 브로드밴드
② 메타버스
③ 정보통신
④ 디지털

PART 01
PART 02
PART 03
PART 04
PART 05
PART 06
PART 07

23 다음 중 온라인 비즈니스 구성 요소에 대한 설명으로 옳은 것은?

① 가치 제안이란 제품 혹은 서비스의 생산자가 차별화된 혜택이나 가치를 대표이사에게 보고하는 제안 활동이다.
② 지속해서 경쟁 우위를 지켜나가기 위해서는 후발 업체들의 서비스만 모방한다.
③ 경쟁에서 우위를 점하기 위해 전략적으로 자원을 운용해야 한다.
④ 고객가치를 창출하는 비즈니스 모델을 구축했다면 수익과 연결하지 못했더라도 성공으로 볼 수 있다.

24 다음은 디지털 기업 비즈니스 모델의 경쟁력에 대한 설명이다. 어떤 관점에서의 경쟁력을 설명한 것인가?

> 거래 비용의 절감을 통해 가치를 창출하기 위해 기업이 가진 인적·물적 자원을 배분하고 활용하는 노력이 필요하다.

① 효율성
② 보완성
③ 고착성
④ 신규성

25 다음 중 온라인 비즈니스의 성공요인 중에서 고객 경험 극대화와 선순환 구조를 모두 만족시키는 비즈니스 모델에 해당하는 기업은?

① 배달의민족
② 당근
③ 쿠팡
④ 구글플레이스토어

26 다음 기업 중 비즈니스 모델이 나머지 기업과 다른 곳은?

① 구글
② 메타
③ 애플
④ 네이버

27 다음 내용은 온라인 비즈니스의 성공 요인 중 어떤 요소에 대한 설명인가?

> 온라인 비즈니스 환경은 매우 빠르게 변화하므로 신속한 사업 운영, 과감한 신규 서비스의 도입 등에 대한 의사 판단이 성패를 좌우한다.

① 가치 제안
② 자원 운용 시스템
③ 수익 모델
④ 모방 불가능 모델

28 다음 중 온라인 기업의 비즈니스 경쟁력에 대한 설명으로 옳지 <u>않은</u> 것은?

① 새로운 거래 구조와 거래 당사자의 참여를 통해 가치를 창조하는 선도성
② 거래 비용의 절감을 통해 가치를 창출하는 효율성
③ 제품 간, 온·오프라인 간, 기술 간, 활동 간 시너지를 통해 가치를 증대시키는 보완성
④ 전용 표준 구축과 같은 네트워크 효과, 마일리지 같은 로열티 프로그램, 브랜드 신뢰도와 같은 전략적 자산으로 고객 이동을 제한하여 가치를 창출하는 고착성

29 다음 중 온라인 기업의 비즈니스 경쟁력에 대한 설명으로 옳은 것은?

① 거래 비용의 절감을 통해 가치를 창출하는 선도성과 배타성
② 제품 간, 온·오프라인 간, 기술 간, 활동 간 시너지를 통해 가치를 증대시키는 보완성
③ 전용 표준 구축과 같은 네트워크 효과, 마일리지 같은 로열티 프로그램, 브랜드 신뢰도와 같은 전략적 자산으로 고객 이동을 제한하여 가치를 창출하는 신규성
④ 남보다 먼저 사업 영역을 구축하고 남보다 앞서가는 사업 전략을 구사하는 고착성

30 온라인 기업의 경쟁력은 효율성, 보완성, 고착성, 신규성이라는 관점에서 창조될 수 있다. 다음 중 고착성에 대한 설명으로 옳은 것은?

① 새로운 거래 구조, 거래 당사자의 참여를 통해 가치를 창조하는 것
② 거래 비용의 절감을 통해 가치를 창출하는 것
③ 제품 간, 온·오프라인 간, 기술 간, 경영 활동 간 시너지를 통해 가치를 증대시키는 것
④ 네트워크 효과, 로열티 프로그램, 전략적 자산으로 고객 이동을 제한하여 가치를 창출하는 것

31 다음 중 새로 추가된 생성형 AI(Generative AI)에 대한 설명으로 가장 옳지 <u>않은</u> 것은?

① 생성형 AI는 텍스트, 이미지, 코드 등 새로운 콘텐츠를 자동으로 생성할 수 있는 인공지능 기술을 말한다.
② 생성형 AI는 방대한 데이터를 학습하여 인간이 만든 것과 유사한 수준의 창작물을 만들어 내는 것이 특징이다.
③ 채팅 방식의 챗GPT(ChatGPT)와 이미지 생성 방식의 Midjourney 등은 생성형 AI의 대표적인 예시이다.
④ 생성형 AI는 주로 코딩, 문서 작성 등 특정 반복 작업을 수행하여 업무 효율을 높이는 데 초점을 맞추는 AI 에이전트와 동일한 개념으로 사용된다.

PART 01
PART 02
PART 03
PART 04
PART 05
PART 06
PART 07

32 온라인 비즈니스의 성공 요인과 최근 생성형 AI 기술의 발전 방향을 설명한 내용으로 가장 적절한 것은?

① 생성형 AI의 발전은 온라인 비즈니스의 핵심 요소인 '정보와 지식'의 중요성을 낮추고, 전통적인 비즈니스와 같이 '노동과 자본'이 주요 투입 요소가 되도록 한다.

② AI 에이전트는 코딩이나 문서 작성 같은 업무를 자동화함으로써 '신속한 자원 운용 시스템'을 갖추는 데 기여한다.

③ 텍스트로 영상을 생성하는 멀티모달의 확산은 고객 경험을 극대화하는 것보다는, 오직 '차별화된 콘텐츠'라는 지식 재산(IP) 확보에만 집중한다.

④ 챗GPT의 등장은 검색된 정보를 정리·요약하는 수준에 머무르므로 온라인 비즈니스가 추구해야 할 '새로운 가치 제안'과는 거리가 멀다.

33 다음 중 생성형 AI의 발전이 온라인 비즈니스 환경 및 디지털 사회에 미치는 영향에 대한 설명으로 가장 거리가 먼 것은?

① 생성형 AI는 텍스트와 이미지를 동시에 처리하는 멀티모달 기술의 확산을 촉진하고 있다.

② 생성형 AI의 발전으로 디지털 광고 제작 비용이 증가하고 있으며, 중소기업의 광고 시장 진입 장벽이 더욱 높아지고 있다.

③ 챗GPT의 등장으로 검색엔진의 활용 방식이 단순 정보 나열에서 정보를 정리하고 요약하는 방식으로 변화하고 있다.

④ 구글은 광고 시스템을 통해 AI를 활용한 광고 소재 제작 도구를 제공하고 있다.

34 다음 중 생성형 AI 시장의 흐름에 대한 설명으로 옳은 것을 모두 고른 것은?

> ㄱ. AI 에이전트는 코딩, 문서 작성, 데이터 분석 등 반복적인 업무를 자율적으로 수행하여 광고 캠페인 운영을 자동화하는 데 활용될 수 있다.
>
> ㄴ. 멀티모달 전략은 다양한 형태의 데이터를 통합 처리하여 풍부한 결과를 제공하는 것을 의미하며, 구글의 제미나이는 텍스트와 이미지를 동시에 이해할 수 있는 서비스로 알려져 있다.
>
> ㄷ. 가장 먼저 AI 서비스를 선보인 Open AI의 챗GPT는 텍스트 생성만 가능하며, 이미지나 음성 등 다른 형태의 데이터는 처리할 수 없는 단일 모달 AI 서비스이다.
>
> ㄹ. 텍스트 형태의 명령어로 영상을 생성하는 등 여러 모달리티(Multi-Modality)를 융합한 서비스가 확산되고 있다.

① ㄱ, ㄴ
② ㄱ, ㄷ
③ ㄴ, ㄷ, ㄹ
④ ㄱ, ㄴ, ㄹ

PART 01

PART 02

PART 03

PART 04

PART 05

PART 06

PART 07

단답식

01 다음의 설명에서 괄호 안에 공통적으로 알맞는 용어는 무엇인가?

> 컴퓨터, 스마트폰, 통신 기술의 발달과 함께 정보의 생성 및 유통이 빨라지면서 (   )은 폭발적으로 성장하였다. 이러한 성장은 의사소통하고, 정보를 공유하고, 오락물에 접근하고, 쇼핑하는 방식 등 인간의 생활에 근본적인 변화를 초래하였으며, (   )을 기업의 경영에 폭넓게 적용한 것을 온라인 비즈니스라고 부른다.

02 다음에서 설명하는 온라인 비즈니스의 메커니즘을 뭐라고 부르는가?

> 과거 산업 경제 시대에는 제품 생산에 드는 원가와 이윤을 계산해서 그에 따라 가격이 결정되었다. 그러나 디지털 경제 시대에는 고객들이 어느 정도 지불할 의사가 있는지에 따라 가격이 결정된다.

03 다음에서 설명하는 온라인 비즈니스의 경쟁력을 뭐라고 부르는가?

> 새로운 거래 구조와 거래 당사자의 참여를 통해 가치를 창조하는 것이 온라인 비즈니스의 경쟁력을 끌어올린다.

04 다음에서 설명하는 온라인 비즈니스의 경쟁력을 뭐라고 부르는가?

> 남보다 먼저 사업 영역을 구축하고 남보다 앞서가는 사업 전략을 구사하는 전략을 말한다.

05 다음에서 설명하는 온라인 비즈니스의 경쟁력을 뭐라고 부르는가?

> 거래 비용의 절감을 통해 가치를 창출하기 위해 기업이 가진 인적 · 물적 자원을 배분하고 활용하는 노력을 말한다.

06 다음에서 설명하는 온라인 비즈니스의 경쟁력을 뭐라고 부르는가?

> 제품 간, 온·오프라인 간, 기술 간, 활동 간 시너지를 통해 가치를 증대시키는 노력을 말한다.

07 다음에서 설명하는 온라인 비즈니스의 성공 요인을 뭐라고 부르는가?

> – 기업이 행하는 다양한 활동 간에 상승 작용이 일어나 경쟁력을 강화하기 위해서는 선순환 구조의 구축이 중요하다.
> – 수익 구조는 반드시 '제품판매 → 대금 회수'라는 전통적인 비즈니스의 구조를 따를 필요는 없다.

08 다음의 설명에서 괄호 안에 해당하는 공통된 용어는 무엇인가?

> 디지털 활용도가 높은 신세대 (   )과 눈높이에 맞는 콘텐츠와 서비스를 제공하는 것이 중요하며 최근에는
> MZ세대로 대표되는 (   )이(가), 역시나 디지털이 불편하지 않은 50~60대 미중년에게로 이동하고 있으므
> 로 그 중요성이 더욱 커지고 있다.

09 다음 내용의 (ㄱ)과 (ㄴ)에 들어갈 용어는 각각 무엇인가?

> 전통적 비즈니스의 주요 요소는 토지, 노동, 자본이다. 반면 온라인 비즈니스는 (ㄱ)와(과) (ㄴ)을(를) 주요 요
> 소로 한다.

10 다음의 설명에서 괄호 안에 해당하는 공통된 용어는 무엇인가?

> 키보드나 디스플레이처럼 사람과 기기를 연결하는 장치를 (   )라고 부른다. 이와 같은 연결 장치를 개선하
> 여 고객에게 편리한 환경을 제공하는 것으로 가치 제안이 가능한데, 이를 사용자 (   )라고 한다.

PART 01
PART 02
PART 03
PART 04
PART 05
PART 06
PART 07

합격을 다지는 예상문제

정답 & 해설

객관식

01 ②
온라인 비즈니스의 주요 요소는 정보와 지식이다.

02 ③
전통적 비즈니스는 토지, 노동, 자본을 주요 요소로 하는 반면 온라인 비즈니스는 정보와 지식을 주요 요소로 한다. 정보의 속성상 온라인 비즈니스의 등장과 몰락, 대체는 과거 어느 시대보다 빠르고 쉽게 이루어진다.

03 ①
정보통신에 대한 설명이다. Information Technology의 약자로 일반적으로 IT라고 부른다.

04 ①
실물 거래나 가시적인 서비스가 정보보다 먼저 제공되는 것은 전통적 비즈니스에 대한 설명이다. 전통적 비즈니스와 온라인 비즈니스의 차이는 다음과 같다.

차이	전통적인 비즈니스	온라인 비즈니스
경영 활동 대상	생산, 물류, 판촉	고객 정보의 양과 질, 고객 경험과 가치의 공유, 사용자 검증에 대한 신뢰도 구축
투입 요소	원자재, 부품, 중간재	디지털 형태의 정보, 데이터를 바탕으로 한 지식
생산 요소	간접재, 완제품 형태의 산출물	가공한 정보 제공이나 지식재, 고객에게 제공되는 솔루션

05 ③
전통적인 비즈니스에서는 제품을 생산하기 위해 투입되는 것이 원자재, 부품, 중간재였으나, 온라인 비즈니스에서는 제품을 생산하기 위해 투입되는 것이 디지털 형태의 정보이다. 생산 요소 또한 전통적인 비즈니스에서는 간접재나 완제품 형태의 산출물이었다면 온라인 비즈니스에서는 정보나 지식재, 고객에게 제공되는 솔루션 등 다양한 형태의 산출물이 생산된다.

06 ③
스마트폰, 통신, 컴퓨터 기술의 발달과 함께 정보의 생성 및 유통이 빨라지고 다양한 형태의 비즈니스 모델이 활용되는 등 경영 방식이 변화되고 있다.

07 ②
키보드나 디스플레이처럼 사람과 기기를 연결하는 장치를 인터페이스(Interface)라고 부르는데, 사람과 기기를 연결하는 장치를 개선하여 고객에게 편리한 환경을 제공하는 가치 제안을 사용자 인터페이스(User Interface)라고 부른다.

08 ③
간접재나 완제품 형태의 산출물이 생산되는 것은 전통적인 비즈니스에 대한 설명이다.

09 ②
주요 경영 활동 대상은 고객 정보의 양과 질, 고객 경험과 가치의 공유, 사용자 검증에 대한 신뢰도 구축 등이다.

10 ④
기업이 행하는 다양한 활동 간에 상승 작용이 일어나 경쟁력을 강화하기 위해서는 선순환 구조의 구축이 중요하다. 하지만 현실의 온라인 플랫폼 비즈니스에서는 많은 플랫폼이 시장 지배력을 이용해 과도한 수수료를 책정하거나 불공정한 거래 조건을 강요하는 사례가 빈번하다. 따라서 공정한 수익 배분은 '자동'으로 이루어지는 것이 아니라, 플랫폼 사업자의 의지와 정부의 규제, 시장 감시가 필요한 영역이다.

11 ②

오답 피하기
- ①: 원자재, 부품, 중간재 등이 중심 요소로 투입된다.
- ③: 제품 생산, 물류, 판촉 등이 주요한 경영 활동 대상이다.
- ④: 간접재, 완제품 형태의 산출물이 생산된다.

12 ①
소비자가 자신이 원하는 가격대나 기타 요구사항들을 구체화하는 경향이 있다.

13 ④
기존의 아날로그 콘텐츠는 소수의 전문가 그룹에 의해 제작되고 다수의 일반인이 이를 소비했지만, 디지털 콘텐츠는 다양하고 많은 사람의 기여가 가장 큰 원동력이다.

14 ③

- ①: 디지털 경제 시대에는 고객들이 어느 정도 지불할 의사가 있는지에 따라 가격이 결정된다.
- ②: 기존의 아날로그 콘텐츠는 소수의 전문가 그룹에 의해 제작되고 다수의 일반인이 이를 소비했지만, 디지털 콘텐츠는 다양하고 많은 사람의 기여가 가장 큰 원동력이다.
- ④: 온라인 비즈니스에서는 늦게 시작했더라도 선도자가 가지지 못한 부분을 이루어냄으로써 새로운 승자가 될 수 있다.

15 ①

과거 산업 경제 시대에는 제품 생산에 드는 원가와 이윤에 따라 가격이 결정되었지만, 디지털 경제 시대에는 고객들이 어느 정도 지불할 의사가 있는지에 따라 가격이 결정된다.

16 ②

- ①: 기존의 아날로그 콘텐츠는 소수의 전문가 그룹에 의해 제작되고 다수의 일반인이 이를 소비했지만, 디지털 콘텐츠는 다양하고 많은 사람의 기여가 가장 큰 원동력이다.
- ③: 과거 산업 경제 시대에는 제품 생산에 드는 원가와 이윤에 따라 가격이 결정되었지만, 디지털 경제 시대에는 고객들이 어느 정도 지불할 의사가 있는지에 따라 가격이 결정된다.
- ④: 온라인 비즈니스에서는 늦게 시작했더라도 선도자가 가지지 못한 부분을 다른 파트너와 협력을 통해 이루어냄으로써 새로운 승자가 될 수 있다.

17 ②

- ①: 고객이 어느 정도 지불할 의사가 있는지에 따라 가격이 결정된다.
- ③: 다양하고 많은 사람의 기여가 가장 큰 원동력이다.
- ④: 늦게 시작했더라도 선도자가 가지지 못한 부분을 이루어냄으로써 새로운 승자가 될 수 있다.

18 ④

- ①: 고객이 어느 정도 지불할 의사가 있는지에 따라 가격이 결정된다.
- ②: 통신 기술의 발달로 TV, 신문, 라디오, 잡지와 같은 대중 매체에 의한 광고보다 PC나 모바일을 통한 인터넷 광고가 위력을 발휘하고 있다.
- ③: 온라인 비즈니스에서는 늦게 시작했더라도 선도자가 가지지 못한 부분을 다른 파트너와 협력을 통해 이루어냄으로써 새로운 승자가 될 수 있으므로 상생과 협업을 할 수 있는 새로운 비즈니스 형태라고 할 수 있다.

19 ③

- ①: 광고도 중요하지만, 디지털 활용도가 높은 신세대 고객의 경험과 눈높이에 맞는 콘텐츠와 서비스를 제공하는 것이 더 중요하다.
- ②: 수익 구조는 반드시 '제품 판매 → 대금 회수'라는 전통적인 비즈니스의 구조를 따를 필요는 없다. 예 사용자를 효과적으로 확대하여 대기업 반열에 오른 카카오톡
- ④: 고객가치를 창출하는 비즈니스 모델을 구축했다 하더라도 수익과 연결하지 못하면 실패할 수밖에 없다.

20 ②

제품 간, 온·오프라인 간, 기술 간, 활동간 시너지를 통해 가치를 증대시키는 노력은 보완성에 대한 설명으로 비즈니스 경쟁력을 높이는 방법이다.

21 ①

고객 경험이란 브랜드와 맺는 모든 상호 작용을 통해 고객이 얻게 되는 인식과 인상으로, 마케팅에서부터 영업, 고객 서비스에 이르기까지 구매 여정의 모든 지점에서 노력하는 것을 말한다.

22 ④

디지털(Digital)에 관한 내용이다. 기존 오프라인 비즈니스도 디지털 기술, 네트워크와 결합하면 새로운 온라인 비즈니스 모델을 창출할 수 있다.

메타버스는 가상과 현실이 융복합되어 사회·경제·문화 활동과 가치 창출이 가능한 디지털세계를 말한다.

23 ③

- ①: 가치 제안은 고객 경험(Customer Experience) 극대화와 고객 관점의 사용자 인터페이스(User Interface)로 제공된다.
- ②: 지속해서 경쟁 우위를 지켜나가기 위해서는 새로운 서비스를 개발해야 한다.
- ④: 고객가치를 창출하는 비즈니스 모델을 구축했다 하더라도 수익과 연결하지 못하면 실패할 수밖에 없다.

24 ①

효율성에 관한 설명이다. 효율성은 거래 비용의 절감을 통해 가치를 창출하기 위해 기업이 가진 인적 · 물적 자원을 효율적으로 배분하고 활용하는 것이다.

오답 피하기

- ②: 제품 간, 온 · 오프라인 간, 기술 간, 활동 간의 시너지를 통해 가치를 증대시키는 노력이 필요하다.
- ③: 고착성이란 전용 표준 구축과 같은 네트워크 효과, 마일리지 같은 로열티 프로그램, 브랜드 신뢰도와 같은 전략적 자산으로 고객 이동을 제한하여 가치를 창출하는 활동을 말한다.
- ④: 새로운 거래 구조와 거래 당사자의 참여를 통해 가치를 창조하는 것이 온라인 비즈니스의 경쟁력을 끌어올린다.

25 ②

당근(당근마켓)은 고객 경험 극대화와 선순환 구조를 통해 수익을 창출하는 비즈니스 모델이다. 반면 나머지는 독점적 지위를 이용한 입점 업체(파트너)의 희생이나 과도한 수수료 등을 통한 수익 창출과 지나친 경쟁이나 과로사 등 선순환이 아닌 착취적 구조로 사회적 논란이 끊이지 않고 있다.

26 ③

애플은 컴퓨터 하드웨어와 소프트웨어를 판매하는 기업이고 나머지는 광고가 주업종인 기업이다.

27 ②

신속한 자원 운용 시스템에 대한 설명이다.

28 ①

온라인 비즈니스의 경쟁에서 선도성과 배타성은 남보다 먼저 사업 영역을 구축하고 남보다 앞서가는 사업 전략을 구사하는 전략을 말한다.

29 ②

오답 피하기

- ①: 효율성에 관한 설명이다.
- ③: 고착성에 관한 설명이다.
- ④: 선도성과 배타성에 관한 설명이다.

30 ④

오답 피하기

- ①: 신규성에 관한 설명이다.
- ②: 효율성에 관한 설명이다.
- ③: 보완성에 관한 설명이다.

31 ④

생성형 AI는 텍스트, 이미지, 코드 등 새로운 콘텐츠를 자동으로 생성하는 인공지능 기술로 방대한 데이터를 학습하여 인간과 유사한 수준의 창작물을 생성하는 것이 특징이다. 챗GPT나 Midjourney 등이 대표적인 서비스이다. 반면, AI 에이전트는 코딩, 문서 작성, 데이터 분석 등 특정 업무를 자율적으로 수행하여 업무를 자동화하는 서비스를 말하며, 이는 생성형 AI가 활용되는 시장의 흐름 중 하나인 '자동화 전략'에 해당하지만, 생성형 AI 자체의 개념과 완전히 동일한 것은 아니다.

32 ④

AI 에이전트가 코딩 · 문서 작성 · 데이터 분석을 자동화함으로써 운영 효율을 높이고 의사결정 속도를 끌어올려, 빠르게 변하는 온라인 비즈니스 환경에서 신속한 자원 운용 체계 구축에 직접 기여한다.

오답 피하기

- ①: 온라인 비즈니스는 전통적인 비즈니스(토지, 노동, 자본)와 달리 정보와 지식을 주요 요소로 한다. 생성형 AI는 이 '정보'를 기반으로 새로운 창작물(지식재)을 만들어 내므로, 정보와 지식의 중요성은 더욱 커진다.
- ③: 멀티모달 전략을 통해 텍스트만으로 영상을 생성하는 등 풍부한 콘텐츠 제공은 '차별화된 콘텐츠' 확보뿐만 아니라, 고객과의 상호 작용 지점(구매 여정)에서 고객 경험(Customer Experience)을 극대화하는 새로운 가치 제안이 될 수 있다.
- ④: 챗GPT의 등장으로 검색된 정보를 정리하고 요약해 주는 인공지능 기술이 정보 검색에 다양하게 활용되고 있으며, 이는 고객에게 새로운 정보를 제공하고 편리한 환경(사용자 인터페이스 개선)을 제공하는 '새로운 가치 제안'의 핵심 영역이다.

33 ②

생성형 AI의 발전으로 광고 시스템에서 자동화 서비스를 제공하는 경우가 늘고 있다. 이러한 움직임은 광고 제작 비용을 대폭 절감시키고 있으며, 중소기업의 진입 장벽을 낮추는 역할을 하고 있다.

PART 01
PART 02
PART 03
PART 04
PART 05
PART 06
PART 07

34 ④

- ㄱ: AI 에이전트는 코딩, 문서 작성, 데이터 분석 등을 자율적으로 수행하여 업무를 자동화하는 서비스이며, 이는 광고 캠페인 운영의 자동화에도 활용될 수 있다. 실제로 구글 애즈는 전환수 최대화나 타겟 ROAS 등의 스마트 자동 입찰 전략을 통해 AI 기반의 자동화를 강화하고 있다.
- ㄴ: 멀티모달 전략은 다양한 형태의 데이터를 통합 처리하여 풍부한 결과를 제공하는 것이며, 구글의 제미나이는 텍스트와 이미지를 동시에 이해하는 대표적인 멀티모달 서비스이다.
- ㄹ: Meta의 Make-A-Video는 텍스트를 입력하면 영상을 생성하는 등 여러 모달리티를 융합한 서비스의 확산 사례이다.

오답 피하기

ㄷ: 챗GPT는 텍스트뿐만 아니라 이미지 인식 및 생성(DALL-E 통합), 음성 대화 파일 분석 등 다양한 형태의 데이터를 처리할 수 있는 멀티모달 AI 서비스이다.

단답식

01 IT 기술 또는 정보통신 기술
컴퓨터, 스마트폰, 통신 기술의 발달과 함께 정보의 생성 및 유통이 빨라지면서 IT(정보통신, Information Technology) 기술은 폭발적으로 성장하였다. IT 기술을 기업의 경영에 폭넓게 적용한 것을 온라인 비즈니스라고 부른다.

02 가격 결정 메커니즘
과거 산업 경제 시대에는 제품 생산에 드는 원가와 이윤에 따라 가격이 결정되었다. 디지털 경제 시대에는 고객들이 어느 정도 지불할 의사가 있는지에 따라 가격이 결정된다.

03 신규성
온라인 비즈니스의 경쟁력 중에서 신규성에 대한 설명이다.

04 선도성과 배타성
온라인 비즈니스의 경쟁력 중에서 선도성과 배타성에 대한 설명이다.

05 효율성
온라인 비즈니스의 경쟁력 중에서 효율성에 대한 설명이다.

06 보완성
온라인 비즈니스의 경쟁력 중에서 보완성에 대한 설명이다.

07 지속적인 수익 창출 모델
온라인 비즈니스의 성공 요인 중 '지속적인 수익 창출 모델'의 특징은 다음과 같다.
- 온라인 비즈니스는 디지털뿐만 아니라, 기존 오프라인 비즈니스도 디지털 기술, 네트워크와 결합하면 새로운 온라인 비즈니스 모델을 창출할 수 있다.
- 고객가치를 창출하는 비즈니스 모델을 구축했다 하더라도 수익과 연결하지 못하면 실패할 수밖에 없다.
- 기업이 행하는 다양한 활동 간에 상승 작용이 일어나 경쟁력을 강화하기 위해서는 선순환 구조의 구축이 중요하다.
- 수익 구조는 반드시 '제품 판매 → 대금 회수'라는 전통적인 비즈니스의 구조를 따를 필요는 없다.

08 고객 경험
온라인 비즈니스의 성공 요인 중에서 새로운 가치 제안은 고객 경험 극대화와 고객 관점의 사용자 인터페이스이다. 고객 경험(Customer Experience) 극대화는 디지털 활용도가 높은 신세대 고객의 경험과 눈높이에 맞는 콘텐츠와 서비스를 제공하는 것이 중요하다. MZ세대로 대표되는 신세대의 경험이 50~60대 미중년에게로 이동하고 있으므로 그 중요성이 더욱 커지고 있다.

09 지식, 정보(순서 무관)
온라인 비즈니스는 지식과 정보를 주요 요소로 한다.

10 인터페이스 또는 Interface
온라인 비즈니스의 성공 요인 중에서 새로운 가치 제안은 고객 경험 극대화와 고객 관점의 사용자 인터페이스이다. 고객 관점의 사용자 인터페이스(User Interface)는 사람과 기기를 연결하는 장치를 개선하여 고객에게 편리한 환경을 제공하는 것으로 가치 제안을 말한다.

SECTION
02

출제빈도 (상)(중)(하)
반복학습 [1] [2] [3]

디지털 마케팅

빈출 태그 ▶ 마케팅 패러다임, 디지털 마케팅, 디지털 미디어, 디지털 소비자, 마케팅 프로세스, 4E

▶ 합격 강의

---

01 디지털 시대의 마케팅

01 마케팅 패러다임의 변화

- 디지털화가 가속되고 아날로그와 디지털의 경계가 사라지는 세상에 발맞추어 마케팅에 디지털 기술을 활용하는 활동을 디지털 마케팅이라고 부른다.
- 도달, 노출 등을 측정하는 기본적인 방법은 아날로그 마케팅과 같지만, 전환수와 클릭률 등의 성과를 구체적인 숫자로 파악할 수 있고 디지털 미디어를 주된 대상으로 활용한다는 점에서 차이가 있다.
- 디지털 시대라고 해서 모든 마케팅 방식을 디지털로 바꾸는 것은 바람직하지 않다.

02 디지털 마케팅의 변화 경향

1) 디지털 시대 마케팅의 변화

미국의 경영학자 필립 코틀러(Philip Kotler)는 디지털로 인해 변화하는 미래 마케팅의 변화 경향을 다음과 같이 지적하였다.

- 빼앗아오는 고객 관리 → 좋은 관계를 만들고 유지하는 고객 관리
- 4P(Product, Price, Place, Promotion) 중심의 제품 관리 → 고객과의 공동 창조를 통한 제품 관리
- 브랜드 구축 중심의 브랜드 관리 → 캐릭터 구축을 통한 브랜드 관리
- 제품에 대한 편익 전달 → 브랜드에 대한 느낌 전달

> 🏁 **기적**의 TIP
>
> **브랜드(Brand)**
> - 브랜드는 특정한 기업의 제품 및 서비스를 식별하는 데 사용되는 명칭·기호·디자인 등의 총칭을 의미한다.
> - 디지털 소비자는 인지 후에 감성이 생기는 것이 아니라 감성이 생긴 후 브랜드에 대한 정보를 탐색한다.
> - 광고의 역할은 제품에 대한 기능, 편익 전달을 넘어 브랜드에 대한 느낌을 긍정적으로 변화시키는 것이다.

2) 디지털 마케팅의 장단점

장점	단점
• 개인의 경험을 토대로 한 높은 신뢰도 • 데이터 활용 기술을 통한 타겟팅 가능 • 광고비용이 비교적 저렴하여 높은 투자수익률(ROI, Return On Investment) • 아이디어와 데이터 중심·양방향의 커뮤니케이션	• 타겟팅 중심이므로 타겟이 아닌 대다수 사람에게는 전달되기 어려운 낮은 도달률 • 개인화된 디지털 미디어의 특성상 사용자가 광고를 거부하거나 회피하기 쉬움 • 디지털 미디어의 보급이 기업의 비용 상승으로 연결 → 디바이스 다양화에 따라 막대한 플랫폼 개발, 운영비 투자 필요

03 디지털 시대의 마케팅 커뮤니케이션

1) 디지털 시대 마케팅의 핵심 변화

- 디지털 마케팅은 기존 마케팅보다 타겟팅이 쉽다.
- 디지털 시대 소비자는 다른 사람의 후기에서 제품에 대한 호감을 느끼거나 실제 경험을 중요시 하므로 신뢰도가 높다.
- 디지털 시대에는 아이디어만 있으면 특별한 기반이나 조직력 없이도 비즈니스 모델을 구축할 수 있다.
- 영역 간의 이동이 빈번해지면서 유사한 제품이 많아지다 보니 차별화의 압박이 심해졌으며, 차별화를 위해서는 고객이 브랜드에 기대하는 것이 무엇인지를 정확히 파악해야 한다.
- 구매 결정에는 제품 정보보다 브랜드에 대한 감성과 경험이 더 큰 영향을 미친다.
- 단순히 인지도나 전환율을 높이는 것이 아닌, 고객과의 관계 구축이 중요하다.
- 제품 홍보보다 가치 있는 콘텐츠와 정보 제공에 집중해야 한다.
- 브랜드 관리는 캐릭터 구축을 통한 감성적 연결로 진화하고 있다.

2) 마이크로 모먼트(Micro-Moment)

- P&G가 정의한 'FMOT(First Moment Of Truth: 진실의 첫 순간)'라는 구매 의사결정 단계 모델을 구글이 디지털 시대에 맞게 정리한 개념이다.
- '즉각적이고 목적 지향적이며 정보에 대한 기대치가 높은 소비자'가, '필요한 순간'에 모바일 검색을 통해 문제를 해결하고 행동으로 연결되는 디지털 소비자 여정을 말한다.
- 실시간 맞춤 메시지, 개인화된 경험, 모바일 최적화, 위치 기반 서비스, 숏폼·영상 콘텐츠 제공 등이 마이크로모먼트 마케팅의 대표적인 전략이다.

02) 미디어 환경의 변화

01 미디어 환경의 변화

1) 미디어 관련 기술의 발전

- 마샬 맥루한(Marshall McLuhan)은 '미디어는 곧 메시지다'라고 주장했다.
- 미디어가 가지고 있는 속성들이 미디어에 담긴 콘텐츠, 이를 수용하는 방식, 수용하는 사람의 가치관 등을 모두 결정한다는 뜻이다.
- 미디어 관련 기술 발전은 미디어의 변화는 물론 수용자의 가치관과 생활 패턴을 변화시킨다.

2) 디지털 미디어의 특징

- 인터넷의 발달로 사이버 세계가 초월을 의미하는 메타(Meta)와 우주를 의미하는 유니버스(Universe)의 합성어인 '메타버스(Metaverse)'라는 개념으로 확장되었다.
- 챗GPT를 중심으로 하는 인공지능에 대한 관심이 높아지면서 네이버 큐 검색, 구글 AI 검색, 퍼플렉시티, 서치 GPT, MS 빙 검색 등 검색엔진에도 다양한 시도가 진행 중이다.

3) 디지털화로 인한 미디어 커뮤니케이션의 변화

- 전통적 미디어는 전화 같은 일대일(一對一) 커뮤니케이션, TV나 신문, 라디오 같은 일대다(一對多) 커뮤니케이션으로 한정되어 있었으나 인터넷의 등장으로 다대다(多對多) 커뮤니케이션이 가능해졌다.
- 일방향적인 미디어를 통해 정보를 습득하던 소비자들이 모바일 미디어의 발전으로 인터넷을 통해 자유롭게 원하는 정보에 접근할 수 있게 되었다.
- 인터넷은 모바일을 통한 접속이 PC를 통한 접속률보다 높다.

4) 디지털 미디어 기술의 진화

① 컴퓨터의 진화

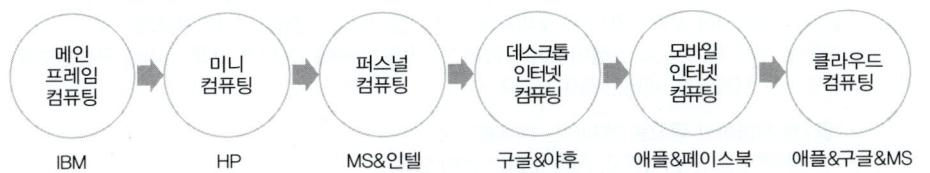

- 미디어 관련 기술과 미디어 수용자의 모습은 컴퓨터 발전의 역사에 따라 진화해왔다.
- IBM이 주도하는 메인프레임 컴퓨팅 시대, HP가 주도하는 미니 컴퓨팅 시대, 마이크로소프트와 인텔이 주도하는 퍼스널 컴퓨팅 시대, 구글과 야후가 주도하는 데스크톱 인터넷 컴퓨팅 시대, 애플과 페이스북이 주도하는 모바일 인터넷 컴퓨팅 시대, 애플과 구글, 마이크로소프트가 주도하는 클라우드 컴퓨팅 시대가 순차적으로 진행되고 있다.
- 컴퓨터 기술의 발달과 함께 인터넷 이용이 전 연령층으로 확대되고 있으며, 기존 매스미디어에 대한 소비자 접촉률은 계속 하락하고 있다.
- 디지털화가 진행되면서 특정 영역이 다른 영역으로 범위를 넓혀가거나 합쳐지는 현상을 디지털 컨버전스(Digital convergence)라고 한다.
- 코로나 19 사태 이후 오프라인 기업이 디지털 기술을 활용하는 현상을 디지털 트렌스포메이션(Digital transformation, 디지털 전환)이라고 부른다.
- TV시청률, 신문열독율, 잡지발행 부수 등이 지속적으로 감소하면서, TV, 신문, 잡지 등 기존의 미디어들이 제공하던 모든 서비스를 인터넷이 포괄하기 때문에 인터넷을 가리켜 토털 미디어라고도 부른다.

② 새로운 기술의 등장

터치스크린을 중심으로 한 스마트폰이 발달하면서 N-스크린과 클라우드 환경이 맞물리면서 콘텐츠 저장과 이동에 대한 부담 없이 어디서든 자유롭게 동영상이나 자료들을 볼 수 있게 되어 기업은 물론 개인도 제한된 공간에서 일하거나 즐겨야 하는 불편에서 벗어나게 되었다.

기술의 유형	특징
터치스크린 (Touch screen)	• 스크린을 터치하여 원하는 기능을 사용하는 기능 • 인간의 오감(五感)을 만족시켜서 디바이스 사용의 즐거움을 극대화해 줌
N-스크린 (N-screen)	• TV, PC, 스마트폰, 태블릿 PC 등 콘텐츠를 소비하는 디바이스가 다양해지고 있음 • 디바이스를 바꾸어도 로그인만 하면 콘텐츠를 이어서 볼 수 있게 해주는 서비스
클라우드 컴퓨팅 (Cloud computing)	• 저장 공간으로 컴퓨터가 아닌 서버를 활용하는 것을 말함 • 콘텐츠 저장과 이동에 대한 제약이 없으며 제한된 공간에서 일하는 불편을 벗어나게 해줌
생성형 AI (Generative AI)	• 텍스트, 오디오, 이미지 또는 동영상 형태의 새로운 콘텐츠를 생성하도록 설계된 인공지능 모델 • 오픈AI에서 공개한 챗GPT가 대표적이며 다양한 분야에 적용 중임

PART 01
PART 02
PART 03
PART 04
PART 05
PART 06
PART 07

5) 디지털 미디어의 구분

미국의 조사기관인 포레스터 리서치(Forester Research)는 기업의 입장에서 디지털 미디어를 다음과 같이 3가지로 분류하였다.

소유 미디어 (Owned media)	• 기업이나 개인이 사이트 운영 권한을 가지고 콘텐츠를 통제할 수 있는 매체 • 가장 기본적인 단계는 기업은 자사의 정보를 웹사이트에 제공하는 것 • 소셜미디어의 발달로 대다수 기업이 웹사이트 이외에 블로그, 인스타그램, 유튜브 등의 소셜미디어를 직접 운영하면서 소비자와 소통하는 것 역시 소유 미디어에 해당
획득 미디어 (Earned media)	• 소비자가 정보를 생산하여 커뮤니케이션하는 매체 • 가장 기본적인 단계는 언론사의 홍보 기사를 제공하는 것 • 스마트폰의 확산으로 개인이 보유한 소셜미디어의 노출 기회가 증가면서 파워블로거, 유튜버 등의 소셜미디어 운영자가 다른 소비자에게 영향을 미치는 인플루언서가 등장함 • 제품에 대한 후기 등을 소셜미디어에 올리고 다량의 브랜드 정보가 고객 사이에 구전되도록 유도하는 서포터즈, 체험단 등이 대표적임
지불 미디어 (Paid media)	• 대가를 지불하고 광고를 게재하는 매체를 말함 • 디스플레이 광고, 검색광고, 동영상 광고 등이 있음

6) 디지털 미디어의 문제점

- 미디어가 모바일로 확대되어 가면서 보안 문제는 오히려 확대되고 있다.
- 소셜미디어의 발달과 함께 프라이버시 문제가 사회 문제로 대두되고 있다.
- 오픈된 사생활과 개인정보를 타인들이 쉽게 접하게 되어 사생활 침해가 발생하고 '원치 않는 사람의 친구 요청과 맺기' 등 새로운 갈등 요소도 생기고 있다.
- 고령사회에 진입함에 따라 기술에 대한 이해가 부족한 노령 인구의 정보 격차 문제도 발생한다.

03 디지털 소비자의 이해

01 기술수용주기에 따른 소비자 유형

미국의 사회학자 에버렛 로저스(Everett Rogers)는 소비자를 혁신수용자, 선각수용자, 전기 다수수용자, 후기 다수수용자, 지각수용자등 다섯 가지 유형으로 분류하는 기술수용주기(Technology Adoption Life-Cycle) 모델을 제안했다.

소비자의 유형	특징
혁신수용자(개척자)	• 기술 자체에 관심이 매우 많음, 비싼 가격을 지불함 • 동반자적 접근 전략 필요
선각수용자(얼리어답터)	• 기술의 가치를 알고 있음, 가격에 둔감 • 전략적 가치 창출 필요
전기 다수수용자(선두그룹)	• 실용주의자들, 가격에 민감함, 전체 시장의 1/3 • 시장에 존재하는 대부분 제품에 해당
후기 다수수용자(후위그룹)	• 첨단 기술에 두려움을 느낌, 유명상표 기업을 중시 • 기업 인지도를 높이는 전략 필요
지각수용자(꼴찌 그룹)	• 회의주의자들, 신기술이나 제품에 대한 거부 및 방해 • 마케팅 대상이 아님

PART 01
PART 02
PART 03
PART 04
PART 05
PART 06
PART 07

02 시장 성숙기에 따른 소비자의 유형

- 다수수용자가 제품을 사용하는 성숙기 시장에서는 브랜드 간의 차별성이 극히 적어진다.
- 이 경우는 브랜드 충성도는 낮아지고, 제품 카테고리 자체에 대한 지식과 애착이 커지는 경향이 있다.
- 하버드 대학교의 문영미 교수는 기술수용주기 후반부에 등장하는 후위 그룹과 꼴찌 그룹의 소비자를 다시 브랜드 충성도, 카테고리에 대한 지식과 애착의 정도에 따라 5가지 유형으로 나누었다.

구분	카테고리		브랜드
	지식	애착	충성도
① 카테고리 전문가	○	○	×
② 기회주의자	○	×	×
③ 실용주의자	×	○	×
④ 냉소주의자	×	×	×
⑤ 브랜드 충성자	×	×	○

① 카테고리 전문가(카테고리에 대한 지식과 애착 있음, 특정 브랜드에 대한 충성도 없음)
- 카테고리에 대한 강한 애정을 가지고 있으며, 제품 간의 미묘한 차이를 구분해 낼 수 있는 전문적인 지식도 가진 유형의 소비자를 말한다.
- 애정과 지식이 있다고 해서 특정 브랜드를 좋아하는 것은 아니며, 많은 정보를 바탕으로 다양한 브랜드들을 까다롭게 선택한다. 즉 브랜드 충성도가 아니라, 카테고리 충성도가 높은 것이다.

② 기회주의자(카테고리에 대한 지식 있으나 애착 없음, 특정 브랜드에 대한 충성도 없음)
- 특정 브랜드에 집착하지 않고, 동시에 카테고리에 대한 전문 지식을 가지고 있다는 점에서 카테고리 전문가와 비슷하나, 해당 카테고리에 대한 열정이 그다지 높지 않다는 점에서 차이가 있다.
- 브랜드에 대해 냉소적인 태도를 보이기도 하고, 현실적인 차원에서 카테고리를 바라보기는 하지만, 카테고리에 대한 충성도를 어느 정도 유지한다.

③ 실용주의자(카테고리와 브랜드에 관한 관심 없음)
- 브랜드 간의 차이에 별 관심이 없으며, 가격, 편리함, 습관만을 중요시하는 소비자다.
- 이러한 성향이 심화되면, 카테고리를 하나의 브랜드처럼 대하게 된다.

④ 냉소주의자(카테고리에 대한 염증)
- 시장에 참여하기를 두려워하며 마지못해 억지로 이끌려가는 소비자를 말한다.
- 자신에게 선택권이 없다는 사실에 불평하면서도 언제나 카테고리 아웃사이더로 남고 싶어 하며, 매장에 들어가더라도 가능한 한 빨리 빠져나오고 싶어하는 특징이 있다.

⑤ 브랜드 충성자(특정 브랜드에 대한 애착 있음)
- 특정 브랜드에 대한 강한 애착을 버리지 않는 소비자를 말한다.
- 과잉성숙 단계에 접어든 브랜드일 경우 일반 소비자들 눈에 괴상하고 시대에 뒤떨어진 것으로 보일 가능성이 크다.
- 오늘날 대부분의 카테고리 내에서 극소수를 차지하고 있는 소비자 유형이다.

03 디지털 소비자의 특징

1) 디지털 소비자의 유형

디지털 이민자(Digital immigrant)	후천적으로 디지털 기술에 적응해간 디지털 이전 세대
프로슈머(Prosumer)	• 미래학자 엘빈 토플러가 디지털 시대의 패러다임 변화와 함께 프로슈머의 탄생을 주장 • 프로슈머란 생산자(Producer)와 소비자(Consumer)를 합성하여 만들어낸 신조어로 디지털 시대의 소비자를 가리키는 용어 • 제품 제작 과정에 직접 참여하거나 브랜드에 대한 다양한 의견과 정보를 제안하는 소비자를 지칭
디지털 노마드(Digital nomad)	• 엘빈 토플러가 처음 언급한 개념으로 디지털(Digital)과 유목민(Nomad)을 합성한 신조어 • 노트북이나 스마트폰을 이용해 공간 제약 없이 재택근무 혹은 공유 오피스에서 업무를 보는 사람들을 의미
디지털 네이티브(Digital native)	• 어린 시절부터 인터넷이 발달된 환경에서 성장하여 디지털 기기를 자유자재로 사용하는 세대 • 1980년대 개인용 컴퓨터의 보급, 1990년대 인터넷의 확산, 2000년대 스마트폰의 대중화에 따른 디지털 전환기에 자연스럽게 성장기를 보낸 세대
애드슈머(Adsumer)	• 광고(Advertising)와 소비자(Consumer)의 합성어 • 광고를 제작하는 과정에서 직접 광고에 참여하고 의견을 제시하는 소비자 • 소셜미디어의 발달로 광고에 대한 소비자의 피드백을 적극적으로 활용하는 추세
잘파세대(Z+alpha) =알지세대(α-Z)	• Z세대와 알파(α)세대를 함께 일컫는 말로 신세대를 부르는 용어 • 아이폰이 세상에 등장한 2000년대 후반에 출생하여 스마트폰 대중화 이전을 기억하지 못하는 알파세대와 1990년대 중반에서 2000년대 초반까지 태어난 스마트폰에 익숙한 Z세대를 의미

2) 디지털 소비자의 특성

① 의제 파급(Agenda rippling)

과거에는 매스미디어를 통해 의제가 설정되고 확산되었으나, 디지털 사회에서는 네티즌이 올린 글, 댓글, 퍼 나르기 등에 의해 의제가 설정되고 확산된다.

② 감성적 요인 중시

• 디지털 소비자는 인지 후에 감성이 생기는 것이 아니라 감성이 생긴 후 브랜드에 관한 정보탐색을 한다.
• 소비자가 구매를 결정하기까지 제품에 대해 얼마나 아느냐 하는 인지적 요인보다 해당 브랜드에 대해 어떻게 느끼느냐 하는 감성적 요인이 더 큰 영향을 미친다.
• 디지털 광고의 역할은 제품에 대한 기능, 편익 전달을 넘어 브랜드에 대한 느낌을 긍정적으로 변화시키는 것이다.

③ 소비자 주도적 커뮤니케이션

• 인터넷의 발달과 함께 소비자들에게 정보력이 생겨나면서, 다른 사용자들의 평가를 탐색, 브랜드 이미지를 조사하고, 유통채널별로 가격까지 비교할 수 있게 되었다.
• 인터넷의 발달과 함께 기업보다 소비자가 더 빨리 정보를 얻는 정보 역전 현상이 발생하기도 한다.
• 디지털 시대의 소비자는 수동적이 아니라 능동적이며, 커뮤니케이션 전략의 핵심은 소비자 욕구이며 양방향 커뮤니케이션이 매우 중요하다.

PART 01
PART 02
PART 03
PART 04
PART 05
PART 06
PART 07

④ 브랜디드 콘텐츠

- 현대의 마케팅 패러다임은 빅데이터 분석 기술을 활용하여 소비자의 욕구를 분석하여 개인 맞춤형 광고를 하고, 노출 위주가 아닌 재미와 감성을 지닌 브랜디드 콘텐츠 위주의 광고 방식이 중심이 된다.
- 기업의 브랜드 관리는 브랜드 구축 중심에서 개인화나 의인화 등의 캐릭터 구축 중심으로 변화하고 있다.

04 소비자 행동 모델(효과 계층 모델)의 변화

1) AIDMA 모델

- 1920년대 경제학자 로랜드 홀(Roland Hall)에 의해 제창된 전통적인 소비자 구매 패턴 모델이다.
- 일방적 커뮤니케이션 중심의 반복적 노출을 통해 브랜드를 인지하고 제품이나 서비스에 주목하여 구매로 이어지는 패턴을 설명한다.

2) AISAS 모델

- 1990년대 일본의 종합광고대행사 덴츠(Dentsu)에서 발표한 현대적 소비자 구매 패턴 모델이다.
- 소비자가 구매를 결정하기 전에 상품에 대한 정보를 직접 검색하는 과정을 설명하는 방식이다.

3) AIDEES 모델

- 2006년 일본 경제학자 카타히라 히데키 교수는 소셜미디어의 공유 환경에 맞춰 소비자의 경험과 열광을 반영한 새로운 소비자 행동 모델을 소개했다.
- 소비자가 상품에 대한 자신의 경험을 공유하고 능동적으로 참여하는 디지털 사회 소비자의 주된 정보 처리 과정이라고 볼 수 있다.

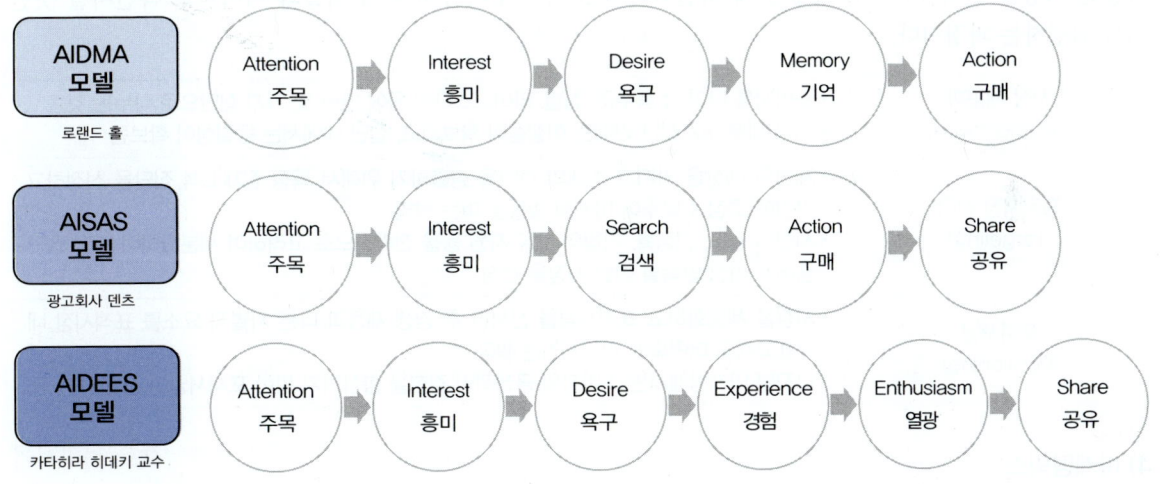

04 디지털 마케팅 전략 프로세스

01 마케팅 프로세스

- 마케팅은 제품과 서비스를 개발하고, 가격을 결정하고, 어떻게 유통할 것인지 채널을 결정하고, 판매촉진 방법을 계획·실행하는 모든 커뮤니케이션 활동을 말한다.
- 필립 코틀러는 마케팅 과정을 다음의 6가지 프로세스로 정리하였다.

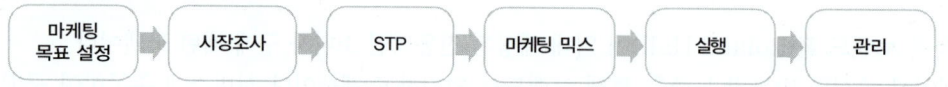

마케팅 목표 설정 ▶ 시장조사 ▶ STP ▶ 마케팅 믹스 ▶ 실행 ▶ 관리

1) 마케팅 목표 설정

- 마케팅 활동을 통해 얻고자 하는 것을 계량화할 수 있는 수치로 설정한다.
- 마케팅 목표는 기업의 비전과 일치하여야 하며, 현실적으로 달성 가능한 정도여야 한다.

2) 시장조사

- 시장 및 환경에 존재하는 기회를 분석하는 활동이다.
- 기존의 시장의 문제점이나 상품에 대한 피드백 등을 분석하여 새로운 시장의 기회를 발견하는 단계이다.

3) STP

STP란 시장 세분화(Segmentation), 표적시장 선정(Targeting), 포지셔닝(Positioning)의 약자로 판매 가능한 시장을 선택하고 타겟에게 맞게 차별화하여 소비자의 마음에 어떤 역할과 이미지로 각인시킬 것인지를 결정하는 과정이다.

시장 세분화 (Segmentation)	• 소비자를 나이, 소득수준, 성별, 라이프스타일 등에 따라 몇 가지 집단으로 나누는 것 • 시장 세분화로 집단 간에는 이질성이 확보되고, 집단 내에서는 동질성이 확보됨
표적시장 선정 (Targeting)	• 제한된 예산을 가지고 최대의 수익을 창출하기 위해서 특정 잠재고객 집단을 선정하고 거기에 초점을 맞추어 마케팅 활동을 펴는 작업 • 시장의 규모, 성장률, 기업의 보유 자원 등을 전략적으로 고려하여 세분화하여 나눈 집단 중에서 가장 만족할 만한 시장을 선정
포지셔닝 (Positioning)	• 시장을 세분화하고 표적시장을 선정한 후 경쟁 제품과 다른 차별적 요소를 표적시장 내 목표고객의 머릿속에 인식시키는 활동 • 디지털 마케팅에서는 소비자의 긍정적인 경험을 향상하기 위한 포지셔닝이 중요

4) 마케팅믹스

- 다양한 형태의 마케팅 수단들을 적절하게 조합하여 사용하는 전략을 마케팅믹스(Marketing Mix)라고 부른다.
- 대표적인 마케팅믹스 전략은 마케팅 4P로 미국 미시간 주립 대학의 교수인 E. 제롬 맥카시(Jerome McCarthy) 교수가 1960년 처음 소개하였다.
- 생산자 중심의 시장에서 소비자 중심으로 시장이 변화하면서 1993년 로버트 로터본(Robert Lauterborn) 교수는 4P를 소비자 측면에서 바라본 4C로 재정의했다.
- 고객과의 커뮤니케이션이 중요해지면서 2004년에는 도널드 칸(Donald Calne)에 의해 4E라는 개념이 등장하여 널리 사용되고 있다.

• 고객의 감성이 중요한 디지털 시대에는 4P에서 4E로 요소들의 범위가 확대되는 추세이다.

산업사회 – 4P	정보사회 – 4C	디지털 시대 – 4E
Product(제품)	Customer value(소비자 가치)	Experience(경험)
Price(가격)	Cost(비용)	Engagement(참여)
Place(유통)	Convenience(편리성)	Evangelist(전파자)
Promotion(판매촉진)	Communication(의사소통)	Enthusiasm(열정)

① 마케팅 4P

Product(제품)	제품이나 서비스는 물론이고 브랜드, 디자인, 아이디어, 이미지 등을 포함하여 기업이 만들어내는 모든 것을 포괄적으로 관리하는 활동
Price(가격)	상품의 가치와 경쟁 강도 등을 모두 고려하여 최적의 가격 정책을 결정하는 활동
Place(유통)	기업의 상품이나 서비스를 어떤 유통 경로를 통해 목표 시장이나 고객에게 어떻게 제공할 것인가를 결정하고, 새로운 시장 기회와 고객가치를 창출하는 활동
Promotion(판매촉진)	고객을 대상으로 하여 상품이나 서비스를 알리고 유통하는 데 필요한 광고, 판매 활동, PR 등 마케팅 목표달성을 위한 다양한 활동

② 마케팅 4C

Customer Value(소비자 가치)	소비자의 가치를 중심으로 제품과 서비스를 만드는 활동
Cost(비용)	유지·보수 비용을 포함해 소비자가 생애 전반에 걸쳐 지불하는 비용 전체를 고민하여 가격을 책정하는 활동
Convenience(편리성)	소비자가 편하게 구매할 수 있도록 접근성을 높이는 활동
Communication(의사소통)	제품을 유통하는 데에 그치는 것이 아니라 소비자의 의견을 듣고 적극적으로 수용하는 활동

③ 마케팅 4E

Experience(경험)	브랜드에 대한 다양하고 인상적인 경험을 만들어주는 것
Engagement(참여)	브랜드에 대한 고객의 관련성을 만들어주는 것
Evangelist(전파자)	• 브랜드에 대해 호감과 충성도를 가진 고객을 '브랜드 전도사'로 활용하는 방법 • 의도적으로 역할을 부여하는 것이 아니라 고객이 자발적으로 참여하고 활동할 수 있는 장을 만들어주는 것
Enthusiasm(열정)	눈앞의 매출보다 고객들과의 유기적인 관계를 중요하게 관리하는 열정·다양한 미디어를 통해 소통하는 열정적인 마케터가 대표적

5) 실행
마케팅믹스에서 설정한 요소들을 조합하여 마케팅 활동을 실행한다.

6) 관리
마케팅 전략의 실행에 따른 시장의 피드백을 수집하고 평가하고 성과를 향상할 개선 방안을 마련한다.

01 온라인 구전 마케팅(eWOM: electronic Word Of Mouth)

- 온라인상에서 소비자가 경험과 정보를 다른 소비자들과 직접 공유하는 자발적 의사소통 행위를 의미한다.
- 온라인 구전은 네트워크 분석을 통해 구전의 확산 경로와 의견 선도자를 파악할 수 있으며, 신뢰도가 높아 기업의 입장에서 소비자의 의견을 청취하는 채널로 활용할 수 있다.
- SNS, 블로그, 온라인 게시판을 통해 확산되며, 긍정적, 부정적, 중립적 의견을 분류해서 대응하는 것이 중요하다.
- 온라인 쇼핑몰에서 구매 후 소비자가 작성하는 사용 후기도 온라인 구전의 한 유형으로 볼 수 있다.

02 바이럴 마케팅(Viral marketing)

- 기업의 마케팅 메시지를 소비자의 목소리로 다른 소비자에게 퍼뜨리는 마케팅을 말한다.
- 고객에게 제품을 제공하고 체험 후기 등을 콘텐츠 형태로 게재하도록 유도하는 방법이 대표적이다.

03 인플루언서 마케팅(Influencer marketing)

- 인플루언서(Influencer)는 높은 신뢰도를 바탕으로 제품에 대한 의견이나 평가가 수많은 팔로워에게 영향을 미치는 사람을 말한다.
- 파워블로거나 유튜버 혹은 소셜미디어에서 다른 소비자에게 많은 영향을 미치는 인플루언서를 적극적으로 활용하는 마케팅 기법을 인플루언서 마케팅이라고 부른다.

04 버즈 마케팅(Buzz marketing)

- 'Buzz'는 꿀벌이 윙윙대는 소리를 뜻하는 영어 단어로, 소비자가 특정 제품과 서비스에 대해 자발적으로 언급하도록 유도하는 활동을 의미한다.
- 제품 사용 후기 등을 통해 실제 상품을 이용해 본 고객들이 자신의 소셜미디어 등을 통해 검색 결과나 피드에 특정 제품을 노출하는 방법으로 마케팅이 이루어진다.

05 커뮤니티 마케팅(Community marketing)

- 제품에 관심을 가질 것으로 예상되는 사람들이 모여 있는 카페나 밴드 등의 커뮤니티 플랫폼에 지원하거나 직접 광고를 노출하는 마케팅을 말한다.
- 커뮤니티 관리자의 엄격한 모니터링을 통해 제품에 대한 소비자의 피드백을 직접 확인할 수 있다.

06 코즈 마케팅(Cause marketing)

- 'Cause'는 사회적인 이슈를 뜻하는 영어 단어로, 코즈(Cause) 마케팅이란 환경, 보건, 빈곤 등과 같은 사회적인 공감대를 형성할 수 있는 이슈를 소비자에게 유도하여 기업의 이익을 동시에 추구하는 마케팅 기법을 말한다.
- 무라벨 생수나 다회용품 사용 또는 판매 수익금의 일부를 기부하는 것 등이 대표적인 사례다.

? **Quiz**

PART 01
PART 02
PART 03
PART 04
PART 05
PART 06
PART 07

01 마샬 맥루한은 '모바일이 곧 메시지다'라고 말했다. ⭕ ❌

02 바이럴 마케팅은 온라인상에서 소비자가 경험과 정보를 다른 소비자들과 직접 공유하 ⭕ ❌
는 자발적 의사소통 행위를 의미한다.

03 코즈(Cause) 마케팅이란 환경, 보건, 빈곤 등과 같은 사회적인 공감대를 형성할 수 ⭕ ❌
있는 이슈를 소비자에게 유도하여 기업의 이익을 동시에 추구하는 마케팅 기법을 말
한다.

04 대표적인 마케팅믹스 전략은 마케팅 4P로 미국 미시간 주립 대학의 교수인 E. 제롬 ⭕ ❌
맥카시(Jerome McCarthy) 교수가 1960년 처음 소개하였다.

05 고객과의 커뮤니케이션이 중요해지면서 로버트 로터본(Robert Lauterborn) 교수에 ⭕ ❌
의해 4E라는 개념이 등장하여 널리 사용되고 있다.

06 시장의 규모, 성장률, 기업의 보유 자원 등을 전략적으로 고려하여 세분화하여 나눈 ⭕ ❌
집단 중에서 가장 만족할 만한 시장을 선정하는 것을 포지셔닝이라고 부른다.

07 소비자 행동 모델 중에서 AIDEES 모델은 일방적 커뮤니케이션 중심의 반복적 노출 ⭕ ❌
을 통해 브랜드를 인지하고 제품이나 서비스에 주목하여 구매로 이어지는 패턴을 설
명한다.

08 인터넷의 발달과 함께 기업보다 소비자가 더 빨리 정보를 얻는 정보 역전 현상이 발 ⭕ ❌
생하기도 한다.

09 디지털 광고의 역할은 제품에 대한 기능, 편익 전달을 넘어 브랜드에 대한 느낌을 긍 ⭕ ❌
정적으로 변화시키는 것이다.

10 디지털 네이티브는 1980년대 개인용 컴퓨터의 보급, 1990년대 인터넷의 확산, 2000년 ⭕ ❌
대 스마트폰의 대중화에 따른 디지털 전환기에 성장기를 보낸 세대를 지칭한다.

11 디지털 마케팅 시대에는 소수의 기업이 특정 영역의 정보를 독점하다시피 한다. ⭕ ❌

12 인터넷의 발달로 유사한 특성의 제품이 많아지다 보니 차별화에 대한 압박이 심해졌다.　　　O X

13 모바일 시대에는 소비자가 어떻게 느끼느냐 하는 감성적 요인보다 얼마나 아느냐 하는 인지적 요인이 더 큰 영향을 미친다.　　　O X

14 디지털 시대 소비자는 감성이 생기고 나서 그 브랜드에 관한 정보탐색을 한다.　　　O X

15 광고의 역할 중 하나는 브랜드에 대한 느낌을 긍정적으로 변화시키는 것이다.　　　O X

16 브랜드 관리는 브랜드 구축 중심에서 캐릭터 구축 중심으로 변화하고 있다.　　　O X

17 디지털 시대 마케팅은 인지도나 전환율을 높이기 위한 싸움이다.　　　O X

18 브랜드 충성자는 특정 카테고리 속에 수많은 경쟁 브랜드들이 존재하고 있음에도 불구하고, 특정 브랜드에 대한 강한 애착을 버리지 않는 소비자를 뜻하는 용어이다.　　　O X

19 디지털 커뮤니케이션에서 오가는 정보는 신뢰도가 높은 것이 특징이다.　　　O X

20 과거에는 소수의 제품이 특정 영역을 독점했지만, 오늘날에는 제품 영역 간 이동이 빈번하다.　　　O X

정답				
01 ×	02 ×	03 ○	04 ○	05 ×
06 ×	07 ×	08 ○	09 ○	10 ○
11 ×	12 ○	13 ×	14 ○	15 ○
16 ○	17 ×	18 ○	19 ○	20 ○

해설
01 미디어는 곧 메시지다.
02 온라인 구전 마케팅에 대한 설명이다.
05 도널드 칸이다.
06 타겟팅에 대한 설명이다.
11 일반 네티즌의 정보량이 더 많다.
13 유사한 기능의 제품이 많아지면서 감성적 요인이 더 중요해졌다.
17 전환율을 높이기 위한 싸움은 맞지만 인지도를 높이기 위한 것은 디지털 마케팅에 국한된 설명이 아니다.

01 다음 중 아래의 예시문과 가장 관련 있는 사람은?

> – 미디어가 곧 메시지다.
> – 미디어가 가지고 있는 특징이 미디어에 담긴 콘텐츠, 수용하는 방식, 수용자의 가치관까지 모두 결정한다.

① 엘빈 토플러
② 필립 코틀러
③ 마샬 맥루한
④ 피터 드러커

02 다음의 온라인 비즈니스에 대한 설명 중 괄호 안에 들어갈 용어로 옳은 것은?

> (   )이(가) 곧 메시지다. (   )이(가) 가지고 있는 속성들이 (   )에 담긴 콘텐츠, 이를 수용하는 방식, 수용하는 사람의 가치관 등을 모두 결정한다.

① 키워드
② 이메일
③ 마케팅
④ 미디어

03 다음 중 디지털 시대의 마케팅 커뮤니케이션에 대한 설명으로 옳지 <u>않은</u> 것은?

① 디지털 커뮤니케이션은 주로 실제 경험에 근거한 것으로 신뢰도가 높다.
② 디지털 마케팅은 기존 마케팅보다 타겟팅이 어렵다.
③ 아이디어만 있으면 특별한 기반이나 조직력 없이도 비즈니스 모델을 구축할 수 있다.
④ 후기에서 제품에 대한 호감을 느껴 그 브랜드에 대한 정보를 탐색하는 경우가 많다.

04 다음 중 디지털화로 인한 커뮤니케이션의 변화에 대한 설명으로 옳지 <u>않은</u> 것은?

① 디지털 미디어의 등장으로 일대다(一對多) 커뮤니케이션이 가능하게 되었다.
② 정보 수용에 수동적이었던 사람들이 인터넷을 통해 정보 수용자인 동시에 송신자의 역할을 하게 되었다.
③ 디지털상에서는 시공(時空)을 초월한 커뮤니케이션이 가능하다.
④ 자유로운 커뮤니케이션이 가능해짐에 따라 주변 사람들과 공유하는 커뮤니케이션이 활발하게 진행되고 있다.

PART 01
PART 02
PART 03
PART 04
PART 05
PART 06
PART 07

05 다음은 디지털화로 인한 커뮤니케이션 변화에 대한 설명이다. 괄호 안에 들어갈 용어로 알맞은 것은?

> 인터넷의 등장으로 (   ) 커뮤니케이션이 가능하게 되었다.

① 일대일(一對一)   ② 다대다(多對多)
③ 일대다(一對多)   ④ 다대일(多對一)

06 다음의 디지털화로 인한 커뮤니케이션 변화에 대한 설명 중 괄호 안에 들어갈 단어로 옳은 것은?

> 전통적 미디어는 전화와 같은 (ⓐ) 커뮤니케이션, TV나 신문, 라디오와 같은 (ⓑ) 커뮤니케이션으로 한정되어 있었다.

① ⓐ 일대일(一對一), ⓑ 다대다(多對多)
② ⓐ 일대일(一對一), ⓑ 일대다(一對多)
③ ⓐ 일대다(一對多), ⓑ 일대일(一對一)
④ ⓐ 일대다(一對多), ⓑ 다대다(多對多)

07 다음 중 디지털화로 인한 커뮤니케이션 변화에 관한 설명으로 <u>틀린</u> 것은?

① 일대일(一對一) 커뮤니케이션이 비로소 가능하게 되었다.
② 사람들이 적극적인 영향력을 행사하게 되었다.
③ 사람들은 정보 수용자인 동시에 송신자로서 역할을 하게 되었다.
④ 디지털상에서는 시공(時空)을 초월한 커뮤니케이션이 가능하다.

08 다음 중 디지털화로 인한 커뮤니케이션 변화에 관한 설명으로 옳지 <u>않은</u> 것은?

① 인터넷을 통해 다대다(多對多) 방식의 커뮤니케이션이 확산되고 있다.
② 인터넷을 통해 정보 수용에 수동적이었던 사람들이 정보 전달 내용, 시간, 대상 등에 적극적인 영향력을 행사하게 되었다.
③ 인터넷을 통해 사람들은 정보 수용자인 동시에 송신자의 역할을 하게 되었다.
④ 디지털상에서는 시공(時空)을 초월한 커뮤니케이션까지는 불가능하다.

09 다음의 디지털의 진화에 대한 설명 중 괄호 안에 들어갈 단어는?

> 애플과 구글, 마이크로소프트, 아마존이 주도하는 (   ) 시대가 진행되고 있다.

① 모바일 인터넷 컴퓨팅
② 클라우드 컴퓨팅
③ 퍼스널 컴퓨팅
④ 미니 컴퓨팅

10 다음 중 코로나 19 사태 이후 오프라인 기업이 디지털 기술을 활용하는 현상을 무엇이라고 하는가?

① 디지털 인터페이스
② 디지털 네트워크
③ 디지털 트렌스포메이션
④ 디지털 컨버전스

11 다음 중 TV, 라디오, 신문, 잡지 등 기존의 미디어들이 제공하던 모든 서비스를 포괄하는 미디어로서의 인터넷을 가리키는 용어는?

① 소셜미디어
② 포털 미디어
③ 최신 미디어
④ 토털 미디어

12 다음 중 미디어 이용 변화에 설명으로 옳은 것은?

① TV 시청률이 지속적으로 증가하고 있다.
② 인터넷은 PC 이용률이 모바일 이용률보다 낮다.
③ 50~60대 이상에서는 인터넷 이용이 여전히 저조하다.
④ 매스미디어에 대한 소비자 접촉률은 계속 증가하는 추세다.

13 다음 중 디지털 미디어 변화에 대한 설명으로 적절하지 않은 것은?

① 소비자들은 TV/신문/라디오뿐만 아니라 디지털 미디어를 통해서도 정보를 획득할 수 있다.
② 모바일 미디어는 각종 콘텐츠 산업과 결합하면서 급속하게 성장하고 있다.
③ IoT(사물인터넷) 환경은 소비자에게 원하는 정보를 자유롭게 접근할 수 있게 하였다.
④ 인터넷에서 제공하는 서비스는 기존 미디어들이 제공하던 모든 서비스를 포괄하기 때문에 소셜미디어라고 일컫는다.

14 다음 중 기업의 입장에서 파워블로거나 유튜버가 고객 사이에 정보를 전파하면서 생긴 미디어(Media, 매체)를 일컫는 용어는?

① Paid media
② Owned media
③ Earned media
④ Multi media

15 다음 중 포레스터 리서치(Forester research)가 분류한 기업의 입장에서 본 3가지 디지털 미디어 분류에 속하지 않는 것은?

① 저장된 미디어(Saved media)
② 소유한 미디어(Owned media)
③ 지불한 미디어(Paid media)
④ 획득된 미디어(Earned media)

16 다음 중 디지털 미디어 분류에 관한 내용으로 틀린 것은?

① 포레스터 리서치는 기업의 입장에서 디지털 미디어를 Owned media, Paid media, Earned media로 분류했다.
② Owned media는 기업이 소유하고는 있지만, 콘텐츠는 통제할 수 없는 채널을 말한다.
③ Paid media는 디스플레이 광고, 검색광고, 브랜드 검색광고 등이 있다.
④ Earned media는 언론사 웹사이트, 블로그, 유튜브 등이 있다.

PART 01
PART 02
PART 03
PART 04
PART 05
PART 06
PART 07

17 오늘날의 마케팅은 과거 4P에서 4C를 거쳐 디지털 기술 발전과 함께 4E의 단계로 발전하게 되었다. 다음 중 디지털 마케팅의 4E에 해당하지 않는 것은?

① Experience
② Evaluation
③ Enthusiasm
④ Evangelist

18 다음 중 디지털 시대 소비자가 인터넷으로 제품에 대한 정보는 물론 다른 사용자들의 평가를 탐색하고 브랜드 이미지를 조사하며 유통 채널별로 가격까지 비교하는 것처럼 기업보다 소비자가 더 빨리 정보를 얻는 현상을 무엇이라 하는가?

① 새로운 현상
② 스마트 현상
③ 편향 현상
④ 역전 현상

19 다음 중 제품 제작 과정에 직접 참여하거나 기업에 다양한 의견과 정보를 제안하는 소비자를 지칭하는 용어는?

① 체리피커
② 유나바머
③ 프로슈머
④ 블랙 컨슈머

20 스마트폰 사용이 확산하면서 개인이 직접 저작물을 생산하는 경우가 많아졌다. 다음 중 직접 저작물을 생산하고 사용자와 소통하는 개인을 일컫는 용어로 알맞지 않은 것은?

① 유튜버
② 인플루언서
③ 소셜미디어
④ 크리에이터

21 다음 중 소비자 집단 중 시장에서 벌어지고 있는 경쟁 상황이나 브랜드 간의 차별화에는 관심이 없고 가격, 편리함, 습관만을 중시하는 집단을 무엇이라 부르는가?

① 기회주의자
② 실용주의자
③ 냉소주의자
④ 브랜드 충성자

22 다음의 용어가 설명하는 디지털 소비자의 유형으로 옳은 것은?

> 태어나면서부터 고도의 디지털 기기에 둘러싸여 있던 세대로, 급변하는 디지털 언어를 자유자재로 사용하는 세대를 지칭하는 용어이다.

① Digital nomad
② Digital narrative
③ Digital immigrant
④ Digital native

23 다음 중 디지털 시대 소비자의 변화에 대한 설명으로 옳지 <u>않은</u> 것은?

① 시장의 주도권은 소비자가 아닌 생산자가 갖게 되었다.

② 다수의 일반인에 의해 콘텐츠가 제작되고 있다.

③ 기업보다 소비자가 더 빨리 정보를 얻기도 한다.

④ 컨슈머(Consumer)에서 프로슈머(Prosumer, Producer+Consumer)로 진화하게 되었다.

24 다음 중 디지털 세대에 대한 설명으로 옳은 것은?

① 자기 생각을 적극적으로 표현하고 자신이 추구하는 것을 숨기거나 참지 않으므로 일방적인 의견 개진에 대한 거부감이 있다.

② 태어나면서부터 고도의 디지털 기기에 둘러싸여 있어서 Digital nomad라 부른다.

③ 정보공유, 수평적 토론 등 사회적 관계 형성을 매우 중시하며 관계 형성은 주로 대화와 토론을 통해 이루어진다.

④ 인터넷 사용 인구와 사용 시간은 지속적으로 늘어나고 있지만 헤비 유저의 비율은 낮아지고 있다.

25 다음 중 디지털 사회에서는 네티즌이 올린 글, 댓글, 퍼 나르기에 의해 의제가 설정되고 확산되는 것을 가리키는 용어는?

① Agenda setting(의제 설정)

② Agenda rippling(의제 파급)

③ Agenda separating(의제 분리)

④ Agenda gathering(의제 모임)

26 다음은 디지털 시대의 마케팅 전략 모델에 대한 설명이다. 괄호 안에 들어갈 용어가 순서대로 바르게 나열된 것은?

> 일본의 광고대행사 덴츠가 개발한 AISAS 모델은 소비자가 (ⓐ), (ⓑ), (ⓒ), (ⓓ), (ⓔ)의 단계를 거치는 디지털 마케팅 캠페인을 효과적으로 설명한다.

① ⓐ Awareness(Attention) – ⓑ Interest – ⓒ Search – ⓓ Action – ⓔ Share

② ⓐ Awareness(Attention) – ⓑ Interest – ⓒ Share – ⓓ Action – ⓔ Search

③ ⓐ Awareness(Attention) – ⓑ Indication – ⓒ Share – ⓓ Action – ⓔ Search

④ ⓐ Awareness(Attention) – ⓑ Interest – ⓒ Search – ⓓ Adoption – ⓔ Share

PART 01
PART 02
PART 03
PART 04
PART 05
PART 06
PART 07

27 온라인 비즈니스 패러다임의 변화에 대한 설명 중 괄호 안에 들어갈 단어로 옳은 것은?

> 인터넷의 발달과 함께 소비자들에게 (　　) 이(가) 생겨나면서, 소비자들은 다른 사용자들의 평가를 탐색, 브랜드 이미지를 조사하고, 유통채널별로 가격까지 비교할 수 있게 되었다.

① 투표권
② 경쟁력
③ 정보력
④ 구매력

28 다음 중 디지털 마케팅 시대의 특징에 대한 설명으로 틀린 것은?

① 영역 간 이동이 빈번해지면서 유사한 특성의 제품이 많아졌다.
② 마케팅 캠페인의 주요 내용은 제품에 대한 보다 구체적인 내용이 중심이 되어야 한다.
③ 유사한 특성의 제품이 많아지다 보니 차별화에 대한 압박이 심해졌다.
④ 디지털 사회에서의 구매 결정은 제품에 대한 인지적 요인보다 해당 브랜드에 대한 감성적 요인이 더 큰 영향을 미친다.

29 다음의 디지털 마케팅의 특성에 대한 설명 중 괄호 안에 들어갈 단어로 옳은 것은?

> 과거에는 소수의 제품이 특정 영역을 독점하다시피 했다. 그러나 오늘날에는 사업 다각화라는 명목으로 영역 간 이동이 빈번해졌다. 유사한 특성의 제품이 많아지다 보니 (　　)의 압박이 심해졌다.

① 차별화
② 효율화
③ 합리화
④ 대량화

30 다음 중 온라인 구전(eWOM: electronic Word of Mouth)에 대한 설명으로 틀린 것은?

① 네트워크 분석을 통해 구전의 확산 경로와 의견 선도자를 파악할 수 있다.
② SNS, 블로그, 온라인 게시판을 통해 확산되기 때문에 일반적으로 정보에 대한 신뢰도는 매우 낮다.
③ 기업의 입장에서 소비자의 의견을 청취하는 채널로 활용할 수 있다.
④ 영화를 관람한 관객이 작성하는 별점도 온라인 구전의 한 유형으로 볼 수 있다.

PART 01
PART 02
PART 03
PART 04
PART 05
PART 06
PART 07

단답식

01 다음 내용의 괄호 안에 들어갈 용어는 무엇인가?

> 마케팅 4E 중에서 브랜드에 대한 다양하고 인상적인 경험을 고객에게 만들어주는 것을 (   )(이)라고 부른다.

02 다음 내용의 괄호 안에 들어갈 용어는 무엇인가?

> 마케팅 4E 중에서 눈앞의 매출보다 고객과의 유기적인 관계 유지를 중요하게 여기는 것을 (   )(이)라고 부른다.

03~07 다음 표에서 해당하는 정보에 ○ 또는 × 표를 기입하시오. (부분 점수 없음)

번호	소비자 유형	카테고리		브랜드
		지식	애착	충성도
03	카테고리 전문가			
04	기회주의자			
05	실용주의자			
06	냉소주의자			
07	브랜드 충성자			

08 다음 내용의 괄호 안에 들어갈 용어는 무엇인가?

> 미래학자 엘빈 토플러는 디지털 시대의 패러다임 변화와 함께 (   )의 탄생을 주장했다.

09 다음 내용의 괄호 안에 들어갈 용어는 무엇인가?

> 과거에는 매스미디어를 통해 의제가 설정되고 확산되었다. 그러나 디지털 사회에서는 네티즌이 올린 글이나 댓글, 퍼나르기에 의해 의제가 설정되고 확산된다. 이것을 (   )이라고 한다.

10 다음 내용의 괄호 안에 들어갈 용어는 무엇인가?

> 현대의 마케팅 패러다임은 빅데이터 분석 기술을 활용하여 소비자의 욕구를 분석하여 개인 맞춤형 광고를 하고, 노출 위주가 아닌 재미와 감성을 지닌 (   ) 위주의 광고 방식이 중심이 된다.

PART 01
PART 02
PART 03
PART 04
PART 05
PART 06
PART 07

합격을 다지는 예상문제

정답 & 해설

객관식

01 ③

캐나다 토론토 대학의 마샬 맥루한(Marshall McLuhan) 교수는 '미디어는 곧 메시지다'라고 주장했다. 그에 따르면 미디어가 가지고 있는 속성들이 미디어에 담긴 콘텐츠, 이를 수용하는 방식, 수용하는 사람의 가치관 등을 모두 결정하고, 미디어 관련 기술 발전은 미디어의 변화는 물론 수용자의 가치관과 생활 패턴을 변화시킨다.

02 ④

마샬 맥루한이 했던 주장에 관한 내용이다.

03 ②

디지털 마케팅은 기존 마케팅보다 타겟팅이 쉬운 편이다.

04 ①

일대다(一對多) 커뮤니케이션이 가능하게 된 것은 TV나 신문, 라디오와 같은 매스미디어의 등장 때문이다. 디지털 미디어의 등장으로 다대다(多對多) 커뮤니케이션이 가능하게 되었다.

05 ②

디지털 미디어의 등장으로 다대다(多對多) 커뮤니케이션이 가능하게 되었다.

06 ②

전통적 미디어는 전화와 같은 일대일(一對一) 커뮤니케이션, TV나 신문, 라디오와 같은 일대다(一對多) 커뮤니케이션으로 한정되어 있었다. 그러나 인터넷의 등장으로 다대다(多對多) 커뮤니케이션이 가능하게 되었다.

07 ①

디지털로 인해 다대다(多對多) 커뮤니케이션이 가능하게 되었다.

08 ④

디지털상에서는 시공간의 제약이 없으므로 커뮤니케이션 속도가 빠르다. 화상 프로그램을 통해서 실시간으로 소통할 수 있으며 이미지, 텍스트, 비디오 등의 다양한 파일을 주고받을 수 있다.

09 ②

최근 컴퓨터와 스마트폰, 태블릿 PC 등 사용하는 디지털 기기가 다양해지고 인터넷망의 속도가 빨라지면서 물리적인 하드디스크 저장장치를 디지털로 관리하는 클라우드 서비스의 수요가 늘고 있다. 이는 컴퓨터 사용자들에게 더 많은 용량이 필요하다는 의미이기도 하지만, 역설적으로 비용만 지불하면 어디서나 필요한 콘텐츠를 바로 찾아볼 수 있으므로 많은 용량의 하드디스크가 필요 없다는 의미이기도 하다. 대표적으로 애플의 아이클라우드, 구글의 구글드라이브, 마이크로소프트의 원드라이브, 아마존의 AWS가 있다.

10 ③

코로나 19 사태 이후 오프라인 기업이 디지털 기술을 활용하는 현상을 디지털 트렌스포메이션(Digital Transformation, 디지털 전환)이라고 부른다.

11 ④

TV 시청률, 신문열독율, 잡지발행 부수 등이 지속적으로 감소하면서, TV, 신문, 잡지 등 기존의 미디어들이 제공하던 모든 서비스를 포괄하는 미디어로서의 인터넷을 가리켜 토털 미디어라고 부른다.

12 ②

오답 피하기

- ①: TV 시청률은 감소하고 있다.
- ③: 인터넷 이용률은 세대별로 큰 차이가 없다.
- ④: 매스미디어에 대한 소비자 접촉률은 감소하는 추세이다.

13 ④

인터넷에서 제공하는 서비스는 기존 미디어들이 제공하던 모든 서비스를 포괄하기 때문에 '토털 미디어'라고 일컫는다.

14 ③

획득 미디어(Earned media)란 소비자가 정보를 생산하여 커뮤니케이션하는 매체를 말한다. 파워블로거, 유튜버 등의 소셜미디어 운영자가 제품에 대한 후기 등을 소셜미디어에 올리고 다량의 브랜드 정보가 고객 사이에 구전되도록 유도하는 서포터즈, 체험단 등이 대표적이다.

15 ①

포레스터 리서치(Forester Research)가 분류한 기업의 입장에서 본 3가지 디지털 미디어 분류에 속하는 것은 소유한 미디어, 지불한 미디어, 획득된 미디어이다.

16 ②

소유 미디어(Owned media)는 기업이나 개인이 사이트 운영 권한을 가지고 콘텐츠를 통제할 수 있는 매체를 말한다.

17 ②

마케팅 4E는 다음과 같다.
• Experience(경험): 브랜드에 대한 다양하고 인상적인 경험을 만들어주는 것이다.
• Engagement(참여): 브랜드에 대한 고객의 관련성을 만들어주는 것이다
• Evangelist(전파자): 브랜드에 대해 호감과 충성도를 가진 고객을 '브랜드 전도사'로 활용하는 방법으로써, 의도적으로 역할을 부여하는 것이 아니라 고객이 자발적으로 참여하고 활동할 수 있는 장을 만들어주는 것이다.
• Enthusiasm(열정): 다양한 미디어는 물론 고객들과의 유기적인 관계를 관리하는 브랜드에 대한 마케터의 열정을 말한다.

18 ④

인터넷의 발달과 함께 소비자들에게 정보력이 생겨나면서, 다른 사용자들의 평가를 탐색, 브랜드 이미지를 조사하고, 유통채널별로 가격까지 비교할 수 있게 되었다. 인터넷의 발달과 함께 기업보다 소비자가 더 빨리 정보를 얻는 정보 역전 현상이 발생하기도 한다.

19 ③

제품 제작 과정에 직접 참여하거나 기업에 다양한 의견과 정보를 제안하는 소비자를 지칭하는 것은 프로슈머이다.

오답 피하기
• ①: 체리피커는 케이크 위의 체리만 꺼내먹는 얌체족처럼 기업의 이벤트에만 응모하고 제품은 구매하지 않는 얌체 소비자를 말한다.
• ②: 유나바머는 미국 폭탄테러리스트의 별명이다.
• ④: 블랙컨슈머는 악성을 뜻하는 블랙(Black)과 소비자를 뜻하는 컨슈머(Consumer)의 합성 신조어로 악성 민원을 고의적, 상습적으로 제기하는 소비자를 뜻하는 말이다.

20 ③

소셜미디어는 유튜버, 인플루언서, 크리에이터와 같이 직접 저작물을 생산하고 사용자와 소통하는 개인들이 활동하는 공간을 지칭하는 용어이다.

21 ②

브랜드 간의 차이에 별 관심이 없으며, 가격, 편리함, 습관만을 중요시하는 소비자는 실용주의자로, 이러한 성향이 심화되면 카테고리를 하나의 브랜드처럼 대하게 된다.

22 ④

어린 시절부터 인터넷이 발달된 환경에서 성장하여 디지털 기기를 자유자재로 사용하는 세대를 디지털 네이티브(Digital native)라고 부른다. 1980년대 개인용 컴퓨터의 보급, 1990년대 인터넷의 확산, 2000년대 스마트폰의 대중화에 따른 디지털 전환기에 자연스럽게 성장기를 보낸 세대를 지칭한다.

23 ①

인터넷의 발달과 함께 소비자들에게 정보력이 생겨나면서, 다른 사용자들의 평가를 탐색, 브랜드 이미지를 조사하고, 유통채널별로 가격까지 비교할 수 있게 되었다. 시장의 주도권을 소비자가 갖게 된 것이다.

24 ①

오답 피하기
• ②: Digital native에 관한 설명이다.
• ③: 정보공유, 수평적 토론 등 사회적 관계 형성을 매우 중시하며 관계 형성은 주로 소셜미디어나 메신저 또는 온라인 게시판 등의 비대면 채널을 통해 이루어지는 경우가 많다.
• ④: 인터넷 사용 인구와 사용 시간은 지속적으로 늘어나고 있고 모바일이 등장하면서 헤비 유저의 비율도 높아지고 있다.

25 ②

과거에는 매스미디어를 통해 의제가 설정되고 확산되었다. 그러나 디지털 사회에서는 네티즌이 올린 글이나 댓글, 퍼 나르기에 의해 의제가 설정되고 확산된다. 이것을 의제 파급(Agenda rippling)이라고 한다.

26 ①

1990년대 일본의 종합광고대행사 덴츠(Dentsu)에서 발표한 현대적 소비자 구매 패턴 모델로 소비자가 구매를 결정하기 전에 상품에 대한 정보를 직접 검색하는 과정을 설명하는 방식이다.

27 ③

소비자 주도적 커뮤니케이션에 대한 설명이다. 인터넷의 발달과 함께 소비자들에게 정보력이 생겨나면서, 다른 사용자들의 평가를 탐색, 브랜드 이미지를 조사하고, 유통채널별로 가격까지 비교할 수 있게 되었다.

28 ②

마케팅 캠페인의 주요 내용은 제품의 기능적 특징과 정보를 전달하는 것보다 브랜드 경험을 제공하는 것이 브랜드 호감을 높이는 데 효과적이다.

29 ①

과거에는 소수의 제품이 특정 영역을 독점하다시피 했지만, 오늘날에는 사업 다각화라는 명목으로 영역 간 이동이 빈번해지면서 유사한 특성의 제품이 많아지다 보니 차별화의 압박이 심해졌다.

30 ②

온라인상에서 소비자가 경험과 정보를 다른 소비자들과 직접 공유하는 자발적 의사소통 행위를 의미한다. 온라인 구전은 네트워크 분석을 통해 구전의 확산 경로와 의견 선도자를 파악할 수 있으며, 신뢰도가 높아 기업의 입장에서 소비자의 의견을 청취하는 채널로 활용할 수 있다.

단답식

01 Experience(또는 경험)

마케팅 4E 중에서 브랜드에 대한 다양하고 인상적인 경험을 만들어주는 것은 Experience(경험)이다.

02 Enthusiasm(또는 열정)

마케팅 4E 중에서 눈앞의 매출보다 고객과 좋은 관계를 유지해 나가는 것을 중요하게 여기는 것은 Enthusiasm(열정)이다.

03 ○, ○, ×

제품 카테고리에 대한 지식과 애착, 브랜드에 대한 충성도에 따라 소비자는 5가지 유형으로 나눌 수 있다.

구분	카테고리		브랜드
	지식	애착	충성도
카테고리 전문가	○	○	×
기회주의자	○	×	×
실용주의자	×	○	×
냉소주의자	×	×	×
브랜드 충성자	×	×	○

04 ○, ×, ×

05 ×, ○, ×

06 ×, ×, ×

07 ×, ×, ○

08 프로슈머

미래학자 엘빈 토플러는 디지털 시대의 패러다임 변화와 함께 프로슈머의 탄생을 주장했다. 프로슈머란 생산자(Producer)와 소비자(Consumer)를 합성하여 만들어낸 신조어로 디지털 시대의 소비자를 가리키는 용어이다. 제품 제작 과정에 직접 참여하거나 브랜드에 대한 다양한 의견과 정보를 제안하는 소비자를 지칭하는 의미로 사용된다.

09 의제 파급

과거에는 매스미디어를 통해 의제가 설정되고 확산되었다. 그러나 디지털 사회에서는 네티즌이 올린 글이나 댓글, 퍼 나르기에 의해 의제가 설정되고 확산된다. 이것을 의제 파급이라고 한다.

10 브랜디드 콘텐츠

현대의 마케팅 패러다임은 빅데이터 분석 기술을 활용하여 소비자의 욕구를 분석하여 개인 맞춤형 광고를 하고, 노출 위주가 아닌 재미와 감성을 지닌 브랜디드 콘텐츠 위주의 광고 방식이 중심이 된다. 기업의 브랜드 관리는 브랜드 구축 중심에서 개인화나 의인화 등의 캐릭터 구축 중심으로 변화하고 있다.

PART 01
PART 02
PART 03
PART 04
PART 05
PART 06
PART 07

디지털 광고

▶합격 강의

빈출 태그 ▶ 디지털 광고의 발전사, 배너 광고, 디지털 광고의 산업구조

01 디지털 광고의 의의

01 디지털 광고의 개념

- 디지털 광고는 소비자들이 컴퓨터나 모바일을 통해 접속하는 웹사이트나 앱(App, Application)에 이미지나 텍스트, 동영상 등의 콘텐츠를 게재하여 소비자에게 광고 메시지를 전달하는 마케팅 기법을 의미한다.
- 전통적인 광고매체의 소비자 접촉률은 계속 하락하는 반면 인터넷 이용률 증가는 전 연령층에서 확대되어 점차 매체력이 증가하고 있다.
- 기업의 제품 출시 및 홍보, 브랜드 인지도 제고, 고객 참여 안내, 반복 구매 유도 등의 비즈니스 목표를 달성하는 데에 디지털 광고는 필수적이다.
- 기술의 발달로 새로운 디바이스와 플랫폼이 등장하고 고객과의 커뮤니케이션 도구가 다양해지면서 광고의 중요성이 높아지고 있다.

02 디지털 광고의 목표

1) 트래픽 발생

- 소비자가 웹사이트를 방문하거나 특정 페이지에 도달하는 행동을 방문 트래픽(Traffic)이라고 부른다.
- 디지털 광고는 클릭할 수 있으므로 웹사이트 방문 트래픽을 직접 유도할 수 있다.

2) 브랜딩 강화

모든 광고는 브랜딩을 강화하는 기능이 있는데, 디지털 광고는 원하는 타겟에게만 노출할 수 있으므로 TV나 신문, 잡지 광고에 비해 적은 비용으로도 브랜드 인지도와 선호도를 높일 수 있다.

03 디지털 광고의 (차별적) 특징(성공적인 디지털 마케팅을 위한 주요 요소)

1) 전달의 유연성(융통성)

- 디지털 광고는 시공간의 제약이 없으므로 광고의 게재 속도가 빠르다.
- 실시간으로 광고를 교체할 수 있으며 이미지, 텍스트, 비디오 등의 다양한 형태로 구현할 수 있다.
- 스마트폰, 태블릿 등 모바일 기기(스마트폰)의 보급 확대로 소비자가 디지털 미디어에 접근하는 시간이 많아지면서 디지털 광고의 파급력이 더욱 향상되고 있다.

2) 정교한 타겟팅

- 다수의 사람을 대상으로 하는 전통적인 매체(TV, 라디오, 신문 등)와 달리 원하는 타겟에게만 광고를 노출할 수 있다.
- 성별, 나이, 지역 등에 대해 타겟팅할 수 있을 뿐 아니라 로그인 정보 등의 고객의 개별적인 특성을 반영하여 광고를 노출하여 타겟팅의 정확도가 높아진다.
- 회원가입이나 이벤트 참여자 확보 등 단기적인 성과를 필요로 하는 광고주들에게는 TV, 라디오 광고 등 전통적인 4대 매체보다 효율성이 높다.

3) 상호작용성

- 양방향 커뮤니케이션이 가능하므로 광고, 소비자, 광고주가 실시간으로 상호 작용이 가능하다.
- 한 매체에서 다양한 수용자(소비자)의 행위(노출 → 클릭 → 방문 → 구매 → 공유)가 동시에 이루어지는 특징이 있다.
- 상호작용성은 개인화된 디지털 미디어의 특성상 사용자가 광고를 거부하거나 회피하기가 쉽다는 단점도 함께 가지고 있다.

4) 트래킹의 용이성

- 광고를 본 고객의 클릭, 구매 등의 반응을 측정하고 행동을 추적하는 것을 트래킹(Tracking)이라고 부른다.
- 디지털 광고는 고객의 반응과 광고 노출 및 클릭 여부 등을 광고 서버상의 데이터베이스를 통해 숫자로 파악할 수 있다.
- 광고 클릭률, 이벤트 참여율, 회원가입 등 고객의 활동을 지표로 측정할 수 있다.

02 디지털 광고의 발전과 산업구조

01 우리나라 디지털 광고의 발전사

1) 도입기(1995~1996년)

- PC 통신에서 인터넷으로 전환되면서 디지털 광고의 역사가 시작되었다.
- 이 시기에는 기존의 인쇄 광고를 인터넷상에 옮겨 놓는 정도의 개념으로 단순한 메뉴형 배너 광고가 중심이 되었다.

2) 정착기(1997~1998년)

- 인터넷 사용이 확산하면서 디지털 광고가 광고 매체로서 본격적으로 정착되기 시작하였다.
- 인터랙티브 배너 광고, 푸쉬 이메일(Push mail) 등 새로운 광고가 시도되었으며, 웹진이 등장하였다.

3) 1차 성장기(1999~2000년)

고속 인터넷이 보급되면서 보다 많은 데이터를 활용한 광고 기법들을 선보이게 되었으며, 동영상이나 플래시 기법과 멀티미디어 광고가 보급되었다.

PART 01
PART 02
PART 03
PART 04
PART 05
PART 06
PART 07

4) 확대기(2001~2005년)

- 디지털 미디어가 커뮤니케이션의 중심 매체로 자리 잡으면서 디지털 광고 영역이 확대 및 다양화되었다.
- 브랜딩 광고가 시작되었고, 전면 광고, 떠 있는 광고 등 다양한 기법이 시도되었다.
- UCC(User-Created Content, 사용자 제작 콘텐츠) 열풍과 함께 브랜디드 엔터테인먼트 동영상이 인기를 얻었다. 브랜디드 엔터테인먼트(Branded entertainment)란 제품과 관련하여 흥미로워 할 만한 것들을 영상으로 제시하여 소비자의 관심을 유도하는 기법을 말한다.
- 미니홈피, 블로그 등 커뮤니티 서비스에 대한 인식이 싹트기 시작했다.
- 검색광고가 본격화되면서 디스플레이 광고 시장을 추월하기 시작했다.
- 인터넷이 5대 매체로 자리 잡기 시작하면서 인터넷 광고가 TV 광고를 위협했다.
- 양적 팽창과 함께 심의 문제, 표준화 문제도 표면 위로 떠오르게 되었다.

5) 2차 성장기(2006년 이후)

- 스마트폰의 보급과 함께 QR코드를 접목한 인터랙티브 광고, 대용량의 MMS광고, GPS 연동 지역 기반의 검색광고 등의 모바일 광고가 떠오르게 되었다.
- 검색광고가 꾸준히 성장하고 있으며, TV 등 타 매체와 연동한 방법도 시도되고 있다.

02 디지털 광고의 산업구조(참여 주체)

1) 광고주

- 광고 예산을 편성하고 광고 게재를 희망하는 기업을 말한다.
- 디지털 기술의 발달로 최근에는 개인이나 소상공인이 소액의 광고 예산을 운영하는 광고주가 되는 경우도 많다.

2) 광고대행사

- 비즈니스 목표에 적합한 전략을 광고주에게 제시하여 장기 계약을 맺고 광고주 입장에서 마케팅 전반적인 업무를 대신 제공하는 회사를 말한다.
- 광고를 기획하고 소재를 디자인하고 카피를 구성하며 효율적으로 진행하기 위해 미디어 전략을 구성하고 광고를 실제로 운영하는 역할을 한다.

3) 매체사(Media, 미디어)

실제로 광고를 게재하는 사이트 혹은 앱을 말한다.

미디어의 유형	사례
온라인 포털	구글, 네이버, 다음, 네이트 등
소셜미디어	페이스북, 인스타그램, 트위터, 유튜브 등
모바일 앱 또는 웹	카카오톡, 네이버 앱, 블로그 앱 또는 모바일 웹브라우저로 접속하는 사이트

4) 미디어 렙(Media representative)

- 광고주 입장에서 수많은 인터넷 매체사와 접촉하여 광고를 구매하고 집행을 관리하는 역할을 대신 수행하며, 매체사의 입장에서 광고 판매를 대행하고 더 많은 광고를 수주할 기회를 제공한다.
- 디지털 광고 시장에서 독자적으로 사전 효과 예측 및 매체 안을 제시하고, 광고 소재 송출과 매체별 트래킹(추적)을 통해 광고 효과를 측정하고 비교하는 역할을 수행한다.

5) 애드 네트워크(Advertising network)

- 수많은 매체사의 다양한 광고 지면을 취합하여 광고를 판매하고 송출하는 애드서버(Ad server)를 제공하는 회사를 말한다.
- 애드서버란 광고물을 게재하거나 삭제하며 각종 타겟팅 기법을 적용해 주고, 광고 통계 리포트를 산출해 주는 광고 관리 시스템이다.
- 웹사이트나 앱을 보유했지만, 영업력이 부족한 영세한 매체사들의 다양한 광고 인벤토리를 발견하고 구성하여 미디어 렙이나 광고대행사에게 판매하는 역할을 한다.

03 디지털 광고의 유형

01 검색광고

- 사용자가 입력한 키워드 검색 결과 상단이나 하단에 표시되는 텍스트 광고를 말한다.
- 스마트폰 사용자의 증가로 인터넷 접속 빈도가 높아졌기 때문에 검색광고가 빠르게 성장하게 되었다.
- 일부 키워드의 경우는 배너 광고보다 높은 가격을 형성하기도 한다.

02 배너 광고

- 웹사이트의 상단, 측면 또는 하단에서 볼 수 있는 막대 모양의 광고를 말한다.
- 가로로 긴 광고는 현수막처럼 생겨서 배너(Banner)라 불리고 세로로 긴 광고는 빌딩처럼 생겨서 스카이스크랩퍼(Skyscraper)라고 불린다.
- 클릭을 통한 웹사이트 방문자 증대와 브랜딩 효과를 동시에 누릴 수 있다.
- 인터넷 사용자의 증가에 따라 많은 노출을 통해 제품의 브랜드를 알리는 데 효과적이라는 장점이 있다.
- 화면을 기준으로 콘텐츠가 노출이 되어야 하므로 크기에 한계가 있고 많은 정보를 한꺼번에 보여줄 수 없어서 TV나 신문 광고보다 광고 주목도가 떨어지고 검색광고보다 클릭률이 낮다는 단점이 있다.
- 이미지와 동영상 형태로 제작할 수 있으며 광고 메시지를 TV CM과 같은 형태로 노출할 수 있다.
- 배너 광고는 그 소재와 적용 기술에 따라 다음과 같이 세부적으로 나누어진다.

디스플레이 광고	• 텍스트와 이미지로 구성된 가장 기본적인 형태의 배너 광고 • 방문자가 많은 포털사이트 첫 페이지의 디스플레이 광고는 노출수를 보장하는 방식으로 판매되므로, 고객의 지역, 연령, 성별 등 세부 타겟팅이 불가능한 경우가 다수
인터랙티브 광고	• 소비자와 양방향으로 상호 작용이 가능한 형식으로 제작된 광고 • 소비자의 직접적인 참여를 유도하거나, 그 반응에 따라 즉각적으로 콘텐츠를 제공하는 유형의 광고에 적합한 방식
리치미디어 광고	• 단순 이미지를 넘어 광고 위에 마우스 커서를 올려놓거나 클릭하면 이미지가 확장되거나 동영상이 재생되는 등 소비자의 주목을 이끄는 형태의 광고 • JPEG, DHTML, Javascript, Shockwave, Java 프로그래밍과 같은 신기술 및 고급 기술을 적용한 광고
인터스티셜 (Interstitial) 광고	• 막간 광고라고도 불리며 웹사이드 방문지기 이용을 종료하고 다른 사이트로 이동하려는 사이에 스크린 전면에 나타나는 형태의 광고 • 주목도는 높지만, 모니터 전체에 광고 노출로 사용자가 거부감을 느끼는 경우가 많아, 최근에는 모바일 앱에 많이 사용됨

03 텍스트 광고

• 하이퍼링크를 통한 텍스트 기반의 광고를 말한다.
• 광고단가가 낮아서 광고비 부담이 적다.
• 단순한 문장으로 구성되어 다른 유형의 광고보다 사용자 저항성이 낮다.

04 동영상 광고

• 동영상 콘텐츠를 시청하는 사용자에게 노출되는 형태의 광고를 말한다.
• TV 광고처럼 모니터를 꽉 채운 화면에서 노출되는 경우가 많으므로 주목도가 높고 기억에 잘 남는다.
• 콘텐츠 재생 전이나 도중에 노출되는 프리롤, 소셜미디어의 피드에 노출되는 피드형, 광고를 시청하면 보상을 주는 보상형 등 다양한 유형의 광고가 있다.

05 소셜미디어(SNS) 광고

• 소셜미디어는 개방, 참여, 연결이 가능한 디지털 네트워크 기반의 플랫폼이다.
• 소셜미디어 광고는 마치 정보처럼 자연스럽게 인식되는 장점으로 인해 네이티브(Native) 광고와도 유사한 측면이 있다.
• 연령, 성별, 학력 등 유저가 입력한 데이터를 기반으로 정교한 타겟팅이 가능하지만, 고객의 정보를 마음대로 활용할 수는 없다.
• 기업은 광고뿐만이 아니라 소셜미디어 채널을 통한 고객과의 직접 소통으로 개인화된 고객서비스 제공은 물론 고객 이탈을 방지할 수 있다.
• 소셜미디어를 통해 기업은 고객과 관계를 구축할 수 있는 인게이지먼트(참여도)를 끌어올리고 양방향 커뮤니케이션을 통해 소비자의 요구와 반응을 즉각적이고 지속적으로 피드백 받을 수 있다.

06 모바일 광고

• 항상 휴대하는 스마트폰 사용자에게 광고가 노출되므로 높은 광고 메시지 도달률을 보인다.
• 모바일 기기의 특성상 위치기반 지역 광고나 개인 맞춤형 광고가 가능하다.
• 항상 로그인되어있는 경우가 많아 결제서비스 연동을 통한 빠른 구매 연결이 가능하다.
• 국내 모바일 시장 증가율은 미국 모바일 시장 증가율보다 빠르다.
• 모바일 광고는 다음과 같은 유형이 있다.

인 앱(In-app) 광고	사용자가 앱을 다운로드하여 사용할 때 다양한 위치에 배너 형태로 나타나는 광고
막간 광고	인터스티셜 광고를 모바일에 적용한 광고이며, 앱을 켤 때나 사용을 중지하고 닫을 때 모바일 스크린 전면에 나타나는 형태의 광고
동영상 광고	유튜브, 스포츠 하이라이트 등 동영상 콘텐츠 시청 전, 중간, 후에 노출되는 광고
SMS 광고	40자 내외의 텍스트를 보내는 문자 광고

07 네이티브 광고

- 뉴스나 블로그 등 웹사이트의 주요 콘텐츠와 비슷한 형식으로 제작한 광고를 말한다.
- 사용자가 경험하는 콘텐츠 일부처럼 보이도록 하여 자연스럽게 관심을 이끄는 형태이기 때문에 광고에 대한 거부감이 적다.

네이티브 광고의 유형	특징
인-피드(In-feed) 광고	페이스북이나 인스타그램, 트위터 등의 소셜미디어에 연결된 사용자의 콘텐츠가 게재되는 지면을 피드(Feed)라고 부르는데, 이 피드 사이에 등장하는 콘텐츠 형식의 광고를 뜻함
프로모티드 리스팅 (Promoted listing)	검색엔진과 제휴된 쇼핑몰이나 방문자가 많은 블로그 등의 웹사이트에서 해당 콘텐츠의 키워드와 관련된 상품이 제시되는 광고
기사 맞춤형 광고 (컨텍스트 광고)	읽고 있는 뉴스 기사의 키워드와 관련된 콘텐츠가 텍스트나 이미지 또는 동영상 형태로 노출되는 광고

08 이메일 광고

- 개인 이메일을 통해 전달되는 광고를 말한다.
- 매체에서 보내는 이메일 광고는 자사 회원에게 보내기 때문에 연령별, 성별에 따라 선택할 수 있어 정확한 타겟팅이 가능하다.
- 개봉률, 클릭률 등 효과 분석이 가능하다.
- 제목에서 필요한 정보가 아니라고 느끼면 저항감이 생겨 사용자가 메일을 열어보지 않을 가능성이 크다.

09 제휴 광고

- 직접 운영하는 웹사이트, 블로그나 카페에 제휴를 맺어 광고를 노출하는 광고 기법을 말한다.
- 일정한 방문자 이상을 보유한 웹사이트와 블로그의 경우 구글, 네이버, 카카오 등의 광고 중개 플랫폼이 운영하는 광고 제휴 서비스에 가입하여 광고를 게재할 수 있다.
- 카페의 경우 광고주가 운영자에게 연락하여 배너 광고나 이벤트 게시물을 게재하는 방식으로 광고가 진행된다.

01 바이럴 광고는 자발적으로 제품 홍보를 하게끔 만드는 기법이다. ◯ ✕

02 모바일 광고는 최신 고객 정보를 이용한 타겟팅을 할 수 있으므로 광고 정확도가 높다. ◯ ✕

03 디지털 광고는 사용 경험자가 직접 참여하므로 정보의 신뢰도가 높고 빠르게 퍼진다. ◯ ✕

04 디지털 광고는 적은 비용으로 큰 효과를 올릴 수 있는 광고 기법이다. ◯ ✕

05 디지털 광고의 장점은 재미와 즐거움에 대한 엔터테인먼트 요소가 부각된다. ◯ ✕

06 디지털 광고는 4대 매체보다 상대적으로 저렴한 비용으로 광고 집행이 가능하다. ◯ ✕

07 디지털 마케팅의 장점은 고객의 클릭, 구매 등 고객의 반응을 더욱 빠르고 정확하게 측정할 수 있다는 점이다. ◯ ✕

08 인터넷 광고는 폭넓고 막강한 매체력으로 더 많은 소비자에게 알릴 수 있다. ◯ ✕

09 인터스티셜 광고는 인터넷페이지가 이동하는 막간에 띄우는 광고 기법을 말한다. ◯ ✕

10 제휴 광고는 구글 애드센스에 가입하여 광고를 노출하는 광고 기법을 말한다. ◯ ✕

11 컨텍스트 광고는 하이퍼링크를 통한 텍스트 기반의 광고 기법을 말한다. ◯ ✕

12 뉴스나 블로그 등의 웹사이트의 주요 콘텐츠와 비슷한 형식으로 제작한 광고를 텍스트 광고라 부른다. ◯ ✕

13 디스플레이 광고는 인터넷 홈페이지에 띠 모양으로 만들어 부착하는 광고를 말한다. ◯ ✕

PART 01

PART 02

PART 03

PART 04

PART 05

PART 06

PART 07

14 배너 광고는 웹사이트 방문자가 해당 광고 이미지를 클릭하면 광고주의 웹페이지로 연결되어 광고 내용을 보거나 이벤트 참여, 구매 등을 하게 하는 방식이다. ○ ☒

15 디스플레이 광고는 크기에 제한이 있고 많은 정보를 한꺼번에 보여줄 수 없다는 단점이 있다. ○ ☒

16 디스플레이 광고는 배너 광고의 대표 격이며 검색광고에 비해 클릭률은 높은 편이다. ○ ☒

17 세로형으로 긴 형태의 배너 광고는 마치 빌딩처럼 생겨서 스카이 스크랩퍼(Sky-scraper)라고도 불린다. ○ ☒

18 검색사이트에서 특정 키워드를 검색하는 유저들에게 광고주의 사이트를 노출하는 광고를 검색광고라고 부른다. ○ ☒

19 검색광고는 특정 이슈에 관심 있는 고객을 자사 웹사이트로 유인하는 효과적인 수단이다. ○ ☒

20 검색광고보다 DA(Display Ad) 광고의 시장 규모가 더 크다. ○ ☒

정답				
01 ○	02 ×	03 ○	04 ○	05 ○
06 ○	07 ○	08 ×	09 ○	10 ○
11 ×	12 ×	13 ○	14 ○	15 ○
16 ×	17 ○	18 ○	19 ○	20 ×

해설 **02** 개인정보보호법 시행으로 고객 정보를 이용한 타겟팅은 금지되어 있다. 다만 브라우저의 쿠키나 회원의 반응에 맞춰 광고를 집행할 수는 있다.

08 타겟에 기반한 광고이므로 특정한 소비자에게 알리기 유리하다.

11 콘텐츠처럼 보이도록 문맥에 맞춰 노출하는 광고를 말한다.

12 웹사이트의 주요 콘텐츠(뉴스나 블로그 등)와 비슷한 형식으로 제작한 광고는 컨텍스트 광고 또는 맥락 광고라고 부른다.

16 배너 광고는 검색광고보다 클릭율이 낮다.

20 검색광고의 시장 규모가 더 크다.

01 다음 중 디지털 시대 광고 메커니즘을 설명한 것으로 틀린 것은?

① 통신 기술의 발달로 인한 IoT(사물인터넷) 환경은 계속해서 소비자에게 새로운 매체를 제공하고 있다.
② 고객과의 커뮤니케이션 도구가 다양해지면서 광고의 중요성이 상대적으로 낮아지고 있다.
③ 소비자가 인터넷을 이용하여 제품의 가격과 기능을 자유롭게 비교하고 검토할 수 있으므로 정보 제공형 광고의 효과가 줄어든다.
④ TV, 신문, 라디오, 잡지와 같은 매스미디어의 위력이 더욱 작아진다.

02 우리나라 디지털 광고 발전사 중 다음 현상들에 해당하는 시기는?

> – 디지털 미디어가 커뮤니케이션의 중심 매체로 자리 잡기 시작
> – 검색광고가 본격화되면서 디스플레이 광고 시장을 추월하기 시작
> – 인터넷이 5대 매체로 자리 잡기 시작하면서 인터넷 광고가 TV 광고를 위협
> – 양적 팽창과 함께 심의 문제, 표준화 문제도 표면 위로 떠오름

① 1995~1996년 도입기
② 1997~1998년 정착기
③ 1999~2000년 1차 성장기
④ 2001~2005년 확대기

03 다음 중 디지털 광고의 발전사에 대한 설명으로 틀린 것은?

① 도입기(1995~1996년) – PC 통신에서 인터넷으로 전환되는 시기이며, 단순한 메뉴형 배너 광고가 중심이 된 시기이다.
② 1차 성장기(1999~2000년) – 인터렉티브 배너, Push mail 등 새로운 형태의 광고가 시작되었고, 웹진이 등장한 시기이다.
③ 확대기(2001~2005년) – UCC 열풍과 함께, 블로그의 부상, 검색광고가 본격화된 시기이다.
④ 2차 성장기(2006~2015년) – 스마트폰의 보급과 함께 QR코드를 접목한 인터랙티브 광고, 소셜커머스 등을 이용한 모바일 광고가 떠오른 시기이다.

04 다음의 디지털 광고 발전사 중 2001~2005년에 해당하는 확대기에 대한 설명으로 틀린 것은?

① 디지털 미디어가 커뮤니케이션의 중심 매체로 자리 잡으면서 디지털 광고 영역이 확대 및 다양화되었다.
② 인터넷 사용이 확산되면서 디지털 광고가 광고 매체로서 정착되기 시작했다.
③ 인터넷이 5대 매체로 자리 잡기 시작하면서 인터넷 광고가 TV 광고를 위협했다.
④ 검색광고가 본격화되면서 디스플레이 광고 시장을 추월하기 시작했다.

05 다음의 내용에 해당하는 디지털 광고 발전 시기는?

> – PC 통신에서 인터넷으로 전환되면서 디지털 광고의 역사가 시작되었다.
> – 이 시기에는 기존의 인쇄 광고를 인터넷상에 옮겨 놓는 정도의 개념으로 단순한 메뉴형 배너 광고가 중심이 되었다.

① 도입기
② 정착기
③ 확대기
④ 2차 성장기

06 다음 중 시기별 디지털 광고 발전사에 대한 설명으로 옳지 <u>않은</u> 것은?

① 1차 성장기 – PC 통신에서 인터넷으로 전환되던 시기로, 단순한 메뉴형 배너 광고가 중심이 되었다.
② 정착기 – 인터넷 사용이 확산되면서 디지털 광고가 광고 매체로서 정착되기 시작했다.
③ 확대기 – UCC 열풍과 함께 브랜디드 엔터테인먼트 동영상이 인기를 얻고 미니홈피, 블로그 등 커뮤니티 서비스에 대한 인식이 싹트기 시작했다.
④ 2차 성장기 – 스마트폰의 보급과 함께 QR 코드를 접목한 인터랙티브 광고, 대용량의 MMS 광고, GPS 연동 지역 기반의 검색 광고 등의 모바일 광고가 떠오르게 되었다.

07 다음 중 디지털 광고의 발전사에 대한 설명으로 옳지 <u>않은</u> 것은?

① 1995년 처음으로 도입되어 디지털 광고의 역사가 시작되었다.
② 1999년부터 2000년까지 IMF로 인한 경기 침체로 디지털 광고가 정체기를 겪었다.
③ 2001년부터 2005년까지 IT 산업의 거품이 꺼졌으나 디지털 미디어가 커뮤니케이션의 중심 매체로 자리 잡기 시작했다.
④ 2006년 이후 소비자 참여와 체험 중심의 마케팅 강화로 제2의 성장기를 맞았다.

08 다음 중 인터넷 배너 광고에 대한 설명으로 옳지 <u>않은</u> 것은?

① 마치 빌딩처럼 생겨서 스카이 스크랩퍼(Sky-scraper)라고도 불린다.
② 웹사이트 방문자가 해당 광고 이미지를 클릭하면 광고주의 웹페이지로 연결되어 광고 내용을 보거나 이벤트 참여, 구매 등을 유도하는 방식이다.
③ 크기에 제한이 없고 많은 정보를 한꺼번에 보여 줄 수 있다는 장점이 있다.
④ 디스플레이 광고의 대표 격이지만 검색광고에 비해 클릭률은 낮은 편이다.

PART 01
PART 02
PART 03
PART 04
PART 05
PART 06
PART 07

09 다음 중 디지털 광고의 발전 과정에 대한 설명으로 옳지 <u>않은</u> 것은?

① 1990년대 초반 PC 통신과 웹브라우저가 발달하면서 디지털 광고가 처음으로 도입되었다.

② 1990년대 후반 컴퓨터 보급이 확대되면서 디지털 광고 시장 규모가 급격히 성장하였다.

③ 2000년대 초반 IT 산업 거품이 꺼지면서 디지털 광고 시장 규모가 대폭 축소되었다.

④ 2000년대 중반 스마트폰 보급이 확대되면서 디지털 광고 시장이 TV 광고 시장을 뛰어넘었다.

10 다음 중 전통적인 매체와 비교할 때 디지털 광고가 가진 차별적 특성으로 가장 적절한 것은?

① 전통 매체 광고보다 높은 신뢰도
② 넓은 광고 도달률
③ 시선을 끄는 매력적인 광고 제작물
④ 광고 메시지 전달의 융통성

11 다음의 광고 기업 중 TV 광고가 제품을 직접 홍보하는 반면 유튜브 광고는 제품과 관련하여 소비자가 흥미롭게 즐길 만한 것들을 제시하여 소비자의 관심을 유도하는 방식의 기법은?

① 브랜디드 스토리
② 브랜디드 엔터테인먼트
③ 브랜디드 인터스티셜
④ 브랜디드 애드버타이징

12 다음 중 디지털 광고의 특징 및 장점에 관한 내용으로 옳지 <u>않은</u> 것은?

① 스마트폰이 일상화되면서 일방적인 Push형 광고가 가능하여 많은 고객에게 보여질 수 있다.

② 퍼포먼스 중심으로 하는 중소형 광고주들에게 만족도가 높다.

③ 광고 클릭률, 이벤트 참여율, 회원가입 등 고객의 활동을 지표로 측정할 수 있다.

③ 스마트폰, 태블릿 등 모바일 기기의 보급 확대로 파급력이 더욱 향상되고 있다.

13 다음 중 디지털 광고의 특징으로 옳지 <u>않은</u> 것은?

① 특정한 타겟에게 광고주가 원하는 내용을 푸시(Push)해주는 형태의 광고가 가능하다.

② 전 국민을 대상으로 캠페인을 진행하는 경우 TV와 같은 전통 매체보다는 훨씬 저렴한 비용으로 더 많은 사람에게 도달할 수 있다.

③ 인터넷 이용률이 꾸준한 증가세를 보이고 있으며, 전 연령층으로 확대되고 있다.

④ 광고 클릭률, 이벤트 참여율, 구매전환율 등을 통해 정밀한 데이터화가 가능하다.

14 다음 중 디지털 광고 효과에 대한 설명으로 옳지 <u>않은</u> 것은?

① 어떤 경로를 통해 소비자가 방문을 하거나 구매를 하게 되는지도 트래킹할 수 있다.
② 광고 클릭률, 이벤트 참여율, 회원 가입률, 구매전환율 등을 측정할 수 있다.
③ 소비자 타겟팅 기법을 정확하게 적용할 수 있다.
④ 광고 캠페인의 성공 여부를 즉각적으로 확인하고 정밀하게 측정할 수 있다.

15 다음 중 온라인 비즈니스 시대에서 검색광고의 장점으로 옳지 <u>않은</u> 것은?

① 키워드를 통해 관심 있는 소비자에게만 노출되므로 상대적으로 광고의 효과가 높다.
② 검색광고의 광고 클릭은 바로 구매로 이어지기 때문에 다른 광고보다 효율적이다.
③ 시장 세분화를 통한 광고가 가능하다.
④ 매체사별 검색광고 운영 시스템을 활용해 실시간 광고 관리가 가능하다.

16 다음 중 디지털 광고와 그에 대한 설명이 짝지어진 것으로 옳지 <u>않은</u> 것은?

① 제휴 광고: 검색서비스를 통해 광고주의 웹사이트에 대한 연결고리를 보여주는 광고
② 컨텍스트 광고: 웹페이지의 콘텐츠와 어울리게 띄워주는 광고
③ 막간 광고: 앱을 켜거나 닫을 때 등장하는 광고
④ 배너 광고: 웹사이트에 사각형으로 부착하는 광고

17 다음 중 모바일 광고의 특징에 대한 설명으로 가장 적절하지 <u>않은</u> 것은?

① 모바일 기기의 특성상 위치기반 지역 광고나 개인 맞춤형 광고로 진화하고 있다.
② 즉각적 반응성으로 빠른 구매 연결이 가능하다.
③ 적은 비용으로도 광고 도달률이 높아서 브랜드 인지도 향상에 유용하다.
④ 시간과 공간의 물리적 제약을 극복하여 높은 광고 메시지 도달률을 보인다.

18 다음 중 배너 광고의 특징에 대한 설명으로 틀린 것은?

① 이미지, 동영상 형태로 노출되는 광고를 말한다.
② 모든 배너 광고는 실제 고객의 지역, 연령, 성별 등 세부 타겟팅이 가능하다.
③ 온라인 광고 중 많은 노출을 통해서 제품의 브랜드를 알리는데 효과적인 광고이다.
④ 광고 메시지를 TV 광고와 같은 형태로 노출할 수 있다.

19 다음 중 아래에서 설명하는 디지털 광고의 유형으로 옳은 것은?

크기에 제한이 있고 많은 정보를 한꺼번에 보여줄 수 없어서 TV나 신문 광고보다 광고 주목도가 떨어지고 검색광고보다 클릭률이 낮다는 단점이 있으나 이미지와 동영상 형태로 제작할 수 있으며 광고 메시지를 TV CM과 같은 형태로 노출할 수 있다.

① 컨텍스트 광고　　② 텍스트 광고
③ 배너 광고　　　　④ 키워드 광고

20 다음 중 아래의 내용이 설명하는 디지털 광고 유형으로 옳은 것은?

> 단순 이미지를 넘어 광고 위에 마우스 커서를 올려놓거나 클릭하면 이미지가 확장되거나 동영상이 재생되는 등 소비자의 주목을 이끄는 형태의 광고

① 리치미디어 광고
② 인터스티셜 광고
③ 막간 광고
④ 콘텍스트 광고

21 다음 중 광고 산업의 참여 주체가 아닌 것은?

① 광고대행사
② 미디어 렙
③ 공익광고협의회
④ 한국방송광고공사

22 다음 중 소셜미디어의 유형으로 가장 적절하지 않은 것은?

① 블로그
② 카카오톡
③ 트위터
④ 유튜브

23 다음 중 디지털 광고 유형별 개념으로 적절하지 않은 것은?

① SMS 광고는 소셜미디어를 통해 이미지, 동영상, 텍스트 등의 입체적 정보를 전달하는 광고이다.
② 바이럴 광고는 인터넷이나 웹상에서 입소문이 퍼지도록 유도하는 광고이다.
③ 검색광고는 검색엔진을 이용하는 광고이다.
④ 배너 광고는 마치 현수막처럼 생겨서 배너라고 부른다.

24 다음 중 디지털 광고의 특징이 다른 하나로 알맞은 것은?

① 리치미디어 광고
② 인터스티셜 광고
③ 디스플레이 광고
④ 바이럴 광고

25 다음 중 모바일 광고의 특징에 대한 설명으로 가장 적절하지 않은 것은?

① 즉각적 반응성으로 빠르게 구매 연결이 가능하다.
② 위치기반 지역 광고나 개인 맞춤형 광고로 진화하고 있다.
③ 시간과 공간의 물리적 제약을 극복하여 높은 광고 메시지 도달률을 보인다.
④ ROI를 향상시키기 위한 광고 노출의 극대화가 필수적이다.

26 다음 중 페이스북 광고에 관한 내용으로 옳지 <u>않은</u> 것은?

① 연령, 성별, 학력 등 유저가 입력한 데이터를 기반으로 정교한 타겟팅이 가능하다.
② 모바일 기기에 맞게 광고게시물 클릭 시 전화가 연결되는 Click-to-Call 광고가 가능하다.
③ 페이스북 광고는 클릭당 과금으로 지불되어 비용 집행이 합리적이다.
④ 페이스북 페이지를 보유하고 있어야 광고계정과 연동을 하여 광고를 집행할 수 있다.

27 다음 중 디지털 광고에 대한 설명으로 옳지 <u>않</u>은 것은?

① 디지털 광고는 대부분 애드서버를 통해 제공된다.
② 디지털 광고 관리는 대부분 광고주의 랜딩페이지가 있는 서버가 담당한다.
③ 애드서버는 광고물을 게재할 수도 있고 삭제할 수도 있다.
④ 애드서버는 광고 통계 리포트를 자동 산출해준다.

28 다음은 디지털 광고의 특징 중 어떤 점에 대한 설명인가?

> 인터넷 이용률 증가는 전 연령층에서 확대되고 있다. 이는 전통적인 광고 매체의 소비자 접촉률은 계속 하락하고 있는 것과 대조적인 결과이다.

① 엔터테인먼트   ③ 상호작용성
② 경제성   ④ 매체력

29 다음 중 기존 매체의 광고와 비교하여 디지털 매체 광고의 특장점에 해당하지 <u>않는</u> 것은?

① 비용 효율성
② 효과 측정 가능성
③ 상호작용성
④ 높은 도달률

30 다음 중 디지털 광고의 특징에 관한 기술로 <u>틀</u>린 것은?

① 컴퓨터를 통한 인터넷 접속률은 모바일의 절반을 넘는 수준으로 꾸준히 유지되고 있다.
② 4대 매체 광고보다 적은 예산으로 다양한 광고를 집행할 수 있다.
③ 어떤 경로를 통해 소비자가 방문을 하거나 구매를 하게 되는지도 트래킹할 수 있다.
④ 고객의 반응을 정밀하고 즉각적으로 측정할 수 있다.

PART 01
PART 02
PART 03
PART 04
PART 05
PART 06
PART 07

01 다음의 디지털 광고 유형이 설명하는 용어는 무엇인가?

> 자신이 운영하는 블로그에 제휴를 맺은 광고주의 광고를 노출하는 광고 형태

02 다음의 디지털 광고 유형이 설명하는 용어는 무엇인가?

> 키워드와 관련된 상품이나 웹페이지의 콘텐츠에 어울리게 띄워주는 광고 형태

03 광고물을 게재하거나 삭제하며 각종 타겟팅 기법을 적용해 주고, 광고 통계 리포트를 산출해 주는 자동 시스템을 무엇이라 하는가?

04 다음 설명에 해당하는 광고는 무엇인가?

> – 인터넷 홈페이지에 띠 모양으로 만들어 부착하는 광고를 말한다.
> – 웹사이트 방문자가 해당 광고 이미지를 클릭하면 광고주의 웹페이지로 연결되어 광고 내용을 보거나 이벤트 참여, 구매 등을 하게 하는 방식이다.
> – 정해진 사이즈(규격) 제한이 없으나 많은 정보를 한꺼번에 보여줄 수 없다는 단점이 있다.

05 다음 설명에 해당하는 광고는 무엇인가?

> – 페이스북, 인스타그램, 카카오스토리 등에 노출되는 광고이다.
> – 네이티브 광고와 유사하며, 정보성으로 인식되는 장점이 있다.

PART 01

PART 02

PART 03

PART 04

PART 05

PART 06

PART 07

06 디지털 광고의 유형 중에서 다음 설명에 해당하는 광고는 무엇인가?

> JPEG, DHTML, Javascript, Shockwave, Java 프로그래밍과 같은 신기술 및 고급 기술을 적용한 광고

07 디지털 광고의 유형 중에서 다음 설명에 해당하는 광고는 무엇인가?

> – 텍스트와 이미지로 구성된 가장 기본적인 형태의 배너 광고이다.
> – 방문자가 많은 포털사이트 첫 페이지의 광고는 노출수를 보장하는 방식으로 판매되므로, 고객의 지역, 연령, 성별 등 세부 타겟팅이 불가능한 경우가 다수이다.

※ [8~10] 아래의 디지털 광고의 산업구조에 대한 그림을 보고 물음에 답하여라.

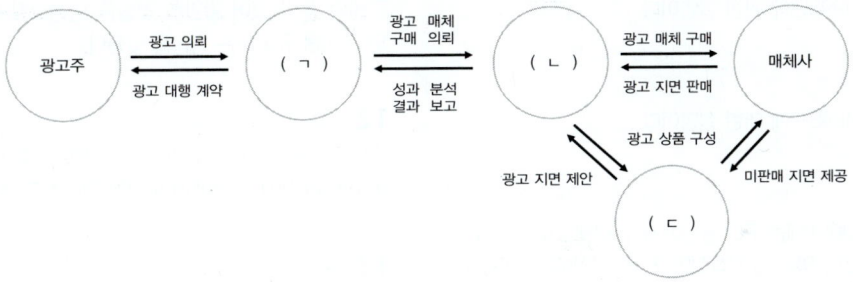

08 (ㄱ)에 들어갈 광고주체를 지칭하는 용어는 무엇인가?

09 (ㄴ)에 들어갈 광고주체를 지칭하는 용어는 무엇인가?

10 (ㄷ)에 들어갈 광고주체를 지칭하는 용어는 무엇인가?

정답 & 해설

객관식

01 ②

고객과의 커뮤니케이션 도구가 다양해지면서 광고의 중요성이 상대적으로 높아지고 있다.

02 ④

확대기(2001~2005년)에는 디지털 미디어가 커뮤니케이션의 중심 매체로 자리 잡으면서 디지털 광고 영역이 확대 및 다양화되었다. 검색광고가 본격화되면서 디스플레이 광고 시장을 추월하기 시작했다. 인터넷이 5대 매체로 자리 잡기 시작하면서 인터넷 광고가 TV 광고를 위협했다. 양적 팽창과 함께 심의 문제, 표준화 문제도 표면 위로 떠 오르게 되었다.

03 ②

정착기인 1997~1998년에 관한 설명이다.

04 ②

정착기인 1997~1998년에 대한 설명이다.

05 ①

도입기(1995~1996년)에는 PC 통신에서 인터넷으로 전환되면서 디지털 광고의 역사가 시작되었다. 이 시기에는 기존의 인쇄 광고를 인터넷상에 옮겨 놓는 정도의 개념으로 단순한 메뉴형 배너 광고가 중심이 되었다.

06 ①

도입기인 1995~1996년에 대한 설명이다.

07 ②

1999년부터 2000년까지는 1차 성장기로 고속 인터넷이 보급되면서 보다 많은 데이터를 활용한 광고 기법들을 선보이게 되었으며, 동영상이나 플래시 기법과 멀티미디어 광고가 보급되었다.

08 ③

인터넷 배너 광고 크기에 제한이 있어서 많은 정보를 한꺼번에 보여 줄 수 없다는 단점이 있다.

09 ③

2000년대 초반은 디지털 미디어가 커뮤니케이션의 중심 매체로 자리 잡으면서 디지털 광고 영역이 확대 및 다양화되었다.

10 ④

디지털 광고의 4가지 특징은 전달의 유연성(융통성), 정교한 타겟팅, 상호작용성, 트래킹의 용이성을 들 수 있다.

11 ②

디지털 미디어가 커뮤니케이션의 중심 매체로 자리 잡으면서 디지털 광고 영역이 확대 및 다양화되었다. 특히 UCC(User-Created Content, 사용자 제작 콘텐츠)나 UGC(User-Generated Content, 사용자 생성 콘텐츠)라는 용어가 생겨나기 시작했다. 기업들이 이런 UCC나 UGC를 광고에 활용하기 시작하면서 브랜디드 엔터테인먼트(Branded Entertainment) 영상이 인기를 얻었다. 브랜디드 엔터테인먼트란 제품과 관련하여 흥미 있어 할만한 것들을 영상으로 제시하여 소비자의 관심을 유도하는 기법을 말한다.

12 ①

스마트폰을 통해 각자 원하는 콘텐츠를 즐기므로, 많은 고객이 아니라 목표 고객에게 도달할 가능성이 커졌다.

13 ②

모든 사람에게 도달하는 캠페인이라면 TV 광고보다 디지털 광고에 투입하는 비용이 훨씬 더 높은 경우도 발생한다. 디지털 광고는 특정 대상에게 타겟팅하는 경우에는 저렴하고 효과적이나, 모든 국민에게 도달되어야 한다면 TV 광고가 비용 측면에서 유리한 경우가 더 많다.

14 ④

광고 캠페인의 성공 여부는 결국 소비자의 인지도가 높아지고 매출로 이어져야 한다. 즉각적인 클릭수나 이벤트 참여율 같은 수치로 광고 캠페인의 성공 여부를 쉽게 분석하기는 어렵고 추후 광고 효과 조사 과정을 통해 분석하게 된다.

15 ②

검색광고의 광고 클릭이 바로 구매로 이어지는 것은 아니다.

PART 01

PART 02

PART 03

PART 04

PART 05

PART 06

PART 07

16 ①
검색광고에 대한 설명이다. 제휴 광고는 직접 운영하는 웹사이트, 블로그나 카페에 제휴를 맺어 광고를 노출하는 광고 기법을 말한다.

17 ③
동일한 비용으로 광고 도달률이 높은 것은 TV 광고이다. 모바일 광고는 일일이 타겟을 설정하므로 도달률을 높이면 광고비도 비례하여 증가한다.

18 ②
모든 배너 광고가 실제 고객의 지역, 연령, 성별 등 세부 타겟팅이 가능한 것은 아니다.

19 ③
배너 광고는 웹사이트의 상단, 측면 또는 하단에서 볼 수 있는 막대 모양의 광고를 말한다. 가로로 긴 광고는 현수막처럼 생겨서 배너(Banner)라 불리고 세로로 긴 광고는 빌딩처럼 생겨서 스카이 스크랩퍼(Skyscraper)라고 불린다. 크기에 제한이 있고 많은 정보를 한꺼번에 보여줄 수 없어서 TV나 신문 광고에 비해 광고 주목도가 떨어지고 검색광고에 비해 클릭률이 낮다는 단점이 있다.

20 ①
리치미디어 배너 광고는 단순 이미지를 넘어 광고 위에 마우스 커서를 올려놓거나 클릭하면 이미지가 확장되거나 동영상이 재생되는 등 소비자의 주목을 이끄는 형태의 광고를 말한다.

21 ③
공익광고협의회는 광고 산업의 참여 주체가 아니다.

22 ②
카카오톡은 소셜미디어가 아니라 메신저이다.

23 ①
SMS(Short Message Service)광고가 아니라 SNS(Social Network Services)광고에 대한 설명이다.

24 ④
바이럴 광고는 매체사를 통해 구매하는 방식이 아닌 기업의 마케팅 메시지를 소비자의 목소리로 다른 소비자에게 퍼뜨리는 방식을 말한다.

25 ④
ROI는 Return On Investment의 약자로 투자수익률을 말한다. 투자수익률을 높이기 위해서는 수입(Return)을 높이거나 투자(Investment)를 줄여야 하는데, 수입에 대한 계획이나 전략 없이 광고 노출만 극대화하는 것은 투자가 늘어나므로 ROI를 향상하기 어렵다.

26 ③
페이스북 광고는 클릭당 과금과 노출당 과금이 혼합된 머신러닝 방식이다.

27 ②
디지털 광고 관리는 대부분 매체사의 광고 관리 시스템이 담당한다.

28 ④
전통적인 광고 매체의 소비자 접촉률은 계속 하락하는 반면 인터넷 이용률 증가는 전 연령층에서 확대되어 점차 매체력이 증가하고 있다.

29 ④
동일한 비용으로 광고 도달률이 높은 것은 TV 광고이다. 모바일 광고는 일일이 타겟을 설정하므로 도달률을 높이면 광고비도 비례하여 증가한다.

30 ①
컴퓨터를 통한 인터넷 접속률은 모바일을 통한 접속률의 절반에 못 미치는 수준이다.

단답식

01 제휴 광고, 제휴(모두 정답)
제휴 광고는 직접 운영하는 웹사이트, 블로그나 카페에 제휴를 맺어 광고를 노출하는 광고 기법을 말한다. 일정한 방문자 이상을 보유한 웹사이트와 블로그의 경우 구글, 네이버, 카카오 등의 광고 중개 플랫폼이 운영하는 광고 제휴 서비스에 가입하여 광고를 게재할 수 있다. 카페의 경우 광고주가 운영자에게 연락하여 배너 광고나 이벤트 게시물을 게재하는 방식으로 광고가 진행된다.

02 컨텍스트, 컨텍스트 광고, 문맥 광고(모두 정답)
뉴스나 블로그 등 웹사이트의 주요 콘텐츠와 비슷한 형식으로 제작한 광고를 말하며 인덱스드 광고 또는 맥락 광고라고도 부른다. 사용자가 경험하는 콘텐츠 일부처럼 보이도록 하여 자연스럽게 관심을 이끄는 형태이기 때문에 광고에 대한 거부감이 적다.

03 애드서버

애드서버에 대한 설명이다.

04 배너 광고

배너 광고는 클릭을 통한 웹사이트 방문자 증대와 브랜딩 효과를 동시에 누릴 수 있다. 인터넷 사용자의 증가에 따라 많은 노출을 통해 제품의 브랜드를 알리는 데 효과적이라는 장점이 있다. 다만 크기에 제한이 있고 많은 정보를 한꺼번에 보여줄 수 없어서 TV나 신문 광고보다 광고 주목도가 떨어지고 검색광고보다 클릭률이 낮다는 단점이 있다. 이미지와 동영상 형태로 제작할 수 있으며 광고 메시지를 TV CM과 같은 형태로 노출할 수 있다.

05 SNS 광고, 소셜미디어 광고(모두 정답)

소셜미디어 광고는 이런 소셜미디어 플랫폼에 집행하는 광고로, 마치 정보처럼 자연스럽게 인식되는 장점으로 인해 네이티브(Native) 광고와도 유사한 측면이 있다.

06 리치미디어 광고

리치미디어 광고는 단순 이미지를 넘어 광고 위에 마우스 커서를 올려놓거나 클릭하면 이미지가 확장되거나 동영상이 재생되는 등 소비자의 주목을 이끄는 형태의 광고를 말한다. JPEG, DHTML, Javascript, Shockwave, Java 프로그래밍과 같은 신기술 및 고급 기술을 적용한 광고이다. 용량이 커서 네트워크 접속 비용이 발생할 수 있으므로 모바일보다는 컴퓨터용 지면에 적합한 광고 형식이다.

07 디스플레이 광고

배너 광고 중 디스플레이 광고에 대한 설명이다. 디스플레이 광고는 크기에 제한이 있고 많은 정보를 한꺼번에 보여줄 수 없어서 TV나 신문 광고에 비해 광고 주목도가 떨어지고 검색광고에 비해 클릭률이 낮다는 단점이 있다.

08 광고대행사

광고대행사는 비즈니스 목표에 적합한 전략을 광고주에게 제시하여 장기 계약을 맺고 광고주 입장에서 마케팅 전반적인 업무를 대신 제공하는 회사를 말한다.

09 미디어 렙

미디어 렙(Media representative)은 매체사(Media)를 대신하여(Representative) 수많은 광고대행사에 접촉하여 광고 지면을 판매하고 효율적으로 집행하는 것을 돕는 미디어 전문 관리 회사를 말한다.

10 애드 네트워크

애드 네트워크(Advertising network)는 수많은 매체사의 다양한 광고 지면을 취합하여 광고를 판매하고 송출하는 솔루션을 제공하는 회사를 말한다.

PART
02

검색광고 실무 활용

학습 방향

검색광고 시스템은 대부분 유사하므로 사용자가 가장 많은 네이버를 중심으로 사용법을 익힌 뒤에 카카오와 구글의 시스템을 비교하면 정리하기 쉽습니다.

출제빈도

SECTION 01	중	10%
SECTION 02	하	8%
SECTION 03	상	21%
SECTION 04	중	11%

검색광고의 이해

빈출 태그 ▶ 키워드 광고, 검색엔진 마케팅, 광고 운영 시스템

▶ 합격강의

---

01 검색광고의 개념 및 특징

01 검색광고의 개념

- 온라인 광고 시장에서 가장 먼저 도입된 광고 기법은 배너 광고이며, 검색 결과 상단 노출은 정확한 정보를 전달하는 무료 공간이었다.
- 검색 사용자가 폭증하자 미국의 오버추어닷컴(Overture.com)이 1999년 주요 검색엔진들에 경매 방식으로 광고를 노출하는 검색광고 서비스를 도입하였으며, 2002년에는 한국 시장에도 진출했다.
- 검색광고는 검색엔진의 검색 결과에 기업의 브랜드 및 웹사이트 기타 정보를 노출하는 광고를 말하며 키워드 광고, 검색엔진 마케팅, SA(Search Ad), SEM(Search Engine Marketing)이라고도 부른다.
- 광고주는 검색엔진의 광고 운영 시스템을 활용하여 검색 결과에 광고를 직접 노출하거나 광고대행사를 통해 간접적으로 운영할 수 있다.
- 소비자의 자발적인 검색 활동으로 광고가 노출되는 방식이므로 잠재고객에게 정확한 타겟팅이 가능하다.
- 광고를 제공하는 검색엔진은 양질의 검색 결과를 제공하기 위해 키워드의 연관도와 광고 콘텐츠, 업종별 등록 기준 등에 따라 엄격한 검수 과정을 거친다.
- 이커머스와 모바일의 발달로 최근에는 오픈마켓이나 쇼핑몰은 물론 구글플레이나 애플앱스토어 등의 모바일 앱스토어에서도 검색광고가 이루어지고 있다.

02 검색광고의 참여 주체

- 광고주: 광고 예산을 편성하고 광고 게재를 희망하는 기업을 말한다.
- 광고대행사: 비즈니스 목표에 적합한 전략을 광고주에게 제시하여 장기 계약을 맺고 광고주 입장에서 마케팅 전반적인 업무를 대신 제공하는 회사를 말한다.
- 미디어 렙: 광고주 입장에서 수많은 인터넷 매체사와 접촉하여 광고를 구매하고 집행을 관리하는 역할을 대신 수행하며, 매체사의 입장에서 광고 판매를 대행하고 더 많은 광고를 수주할 기회를 제공한다.
- 검색광고 서비스 업체

유형	사례
검색엔진	구글, 네이버, 다음, 네이트 등
이커머스	쿠팡, 네이버쇼핑, G마켓, 옥션, 11번가, SSG닷컴, 다나와 등
앱스토어	구글플레이, 애플앱스토어 등

03 검색광고의 특징

- 클릭한 만큼만 비용이 부과되는 종량제(CPC, Cost Per Click) 방식으로 효율적이나, 검색한 이용자에게만 광고가 노출되므로 배너 광고보다 광고 노출이 제한적이다.
- 광고비와 광고 품질에 따라 노출 순위가 결정되므로 전략에 따라서는 낮은 비용으로 상위 노출이 가능하다.
- 광고 클릭과 구매가 강하게 연결되는 장점이 있지만, 과다한 광고비로 판매 이익이 상쇄되는 단점이 있다.
- 광고 운영 관리 시스템을 이용하여 실시간으로 키워드를 확인하고 대응할 수 있다는 장점이 있으나, 광고 운영에 소비되는 시간이 많다는 단점이 있다.
- 광고 노출수, 클릭수, 등의 측정 지표는 현재시간 기준이 아니므로 실시간 데이터가 아니라는 점에 유의한다.
- 사용자가 의도하지 않은 무효 클릭이나 의도적으로 경쟁 업체의 광고 키워드를 클릭하거나 악성 소프트웨어를 사용하는 부정 클릭의 경우에는 원천적인 봉쇄가 힘들다. 다만, 의심되는 IP를 제한하는 등 검색엔진 별로 이를 막기 위한 시스템을 갖추기 위해 노력 중이다.

검색광고의 장단점

특징	장점	단점
종량제(CPC) 방식	• 정확한 타겟팅 가능 • 클릭한 만큼만 광고비가 지출되므로 효율적 • 입찰가와 광고 품질에 따라 노출 순위가 결정되므로 합리적	• 브랜딩 광고로 부적합 • 무효 클릭, 부정 클릭 발생 방지의 어려움
광고 운영 시스템 제공	• 광고비용 등을 직접 확인하고 바로 대응 • 즉각적인 광고 설정을 통한 탄력적 운영	• 과도한 관리 리소스 투여 필요 • 업체 간의 경쟁으로 입찰가 과도하게 높아질 수 있음 • 측정 지표는 실시간 데이터가 아님

04 검색광고의 주요 용어 정리

① 핵심성과지표(KPI, Key Performance Indicators): 회원가입수, 유입수, 예약건수, 상담신청건수, 구매량 등 수치로 표현 가능한 광고의 목표를 말한다.
② 키워드: 사용자가 검색창에 입력하는 단어로 검색어라고도 부른다. 키워드는 카테고리의 대표성과 계절적인 요인 등에 따라 대표 키워드와 세부 키워드, 계절성 키워드로 구분되며 검색량에 따라 광고 금액이 달라진다.
③ 대표 키워드: '신발'이나 '의자'처럼 카테고리나 상품을 대표하는 키워드를 말한다. 대체로 조회량이 많아서 경쟁이 치열하고 광고 금액도 비싸다.
④ 세부 키워드: '분홍색 어린이 신발', '바퀴 달린 학생용 의자'처럼 사용자가 목적을 가지고 검색하는 구체적인 키워드나 제품명으로 조회량이 대표 키워드에 비해 낮아 광고 금액도 저렴한 편이다.
⑤ 계절성 키워드: '털 달린 겨울 신발', '캠핑용 야외 의자'처럼 계절이나 특정한 시기에 따라 조회수가 급증하는 키워드로 시즈널(Seasonal)키워드라고도 부르며, 조회수가 높은 계절이나 시기에는 광고 금액도 올라간다.
⑥ 광고 소재: 검색 결과에 노출되는 광고 문구로 제목과 설명 문구(T&D), URL 등의 기본 소재와 이미지와 전화번호 등의 부가정보를 추가하는 확장 소재로 구성된다.

PART 01
PART 02
PART 03
PART 04
PART 05
PART 06
PART 07

⑦ 확장 소재: 전화번호 · 위치정보 · 추가 제목 · 추가 링크 등 검색 결과에 노출되는 메시지를 말하며, 선택적으로 광고 노출 여부를 결정할 수 있다.

⑧ T&D(Title&Description): 검색 시 노출되는 제목과 설명에 사용되는 문장을 말한다.

⑨ URL(Uniform Resource Locator): 브라우저 상단에 표시되는 웹페이지의 고유한 링크 주소로 연결 URL과 표시 URL로 나누어진다.

⑩ 연결 URL: 광고를 클릭할 때 연결되는 랜딩페이지 주소를 말한다.

⑪ 표시 URL: 검색 결과에서 사용자에게 보이는 주소로 모든 검색 결과에 공통으로 사용되는 대표 주소라고 볼 수 있다.

⑫ 품질지수(Quality Index): 광고 소재가 키워드와 얼마나 연관성이 있는가를 숫자로 나타내는 광고적합도를 말한다.

⑬ 순위지수(Ranking Index): 노출 순위를 결정하는 기준으로 광고 입찰가와 품질지수를 고려하여 검색 순위를 결정하는 데 사용한다.

⑭ 전환(Conversion): 광고를 클릭한 사용자가 회원가입, 통화, 장바구니 담기, 구매 등 특정한 행동을 실제로 하는 것을 말하며 직접전환과 간접전환이 있다.

⑮ 직접전환: 광고를 클릭한 사용자가 30분 이내 회원가입이나 구매 등의 행동을 일으키는 것을 말한다.

⑯ 간접전환: 광고를 클릭한 사용자가 30분 이내에는 아무런 행동을 하지 않았지만, 이후 7~20일 정도의 전환 추적 기간 내에 회원가입이나 구매 등의 행동을 일으키는 것을 말한다.

⑰ AB테스트: 소재 A와 소재 B의 노출수와 클릭수를 측정하여 클릭 확률이 높은 소재를 선택하는 방법이다.

02 매체 노출 효과 및 산출 방법

01 검색광고 노출 효과와 관련된 용어

① 노출수(IMP, IMPression): 검색한 사용자에게 광고가 노출된 횟수를 말한다.

② 클릭수(Clicks): 검색을 통해 노출된 광고를 사용자가 클릭한 횟수를 말한다.

③ 클릭률(CTR, Click Through Rate): 광고를 클릭한 수를 노출된 횟수로 나눈 비율이다.

④ 전환율(CVR, ConVersion Rate): 광고를 클릭한 사용자가 통화나 구매 등의 전환을 한 비율이다.

⑤ ROAS(Return On Ad Spend): 투입한 광고비 대비 판매된 매출액으로 광고수익률이라고도 부른다.

⑥ ROI(Return On Investment): 투입한 광고비 대비 거둬들인 이익으로 투자수익률이라고도 부른다.

⑦ CPC(Cost Per Click): 클릭이 발생할 때마다 지불한 비용으로 검색광고의 과금 기준이다. 노출과 상관없이 클릭될 때마다 비용이 지출되며 금액은 매체, 광고 상품, 입찰가에 따라 실시간으로 변동된다.

⑧ CPA(Cost Per Action): 소비자가 광고를 클릭하여 랜딩페이지에 연결된 후, 회원가입 · 장바구니담기 · 구매 등 광고주가 원하는 특정한 행동(Action)을 할 때 지불된 광고비를 말한다.

⑨ CPS(Cost Per Sale): 1건의 판매당 지출한 광고비를 말한다.

⑩ CPI(Cost Per Install): 게임이나 앱을 다운로드 받을 때 지불되는 비용으로 설치당가격이라고도 부른다.

⑪ CPL(Cost Per Lead): 광고주가 전환으로 얻은 리드(잠재고객)당 평균 비용을 의미한다.

⑫ PV(Page View): 광고주 홈페이지에 들어온 접속자가 이동한 페이지의 수로 페이지뷰를 말한다.

02 광고 노출 효과 산출 방법

광고 노출 효과	산출식
클릭률 (CTR, Click Through Rate)	$\dfrac{\text{클릭수}}{\text{노출수}} \times 100$
전환율 (CVR, Conversion Rate)	$\dfrac{\text{전환수}}{\text{클릭수}} \times 100$
광고수익률 (ROAS, Return On Ad Spend)	$\dfrac{\text{광고를 통한 매출}}{\text{광고비}} \times 100$
투자수익률 (ROI, Return On Investment)	$\dfrac{\text{광고를 통한 매출} \times \text{이익률}}{\text{광고비}} \times 100$
클릭당비용 (CPC, Cost Per Click)	$\dfrac{\text{총광고비}}{\text{클릭수}}$
전환당비용 (CPA, Cost Per Action)	$\dfrac{\text{총광고비}}{\text{전환수}}$
판매당비용 (CPS, Cost Per Sale)	$\dfrac{\text{총광고비}}{\text{구매건수}}$

* 클릭수=방문수

* 구매건수=전환수=클릭수×전환율

* 광고를 통한 매출=구매건수×객단가

* 광고비 외에 다른 비용은 투입되지 않았을 경우, 광고를 통한 매출×이익률=광고를 통한 매출−광고비

PART 01
PART 02
PART 03
PART 04
PART 05
PART 06
PART 07

01 검색광고는 세분화된 타겟팅이 가능하다. ☑ ☒

02 검색광고는 배너 광고에 비해 저렴하므로 소액으로 광고를 운영하기에 적합하다. ☑ ☒

03 검색광고 서비스 업체들은 부정 클릭이 의심되는 IP에 광고 노출을 제한하는 방식을 통해 부정 클릭을 원천적으로 봉쇄하고 있다. ☑ ☒

04 검색광고는 계정관리시스템을 통해 키워드를 직접 관리하여 효과적으로 운영할 수 있다. ☑ ☒

05 검색광고는 해당 키워드에 관심이 있는 잠재고객을 대상으로 하므로 광고 효과가 상대적으로 높다. ☑ ☒

06 검색광고는 고객이 선택한 특정 키워드에 의한 시장 세분화가 가능하다. ☑ ☒

07 검색광고는 광고 클릭과 구매가 강하게 연결되는 장점이 있지만 과다한 광고비로 판매 이익이 상쇄되는 단점이 있다. ☑ ☒

08 검색광고는 실시간으로 광고를 관리할 수 있고 광고 운영에 소비되는 시간이 적다는 것이 장점이다. ☑ ☒

09 검색광고는 광고 등록 직후 바로 광고에 노출되기 때문에 매스미디어 광고보다 편리하다. ☑ ☒

10 검색광고는 사용자의 능동적인 행동이 선행된 후에만 진행된다. ☑ ☒

11 검색광고는 실시간 광고 게재 여부를 선택할 수 있어 합리적으로 광고 예산을 사용할 수 있다. ☑ ☒

12 광고가 노출된 후 클릭 등을 통해 효과를 측정할 수 있어 효율적인 광고 집행이 가능하다. ☑ ☒

PART 01
PART 02
PART 03
PART 04
PART 05
PART 06
PART 07

13 최근 검색광고는 정액제 광고가 늘어나는 추세다. ◯ ✕

14 모바일 검색광고는 위치기반 서비스로 인해 더 타겟팅된 고객에게 노출될 수 있다. ◯ ✕

15 검색광고가 성장하는 이유는 기존 대중매체 광고가 감소 추세에 있기 때문이다. ◯ ✕

16 검색광고는 온라인 광고 시장에 가장 먼저 도입된 기법이다. ◯ ✕

17 대표 키워드는 노출수와 클릭수가 높아 예산이 많이 소진될 수 있다. ◯ ✕

18 양질의 검색 결과를 제공하기 위해 검색엔진은 광고 검수 과정을 거친다. ◯ ✕

19 검색광고는 네이버, 다음, 네이트, 구글 등의 검색엔진을 통해 노출된다. ◯ ✕

20 검색광고는 사용자가 입력한 키워드로 광고를 게재하므로 정확한 타겟팅이 가능하다. ◯ ✕

정답

01 ◯	02 ◯	03 ✕	04 ◯	05 ◯
06 ◯	07 ◯	08 ✕	09 ✕	10 ◯
11 ◯	12 ◯	13 ✕	14 ◯	15 ✕
16 ✕	17 ◯	18 ◯	19 ◯	20 ◯

해설
03 노력은 하지만 원천적인 봉쇄는 불가능하다.
08 광고 운영에 소요되는 시간이 길다.
09 검수 후 광고가 노출된다.
13 검색광고는 종량제 상품이다.
15 대중매체 감소 추세와 상관없이 모바일 사용자가 증가하기 때문이다.
16 온라인 광고 시장에서 가장 먼저 도입된 기법은 배너 광고이다.

01 다음 중 검색광고에 대한 설명으로 옳지 <u>않은</u> 것은?

① 다양한 광고 상품과 노출 영역을 선택할 수 있어 다양한 미디어믹스 전략이 가능하다.

② 검색광고의 노출 순위는 입찰가와 품질지수를 통해 결정된다.

③ 고객의 검색을 통해 광고가 노출되기 때문에 세분화된 타겟팅이 가능하다.

④ 검색에 따라 조회되는 검색 결과의 노출수만큼만 과금되므로 효율적이다.

02 디지털 광고의 유형 중 검색광고에 대한 설명으로 옳은 것은?

① 타겟팅한 사용자가 콘텐츠를 볼 때 이미지 형태로 노출된다.

② 언론매체 지면에서 검색할 때 노출되는 광고 형태이다.

③ 광고주가 구매한 키워드를 소비자가 검색했을 때 보여주는 광고 형태이다.

④ 인터넷 페이지가 이동하는 막간에 띄우는 광고 형태이다.

03 다음 중 검색광고의 특징에 대한 설명으로 옳지 <u>않은</u> 것은?

① DA(Display Ad) 광고의 시장 규모가 검색광고보다 두 배 이상 크다.

② 검색사이트에 특정 키워드로 검색하는 유저에게 광고주의 사이트를 노출시킨다.

③ 가망 고객을 자사 웹사이트로 방문하도록 유인하는 효과적인 수단이다.

④ 검색엔진 마케팅, 검색광고, 키워드 광고 등으로 불린다.

04 다음 중 검색광고의 특징에 관한 설명으로 옳지 <u>않은</u> 것은?

① 방문고객이 광고주 사이트로 유입되도록 설정할 수 있다.

② 입찰가로만 순위가 결정되는 경매 방식이므로 비용만 지불하면 누구나 노출이 가능하다.

③ 광고의 게재 · 중지가 자유로우며, 필요에 따라 소재 수정이 가능하다.

④ 부정 클릭은 IP를 신고하거나 노출 제한을 하는 등의 방법으로 관리할 수 있다.

05 다음 중 검색광고에 대한 설명으로 옳지 <u>않은</u> 것은?

① 문자나 문장으로 검색하는 광고이기 때문에 텍스트 광고라고도 한다.
② 고객이 검색한 특정 키워드에 의한 시장 세분화가 가능하다.
③ 과다한 광고비로 판매 이익이 상쇄되는 단점이 있다.
④ 광고 운영에 소비되는 시간이 너무 많다.

06 다음 중 검색광고의 주요 용어에 대한 설명으로 옳은 것은?

① CPA(Cost Per Action)는 검색광고의 과금 기준으로 선택할 수 있다.
② 품질지수는 광고주의 매출액과 광고 예산의 규모를 기준으로 산정되므로 대기업이 유리하다.
③ 검색광고는 클릭이 일어날 때의 비용으로 지불되므로, 키워드별 정액제로 과금된다.
④ 키워드의 노출 순위를 결정하는 순위지수는 입찰가와 품질지수에 의해 결정된다.

07 다음의 검색광고 용어에 관련된 설명에서 (ㄱ)과 (ㄴ)에 들어갈 각각의 용어로 옳은 것은?

> (ㄱ)은(는) 광고주 홈페이지에 들어온 접속자가 이동한 페이지 수이고, (ㄴ)은(는) 클릭 1회당 사이트에 방문한 광고주가 지불하는 비용이다.

① (ㄱ) PV, (ㄴ) CPC
② (ㄱ) 노출수, (ㄴ) CPM
③ (ㄱ) UV, (ㄴ) CPC
④ (ㄱ) 클릭수, (ㄴ) CPM

08 다음 중 검색광고에서 전환을 발생시키는 데 소요되는 비용을 설명하는 용어로 옳은 것은?

① 광고비용
② CPA
③ ROI
④ ROAS

09 다음 중 광고 노출 효과와 관련된 용어와 그에 대한 설명으로 옳지 <u>않은</u> 것은?

① 전환: 광고를 클릭한 사용자가 회원가입, 통화, 장바구니 담기, 구매 등 특정한 행동을 실제로 하는 것을 말한다.
② ROI: 광고를 집행할 때 1원의 비용으로 얼마의 이익이 발생했는지를 나타내는 비율이다.
③ 표시 URL: 광고 소재를 클릭하면 표시되는 웹페이지 주소이다.
④ 품질지수: 광고 소재가 키워드와 얼마나 연관성이 있는가를 숫자로 나타내는 광고적합도를 말한다.

10 다음 중 광고 노출 효과의 산출 방법으로 옳지 <u>않은</u> 것은?

① 클릭률 $= \dfrac{\text{클릭수}}{\text{노출수}} \times 100$

② 구매전환율 $= \dfrac{\text{구매건수}}{\text{클릭수}} \times 100$

③ CPC $= \dfrac{\text{총광고비}}{\text{클릭수}}$

④ 전환당비용 $= \dfrac{\text{총전환비용}}{\text{전환수}}$

11 다음 중 광고 노출 효과 산출식으로 옳은 것은?

① $CPA = \dfrac{총광고비}{전환수} \times 100$

② $구매전환율 = \dfrac{전환수}{노출수} \times 100$

③ $CPS = \dfrac{총광고비}{구매건수}$

④ $CPC = \dfrac{총광고비}{클릭률}$

12 다음 중 검색광고의 정의에 대한 설명으로 **틀린** 것을 **고르시오**.

① 쿠팡이나 11번가와 같은 쇼핑몰은 검색엔진이 아니므로 검색광고를 진행할 수 없다.
② 검색엔진을 통해 기업의 웹사이트 등을 노출시킬 수 있는 광고 기법이다.
③ 광고 서비스 업체에서는 콘텐츠의 연관성과 업종별 등록 기준에 의거하여 광고를 검수한다.
④ 검색광고는 구글플레이스토어나 애플앱스토어 등에서도 진행된다.

13 다음 중 검색광고의 특징에 대한 설명으로 알맞은 것은?

① 모든 광고는 현재시간 기준이므로 실시간 성과측정이 가능하다.
② 검색광고는 배너 광고 등을 같이 활용하면 효과가 떨어진다.
③ 성별, 연령별, 지역별 타겟팅이 가능하다.
④ 부정 클릭 발생을 원천적으로 봉쇄하기는 어렵다.

14 다음 중 검색광고의 특징에 대한 설명으로 적절하지 **않은** 것은?

① 키워드 검색량에 따라 캠페인 예산에 영향을 많이 받는다.
② 키워드의 종류에 따라 소비자의 Needs를 추정할 수 있다.
③ 검색광고 노출 순위는 품질지수에도 영향을 받는다.
④ 예산을 많이 지출할수록 머신러닝이 작동하여 광고 효율이 높아진다.

15 다음 중 검색광고의 단점으로 적절하지 **않은** 것은?

① 초기 브랜딩 광고로 적합하지 않다.
② 무효 클릭으로 의심되는 IP는 광고가 노출되지 않도록 제한할 수 없다.
③ 검색량이 많은 키워드의 경우 입찰 경쟁이 심할 수 있다.
④ 관리 리소스가 많이 투여되는 경향이 있다.

16 다음 중 검색광고의 주요 용어에 대한 설명으로 옳은 것은?

① CPA(Cost Per Action)는 검색광고의 과금 기준으로 선택할 수 있다.
② CPM(Cost Per Mille)은 클릭이 일어날 때 소진되는 비용을 의미한다.
③ 순위지수는 광고 입찰가뿐만 아니라 품질지수까지 고려하여 결정된다.
④ 품질지수는 광고 소재와 광고주별 광고 예산의 규모를 기준으로 산정한다.

17 다음 중 검색광고의 종량제(CPC) 광고에 대한 설명으로 **틀린** 것은?

① 키워드 선택은 클릭이 많을 것 같은 대표 키워드로 선별하는 것이 중요하다.

② 광고를 클릭할 경우에만 비용이 발생하는 방식이다.

③ 효율적으로 상위 노출 순위를 결정하기 위해서는 품질지수 관리가 중요하다.

④ 광고 성과가 좋은 경우에는 게재와 중지 중에서 선택할 수 있다.

18 다음 중 종량제(CPC) 상품에 대한 설명으로 옳지 **않은** 것은?

① 광고 소재를 자유롭게 게재·중지할 수 있어서 탄력적 운용이 가능하다.

② 클릭수가 많아지면 광고 예산이 증가할 수 있다.

③ 키워드를 많이 사용해도 소비자가 클릭하지 않으면 광고비는 지불되지 않는다.

④ 정해진 시간 동안 정해진 순위에 노출되는 상품이다.

19 다음 중 종량제(CPC)상품에 대한 설명으로 옳지 **않은** 것은?

① 선택한 키워드 수에 따라 비용이 증가한다.

② 자유로운 게재와 중지로 광고의 탄력적 운용이 가능하다.

③ 상위 순위에 노출되기 위해서는 품질지수 관리가 무엇보다 중요하다.

④ 다양한 키워드를 사용하여 광고를 효율적으로 관리할 수 있다.

20 아래의 종량제(CPC) 상품에 대한 설명 중 괄호 안에 공통으로 들어갈 올바른 단어는?

> – (   )은(는) 광고 소재의 반응을 측정하는 지표로 노출수 대비 클릭수 비율을 의미한다.
> – (   )이(가) 상승하면 광고 효과가 같이 상승하지만 광고비가 증가한다.

① 전환율(CVR)

② 전환당비용(CPA)

③ 클릭률(CTR)

④ 투자수익률(ROI)

21 다음 중 검색광고의 종량제 상품에 대한 설명으로 옳지 **않은** 것은?

① 모바일의 발달로 검색엔진뿐 아니라 지도나 메신저 등 다양한 영역에 노출할 수 있어 광고 효과가 높다.

② 검색하여 광고가 노출되었을 경우에만 과금된다는 의미에 종량제 광고라고 부른다.

③ 자유롭게 게재하고 언제든지 중지할 수 있어서 광고를 탄력적으로 운용할 수 있다.

④ 갑자기 조회수가 폭증하는 키워드는 주의해서 관리하여야 광고비용이 늘어나는 것을 방지할 수 있다.

22 다음 중 검색광고의 특징에 대한 설명으로 **틀린** 것은?

① 세분화된 타겟팅이 가능하다.
② 종량제 광고의 경우 사용자의 클릭에 대해서만 과금되어 효율적이다.
③ 광고가 진행되고 나서 일정 시간이 지난 이후에 광고 효과를 볼 수 있다.
④ 매스미디어 광고에 비해 광고비가 저렴하다.

23 다음 중 검색광고의 특징에 대한 설명으로 **틀린** 것은?

① 노출 순위는 최대클릭비용 외에 광고 기간에 따라 달라진다.
② 정확한 키워드 타겟팅이 가능하다.
③ 클릭하지 않으면 과금되지 않으므로 예산을 효율적으로 운영할 수 있다.
④ 종량제 광고의 경우 광고 운영 시스템을 통해 ON/OFF, 예산조정 등 탄력적으로 운영할 수 있다.

24 다음 중 검색광고의 특징을 설명한 것으로 옳지 않은 것은?

① 검색광고는 광고 시스템을 통하여 광고 성과에 대한 데이터를 확인할 수 있다.
② 종량제 광고(CPC 광고)의 경우 광고주가 받은 클릭에 대해서만 과금되어 효율적이다.
③ 네이버, 카카오 키워드 광고는 최대클릭비용에 품질지수를 더하여 노출 순위가 결정된다.
④ 검색광고는 한정된 노출 영역에서 동일한 광고비용이 지불되기 때문에 합리적이라고 할 수 있다.

25 다음 중 검색광고의 주요 용어에 대한 설명으로 **틀린** 것을 고르시오.

① 확장 소재는 일반 광고 소재 외 전화번호, 위치정보, 홍보 문구, 추가 링크 등을 말한다.
② CPC는 클릭이 발생할 때마다 비용을 지불하는 종량제 광고 방식을 말한다.
③ 순위지수는 노출 순위를 결정하는 지수로 광고 입찰가를 말한다.
④ 품질지수는 게재된 광고의 품질을 나타내는 지수로 광고적합도를 말한다.

26 다음 중 검색광고 용어에 대한 설명으로 **틀린** 것은?

① KPI : 핵심성과지표, 수치로 표현 가능한 광고의 목표를 말한다.
② 시즈널 키워드 : 계절이나 시기적 이슈로 조회수가 높은 키워드를 말한다.
③ 세부 키워드 : 업종을 대표하는 키워드로 검색수가 높고 경쟁이 치열하다.
④ T&D : 검색 결과에 노출되는 제목과 설명에 해당한다.

27 다음 중 검색광고의 마케팅 용어에 대한 설명으로 **틀린** 것은?

① CPA는 Cost Per Advertising의 약자이다.
② CPC는 Cost Per Click의 약자이다.
③ CTR은 Click Through Rate의 약자이다.
④ ROAS는 Return On Advertising Spend의 약자이다.

28 다음 중 검색광고의 특징에 대한 설명으로 옳은 것은?

① 노출 순위는 최대클릭비용으로 결정되어 비용만 지불하면 누구나 상위 노출할 수 있다.

② 현재 시간 기준으로 실시간 성과측정이 가능한 장점이 있다.

③ 인터넷 매체의 특성상 국가별, 성별, 연령별, 지역별 타겟팅이 가능하다.

④ 클릭당 과금되는 광고 방식이므로 예산을 탄력적으로 운영할 수 있다.

29 다음 중 검색광고의 특징에 대한 설명으로 옳지 않은 것은?

① 정액제 광고의 경우 사용자의 클릭에 대해서만 과금되어 효율적이다.

② 검색광고 시스템을 통해 관리하기 때문에 광고 운영이 탄력적이다.

③ 광고 노출수 대비 클릭수를 의미하는 지표인 클릭률은 광고 품질에 영향을 미친다.

④ 광고 품질은 노출 순위에 영향을 미칠 수 있기 때문에 신중하게 관리하는 것이 중요하다.

30 다음 중 검색광고에 대한 설명으로 옳지 않은 것은?

① 고객이 선택한 키워드에 광고를 게재하므로 시장 세분화가 가능하다.

② 검색서비스를 통해 광고주의 웹사이트에 대한 연결고리를 보여주는 광고이다.

③ 실시간으로 광고를 관리할 수 없다는 단점이 있는 반면, 광고 운영에 소비되는 시간이 적다는 장점이 있다.

④ 과다한 광고비로 판매 이익이 상쇄되는 단점이 있는 반면, 클릭하는 만큼만 광고비로 지출되는 장점이 있다.

01 검색광고의 노출 순위는 입찰가와 '이것'을 고려하여 결정하게 되는데 이것은 광고 효과, 광고하는 키워드와 광고 문안의 연관도, 키워드와 사이트의 연관도 등 사용자 입장에서 고려하여 중요한 여러 가지 요소를 포함하여 산출되는 지수이다. '이것'은 무엇인가?

02 다음의 빈칸에 들어갈 용어는 무엇인가?

> 검색광고는 검색한 이용자에게만 광고가 노출되므로 클릭한 만큼만 비용이 부과되는 (   )방식의 광고 상품이다.

03 다음 설명에 해당하는 용어는 무엇인가?

> '신발'이나 '의자'처럼 카테고리나 상품을 나타내는 키워드를 말한다. 대체로 조회량이 많아서 경쟁이 치열하고 광고 금액도 비싸다.

04 다음 설명에 해당하는 용어는 무엇인가?

> 검색 결과에 노출되는 광고 문구로 제목과 설명 문구(T&D), URL 등의 기본 소재와 이미지와 전화번호 등의 부가정보를 추가하는 확장 소재로 구성된다.

05 다음 설명에 해당하는 용어는 무엇인가?

> 전화번호 · 위치정보 · 추가 제목 · 추가 링크 등 검색 결과에 노출되는 메시지를 말하며, 선택적으로 광고 노출 여부를 결정할 수 있다.

PART 01

PART 02

PART 03

PART 04

PART 05

PART 06

PART 07

06 다음 설명에 해당하는 용어는 무엇인가?

> 광고를 클릭한 사용자가 통화나 구매 등의 전환을 한 비율이다.

07 다음의 빈칸에 공통으로 들어갈 용어는 무엇인가?

> 브라우저 상단에 표시되는 웹페이지의 고유한 링크 주소로 연결 (   )과 표시 (   )로 나누어진다.

08 광고주의 입장에서 수많은 인터넷 매체사와 접촉하여 광고를 구매하고 집행을 관리하는 역할을 대신 수행하며, 매체사의 입장에서 광고 판매를 대행하고 더 많은 광고를 수주할 기회를 제공하는 역할을 하는 검색광고의 참여주체는 무엇인가?

09 다음 설명에 해당하는 용어는 무엇인가?

> '털 달린 겨울 신발', '캠핑용 야외 의자'처럼 계절이나 특정한 시기에 따라 조회수가 급증하는 키워드로 조회수가 높은 계절이나 시기에는 광고 금액도 올라간다.

10 '투입한 광고비 대비 판매된 매출액'을 뜻하는 단어로 광고수익률이라고도 부르는 용어는 무엇인가?

객관식

01 ④

검색에 따라 클릭되는 검색 결과의 클릭수만큼만 과금되므로 효율적이다.

02 ③

오답 피하기

- ①: 배너 광고에 대한 설명이다.
- ②: 네이티브 광고에 대한 설명으로 뉴스나 블로그 등 웹사이트의 주요 콘텐츠와 비슷한 형식으로 제작한 광고를 말하며 컨텍스트 광고 또는 맥락 광고라고도 부른다.
- ④: 인터스티셜(Interstitial) 광고에 대한 설명이다. 막간 광고라고도 불리며 웹사이트 방문자가 이용을 종료하고 다른 사이트로 이동하려는 사이에 스크린 전면에 나타나는 형태의 광고이다.

03 ①

제일기획에 따르면 2022년 국내 디지털 광고 시장 규모는 약 8조 5,221억 원으로 예상된다. 검색광고는 이커머스 기업 및 중소형 광고주의 쇼핑 검색광고 확대로 4조 5백억 원, DA(Display Ad) 광고와 동영상 광고를 합친 노출형 광고는 유튜브의 성장과 실시간 입찰과 세밀한 타겟팅을 제공하는 포털의 디스플레이 광고가 중소형 광고주들로부터 좋은 반응을 얻어, 4조 4천억 원을 기록할 전망이다. 결국, 단일 디지털 광고 상품 중에서는 검색광고 시장 규모가 가장 크며, 동영상 광고와 DA 광고가 뒤따르고 있다.

04 ②

입찰가와 광고 품질에 따라 노출 순위가 결정되므로 비용만 지불하면 누구나 노출할 수 있다는 말은 옳지 않다.

05 ①

문자나 문장으로 '검색'하는 광고이기 때문에 '키워드 광고'라고도 한다. 따라서 텍스트 광고라는 표현은 적절치 않다. 텍스트 광고는 이미지가 아닌 문장으로 '노출'하는 방식을 말하는데 '검색'하는 광고가 아니므로 디스플레이 광고로 분류된다.

06 ④

오답 피하기

- ①: 검색광고의 과금 기준은 CPC 방식이며 CPA는 광고 집행 후 효과 분석 시 사용되는 기준이다.
- ②: 품질지수는 예산의 규모가 아니라 광고 소재가 키워드와 얼마나 연관성이 있는가를 숫자로 산정하는 광고적합도를 말한다.
- ③: 검색광고는 클릭한 만큼 비용이 지불되므로 키워드별 '종량제'로 과금된다.

07 ①

용어를 이해하면 쉽게 해결할 수 있는 문제다. PV는 Page View 즉 페이지뷰, CPC는 Cost Per Click 즉 클릭당비용을 말한다.

오답 피하기

UV는 Unique Visitor로 순방문자수이고 CPM은 Cost Per Mille 즉 1천 회 노출당비용을 뜻한다.

08 ②

온라인 광고에서 '전환'이란 광고를 클릭한 소비자가 광고주가 유도하는 행동을 하는 것을 의미하며, 영어로는 Action이라고 부른다. 따라서 정답은 Cost Per Action을 뜻하는 CPA이다.

오답 피하기

ROI는 Return On Investment 즉 투자수익률, ROAS는 Return On Ad Spend 즉 광고수익률을 뜻한다.

09 ③

표시 URL은 검색 결과에서 사용자에게 보이는 대표 주소로, 광고를 '클릭하기 전'에 표시되는 웹페이지 주소이다. 광고 소재를 '클릭한 다음'에 표시되는 웹페이지 주소는 '연결 URL'이다. 기출문제는 이 차이를 묻는 경우가 많으니 꼼꼼하게 익혀두자.

10 ④

$$전환당비용 = \frac{총광고비}{전환수}$$

11 ③

- ①: CPA(전환당비용, Cost Per Action)=$\dfrac{\text{총광고비}}{\text{전환수}}$

- ②: 구매전환율(CVR, Conversion Rate)=$\dfrac{\text{전환수}}{\text{클릭수}}\times100$

- ④: CPC(클릭당비용, Cost Per Click)=$\dfrac{\text{총광고비}}{\text{클릭수}}$

12 ①

이커머스와 모바일의 발달로 최근에는 오픈마켓이나 쇼핑몰은 물론 구글플레이나 애플앱스토어 등의 모바일 앱스토어에서도 검색광고가 이루어지고 있다.

13 ④

- ①: 광고 노출수, 클릭수 등의 측정 지표는 현재시간 기준이 아니므로 실시간 성과 측정이 아니라는 점에 유의한다.
- ②: 검색광고는 배너 광고 등을 같이 활용하면 효과가 증가한다.
- ③: 성별, 연령별, 지역별 타겟팅은 불가능하다.

14 ④

광고는 키워드별 입찰가와 품질지수에 따라 성과가 달라지므로 광고 효율은 예산과 상관없다.

15 ②

사용자가 의도하지 않은 무효 클릭이나 의도적으로 경쟁 업체의 광고 키워드를 클릭하거나 악성 소프트웨어를 사용하는 부정 클릭의 경우에는 원천적인 봉쇄가 어렵다. 다만, 의심되는 IP를 제한하는 등 검색엔진별로 이를 제한할 수는 있다.

16 ③

- ①: CPA(Cost Per Action)는 검색광고의 성과를 평가하는 기준이므로 과금 기준으로 선택할 수 없다.
- ②: CPM(Cost Per Mille)은 노출에 다른 광고비를 의미한다.
- ④: 품질지수는 광고 소재가 키워드와 얼마나 연관성이 있는가를 숫자로 나타내는 광고적합도를 말한다.

17 ①

키워드 선택은 비용대비 효율성이 높은 세부 키워드와 연관 키워드를 선별하여 예산과 광고 성과 간의 균형을 맞추는 것이 중요하다.

18 ④

종량제(CPC, Cost Per Click) 방식은 클릭한 만큼만 비용이 부과되는 상품이다.

19 ①

클릭한 만큼만 비용이 부과되므로 키워드를 많이 선택해도, 클릭이 발생하지 않으면 비용이 증가하지는 않는다.

20 ③

$\dfrac{\text{클릭수}}{\text{노출수}}\times100$을 공식으로 삼는 지표는 클릭률(CTR, Click Through Rate)이다. 클릭률이 상승하면 클릭수가 늘어서 광고 효과가 상승하지만 광고비도 증가한다.

21 ②

검색하여 광고를 클릭한 만큼만 비용이 부과되는 광고를 종량제(CPC, Cost Per Click) 광고라고 부른다.

22 ③

광고가 진행되면 광고 클릭과 구매가 강하게 연결되어 즉시 광고 효과를 볼 수 있다.

23 ①

노출 순위를 결정하는 기준으로 광고 입찰가와 품질지수를 고려하여 검색 순위를 결정하는 데 사용한다.

24 ④

검색하여 광고를 클릭한 만큼만 비용이 부과되는 광고는 종량제(CPC, Cost Per Click) 광고로, 합리적이라고 할 수 있다.

25 ③

순위지수는 노출 순위를 결정하는 기준으로 광고 입찰가와 품질지수를 고려하여 검색 순위를 결정하는 데 사용한다.

26 ③

세부 키워드는 사용자가 목적을 가지고 검색하는 구체적인 키워드나 제품명으로 조회량이 대표 키워드에 비해 낮아 광고 금액도 저렴한 편이다.

27 ①

CPA는 Cost Per Action의 약자로 소비자가 광고를 클릭하여 랜딩페이지에 연결된 후, 회원가입 · 장바구니 담기 · 구매 등 광고주가 원하는 특정한 행동(Action)을 할 때 지불된 광고비를 말한다.

PART 01
PART 02
PART 03
PART 04
PART 05
PART 06
PART 07

28 ④

- ①: 노출 순위를 결정하는 기준으로 광고 입찰가와 품질지수를 고려하여 검색 순위를 결정하는 데 사용한다.
- ②: 광고 노출수, 클릭수, 등의 측정 지표는 현재시간 기준이 아니므로 실시간 성과측정이 아니라는 점에 유의한다.
- ③: 검색한 이용자에게만 광고가 노출되므로 국가별, 성별, 연령별, 지역별 타겟팅이 가능한 배너 광고에 비해 광고 노출이 제한적이다.

29 ①

정액제와 종량제를 구분하는 문제다. 정액제는 노출량을 정해두고 금액이 부과되는 광고, 사용자의 클릭수에 따라 과금되는 방식은 종량제 광고라고 부른다. 용어 구분 문제는 자주 출제되므로 확실히 정리해두어야 한다.

30 ③

검색광고는 광고 운영관리시스템을 이용하여 실시간으로 키워드를 확인하고 대응할 수 있다는 장점이 있으나, 광고 운영에 소비되는 시간이 많다는 단점이 있다.

단답식

01 광고 품질, 품질지수, 광고품질지수(모두 정답)

노출 순위를 결정하는 기준으로 광고 입찰가와 품질지수를 고려하여 검색 순위를 결정하는 데 사용한다.

02 CPC, 종량제

검색광고는 클릭한 만큼만 비용이 부과되는 종량제(CPC, Cost Per Click) 방식으로 효율적이나, 검색한 이용자에게만 광고가 노출되므로 배너 광고에 비해 광고 노출이 제한적이다.

03 대표 키워드

키워드는 대표/세부/계절성 세 가지로 구분해서 이해해두어야 한다.

- 대표 키워드는 '신발'이나 '의자'처럼 카테고리나 상품을 대표하는 키워드를 말한다. 대체로 조회량이 많아서 경쟁이 치열하고 광고 금액도 비싸다.
- 세부 키워드는 '분홍색 어린이 신발', '바퀴 달린 학생용 의자'처럼 사용자가 목적을 가지고 검색하는 구체적인 키워드나 제품명으로 조회량이 대표 키워드에 비해 낮아 광고 금액도 저렴한 편이다.
- 계절성 키워드는 '털 달린 겨울 신발', '캠핑용 야외 의자'처럼 계절이나 특정한 시기에 따라 조회수가 급증하는 키워드로 시즈널(Seasonal)키워드라고도 부르며, 조회수가 높은 계절이나 시기에는 광고 금액도 올라간다.

04 광고 소재

검색 결과에 노출되는 광고물은 광고 소재와 확장 소재로 구분된다. 광고 소재는 검색 결과에 노출되는 광고 문구로 제목과 설명 문구(T&D), URL 등의 기본 소재와 이미지와 전화번호 등의 부가정보를 추가하는 확장 소재로 구성된다.

05 확장 소재

검색 결과에 노출되는 광고물은 광고 소재와 확장 소재로 구분된다. 확장 소재는 전화번호 · 위치정보 · 추가 제목 · 추가 링크 등 검색 결과에 노출되는 메시지를 말하며, 선택적으로 광고 노출 여부를 결정할 수 있다.

06 전환율, CVR(모두 정답)

전환율(CVR, Conversion Rate)은 광고를 클릭한 사용자가 통화나 구매 등의 전환을 한 비율이다.

07 URL

URL(Uniform Resource Locator)은 브라우저 상단에 표시되는 웹페이지의 고유한 링크 주소로 연결 URL과 표시 URL로 나누어진다.

08 미디어 렙

검색광고의 참여 주체는 광고주, 광고대행사, 미디어 렙, 매체사로 나눌 수 있다. 광고주는 검색광고 운영 시스템에 웹사이트 정보를 제공하고 광고비용을 지불하는 주체를 말한다. 미디어 렙은 광고주의 입장에서 수많은 인터넷 매체사와 접촉하여 광고를 구매하고 집행을 관리하는 역할을 대신 수행하며, 매체사의 입장에서 광고 판매를 대행하고 더 많은 광고를 수주할 기회를 제공한다. 매체사는 검색광고 서비스 업체로 검색엔진이나 이커머스 업체 또는 구글 플레이나 애플앱스토어와 같은 앱스토어를 들 수 있다.

09 계절성 키워드, 시즈널 키워드(모두 정답)

계절성 키워드는 계절이나 특정한 시기에 따라 조회수가 급증하는 키워드로 시즈널(Seasonal) 키워드라고도 부르며, 조회수가 높은 계절이나 시기에는 광고 금액도 올라간다.

10 ROAS(부분 점수 없음)

ROAS(Return On Ad Spend)는 투입한 광고비 대비 판매된 매출액으로 광고수익률이라고도 부른다. ROAS는 $\dfrac{\text{광고를 통한 매출}}{\text{광고비}} \times 100$의 산출식으로 값을 도출할 수 있다.

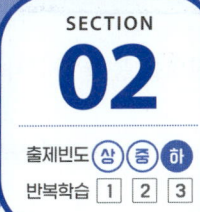

SECTION
02

출제빈도 (상)(중)(하)
반복학습 [1][2][3]

검색광고 기획

빈출 태그 ▶ 미디어믹스, 기획 프로세스, 예산 설정 방법

▶합격 강의

01 검색광고의 기획과 미디어믹스

01 검색광고의 사전 준비

- 검색광고는 고객이 검색할 것으로 예상되는 키워드를 발굴하고 사이트로 유입하여 얻고자 하는 성과에 대한 계획이 우선되어야 한다.
- 사용할 수 있는 예산 규모에 대한 단계적 계획을 세워야 하며 신규 검색광고를 세팅하는 경우 가격이 저렴한 세부 키워드부터 구매하는 것이 좋다.
- 시장 트렌드와 유행이 변화함에 따라 새로운 키워드들을 수시로 발굴하여 적재적소에 추가할 수 있도록 사전에 검색광고를 위한 적절한 기획이 필요하다.

02 검색광고의 기획 프로세스

① 환경 분석	경제 현황, 시장 트렌드, 경쟁사 상황, 타겟 유저 등을 분석
② 목표 설정	검색광고를 통해 얻고자 하는 목표 성과를 구체적인 수치로 설정
③ 매체 전략	매체별 검색광고 상품의 노출 지면, 키워드, 광고 소재 등을 정리
④ 일정 계획	검색광고 노출과 시간 등 전체적인 일정을 계획
⑤ 예산 책정	연간, 월별 소요 예산을 예측하고 책정

03 사용자 패턴 분석

- 검색광고의 효과를 거두기 위해서는 고객 편익을 증대시키는 욕구를 이해하는 것이 필요한데, 고객은 기능적 욕구, 감각적 욕구, 상징적 욕구 등에 따라 다양한 검색 패턴을 보인다.

사용자 욕구	설명	사례
기능적 욕구	제품을 통해 편익과 유용성을 충족시키는 욕구	잘 지워지는 지우개
감각적 욕구	제품 사용 과정에서 즐거운 느낌을 경험하고 감성 및 정서상의 만족감을 가지려는 욕구	입안이 상쾌한 치약
상징적 욕구	제품 구매를 통해 자아개념이나, 자신의 정체성 또는 우월감을 강조하려는 욕구	롤렉스 시계, 벤츠 자동차

- 고객 편익을 증대시키는 욕구를 분석하는 것만큼 고객 비용을 줄이는 욕구를 분석하는 것도 중요하며, 서비스업의 경우는 고객 비용을 줄이는 욕구를 분석하는 것이 더 유용한 경우도 많다.

1) 사용자의 인구 통계적 특성 활용

- 사용자의 인구 통계적 특성은 제품이나 서비스를 이용할 만한 세분화된 주요 고객 정의를 통한 관심사와 특성을 파악하여 분석하는 것을 말한다.
- 국가통계포털(KOSIS)에서 제공하는 성별, 연령별 인구수와 각종 통계지표를 통해 광고 노출량과 도달 범위 등을 예측할 수 있다.
- 그 외 여러 기관에서 발표하는 트렌드 분석자료를 활용하여 전략을 수립할 수 있다.

  예 2022년 한국농촌경제연구원의 통계에 따르면 반려동물 양육 가구는 증가하고 있으며, 전체 가구의 28.5%가 반려동물을 키우는 것으로 나타났다. 2027년에는 반려동물 시장의 규모가 6조를 넘어설 것으로 전망됨에 따라 향후 반려동물 관련 산업도 활발해질 것으로 예상된다.

2) 사용자 검색 트렌드 활용

- 포털사이트에서 제공하는 검색 트렌드를 분석하면 소비자의 욕구와 관심사를 구체적으로 파악할 수 있다.
- 네이버광고의 키워드 도구와 데이터 랩은 물론 구글 트렌드 등의 통계를 활용하면 연령별·성별 인기 키워드 확인과 소비자의 욕구 분석에 유용하다.
- 네이버와 구글 트렌드의 데이터를 비교하여 활용하는 것도 효과적이다.

04 경쟁사 분석

1) 경쟁사 파악의 의미

- 경쟁사의 전략을 들여다보면 앞으로 나타날 기회와 위협을 예측할 수 있다.
- 경쟁사의 전략을 검토하는 과정에서 자사가 가지는 상대적인 강점과 약점을 알 수 있다.
- 경쟁사 분석은 전략적 불확실성을 파악하여 자사의 경쟁력을 확보할 수 있다.
- 경쟁사 분석을 할 때는 기존의 카테고리에서 활동하고 있는 경쟁사뿐만 아니라 다른 카테고리지만 고객 입장에서 동일한 편익을 줄 수 있는 대체 가능한 브랜드(잠재적 경쟁사)도 포함한다.
- 구체적으로는 광고하려는 키워드로 검색할 때 검색되는 업체나 브랜드를 중심으로 넓게 파악해 둔다.

2) 경쟁사 분석

- 경쟁사에서 진행하는 광고 상품, 주요 키워드, 광고 소재 등을 모니터링하여 설명 문안과 확장 소재, 랜딩 페이지, 주요 이벤트 등을 분석한다.
- 경쟁사의 제품·서비스는 물론이고 마케팅과 이벤트 등을 비교하여 광고 소재를 개발하고 마케팅 예산을 책정한다.

05 광고목표 설정

1) 광고목표의 설정

- 광고 진행에 앞서 구체적인 목표를 KPI(핵심성과지표, Key Performance Indicators)로 정한다.
- KPI는 회원가입수, 유입수, 예약건수, 상담신청건수, 구매량 등 기업의 목표에 따라 다양하게 선택할 수 있다.
- 광고목표는 시장 세분화, 표적시장, 제품 포지셔닝 등의 마케팅 전략과 제품, 가격, 유통, 판촉 등의 마케팅믹스를 기반으로 설정한다.

2) 광고목표 설정 시 고려 사항(SMART 목표 설정법)

- Specific(구체적): 구체적이고 명확해야 한다.
- Measurable(측정 가능한): 측정 가능한 것이어야 한다.
- Achievable(달성 가능한): 달성 가능해야 한다.
- Relevant(사업 연관된): 사업과 관련된 목표여야 한다.
- Time-bound(기한이 있는): 달성 기간을 설정해야 한다.

> **기적**의 TIP
>
> **구체적·명확한/측정 가능한 목표**
> - 구체적·명확한 목표: 목표가 명확해야 방안을 구체화할 수 있으며 캠페인 참여자들의 활동 방향을 제시할 수 있다는 의미
>   - ㉮ 명확한 목표: 1위 업체를 따라 잡자
>   - ㉮ 구체적 목표: 클릭당비용(CPC), 전환율(CVR), ROAS, 전환단가(CPA) 등
> - 측정 가능한 목표: 목표는 수치화되어야 명확한 기준을 설정할 수 있다는 의미
>   - ㉮ 클릭당비용 100원, 전환당비용 800원 등

06 예산 설정

1) 예산 설정의 의미

- 광고비용 지불 시점과 매출 발생 시점이 일치하지 않는 경우가 많으므로 지출 가능한 범위를 충분히 검토한 뒤에 광고 예산을 편성해야 한다.
- 광고 예산 책정 방법으로 매출액 비율법, 경쟁사 비교법, 가용예산 활용법, 목표 과업법, 광고-판매 반응 함수법 등이 가장 널리 사용된다.

2) 예산 설정 방법

매출액 비율법	• 매출액의 일정 비율을 광고 예산으로 책정하여 기업들이 가장 많이 사용하는 예산 설정 방법이나 다소 주먹구구식이라 오류가 많이 발생할 수 있음 • 전년도 매출을 기준으로 예산을 책정하므로 처음 광고를 집행하는 광고주에게는 부적절함
경쟁사 비교법	• 광고는 누가 더 많이 노출하느냐의 광고 점유율(SOV, Share Of Voice) 싸움이므로 경쟁사나 경쟁 브랜드의 광고 예산을 토대로 예산을 편성하는 방법도 할 수 있음 • 경합이 예상되는 키워드를 중심으로 가격을 조사하고 순위를 조절하여 예산을 편성할 수 있음
가용예산 활용법	• 기업 운영에 필요한 고정 비용을 먼저 책정하고 남은 비용을 광고에 사용하는 방식 • 제한된 자금으로 광고에 큰 비용을 투자하기 어려운 기업이 주로 사용 • 기업의 매출 상황에 따라 비용이 정해지므로 장기적 마케팅 계획 수립에는 부적절함 • 경쟁이 치열해서 광고 지출이 많은 사업 분야나 온라인 광고에 집중하는 기업에는 부적절함
목표 과업법 (목표 및 과업 기준법, 목표 과업 예산법)	• 광고목표를 달성하기 위한 광고비를 추정하여 예산을 편성하는 방법으로 가장 논리적인 예산 설정 방법으로 쓰임 • 처음 광고를 집행한다면 하루평균 웹사이트 클릭수의 목표를 설정하고 사용하려는 키워드의 평균 클릭 비용을 곱하면 대략적인 광고비를 추정할 수 있음 • 광고를 집행한 이력이 있다면 과거의 광고비, 클릭 비용, 클릭수, 전환성과 데이터를 기반으로 목표에 따라 예신을 추정할 수 있음
광고-판매 반응 함수법	• 과거 데이터를 통해 광고 지출 및 이를 통한 판매 반응함수가 존재할 경우 한계이익을 극대화할 수 있는 계량화된 방법으로 광고 예산을 편성하는 방법 • 광고-판매 반응함수를 구하는 것이 불가능하여 현실적으로는 거의 사용하지 않음

07 미디어믹스(매체믹스)

1) 미디어와 비히클의 구분
- 광고 매체는 미디어(Media, 매체)와 비히클(Vehicle, 지면, 시간 등의 광고 상품)로 나누어진다.
- 미디어는 네이버, 카카오, 구글 등의 특정한 서비스를 운영하는 기업을 말한다. MBC, KBS 등의 방송사나, 조선일보, 중앙일보 등의 신문사 역시 미디어에 해당한다.
- 비히클은 해당 미디어에서 광고 상품을 판매하는 공간이며, 브랜드 검색, 파워링크, 쇼핑 검색광고 등을 말한다. 9시 뉴스, 조선일보 1면 광고 등도 비히클에 해당한다.

2) 미디어믹스의 이해
- 미디어믹스는 다양한 미디어와 비히클을 조합하여 최고의 성과를 낼 방법으로 매체믹스라고도 부른다.
- 소비자들은 자신이 주로 사용하는 서비스나 자주 가는 사이트만 방문하는 경향이 있으므로, 미디어믹스를 통해 다양한 사이트에 광고를 넓게 진행하는 것이 많은 고객에게 광고가 도달하도록 할 수 있다. 이는 다양한 전환 기회 확보로 구매전환 등의 광고 효과를 높이는 데 효과적이다.
- 동일한 비용으로 더 많은 광고 효과를 낼 수 있도록 미디어나 광고 상품의 특성을 잘 숙지하여야 한다.

3) 효과적인 미디어믹스 방법
- 한정된 예산에서 광고목표가 '클릭수 증대'인 경우에는 CPC를 고려하여 저렴하고 클릭수를 많이 확보할 수 있는 키워드와 매체를 발굴하는 것이 필요하다.
- 동일한 예산으로 매출을 끌어올리고 싶다면 ROAS가 높은 매체 위주로 예산을 편성하는 것이 좋다.
- 검색광고는 클릭수에 따라 비용이 결정되므로 클릭률의 모수라고 할 수 있는 예상 검색량을 참고하여 매체를 믹스할 수 있다.

02 네이버 광고 시스템

01 네이버 검색광고 시스템 소개

- 사이트검색광고, 쇼핑 검색광고, 콘텐츠 검색광고, 브랜드 검색/신제품 검색광고, 플레이스 광고(플레이스 유형), 지역소상공인광고 등의 광고 상품을 관리하는 시스템을 말한다.
- 일부 업종에서만 집행이 가능했던 상품광고인 클릭초이스플러스, 클릭초이스상품광고가 2022년 11월 30일부로 종료됨에 따라 (구)광고관리시스템은 더 이상 사용되지 않는다.

02 시스템의 구조

1) 광고주 가입
- 사업자는 최대 5개까지, 개인은 총 2개(네이버 검색광고 ID, 네이버 아이디)까지 계정 생성이 가능하다.
- 네이버 통합 광고주 센터를 통해 검색광고 및 성과형 디스플레이 광고 플랫폼의 광고 계정까지 네이버 아이디 하나로 가입하여 검색광고 및 성과형 디스플레이 광고를 모두 운영할 수 있다.

2) 계정의 구조

캠페인 → 그룹 → 키워드와 소재(문안, URL 등)

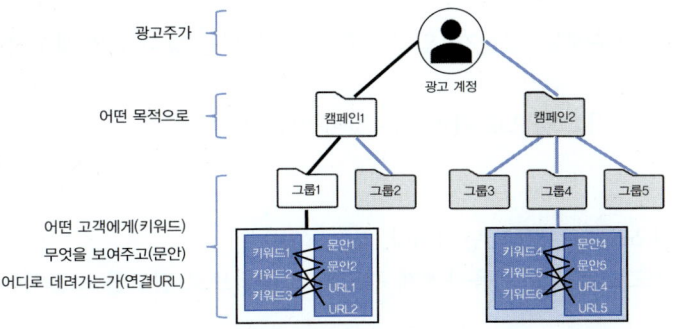

03 구조 세부 소개

1) 캠페인(광고 전략 단위)

- 캠페인이란 특정 이벤트, 계절 행사, 노출 기간, 하루예산 등의 목적에 따라 광고를 관리하기 위해 임의로 만든 '광고 전략의 단위'를 말한다.
- 광고 계정 생성 후 네이버 검색광고 시스템에 접속하여 [광고 만들기]를 클릭하여 [새 캠페인 만들기] 단계를 통해 생성할 수 있다.
- 캠페인 등록 후에는 유형 변경이 불가능하다.
- 광고를 집행하기 위해서는 캠페인 유형에 맞는 비즈채널을 반드시 등록해야 한다.
- 네이버의 캠페인은 파워링크, 쇼핑 검색, 파워콘텐츠(=파워컨텐츠), 브랜드 검색/신제품 검색, 플레이스의 5개 유형이 있다.

캠페인 유형	설명
파워링크	• 통합검색 탭에 보이는 가장 기본적인 형태의 광고 • 총 15개의 광고가 노출되며 상위 10개는 상단에 파워링크로, 하위 5개는 하단에 비즈사이트라는 이름으로 노출
쇼핑 검색	• 통합검색 쇼핑 영역이나 네이버쇼핑 검색 결과에 보이는 쇼핑몰 광고 • 네이버쇼핑에 등록된 쇼핑몰이나 스마트스토어의 상품을 조회하여 광고가 노출
파워콘텐츠	• 통합검색 VIEW 영역, 모바일 콘텐츠 지면, ZUM 통합검색 영역에 노출 • 블로그에 등록한 콘텐츠가 검색 결과에 링크됨
브랜드 검색/ 신제품 검색	• 상호처럼 브랜드 연관 키워드(브랜드 검색)나 제품 및 서비스 관련 일반 키워드(신제품 검색)로 검색했을 때 노출 • 네이버 통합검색 결과에 다양한 콘텐츠를 노출하는 브랜딩형 검색광고
플레이스	• 통합검색 플레이스, 지도 영역, 플레이스 서비스, 지도앱 등에 노출 • 스마트플레이스에 등록된 업체 정보를 조회하여 광고가 노출

➕ 더 알기 TIP

비즈채널

비즈채널이란 웹사이트, 쇼핑몰, 전화번호, 위치정보, 네이버 예약 등 잠재적 고객에게 상품 정보를 전달하고 판매하기 위한 모든 채널을 의미한다.

PART 01
PART 02
PART 03
PART 04
PART 05
PART 06
PART 07

2) 그룹(광고 운영 단위)

- 그룹은 광고할 사이트(홈페이지)를 연결하고 [키워드/소재]를 등록하여 광고를 운영/관리하는 '광고 운영의 단위'이다.
- 웹사이트, 매체, 지역, 노출 요일 및 시간대, 하루예산, 입찰가, 입찰가중치, 소재 노출 방식 등의 광고 전략을 설정할 수 있다.
- 광고 소재와 입찰 전략이 유사한 키워드를 묶어서 그룹으로 관리하는 것이 일반적이다.

3) 키워드

- 정보탐색을 위해 사용하는 검색어로 광고가 노출되는 기본 단위이다.
- 특정 키워드를 광고에 등록하면 해당 키워드로 검색한 이용자에게 광고가 노출되므로 광고를 노출하는 최소 단위가 된다.
- 그룹별로 광고를 노출시킬 키워드를 선택하여 추가할 수 있으며, 키워드 확장 기능은 사라지고 '확장 검색'과 '일치 검색' 옵션만 선택 가능하며 '확장 검색'이 기본 동작으로 변경되었다(24.10.10부터).

4) 소재

- 광고 소재는 사용자가 검색 후 검색 결과에 보이는 메시지로 상품이나 서비스에 대한 정보를 말한다.
- 소재는 타 업체와의 차별성이 최대한 잘 드러나도록 장점과 혜택을 작성하는 것이 좋다.
- 키워드를 소재에 포함하는 것이 일반적으로 유입 효과에 뛰어나다.
- 일반 소재는 사이트 제목 · 설명 문구(T&D) · 광고 문안이나 광고 클릭 시 연결되는 연결 URL 등으로 구성된다.
- 확장 소재는 일반소재 외에 전화번호, 위치정보, 홍보 문구, 추가 링크 등이 있으며 네이버 예약, 네이버 톡톡, 위치정보 등도 포함할 수 있다.

04 광고 시스템 주요 메뉴

- '광고 시스템'을 클릭하면 광고 시스템의 주요 메뉴에 접근하여 광고를 등록하고 운영할 수 있다.
- 다차원 보고서, 대용량 다운로드 보고서 기능을 통해 광고 성과를 바로 확인할 수 있다.
- 즐겨찾기 · 키워드 도구 · 대량관리 · 자동 규칙 기능 등을 통해 광고를 효율적으로 관리할 수 있다.

즐겨찾기	• 광고 그룹, 키워드, 소재 단위로 추가할 수 있으며 여러 묶음에 중복 추가 가능 • 즐겨찾기는 총 10개 묶음이 제공되며, 묶음 하나에는 1,000개까지 추가 가능 • 즐겨찾기 이름('즐겨찾기-1'~ '즐겨찾기-10') 변경이 가능
다차원 보고서	• 소재 보고서: 소재의 노출, 클릭, 전환수, 전환 매출 등 확인 • 키워드 보고서: 키워드별 노출수, 클릭수, 전환수, 전환 매출 등 확인 • 매체 보고서: 매체별 노출, 클릭수, 전환수, 전환 매출 등 확인 ※ 전환, 전환매출, 광고수익율 등의 전환성과를 보고서에서 확인하려면 프리미엄 로그분석(무료) 설치 필요
대용량 다운로드 보고서	• 특정 시점이나 특정 일의 광고 성과 및 전환 보고서 다운로드 기능 • 다운로드 항목과 날짜를 선택하고 [생성 요청]버튼을 클릭하여 보고서 생성을 예약하면 일정 시간 후 보고서가 생성됨
자동 규칙	• 특정한 조건을 만족하면 이메일 받기, OFF하기, 입찰가 변경하기, 하루 예산 변경 하기 등의 규칙을 자동 설정할 수 있음 • 캠페인의 총비용, 광고 그룹의 클릭수, 전환수, 광고수익율(%), 평균클릭비용(VAT 포함), 키워드의 노출 순위, 모바일 통검평균노출순위, 쇼핑 소재의 광고수익률(%), 노출수 등 유형별 예시를 바탕으로 규칙을 설정 가능

PART 01
PART 02
PART 03
PART 04
PART 05
PART 06
PART 07

03 카카오 광고 시스템

01 카카오 광고 종류

모먼트	카카오에서 운영하는 카카오톡 내에 디스플레이 광고와 카카오톡 채널 등을 운영하는 메뉴
키워드 광고	카카오에서 운영하는 다음(Daum)은 물론 네이트(Nate) 등 주요 포털 및 제휴 매체, 각종 모바일 앱에 키워드 광고를 노출할 수 있는 광고 관리시스템
브랜드 검색광고	브랜드 관련 키워드 검색 시 통합검색 결과 상단에 한 개의 광고가 단독 노출되는 광고로 비용은 노출 영역, 소재 형태, 구간별, 키워드 조회수(Query, 쿼리수)에 따라 다름

02 카카오 광고 특징

- 광고 대상은 비즈채널이며, 캠페인 단위로 비즈채널을 선택하여 등록할 수 있다.
- 구조는 캠페인 → 광고그룹 → 키워드 → 소재로 구분되어 있다.

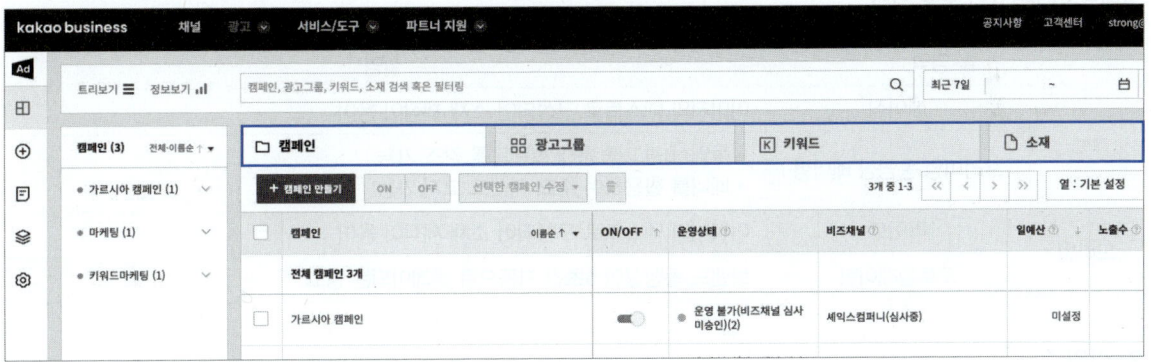

03 구조 세부 소개

1) 캠페인

- 특정 이벤트, 계절 행사, 노출 기간, 하루예산 등의 목적에 따라 광고를 관리하기 위해 임의로 만든 '광고 전략의 단위'를 말한다.
- 키워드 광고는 프리미엄링크와 톡채널 검색의 2가지 캠페인을 운영할 수 있으며, 등록한 유형은 변경할 수 없다.
- 캠페인에 맞는 비즈채널이 있어야 캠페인을 등록할 수 있으며, 캠페인에서 비즈채널을 선택한다.
- 고급 설정에서 전환 추적을 위한 추적 URL 설정과 일예산 설정, 픽셀&SDK 연동 등의 다차원 보고서를 통해 상세한 광고 성과 분석을 할 수 있다.
- 카카오 픽셀&SDK는 최적의 잠재고객을 파악하고 광고에서 발생한 회원가입과 구매 등의 전환을 확인할 수 있는 스크립트 도구를 말하며, 홈페이지에 붙여넣으면 전환 경로와 광고 성과 등을 정교하게 체크할 수 있다.

2) 광고그룹

- 캠페인에 소속된 전략 단위로, 광고 소재가 노출되는 과정에 직접적인 관련이 있는 전략 설정이 가능하다.
- 고급 설정에서 입찰가중치 및 콘텐츠 매체 입찰가 집행 기간, 요일/시간 등의 설정이 가능하다.
- 매체 유형과 디바이스 노출 여부 등을 직접 선택할 수 있다.

키워드 광고의 노출 영역

노출 영역	설명
검색 결과	• 다음, 네이트, 코리아닷컴, GOM TV 등 제휴된 사이트의 통합검색 결과에 노출 • PC의 경우 조회수가 높은 키워드에는 추가 노출 • 모바일의 경우 카카오톡 대화방 내 #(샵)검색 결과 키워드 광고 탭에 노출
콘텐츠 영역	• 검색한 키워드 및 카카오에서 소비한 콘텐츠를 중심으로 다음과 카카오는 물론 제휴된 언론사 · 커뮤니티의 다양한 콘텐츠에 광고 노출 • PC는 배너 형태(텍스트 + 확장 소재 썸네일 이미지) • 모바일은 텍스트 + 확장 소재 썸네일을 결합한 배너 형태(확장 소재 미등록 시 텍스트만 노출)

브랜드 검색광고의 노출 영역

노출 영역		설명
PC	베이직	이미지와 텍스트로 구성되어 소재 제작이 용이
	프리미엄 동영상 배너형	• 동영상 광고를 통해 브랜드를 강조 가능 • 배너를 활용하여 주요 이벤트 고지 가능
모바일	라이트	이미지와 텍스트로 구성되어 소재 제작이 용이
	오토플레이형	브랜드 동영상이 5초간 자동으로 플레이되는 광고

3) 키워드

검색량에 따른 조회수에 따라 가격이 매겨진 검색어를 말한다.

광고 유형	검색 단가 설정 방법
키워드 광고	광고그룹 입찰가, 키워드별 입찰가 지정 가능
브랜드 검색광고	디바이스, 템플릿 유형, 기간에 맞는 단가가 존재

4) 소재

사용자에게 보이는 광고 제작물을 말하며, 기본 소재 이외에 전화번호, 카카오톡채널 등 다양한 확장 소재도 등록할 수 있다.

PART 01
PART 02
PART 03
PART 04
PART 05
PART 06
PART 07

04 광고 시스템의 메뉴

1) 키워드 광고

분류		설명
대시보드		캠페인과 광고그룹, 키워드, 소재 등을 등록하고 운영 현황을 한꺼번에 파악할 수 있는 현황판
광고 만들기		키워드 광고 캠페인을 만드는 메뉴
보고서		집행한 광고 결과를 원하는 항목별로 구성하여 확인할 수 있는 '맞춤보고서'를 만들 수 있음
광고 자산 관리	비즈채널 관리	비즈채널 등록 및 관리
	심사서류 관리	비즈채널과 소재 심사를 위한 서류 등록 및 관리
	광고 소재 관리	광고 소재 등록 및 삭제, 관리
	키워드 플래너	• 키워드의 평균 조회수와 클릭수 등 예상 실적을 확인할 수 있는 메뉴 • '키워드 바로 등록' 버튼을 통해 원하는 키워드를 선택하여 광고 즉시 시작 가능
	대량관리	• 캠페인, 광고그룹, 키워드 등의 정보와 등록된 소재를 파일로 대량 다운로드 및 업로드 가능 • 다운로드, 업로드, 광고그룹 복사 현황, 키워드 플래너의 메뉴로 관리할 수 있음
	이미지 관리	확장 소재 썸네일 이미지 등록 및 관리
	픽셀&SDK 연동 관리	• 픽셀&SDK를 만들고 관리하는 메뉴 • 카카오 서비스, 홈페이지, 모바일 앱과 연동하여 사용자의 행태 정보를 파악하고 성과를 측정할 수 있음
	광고 노출 제한	광고 노출을 제한하고자 하는 IP를 등록하고 관리할 수 있음
설정	광고 계정 관리	광고 계정 현황, 멤버 관리, 영업권 관리
	비즈월렛 관리	캐시 관리, 결제 카드 관리, 증빙 서류 관리(세금계산서, 거래 영수증), 관리자 관리, 연결 자산 관리
	변경 이력 관리	광고 수정사항 변경 이력 확인

2) 브랜드 검색광고

분류		설명
광고 관리		브랜드 검색 캠페인 등록 및 관리
도구	광고 대상 관리	새 광고 대상 등록 및 관리, 심사 관리
	계약 관리	새 계약 생성, 계약 관리
	부킹 현황	브랜드 검색, 키워드 사용 여부 확인 및 관리
	서류 관리	심사를 위한 서류 관리
보고서		계약별 보고서 관리
설정	광고 계정 관리	광고 계정 현황, 멤버 관리, 영업권 관리, 세금계산서 관리
	광고캐시 관리	개시 현황, 충전 내역, 환불 처리 현황 관리

01 구글 광고 특징

- 구글애즈(Google Ads)를 통해 키워드, 디스플레이, 유튜브, 앱 설치(UAC, Universal App Campaign) 등의 광고를 모두 관리할 수 있다.
- 판매, 리드, 웹사이트 트래픽 등 광고주가 달성하고자 하는 주요 목표를 선택하여 다양한 캠페인을 구성하며, 계정의 구조는 '캠페인 → 광고그룹 → 광고'로 네이버 광고 시스템과 동일하다.
- 구글애즈 계정에 로그인하면 가장 먼저 나타나는 '개요' 페이지에서는 실적과 계정 전체와 개별 캠페인 및 광고그룹의 개요, 실적 변동 폭, 요일 및 시간대별 실적, 새 단어 등의 중요한 통계의 요약 정보가 제공되어 광고 성과를 확인하고 수정할 수 있다.
- 좌측의 '캠페인 〉 통계 및 보고서 〉 보고서 에디터' 메뉴에서 보고서를 작성하거나 검토할 수 있다.

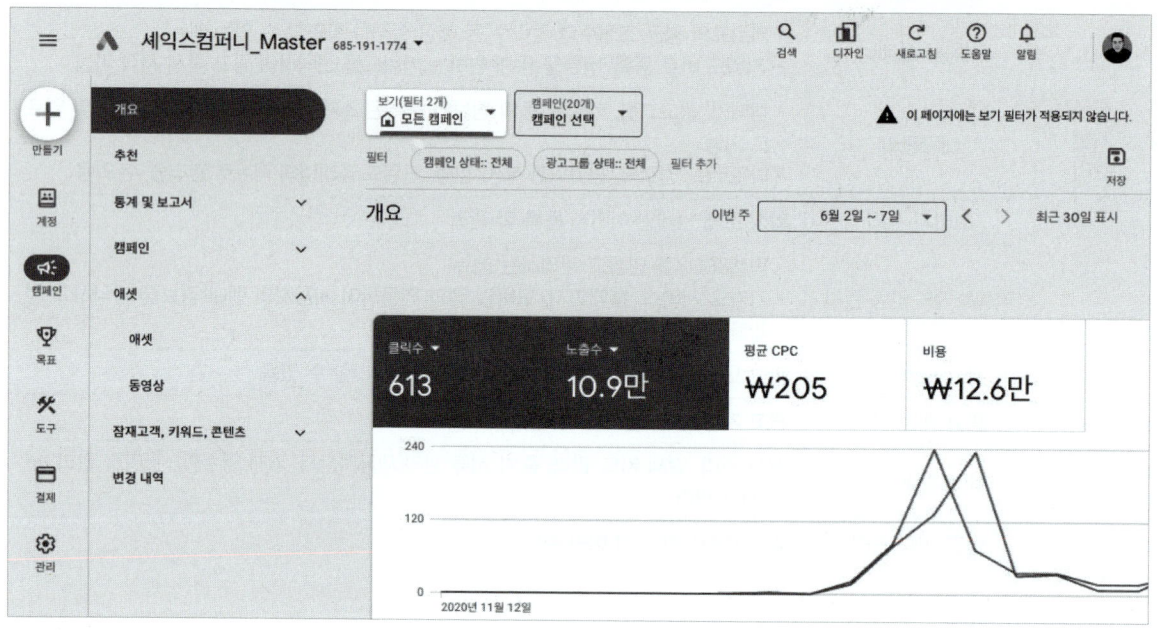

02 구조 세부 소개

1) 캠페인

- 캠페인은 판매, 리드, 웹사이트 트래픽, 앱 프로모션, 인지도 및 구매 고려도, 오프라인 매장 방문 및 프로모션, 목표 설정 없이 캠페인 만들기 등이 있다.
- '판매, 리드, 웹사이트 트래픽' 캠페인을 선택하면 검색광고가 시작된다.
- 네트워크 항목에서는 노출 위치를 '검색 네트워크'와 '디스플레이 네트워크' 중에서 선택할 수 있다.
- 그밖에 지역을 선택하는 위치, 언어, 잠재고객, 확장 검색 키워드 사용 여부 등의 옵션이 있다.
- 설정 〉 더보기에서 반응 좋은 광고를 우선 노출시키는 '최적화' 사용 여부를 결정하는 광고 로테이션, 시작일 및 종료일, 광고 일정, 캠페인 URL 옵션, 브랜드 등을 설정할 수 있다.

2) 광고그룹

- 캠페인 하위의 광고 키워드와 유사 광고 소재의 묶음 단위를 말하며 그룹을 여러 개 생성할 수 있다.
- 광고그룹에서도 'URL 옵션'에서 추적 기능을 사용할 수 있으며 네이버와 달리 반드시 입력하지 않아도 되는 선택사항이다.

3) 광고

- 같은 광고그룹에 속하는 광고 소재를 등록하는 메뉴로 광고 품질을 원형 그래프로 확인할 수 있다.
- 최종 URL의 경우 광고그룹에서 설정하는 네이버와 달리, 구글은 광고(소재) 단위에서 설정한다.
- 3개의 제목과 2개의 설명이 필수이며 기본적으로 반응형 검색광고 형태로 노출된다(네이버는 다양한 제목과 설명을 추가할 수 있는 반응형 소재와 하나의 제목과 설명만 추가할 수 있는 단일형 소재로 구분됨).
- 광고 소재에서도 'URL 옵션'에서 클릭 추적 기능을 사용할 수 있다.

4) 키워드

- 좌측의 '잠재고객, 키워드, 콘텐츠' 메뉴에서 광고그룹에서 설정한 키워드와 광고 캠페인에서 설정한 잠재고객, 위치, 콘텐츠, 광고 일정, 고급 입찰가 조정 등을 관리할 수 있다.
- 키워드마다 별도의 최종 URL을 설정할 수 있는데, 이 경우 위의 광고그룹이나 광고 소재에서 만든 최종 URL에 우선하여 적용된다.
- 콘텐츠는 특정 웹사이트나 유튜브 채널, 앱 등을 지정하여 광고를 노출하는 메뉴이다.
- 고급 입찰가 조정을 클릭하면 통화, 잠재고객 또는 인구통계 등 다양한 상호작용 옵션 등에 대한 입찰가를 조정할 수 있다.

5) 부가 기능

① 애셋 스튜디오

- 애셋 스튜디오는 이미지 업로드 시 Google AI 이미지 생성은 물론 광고 확장 소재(이미지, 동영상 등)를 관리하는 공간이다.
- '도구' 아이콘 → 애셋 스튜디오에서 [+ 새로 만들기]로 이미지·동영상·폴더 직접 업로드 및 구글 드라이브/드롭박스에 연동하여 애셋 추가가 가능하다.
- 사이드바 또는 캠페인 탭에서 애셋 라이브러리에 진입해 미디어를 광고에 바로 적용할 수 있다.
- 광고 생성 과정에서도 애셋 라이브러리를 통해 확장 소재 선택 가능, 미리보기/연필 아이콘으로 수정도 가능하다(반응형 검색광고는 최소 4종류 이상의 확장 소재 사용 권장).
- 동영상은 YouTube 채널로 연동, 초안 업로드, AI 기반 생성/수정 옵션 등을 제공한다.
- 지원 파일 형식만 업로드 가능하며, 폴더로 정리할 수 있으나 모든 텍스트가 항상 광고에 표시되지는 않고 광고 형식에 따라 일부 축소될 수도 있다.

② 크리에이터 파트너십

- 브랜드·광고주가 크리에이터와의 협업을 관리하고 마케팅 전략을 지원하는 기능이다.
- '도구' 아이콘 → 크리에이터 파트너십에서 크리에이터 동영상을 Google Ads 계정에 연결하면 사용할 수 있는 기능이다.
- 스폰서 동영상(크리에이터 협업 영상)에 대한 통계를 제공하고 조회수, 시청 시간, 참여도 등 주요 성과 지표 확인이 가능하다.
- 반응이 좋은 동영상 트렌드 및 추가적인 브랜드 효과 파악이 가능하여 크리에이터 실적 분석 통해 향후 파트너십 전략을 최적화할 수 있다.

PART 01
PART 02
PART 03
PART 04
PART 05
PART 06
PART 07

03 광고 시스템의 주요 메뉴

구분	주메뉴	하위 메뉴
캠페인	개요	
	추천	
	통계 및 보고서	통계
		입찰 통계
		브랜드 보고서
		검색어
		광고가 게재된 시기 및 위치
		방문페이지
		매장
		보고서 에디터
		대시보드
	캠페인	캠페인
		광고그룹
		광고
		실험
		캠페인그룹
	애셋	애셋
		동영상
	잠재고객, 키워드, 콘텐츠	검색 키워드
		잠재고객
		위치
		콘텐츠
		광고 일정
		동적 광고 타겟
		고급 입찰가 조정
	변경 내역	
목표	전환	요약
		값 규칙
		맞춤 변수
		설정
		업로드
	측정	기여 분석
		교차 미디어 도달 범위

구분	주메뉴	하위 메뉴
도구	애셋 스튜디오	
	계획	키워드 플래너
		실적 플래너
		도달 범위 플래너
		앱 광고 허브
	공유 라이브러리	잠재고객 관리자
		제외 목록
		브랜드 목록
		위치 그룹
	크리에이터 파트너십	
	콘텐츠 적합성	
	데이터 관리자	
	문제 해결	정책 관리자
		광고 미리보기 및 진단 도구
	일괄 작업	모든 일괄 작업
		규칙
		스크립트
		솔루션
		업로드
	예산 및 입찰	공유 예산
		입찰 전략
		조정
	비즈니스 데이터	
결제	요약	
	결제 활동	
	문서	
	지급 방법	
	프로모션	
	결제 정보 변경 내역	
	광고주 확인	
	설정	
관리	계정 설정	
	환경설정	
	알림	
	액세스 및 보안	

PART 01
PART 02
PART 03
PART 04
PART 05
PART 06
PART 07

Quiz

01 검색광고 기획 과정에서 경쟁사와의 비교분석을 통해 기회 요인을 발굴하여 유리한 입지를 확보해야 한다. ⭕ ❌

02 검색광고 기획 단계에서는 제품이나 서비스를 이용할 사용자의 특성을 파악하는 사용자 패턴 분석을 한다. ⭕ ❌

03 점유율이 높은 사이트 하나에 광고를 집중하는 것이, 많은 고객에게 광고가 도달되고 다양한 전환기회를 확보해 구매전환 등 광고 효과를 배가시킨다. ⭕ ❌

04 검색광고를 통해 달성하고자 하는 구체적인 목표를 수립한다. ⭕ ❌

05 효과적인 광고 전략을 수립하기 위해서는 경쟁자를 이해하는 것이 필요하다. ⭕ ❌

06 경쟁사의 이미지를 조사하기 위해서는 소비자들의 패턴을 분석하는 것이 유용하다. ⭕ ❌

07 검색광고는 검색 의도를 가지고 검색행위를 한 사용자에게 노출되기 때문에 표적고객이 누구인지를 정의하는 것이 중요하다. ⭕ ❌

08 광고비를 지출 대비 매출 반응을 통해 예산을 수립하는 광고–판매 반응 함수법이 가장 실용적인 광고 예산 설정 기법이다. ⭕ ❌

09 검색광고의 효과를 거두기 위해서는 사용자의 욕구를 이해하는 것이 필요하다. ⭕ ❌

10 고객의 감성/정서상 만족감 충족 욕구는 자아개념을 표현 욕구라고 할 수 있다. ⭕ ❌

11 소비 트렌드에 대한 정보를 활용하면 효율적인 검색광고 기획에 도움이 된다. ⭕ ❌

12 고객은 정서적인 만족감 및 편익증대에 기여하기 위한 욕구를 가진다. ⭕ ❌

13 검색광고는 클릭이 발생한 만큼만 과금되므로 실시간으로 예산을 변동하여 책정해야 한다. ⭕ ❌

14 광고–판매 반응 함수법은 계량화된 방법을 사용하기 때문에 노하우가 적은 신규 광고 ☐O ☒X
주에게 적합하다.

15 가용예산 활용법은 남은 예산으로 광고에 투입하는 방법으로 온라인 광고에 집중하는 ☐O ☒X
기업에게 가장 적합한 방법이다.

16 경쟁사 비교법은 가장 논리적인 방법으로 광고목표를 우선 설정한 후 광고비를 추정 ☐O ☒X
하는 방식이다.

17 매출액 비율법은 매출액의 일정 비율을 광고 예산으로 책정하는 방법으로 다소 주먹 ☐O ☒X
구구식이라 오류가 많이 발생할 수 있다.

18 한정된 예산에서 광고목표가 클릭수 증대인 경우에는 CPC와 상관없이 가장 많은 클 ☐O ☒X
릭수를 확보할 수 있는 매체의 비중을 늘리는 것이 효율적이다.

19 광고비용이 더 크더라도 타겟과 지면 광고가 가장 적합한 매체라면 전략적으로 선택 ☐O ☒X
하여 믹스할 수 있다.

20 동일한 예산으로 매출을 끌어올리고 싶다면 ROAS가 높은 매체 위주로 예산을 편성 ☐O ☒X
하는 것이 좋다.

정답	01 ◯	02 ◯	03 ✕	04 ◯	05 ◯
	06 ◯	07 ◯	08 ✕	09 ◯	10 ✕
	11 ◯	12 ◯	13 ✕	14 ✕	15 ✕
	16 ✕	17 ◯	18 ✕	19 ◯	20 ◯

해설 **03** 특정 사이트를 사용하지 않는 사람도 있으므로 여러 사이트에 광고하는 것이 더 많은 고객에게 도달된다.
08 실현가능성이 낮아 실무에서는 잘 사용되지 않는 방법이다.
10 감각적 욕구에 대한 설명이다.
13 실시간 데이터는 아니다.
14 광고–판매 반응함수를 구하는 것이 불가능하여 현실적으로는 거의 사용하지 않는다.
15 광고 성과를 중시하는 온라인 광고 중심 기업에는 부적합하다.
16 목표과업법에 대한 설명이다.
18 예산이 한정된 경우는 CPC가 낮은 키워드를 선별하는 작업이 필요하다.

PART 01
PART 02
PART 03
PART 04
PART 05
PART 06
PART 07

01 다음 중 검색광고의 기획에 대한 설명으로 옳지 않은 것은?

① 브랜드 인지도 증대가 목적인 경우 세부 키워드 발굴을 통해 광고하는 것이 좋다.

② 광고비용이 부담스러울 경우 세부 키워드 발굴을 통해 광고를 진행하는 것이 좋다.

③ 효과적인 광고 전략을 수립하기 위해서는 경쟁자의 현재 전략도 분석하는 것이 바람직하다.

④ 경쟁이 치열할 경우 세부적인 키워드를 이용하면 더 높은 광고 효과를 기대할 수 있다.

02 다음 중 검색광고의 광고 예산 책정 방법에 대한 설명으로 옳지 않은 것은?

① 광고−판매 반응 함수법은 함수를 활용하는 합리성 때문에 가장 많이 사용하는 방법이다.

② 인터넷 사용자의 의도는 다양하므로, 효과적인 광고 집행을 위해서는 타겟 고객 정의가 필요하다.

③ 마케팅 목표를 설정하기 위해서는 효과 계층 모델을 통해 실현하고자 하는 것을 명확하게 제시하여야 한다.

④ 차별화된 광고 소재를 만들기 위해서는 잠재적인 경쟁자도 함께 고려하여야 한다.

03 다음 중 신규 검색광고를 세팅할 때 키워드를 선정하는 노하우로 틀린 것은?

① 로그분석 도구의 유입 키워드를 조사하여 대표 키워드를 중심으로 구매한다.

② 검색 트렌드를 분석하여 제품별, 카테고리별 세부 키워드를 파악해 선정한다.

③ 키워드 도구를 통한 해당 키워드와 추천키워드를 조회해 선정한다.

④ 경쟁 업체에서 주력하고 있는 키워드 군을 파악해 선정한다.

04 다음 중 경쟁사 분석에 대한 설명으로 틀린 것은?

① 경쟁사의 전략을 분석하면 앞으로 나타날 기회와 위협을 예측할 수 있다.

② 경쟁사 분석을 할 때는 기존의 시장에서 활동하고 있는 경쟁사만을 대상으로 한다.

③ 경쟁사 분석을 통해 경쟁사를 이해하게 되면 자사가 가지는 강점과 약점을 비교할 수 있다.

④ 장기간에 걸쳐 경쟁사를 모니터링을 하면 전략적 불확실성을 파악할 수 있다.

05 다음 중 검색광고를 기획하기 위해 사용자의 패턴을 분석하는 방법으로 <u>틀린</u> 것은?

① 세분화된 주요 고객 정의를 통한 사용자 패턴 분석이 필요하다.
② 소비 트렌드에 대한 정보를 활용하면 효율적인 검색광고 기획에 도움이 된다.
③ 고객편익을 증대시키는 욕구를 분석하는 것이 고객비용을 줄이는 욕구를 분석하는 것보다 유용하다.
④ 연령별 검색 트렌드의 차이가 있으므로 이를 분석하면 유용하다.

06 다음 중 검색광고 기획에서의 사용자 패턴 분석에 대한 설명으로 옳지 <u>않은</u> 것은?

① 소비자의 성별, 연령별, 지역별 등 정의를 통해서 분석하여야 한다.
② 기능적 욕구는 제품을 구입하여 사용함으로 우월적인 만족감을 가지는 것이다.
③ 많은 기관에서 발표하는 트렌드 분석자료를 활용하여 전략을 수립할 수 있다.
④ 검색하는 키워드의 기기별 분석을 통해 PC 또는 모바일 환경에서의 전략을 수립할 수 있다.

07 다음 중 검색광고 기획에 대한 설명으로 옳지 <u>않은</u> 것은?

① 검색광고의 목표가 인지도를 증대시키기 위함이라면 대표 키워드를 활용하는 것이 바람직하다.
② 검색 사용자의 성별, 연령별 등으로 검색 패턴이 달라지기 때문에 타겟의 검색 트렌드를 활용하는 것이 바람직하다.
③ 광고 예산 책정 시 온라인 광고의 중요성이 높을 경우에 가용예산 활용법은 적합하지 않다.
④ 검색 사용자는 제품을 통해 가질 수 있는 편익과 유용성을 높이려는 욕구만 가지고 있다.

08 다음 중 광고 기획 단계에서 경쟁사를 분석하는 방법으로 옳지 <u>않은</u> 것을 고르시오.

① 경쟁사 광고를 실시간 모니터링하여 자사 광고에 그대로 반영한다.
② 네이버 키워드 도구를 통해 경쟁사 브랜드 검색수와 사용자 통계를 참고해 분석한다.
③ 경쟁사의 설명 문안, 소재, 랜딩페이지를 모니터링하여 자사의 차별화 전략을 계획할 수 있다.
④ 경쟁사의 브랜드 검색광고 모니터링을 통해 주요 이벤트를 파악할 수 있다.

09 다음 중 광고목표 수립 시 고려해야 할 사항으로 가장 적절하지 <u>않은</u> 것은?

① 광고목표는 구체적이고 명확해야 한다.
② 광고목표는 측정 가능한 것이어야 한다.
③ 광고목표는 기간을 정하지 않는 것이 원칙이다.
④ 광고목표는 현실적이어야 한다.

10 다음 중 광고목표를 설정하는 방법으로 <u>틀린</u> 것은?

① 목표는 현실적이어야 한다.
② 목표는 실시간 데이터에 기반하여 설정한다.
③ 목표는 수치화할 수 있어야 한다.
④ 목표는 명확하고 구체적으로 설정한다.

11 다음 중 광고목표를 설정하는 방법으로 <u>틀린</u> 것은?

① 목표는 광고 성과에 따라 실시간으로 변동될 수 있어야 한다.
② 광고 실적 데이터를 참고하여 설정한다.
③ 목표는 현실적이어야 한다.
④ 목표는 수치화할 수 있어야 한다.

12 다음 중 세분화된 목표 설정의 기준에 대한 설명으로 옳지 <u>않은</u> 것은?

① 사용자 한 사람이 광고주의 사이트를 방문하는 데 투입되는 비용
② 사용자 한 사람이 광고주의 사이트를 방문하여 최종적으로 상품/서비스를 구매하는 데 투입되는 비용
③ 매출 10억 원을 달성하기 위해서 광고에 투입된 비용
④ 광고를 통해서 우리 사이트의 브랜드 이미지 상승에 투입되는 비용

13 다음 중 아래 내용이 설명하는 알맞은 예산 설정 방법은 무엇인가?

> - 가장 논리적인 광고 예산 편성 방법이다.
> - 처음 광고를 집행한다면 하루 평균 웹사이트 클릭수의 목표를 설정하고 사용하려는 키워드의 평균 클릭 비용을 곱하면 대략적인 광고비를 추정할 수 있다.
> - 광고를 집행한 이력이 있다면 과거의 광고비, 클릭 비용, 클릭수, 전환성과 데이터를 기반으로 목표에 따라 예산을 추정할 수 있다.
> - 광고목표를 달성하기 위한 광고비를 추정하여 예산을 편성하는 방법이다.

① 광고-판매 반응 함수법
② 목표과업법
③ 매출액 비율법
④ 가용예산법

PART 01
PART 02
PART 03
PART 04
PART 05
PART 06
PART 07

14 다음 중 검색광고 기획 과정으로 <u>틀린</u> 것은?

① 경쟁사와의 비교분석을 통해 기회 요인을 발굴하여 유리한 입지를 확보해야 한다.

② 제품이나 서비스를 이용할 사용자의 특성을 파악하는 사용자 패턴 분석을 한다.

③ 점유율이 높은 사이트 하나에 광고를 집중하는 것이, 많은 고객에게 광고가 도달되고 다양한 전환 기회를 확보해 구매전환 등의 광고 효과를 배가시킨다.

④ 검색광고를 통해 달성하고자 하는 구체적인 목표를 수립한다.

15 다음 중 검색광고를 기획하기 위한 검색광고 사용자 및 시장에 대한 설명으로 옳지 <u>않은</u> 것은?

① 효과적인 광고 전략을 수립하기 위해서는 경쟁자를 이해하는 것이 필요하다.

② 경쟁사의 이미지를 조사하기 위해서는 소비자들의 패턴을 분석하는 것이 유용하다.

③ 검색광고는 검색 의도를 가지고 검색행위를 한 사용자에게 노출되기 때문에 표적고객이 누구인지를 정의하는 것이 중요하다.

④ 광고비를 지출 대비 매출 반응을 통해 예산을 수립하는 광고-판매 반응 함수법이 가장 실용적인 광고 예산 설정 기법이다.

16 다음 중 검색광고를 기획하기 위해 사용자의 패턴을 분석하는 방법으로 옳지 <u>않은</u> 것은?

① 검색광고의 효과를 거두기 위해서는 사용자의 욕구를 이해하는 것이 필요하다.

② 고객이 가지는 감성/정서상 만족감 충족 욕구는 자아개념을 표현하길 원하는 욕구라고 할 수 있다.

③ 소비 트렌드에 대한 정보를 활용하면 효율적인 검색광고 기획에 도움이 된다.

④ 고객은 정서적인 만족감 및 편익 증대에 기여하기 위한 욕구를 가진다.

17 다음 중 광고 예산을 설정하는 방법으로 옳지 <u>않은</u> 것은?

① 과거 데이터 분석 결과, 광고비 투입 대비 한계이익이 가장 높아지는 지점을 찾아 예산을 설정한다.

② 검색광고는 클릭이 발생한 만큼만 과금되므로 실시간으로 예산을 변동하여 책정한다.

③ 광고를 통한 수익률을 고려하여, 현재 발생하고 있는 매출 대비 사용 가능한 가용예산을 계산하여 설정한다.

④ 광고목표를 달성하기 위한 필요 예산을 과거 광고 실적 데이터를 참고하여 계산한다.

18 다음 중 광고 예산 책정에 대한 설명으로 옳은 것은?

① 광고-판매 반응 함수법은 계량화된 방법을 사용하기 때문에 노하우가 적은 신규 광고주에게 적합하다.

② 가용예산 활용법은 남은 예산으로 광고에 투입하는 방법으로 온라인 광고에 집중하는 기업에게 가장 적합한 방법이다.

③ 경쟁사 비교법은 가장 논리적인 방법으로 광고목표를 우선 설정한 후 광고비를 추정하는 방식이다.

④ 매출액 비율법은 매출액의 일정 비율을 광고 예산으로 책정하는 방법으로 다소 주먹구구식이라 오류가 많이 발생할 수 있다.

19 다음 중 효과적인 매체믹스 방법으로 옳지 <u>않은</u> 것은?

① 한정된 예산에서 광고목표가 클릭수 증대인 경우에는 CPC와 상관없이 가장 많은 클릭수를 확보할 수 있는 매체의 비중을 늘리는 것이 효율적이다.

② 광고비용이 좀 더 높더라도 타겟과 지면 광고가 가장 적합한 매체라면 전략적으로 선택하여 믹스할 수 있다.

③ 동일한 예산으로 매출을 끌어올리고 싶다면 ROAS가 높은 매체 위주로 예산을 편성하는 것이 좋다.

④ 검색광고는 클릭수에 따라 비용이 결정되므로 예상 검색량을 참고하여 매체를 믹스할 수 있다.

20 다음 중 광고목표 및 예산 설정에 관한 설명으로 옳은 것은?

① 광고목표는 도전적이면서도 달성하기 어려운 목표로 설정되어야 이상적이다.

② 목표과업법은 광고의 목표를 설정하고 이를 달성하기 위한 예산을 설정하는 방법이다.

③ 광고-판매 반응 함수법은 기업에서 가장 널리 활용하는 예산 설정 방법이다.

④ 매출액 비율법은 기업의 모든 예산을 다른 분야에 우선 배정하고 남은 예산을 광고비에 투입하는 방법이다.

21 광고 매체는 미디어와 비히클로 나누어진다. 다음 중 비히클에 해당하지 <u>않는</u> 것은 무엇인가?

① 브랜드 검색   ② 프리미엄링크
③ 구글애즈   ④ 플레이스 광고

22 다음 중 미디어믹스에 대한 개념으로 옳지 <u>않은</u> 것은?

① 미디어믹스는 다양한 미디어와 비히클을 조합하여 최고의 성과를 낼 수 있는 방법으로 매체믹스라고도 부른다.

② 여러 미디어와 비히클에 광고를 집행하면 더 많은 잠재고객에 도달할 수 있다.

③ 동일한 비용으로 더 많은 광고 효과를 낼 수 있도록 미디어나 광고 상품의 특성을 잘 숙지하여야 한다.

④ 특정한 타겟을 대상으로 하는 경우, 방문자가 많은 사이트 하나에 집중하는 전략이 효과적이다.

PART 01
PART 02
PART 03
PART 04
PART 05
PART 06
PART 07

23 다음 중 효과적인 미디어믹스 방법으로 적절하지 <u>않은</u> 것은?

① 검색광고는 노출수에 따라 비용이 결정되므로 예상 검색량을 참고하여 매체를 믹스할 수 있다.

② 한정된 예산에서 광고목표가 클릭수 증대인 경우에는 CPC를 고려하여 저렴하고 클릭수를 많이 확보할 수 있는 키워드와 매체를 발굴하는 것이 필요하다.

③ 타겟팅에 필요한 매체라면 광고비용이 높아도 전략적으로 선택하여 믹스할 수 있다.

④ 동일한 예산으로 매출을 끌어올리고 싶다면 ROAS가 높은 매체 위주로 예산을 편성하는 것이 좋다.

24 다음 중 매체별 광고 시스템에 대한 설명으로 옳지 <u>않은</u> 것은?

① 계정의 구조는 매체별로 차이가 있으나 일반적으로 캠페인 → 그룹 → 키워드와 소재의 방식으로 구성되어 있다.

② 캠페인이란 사용자가 검색 후 최초로 만나는 상품이나 서비스에 대한 정보로, 검색 결과에 보이는 메시지로 상품이나 서비스에 대한 정보를 말한다.

③ 그룹은 광고할 사이트를 연결하고 키워드를 등록하여 광고를 운영·관리하는 '광고 운영의 단위'이다.

④ 키워드는 정보탐색을 위해 사용하는 검색어로 광고가 노출되는 기본 단위이다.

25 다음 중 카카오 키워드 광고 시스템에 대한 설명으로 옳지 <u>않은</u> 것은?

① 카카오에서 운영하는 카카오톡 내에 디스플레이 광고와 카카오톡 채널 등을 운영하는 메뉴를 모먼트라고 부른다.

② 카카오 키워드 광고 시스템은 다음(Daum)은 물론 네이트(Nate) 등 주요 포털 및 제휴 매체, 각종 모바일 앱에 키워드 광고를 노출할 수 있다.

③ 브랜드 검색광고는 노출 영역, 소재 형태, 구간별, 키워드 조회수와 상관없이 광고주별로 동일한 비용이 과금된다.

④ 브랜드 검색광고는 브랜드 관련 키워드 검색 시 통합검색 결과 상단에 한 개의 광고가 단독 노출되는 광고를 말한다.

26 다음 중 검색광고를 관리하기 위한 마케터의 업무라 보기 어려운 요소가 포함되어 있는 것은 무엇인가?

① 키워드 관리/광고 예산 관리/미디어믹스

② 광고 노출 지역 관리/광고 노출 시간 관리/광고 예산 관리

③ 광고 예산 관리/미디어믹스/광고 노출 영역 관리

④ 키워드 발굴/키워드 입찰 순위 관리/검색 엔진 개발

27 다음 중 검색광고 관리 전략 중에서 클릭을 극대화하기 위한 전략으로 적절하지 <u>않은</u> 것은?

① 키워드 전략
② 입찰 순위 전략
③ 랜딩페이지 전략
④ T&D 전략

28 다음 중 광고 노출 전략 관리에 관한 설명으로 <u>틀린</u> 것을 고르시오.

① 카카오 키워드 광고는 광고그룹 전략 설정에서 검색 매체와 콘텐츠 매체를 선택할 수 있고 해당 그룹의 세부 사이트를 선택하여 제외할 수 있다.
② 네이버 검색광고는 광고그룹 전략 설정에서 검색 매체와 콘텐츠 매체를 선택할 수 있고 해당 그룹의 세부 사이트를 선택하여 제외할 수 있다.
③ 구글 검색광고는 광고 미리보기 및 진단 도구를 통해 위치 및 언어, 기기에 따른 광고 노출 여부를 확인할 수 있다.
④ 카카오 키워드 광고는 광고그룹 단위에서 노출 요일과 시간을 설정할 수 있다.

29 다음 중 검색광고 시스템 URL에 대한 설명으로 <u>틀린</u> 것은?

① 사이트 내 모든 페이지에서 공통으로 확인되는 최상위 도메인 URL을 표시 URL이라고 한다.
② 광고를 클릭했을 때 도달하는 랜딩페이지의 URL을 연결 URL이라고 한다.
③ 연결 URL은 표시 URL 사이트 내의 페이지가 아니어도 되고, 동일 사업자의 다른 도메인으로 연결 되어도 된다.
④ 광고 클릭 후 광고와 관련 없는 페이지로 연결되면 사용자가 이탈할 가능성이 커진다.

30 다음 중 검색광고 노출 전략 관리에 대한 설명으로 <u>옳지 않은</u> 것은?

① 네이버에서는 모바일 노출에 대한 입찰가 중치 설정이 가능하나 카카오에서는 가능하지 않다.
② 노출 요일과 시간 설정은 네이버와 카카오 모두 광고그룹 단위에서 할 수 있다.
③ 카카오에서 확장 검색을 설정하는 단위는 광고그룹이다.
④ 네이버의 클릭초이스플러스, 클릭초이스상품광고를 관리하는 (구)광고관리시스템은 더 이상 사용되지 않는다.

31 다음 중 구글애즈의 애셋 스튜디오(Asset Studio) 기능에 대한 설명으로 가장 옳지 <u>않은</u> 것은?

① '도구' 아이콘을 통해 진입하며, 이미지를 포함한 애셋을 구글 드라이브나 드롭박스와 연동하여 추가할 수 있다.

② 애셋 스튜디오에 업로드된 동영상은 반드시 YouTube 채널을 통해서만 관리할 수 있으며, 초안 업로드나 AI 기반 수정 옵션은 제공되지 않는다.

③ 애셋 스튜디오는 광고 확장에 사용되는 이미지, 동영상 등 다양한 소재들을 한 곳에서 효율적으로 관리하는 공간이다.

④ 광고를 생성하는 과정에서도 애셋 라이브러리를 활용해 확장 소재를 선택하거나 미리보기/연필 아이콘을 통해 간편하게 수정할 수 있다.

32 구글애즈의 크리에이터 파트너십 기능에 대한 설명으로 가장 적절하지 <u>않은</u> 것은?

① 크리에이터와의 협업 효과를 객관적인 데이터로 검증하고 마케팅 전략을 최적화할 수 있도록 지원하는 것이 주된 목적이다.

② '도구' 아이콘을 통해 해당 기능에 접근할 수 있으며, 이 기능을 사용하려면 크리에이터 동영상을 구글애즈 계정에 연결해야 한다.

③ 크리에이터가 제작한 스폰서 동영상(협업 영상)에 대해 조회수, 시청 시간, 참여도 등 핵심적인 성과 지표 통계를 제공한다.

④ 광고 형식에 따라 텍스트가 축소되지 않도록 모든 텍스트의 표시 여부와 지원 파일 변환 기능을 제공한다.

PART 01

PART 02

PART 03

PART 04

PART 05

PART 06

PART 07

단답식

01 명확한 범주나 상세한 검색어가 추가되어 있는 검색어로 하나의 서비스나 상품명에 그치지 않고 지역명이나 관련 수식어 및 설명 등을 조합하여 만들 수 있는 키워드를 무엇이라고 부르는가?

02 광고 예산 편성 방법 중 가장 논리적이며, 광고목표를 설정한 후 이를 위한 광고비 규모를 추정한 다음 예산을 편성하는 방법을 무엇이라고 하는가?

03 다음은 카카오 키워드 광고의 구조이다. 괄호 안에 들어갈 용어는?

카카오 키워드 광고 구조는 '계정 → 캠페인 → 광고그룹 → 키워드 → (   )'로 구성되어 있다.

04 다음의 빈칸에 들어갈 숫자는 무엇인가? (부분 점수 없음)

네이버 파워링크는 총 15개의 광고가 노출되며 상위 (①)개는 상단에 파워링크로, 하위 (②)개는 하단에 비즈사이트라는 이름으로 노출된다.

05 다음 설명에 해당되는 네이버의 광고 상품은 무엇인가?

– 통합검색 플레이스, 지도 영역, 플레이스 서비스, 지도앱 등에 노출
– 스마트플레이스에 등록된 업체정보를 조회하여 광고가 노출됨

06 다음 설명에 해당하는 카카오의 광고 상품은 무엇인가?

> – 브랜드 관련 키워드 검색 시 통합검색 결과 상단에 노출
> – 통합검색 결과에 브랜드 키워드에 대한 한 개의 광고가 단독 노출

07 구글애즈에서 광고 키워드와 유사 광고 소재의 묶음 단위를 부르는 명칭은 무엇인가?

08 검색광고 관리 시스템에서 캠페인과 광고그룹, 키워드, 소재 등을 등록하고 운영 현황을 한꺼번에 파악할 수 있는 현황판은 무엇인가?

09 네이버 검색광고 시스템에서 키워드의 평균 조회수와 클릭수 등 예상 실적을 확인할 수 있는 메뉴는 무엇인가?

10 다음 설명에 해당하는 광고 전략 단위는 무엇인가?

> 캠페인에 소속된 광고 운영 단위로, 광고 소재가 노출되는 과정에 직접적인 관련이 있는 전략 설정이 가능하다.

합격을 다지는
예상문제 정답 & 해설

PART 01
PART 02
PART 03
PART 04
PART 05
PART 06
PART 07

객관식

01 ①
검색광고의 목표가 인지도를 증대시키기 위함이라면 대표 키워드를 활용하는 것이 바람직하다.

02 ①
광고–판매 반응 함수법은 과거 데이터를 통해 광고 지출 및 이를 통한 판매 반응함수가 존재할 경우 광고를 통한 한계이익을 극대화할 수 있는 광고 예산을 편성하는 방법이다. 광고–판매 반응함수를 구하는 것이 불가능하여 현실적으로는 거의 사용하지 않는다.

오답 피하기
효과 계층 모델이란 PART01의 'Section 02 디지털 마케팅'에서 배운 소비자 행동 모델을 말한다. AIDMA 모델, AISAS 모델, AIDEES 모델 등이 있다.

03 ①
대표 키워드는 경쟁률이 높아 광고비가 비싸기 때문에 예산의 소진이 지나치게 빠르다. 따라서 신규 검색광고를 세팅하는 경우, 비용이 저렴한 세부 키워드를 중심으로 광고를 진행하면서 예산 소진 상황에 따라 대표 키워드를 추가 할지 고려하는 것이 효과적이다.

04 ②
경쟁사 분석을 할 때는 기존의 카테고리에서 활동하고 있는 경쟁사뿐만 아니라 다른 카테고리지만 고객 입장에서 동일한 편익을 줄 수 있는 대체 가능한 브랜드도 포함한다.

05 ③
고객편익을 증대시키는 욕구를 분석하는 것과 고객비용을 줄이는 욕구를 분석하는 것 모두 유용하며 서비스업의 경우는 고객비용을 줄이는 욕구를 분석하는 것이 더 유용한 경우도 많다.

06 ②
기능적 욕구는 제품을 통해 가지는 편익과 유용성을 충족시키는 것이다. 제품 구매를 통해 자아개념이나, 자신이 정체성 또는 우월감을 강조하려는 경우는 상징적 욕구에 해당한다.

07 ④
제품을 통해 가질 수 있는 편익과 유용성을 높이려는 욕구는 기능적 욕구를 말한다. 검색 사용자는 기능적 욕구뿐 아니라 감각적 욕구와 상징적 욕구를 모두 고려한다.

08 ①
경쟁사 광고를 실시간 모니터링하는 것은 좋으나 자사 광고에 그대로 반영하면 우리 광고를 타사의 광고로 오해하게 되는 것은 물론, 소비자로부터 호감을 얻지 못하는 경우도 발생한다.

09 ③
광고목표 설정 시 고려 사항은 다음과 같다. 첫째, 구체적이고 명확해야 한다. 둘째, 측정 가능한 것이어야 한다. 셋째, 달성 가능해야 한다. 넷째, 사업과 관련된 목표여야 한다. 다섯째, 달성 기간을 설정해야 한다.

10 ②
광고목표는 회사의 영업 전략을 바탕으로 장기적인 제품 개발과 마케팅 계획에 의해 세워지기 때문에 실시간 데이터에 기반하여 설정한다는 설명은 적절하지 못하다.

11 ①
광고목표는 회사의 영업 전략을 바탕으로 제품 개발과 마케팅 계획에 의해 세워지는 것이므로 광고 성과에 따라 실시간으로 변동되는 것이 아니라, 계획대로 진행된 후에 성과 평가를 통해 다음 광고에 반영해야 한다.

12 ④
세분화된 목표 설정의 기준으로는 방문, 구매, 매출 달성 등 여러 가지 수치화할 수 있는 지표가 활용될 수 있다. 브랜드 이미지 상승이라는 지표는 수치화가 어려우므로 세분화된 목표 설정 기준으로 보기 어렵다.

13 ②
목표과업법(목표 및 과업 기준법)은 광고목표를 달성하기 위한 광고비를 추정하여 예산을 편성하는 방법으로 가장 논리적인 예산 설정 방법으로 쓰인다. 처음 광고를 집행한다면 일 평균 웹사이트 클릭수의 목표를 설정하고 사용하려는 키워드의 평균 클릭 비용을 곱하면 대략적인 광고비를 추정할 수 있다. 광고를 집행한 이력이 있다면 과거의 광고비, 클릭 비용, 클릭수, 전환성과 데이터를 기반으로 예산을 추정할 수 있다.

14 ③

소비자들은 자신이 주로 사용하는 서비스나 자주 가는 사이트만 방문하는 경향이 있으므로 많은 고객에게 광고가 도달되고 다양한 전환기회를 확보해 구매전환 등 광고 효과를 배가시키기 위해서는 다양한 사이트에 넓게 광고를 진행하는 것이 효과적이다.

15 ④

광고–판매 반응 함수법은 과거 데이터를 통해 광고 지출 및 이를 통한 판매 반응함수가 존재할 경우 광고를 통한 한계이익을 극대화할 수 있는 광고 예산을 편성하는 방법으로 광고–판매 반응함수를 얻는 것이 불가능하여 현실적으로는 거의 사용하지 않는다.

16 ②

고객이 가지는 감성/정서상 만족감 충족 욕구는 감각적 욕구에 관한 내용이고, '자아개념을 표현하길 원하는 욕구'는 상징적 욕구이다.

17 ②

검색광고는 클릭이 발생한 만큼만 과금되므로 실시간 입찰 경쟁에서 노출 기회를 확보해야 잠재고객의 관심을 끌 수 있다. 따라서 실시간이 아닌, 지출 가능한 범위를 충분히 검토한 뒤에 광고 예산을 편성해야 한다.

18 ④

- ①: 광고–판매 반응 함수법은 과거 데이터를 통해 광고 지출 및 이를 통한 판매 반응함수가 존재할 경우 광고를 통한 한계이익을 극대화할 수 있는 광고 예산을 편성하는 방법이다. 현실적으로는 거의 사용하지 않는다.
- ②: 가용예산 활용법은 기업 운영에 필요한 고정 비용을 먼저 책정하고 남은 비용을 광고에 사용하는 방식이다. 경쟁이 치열해서 광고 지출이 많은 사업 분야나 온라인 광고에 집중하는 기업에는 부적절하다.
- ③: 경쟁사 비교법은 경합이 예상되는 키워드를 중심으로 가격을 조사하고 순위를 조절하여 예산을 편성하는 방법이다.

19 ①

한정된 예산에서 광고목표가 클릭수 증대인 경우에는 CPC가 저렴하면서도 많은 클릭수를 확보할 수 있는 매체의 비중을 늘리는 것이 효율적이다.

20 ②

- ①: 광고목표는 매출 달성이 가능한 목표로 설정되어야 한다.
- ③: 광고–판매 반응 함수법은 함수를 얻는 것이 불가능하여 현실적으로는 거의 사용하지 않는다.
- ④: 매출액 비율법은 매출액의 일정 비율을 광고 예산으로 책정하여 기업들이 가장 많이 사용하는 예산 설정 방법이나 다소 주먹구구식이라 오류가 많이 발생할 수 있다.

21 ③

미디어는 네이버, 카카오, 구글 등의 특정한 서비스를 운영하는 기업을 말한다. MBC, KBS 등의 방송사나, 조선일보, 중앙일보 등의 신문사 역시 미디어에 해당한다. 비히클은 해당 미디어에서 광고 상품을 판매하는 공간이며, 브랜드 검색, 파워링크, 쇼핑 검색광고 등을 말한다. 9시 뉴스, 조선일보 1면 광고 등도 비히클에 해당한다. 구글애즈는 특정한 광고 지면이나 상품이 아니라 광고매체로서의 구글을 지칭하는 개념이라고 볼 수 있다.

22 ④

전 국민을 대상으로 하는 경우 방문자가 많은 사이트 하나에 집중하는 전략이 효과적이다. 그러나 특정한 타겟을 대상으로 하는 경우에는 해당 연령대를 중심으로 다양한 미디어와 비히클에 광고를 집행하면 더 많은 잠재고객에 도달할 수 있다.

23 ①

검색광고는 클릭수에 따라 비용이 결정되므로 클릭률의 모수라고 할 수 있는 예상 검색량을 참고하여 매체를 믹스할 수 있다.

24 ②

캠페인이란 특정 이벤트, 계절 행사, 노출 기간, 하루예산 등의 목적에 따라 광고를 관리하기 위해 임의로 만든 '광고 전략의 단위'를 말한다. 해당 지문은 소재에 대한 설명이다.

25 ③

브랜드 검색광고는 브랜드 관련 키워드 검색 시 통합검색 결과 상단에 한 개의 광고가 단독 노출되는 광고이다. 비용은 노출 영역, 소재 형태, 구간별, 키워드 조회수(Query, 쿼리수)에 따라 달라진다.

26 ④

검색엔진 개발은 마케터의 업무로 보기 어렵다.

27 ③

랜딩페이지는 클릭한 다음에 노출되므로 클릭을 극대화하는 것과 무관하다. 랜딩페이지 전략은 전환율을 높이는 데 필요하다.

28 ①

카카오 키워드 광고는 광고그룹 전략 설정에서 검색 매체와 콘텐츠 매체만 선택할 수 있고, 해당 그룹의 세부 사이트를 선택하여 제외할 수는 없다.

29 ③

연결 URL은 랜딩 URL로 영문과 한글도메인 모두 가능하며, 사용자가 광고 클릭 후 원하는 콘텐츠를 바로 확인할 수 있도록 등록하는 키워드와 연관도가 높은 페이지를 기재한다. 표시 URL이 포함되지 않거나, IP 주소로 신청될 경우 광고 등록이 불가능하다.

30 ①

네이버와 카카오 모두 모바일 노출에 대한 입찰가중치 설정을 할 수 있다.

오답 피하기

일부 업종에서만 집행이 가능했던 네이버의 상품광고인 클릭초이스플러스, 클릭초이스상품광고가 2022년 11월 30일부로 종료됨에 따라 (구)광고관리시스템은 더 이상 사용되지 않는다.

31 ②

애셋 스튜디오는 광고 확장에 사용되는 다양한 소재(이미지, 동영상 등)를 한 곳에서 통합 관리할 수 있는 공간이다. YouTube 영상을 업로드하는 것도 가능하지만, 템플릿을 선택하여 영상을 자동으로 생성하는 기능도 있다.

32 ④

크리에이터 파트너십 기능은 광고주가 크리에이터와의 협업 성과를 분석하고 향후 파트너십 전략을 수립할 수 있도록 돕는 도구이다. 텍스트 축소나 파일 형식 변환 기능은 주로 애셋 스튜디오에서 애셋 관리와 관련된 기능이다.

PART 01
PART 02
PART 03
PART 04
PART 05
PART 06
PART 07

단답식

01 **세부 키워드**

세부 키워드는 '분홍색 어린이 신발', '바퀴 달린 학생용 의자'처럼 사용자가 목적을 가지고 검색하는 구체적인 키워드나 제품명을 말한다. 조회량이 대표 키워드에 비해 낮아 광고 금액도 저렴한 편이다.

더 알아보기

대표 키워드는 '신발'이나 '의자'처럼 카테고리나 상품을 대표하는 키워드를 말한다. 대체로 조회량이 많아서 경쟁이 치열하고 광고 금액도 비싸다.

02 **목표과업법, 목표과업예산법**

광고목표를 달성하기 위한 광고비를 추정하여 예산을 편성하는 방법으로 가장 논리적인 예산 설정 방법으로 쓰인다. 처음 광고를 집행한다면 일평균 웹사이트 클릭수의 목표를 설정하고 사용하려는 키워드의 평균 클릭 비용을 곱하면 대략적인 광고비를 추정할 수 있다.

03 **소재**

카카오 키워드 광고 구조는 계정 → 캠페인 → 광고그룹 → 키워드 → 소재로 구성되어 있다.

04 ① 10, ② 5

네이버 통합검색 탭 결과에 파워링크는 최대 10개까지 노출되며, 위치 특성상 광고 주목도가 매우 높다. 비즈사이트는 네이버 통합검색 결과 화면의 하단에 최대 5개까지 노출된다.

05 **플레이스, 네이버 플레이스, 플레이스 광고(모두 정답)**

플레이스 광고는 네이버에서 원하는 장소를 찾는 이용자에게 오프라인 매장을 적극적으로 알릴 수 있는 마케팅 도구로, 네이티브 형태의 검색광고이다. 이용자가 '지역+업종·업체' 또는 특정 장소를 검색할 시 네이버 통합검색의 플레이스 영역 및 지도 검색 결과 상단에 광고가 노출된다. 단, 업체명과 같이 검색 의도 및 대상이 명확한 키워드에 대해서는 광고 노출이 제외된다.

06 **브랜드 검색**

브랜드 검색광고는 브랜드 키워드 검색 시 Daum 통합검색 결과 최상단에 노출되는 정보성 콘텐츠 상품이다.

07 광고그룹

광고 키워드와 유사 광고 소재의 묶음 단위를 '광고그룹'이라
고 한다. 광고그룹은 캠페인 하위에 생성되며, 여러 개의 광고
그룹을 생성할 수 있다.

08 대시보드, 개요 페이지, 관리자 화면(모두 정답)

검색광고 관리시스템의 대시보드에서는 광고 계정에 속한 모
든 캠페인, 광고그룹, 키워드, 소재의 현황 확인이 가능하다.

09 키워드 도구

매체	시스템 명칭	내용
네이버	키워드 도구	• 키워드 입력 시 구매한 키워드의 클릭 정보 등을 기반으로 통계시스템에서 연관 키워드를 추천하는 도구 • 추천된 연관 키워드는 '월간 검색수, 월평균 클릭수, 클릭률' 등 최근 한 달간의 광고 성과에 대한 데이터 제공
카카오	키워드 플래너	• 키워드 입력 시 연관 키워드를 추천하고 키워드별 과거 성과에 대한 데이터 및 예상 실적 데이터 제공 • 최근 30일(어제부터 직전 30일까지) 기준으로 광고요청수, 클릭수, 클릭률, 평균경쟁광고수, 최고 입찰가 및 선택한 키워드의 예상 실적 제공
구글	키워드 플래너	• '새 키워드 찾기' 또는 선택한 키워드의 '검색량 및 예상 실적 조회하기'를 통해 예상 실적을 제공 • 최근 7~10일(어제부터 직전 7~10일) 기준으로 선택한 키워드의 '클릭수, 노출수, 비용, 클릭률, 평균 CPC' 등의 데이터 제공

10 광고그룹, 그룹(모두 정답)

광고그룹은 광고할 사이트(홈페이지)를 연결하고 [키워드/소
재]를 등록하여 광고를 운영/관리하는 '광고 운영의 단위'이다.

검색광고 등록

▶합격강의

빈출 태그 ▶ 네이버 광고 등록 시스템, 카카오 키워드 광고, 구글애즈

---

01 검색광고 등록 시스템

01 네이버 광고 등록 시스템

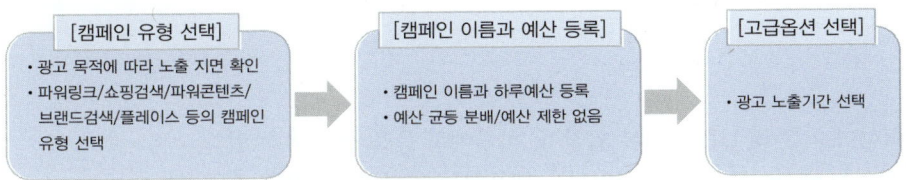

캠페인 만들기 → 광고그룹 만들기 → 광고 만들기(키워드와 소재 입력)

1) 캠페인 만들기

① 캠페인 등록 프로세스

[캠페인 유형 선택]	→	[캠페인 이름과 예산 등록]	→	[고급옵션 선택]

• 광고 목적에 따라 노출 지면 확인
• 파워링크/쇼핑검색/파워콘텐츠/
  브랜드검색/플레이스 등의 캠페인
  유형 선택
		• 캠페인 이름과 하루예산 등록
		• 예산 균등 분배/예산 제한 없음
				• 광고 노출기간 선택

- 네이버 검색광고 관리시스템에 접속하여 [광고 만들기] 또는 [+새 캠페인]을 클릭한다.
- [캠페인 → 그룹 → 키워드] 순서로 등록하여 첫 번째 광고 세트를 구성할 수 있다.

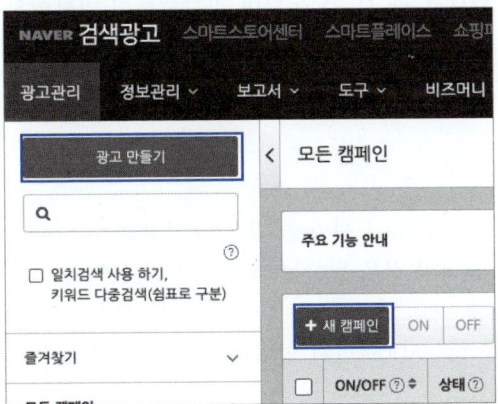

② 캠페인 유형 선택

파워링크, 쇼핑 검색, 파워콘텐츠(=파워컨텐츠), 브랜드 검색/신제품 검색, 플레이스 등 광고 목적에 맞는 캠페인 유형을 선택하고 캠페인 이름을 생성한다.

③ 예산 설정

• 하루예산은 하루 동안 해당 캠페인에서 지불할 의사가 있는 최대 비용으로 50원부터 10억 원까지 설정할 수 있다.

• 예산 균등 배분을 체크하면 하루예산에 맞춰 시스템이 자동으로 광고 노출을 조절한다.

• 고급옵션에서 캠페인의 광고 노출 기간을 설정하고 추적 기능을 사용할 수 있다. 추적 기능은 'Section 04 검색광고 운용'에서 살펴본다.

2) 광고그룹 만들기

① 광고그룹 설정

• [+새 광고그룹]을 클릭하여 이름 및 URL, 기본 입찰가, 하루예산 등을 설정할 수 있다.

• URL은 검색 결과에 보이는 웹사이트 주소로 사이트를 대표하는 최상위 도메인을 등록한다.

• 기본 입찰가는 광고 클릭당 지불할 의사가 있는 최대 비용으로 직접 설정과 자동입찰 설정이 있다.

• 직접 설정을 선택하면 70원(쇼핑 광고는 50원)부터 100,000원까지 입력할 수 있고, 자동입찰 설정을 선택하면 광고플랫폼이 하루예산 내에서 클릭이 향상되는 방향으로 광고노출 여부와 광고그룹의 기본입찰가를 조정한다.

• 하루 예산은 하루동안 해당 광고그룹에서 지불할 의사가 있는 최대비용을 설정하는 항목으로 50원에서 10억 원까지 입력할 수 있다.

② 고급옵션

• 광고의 노출 매체, 콘텐츠 매체 전용 입찰가, PC/모바일 입찰가중치, 소재 노출 방식을 설정할 수 있다.

• 노출 매체의 경우 유형 선택과 개별 선택이 가능하며, 개별 선택의 경우 원하는 매체를 직접 선택하여 광고를 노출할 수 있다.

• 기본 입찰가를 기준으로 PC와 모바일 영역의 입찰가중치를 10~500%까지 입력하면 해당 영역에 포함되는 모든 매체의 입찰가에 일괄적으로 적용된다.

• 네이버의 소재 노출은 성과가 우수한 소재를 우선 노출하는 '성과 기반 노출'과 '동일 비중 노출' 중 선택할 수 있다(카카오는 별도의 선택 없이 항상 성과 우선 노출 방식으로 노출된다).

• 키워드는 확장 검색과 일치 검색의 두 가지 옵션이 있으며, 확장 검색을 사용하는 경우 광고그룹 내 키워드를 OFF 하더라도 유의어로 광고가 노출되어 과금이 발생할 수 있으니 주의를 요한다(24.10.10부터).

• 광고그룹에 등록된 키워드 중 '확장 검색' 속성 키워드는 기존의 '일치' 유형으로 광고노출 방식이 적용된다(25.1.23부터).

PART 01
PART 02
PART 03
PART 04
PART 05
PART 06
PART 07

확장 검색	• 광고 연결 URL 및 광고그룹에 등록한 입찰 키워드 및 광고 소재의 제목과 설명 내용을 참조하여 유의미한 검색어에 광고 노출 • '확장 검색' 옵션 선택 시, 확장 검색 기능에 사용할 예산 상한 비율을 설정할 수 있으며, 기본값은 100%임
일치 검색	그룹에 등록한 키워드와 형태적으로 일치하는 검색 결과에 광고 노출

➕ 더 알기 TIP

네이버와 카카오의 소재 노출 방식
- 네이버: 성과 기반 노출과 동일 비중 노출 중 선택
- 카카오: 별도의 선택 없이, 성과 우선 노출 방식이 기본 설정됨

3) 광고 만들기(키워드 · 소재)

① 키워드 추가하기

- 광고그룹 하위 메뉴에는 키워드, 확장 제외 키워드, 소재, 확장 소재 등의 탭이 있으며 '[+] 타겟팅 탭 추가'를 눌러 요일/시간대, 지역, 성별, 연령대, 이용자 세그먼트 등을 설정할 수 있다.

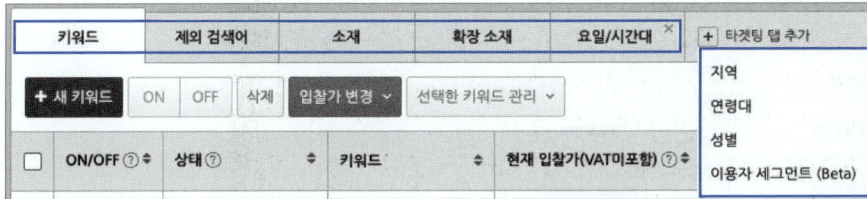

- 광고그룹 하위의 키워드 탭에서 [+새 키워드]를 눌러 직접 입력하거나 오른쪽의 연관 키워드를 참고하여 추가할 수 있다.
- 동일한 키워드를 다른 캠페인이나 광고그룹에 중복해서 등록하는 것도 가능하다.
- 키워드 옆의 '추가'버튼을 눌러 키워드를 선택하고 계속하기 버튼을 누르면 '예상 실적 조회/그룹 입찰가 수정하기' 버튼이 활성화되면서 기본 입찰가를 조정할 수 있다.

선택한 키워드(8 / 100)	⟳지우기		광고그룹기준 연관키워드	키워드기준 연관키워드		
다이어트 다이어트한의원 한방다이어트 메타그린슬림업 나이트버닝 메타그린 한의원다이어트 비만치료제		추가	복부관리	90	630	
		추가	팔뚝지방흡입	1,280	7,990	
		추가	종아리관리	40	250	
		추가	다이어트운동	1,580	10,400	
		추가	가슴관리	10	90	
		추가	바디슬리밍	120	530	
		추가	전신관리	40	250	
		추가	팔뚝살	780	4,620	
		추가	등관리	180	1,520	
		추가	감비탕	100	690	
		추가	바디관리	90	990	
		추가	복부지방빼는법	410	2,790	
추가 실적 예상하기 ⑦ 실적 예상 기준: 기본 입찰가 100 원 PC / 모바일 키워드 확장 적용 월 예상 클릭수: 0 ~ 0 클릭 월 예상 비용: 0 ~ 0 원 (VAT미포함)		추가	다이어트하여태버	410	40	
		« ‹ 1 2 3 4 5 6 7 8 › »				

② 소재 만들기

- 광고그룹 하위의 소재 탭에서 [+새 소재]를 눌러 반응형 소재 또는 단일형 소재를 등록할 수 있다.
- 반응형 소재는 3개 이상의 제목(최대 15개까지)과 2개 이상의 설명(최대 4개까지)을 입력해야 등록할 수 있으며 의료 업종은 반응형 소재를 등록할 수 없다.
- 반응형 소재를 선택하면 생성형 AI 서비스의 프롬프트가 제목과 설명에 사용할 키워드를 제안해 준다.
- 단일형 소재는 제목과 설명을 하나씩 입력할 수 있으며 생성형 AI 서비스는 사용할 수 없다.
- 제목과 설명 우측의 [키워드 삽입] 버튼을 눌러 {키워드:대체 키워드}를 추가하면 그 위치에 사용자가 입력한 키워드가 나타나며, 글자 수가 초과할 경우 미리 입력한 대체 키워드가 대신 노출된다.
- 소재는 크게 제목, 설명, URL 3가지를 등록하며 띄어쓰기를 포함하여 제목은 15자, 설명은 45자까지 입력할 수 있다.
- 표시 URL은 사이트를 대표하는 최상위 도메인으로 광고그룹에서 설정한 값을 그대로 사용하며, 여기서는 수정할 수 없다.
- 연결 URL은 랜딩 URL로 영문과 한글도메인 모두 가능하며, 사용자가 광고 클릭 후 원하는 콘텐츠를 바로 확인할 수 있도록 등록하는 키워드와 연관도가 높은 페이지를 기재한다.
- 연결 URL은 표시 URL이 포함되지 않거나, IP 주소로 신청될 경우 광고 등록이 불가능하다.

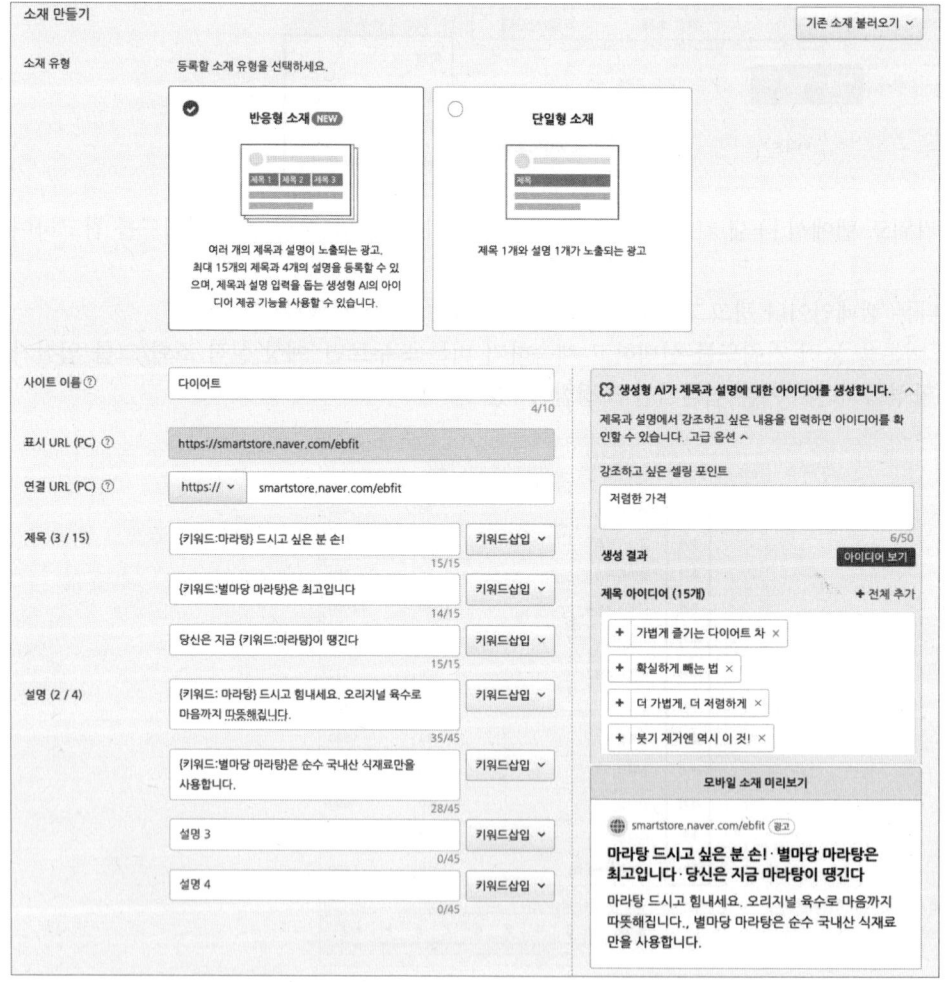

Ｆ 기적의 TIP

소재 관련 빈출 사항

① 광고 소재 관련 주의사항

• 띄어쓰기가 되지 않거나, 불필요한 특수 문자가 포함된 경우, 다른 광고주와의 비교 광고는 제한된다.

• 근거 없는 최상급 표현은 원칙적으로 제한되며 관련 내용이 사이트에서 확인되거나, 객관적으로 확인할 수 있는 서류를 제출하는 경우에 한하여 기재할 수 있다.

② 확장 소재 관련 주의사항

• 확장 소재는 캠페인과 광고그룹 단위로 등록 가능하며, 캠페인 단위에서는 '전화번호, 네이버 예약' 유형만 각 1개씩 등록할 수 있고, 해당 캠페인 하위의 모든 광고그룹에 적용된다.

• 광고그룹 단위에서는 '웹사이트 정보, 쇼핑정보, 전화번호, 위치정보, 네이버 예약, 계산, 추가제목, 추가설명, 홍보 문구, 서브링크, 가격링크, 파워링크 이미지, 이미지형 서브링크, 플레이스 정보, 홍보영상, 블로그 리뷰' 등을 등록할 수 있다.

• 등록 가능한 소재의 개수는 유형별로 1~5개까지 다양하며 성인, 병/의원 업종의 광고에는 파워링크 이미지가 노출되지 않는다.

• '웹사이트정보'는 구조화 데이터 기반으로 웹사이트에 등록된 연관 상품·이미지·설명을 자동 노출하는 확장 소재이다 (2025년 5월 신설).

• 특정 광고그룹에 캠페인 단위로 설정한 확장 소재와 다른 확장 소재를 적용하고 싶은 경우, 해당 광고그룹에만 별도의 확장 소재를 등록할 수 있다.

• 쇼핑검색광고의 확장 소재는 '톡톡', '추가홍보 문구'를 등록할 수 있는데, 톡톡은 캠페인 및 광고그룹 단위로 각각 1개, 추가홍보 문구는 광고그룹 및 소재 단위로 각각 2개 등록 가능하다.

③ 키워드 도구

• 적합한 키워드를 찾기 위해 고객의 검색 의도를 반영하여 대표 키워드와 세부 키워드로 분류하고, 광고 목표 및 예산에 따라 이를 적절하게 선별하여 등록하는 과정이 필요하다.

＋ 더 알기 TIP

대표 키워드와 세부 키워드

• 대표 키워드: '신발'이나 '의자'처럼 카테고리나 상품을 대표하는 키워드를 말한다. 대체로 조회량이 많아서 경쟁이 치열하고 광고 금액도 비싸다.

• 세부 키워드: '분홍색 어린이 신발', '바퀴 달린 학생용 의자'처럼 사용자가 목적을 가지고 검색하는 구체적인 키워드나 제품명을 말한다. 조회량이 대표 키워드에 비해 낮아 광고 금액도 저렴한 편이다.

• [도구 → 키워드 도구] 메뉴에서 통해 최대 5개까지 동시에 입력하여 관련성 높은 키워드를 조회할 수 있다.

• '월간 검색수, 월평균 클릭수, 월평균 클릭률' 등 상세 데이터가 함께 제공되어 키워드 선별 시 참고할 수 있으며, 최대 100개의 키워드를 선택할 수 있다.

• [다운로드] 버튼으로 조회된 키워드를 엑셀로 다운로드 받을 수 있으며, [필터] 버튼으로 원하는 조건의 키워드만 조회하는 것도 할 수 있다.

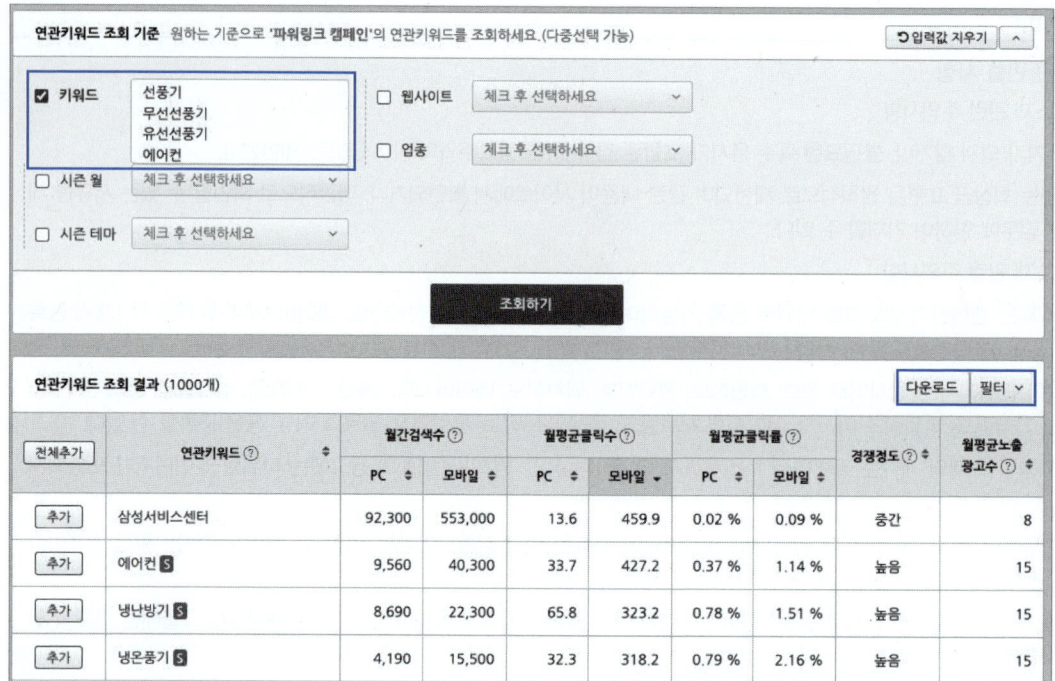

④ 대량 관리 기능

- 등록하려는 키워드나 소재가 많으면 상단 메뉴의 [도구 → 대량 관리]로 접속하여 '대량 관리 기능'을 사용할 수 있다.
- '광고 다운로드, 대량 등록·수정, 대량 광고그룹 복사, Easy 대량 관리(Beta)' 기능을 제공하며, 대량 등록은 CSV 형식의 파일만 업로드할 수 있다.
- 대량 광고그룹 복사에서는 광고그룹을 원하는 캠페인에 대량 복사할 수 있으며, 복사 시 소재·확장 소재도 포함할 수 있다.

4) 키워드 입찰하기

① 입찰가 변경

- 캠페인 만들기부터 소재 등록까지 완료했다면, 광고그룹에서 입찰가 변경이 가능하다.
- 네이버 검색광고의 사이트검색광고(파워링크), 쇼핑 검색광고, 콘텐츠 검색광고(파워콘텐츠)는 경매(입찰) 방식으로 구매하므로 한 번 클릭당비용을 입찰가로 설정해야 한다.
- 입찰가는 최근 4주간 순위별 입찰가의 평균값을 조회할 수 있으며, 최소 70원(쇼핑 검색광고는 50원)부터 최대 100,000원까지 설정이 가능하다.
- 검색광고의 노출 순위 순위는 입찰가와 품질지수를 고려하여 결정된다.
- 입찰가를 높게 설정하면 검색 결과의 노출 순위가 높아 사이트 방문고객 수가 증가하나, 클릭당 광고비가 증가하는 부담이 작용한다.
- 입찰가는 광고목표와 지불 가능한 광고 예산을 고려하여 효율적으로 집행하는 것이 중요하다.

② 일괄 변경과 개별 변경

- 광고목표, 예산, 키워드별 성과 등을 고려하여 원하는 입찰가를 찾아서 입찰가 일괄 변경, 개별 변경 기능을 사용하여 변경한다.

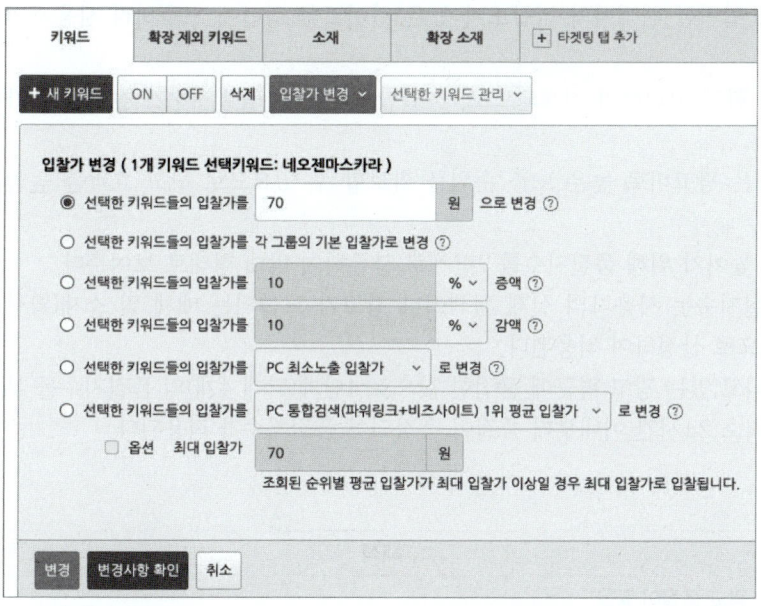

- 입찰가 일괄 변경: 선택한 키워드들의 입찰가를 '직접 입력', '해당 광고그룹의 기본 입찰가로 변경', '[%] 나 [원] 단위로 증액·감액', 'PC/모바일 최소노출/중간 입찰가로 변경', 'PC 통합검색 ○위 평균 입찰가로 변경'할 수 있다.

- 입찰가 개별 변경: 선택한 키워드들의 입찰가를 'PC 최소 노출 입찰가', '모바일 최소 노출 입찰가', 'PC 중간 입찰가', '모바일 중간 입찰가' 등으로 변경할 수 있다.

➕ **더 알기** TIP

입찰가의 종류

광고그룹 단위	기본 입찰가	• 광고그룹 생성 시 직접 설정과 자동입찰 설정 중 선택(필수 설정) • 자동입찰 설정 선택 시 광고 성과 또는 전환 수익 기반으로 입찰가 결정
	콘텐츠 매체 전용 입찰가	• 콘텐츠 매체 노출 시 적용되는 입찰가로 광고그룹에서 전략에 따라 설정 • 기본 입찰가 또는 키워드 입찰가에 우선하여 적용
키워드 단위	키워드 입찰가	• 키워드 체크 버튼 클릭후 '선택한 키워드 관리'에서 개별 키워드별 입찰가 설정이 가능하며 기본 입찰가에 우선하여 적용 • 경쟁이 높아서 별도로 입잘가를 관리할 때 사용

PART 01
PART 02
PART 03
PART 04
PART 05
PART 06
PART 07

5) 네이버의 광고 품질지수

- 광고가 얼마나 검색 사용자의 의도와 요구를 충족하고 있는가를 나타낸 것으로, 품질지수를 통해 내 광고의 상대적 품질을 확인할 수 있다.
- 광고 품질지수의 역할은 사용자가 입력한 검색어와 적합도가 높은 사이트를 상단에 노출시켜 사용자의 이탈을 방지한다.
- 노출 순위는 광고비와 품질지수를 함께 고려하여 결정되므로, 동일한 입찰가로 품질지수가 높은 광고가 더 높은 순위에 노출될 수 있다.
- 품질지수가 높으면 상대적으로 적은 광고비로 높은 노출 순위를 확보할 수 있으므로 광고 효과를 높일 수 있다.
- 검색 사용자와 광고주의 만족도를 높이기 위해 품질지수를 7단계로 분류하여 막대 형태로 보여준다.
- 광고 노출과 입찰에 적용되는 품질지수는 사용자의 실제 검색어나 광고가 노출되는 매체 및 소재(확장 소재) 등 여러 가지 요소를 종합적으로 산정하여 적용된다.
- 최초 등록 시 같은 키워드가 노출되고 있는 광고 평균에 근접한 값으로 4단계(막대 4개)의 품질지수를 부여받는다. 이후 광고를 게재하고 최소 24시간 이내부터 품질이 측정되어 품질지수가 적용된다.

네이버 품질지수 막대 개수의 의미

품질지수 막대 개수	해석
6개 이상	광고 품질이 좋음
3~5개	다른 광고들과 비슷한 품질
2개 이하	광고 품질이 좋지 않음

6) 네이버 광고 검수

① 광고 검수

- 광고를 등록하고 비즈머니를 충전한 후 네이버 광고 시스템 상단의 [도구 → 검토 진행 현황]에서 검토 중인 [비즈채널] 또는 [비즈채널을 제외한 광고]를 선택하면 검토 현황을 확인할 수 있다. → 카카오는 광고캐시를 충전하지 않아도 검수가 진행된다.
- 비즈머니는 캠페인이나 광고그룹 단위가 아니라 '광고 계정' 단위로 충전 및 소진된다.
- 파워링크, 쇼핑 검색 캠페인에 한하여 검수가 진행되며 비즈채널이 검토를 통과하지 못하면 소재·키워드 검토도 진행되지 않는다.
- 광고 소재, 광고를 게재할 키워드, 광고를 통해 알리려는 제품과 서비스 등 광고를 구성하는 모든 요소가 검토 대상이다.

PART 01
PART 02
PART 03
PART 04
PART 05
PART 06
PART 07

- 광고 검수를 통해 주로 확인하는 내용은 다음과 같다.
  - 광고하는 제품 또는 서비스를 신뢰할 수 있는가?
  - 소재는 광고 문안 등록 기준에 따라 작성되었으며 거짓 또는 과장된 내용이 없는가?
  - 키워드는 광고하는 제품 또는 서비스와 충분한 관련이 있는가?

🏳 기적의 TIP

네이버 회원 가입과 중복 광고 노출 정책
- 개인 회원으로 가입 후 사업자등록을 한 경우, 정보 변경을 통해 사업자 회원으로 전환할 수 있다.
- 동일한 사업자 또는 개인이 소유하고 관리 · 운영하는 유사한 사이트는 동일한 키워드로 동일한 광고 영역에서 중복 노출이 불가하다.
- 다만, 동일한 사업자 또는 개인이 소유하고 관리 · 운영하더라도 제공하는 상품 또는 서비스가 차별적인 사이트는 같은 키워드로 동일한 광고 영역에서 최대 3개까지 중복하여 노출될 수 있다.

② 광고 검수 종류

종류	설명
비즈채널 검수	• '검토 중' 상태의 비즈채널을 목록에서 선택하여 정보를 확인할 수 있음 • 웹사이트, 콘텐츠, 업체 전화번호, 위치정보, 네이버 예약 페이지 등 다양한 유형의 비즈채널을 검토 • 회원제 사이트는 내부 콘텐츠를 확인할 수 있도록 테스트 계정의 아이디 및 비밀번호를 함께 등록해야 함
비즈채널을 제외한 광고 검수 (키워드, 소재)	• '검토 중' 상태의 '키워드', '소재'의 단어를 검색하여 정보를 확인할 수 있음 • 파워링크(키워드 · 소재), 쇼핑 검색(소재)의 확인이 가능 • 신규등록뿐 아니라 게재 중인 광고도 다시 검수할 수 있으므로 비즈머니가 충분한데도 갑자기 광고 노출이 중단되었다면 검토 결과를 확인하는 것이 좋음

③ 광고 게재 공통 등록 기준
웹사이트는 현행 법령을 위반하거나 부적절한 콘텐츠는 광고를 집행할 수 없고, 이용자에게 피해를 끼치는 사이트는 광고할 수 없다.

④ 광고 게재 업종별 인허가
국내 사업자 중 일부 업종의 경우 네이버 검색광고를 집행하려면 관련 인허가 또는 정당한 자격이 필요하다.

업종	인허가 사항
온라인 쇼핑몰 등 통신판매업	통신판매업 신고
안마 · 마사지 업소	안마시술소 또는 안마원 개설신고
부동산 중개업	중개사무소 개설 등록
에스크로 및 안전거래 제공	금융기관 또는 결제대금예치업 등록
다단계판매업	다단계판매업 등록
P2P · 웹하드	특수한 유형의 부가통신사업자 등록
법률사무소 또는 법무법인	대한변호사협회 등록
학원	학원 설립/운영 등록
자동차 폐차업	자동차 관리사업 등록

자동차 대여사업	자동차 대여사업 등록
의료기관*	의료기관 개설신고 또는 개설허가
의료기기 판매/대여업	의료기기 판매업 신고 · 의료기기 임대업 신고
건강기능식품 판매업	건강기능식품판매업 신고
주류 판매 사이트	주류통신판매 승인
대부업/대부중개업	대부업 등록 · 대부중개업 등록

*의료기관의 경우 설명 문안 말미에 각 의료협회에서 의료광고 문안 사용에 대해 심의/승인을 받아 부여된 의료광고 심의필번호를 반드시 기재해야 한다.

⑤ 네이버 검색광고 제한 사항

항목	설명
관계 법령을 위반하는 경우	• 통신판매업신고, 의료기관 개설신고 등 업종별 인허가를 받지 않거나 등록신고 없이 광고하는 경우 • 담배, 의약품, 주류, 콘택트렌즈 등 온라인 판매가 제한되는 상품 또는 서비스를 제공하는 경우 • 모조품 판매, 상표권 침해 등 제삼자의 권리 침해가 확인되는 경우 • 사이트 내에 성인 콘텐츠가 있음에도 불구하고 성인인증 등 법령에 따른 청소년 보호 조치를 취하지 않은 경우 등 • 타인의 명칭을 도용하는 등의 방법으로 사용자의 오인 · 혼동을 유발할 수 있는 경우 • 검토를 받은 사이트와 다른 사이트로 광고를 연결하는 경우
광고 품질이 심각하게 저하되는 경우	• 사이트가 접속되지 않거나 완성되지 않은 경우 • 관련성이 낮은 키워드와 소재로 광고하는 경우
기타 네이버 검색광고 광고 등록 기준상 광고를 허용하지 않는 경우 (원칙적으로 광고 등록이 거절되는 경우)	• 단란주점, 룸살롱, 가라오케 등의 유흥업소 사이트 및 해당 업소의 직업정보 제공 사이트 • 성인 화상 채팅 및 애인 대행 서비스 제공 사이트 • 브랜드 제품의 정보만을 제공하는 사이트 • 총포, 도검, 화약류 등의 판매와 정보제공 사이트 • 인터넷을 통하여 유틸리티, 멀티미디어, 드라이버 등의 각종 프로그램이나 파일을 제공하는 등의 공개자료실 사이트 등 • 대출업의 경우 이자율은 타이틀에 사용할 수 없으며, 이자율 관련 이벤트 진행 시에는 이벤트 제한 조건을 명시 • 최고, 최저형 표현은 증빙자료 제출 시에도 원칙적으로 사용 불가하나, 자사 상품 금리의 범위 표현을 위한 '최고', '최저' 표현은 사용 가능 예 업계 최저금리(×), 최고 00%, 최저 00%(○)
네이버 쇼핑검색광고가 불가능한 경우	• '면세' 등과 관련된 상품 • 해외사업자가 소유/관리하는 쇼핑몰 등의 상품 중, 네이버 검색광고 기준 등에 따라 광고가 제한되거나 쇼핑검색광고가 대응하지 않는 카테고리 해당 상품 • 미성년자가 구매할 수 없는 상품(단, 전통주, 무알콜맥주 등 일부 상품은 광고 가능) • 렌털/대여 상품을 광고하는 경우, '표시대상 중요정보 항목'을 광고의 랜딩페이지에 표시해야 함 • 정수기, 비데, 공기청정기, 연수기, 침대(매트리스 포함), 음식물처리기, 안마의자 등의 렌털/대여 상품을 광고하는 경우, '표시대상 중요정보 항목'을 광고의 랜딩페이지에 표시해야 함 • 오픈마켓 또는 종합쇼핑몰의 광고와 해당 사이트에 입점한 쇼핑몰의 광고가 중복 광고로 판단되는 경우, 먼저 등록된 광고를 게재함

02 카카오 광고 등록

캠페인 만들기 → 광고그룹 만들기 → 키워드 만들기 → 소재 입력

1) 캠페인 만들기

- 사전에 등록한 웹사이트와 카카오채널 등의 비즈채널을 선택한다.
- 비즈채널이 없는 경우 [관리자센터 → 광고자산 관리 → 비즈채널 관리]에서 [비즈채널 등록하기]를 통해 추가한다(광고 계정당 최대 200개의 캠페인 생성 가능).
- 캠페인 유형은 프리미엄링크와 톡채널검색 중에서 선택할 수 있으며, 일단 등록한 유형은 이후 변경할 수 없다.
- 프리미엄링크는 다음과 네이트 등의 주요 포털과 제휴 매체 등에서 키워드 검색 시 웹사이트가 노출되는 광고를 말한다.
- 새로 추가된 톡채널검색은 카카오톡 검색 결과에 '채널 정보'를 노출하는 광고이다.
- 캠페인 이름을 띄어쓰기를 포함하여 최대 50자까지 입력한다.

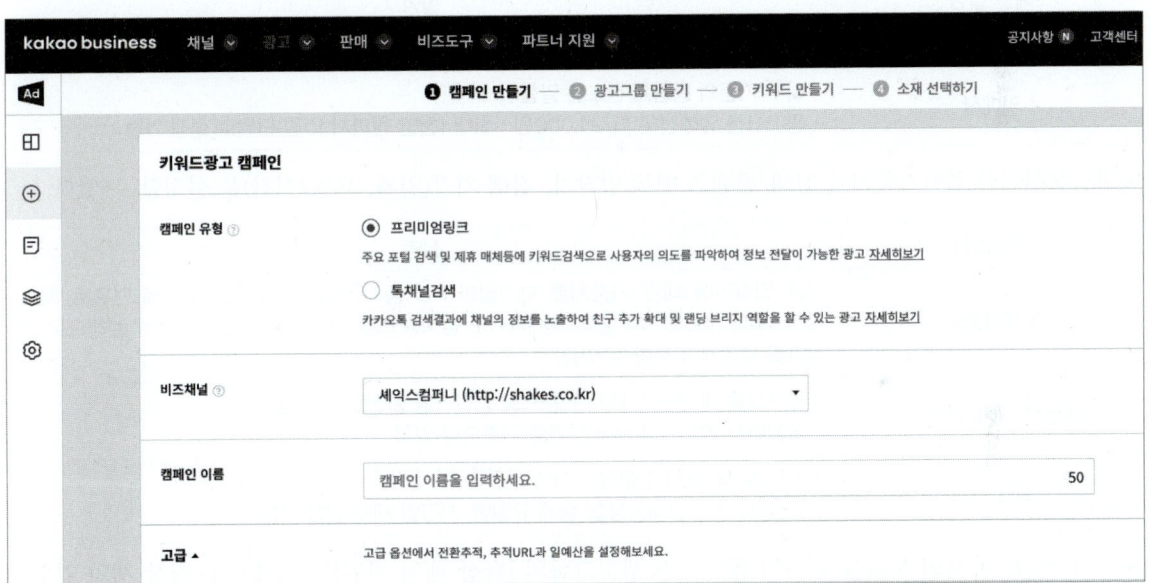

- 고급옵션에서 전환 추적, 추적 URL, 일예산을 설정한다.

고급옵션	설명
전환 추적	• 광고 계정에 연결된 픽셀&SDK를 연동하면 캠페인 단위로 전환데이터 수집 가능 • 좌측 메뉴의 [광고자산 관리 → 픽셀&SDK연동관리]에서 연동 가능한 대상을 추가
추적 URL	광고 랜딩페이지 URL에 파라미터를 삽입하여 광고 정보를 로그분석 도구에 전달
일예산	• 하루 동안 지출할 수 있는 한도 • 최소 1,000원~1천만 원까지 설정 가능

2) 광고그룹 만들기

- 캠페인 만들기를 마친 후 저장하고 계속 진행하면 [광고그룹 만들기]에서 광고그룹을 만들 수 있다.
- 캠페인당 등록할 수 있는 광고그룹은 최대 500개이며, 광고 계정당 등록할 수 있는 광고그룹은 최대 5,000개이다(광고그룹당 등록 가능한 소재 개수는 최대 200개).
- 광고 이름을 50자 이내로 작성 후 매체 유형과 디바이스를 설정한다. 광고가 노출될 매체 유형 및 디바이스는 다음과 같이 구분된다.

메뉴		설명
매체 유형	검색 매체	• 검색어와 일치하는 광고의 게재지면 • 카카오와 파트너 중에서 선택 가능
	콘텐츠 매체	• 콘텐츠 내용과 일치하는 광고의 게재지면 • 카카오와 파트너 중에서 선택 가능
디바이스		모바일과 PC 중에서 선택 가능

- 기본 입찰가와 일예산을 설정한다.

예산 설정	설명
기본 입찰가	최소 70원~최대 100,000원까지 10원 단위로 설정
일예산	• 하루 기준의 통합치 한도를 말함 • 광고그룹 일예산은 최소 1,000원~최대 1천만 원까지 10원 단위로 설정 가능

- 고급옵션에서 입찰가중치와 검색/콘텐츠 매체 입찰가, 집행 기간(일자, 요일/시간)을 설정할 수 있다.

고급옵션	설명
입찰가중치	기본 입찰가에 대한 가중치를 모바일과 PC 등의 노출 디바이스별로 1% 단위로 최소 10%~최대 500%까지 설정 가능(카카오 검색광고는 '키워드 확장 입찰가중치' 설정으로 입찰가를 다르게 조정할 수 있음)
콘텐츠 매체 입찰가	• 광고그룹 내 콘텐츠 매체 전용으로 입찰가를 설정할 수 있음 • 설정하지 않으면 기본 입찰가를 기준으로 입찰
집행 기간	• 일자 및 요일/시간 설정이 가능 • 요일/시간은 '상세설정'을 통해 요일별, 시간별 세부 설정 가능

- 특정 키워드에서의 노출을 원하지 않는다면 광고그룹의 [확장 제외 키워드] 탭에서 [+확장 제외 키워드 추가] 클릭하여 노출 제외할 키워드를 최대 50개까지 등록할 수 있다.

3) 키워드 만들기

- '등록 키워드'에 키워드를 직접 등록할 수 있으며, 한 번에 300개씩, 총 1,000개까지 가능하다.
- 키워드는 다른 그룹으로 이동할 수 없고, 복사만 할 수 있다.
- '키워드 제안'에 키워드를 입력하면 연관된 키워드와 그 실적 데이터가 검색되며, 등록 키워드 입력 시 키워드 제안에서 검색된 키워드를 참고할 수 있다.
- 광고그룹 입찰과 키워드 입찰 중에서 입찰 단가를 선택할 수 있다. 키워드 입찰의 경우, 직접 입력(최소 70원~최대 100,000원)과 순위별 평균 입찰 중 선택할 수 있다.

키워드 제안

미용실 🔍

	키워드	모바일 ⓘ			PC ⓘ		
		광고요청수	최고입찰가	평균경쟁광고수	광고요청수	최고입찰가	평균경쟁광고수
☐	미용실	6,254	3,850	6	591	600	
☐	미용실가격표	124	470	6	45	470	
☐	미용실예약	128	390	6	23	390	
☐	미용실인테리어	147	1,450	6	64	1,230	
☐	미용실영업시간	139	290	5	16	290	
☐	미용실샴푸	260	1,300	6	79	1,300	
☐	미용실싸인볼	92	1,570	6	203	840	
☐	미용실매매	183	2,360	6	119	2,360	

4) 소재 선택하기

- 소재를 처음 등록할 때는 [새 소재]를 클릭하고, 기존에 등록했던 소재를 불러오고 싶을 때는 [기존 소재 사용하기]를 클릭한다.
- 광고 구성 시 가장 기본이 되는 소재이자 필수 등록 정보인 제목·설명 문구·랜딩 URL과 확장 소재, 소재 이름을 입력한다.

메뉴		설명
기본 소재	제목	광고에 노출할 제목으로 15자까지 등록 가능
	설명 문구	광고에 노출할 설명 문구로 45자까지 등록 가능
	랜딩 URL	• 광고 클릭 시에는 연결되는 URL이 실제 광고 노출 시에는 비즈채널 URL이 노출 • 모바일과 PC의 링크를 개별 설정할 수 있다.
확장 소재		'확장 소재 추가하기' 버튼으로 기본 소재와 함께 노출될 확장 소재를 추가 가능
소재 이름		소재 이름을 설정할 수 있으며 띄어쓰기 포함 50자까지 등록 가능

5) 카카오 광고 품질지수

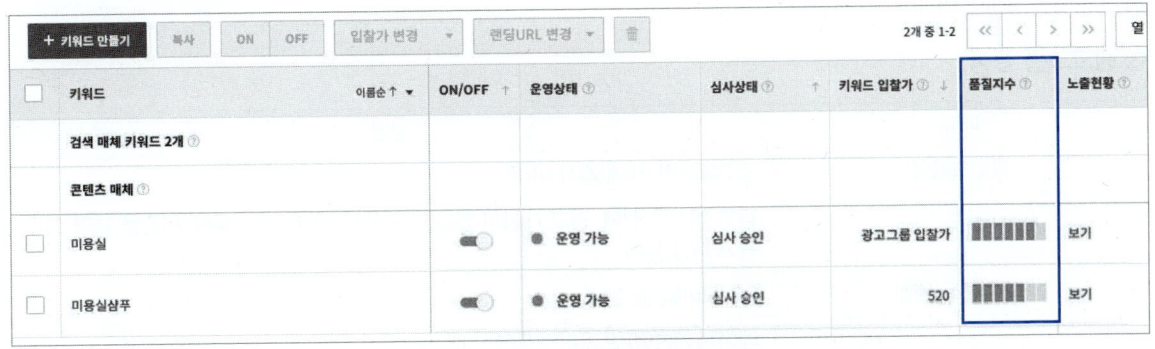

	키워드	이름순 ↑ ▾	ON/OFF ↑	운영상태 ⓘ	심사상태 ⓘ ↑	키워드 입찰가 ⓘ ↓	품질지수 ⓘ	노출현황 ⓘ
	검색 매체 키워드 2개 ⓘ							
	콘텐츠 매체 ⓘ							
☐	미용실		◉○	● 운영 가능	심사 승인	광고그룹 입찰가	▮▮▮▮▮▯	보기
☐	미용실샴푸		◉○	● 운영 가능	심사 승인	520	▮▮▮▮▮▮	보기

- 네이버와 마찬가지로 품질지수를 막대 형태로 보여준다.
- 초록색이 많을수록 상대적 품질이 높다는 의미이다.
- 최초 등록 시 막대 개수가 0개이다(네이버는 4개에서 시작).
- 같은 사이트에 연결된 여러 개의 그룹이 각각 다른 품질지수를 가질 수 있다.
- 그룹 내의 키워드는 개별 그룹의 품질지수에 영향받아 순위가 결정되므로 한 그룹 내에서 서로 관련성 있고 성과가 높은 키워드를 넣으면 품질지수가 높아질 수 있다.

카카오 품질지수 막대 개수의 의미

품질지수 막대 개수	해석
6개 이상	광고 품질이 좋음
4~5개	다른 광고들과 비슷한 품질
1~3개	광고 품질이 좋지 않음
0개	최초로 사이트에 등록한 경우

6) 카카오 브랜드 검색광고 등록

① 브랜드 검색광고 계정 만들기

카카오 브랜드 검색광고는 별도의 '브랜드 검색' 관리 페이지에서 등록할 수 있다.

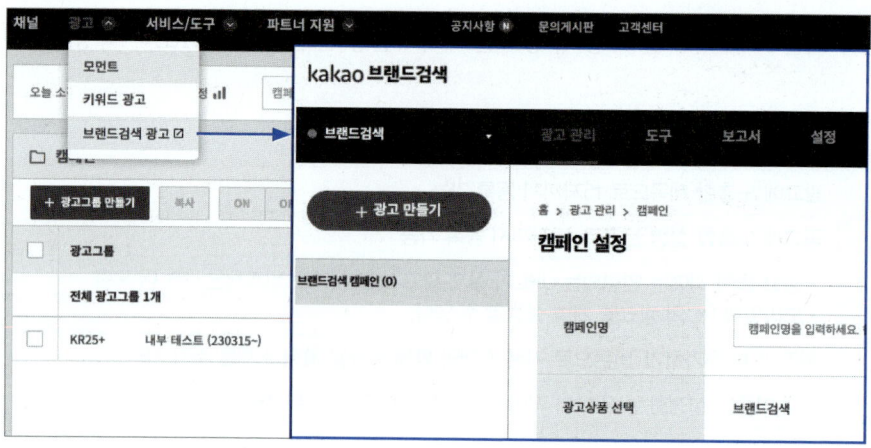

② 캠페인 설정

캠페인명을 30자 이내로 기재한다.

③ 광고그룹 설정

메뉴		설명
광고그룹명		광고그룹명 기재(30자 이내)
광고 대상 선택		광고 대상을 선택, 광고 대상이 없을 때는 '신규 광고 대상 등록' 버튼을 눌러 신규 광고 대상 등록
디바이스 선택		PC/모바일 중 선택
템플릿 유형 선택	PC	베이직(기본형)/프리미엄(동영상 배너)
	모바일	라이트/오토플레이

④ 키워드 설정

메뉴	설명
키워드 입력	광고그룹당 50개 등록 가능
키워드 조회	키워드 조회를 통해 입력한 키워드의 전월 검색수 및 내일 자 사용 가능 여부 확인 가능
예상 견적	• 광고그룹에서 설정한 템플릿 유형에 대해 입력 키워드의 검색수를 대입한 견적 • 전월 검색수 합계로 계산됨 • 30일/60일/90일짜리로 구분

⑤ 소재 설정

메뉴	설명
소재명	광고에 노출할 제목을 30자 이내로 입력
메인 이미지	광고에 노출될 메인 이미지와 이미지를 누르면 이동할 수 있는 URL 입력
메인 제목	광고에 노출될 메인 제목(22자 이내)과 제목을 누르면 이동하는 링크 URL 입력
메인 설명	광고에 노출될 메인 설명글을 입력(27자 이내)
부가 정보	부가정보와 링크 URL 입력
썸네일	브랜드 광고에 들어갈 썸네일 이미지 3종과 설명, 썸네일을 누르면 이동할 수 있는 URL 입력
법적 고지	화재 · 생명보험, 금융투자상품, 의료 · 제약, 대부업의 경우 법적 고지가 필요
심사요청	심사담당자에게 전달해야 할 메시지 입력, 심사 관련 서류가 있을 시 도구&서류관리에서 서류 등록 후 서류명 입력

7) 광고 검수

① 광고 검수

• 광고주가 등록한 비즈채널 사이트, 등록한 키워드, 광고 소재 및 랜딩 URL을 통해 연결되는 화면에 대한 적합성 여부를 심사한다.
• 광고캐시를 충전하지 않아도 검수가 진행되며, 광고 소재, 키워드 등을 포함하여 모든 광고 구성 요소를 심사한다. → 네이버는 비즈머니가 충전되어야 검수가 진행된다.
• 게재 중인 광고도 다시 검수할 수 있다.

② 카카오의 집행 불가 광고

• 카카오의 개별 서비스의 운영원칙 · 약관에 따라 해당 업종 외에도 광고 집행이 불가능할 수 있다.
• 허가받은 운영업자로서 광고 집행이 가능하더라도, 카카오 내부 정책에 따라 광고 집행이 불가능할 수 있다.

PART 01
PART 02
PART 03
PART 04
PART 05
PART 06
PART 07

항목	설명
유해·사행산업 관련 사이트	• 담배, 주류를 판매하거나 이를 중개하는 사이트 • 성인방송, 성인 커뮤니티, 성인용품, 안마 및 유흥업소 등을 홍보하거나 관련된 직업 정보를 제공하는 사이트 • 도박 및 경마, 경륜, 경정 또는 승자투표권 구매 대행 및 복권을 발행, 판매하는 사이트
위법·부적절한 콘텐츠 사이트	• 완구 모형 전기용품을 판매하는 사이트 • 학위논문 등의 작성을 대행해 주거나, 각종 시험 등에 응시를 대리해 주는 서비스를 제공하는 사이트 • 카드깡, 휴대폰깡 등의 불법 대출 서비스를 제공하는 사이트 • 저작권을 침해할 수 있는 불법 자료를 제공하는 사이트 • 선거, 정당, 정치 단체는 광고 집행이 불가하며, 특정 정당 및 후보의 정치 공략 또는 선거 관련 키워드, 문구, 이미지를 활용한 광고 집행 제한 • 불특정 다수인으로부터 자금을 조달하는 유사수신행위 업체의 사이트
법령 및 선량한 풍속, 기타 사회질서에 반하는 사이트	• 관련 법령 및 선량한 풍속, 기타 사회질서에 반하는 사이트 • 광고 게재 승인 이후라도 이러한 사실이 확인된 경우에는 광고 집행 중단 가능 • 타인의 상품 또는 영업과 혼동하게 하는 사이트
인터넷 판매 및 유통이 불가한 상품을 취급하는 사이트	• 의약품을 판매하거나 이를 중개하는 사이트 • 총포, 도검, 화약류, 분사기, 전기충격기, 석궁을 판매하거나 이를 중개하는 사이트 • 혈액 및 혈액 증서로 금전, 재산상의 이익 기타 대가적 급부를 받거나 이를 중개하는 사이트 • 군복, 군용장구, 유사군복(외관상 군복과 식별이 극히 곤란한 물품)을 판매하거나 이를 중개하는 사이트 • 야생 동식물을 포획, 채취, 유통하거나 이를 중개하는 사이트 • 허가받지 않은 주방용 오물 분쇄기를 판매하거나 이를 중개하는 사이트 • 영업 허가를 받지 않은 업자가 제조하거나 수입 신고를 하지 않고 수입된 건강기능식품의 판매 및 이를 중개하는 사이트 • 안전 인증을 받지 않거나 표시가 없는 공산품, 전기용품의 판매 및 이를 중개하는 사이트 • 등급 분류를 받지 않은 게임, 음반 영상물을 판매하거나 이를 중개하는 사이트
기타 사이트 및 콘텐츠	• 도청, 위치추적 등 개인정보 침해 서비스를 제공하는 업체 또는 사이트 및 이와 유사한 사이트 • 카페, 클럽, 블로그, 미니홈피 등 포털사이트 커뮤니티를 매매하는 사이트
의견 광고	• 특정인에 대한 의견을 제시하거나 특정인 또는 특정 집단에 반대하기 위한 의견 광고 • 사회적 이슈가 되고 있는 사안 또는 분쟁 가능성이 있는 사건에 대해 일방적으로 주장, 설명하는 내용 • 기타 광고 매체에 게재하는 것이 부적절하다고 판단되는 의견 광고

③ 중복 광고노출 정책
• 동일한 광고주가 동일한 광고 영역을 독점하여 광고를 노출할 수 없다.
• 등록 정보 내용 및 노출된 광고 간의 차이를 명확히 구분하기 어려운 경우 중복 광고로 인식될 수 있으며 광고 계정 내 동일한 비즈채널 및 키워드 등록하여 광고 노출 시 중복 광고 노출 로직에 따라 노출이 제외된다.
• 동일한 광고 영역 내에 '동일한 콘텐츠(등록정보내용)' 또는 '노출된 광고 간의 차이를 명확히 구분할 수 없는 광고'를 중복 노출할 경우, 사전 고지 없이 광고 노출 중지 및 광고 계정 관리자 정지 처리될 수 있다.

03 구글애즈 광고 등록

캠페인 만들기(목표 → 유형) → 광고그룹 만들기 → 광고 만들기

1) 새 캠페인 만들기

- 구글애즈의 경우, 먼저 캠페인에서 달성하려는 성과에 도움이 되는 목표(판매, 리드, 웹사이트 트래픽, 제품 및 브랜드 구매 고려도 등)를 설정한 후 목표에 따른 유형을 설정한다. 목표의 개수가 곧 캠페인의 개수가 되는 셈이다.
- 구글애즈 계정에 로그인하면 [모든 캠페인]을 볼 수 있는 창으로 접속된다. 여기에서 파란색 버튼의 [새 캠페인]을 클릭한다.
- 캠페인의 광고목표 및 유형을 선택한 후 캠페인 설정을 진행한다.

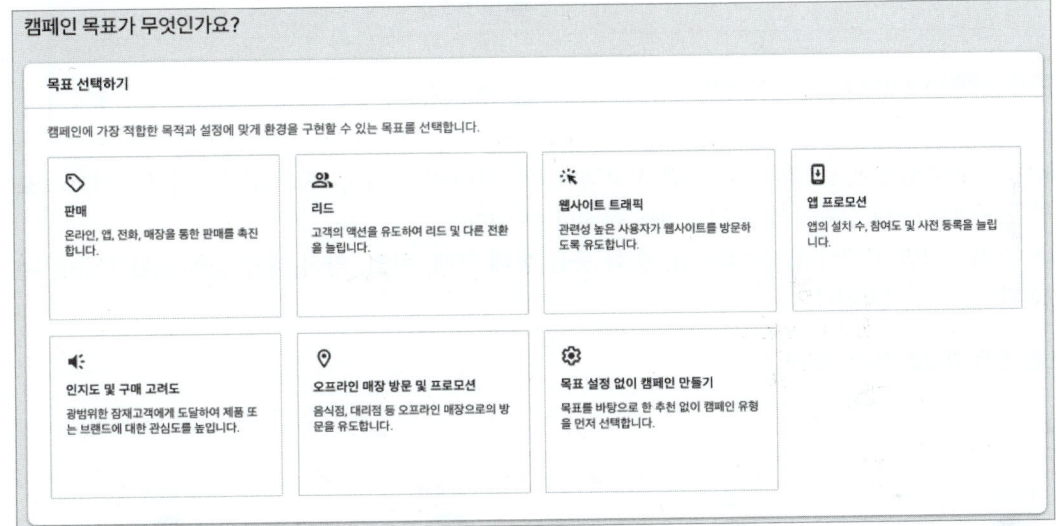

캠페인 목표의 종류

목표	설명
판매	• 온라인, 앱, 전화, 매장을 통한 판매나 전환을 촉진 • 이미 반응을 보였거나 곧 구매 결정을 내릴 고객의 참여
리드	뉴스레터에 가입하거나 연락처를 남기는 등 제품이나 서비스에 대한 정보 제공의 연결고리를 확보하는 작업
웹사이트 트래픽	잠재고객의 웹사이트 방문을 유도
앱 프로모션	특정 활동을 하는 사용자에게 적합한 앱을 추천하여 다운로드를 유도
브랜드 인지도 및 도달 범위	• 제품 또는 서비스의 인지 브랜드 인지도를 쌓는 데 도움이 되는 기능 브랜드 인지도를 높임 및 도달 범위 • 고객에게 신제품 출시나 기업 브랜드 노출
오프라인 매장 방문 및 프로모션	GPS를 기반으로 오프라인 매장 방문이나 프로모션 참여를 유도
목표 설정 없이 캠페인 만들기	별다른 목표 설정 없이 캠페인 만들기 시작한 뒤 목표를 나중에 설정하는 방식

- 캠페인 목표 선택 후 바로 아래의 전환 목표를 선택하거나 전환 목표 맨 우측의 ' : '를 클릭하여 '수정'을 누르면 캠페인 실적 최적화에 사용할 수 있는 웹사이트, 앱, 통화 등의 '전환 소스'를 선택하여 전환 액션을 생성할 수 있다.

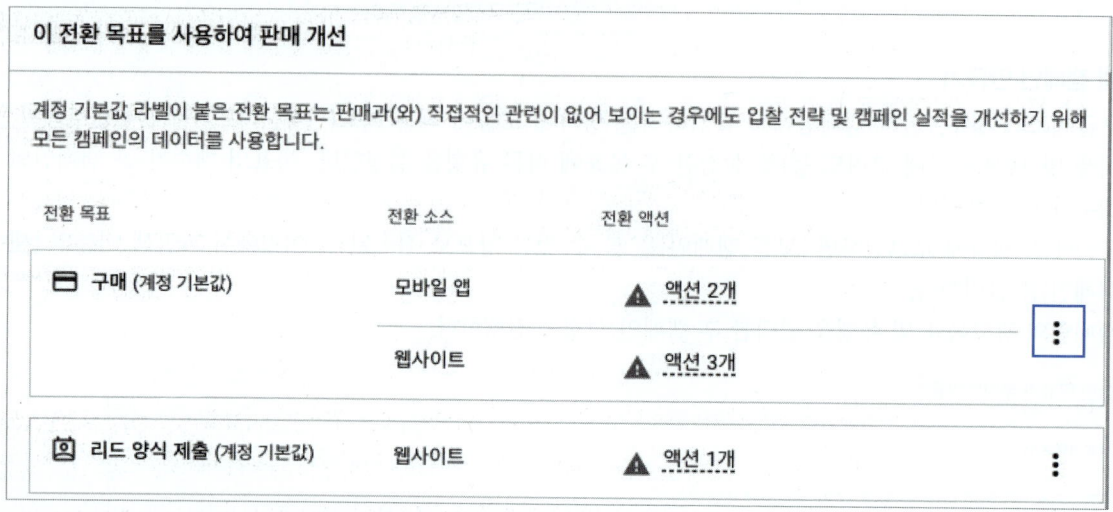

- 전환 액션이란 온라인구매나 전화 통화와 같이 고객의 특정 활동을 말하며 좌측 메뉴의 '목표 〉 전환 〉 요약 〉 전환목표'에서 [+새 전환액션]을 클릭하면 설정할 수 있다.
- 전환 액션이 생성되면 고객이 웹사이트, 앱, 통화 등을 통해 구매, 가입, 양식 제출 등의 전환 활동을 추적하는 '전환 추적'이 시작된다.

구글에서 전환 추적 가능한 액션의 유형

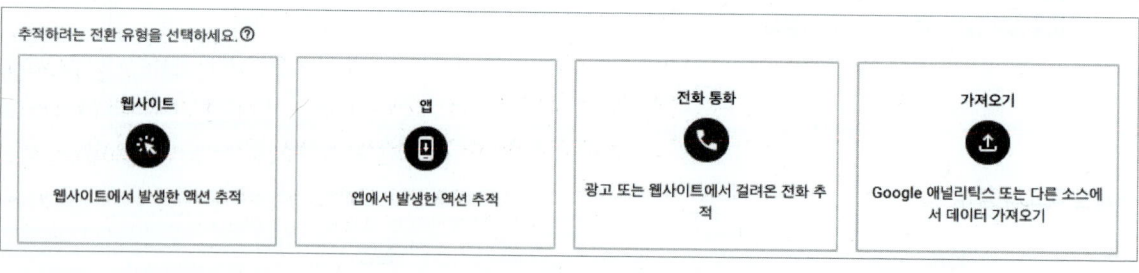

항목	설명
웹사이트	광고주의 웹사이트에서 구매, 가입 등 고객이 완료한 액션
앱	모바일 앱 설치와 앱 내에서의 구매 등 활동
전화 통화	광고를 통한 직접 통화, 웹사이트 전화번호를 통한 통화, 모바일 웹사이트로의 전화번호 클릭 액션
가져오기	• 온라인에서 시작하여 오프라인에서 완료된 고객 활동 • 온라인에서 광고 클릭하여 결재한 뒤 오프라인에서 제품을 가져가는 경우

- 전환 목표를 선택하면 해당 목적에 맞는 '새 전환 액션'을 만들 수 있다.

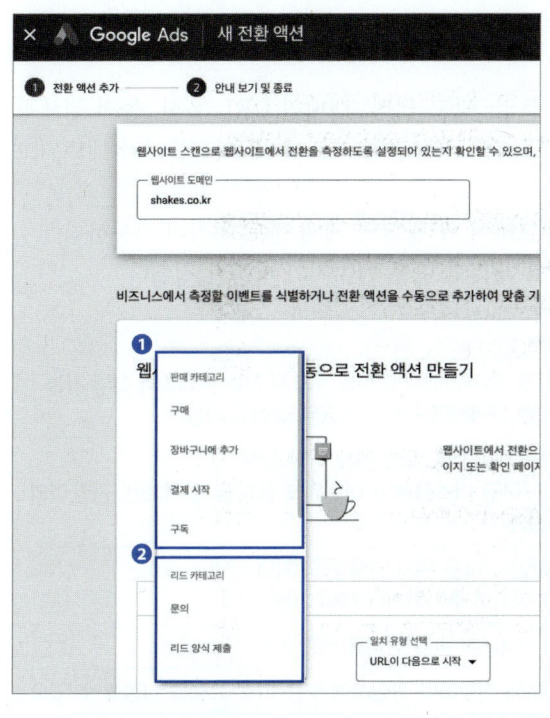

- 전환 목표로 웹사이트를 선택하면 기본적으로 ❶ '판매 카테고리'의 구매, 장바구니에 추가, 결제 시작, 구독과 ❷ '리드 카테고리'의 문의, 리드 양식 제출 등 광고를 클릭한 사용자가 취할 수 있는 대부분의 활동을 액션으로 만들고, 새로운 액션을 추가할 수 있다.
- 앱이나 전화 통화, 가져오기 등의 목표를 선택하면 그에 맞는 전환 액션이 별도로 나타난다.
- 캠페인 목표와 전환 액션을 설정한 뒤 [계속] 버튼을 누르면 검색광고, 실적 최대화(Performance Max), 디멘드젠 캠페인, 디스플레이, 쇼핑, 동영상 광고 등의 캠페인 유형을 선택할 수 있다.
- 실적 최대화와 디멘드젠 캠페인은 구글의 모든 광고 채널(검색, 디스플레이, YouTube, 지메일, 디스커버, 지도 등)을 아우르는 통합 자동화 캠페인이다.
- 실적 최대화 캠페인은 AI를 활용하여 광고주의 목표에 맞춰 최적의 채널 조합과 소재를 자동으로 선택한다.

- 캠페인 이름을 기입하고 캠페인 설정을 통해 입찰 전략과 네트워크, 위치, 언어, 잠재고객 등의 캠페인 설정을 선택한다.
- [설정 더보기]를 클릭하면 광고 로테이션, 시작일 및 종료일, 광고 일정, 캠페인 URL 옵션, 동적 검색광고 설정을 관리할 수 있다(광고가 노출될 지역 및 언어 설정, 구글 검색 파트너 및 디스플레이 네트워크 포함 여부를 지정 등).
- 광고 로테이션 설정 시 광고그룹의 여러 광고를 서로 비교하여 각 광고의 게재 빈도 지정이 가능하다.
- 동적 검색광고 설정 시 웹사이트 콘텐츠를 이용하여 광고 제목과 방문 페이지가 자동 설정된다.

항목		설명
입찰		• 전환수, 클릭수, 노출수 등 캠페인에서 중점을 두고자 하는 측정항목 선택 가능 • '타겟 전환당비용 설정'을 선택하여 구체적인 금액 설정도 가능
캠페인 설정	네트워크	• '검색 네트워크'와 '디스플레이 네트워크' 게재 여부 선택 • '구글 파트너 포함'이나 '구글 디스플레이 네트워크 포함'을 선택하면 구글 이외의 매체에도 광고가 노출됨
	위치	• 모든 국가 및 지역/대한민국/다른 위치 입력 등의 지역 선택 • 위치 옵션을 통해 현재 위치를 추가하거나 제외 가능
	언어	고객이 사용하는 언어를 선택하여 광고 위치를 제한 가능
	잠재고객 세그먼트	• 잠재고객 세그먼트를 통해 취향이나 관심사에 맞는 타겟 고객을 설정할 수 있으며 다음의 두 가지 옵션이 있음 • 타겟팅: 특정 잠재고객 또는 선택한 특정 콘텐츠에만 광고 노출 • 관찰: 광고 도달 범위에 영향을 미치지 않고 선택한 게재위치, 주제, 잠재고객에 따른 광고 실적을 모니터링
	확장 검색 키워드	이 옵션을 사용하면 기존의 모든 구문 검색 및 일치 검색 키워드가 확장 검색으로 전환되고 추가된 모든 키워드에서도 확장 검색이 사용됨
	설정 더보기	광고 로테이션, 시작일 및 종료일, 광고 일정, 캠페인 URL 옵션, 동적 검색광고 설정을 관리 가능

설정 더보기

① 잠재고객

특정한 관심 분야, 의도 및 인구통계학적 특성을 가진 집단에 광고를 게재하면 잠재고객의 반응을 끌어올릴 수 있다.

② 광고 로테이션

- 광고그룹에 광고 소재가 여러 개 있다면 다음의 두 가지 방식으로 로테이션된다.

광고 로테이션 설정	설명
'최적화' 설정	실적이 좋을 것으로 예상되는 광고를 우선 노출
'최적화하지 않음' 설정	모든 광고 소재가 균등하게 노출

③ 동적 검색광고(DSA: Dynamic Search Ads)

- 검색 사용자에게 적합한 광고를 노출해주는 자동화된 검색광고 시스템이다.
- 웹사이트의 콘텐츠를 토대로 사용자의 검색에 맞추어 광고 제목과 설명 등을 인공지능이 자동으로 반영한다.

④ 브랜드

- '브랜드 제한'을 사용하면 해당 브랜드와 관련된 검색어에만 광고가 게재된다.
- '브랜드 제외'를 사용하면 관련 검색 및 쇼핑 인벤토리에 광고 노출이 제한된다.

PART 01
PART 02
PART 03
PART 04
PART 05
PART 06
PART 07

2) AI 최대화(AI Max)

- AI Max는 구글애즈의 새로운 AI 기반 검색 캠페인 최적화 기능이다.
- 캠페인 설정에서 'AI Max로 캠페인 최적화하기' 토글을 켜면 활성화되며 다음과 같은 특징이 있다.

주요 특징	설명
애셋 최적화	• 텍스트 맞춤설정: 각 고객의 고유한 관심사와 의도를 기반으로 광고 메시지 자동 생성 • 최종 URL: 실적이 개선될 가능성이 높은 경우 웹사이트에서 가장 관련성이 높은 URL로 트래픽을 전송
브랜드 설정	• 캠페인이 브랜드 관련 트래픽 요구사항을 충족하도록 조정 • 선택한 브랜드를 언급하는 검색어에만 광고가 게재
광고 소재 최적화	• Google AI를 통해 페이지 및 광고 소재의 연관성 향상 • 최적의 검색어에 노출되도록 관리하여 더 많은 고객에게 도달
통합 관리	• 검색어 보고서 등을 통해 AI가 어떻게 작동하는지 투명하게 공개 • 관리자는 데이터를 토대로 AI Max 실적 개선 방법 파악 가능

3) 키워드 및 광고 만들기

① 광고그룹

- 키워드 및 광고를 클릭하면 먼저 '광고그룹'을 생성하도록 안내되어 유사한 키워드나 광고를 중심으로 그룹이 묶인다.
- 키워드와 일일 예산을 기준으로 하며 그룹별 주간 클릭수, 주간 비용, 평균 CPC를 제공하며, 새 광고그룹 추가 시 그룹별 예상치가 별도로 생성된다.
- [도구 및 설정 → 키워드 플래너]에서 관련 키워드와 검색량, 예상 실적을 확인할 수 있으며 내 광고에 추가할 수 있다.
- 광고그룹에서 예산을 설정할 수는 없지만 입찰가 조정과 타겟 CPA 설정이 가능하다.

입찰가 조정	각 광고그룹에 대해 입찰가 조정을 설정하여 특정 광고그룹에 더 많은 예산을 할당
타겟 CPA	광고그룹마다 다른 타겟 CPA를 설정하여 전환당 비용을 관리

② 키워드

- 광고그룹 이름 작성 후 등록하고자 하는 키워드를 직접 입력하거나, '추천키워드 보기' 검색을 통해 검색된 키워드를 추가할 수 있다.
- 확장 검색을 사용하면 키워드 목록에 없는 유사어에 대해서도 광고가 자동으로 게재된다.
- 키워드 검색 유형을 사용해 광고를 게재할 검색어를 지정할 수 있다.
- 광고를 게재할 검색어를 지정하는 검색 유형으로는 확장 검색, 구문 검색, 일치 검색이 있다.
- 검색 유형은 확장 검색 〉 구문 검색 〉 일치 검색(특정 사용자 검색어) 단계로 게재 대상이 좁아진다.

항목	설명	기호
확장 검색 (유연한 검색)	• 키워드와 관련 있는 검색어에 광고가 게재될 수 있으며 해당 키워드가 포함되지 않은 유사어에 대해서도 광고가 자동 게재됨 • 많은 웹사이트 방문자 유입 및 키워드 목록 시간 단축, 실적 우수 키워드에 집중 투자 가능 • 모든 키워드에 기본 검색 유형으로 지정되므로 키워드를 입력하기만 하면 됨 • 스마트 자동입찰에서 사용 시 가장 효과적	별도로 없음 예 운동화

구문 검색 (관련성 검색)	• 키워드의 의미를 포함하는 검색어에 광고가 게재될 수 있음 • 내 제품 또는 서비스가 포함된 검색어에만 광고 게재	작은따옴표 예 '운동화'
일치 검색 (정확성 검색)	• 키워드와 일치하는 검색어에 광고가 게재될 수 있음 • 광고 게재 대상을 가장 세부적으로 설정할 수 있지만 가장 적은 검색어에 도달함	사각형 괄호 예 [운동화]

• 확장 검색 키워드를 사용하여 방문자 유입을 늘리는 것이 유리하나 클릭이 저조하면 품질평가 점수가 낮아질 수 있는데, 이런 경우는 일치 검색 및 구문 검색을 사용하여 전반적인 클릭률을 높일 수 있다.
• 키워드와 광고 소재에서 최종 도착 URL을 설정할 수 있으며 둘 다 설정한 경우 키워드에 입력한 URL이 우선 적용된다.

③ 광고
• 구글은 반응형 소재 광고만 존재한다(단일형 소재는 2022년 6월 30일에 종료됨).
• 여러 광고 제목과 설명을 입력하면 시간이 지남에 따라 AI가 자동으로 조합을 테스트하여 어떤 조합의 실적이 가장 좋은지 학습하여 지면에 맞는 형태로 만들어 주는데, 이를 반응형 광고라고 한다.
• 광고에 사용할 제목, 키워드, 설명 등은 구글에서 추천해주는 '아이디어 보기'를 통해 추가할 수 있다.
• 최종 도착 URL, 광고 제목 텍스트, 설명 텍스트, 표시경로(선택) 등을 입력하면 미리보기를 통해 만들 수 있는 광고를 확인할 수 있다.
• 광고 제목은 총 15개까지, 설명은 총 4개까지 등록할 수 있다.
• 광고 상단에는 ❶ '광고 효력'을 제공하여 광고 효과를 개선하여 실적을 올리는 데 도움을 준다.
• 광고 효력의 측정항목은 '미완료', '나쁨', '보통', '좋음'에서 '매우 좋음'까지 평가를 사용해 광고 문구의 관련성, 품질, 다양성을 측정하며, 광고 효력이 높을수록 광고 실적을 극대화하는 데 도움이 된다.
• 광고그룹마다 키워드 주제와 밀접하게 관련 있는 광고를 3개 이상 만들어 여러 버전의 광고를 운영하는 것이 입찰 가능성을 높일 수 있다.

④ 광고 확장 ❷
• 광고 확장은 통화 버튼, 위치정보, 웹사이트의 특정 부분으로 연결되는 링크와 텍스트 등을 통해 광고에 정보를 추가하는 기능이다(사이트링크, 콜아웃 등 확장 소재는 최소 4종류 이상 사용 권장).
• 광고 미리보기 하단에 '다양한 광고 확장 정보 리스트'가 생성된다. 목표에 따라 광고 확장을 선택한다.

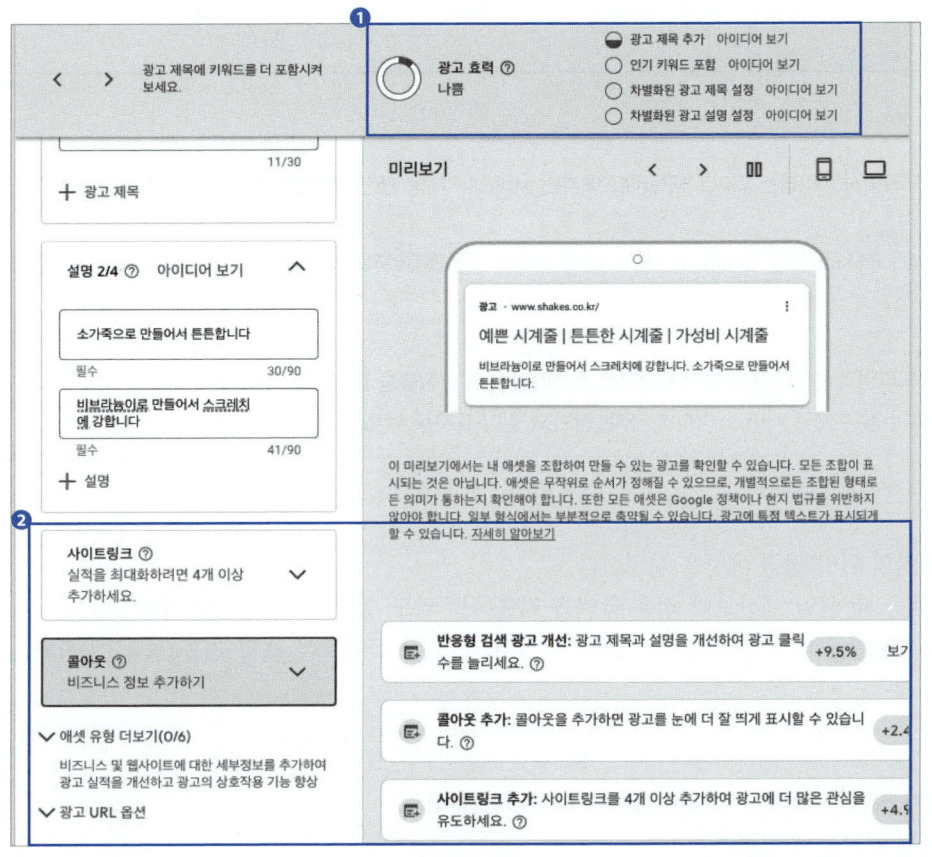

캠페인 목표에 따라 선택할 수 있는 광고 확장의 종류

항목	광고 확장의 종류	설명
사업장에서 구매하도록 유도	위치 광고 확장	영업시간 · 업체 사진 및 경로 정보 등이 있는 비즈니스 세부 정보 페이지로 연결되는 링크, 사업장 위치, 통화 버튼 표시
	제휴사 위치 광고 확장 정보	고객이 광고주의 제품을 판매하는 소매 체인점을 찾을 수 있게 지원
	콜아웃 광고 확장	차별화된 제품 및 서비스 예 무료 배송, 연중무휴 고객 서비스를 쇼핑객에게 홍보
고객 연락 유도	전화번호 광고 확장	광고에 사업장의 전화번호 또는 통화 버튼 추가
웹사이트에서 고객 전환 유도	사이트 링크 광고 확장	사용자가 링크를 클릭하면 사이트 내 특정 페이지(특정 제품, 영업시간 등)로 안내
	콜아웃 광고 확장	차별화된 제품 및 서비스 홍보
	구조화된 스니펫 광고 확장	사전 정의된 헤더(제품 또는 서비스 카테고리 등)를 선택하고 상품을 나열하여 잠재고객에게 정보 제시
	가격 광고 확장	서비스 또는 제품 카테고리와 가격 표시
앱 다운로드 유도	앱 광고 확장	광고 아래 앱 링크 표시, 텍스트 광고를 모바일 앱이나 태블릿 앱의 앱스토어에 있는 앱 설명 페이지로 이동
사용자의 정보 제출 유도	리드 양식 광고 확장	내가 제공하는 제품 또는 서비스에 대한 응답으로 사용자가 연락처 정보(이메일 주소, 전화번호, 기타 세부 정보)를 제출하도록 리드 생성

콜아웃과 스니펫

① 콜아웃

- 영어 단어 'Call out'은 '특이사항'이라는 의미로, 구글애즈에서는 서비스나 제품 관련 혜택들을 광고 하단에 보여주는 확장 소재를 말한다.
- '100% 환불', '무료 배송', '24시간 운영' 등 제품에 대한 다양한 부가가치를 홈페이지에 접속하지 않아도 알 수 있는 정보를 제공하며 25자까지 입력할 수 있다.

② 구조화된 스니펫

- 구조화된 스니펫은 헤드라인과 설명으로 구성되며 광고를 돋보이게 하여 클릭률을 향상시킬 수 있다.
- 예를 들어 부동산 광고의 경우 '제공 서비스: 아파트, 주택, 상가'와 같이 표시될 수 있다.

4) 예산

- 지금까지 만든 캠페인의 일일 평균 예산을 설정한다.
- 한 달을 기준으로 했을 때 일일 예산보다 적은 금액을 지출하는 날도 있고 일일 예산의 최대 2배까지 지출하는 날도 있지만, 월평균 일수(365일÷12개월=30.4일)를 곱한 금액보다 초과 지불(초과 게재)되는 경우는 없다.

5) 최종 검토

- 마지막으로 지금까지 작성한 캠페인의 세부 정보를 다시 확인한다.
- 문제가 있다고 표시된 부분은 수정한다.

6) 구글의 광고 품질지수

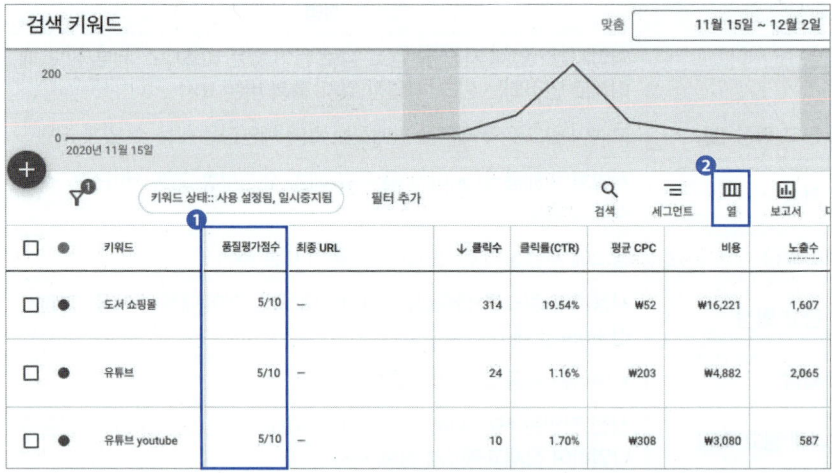

- 구글의 경우 '품질지수'를 ❶ 품질평가점수'라고 지칭하며 기본적으로는 표시되지 않는다.
- 표의 오른쪽 상단에서 ❷ 열 아이콘(▥)의 사진을 클릭하여 '키워드 열 수정'에서 '품질평가점수' 섹션을 선택해서 통계표에 추가해야 볼 수 있다.
- '예상클릭률(CTR)', '광고 관련성', '방문페이지 만족도'의 세 구성 요소 실적을 종합적으로 고려하여 1~10의 값 중에서 '5/10'과 같이 표시되고 숫자가 높을수록 품질도 높다.

PART 01
PART 02
PART 03
PART 04
PART 05
PART 06
PART 07

- 각 구성 요소는 지난 90일 동안 동일한 키워드로 게재된 다른 광고주 바탕으로 하며, '평균 초과', '평균', '평균 미만'의 상태로 평가되며 '키워드 수준'에서 확인할 수 있다.
- 품질평가점수가 높으면 내 광고 및 방문페이지(연결 URL)가 다른 광고주보다 내 키워드를 검색하는 사용자에게 관련성이 높고 유용하다는 의미이다.
- 등록 시 0점으로 시작하며, 실적 데이터가 누적되면 점수가 상승한다.
- 구글애즈에서 광고 품질에 영향을 주는 요소와 주지 않는 요소는 다음과 같다.

광고 품질	상태	설명
영향을 주는 요소	최소 품질 요건	광고를 게재하려면 구글에서 요구하는 특정 수준의 품질을 충족
	검색 결과 페이지에서 광고가 게재되는 위치	구글애즈는 검색 결과 페이지에서 품질이 좋은 광고를 더 높이 게재하기 위해 광고 순위 산정 시 광고 품질을 고려
	광고 확장 게재 여부	일부 광고 확장은 검색 결과 상단에만 게재되는데, 이처럼 광고 게재 순위가 높게 나타나려면 광고 품질이 충분히 높아야 함
	클릭당 지불 비용	• 일반적으로 광고 품질이 높으면 품질이 낮은 광고에 비해 비용이 소요 • 광고 품질이 낮은 경우 광고 게재까지 이어진 검색어에 대한 경쟁이 낮아도 실제 CPC(클릭당비용)가 최대 CPC에 가까움
	광고 실적	품질이 우수한 광고와 방문페이지는 성공적인 클릭과 전환으로 이어질 가능성이 높음
영향을 주지 않는 요소	입찰	입찰 금액은 광고 순위에 영향을 끼칠 수 있지만 광고 품질평가에는 영향을 미치지 않음
	계정 구조	동일한 광고 및 키워드가 포함된 광고그룹을 다른 캠페인이나 계정으로 이동시켜도 광고 품질에 영향을 주지 않음
	광고 게재 빈도	광고가 게재되는 빈도는 입찰가, 예산 및 키워드 경쟁에 의해 결정되지만 광고 품질에는 영향을 주지 않음
	보고된 전환수	보고된 전환수는 광고 품질에 영향을 주지 않음

🏳 **기적**의 TIP

구글 광고 최적화 점수

- 최적화 점수는 구글애즈 계정이 얼마나 좋은 실적을 낼 수 있을지를 추정한 수치로, 점수는 0~100% 사이로 매겨지며, 100%는 계정이 최고의 실적을 낼 수 있다는 의미이다.
- 점수와 함께 각 캠페인을 최적화하는 데 도움이 되는 추천목록이 표시되며, 각 추천에는 해당 추천을 적용할 때 최적화 점수에 영향을 미치는 정도(백분율)가 표시된다.
- 최적화 점수는 캠페인, 계정 및 관리자 계정 수준에서 제공되며 운영 중인 검색, 디스플레이, 동영상 액션, 앱, 실적 최대화, 디맨드젠 및 쇼핑 캠페인에 대해서만 표시된다.

☐ ▾ ●	계정 ↑	최적화 점수	담당 관리자	계정 유형
☐ ▾ ● ∨	교육용 456-929-6103 (관리자) 品品	보기	세익스컴퍼니_Master (이 관리자) 685-191-1774	Google Ads
☐ ●	대한곱창_20... 806-471-9586	–	세익스컴퍼니_Master (이 관리자) 685-191-1774	Google Ads

7) 광고 검수

- 광고 또는 광고 확장을 만들거나 수정한 후에는 구글 광고 정책을 준수하는지 검토하기 위해 광고가 자동 제출되며, 검토 절차가 자동으로 시작되며 게재 중에도 광고를 다시 검수할 수 있다.
- 광고 제목, 설명, 키워드, 도착 페이지, 이미지, 동영상을 포함하여 모든 광고 구성 요소가 검토 대상이며 대부분의 광고 검토는 영업일 기준 1일 이내에 완료된다.
- 메인페이지 좌측의 [광고 및 확장] 탭을 열면 보이는 광고목록의 [상태]란에서 운영 '가능'과 '불가능' 상태를 확인할 수 있다.

구글 광고 상태의 의미

항목	상태	설명
검토 후 광고가 게재될 수 있는 상태	운영 가능	광고 정책을 준수하므로 모든 잠재고객에게 게재
	운영 가능 (제한적)	• 광고 정책에 부합하지만, 게재 위치와 시기가 제한된 광고에 부여되는 상태 • 주류, 저작권, 도박, 헬스케어, 상표권 등 특정 지역, 연령 또는 기기에 특정 유형의 광고를 게재하는 것이 허용되지 않는 경우 광고가 '운영 가능(제한적)' 상태로 표시
	운영 가능 (모든 위치 제한)	• 정책 제한 및 타겟팅 문제로 인해 광고 게재 불가 • 다만 타겟 지역에 관심을 보이는 사용자에게는 광고를 게재할 수 있음
	게재 중	동영상 광고가 유튜브에 게재될 수 있음
검토 후 '광고 확장'이 게재될 수 있는 상태	승인됨	광고 확장이 광고 정책에 부합하여 모든 잠재고객에게 게재될 수 있는 상태
	승인됨 (제한적)	광고 확장이 게재될 수는 있지만, 상표 사용이나 도박 관련 콘텐츠 등에 관한 정책 제한 때문에 모든 상황에서 게재될 수 있는 상태가 아님
검토 후 광고가 게재될 수 '없는' 상태	비승인	광고의 콘텐츠 또는 랜딩페이지가 광고 정책을 위반하므로 광고가 게재될 수 없음
	운영 불가능	캠페인이 일시중지, 삭제, 종료 또는 대기 중이거나 광고그룹이 일시중지, 삭제 또는 설정이 미완료되어 광고가 게재되지 않음

02 검색광고 상품

01 네이버 검색광고 상품

1) 네이버 검색광고 상품의 종류

유형	설명
사이트검색광고(파워링크)	PC와 모바일의 통합검색 및 사이트 내부나 외부의 제휴사이트 등 다양한 매체의 검색 결과 페이지에 노출되는 네이버의 대표 검색광고 상품
쇼핑 검색광고(쇼핑 검색)	네이버쇼핑에만 노출되는 상품 단위 이미지형 검색광고 상품
콘텐츠 검색광고 (파워콘텐츠)	블로그와 카페 등 소비자 생성 콘텐츠가 검색되는 VIEW 영역 등에 노출되는 검색광고 상품

브랜드 검색/신제품 검색	상호와 같은 브랜드 연관 키워드(브랜드 검색) 또는 제품 및 서비스 관련 일반 키워드(신제품 검색) 검색 시 노출되는 검색형 광고 상품
플레이스 광고(플레이스 유형)	스마트플레이스에 등록한 업체 정보를 바탕으로 네이버에서 원하는 장소를 검색하는 이용자에게 마케팅할 수 있는 네이티브 형태의 검색광고 상품
지역소상공인 광고 (플레이스 유형)	네이버 콘텐츠 이용자에게 네이버 스마트플레이스에 등록한 점포 정보를 노출하는 배너 광고 상품

2) 사이트 검색광고

- 업종 및 서비스 관련 키워드 검색 시 네이버 통합검색 페이지 및 통합검색 외 서비스 페이지, 다양한 검색 파트너사의 검색 결과 페이지에 홈페이지와 홍보 문구가 노출되는 검색 상품이다.
- 클릭당 과금이 발생하는 상품(CPC)으로, 광고 등록 및 노출비용은 발생하지 않는다.
- 직접 입찰가를 설정할 수 있고, 원하는 키워드 등록과 광고 게재·중지가 자유롭기 때문에 매체 전략이나 시간 전략 등 다양한 전략 기능으로 탄력적인 운용이 가능하다.
- 입찰가와 품질지수에 따라 광고 노출 여부 및 순위가 결정된다.

검색광고 노출 영역

항목	상태	설명
네이버 통합검색	❶ 파워링크(PC)	• 네이버 통합검색 탭 결과에 최대 10개까지 노출 • 제목, 설명 문구, 사이트 URL 및 확장 소재 • 제휴 맺은 파트너 사이트 등 다양한 사이트에도 노출 • 네이버 블로그 포스팅 하단, 지식iN 콘텐츠 하단, 네이버 카페 게시글 하단, 밴드(BAND) 콘텐츠 하단에 게시글과 관련된 광고 노출
	❷ 비즈사이트(PC)	• 파워링크 광고 상품의 11~15위가 하단에 노출되는 것을 비즈사이트라고 부름 • 네이버 통합검색 결과 화면의 하단에 최대 5개까지 노출되며 카페, 블로그, 모바일 등의 지면에는 게재되지 않음
	❸ 파워링크(모바일)	• 모바일 네이버의 통합검색 결과에 파워링크 광고 노출 • 통합검색 1페이지에는 질의별로 3~5개 광고, 2~5페이지에는 최대 3개 노출 • '노출 안 함'을 설정한 경우, 모바일 기기에서 PC 버전 보기를 할 경우에는 광고가 노출될 수 있음
	함께 찾은 파워링크 (25.01.23부로 서비스 종료)	• PC에서 비즈사이트가 노출되는 키워드의 경우 파워링크 클릭 후 다시 검색 화면으로 돌아왔을 때, 비즈사이트가 사라지고 '함께 찾은 파워링크'가 노출 • 이용자가 최근 둘러본 광고를 기반으로 선호할 만한 파워링크를 최대 5개 노출 • 노출 가능 소재는 모바일의 경우 '가격링크, 서브링크, 예약, 위치정보, 이미지 전화번호'이고, PC의 경우 '이미지, 서브링크, 가격링크'임
네이버 다른 지면 및 네이버 이외 사이트	검색 탭	• 검색 결과 상단 블로그, 카페, 지식iN, 동영상, 통합검색 2페이지를 클릭하면 우측 상단 파워링크 영역에 최대 5개 광고 노출 • '광고더보기'를 클릭하면 첫 페이지에 최대 25개 광고가 노출
	네이버 쇼핑	• PC 버전은 검색 결과 하단에 최대 5개의 광고 노출 • 모바일 버전은 검색 결과 하단에 최대 3개의 광고 노출

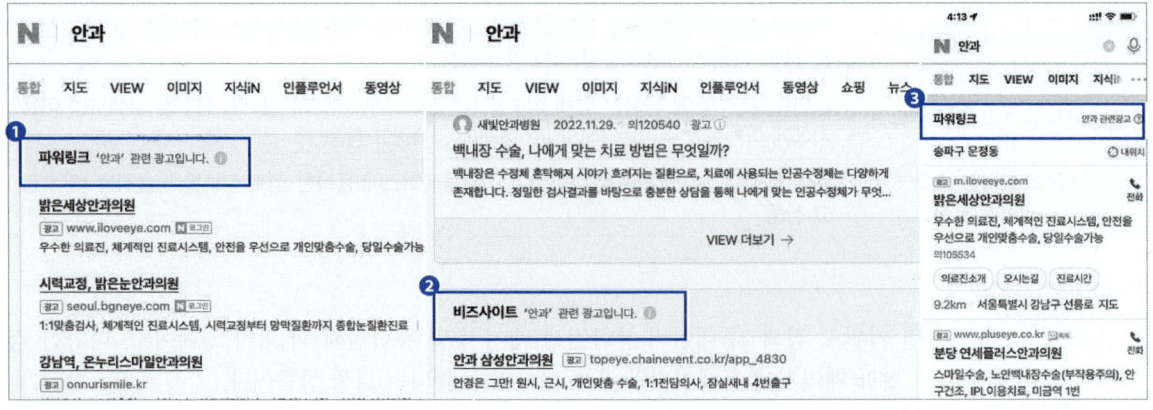

네이버 검색광고 제휴 파트너 사이트

유형	네이버 검색광고 제휴 파트너 사이트 설명
검색포털	줌(ZUM)
검색 파트너	옥션, G마켓, 베스트바이어, 롯데아이몰, 다나와, 인터파크, 에누리닷컴, AK몰, 가자아이, 사자아이, 11번가
콘텐츠 파트너	KBS미디어, 뿜뿜, 조선닷컴, 동아닷컴, 알바천국, iMBC, 중앙일보, 클리앙, 한경닷컴, 경향신문, 일간스포츠, 부동산써브

3) 쇼핑 검색광고

① 개요

- 상품을 탐색하고 구매하고자 검색하는 이용자에게 광고주의 상품과 메시지를 효과적으로 홍보할 수 있는 쇼핑 특화 검색광고 상품이다.
- 네이버 통합검색의 쇼핑 영역과 네이버쇼핑 검색 결과 페이지에 노출된다.
- 키워드는 네이버쇼핑에서 제시하는 키워드 중에서만 선택할 수 있다.
- 광고 유형은 쇼핑몰 상품형, 제품 카탈로그형, 쇼핑 브랜드형, ADVoost 쇼핑 광고로 나눌 수 있다.

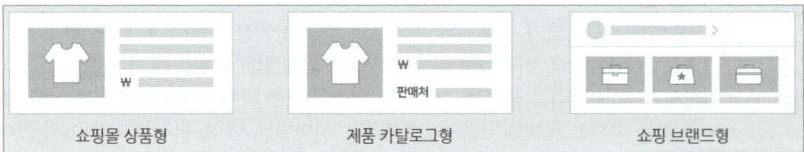

쇼핑몰 상품형   제품 카탈로그형   쇼핑 브랜드형

🏴 **기적의 TIP**

쇼핑 검색광고 취급 불가 상품

- '면세' 등과 관련된 상품 또는 '도서' 카테고리에 등록된 상품
- 해외 사업자가 소유/관리하는 쇼핑몰 등의 상품 중, 네이버 검색광고 기준 등에 따라 광고가 제한되거나 또는 쇼핑 검색광고가 대응하지 않는 카테고리 해당 상품
- 미성년자가 구매할 수 없는 상품(단, 전통주, 무알콜 맥주 등 일부 상품은 광고 가능)
- 기타 네이버 검색광고 기준 등에 따라 광고가 제한되는 상품

② 쇼핑몰 상품형

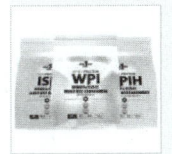

KHCAMP 원데이뉴트리션 마이백 웨이프로틴

광고 ① **49,900원** 무료

식품 > 다이어트식품 > 단백질보충제 > 기타단백질보충제
식품품질인증 : 이력추적관리, HACCP | 주요 기능성(식약처인증) : 영양보충
BCAA(류신) · 필수/비필수 아미노산 · 비타민 · 미네랄(무기질) … 등 함유
식품의약품안전처 - (HACCP) (식품이력추적) 인증

리뷰 2,149 · 구매건수 3,342 · 등록일 2020.10. · ♡ 찜하기 1421 · 🔔 신고하기

구분	설명
기본 입찰가	50원에서 100,000원까지 입력 가능(10원 단위 입력)
특징	• 검색 결과에서 '상품' 단위로 노출되는 이미지형 검색광고 상품 • 네이버쇼핑 판매자 인증 후 쇼핑에 등록된 상품을 조회하여 광고 등록 가능 • 클릭 횟수만큼 과금되는 CPC 방식으로, 쇼핑 검색광고에서 직접 입찰가 설정 가능 • 광고 시스템에서 네이버쇼핑 계정을 인증하고, 쇼핑에 등록된 상품을 불러오는 방식으로 네이버쇼핑 입점이 필요
등록 기준	네이버 가격비교에 등록된 쇼핑몰의 상태가 '서비스 중'인 상품
노출 영역 및 위치	• 네이버 통합검색(PC/모바일) 결과 '네이버쇼핑' 영역 상단에 2개가 기본으로 노출(키워드 및 노출유형에 따라 광고 노출 개수 변화) • 검색 매체인 네이버 통합검색(PC/모바일) 결과 내 '네이버쇼핑' 영역, 네이버쇼핑 검색 페이지(PC/모바일), 네이버 모바일 검색 매체 추천 영역, ZUM(PC/모바일) 검색 결과 내 '파워쇼핑' 영역과 외부 검색 파트너 매체, 네이버 내/외부 콘텐츠 매체에 노출

③ 제품 카탈로그형

쇼핑몰리뷰 더보기 >

여행 가방으로 크로스백 필요해서 구매했어요 가볍고 …
★★★★★ 5/5
Branden | 24.08.01.

생각보다 사이즈는 크지 않지만 방검 원단이고 가볍고…
★★★★★ 5/5
Branden | 24.07.26.

함께 보면 좋은 상품 광고 ① < >

해외 여행용 소매
치기 도난 방지…
87,000원
무료
브랜든 Npay+

팩세이프 GO 슬
링백 도난방지…
78,000원
무료
팩세이프 도착보장 Npay+

팩세이프 LS100
8인치 도난방지…
116,000원
무료
팩세이프 도착보장 Npay+

최저가추이 ? < >

2주 | 1개월 | 3개월 | 6개월
↓54,520
9.19 9.21 9.23 9.25 9.27 9.29 10.1

구분	설명
기본 입찰가	50원에서 100,000원까지 입력 가능(10원 단위 입력)
특징	• 네이버쇼핑 내에 카탈로그 페이지가 생성되어 있어야 함 • 카탈로그 제품 소유권을 가진 제조사 · 브랜드사, 국내 독점 유통권 계약자 혹은 '단독광고집행확인서'를 보유한 광고 집행 권한 위임자만 광고 집행 가능
등록 기준	네이버 가격비교에 등록된 쇼핑몰의 상태가 '서비스 중'인 상품
노출 영역 및 위치	• 네이버 통합검색(PC/모바일) 결과 '네이버쇼핑' 영역 상단에 2개 기본 노출, 네이버쇼핑 검색(PC/모바일) 결과 상단 및 중간 3개씩 노출(광고 개수는 키워드, 노출유형에 따라 바뀔 수 있음) • 네이버 통합검색 결과 내 '네이버쇼핑' 영역, 네이버쇼핑 검색 페이지, 네이버 모바일 검색 매체 추천영역, ZUM 검색 결과 내 파워쇼핑 영역, 블로그, 카페 등 콘텐츠 매체, 모바일 검색/콘텐츠 파트너 매체에서 노출

④ 쇼핑 브랜드형

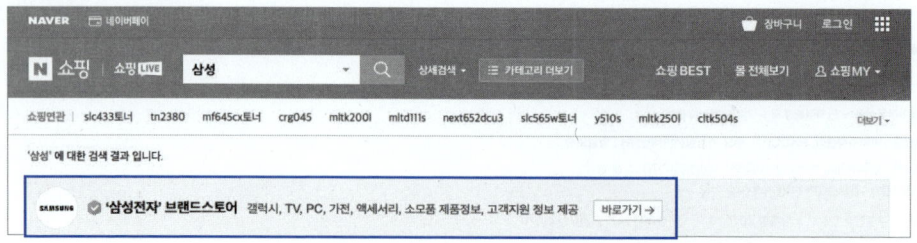

구분	설명
기본 입찰가	300원에서 100,000원까지 입력 가능(10원 단위 입력)
특징	• 다음 3가지 유형의 키워드를 직접 등록하여 노출 희망 키워드에 입찰 가능 ① 내 브랜드 키워드: 브랜드 소유권을 가진 브랜드사가 등록할 수 있는 키워드 **예** 브랜드명, 브랜드명 포함 키워드, 시리즈, 모델명 등 ② 다른 브랜드 키워드: 내 브랜드와 유사 카테고리 상품을 취급하는 브랜드와 관련된 키워드 ③ 일반 키워드: 브랜드 키워드가 아닌 그 외 키워드 **예** 카테고리명, 상품명 등 • 적합한 상품 매칭: 공식몰에 등록된 전체 상품 또는 일부 상품 중 광고에 노출할 상품을 선택할 수 있으며, 선택된 상품 중 검색어에 적합한 상품이 매칭되어 노출 • 다양한 콘텐츠 제공: 브랜딩을 위한 다양한 유형의 브랜드 콘텐츠를 등록하여 노출 가능 • 네이버쇼핑 검색 결과에 노출되는 브랜드패키지에 가입된 '브랜드사' 전용 광고 상품 (브랜드패키지에 입점한 브랜드사만 광고 가능) ※ 브랜드패키지의 경우, 네이버쇼핑 심사 기준(일정 수준 이상의 브랜드 인지도)을 통과한 브랜드사만 가입 허용
대상 카테고리	순금, 상품권 등 브랜드패키지 서비스 대상이 아닌 카테고리를 제외한 모든 카테고리
노출 영역 및 위치	네이버쇼핑 영역 검색 결과 1페이지에만 노출되며, 키워드 및 노출 유형에 따라 광고 영역 및 광고 개수는 변화 가능 ① 모바일: 탐색 도구 상단에 한 개 브랜드 콘텐츠와 제품 라인업 노출, 검색 하단에 다수 브랜드의 제품 라인업 노출 ② PC: 검색 우측 영역의 최상단에 한 개 브랜드의 콘텐츠와 라인업 노출, 최하단에 다수의 제품 라인업 노출(브랜드 키워드 검색 결과 기준)

⑤ ADVoost 쇼핑 광고(성과형 디스플레이 광고 시스템에서 관리)

구분	설명
기본 입찰가	별도 입찰가 설정 없음(AI 자동 최적화 방식), 1일 예산 10,000원부터
특징	• 네이버 쇼핑 전체 상품 자동 연동 • 예산이 설정되면 AI 기반 자동입찰 및 예산 최적화 • 스토어 상품을 자동으로 선택해 광고 소재 생성(소재 제작 불필요) • 통합검색 · 쇼핑검색 · 추천 · 콘텐츠 등 네이버 전역 노출 • 전환 추적 설정을 통해 '전환수 최대화' 또는 '전환 가치 최대화' 입찰 방식 • 전환 추적 미설치 시 광고 집행은 가능하나, 최적화는 작동하지 않음
등록 기준	• 네이버 쇼핑 입점 필수(비즈채널에 쇼핑몰 등록) • 전환 추적 설정 필수(스마트스토어의 경우 신청 즉시 자동 승인) • 네이버 가격 비교 노출 상품만 광고 가능(최소 20개 이상 권장) • 성인 상품, 면세점 카테고리 제외
노출 영역 및 위치	네이버 통합검색, 쇼핑검색, 쇼핑 메인, 콘텐츠 서비스, 네이버 뉴스 등 네이버 전역의 검색 · 쇼핑 · 추천 지면에 AI 기반 자동 배치

4) 콘텐츠 검색광고(파워콘텐츠)

- 이용자의 정보탐색 의도를 충족시킬 수 있도록 해당 분야의 전문가인 광고주가 블로그, 포스트, 카페 등의 콘텐츠를 이용해 정확하고 신뢰성 있는 정보를 제공하는 광고 상품이다.
- 정보탐색이 많은 고관여 업종을 중심으로 키워드 검색 결과에 각 업종의 광고주가 직접 작성한 양질의 파워콘텐츠(=파워컨텐츠)를 제공하는 형식이다.
- 이용자는 해당 업종의 전문 광고주가 제공하는 정보를 블로그 형태와 같이 손쉽게 소비할 수 있으며, 광고주는 고관여 핵심 이용자들에게 다량의 효과적인 파워콘텐츠를 전달하여 브랜딩을 할 수 있다.
- 네이버 블로그 · 카페 · 포스트 등에서 신뢰성 있는 정보를 찾으려는 검색 사용자의 의도가 담긴 키워드 중에서 네이버에서 지정한 것에 한해 광고가 가능하다.

상품 노출 영역과 광고 개수

상품 노출 영역	광고 개수
네이버 모바일 통합검색 블로그 및 스마트블록 영역	최대 3개
네이버 모바일 콘텐츠 영역(뉴스, 지식인, 카페 등)	최대 2개
네이버 PC 통합검색 블로그 영역과 ZUM 통합검색 영역(PC/모바일)	최대 3개

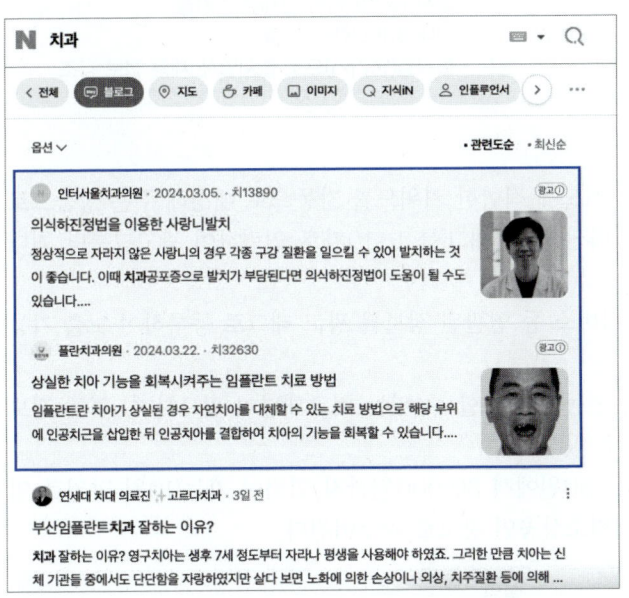

🏳 **기적**의 TIP

'에어서치'로 점점 더 중요해지는 파워콘텐츠 광고

- 모바일의 발달과 소셜미디어의 해시태그를 통한 동시다발적인 검색이 증가하면서 검색엔진도 변화하고 있는데, 가장 대표적인 것이 네이버의 '에어서치(Air search)'이다.
- 에어서치는 사용자가 장소, 쇼핑, 관심사 등을 검색하면 여러 주제의 스마트블록을 통해 연관 키워드의 검색 결과를 노출해주는 서비스다.
- 예를 들어 'OO 박물관'을 검색하면 △함께 가볼 만한 장소 △지역별 로컬 맛집 △TV 속 맛집 등의 스마트블록이 노출되고, '키보드'를 검색하면 △내돈내산 리뷰 상품 △이맘때 많이 찾는 등의 스마트블록이 제공되는 것이다.
- 스마트블록에 노출되는 검색 결과의 상당수는 블로그와 카페의 글이므로 파워콘텐츠 광고의 활용이 더욱 중요하다.

5) 브랜드 검색/신제품 검색

이용자가 상호와 같은 브랜드 연관 키워드(브랜드 검색) 또는 제품 및 서비스 관련 일반 키워드(신제품 검색) 검색 시 노출되는 브랜딩형 검색광고 상품이다.

그룹 유형	템플릿	소재 최적화	위치	크리에이티브 유형/특징
브랜드 검색 – 일반형	라이트형, 프리미엄형	지원	PC/모바일	• 이미지 · 텍스트 · 동영상(정적/동적) • 버튼 개수 · 섬네일 세부 설정 가능
	브랜드추천형	지원	모바일	• 브랜드스토어 상품 정보 결합 • 상품 정보와 광고가 동시 노출
	쇼핑연동형	지원	PC/모바일	• 쇼핑몰/스토어 상품 URL 연동 • 상품과 제품 카탈로그 함께 연동
	앰배서더형 (모델형)	미지원	모바일	• 정액제 상품 : 최소 7일~최대 31일 • 광고비는 4가지 템플릿 유형(이미지 일반/섬네일, 동영상 일반/섬네일)에 따라 다름 • 모델(인물) 계약 필수, 인물명 검색에서 노출
브랜드 검색 – 브랜드존형	라이트형, 프리미엄형	지원	PC/모바일	• 이미지 · 텍스트 · 동영상(정적/동적) • 버튼 개수 · 섬네일 세부 설정 가능
신제품 검색형	신제품 소개형	미지원	모바일	• 출시 180일 이하 신제품만 가능 • 최대 3개 브랜드 노출 • 플리킹(넘기기)으로 출시일/신제품 정보 강조

6) 플레이스 광고

• 플레이스 광고는 업체명, 카테고리 등 지역검색 의도에 적합한 키워드를 자동으로 매칭해 주는 상품으로 광고 키워드를 직접 등록할 수 없으며, 키워드 대신 '광고 태그'를 1~10자로 입력하여 광고그룹당 최대 50개까지 등록할 수 있다.

• 대표 키워드 외에 광고 그룹별로 메뉴명, 상세 서비스 등 연관된 정보를 광고 태그로 등록하여 노출 가능성을 높일 수 있다.

• 네이버 스마트 플레이스에 등록된 업체 정보와 연동해 등록할 수 있는 비즈채널이 필요하며, 업체 정보는 네이버 스마트 플레이스에서 무료로 등록할 수 있다.

• 플레이스 광고는 캠페인 단위에서는 하루예산을 50원에서 30,000원까지 입력이 가능(10원 단위로 입력)하며, 그룹 단위에서 플레이스검색 광고와 지역소상공인 광고로 나누어진다.

구분		설명
플레이스 검색	노출 영역 및 위치	• 네이버 통합검색 결과 목록 상단에 최대 2개(PC의 경우 페이지 당 2개씩)까지 노출되며 광고 노출 영역 및 개수는 광고 태그에 따라 다름 • 플레이스 서비스 페이지나 지도 검색 결과 목록 상단 및 중간에 최대 4개까지 노출되며 광고 노출 영역 및 개수는 광고 태그에 따라 다름
	과금 방식	• CPC(클릭당 입찰가) 방식으로 광고 진행 • 기본입찰가는 50원에서 5,000원까지 입력 가능(10원 단위) • 내 업체 페이지(플레이스 페이지)로 랜딩되는 클릭이나 전환에 가까운 클릭(전화, 예약)에 대해서만 과금되며, 길찾기 · 공유하기 등의 아이콘 클릭은 과금되지 않음 • 참여 광고수가 10개 이상인 검색 결과는 네이버 통합검색(PC/모바일) 지면에 한해 입력한 '광고 입찰가'와 검색 결과와 업체 정보의 '연관도'에 의해 광고 순위가 결정되며, 차순위 입찰가에 기반하여 광고비가 산정(차순위 입찰가+10원)

		• 노출 가능 광고수가 10개 미만인 검색 결과의 경우, 노출 지면 및 입찰가와 관계없이 모든 광고가 균등하게 랜덤 노출되며 최저가인 50원으로 고정 과금 • 참여 광고수가 많은 검색 결과라 하더라도 플레이스 서비스 지면, 지도(앱/PC) 지면에 노출되는 경우 입찰가와 관계없이 모든 광고가 균등하게 랜덤 노출되며 최저가인 50원으로 과금됨
	하루 예산	50원에서 20,000원까지 입력 가능(10원 단위 입력)
지역소상공인 광고	노출 영역 및 위치	• 네이버 콘텐츠 서비스 등의 배너 광고 지면에 노출 • 오프라인 매장을 알리고 싶은 지역 소상공인이 쉽게 집행할 수 있는 광고 상품[음식점, 생활편의, 학원, 스포츠·레저·체험 등의 업종에 한해 광고 등록 가능] • 네이버의 뉴스, 블로그 등 콘텐츠 서비스 페이지에 업체명, 업체 이미지, 위치, 설명 문구와 리뷰 수 등의 부가 정보가 노출 • 노출 지역을 읍/면/동(법정동) 단위로 최대 5개까지 선택 • 광고의 노출 기회는 모든 광고주에게 균등하게 배분되며 여러 업체의 정보가 카드 슬라이딩 형태로 노출
	과금 방식	• CPM(노출당 고정가) 방식으로 광고 진행되며 하루 최대 3만 회까지 노출 가능 • 노출된 횟수만큼 광고비를 지불하는데, 유효 노출당 1원의 광고비가 지불되며 여러 업체가 카드 슬라이딩 형태로 노출될 경우 첫 번째 카드에 노출된 광고를 유효 노출로 보고 여기에만 과금 • 기본입찰가는 별도로 없음
	하루 예산	10원에서 30,000원까지 입력 가능(10원 단위 입력)

플레이스 검색과 지역소상공인 광고

02 카카오 키워드 광고 상품

1) 카카오 키워드 광고의 특징

- Daum, 카카오톡, 각종 제휴 매체 등 다양한 지면에 검색 결과 또는 텍스트형 배너 형태로 노출되는 광고이다.
- 카카오톡을 비롯하여 Daum, Nate 등의 포털과 다양한 제휴 매체에 함께 노출되는 장점이 있다.
- 이용자가 광고를 클릭하여 사이트에 방문하는 경우에만 과금되는 CPC(Cost Per Click)방식이며, 클릭당 단가는 키워드별 입찰가, 광고 진행 과정에서 얻은 품질지수 등을 반영하여 실시간으로 결정되며 입찰가는 차순위 입찰가+10원을 기본으로 한다.

검색광고 상품의 종류

광고	설명
키워드 광고	광고주의 비즈니스와 관련된 키워드를 사용자가 검색하는 순간 PC에서부터 모바일까지 관련 있는 광고를 보여줌
브랜드 검색광고	• 브랜드 키워드를 통해 강력한 브랜딩이 가능한 광고 • 브랜드 키워드나 브랜드와 연관성 높은 키워드를 검색하면 통합검색 결과 최상단에 노출

> **F** **기적의** TIP

그 밖의 카카오 광고 유형

항목	상태	설명
디스플레이 광고	카카오 비즈보드	• 카카오톡 메신저에 노출할 수 있는 디스플레이 광고 • 카카오톡의 채팅목록탭 최상단 영역 및 카카오의 주요 핵심 서비스, 주요 파트너 서비스를 중심으로 가장 주목도 높은 광고 영역에 배너 형태로 노출
	디스플레이	카카오톡, 카카오스토리, 다음, 카카오페이지 및 프리미엄 네트워크 서비스 등 다양한 지면의 광고 영역에 이미지 형태 광고 노출
	동영상 광고	카카오 서비스에서 제공하는 다양한 지면에 인스트림 · 아웃스트림 동영상 광고 노출
	스폰서드 광고	카카오의 스낵 컬처 서비스인 카카오뷰에 '내 브랜드' 또는 '채널 콘텐츠'를 담은 광고 보드 노출
메시지 광고	채널 메시지	카카오톡의 고객 채팅방에 전달되는 메시지형 광고
	알림톡 · 친구톡 · 상담톡	• 알림톡: 기업에서 고객에게 주문, 결제, 배송 등 정보성 메시지 발송메시지 광고 • 친구톡: 기업의 CRM, 커머스 물류 시스템과 연동하여 타겟 고객에게 개인화된 마케팅 메시지 발송 • 상담톡: 고객과 기업의 채팅 상담, 기업은 챗봇, 메타정보 수신, 상담 분배 기능 등 다양한 기능 확장

2) 키워드 광고 노출 영역

① 노출 영역

- Daum PC/모바일의 검색 결과와 콘텐츠 영역 등에 다양하게 노출된다.
- 카카오에서 관리하는 키워드 광고의 명칭은 '프리미엄링크'이며 검색자의 의도를 파악하여 원하는 광고를 제공할 수 있다.

② PC 검색 매체의 노출 영역

- Daum 통합검색 결과 최상단인 파워링크 영역은 네이버 광고 시스템에서 관리하며 PC 최대 10개, 모바일 최대 6개가 노출된다.
- 카카오에서 관리하는 프리미엄링크는 Daum은 통합 검색 결과에서 파워링크 바로 아래 또는 하단에 PC와 모바일에서 최대 4개가 노출되며, Nate는 통합 검색 결과 최상단인 프리미엄링크 영역에 PC 최대 10개, 모바일 최대 6개가 노출된다.

매체	영역	통합 검색 결과	위치	노출 개수	관리
다음	파워링크	PC	통합검색 결과 최상단	최대 10개	네이버 광고 시스템
		모바일		최대 6개	
	프리미엄링크	PC	파워링크 바로 아래 또는 하단	최대 4개	카카오
		모바일			
네이트		PC	통합검색 결과 최상단	최대 10개	
		모바일		최대 6개	

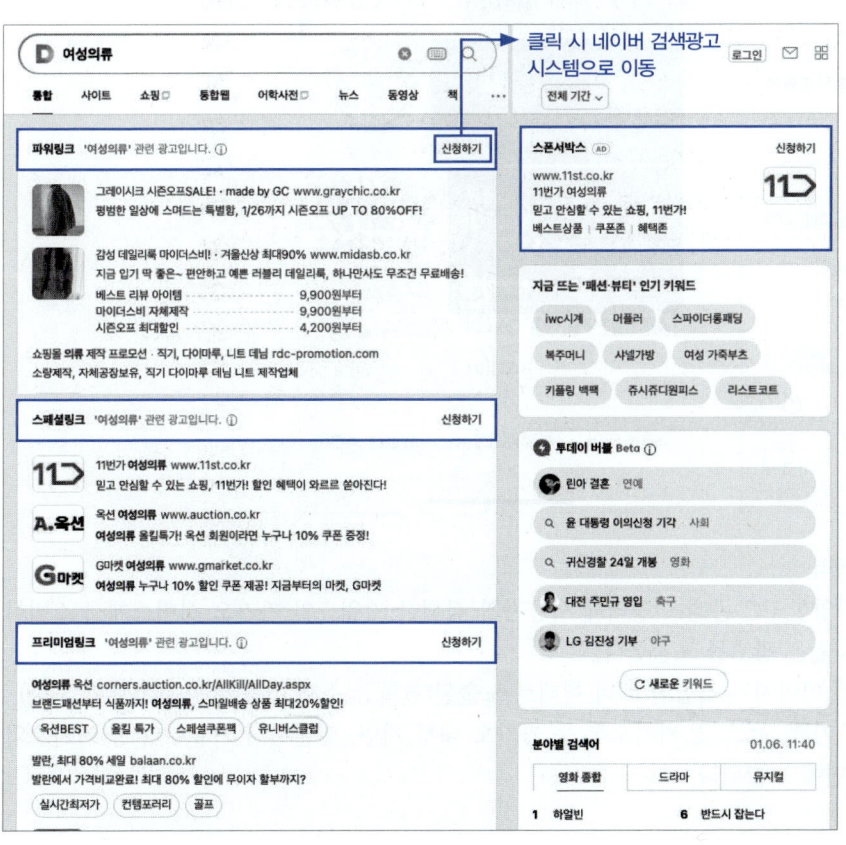

PART 01
PART 02
PART 03
PART 04
PART 05
PART 06
PART 07

네이트 단독 키워드 광고 상품

- 스페셜링크: 네이트(Nate)를 통해서 집행할 수 있는 광고로 Daum 통합검색 결과에도 함께 노출되는 네이트 전용 판매 상품이다. 다른 검색광고와는 다르게 클릭당 과금이 되는 CPC 방식이 아니라 기간별 과금 방식이다.
- 스폰서박스: 네이트(Nate)를 통해서 집행할 수 있는 광고로 Daum 통합검색 결과에도 함께 노출되는 네이트 전용 판매 상품이다. 스페셜링크와 마찬가지로 기간별 과금 방식이며, 우측에 노출된다.

③ 모바일 검색 매체의 노출 영역
- Daum, Nate 등 제휴된 다양한 모바일 웹·앱에서 모바일 검색 결과 프리미엄링크 영역에 최대 6개의 광고가 노출된다.
- 카카오톡 대화방 내 #검색 결과 키워드 광고 탭에도 노출된다.

④ PC 콘텐츠 매체의 노출 영역
- PC 검색 결과뿐 아니라 다양한 PC 콘텐츠 영역에 사용자가 검색한 키워드와 카카오 서비스에서 소비한 콘텐츠를 바탕으로 연관도 높은 광고를 노출한다.
- 텍스트와 확장 소재 썸네일 이미지가 결합한 배너 형태로 노출된다(확장 소재 미등록 시 텍스트만 노출).
- Daum 메인과 내부 지면, 카페, 뉴스 및 카카오톡 등 카카오 내부 지면, 언론사나 커뮤니티 등 카카오와 제휴를 맺고 있는 외부 지면에 노출된다.

⑤ 모바일 콘텐츠 매체의 노출 영역
- 다양한 모바일 콘텐츠 영역(앱, 웹)에 사용자가 검색한 키워드 및 카카오 서비스에서 소비한 콘텐츠를 바탕으로 연관도 높은 광고를 노출한다.
- 텍스트 및 확장 소재 썸네일 이미지가 결합한 배너 형태로 노출된다(단, 확장 소재 미등록 시 텍스트만 노출).
- Daum 메인 및 내부 지면, 카페, 뉴스 및 카카오룩 등의 카카오 내부 지면 및 언론사, 커뮤니티 등의 카카오와 제휴를 맺고 있는 외부 지면에 노출된다.

⑥ 기타 주요 콘텐츠 네트워크
SOOP(구 아프리카TV), 서울신문, 동아일보, 스포츠조선, 경향신문 등 다양한 언론 매체를 포함하여 다양한 매체를 보유하고 있다.

> **기적의 TIP**
>
> **확장 소재**
> 확장 소재란 키워드 광고의 기본 소재에 이미지, 가격 등을 추가로 노출하는 것으로 여러 확장 소재를 함께 노출하는 확장 소재 믹스 타입도 할 수 있다.
>
> | 유형 | 확장 소재의 유형과 특징 |
> | --- | --- |
> | 추가제목형 | 제목문구 아래 설명 형태로 부가적인 마케팅 메시지를 전달 가능 |
> | 부가링크형 | 주요 상품 또는 핵심 페이지 경로를 부가링크 형태로 제공하여 잠재고객의 즉각적 유입을 유도 가능 |
> | 가격테이블형 | 사이트 진입 전 주요 상품의 가격정보를 제시해 구매 가능성이 있는 사용자의 유입을 높일 수 있음 |
> | 썸네일이미지형 | 이미지 형태의 소재를 추가로 노출해 시각적 주목도를 높이고, 클릭률 향상을 기대 가능 |
> | 멀티썸네일형 | 3개의 이미지를 노출해 상품과 서비스 정보를 시각적으로 더욱 풍부하게 전달 가능 |
> | 말머리형 | [할인], [이벤트] 등 말머리 형태의 소재로, 차별화된 브랜드 정보 제공 가능 |
> | 계산하기형 | 보험 · 대출 업종에 한해 계산하기 버튼을 제공해 주는 형태로 보험료 · 한도 · 이자 등을 바로 확인할 수 있는 페이지로 연결 가능 |
> | 전화번호형 | 전화번호 아이콘 클릭 시 설정한 연락처로 바로 연결 가능 |
> | 톡채널형 | 카카오톡 채널 연결 시 사용자에게 지속적인 마케팅 메시지를 제공할 수 있는 채널 구독 유도 가능 |
>
> ※ 확장 소재 유형별 사례는 'Section 04 검색광고 운용'의 '검색광고 관리 전략'에 있는 '확장 소재' 참고

3) 브랜드 검색광고
- 브랜드에 대한 '정보탐색'을 원하는 유저에게 이미지 · 동영상 · 텍스트 등을 이용하여 광고할 수 있다.
- 브랜드 키워드 검색 시 Daum 통합검색 결과 최상단에 노출되는 정보성 콘텐츠 상품이다.
- 이미지 · 동영상 · 텍스트 등을 이용하여 브랜딩할 수 있으며 PC와 모바일 모두 동일하게 적용된다.
- 노출 영역, 소재 형태, 검색량에 따라 비용이 달라지며, [광고그룹 생성→키워드 설정] 단계에서 등록된 키워드 수의 전월 검색수에 따라 과금된다.

PART 01
PART 02
PART 03
PART 04
PART 05
PART 06
PART 07

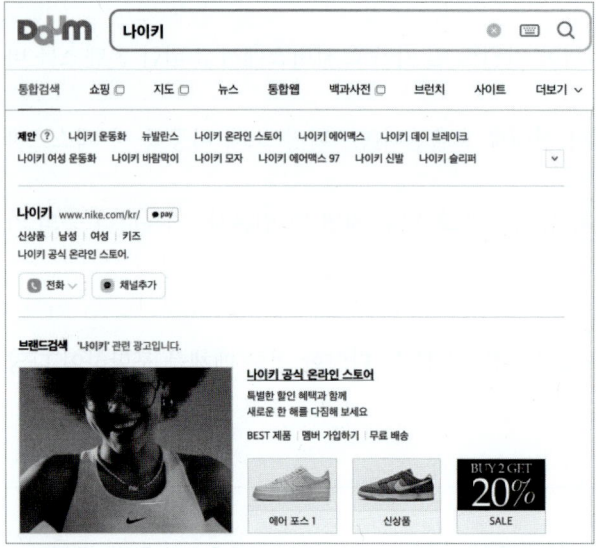

03 구글 검색광고 상품

1) 구글 검색광고 상품의 특징

• 구글 검색 결과 페이지 상단, 측면, 하단에 광고 라벨과 함께 최대 4개까지 게재된다.
• 광고가 상단에 게재되려면 광고 순위 기준을 충족해야 한다. 광고 게재 순위는 다음 5가지 요인에 의해 정해진다.

유형	특징
입찰가	• 광고 클릭 1회에 지불할 의사가 있는 최대 금액 • 보통 광고주가 마지막에 실제로 지불하는 금액은 입찰가보다 낮고, 입찰가는 언제든지 변경 가능
광고 및 방문 페이지의 품질	• 검색한 사용자에게 광고 및 연결된 웹사이트(방문페이지)가 관련성 높고 유용한지 검토 • 광고 품질은 품질평가점수로 표현되며 구글애즈 계정에서 모니터링 가능
광고 순위 기준	품질이 우수한 광고를 보장하기 위해 광고가 특정 광고 게재 순위에 게재되기 위해 충족해야 하는 최소 기준을 설정
검색 문맥	광고 순위 계산 시 사용자가 입력한 검색어, 검색 당시의 지리적 위치, 사용된 기기 유형, 페이지에 표시되는 다른 광고 및 검색 결과, 다른 사용자 신호 및 속성을 고려
광고 확장 및 다른 광고 형식의 예상 효과	• 광고를 만들 때 전화번호, 사이트의 특정 페이지로 연결되는 링크 등 추가 정보를 광고에 삽입 가능(광고 확장) • 광고주가 사용하는 광고 확장을 비롯한 다른 광고 형식이 광고 실적에 미칠 영향을 예측

2) 광고 게재 영역

① 검색 네트워크
• 광고를 게재할 수 있는 검색 관련 웹사이트 및 앱의 그룹을 말한다.
• 사용자가 지정된 키워드와 관련된 검색어를 시용하여 검색하는 경우 검색 결과 근처에 광고가 게재될 수 있다.

검색광고 게재 위치

사이트	게재 위치
구글 검색사이트	• 구글 검색: 검색 결과 위 또는 아래에 게재 • 구글플레이, 쇼핑 탭, 구글 이미지, 구글 지도, 지도 앱: 검색 결과 옆, 위 또는 아래에 게재
구글 검색 파트너	• 광고 및 무료 제품 목록을 표시하기 위해 구글과 파트너 관계를 맺은 검색 네트워크의 사이트 • 광고가 검색 결과와 함께 게재되거나 관련 검색 결과 또는 링크 단위의 일부로 게재 • 검색 파트너 사이트에 게재되는 광고의 클릭률(CTR)은 구글에서 동일한 광고주의 품질평가점수에 영향을 주지 않음

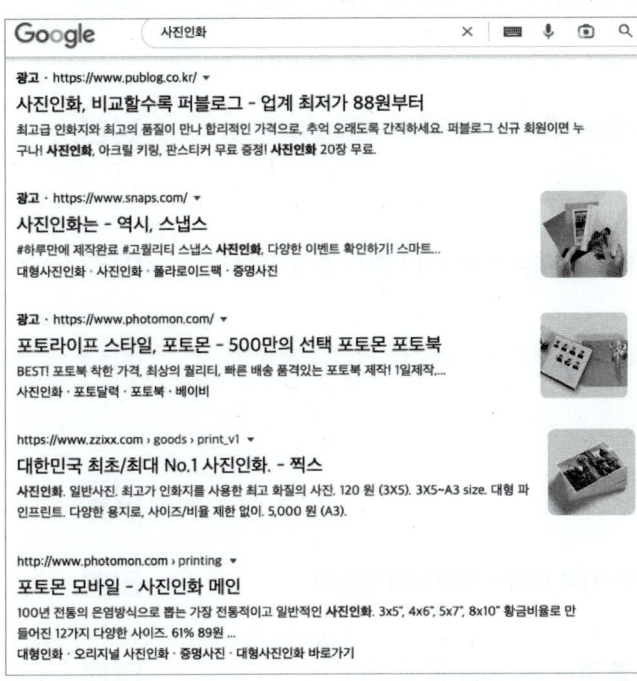

② 디스플레이 네트워크

• 구글의 디스플레이 네트워크 영역에 게재되는 배너 형식의 광고로, GDN(Google Display Network) 광고라고도 한다.
• GDN은 구글이 직접 운영하는 사이트 및 매체(Gmail, Youtube, Playstore, Blogger 등)와 광고를 게재할 수 있는 제휴사이트들이 포함된 광고 노출 영역을 말한다.
• 구글과 제휴한 300만 개 이상의 사이트, 전 세계 90%가 넘는 인터넷 사용자에게 도달할 수 있어 도달 범위가 매우 넓다.
• 검색광고에 비해 전환율이 낮은 편이므로 클릭 단가가 낮지만, 키워드 매치 기술을 통해 잠재고객에 이르는 도달 범위는 훨씬 넓다.
• GDN 광고는 광고주가 동영상, 이미지, 설명 텍스트, 업체명, 로고 등을 제공하면 구글 머신러닝이 게재 지면에 맞게 최적화된 광고를 만들어 노출하는 반응형 디스플레이 광고 방식이다.

PART 01
PART 02
PART 03
PART 04
PART 05
PART 06
PART 07

01 성인 콘텐츠 사이트 등 청소년 유해물은 이유를 불문하고 광고할 수 없다. ☐O ☒X

02 사이트가 완성되지 않은 경우, 광고를 제한하지는 않고 1주일 정도 완성할 수 있는 시간을 준다. ☐O ☒X

03 담배, 주류 등 온라인 판매가 제한되는 상품 또는 서비스를 제공하는 경우 광고가 제한될 수 있다. ☐O ☒X

04 타 포털사이트의 블로그와 카페는 광고가 불가하고 네이버 블로그와 카페만 할 수 있다. ☐O ☒X

05 구글애즈에서는 서비스나 제품 관련 혜택들을 광고 하단에 보여주는 확장 소재를 애니콜이라고 부른다. ☐O ☒X

06 고급옵션에서 노출 매체를 개별적으로 선택할 수 있다. ☐O ☒X

07 광고를 노출할 지역을 설정할 수 있는데, PC는 지역 설정이 적용되지 않는다. ☐O ☒X

08 광고 클릭 시 연결되는 페이지는 키워드와 관련 없는 페이지도 할 수 있다. ☐O ☒X

09 '비즈채널 노출 제한'일 경우, 증빙서류 등 제출 혹은 가이드에 따라 비즈채널을 수정하고 재검토를 요청한다. ☐O ☒X

10 네이버 파워콘텐츠가 노출되는 영역은 통합검색, 지식인, 뉴스와 제휴 네트워크 등이 있다. ☐O ☒X

11 노출 순위는 최대노출수와 광고 품질을 고려하여 설정된다. ☐O ☒X

12 비용이 높은 키워드를 구매하면 많은 클릭을 받을 수 있어 품질지수를 높일 수 있다. ☐O ☒X

13 카카오에서 게재 중인 광고는 다시 검수할 수 있다. ☐O ☒X

PART 01

PART 02

PART 03

PART 04

PART 05

PART 06

PART 07

14 카카오 광고 품질지수는 최초 등록 시 0개에서 시작한다. ○ ✕

15 그룹 내의 키워드는 개별 그룹의 품질지수에 영향받아 순위가 결정되므로 서로 관련 있고 성과가 높은 키워드를 넣으면 품질지수가 높아질 수 있다. ○ ✕

16 구글애즈에서 고객이 웹사이트, 앱, 통화 등을 통해 구매, 가입, 양식 제출 등의 전환 활동을 추적하는 것은 '전환 액션'이다. ○ ✕

17 카카오 키워드 광고에서 광고그룹의 확장 검색은 직접 등록하지 않은 키워드라도 등록된 키워드의 연관된 키워드에 해당 그룹의 광고를 자동으로 노출하는 기능이다. ○ ✕

18 카카오 키워드 광고에서 하나의 캠페인에는 하나의 광고그룹이 포함된다. ○ ✕

19 카카오 키워드 광고는 CPC 방식으로 과금되며, 입찰가는 차순위 입찰가를 기본으로 한다. ○ ✕

20 카카오 키워드 광고에서 등록 희망 키워드를 입력하면, 하나의 그룹에 등록되어 있는 모든 키워드에 기본 입찰가가 적용된다. ○ ✕

정답				
01 ✕	02 ✕	03 ○	04 ✕	05 ✕
06 ○	07 ✕	08 ✕	09 ○	10 ✕
11 ✕	12 ✕	13 ○	14 ○	15 ○
16 ○	17 ○	18 ✕	19 ✕	20 ✕

해설
01 성인인증 등 법령에 따른 청소년 보호 조치를 취하면 광고할 수 있다.
02 사이트가 접속되지 않거나 완성되지 않은 경우는 광고할 수 없다.
04 네이버 서비스가 아니어도 광고할 수 있다.
07 PC/모바일 모두 가능하다.
08 키워드와 관련 없는 페이지는 광고할 수 없다.
10 통합검색과 뷰 영역이다.
11 입찰가와 광고 품질을 고려한다.
12 비용과 품질지수는 상관이 없다.
18 하나의 캠페인에는 여러 개의 광고그룹이 포함될 수 있다.
19 입찰가는 차순위 입찰가 + 10원을 기본으로 한다.
20 입찰가는 모든 키워드에 적용할 수도 있고 개별적으로 적용할 수도 있다.

01 다음 중 네이버의 사이트 검색광고인 파워링크와 비즈사이트에 대한 설명으로 **틀린** 것은?

① 네이버로부터 공식 인증을 받으면 광고 품질지수가 높아진다.
② 클릭당비용이 지불되는 CPC 광고 상품이다.
③ 입찰을 통해 클릭당 광고비와 노출 순위가 실시간으로 결정된다.
④ 검색 결과 최상단과 최하단 영역에 노출된다.

02 다음 중 아래 내용에서 설명하는 것으로 알맞은 것은?

> 상호와 같은 브랜드 연관 키워드 또는 제품 및 서비스 관련 일반 키워드 검색 시 노출되는 검색형 광고 상품

① 연관 검색
② 파워콘텐츠
③ 파워브랜드
④ 브랜드 검색/신제품 검색

03 다음 중 네이버 운영 시스템에 대한 설명으로 **틀린** 것은?

① 네이버 검색광고는 사이트검색광고, 쇼핑 검색광고, 콘텐츠 검색광고, 브랜드 검색/신제품 검색광고, 플레이스 광고가 있다.
② 쇼핑 검색광고는 네이버쇼핑에 등록된 쇼핑몰만 집행할 수 있다.
③ 네이버 검색광고주 계정은 사업자의 경우 최대 5개, 개인은 총 2개까지 생성할 수 있다.
④ 키워드 확장 기능을 통해 해당 광고그룹의 등록 키워드와 유사한 키워드 광고를 노출할 수도 있다.

04 다음 중 네이버 광고 시스템의 기본 설정에서 볼 수 있는 지표가 **아닌** 것은?

① 전환수　　　　② 노출수
③ 평균클릭비용　④ 총비용

05 다음 중 네이버 검색광고 소재에 대한 설명으로 **옳지 않은** 것은?

① 파워링크 소재는 사업자번호, 상품 이미지, 가격 정보, 상품명 등을 말한다.
② 네이버 확장 소재 유형으로는 전화번호, 예약, 톡톡, 구글 지도 등이 있다.
③ 확장 소재를 등록하면 광고 노출 시 모든 매체에 함께 노출된다.
④ 소재는 키워드를 포함하지 않아도 유입 효과와 관련이 없다.

06 다음 중 네이버의 광고 예산 관리에 대한 설명으로 옳지 않은 것은?

① 기본 입찰가는 70원부터 10만 원까지 가능하다.

② 하루 예산 한도는 캠페인과 광고그룹에서 모두 설정할 수 있다.

③ 균등 배분은 캠페인과 광고그룹에서 설정할 수 있다.

④ 하루예산은 과다하게 광고비가 지출되는 것을 예방하기 위한 기능을 한다.

07 다음 중 네이버 검색광고 등록 프로세스에서 '광고 만들기'에 대한 설명으로 알맞은 것은?

① 키워드를 직접 입력할 수도 있고, 연관 키워드를 추가할 수도 있다.

② 추가 실적 예상하기 기준은 키워드별 입찰가 기준으로 산출된다.

③ 광고 만들기에서 키워드를 추가하면 등록 프로세스가 완료된다.

④ 그룹에서 설정한 표시 URL을 소재 만들기의 표시 URL에서 수정할 수 있다.

08 다음 중 네이버 검색광고 입찰 방법에 대한 설명으로 틀린 것은?

① 입찰가 변경 기능은 입찰가 일괄 변경, 입찰가 개별 변경 기능을 사용하여 변경할 수 있다.

② 최근 1주간 순위별 입찰가의 평균값을 조회할 수 있다.

③ 입찰가 개별 변경은 최소 노출 입찰가와 중간 입찰가 중에서 선택할 수 있다.

④ 순위별 평균 입찰가는 PC/모바일을 나눠서 조회할 수 있다.

09 다음 중 네이버 검색광고에 대한 설명으로 가장 알맞은 것은?

① 모든 사이트의 테스트 계정을 등록하여 내부 콘텐츠를 확인할 수 있도록 해야 한다.

② 플레이스 광고는 블로그, 포스트, 카페만 등록할 수 있다.

③ 파워링크 광고를 집행 중이라면 입점 쇼핑몰과 상관없이 쇼핑 검색광고를 할 수 있다.

④ 쇼핑 검색광고를 집행하기 위해서는 네이버쇼핑에 입점된 쇼핑몰이 있어야 한다.

10 다음 중 네이버 검색광고 제한 사항에 대한 설명으로 틀린 것은?

① 의약품과 콘택트렌즈는 온라인 판매가 제한되는 상품이므로 광고가 불가하다.

② 유흥업소 사이트는 보안 인증 시스템과 성인인증 등의 청소년 보호 조치를 취할 경우 광고가 가능하다.

③ 파워콘텐츠는 소재 내에 '키워드'의 핵심 단어가 포함되어 있어야 광고할 수 있다.

④ 사이트가 접속되지 않거나 완성되지 않은 경우는 원천적으로 광고할 수 없다.

PART 01
PART 02
PART 03
PART 04
PART 05
PART 06
PART 07

11 다음 중 네이버 광고 등록이 가능한 사례로 옳은 것은?

① 의류 브랜드 '키이나'가 유명한 경쟁 브랜드인 '스다디아' 키워드를 구매 후, 설명 문구에 '의류쇼핑몰 키이나, 스다디아, 무료 배송'으로 노출

② 추첨을 통해 '커피잔'을 제공하는 신발 쇼핑몰에서 '커피잔' 키워드를 구매하여 광고 등록

③ 커피 10잔을 마시면 고급 다이어리를 사은품으로 증정하는 커피숍에서 '고급 다이어리' 키워드를 구매하여 광고 등록

④ 송파에 소재한 수제 돈가스집인 '그놈가츠'가 '수제돈가스, 송파맛집, 돈가스' 키워드를 구매하여 광고 등록

12 다음 중 현재 네이버 검색광고에서 제공하는 입찰가 설정 기능과 그에 대한 설명으로 옳지 않은 것은?

① 최소 노출 입찰가: 최근 검색을 통해 노출된 광고 중에서 최하위에 노출되었던 광고의 입찰가 중 가장 큰 값

② 중간 입찰가: 최근 검색을 통해 노출된 광고의 입찰가 중 중간에 위치한 값

③ 인공지능 입찰가: 콘텐츠 네트워크에서 실시간으로 특정 순위에 정확히 도달하기 위한 입찰가

④ ○○위 평균 입찰가: 최근 해당 순위에 노출되었던 입찰가의 평균값

13 다음 중 네이버 검색광고의 광고 문구로 사용 가능한 표현은 무엇인가?

① 금주 보조용품 전자스티커 '알콜스톱', 지금 즉시 배송

② 아마존보다 무조건 저렴하게 판매하는 가전제품 쇼핑몰, 인터넷 최저가 보장

③ 다이어트 100% 효과 보장, 한 달 만에 10kg 감량 가능

④ 대출 이자율 업계 최저금리! 누구든지 전화 한 번으로 대출 가능

14 다음 중 네이버 검색광고 시스템의 구조에 대한 설명으로 틀린 것은?

① 캠페인을 생성할 때 마케팅 목표를 명확히 설정해야 그에 따른 결과를 측정하고 새로운 목표를 재설정할 수 있다.

② 마케팅 목표에 따라 캠페인에서 파워링크 유형, 쇼핑 검색 유형, 파워콘텐츠 유형 중 선택할 수 있다.

③ 광고그룹은 광고 입찰/성과 확인 등의 실질적으로 광고를 운영하는 캠페인의 하위 개념이다.

④ 동일한 키워드를 다른 캠페인이나 광고그룹에 중복해서 등록하는 것은 불가능하다.

15 다음 중 네이버 광고 등록 기준으로 알맞은 것은?

① 국내 사이트만 광고 등록을 할 수 있다.
② 자신이 소유한 사이트만 광고 등록을 할 수 있다.
③ 브랜드 검색광고 등록은 자사의 회사명만 사용할 수 있다.
④ 접속이 가능한 사이트만 광고할 수 있다.

16 다음 중 네이버 광고 계정 구조에서 광고그룹 단계의 설명으로 틀린 것은?

① 그룹별로 입찰가를 지정할 수 있으며 최소 입찰가는 70원이다.
② 광고 노출 매체 설정에서 파트너 매체는 네이버가 직접 운영하는 뉴스/지식인/카페 등을 말한다.
③ 브랜드나 상품군의 특성에 따라 키워드를 그룹핑하여 등록해야 성과 관리가 용이해진다.
④ 광고그룹을 생성할 때는 누구에게 무엇을 보여 줄 것인가를 고민한 다음 생성해야 성공적인 캠페인을 이끌 수 있다.

17 다음 중 네이버 검색광고 시스템에 대한 설명으로 옳지 않은 것은?

① 콘텐츠 검색광고도 네이버 검색광고 시스템에서 운영할 수 있다.
② 네이버 매체 외 타 제휴 매체 지면에도 광고를 함께 노출시킬 수 있다.
③ 소상공인을 위해서 에어서치라는 상품광고를 운영하고 있다.
④ PC와 모바일 중 특정 디바이스만 선택하여 운영할 수도 있다.

18 다음 중 네이버 검색광고에서 입찰가가 적용되는 구조에 대한 설명으로 옳지 않은 것은?

① 그룹의 기본 입찰가보다 키워드 개별 입찰가가 우선 적용된다.
② 쇼핑 검색광고에서 쇼핑몰 상품형과 제품 카탈로그형, 쇼핑 브랜드형의 최저 입찰가는 모두 50원이다.
③ 네이버 플레이스 검색광고의 최저 입찰가는 50원이다.
④ 키워드 개별 입찰가가 입력되어 있지 않은 경우 그룹의 기본 입찰가를 따른다.

19 다음 중 빈칸에 들어갈 알맞은 용어는?

> 네이버 검색광고 시스템의 사이트검색광고에서 매체, 지역, 시간, 예산, PC/모바일 입찰가중치를 설정 및 변경할 수 있는 단계는 '(   )만들기'이다.

① 캠페인 　　　　② 광고그룹
③ 키워드 　　　　④ 광고 소재

20 다음 중 네이버쇼핑 광고 가이드에 대한 설명으로 옳지 않은 것은?

① 네이버 스마트스토어에 등록된 상품만 광고할 수 있다.
② 동일한 쇼핑몰의 동일한 상품이라면 동일한 광고 영역에 중복 광고가 불가능하다.
③ 중고, 리퍼, 임대, 렌탈 관련 상품은 광고할 수 없다.
④ 해당 상품 정보에 대한 이용자의 반응이 낮은 경우 광고 품질이 떨어져 노출 순위가 밀려날 수 있다.

PART 01
PART 02
PART 03
PART 04
PART 05
PART 06
PART 07

21 다음 중 카카오 키워드 광고 상품에 대한 설명으로 틀린 것은?

① 다음 모바일 검색 결과의 프리미엄링크 영역에 최대 10개의 광고가 노출된다.

② 다음, 네이트 등 주요 포털 검색 결과의 프리미엄링크 영역에 노출된다.

③ 다음은 검색광고를 통해 유입된 이용자가 구매 등의 액션을 할 경우 카카오 픽셀과 SDK 설치를 통해 전략적 분석이 가능하다.

④ 스페셜링크와 스폰서박스는 네이트 전용 상품이다.

22 다음 중 카카오 키워드 광고에서 해당 전략 설정이 가능한 위치로 틀린 것은?

① 일예산: 캠페인/그룹 단위에서 전략 설정

② 노출 영역: 그룹 단위에서 전략 설정

③ 확장 검색: 캠페인 단위에서 전략 설정

④ 노출 기간, 노출 요일: 광고그룹 단위에서 전략 설정

23 다음 중 카카오 키워드 광고의 노출 영역 및 형태와 그에 대한 설명으로 옳지 않은 것은?

① PC 검색 네트워크는 Daum, Nate 등 주요 포털 통합검색 결과의 최상단 프리미엄링크 영역에 최대 15개의 광고가 노출된다.

② PC 콘텐츠 네트워크는 Daum의 뉴스, 지식 및 카페 게시글 하단에 추천 링크의 형태로 광고가 노출된다.

③ 모바일 검색 네트워크는 Daum, Nate 등 모바일 검색 결과의 프리미엄링크 영역에 최대 6개의 광고가 노출된다.

④ PC, 모바일 모두 제목, URL, 설명 문구로 구성되어 광고가 노출된다.

24 다음 중 카카오 키워드 광고 관리에 관한 설명으로 옳지 않은 것은?

① 개별 그룹별로 광고 노출 영역 설정이 가능하다.

② 캠페인 단위에서 추적 URL, 일예산 설정이 가능하다.

③ 그룹 단위에서 키워드 확장, PC와 모바일 입찰가중치를 설정할 수 있다.

④ 등록 키워드에 키워드 등록은 최대 500개까지 설정할 수 있다.

25 다음 중 카카오 키워드 광고의 모바일 검색 영역에 대한 설명으로 옳지 <u>않은</u> 것은?

① 모바일 검색 영역에서의 클릭 과금 방식은 웹 PC 영역에서의 클릭 과금과는 다르게 별도로 적용된다.

② 모바일 기기 접속 시 정상 노출된다면 별도의 모바일 전용 사이트를 구축할 필요는 없다.

③ 모바일 검색 영역에서의 노출 순위는 PC와 동일하게 입찰가와 광고품질지수를 고려하여 최종 노출된다.

④ 모바일 검색 결과에서 '프리미엄링크 더보기' 클릭 시, 키워드별로 상위 6위 내에 진입하지 못한 광고가 더 노출된다.

26 다음 중 카카오 키워드 광고에서 그룹 전략에 대한 설명으로 옳지 <u>않은</u> 것은?

① 일예산은 최소 1,000원부터 최대 1천만 원까지 10원 단위로 설정 가능하다.

② 노출 요일/시간을 설정하면 자유롭게 요일을 설정할 수 있고, 30분 단위의 시간으로 광고를 세팅할 수 있다.

③ 광고 노출 영역은 PC 검색 네트워크, PC 콘텐츠 네트워크, 모바일 검색 네트워크, 모바일 콘텐츠 네트워크로 설정할 수 있다.

④ 키워드 확장을 통하여 광고를 노출할 경우 광고 효과가 극대화되는 장점이 있다.

27 다음 중 검색광고 관리 전략에서 카카오 키워드 광고관리의 특성으로 옳지 <u>않은</u> 것은?

① 클릭당 단가는 키워드별 입찰가와 품질지수 등을 반영하여 실시간으로 결정된다.

② 카카오 키워드 광고를 신청할 경우 네이트의 검색 결과 상단에도 노출된다.

③ 카카오 키워드 광고는 입찰가에 의해서만 순위가 결정되는 네이버와 달리 품질지수 제도를 운영하고 있다.

④ 카카오 키워드 광고는 카카오톡의 샵 검색 결과에도 노출되어 효율적으로 활용할 수 있다.

28 다음 중 검색광고 관리 전략에서 카카오 키워드 광고관리의 특성으로 옳지 <u>않은</u> 것은?

① 카카오 키워드 광고는 네이버와 동일하게 최저 CPC 단가는 70원이다.

② 카카오 키워드 광고를 신청하면 자동으로 네이트의 검색 결과 상단에 노출된다.

③ 카카오 키워드 광고는 모바일 검색광고의 품질지수가 없어서 관리가 편리하다.

④ 카카오 키워드 광고는 다음 통합검색 이외에도 카페와 카카오톡 검색 영역까지 노출된다.

29 다음 중 카카오 키워드 광고의 품질지수에 대한 설명으로 옳지 않은 것은?

① 신규 그룹인 경우 품질지수의 초기값은 1이다.

② 키워드를 그룹 복사 시에는 키워드별 입찰가와 랜딩 URL까지 모두 복사된다.

③ 키워드를 삭제하면 해당 성과는 그룹 품질지수 산정에서 제외된다.

④ 콘텐츠 네트워크 영역에 노출되는 광고의 성과는 품질지수 점수에 영향을 주지 않는다.

30 다음 중 카카오 키워드 광고의 소재 관리에 대한 설명으로 틀린 것은?

① 키워드는 다른 그룹으로 이동할 수 없고, 복사만 할 수 있다.

② 캠페인 전략 설정 버튼을 통해 캠페인명, 일예산을 변경할 수 있다.

③ 소재 노출 방식은 랜덤 노출과 성과 우선 노출 중 선택할 수 있다.

④ 그룹 소재에서 링크 URL을 통해서 랜딩페이지 등록이 가능하다.

31 다음 중 구글 검색광고 등록에서 캠페인 설정 단계에 대한 설명 중 틀린 것을 고르시오.

① 캠페인 목표를 선택하고, 캠페인 유형 중 '검색'을 선택한다.

② 확장 검색, 구문 검색, 일치 검색 등의 검색 유형을 선택할 수 있다.

③ 설정 더 보기에서 시작일 및 종료일 설정이 가능하며 캠페인 URL 옵션과 동적 검색광고 설정이 가능하다.

④ 타겟팅 잠재고객에서 광고가 도달하려는 사용자를 선택할 수 있다.

32 다음 중 구글 운영 시스템에 대한 설명으로 틀린 것은?

① 구글 검색광고는 Google Ads를 통해 등록 및 운영이 가능하다.

② 판매, 리드, 웹사이트, 트래픽 등 달성하고자 하는 주요 목적에 부합하는 목표를 중심으로 캠페인을 생성한다.

③ 캠페인에서 네트워크와 기기, 위치, 언어를 설정하고, 입찰, 예산, 광고 확장은 설정할 수 없다.

④ 보고서는 이메일로 보내도록 예약할 수 있다.

33 다음 중 구글 광고 시스템에 대한 설명으로 틀린 것은?

① 도구 및 설정 탭에서 키워드 플래너를 통해 키워드에 대한 예상 실적을 확인할 수 있다.
② 광고 미리보기 및 진단 도구를 통해 광고가 어떻게 게재되는지, 게재되지 않는 이유에 대해서 제공하고 있다.
③ 캠페인 단위에서 네트워크, 타겟팅 및 잠재고객, 예산 및 입찰, 광고 확장을 관리할 수 있다.
④ 상세한 운영보고서는 대시보드(개요 페이지)에서 확인할 수 있다.

34 다음 중 구글 광고 운영 시스템에 대한 설명으로 옳지 않은 것은?

① 순위는 입찰가와 품질지수가 영향을 미친다.
② 애드센스 시스템에서 운영된다.
③ 다양한 입찰 전략 기능을 제공한다.
④ '캠페인 – 광고그룹 – 광고'의 계정 구조를 가진다.

35 다음 중 구글 검색광고에 대한 설명으로 틀린 것은?

① 실적 목표에 맞게 입찰가를 자동으로 설정하는 자동입찰 기능이 있다.
② 키워드 플래너를 통해 키워드의 예상 실적을 제공받을 수 있다.
③ 키워드와 소재에 최종 도착 URL을 설정할 수 있으며, 둘 다 설정했을 경우 소재에 입력한 URL이 우선 적용된다.
④ 키워드 복사 시 입찰가, 최종 도착 URL을 포함하여 복사할 수 있다.

36 다음 중 검색광고 등록 프로세스에 대한 설명으로 틀린 것은?

① 키워드 검색 유형 도달 범위는 일치 검색 〉 구문 검색 〉 확장 검색 순으로 좁아진다.
② 카카오 노출 기간은 최초 선택 시 오늘부터 1년으로 자동 설정되며, 기간 맞춤 설정이 가능하다.
③ 카카오 소재 노출 방식은 랜덤 노출과 성과 우선 노출 중에서 선택할 수 없다.
④ 네이버 검색광고는 광고비가 충전되지 않으면 검토가 진행되지 않는다.

37 다음 중 검색광고 등록 시스템에 관한 설명으로 옳지 않은 것은?

① 네이버의 '입찰가 변경'에서는 지난 4주간의 데이터를 근거로 추정한 '최소 노출 입찰가' 및 '중간 입찰가'를 조회할 수 있다.
② 네이버 광고 계정당 1개의 웹사이트만 등록할 수 있다.
③ 카카오 키워드 광고의 확장 검색은 등록하지 않은 연관된 키워드에도 광고를 노출할 수 있다.
④ 네이버의 키워드 도구를 활용하여 조회수, 노출수, 클릭률, 구매전환 등의 데이터를 확인할 수 있다.

PART 01
PART 02
PART 03
PART 04
PART 05
PART 06
PART 07

38 다음 중 검색광고 등록 시스템에 대한 설명으로 옳은 것은?

① 대표 키워드는 보통 검색 사용자가 원하는 수식어가 포함된 상품명이나 내 사이트의 콘텐츠와 직접 연관된 키워드를 말한다.

② 네이버쇼핑 검색광고는 키워드 도구 기능을 이용하여 원하는 키워드를 선택하여 광고할 수 있다.

③ 네이버 파워링크의 명칭은 PC 통합검색에서는 파워링크로, 모바일 통합검색에는 비즈사이트로 구분된다.

④ 네이버와 카카오의 설명 문구는 공백을 포함하여 45자 이내로 작성하여야 한다.

39 다음 중 매체별 검색광고에 관한 설명으로 옳지 않은 것은?

① 네이버의 광고 유형으로는 파워링크, 쇼핑검색, 파워콘텐츠, 브랜드 검색, 플레이스 등을 선택할 수 있다.

② 카카오 키워드 광고의 계정 구조는 '사이트 → 그룹 → 키워드'의 구조이다.

③ 예산 전략에 금액을 설정하더라도 실시간 입찰로 인해 예산을 약간 초과할 수 있다.

④ 네이버 지역 전략 설정을 통해 해외 지역의 노출 제외 여부를 선택할 수 있다.

40 다음 중 검색광고 매체에 대한 설명으로 옳지 않은 것은?

① 네이버는 사이트별로 광고가 생성되며 전략은 그룹별로 설정이 가능하다.

② 구글에서는 캠페인 설정을 먼저 한 다음에 광고목표 및 유형을 선택할 수 있다.

③ 카카오는 캠페인별로 광고그룹이 생성되며 그룹 생성 후 키워드 등록이 가능하다.

④ 광고 등록은 네이버 파워링크는 광고관리 시스템에서, 다음 프리미엄링크는 카카오 키워드 광고관리자센터에서 할 수 있다.

41 최근 구글, 네이버, 카카오 등은 AI 기술을 디지털 광고에 적극 도입하고 있다. 다음 중 AI 기반 검색광고 최적화에 대한 설명으로 가장 옳지 않은 것은?

① 구글애즈의 반응형 검색광고는 AI로 광고 문안을 고객 맞춤형으로 최적화하며, 최소 4종류 이상의 확장 소재 사용이 권장된다.

② 네이버는 'ADVoost 쇼핑 광고'를 출시하여 광고주가 예산만 설정하면 AI가 상품 정보를 활용해 최적화하도록 지원한다.

③ 카카오 검색광고는 '키워드 확장 입찰가중치' 설정으로 입찰가를 다르게 조정할 수 있다.

④ 구글의 실적 최대화 캠페인은 검색광고 전용 캠페인으로, 디스플레이나 YouTube 등 다른 채널에서는 노출되지 않는다.

42 다음 중 광고 플랫폼과 소재 노출 방식의 연결이 올바른 것은?

① 구글애즈 – 단일형 소재(확장 텍스트 광고)가 현재 표준 형식이다.
② 네이버 검색광고 – 반응형 소재 기능을 제공하여 제목과 설명을 자동 조합한다.
③ 카카오 키워드 광고 – 반응형 소재 방식으로 AI가 제목과 설명을 자동 조합한다.
④ 구글애즈 – 단일형 소재만 사용 가능하며 반응형 광고는 지원하지 않는다.

43 카카오의 검색광고 시스템 등록 및 노출 영역에 대한 설명으로 옳지 <u>않은</u> 것은?

① 카카오 키워드 광고는 캠페인 등록 시 '프리미엄링크'와 '톡채널 검색' 두 가지 캠페인 유형 중 하나를 선택할 수 있으며, 일단 등록한 유형은 이후 변경할 수 없다.
② 광고그룹 설정 시 '키워드 확장 입찰가중치'를 설정하여 입찰가를 다르게 조정할 수 있는 기능이 제공된다.
③ 카카오 검색광고의 노출 영역은 검색 결과(다음, 네이트 등)뿐만 아니라, 콘텐츠 영역(Daum, 카카오, 제휴된 언론사/커뮤니티)에도 광고 노출이 가능하다.
④ 카카오 검색광고는 광고 소재당 최대 200개의 키워드를 등록할 수 있으며, 하나의 광고 계정에는 최대 1,000개의 캠페인을 생성할 수 있다.

44 구글애즈의 광고 소재 등록 및 운영에 대한 설명으로 옳은 것을 모두 고른 것은?

> ㄱ. 반응형 검색광고는 최대 15개의 제목과 4개의 설명을 입력할 수 있으며, AI가 가장 최적의 조합을 테스트하여 노출한다.
> ㄴ. 광고 소재 등록 시, 최종 URL은 사이트를 대표하는 최상위 도메인이고 광고그룹에서 설정한 값을 소재 단계에서도 수정할 수 있다.
> ㄷ. AI Max 기능을 사용하면 캠페인이 브랜드 관련 트래픽 요구사항을 충족하도록 조정할 수 있다.
> ㄹ. 생성형 AI 서비스는 반응형 소재를 선택했을 때 제목과 설명에 사용할 키워드를 제안해 주지만, 단일형 소재를 선택할 경우에는 직접 입력해야 한다.

① ㄱ, ㄷ ② ㄴ, ㄹ
③ ㄱ, ㄴ, ㄷ ④ ㄱ, ㄴ, ㄹ

45 구글애즈는 캠페인과 광고그룹의 계층적 구조로 운영된다. 다음 중 광고 캠페인 설정 단계에서 관리·결정하는 사항으로 옳지 <u>않은</u> 것은?

① 판매, 리드, 웹사이트 트래픽 등의 캠페인 목표를 선택하고 검색 등의 캠페인 유형을 결정한다.
② 캠페인 목표 달성을 위한 일평균 예산 및 스마트 입찰 전략을 설정한다.
③ 광고가 노출될 지역 및 언어를 설정하며, 구글 검색 파트너 및 디스플레이 네트워크 포함 여부를 지정한다.
④ 광고그룹에 포함될 키워드별로 사용자가 클릭 시 이동하는 연결 URL을 입력하고 수정한다.

01 다음 내용에서 괄호 안에 들어갈 용어는 무엇인가?

> 검색광고의 노출 순위는 입찰가와 (   )을 고려하여 결정하게 되는데 이것은 광고 효과, 광고하는 키워드와 광고 문안의 연관도, 키워드와 사이트의 연관도 등 사용자 입장에서 고려하여 중요한 여러 가지 요소를 포함하여 산출되는 지수이다.

02 다음 내용에서 괄호 (①), (②) 안에 들어갈 용어는 무엇인가? (순서 무관, 부분 점수 없음)

> 검색광고를 하기 위해서는 보편적으로 사업자가 관리/운영하는 사이트에는 메인페이지에 상호명, (①), (②) 등 3가지 정보를 반드시 표시해야 한다. 만일 상호명을 제외한 다른 정보를 기재할 수 없을 때는 사업자등록증을 제출하는 것으로 이를 대신할 수 있다.

03 다음 내용에서 괄호 안에 들어갈 용어는 무엇인가?

> (   ) 점수가 높으면 내 광고 및 방문페이지가 내 키워드를 검색하는 사용자에게 관련성이 높고 유용하다는 뜻이다. 예상클릭률, 광고 관련성, 방문페이지 만족도 등을 종합적으로 고려하여 산출되며, 광고 확장 게재 여부, 광고가 게재되는 위치, 광고 확장 게재 여부, 클릭당 지불비용, 광고 실적이 (   )에 영향을 주는 요소이다.

04 많은 키워드를 등록하기 위한 편의 기능으로 키워드/광고 문안/입찰가 등의 등록 항목을 파일에 일괄 편집 후 업로드하여 광고 등록을 할 수 있는 기능은 무엇이라 하는가?

05 네이버 검색광고 상품 중 아래에서 설명하는 것은 무엇인가?

> – 통합검색 결과 최대 2개 노출
> – 교육/여행/유학/웨딩/금융/법률 등 정보탐색이 많은 일부 업종키워드의 통합검색 결과에 광고주가 직접 작성한 블로그 콘텐츠가 노출
> – 광고 노출 기간 클릭이 일어난 횟수에 따라 비용을 지불하는 CPC 과금 방식

06 다음 확장 검색 기능에 대한 설명에서 괄호 안에 들어갈 용어는 무엇인가?

> 네이버에서는 일치(유사 검색어), 카카오에서는 확장 검색이라는 이름으로 키워드를 구매하지 않아도 관련성이 높은 검색어 결과에 광고가 자동으로 노출되어 더 많은 고객을 확보하도록 하는 기능을 제공하고 있다. 하지만 관련성이 낮거나 원치 않는 키워드에도 노출될 수 있는데 이러한 키워드는 (   )로 등록함으로써 불필요한 노출을 방지할 수 있다.

07 다음 설명에서 괄호 안에 들어갈 용어는 각각 무엇인가?

> 웹사이트, 전화번호, 앱, 스토리 채널 등 검색 사용자가 광고를 통해 도달하게 되는 사업자의 정보가 있다. 광고를 집행하기 위해서는 캠페인 유형에 맞는 이 정보를 등록하고 관리해야 하는데, 이러한 사업자 정보를 (   )(이)라 한다.

08 다음의 괄호 안에 들어갈 용어는 각각 무엇인가? (부분 점수 없음)

> 카카오 키워드 광고 노출 순위는 (1)와(과) (2)를(을) 기준으로 산출된 순위에 따라 결정된다.

09 다음은 카카오 키워드 광고의 키워드 확장 검색 기능에 대한 설명이다. 괄호 안에 들어갈 숫자는?

> 카카오 키워드 광고의 과금 방식은 차순위 입찰가 +10원으로, 차순위가 없을 경우 최소 과금액인 (   )원이
> 과금된다.

10 다음은 무엇에 대한 설명인가?

> – 네이버 PC와 모바일 통합검색 결과에 노출되는 광고로, CPC 과금 방식 적용
> – 정보탐색이 많은 고관여 업종을 중심으로 한 키워드 검색 결과에 각 업종의 광고주가 직접 작성한 양질의 블로그
>   콘텐츠를 제공하는 형식의 광고

합격을 다지는 예상문제 | 정답 & 해설

객관식

01 ①

품질지수는 광고가 얼마나 검색 사용자의 의도와 요구를 충족하고 있는가를 나타낸 것으로, 사용자가 입력한 검색어와 적합도가 높은 사이트를 상단에 노출하는 기준을 말한다. 공식 인증과는 상관없다.

02 ④

브랜드 검색/신제품 검색은 상호와 같은 브랜드 연관 키워드 또는 제품 및 서비스 관련 일반 키워드 검색 시 노출되는 검색형 광고 상품이다.

03 ④

키워드 확장 기능은 24년 8월 19일부터 서비스가 종료되었고, '일치(유사검색어)'와 '일치'옵션이 통합되어 '일치(유사검색어)'가 기본 동작으로 변경되었다.

04 ①

캠페인 관리 지표는 노출수, 클릭수, 클릭률 등 일반적으로 가장 많이 사용하는 지표가 기본값으로 설정되어 있다. 전환수는 사용자 설정에 해당된다. 기본 설정과 사용자 설정 항목은 다음과 같다.

메뉴		설정 항목
기본 설정		ON/OFF, 상태, 캠페인 이름, 캠페인 유형, 노출수, 클릭수, 클릭률(%), 평균클릭비용, 총비용
사용자 설정	일반정보	캠페인 유형, 상태, 기간, 하루예산, 예산 배분, 광고그룹 수, 키워드 수
	성과 지표	노출수, 클릭수, 클릭률(%), 평균클릭비용, 총비용, 전환수, 전환율(%)
	기타	캠페인 ID, 등록시각, 수정시각

05 ④

오답 피하기

- ①: 파워링크 소재는 사업자번호, 상품 이미지, 가격 정보, 상품명 등을 말한다.
- ②: 네이버 확장 소재 유형으로는 전화번호, 예약, 톡톡, 구글 지도 등이 있다.
- ③: 확장 소재를 등록하면 광고 노출 시 모든 매체에 함께 노출된다.

06 ③

균등 배분은 캠페인 단위에서 설정할 수 있다.

07 ①

오답 피하기

- ②: 추가 실적 예상하기 기준은 광고그룹 기본 입찰가의 월 예상 클릭수, 월 예상 비용 등을 기준으로 산출된다.
- ③: 광고 만들기에서 키워드를 추가하면 소재 만들기로 넘어간다.
- ④: 표시 URL은 광고그룹 생성 시 설정하며, 이후 수정은 불가하다. 수정이 필요한 경우에는 광고그룹 삭제 후 다시 만들 때 변경할 수 있다.

08 ②

최근 1주간 순위별 입찰가의 평균값이 아니라 최근 4주간 순위별 입찰가의 평균값을 조회할 수 있다.

09 ④

오답 피하기

- ①: 회원제 사이트는 내부 콘텐츠를 확인할 수 있도록 테스트 계정의 아이디 및 비밀번호를 함께 등록해야 한다.
- ②: 플레이스 광고는 스마트플레이스에 등록한 업체 정보를 바탕으로 네이버에서 원하는 장소를 검색하는 이용자에게 마케팅할 수 있는 네이티브 형태의 검색광고 상품이다.
- ③: 파워링크 광고를 집행 중이라고 해도, 쇼핑 검색광고를 집행하기 위해서는 네이버쇼핑에 입점된 쇼핑몰이 별도로 있어야 한다.

10 ②

원칙적으로 광고 등록이 거절되는 경우는 다음과 같다.

- 단란주점, 룸살롱, 가라오케 등의 유흥업소 사이트 및 해당 업소의 직업정보 제공 사이트
- 성인 화상 채팅 및 애인 대행 서비스 제공 사이트
- 브랜드 제품의 정보만을 제공하는 사이트
- 총포, 도검, 화약류 등의 판매와 정보 제공 사이트
- 인터넷을 통하여 유틸리티, 멀티미디어, 드라이버 등의 각종 프로그램이나 파일을 제공하는 등의 공개자료실 사이트
- 대출업의 경우 이자율은 타이틀에 사용할 수 없으며, 이자율 관련 이벤트 진행 시에는 이벤트 제한 조건을 명시
- 최고, 최저형 표현은 증빙자료 제출해도 원칙적으로 사용 불가 (자사 상품 금리의 범위 표현을 위한 '최고', '최저' 표현은 가능)

11 ④

- ①: 해당 업체와 상관없는 키워드나 같은 카테고리의 유명 경쟁 업체 키워드는 광고 등록이 제한되거나 등록이 되더라도 낮은 품질지수로 인해 광고 노출이 제한될 수 있다.
- ②: 해당 제품과 무관한 경품 키워드의 등록은 제한된다.
- ③: 사은품과 관련된 키워드는 브랜드와 무관한 키워드이므로 등록이 제한된다.

12 ③

인공지능 입찰가라는 것은 존재하지 않는다.

13 ①

- ②: 최고, 최저형 표현은 증빙자료 제출 시에도 원칙적으로 사용 불가하나, 자사 상품 금리의 범위 표현을 위한 '최고', '최저' 표현은 사용할 수 있다. 예 업계 최저금리(×), 최고 00%, 최저 00%(○)
- ③: '100% 효과 보장' 등 허위 과장 내용으로 광고하는 경우는 관계 법령 위반으로 등록이 제한된다.
- ④: 대출업의 경우 이자율은 타이틀에 사용할 수 없으며, 이자율 관련 이벤트 진행 시에는 이벤트 제한 조건을 명시해야 한다. 예 무이자 이벤트(×), 무이자 이벤트(최초 대출 시 1개월)(○)

14 ④

동일한 키워드를 다른 캠페인이나 광고그룹에 중복해서 등록하는 것도 할 수 있다.

15 ④

- ①: 국외 사이트도 등록할 수 있다.
- ②: 직접 소유하지 않아도 광고 집행 권한을 위임받은 자는 광고 집행이 가능하다.
- ③: 자사의 회사명이 아니어도 광고주와 직접 연관 있는 상호명, 상품명 등의 브랜드 키워드에 한해 브랜드 검색 집행이 가능하며, 브랜드 키워드가 아닌 일반 키워드로는 브랜드 검색을 집행할 수 없다.

16 ②

파트너 매체는 네이버와 제휴된 다른 모든 사이트를 말한다.

17 ③

에어서치는 사용자가 장소, 쇼핑, 관심사 등을 검색하면 여러 주제의 스마트블록을 통해 연관 키워드의 검색 결과를 노출하여 주는 네이버 검색의 새로운 이름이다. 상품광고라는 설명은 적절하지 않다.

18 ②

쇼핑 검색광고에서 쇼핑몰 상품형과 제품 카탈로그형의 최저 입찰가는 50원이고, 쇼핑 브랜드형의 최저 입찰가는 300원이다.

19 ②

광고그룹을 선택하면 상단 우측의 '광고그룹 정보'에서 [수정]을 클릭하여 하루예산, 매체, 지역, 요일 및 시간대, 콘텐츠 매체, PC 및 모바일 입찰가중치, 소재 노출 방식 등의 광고 노출 관리가 가능하다.

20 ①

네이버 스마트스토어가 아니어도 네이버쇼핑에 등록된 쇼핑몰의 상품은 광고할 수 있다.

21 ①

Daum의 프리미엄링크는 PC와 모바일의 통합 검색 결과에서 파워링크 바로 아래 또는 하단에 최대 4개가 노출된다.

22 ③

확장 검색은 그룹 단위에서 전략 설정이 가능하다.

23 ①

Daum의 프리미엄링크는 PC와 모바일의 통합 검색 결과에서 파워링크 바로 아래 또는 하단에 최대 4개 노출된다. Nate의 프리미엄링크는 통합 검색 결과 최상단의 프리미엄링크 영역에 PC는 최대 10개, 모바일은 최대 6개가 노출된다.

24 ④

키워드 등록은 한 번에 300개씩 최대 1,000개까지 설정할 수 있다.

25 ①

모바일 검색 영역에서의 클릭 과금 방식은 웹 PC 영역에서의 클릭 과금과 동일하게 적용된다.

PART 01
PART 02
PART 03
PART 04
PART 05
PART 06
PART 07

26 ②

1시간 단위의 시간으로 광고를 세팅할 수 있다.

27 ③

카카오 키워드 광고와 네이버 검색광고는 모두 입찰가와 품질지수를 고려하여 순위가 결정된다.

28 ③

카카오 키워드 광고는 PC와 모바일 검색광고 모두 입찰가와 품질지수를 고려하여 순위가 결정된다.

29 ①

신규 그룹이면 품질지수의 초기값은 0이다.

30 ③

네이버는 반응이 좋은 소재가 우선적 노출되는 '성과 기반 노출'과 등록된 소재가 번갈아 노출되는 '동일 비중 노출' 중 선택할 수 있으나 카카오는 별도의 선택 옵션 없이 기본적으로 성과 우선 노출 방식으로 설정된다.

31 ②

키워드 및 광고 만들기 단계에서 선택할 수 있다.

32 ③

예산과 확장 검색 키워드는 캠페인에서 설정할 수 있다.

33 ④

상세한 운영보고서는 좌측의 [캠페인 > 통계 및 보고서 > 보고서 에디터] 항목에서 확인할 수 있다.

34 ②

구글 광고 운영 시스템은 구글애즈 시스템에서 운영된다.

35 ③

최종 도착 URL을 키워드와 소재 둘 다 설정했을 경우 키워드에 입력한 URL이 우선 적용된다.

36 ①

키워드 검색 유형 도달 범위는 확장 검색 > 구문 검색 > 일치 검색 순으로 좁아진다.

37 ②

웹사이트는 네이버 광고 등록 시스템에서 비즈채널에 해당하는데, 광고 계정 1개당 비즈채널 1,000개까지 등록할 수 있다.

38 ④

오답 피하기
- ①: 세부 키워드에 대한 설명이다.
- ②: 네이버쇼핑에서 제시하는 키워드만 선택할 수 있다.
- ③: 파워링크와 비즈사이트는 모두 PC 통합검색의 광고 상품 명칭이며, 모바일은 파워링크만 존재한다.

39 ②

카카오 키워드 광고의 계정 구조는 '캠페인 → 그룹 → 키워드 → 소재'이다.

40 ②

구글에서는 캠페인의 광고목표 및 유형을 선택한 후 캠페인 설정을 진행할 수 있다.

41 ④

실적 최대화(Performance Max) 캠페인은 검색광고 전용이 아니라, 구글의 모든 광고 채널(검색, 디스플레이, YouTube, Gmail, Discover, Maps 등)을 아우르는 통합 자동화 캠페인이다. AI가 광고주의 목표에 맞춰 최적의 채널 조합과 소재를 자동으로 선택하여 광고를 집행하는 것이 핵심적인 특징이다.

42 ②

네이버 검색광고는 반응형 소재 기능을 제공한다. 여러 개의 제목과 설명을 입력하면 시스템이 검색어와 상황에 맞게 자동으로 조합하여 광고를 노출하는 방식이다. 이는 구글의 반응형 검색광고와 유사한 개념으로, 광고 성과 최적화를 위해 도입된 기능이다.

오답 피하기
- ①, ④: 구글애즈는 확장 텍스트 광고(단일형 소재)는 생성·편집이 중단되었고, 현재 표준은 반응형 검색광고(RSA)이다.
- ③: 카카오 키워드 광고는 단일 소재 방식이다. 광고주가 제목 1개(최대 15자)와 설명 1개(최대 45자)를 고정 조합으로 직접 만들어야 하며, 여러 소재를 등록하면 소재 단위로 선택되어 랜덤 또는 성과 우선으로 노출된다. AI가 제목과 설명을 자동 조합하지 않는다.

43 ④

광고 계정당 최대 200개의 캠페인을 생성할 수 있으며 카카오 검색광고 포함의 실제 등록 한도는 다음과 같다.

광고 계정당 캠페인 등록 개수	최대 200개(1,000개 아님)
광고그룹당 소재 등록 개수	최대 200개
캠페인당 광고그룹 등록 개수	최대 500개
광고 계정당 광고그룹	최대 5,000개
광고 계정당 소재	최대 10,000개

44 ③

- ㄱ: 반응형 검색광고는 최대 15개의 제목과 4개의 설명을 입력할 수 있으며, AI가 최적의 조합을 노출한다.
- ㄴ: 광고 소재 등록 시, 최종 URL은 사이트를 대표하는 최상위 도메인이고 광고그룹에서 설정한 값을 소재 단계에서도 수정할 수 있다.
- ㄷ: AI Max의 주요 특징 중 하나는 브랜드 설정 기능으로, 캠페인이 브랜드 관련 트래픽 요구사항을 충족하도록 조정할 수 있다.

오답 피하기

ㄹ: 반응형 소재를 선택하면 생성형 AI 서비스가 제목과 설명에 사용할 키워드를 제안하는 것은 맞다. 하지만 단일형 소재는 2022년 6월 30일 이후부터 더 이상 사용하지 않으므로 단일형 소재는 선택 자체가 불가능하다. 따라서 '단일형 소재를 선택할 경우에는 직접 입력해야 한다.'는 것은 성립할 수 없다.

45 ④

연결 URL은 캠페인 단위에서 설정하는 사항이 아니라 광고 소재 등록을 할 때나 키워드별로 등록된다.

단답식

01 광고 품질, 품질지수, 광고품질지수

검색광고의 노출 순위는 입찰가와 품질지수를 통해 결정된다.

02 ① 대표자명, ② 사업자등록번호(순서 바뀌어도 정답)

검색광고를 하기 위해서는 보편적으로 사업자가 관리/운영하는 사이트에는 메인페이지에 상호명, 대표자명, 사업자등록번호 등 3가지 정보를 반드시 표시해야 한다. 만일 상호명을 제외한 다른 정보를 기재할 수 없을 때는 사업자등록증을 제출하는 것으로 이를 대신할 수 있다.

03 품질평가지수 또는 품질평가점수, 품질지수

구글의 경우 품질지수를 품질평가점수라고 지칭하며 기본적으로는 표시되지 않는다. 0점으로 시작하여, 실적 데이터가 누적되면 점수가 상승한다. 네이버와 카카오는 품질지수라고 부르며 이 역시 정답으로 처리한다.

04 대량 등록, 벌크 등록, 대량 업로드

대량관리는 캠페인, 광고그룹, 키워드 등의 정보와 등록된 소재를 파일로 대량 다운로드 및 업로드하는 기능으로 키워드 플래너의 메뉴로 관리할 수 있다.

05 파워콘텐츠(=파워컨텐츠)

콘텐츠 검색광고는 정보탐색이 많은 고관여 업종을 중심으로 키워드 검색 결과에 각 업종의 광고주가 직접 작성한 양질의 파워콘텐츠를 제공하는 광고이다. 네이버 블로그·카페·포스트 등에서 신뢰성 있는 정보를 찾으려는 검색 사용자의 의도가 담긴 키워드 중에서 네이버에서 지정한 것에 한해 광고가 가능하다.

06 제외, 제외 키워드, 노출 제외, 노출 제외 키워드(모두 정답)

키워드 확장이란 광고그룹에 등록한 키워드와 유사한 의미를 가진 키워드에 자동으로 광고가 노출되는 것을 말한다. 키워드 확장 기능을 통해 더 많은 키워드에 광고 노출이 가능하다. 키워드 확장 시 특정 키워드에서 노출을 원하지 않으면 '노출 제외 키워드'를 등록하면 된다.

07 비즈채널

비즈채널은 광고를 클릭한 고객이 확인할 수 있는 정보로, 광고 집행을 위해서는 비즈채널을 먼저 등록해야 한다. 비즈채널의 종류는 웹사이트, 전화번호, 앱, 스토리 채널 등 검색 사용자가 광고를 통해 도달하게 되는 사업자의 다양한 정보가 있다.

08 입찰가, 품질지수(순서 무관)

카카오 키워드 광고 노출 순위는 입찰가와 품질지수를 기준으로 산출된 순위에 따라 광고 노출 순위가 결정된다.

09 70원

카카오 키워드 광고의 과금 방식은 차순위 입찰가 +10원으로, 차순위가 없을 경우 최소 과금액인 70원이 과금된다. 이는 네이버도 동일하다.

10 파워콘텐츠(컨텐츠) 광고, 파워콘텐츠(컨텐츠)(모두 정답)

파워콘텐츠 광고는 이용자의 정보탐색 의도를 충족시킬 수 있도록 해당 분야의 전문가인 광고주가 블로그, 포스트, 카페 등의 콘텐츠를 이용해 더 정확하고 신뢰성 있는 정보를 제공하는 광고 상품이다.

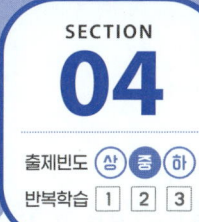

SECTION 04

출제빈도 ⬆ 중 하
반복학습 ① ② ③

검색광고 운용

빈출 태그 ▶ 캠페인 관리, 광고그룹 관리, 키워드 관리, 광고관리 전략

▶ 합격 강의

---

01 검색광고 관리 전략

01 검색광고 운용

- 검색광고 마케팅은 캠페인의 목표에 맞춰서 광고 소재를 적합한 키워드에 노출하는 것이 핵심이다.
- 마케팅 캠페인의 목표는 매출을 일으키는 것이다. 이를 위해서는 핵심 타겟을 연구하고 키워드를 분석하고 타겟이 흥미를 끌 수 있는 랜딩페이지 개발하여 통합적으로 관리해야 한다.
- 각 매체사의 광고 시스템은 캠페인, 광고그룹, 키워드, 소재 등을 바탕으로 각 광고 구성 요소를 직접 등록하고 수정할 수 있도록 약간씩 다르게 구성되어 있다.

02 캠페인 관리

1) 네이버 캠페인 관리

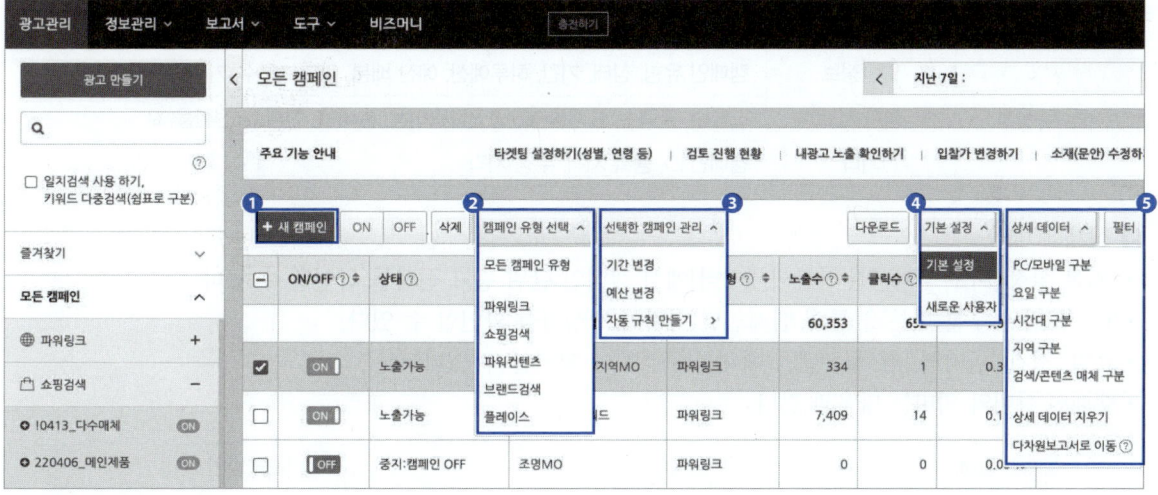

❶ 캠페인 관리 메뉴

- 광고 시스템에 접속하면 전체 캠페인 목록을 한눈에 조회할 수 있고, 캠페인 목록에서 개별 캠페인을 클릭하여 개별 캠페인 수정이 가능하다.
- [새 캠페인]을 누르면 새로운 캠페인을 추가할 수 있다.
- 해당 화면은 전체 캠페인을 살펴보는 역할을 하므로 캠페인의 세부적인 내용을 수정하거나 관리하는 것은 해당 캠페인을 클릭해야 할 수 있다.

❷ 캠페인 유형 선택

[캠페인 유형 선택]을 누르면 유형별로 진행 중인 캠페인 목록을 선별하여 볼 수 있다.

❸ 캠페인 관리

- [선택한 캠페인 관리]에서는 '기간 변경, 예산 변경, 자동규칙 만들기, 삭제'가 가능하다.
- 자동규칙 만들기는 캠페인, 광고그룹, 키워드 등의 규칙 대상에 특정한 조건과 실행할 작업을 등록하면 조건이 만족했을 때, 이메일 받기, 입찰가 변경하기, OFF하기, 하루예산 변경하기 등의 작업을 수행해 주는 기능을 말한다. **예** A 광고그룹의 광고비가 5만 원 이상이 되면 오전 9시~10시 사이에 이메일 받기
- 지속적인 관리가 필요한 캠페인 · 광고그룹 · 키워드 관리 시간을 단축하거나, 상대적으로 관리 시간이 부족했던 광고 대상을 관리할 수 있게 도와준다.

❹ 캠페인 관리 지표 설정

- 캠페인 관리 지표는 노출수, 클릭수, 클릭률 등 일반적으로 가장 많이 사용하는 지표가 기본값으로 설정되어 있다.
- 기본 설정 외 다른 항목을 추가하여 조회하고 싶다면 캠페인의 광고그룹 목록 오른쪽 위의 [기본 설정] 드롭다운 목록 상자에서 [새로운 사용자 설정]을 클릭하여 관리하고자 하는 지표를 원하는 대로 선택할 수 있다.
- 팝업창의 '사용자 설정'에서 좌측은 선택 가능한 메뉴를 우측에는 선택된 메뉴를 보여주며 사용자가 설정할 수 있는 항목은 다음과 같다.

메뉴		설정 항목
기본 설정		ON/OFF, 상태, 캠페인 이름, 캠페인 유형, 노출수, 클릭수, 클릭률(%), 평균클릭비용, 총비용
사용자 설정	일반정보	캠페인 유형, 상태, 기간, 하루예산, 예산 배분, 광고그룹수, 키워드수
	성과 지표	노출수, 클릭수, 클릭률(%), 평균클릭비용, 총비용, 전환수, 전환율(%)
	기타	캠페인 ID, 등록 시각, 수정 시각

❺ 상세데이터

- [기본 설정] 바로 옆에 있는 [상세데이터]에서 캠페인 단위 광고 성과를 확인할 수 있다.
- 'PC/모바일 구분 버튼'을 통해 캠페인별 디바이스 성과를 확인할 수 있다.
- 요일, 시간대, 지역, 검색/콘텐츠 매체를 구분하여 확인할 수 있다.
- 캠페인 상태와 의미는 다음과 같다.

캠페인 상태	설명	노출 방안
중지: 캠페인 OFF	캠페인이 일시 중지된 상태	캠페인 [ON] 상태로 변경
중지: 캠페인 기간 외	광고주가 설정한 캠페인의 광고 노출 기간이 종료되어 캠페인이 중지된 상태	광고 노출 기간을 '오늘부터 종료일 없이 계속 노출'로 변경하거나 종료 날짜 재설정
중지: 캠페인 예산 도달	해당 캠페인에서 과금된 금액이 광고주가 설정한 캠페인 하루예산을 초과하여 캠페인이 중지된 상태	캠페인 '하루예산을 높은 금액'으로 변경하거나 '제한 없음'으로 변경
노출 가능	광고 노출 가능한 상태	노출이 가능하다고 해도 매출과 이어지는 것은 아니므로, 성과를 높이기 위한 경쟁상황 분석이나 예산 집행 현황 등을 고려하여야 한다.

2) 카카오 캠페인 관리

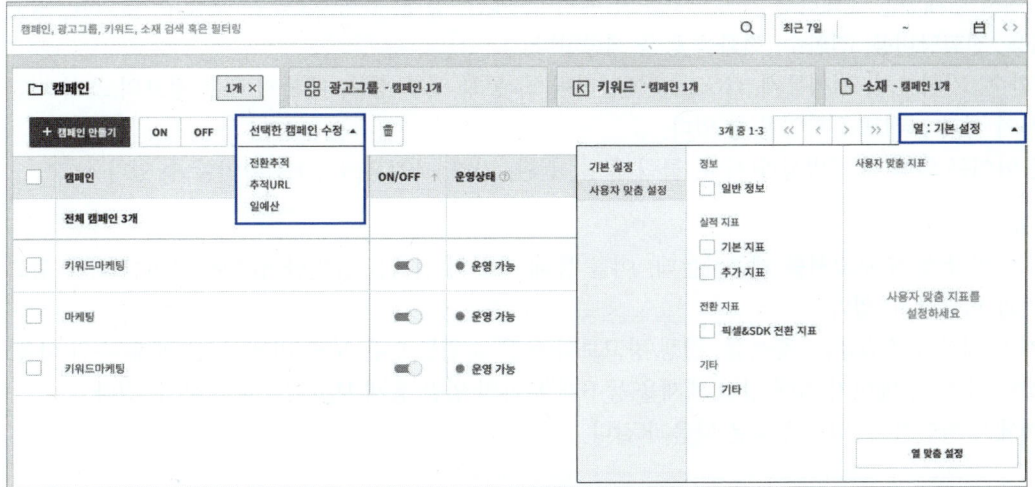

- 카카오 비즈니스 관리자센터의 대시보드에서는 광고 계정에 속한 모든 캠페인, 광고그룹, 키워드, 소재의 현황 확인이 가능하다.
- 캠페인 항목에서는 'ON/OFF, 운영상태, 비즈채널, 일예산, 노출수, 클릭수' 등을 제공한다.
- 개별 캠페인 선택 후 캠페인 [ON/OFF] 상태를 바꿀 수 있으며, [선택한 캠페인 수정]란을 통해 전환 추적, 추적 URL, 일예산을 변경할 수 있다.
- 광고 계정에서는 기본 정보와 비용 정보, 운영 정보를 제공한다.
- 우측의 [사용자 맞춤 설정]을 선택하여 전체 노출수, 클릭당비용, 평균 노출 순위 등의 추가 지표와 픽셀&SDK 전환 지표 등에 대한 성과 그래프를 볼 수도 있다.

3) 구글 캠페인 관리

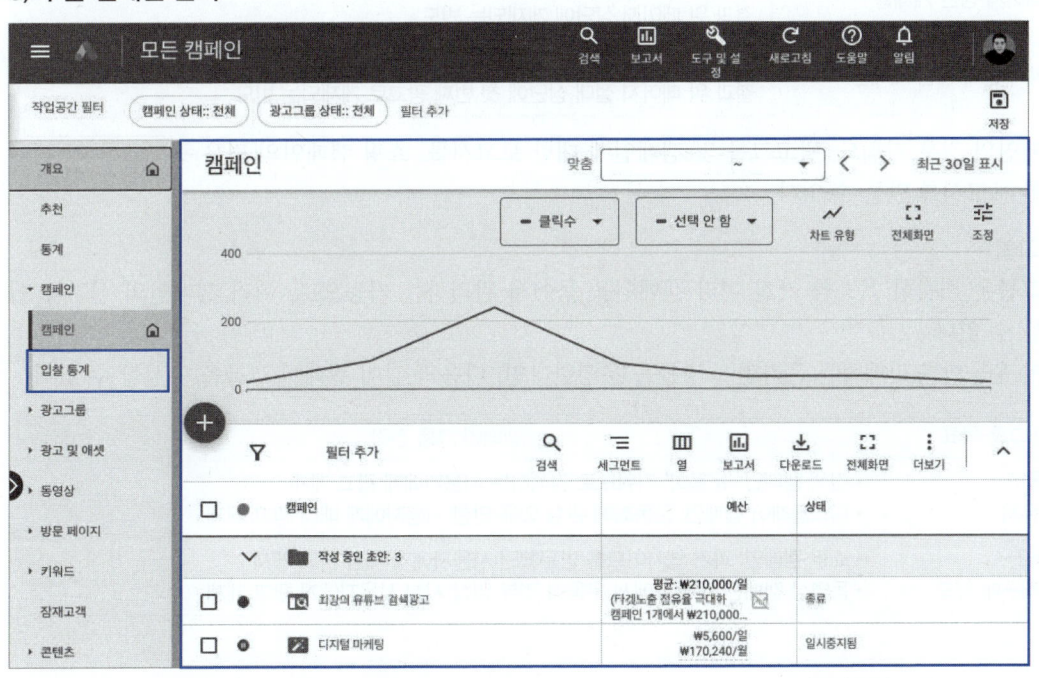

① 캠페인 기본 지표

- 구글애즈에서 캠페인을 선택하면 기본 지표로 캠페인명, 예산, 상태, 유형, 클릭수, 노출수, 클릭률, 평균 CPC, 비용, 전환당비용, 전환수, 전환율 등을 제공한다.
- 실적, 전환수, 기여분석, 경쟁통계, Google 애널리틱스, 통화 세부 정보, 메시지 세부 정보의 조회 기간을 설정하여 성과 그래프를 확인할 수 있다.
- 분류기준 아이콘 클릭 시 개별성과(시간, 클릭 유형, 전환, 기기, 네트워크 등)를 확인할 수 있다.

② 입찰 통계

- 구글에서는 입찰 통계 보고서를 제공하는데, 이를 통해 자신의 실적을 동일한 입찰에 참여한 다른 광고주의 실적과 비교할 수 있다.
- 입찰 통계 탭에서 노출점유율, 중복률, 경쟁 광고보다 높은 순위를 얻은 노출 비율, 높은 게재 순위 비율, 페이지 상단 게재율, 페이지 절대 상단 게재율 등 6개 분야의 입찰 통계 보고서를 확인할 수 있다.
- 입찰 통계에서 확인할 수 있는 항목은 다음과 같다.

항목	설명
노출 점유율	• 발생 가능한 예상 노출수 대비 실제 발생한 노출수의 비율로, 광고주가 참가한 입찰에서 얼마나 노출이 발생했는지 보여주는 비율 • 같이 입찰에 참여한 다른 광고주의 노출 점유율도 보여줌
중복률	광고주의 광고 노출 시 다른 광고주의 광고는 얼마나 자주 노출되었는지 보여주는 빈도
경쟁 광고보다 높은 순위를 얻은 노출 비율	입찰에서 내 광고가 다른 광고주의 광고보다 더 높은 순위에 게재되는 빈도, 혹은 다른 광고주의 광고는 게재되지 않고 내 광고만 게재되는 빈도
높은 게재 순위 비율	내 광고와 같은 입찰에 참여한 다른 광고주의 광고가 동시 노출되었을 때 다른 광고주의 광고가 내 광고보다 더 높은 순위로 게재되는 빈도(검색 캠페인만 해당)
페이지 상단 게재율	광고주의 광고(행 선택 여하에 따라 다른 광고주의 광고도 볼 수 있음)가 무료 검색 결과 위 페이지 상단에 게재되는 빈도
페이지 절대 상단 게재율	광고주의 광고(행 선택 여하에 따라 다른 광고주의 광고도 볼 수 있음)가 자연 검색 결과 위 페이지 절대 상단에 첫 번째 광고로 게재되는 빈도

- 검색 캠페인의 경우 키워드, 광고그룹 및 캠페인에 대한 보고서를, 쇼핑 캠페인의 경우 광고그룹 및 캠페인에 대한 보고서를 만들 수 있다.

③ 캠페인 그룹

- 캠페인 그룹은 비슷한 목표를 가진 여러 캠페인을 묶어서 관리하는 기능으로, 여러 캠페인의 실적을 쉽게 추적할 수 있다.
- 예를 들어 운동화를 판매하는 온라인 쇼핑몰을 운영한다면, 다음과 같이 캠페인 그룹을 구성할 수 있다.

캠페인 그룹 목표	캠페인 그룹 전략
캠페인 그룹1 – 신규 고객 유치	• 검색 캠페인: '운동화' 키워드로 검색하는 사용자에게 광고 게재 • 디스플레이 캠페인: 운동화에 관심 있을 만한 사용자에게 배너 광고 게재
캠페인 그룹2 – 기존 고객 재구매 유도	• 쇼핑 캠페인: 과거 웹사이트를 방문했던 사용자에게 제품 광고 게재 • 동영상 캠페인: 유튜브에서 운동화 리뷰 영상 시청 사용자에게 광고 게재

03 광고그룹 관리

1) 네이버 그룹 관리

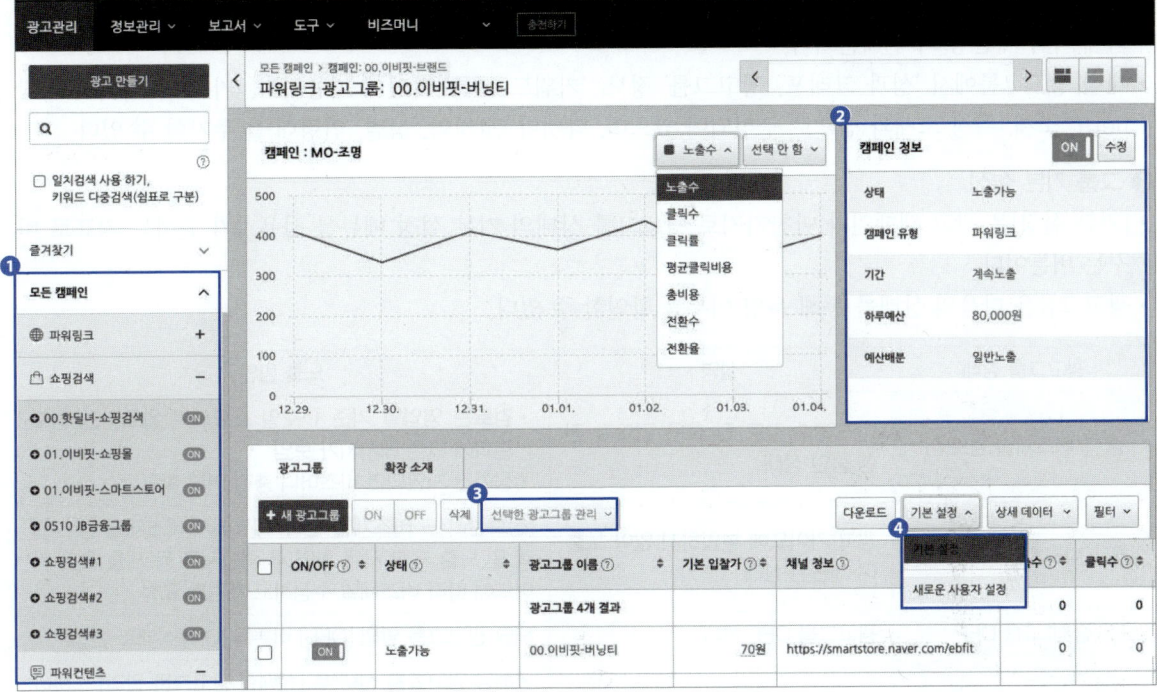

❶ 그룹 관리 메뉴

- 왼쪽 영역의 [모든 캠페인]에서 캠페인 이름을 클릭하면 해당 캠페인 하위에 등록된 전체 광고그룹의 목록을 조회할 수 있다.
- ON/OFF, 상태, 광고그룹 이름, 기본 입찰가, 채널 정보(표시 URL), 노출수, 클릭수, 클릭률(%), 평균 클릭비용, 총비용 지표가 제공된다.

❷ 해당 그룹이 속한 캠페인 정보 수정

- 우측의 [캠페인 정보] 영역에서 [수정]을 클릭하면 캠페인 이름, 기간, 하루예산 기능, 추적 기능 등을 수정할 수 있으며 아래에는 해당 캠페인 하위의 광고그룹 목록이 나타난다.
- 추적 기능이란 클릭된 광고에 대한 정보(검색어, 캠페인 유형 등)를 URL 파라미터로 광고주의 사이트에 전달하는 기능이다.
- 개별 그룹을 선택한 후 [광고그룹 정보]에서 [수정]을 누르면 광고그룹 이름, 기본 입찰가, 하루예산, 매체, 콘텐츠 매체 전용 입찰가, PC/모바일 입찰가중치, 소재 노출 방식 변경이 가능하다.
- 입찰가 가중치는 광고그룹의 기본 입찰가를 기준(100%)으로 하여 10~500%까지 입력할 수 있다.
- 설정한 입찰가 가중치는 노출 매체의 PC와 모바일 구분에 따라 기본 입찰가, 키워드 입찰가, 콘텐츠 매체 전용 입찰가에 모두 적용되며, 설정한 입찰가 가중치에 따라 계산된 입찰가의 원 단위 값이 있을 경우 올림한 입찰가로 입찰된다. **예** 키워드 기본 입찰가가 100원이고 PC 입찰가 가중치가 112%인 경우 → 100원×112%=112원→120원으로 입찰

❸ 선택한 광고그룹을 다른 캠페인으로 복사

- 개별 그룹을 선택한 후 [선택한 광고그룹 관리] 목록에서 [다른 캠페인으로 복사]를 클릭하면 선택한 광고그룹을 다른 캠페인으로 복사할 수 있다.
- 복사 기능을 통해 키워드의 품질지수는 복사되지 않는다. 품질지수는 복사 후 해당 그룹에서의 광고 성과에 따라 재산정 되기 때문이다.
- 개별 광고그룹에서 '성과 그래프, 광고그룹' 정보, '키워드 목록' 확인이 가능하다. 키워드, 키워드 확장 beta, 소재, 확장 소재와 탭으로 구성되어 있으며, 타겟팅 탭(지역, 성별, 연령대)을 추가할 수 있다.

❹ 그룹 기본 설정

- [기본 설정]은 광고 캠페인과 마찬가지로 광고그룹 상태의 기본 설정 메뉴를 사용자가 원하는 지표로 바꾸는 버튼이다.
- 광고그룹은 다음의 상태를 통해 운영 여부를 확인할 수 있다.

광고그룹 상태	설명	노출 방안
중지: 비즈채널 검토 중	비즈채널 검토 전 혹은 검토가 진행 중인 상태	• 검토는 영업일 기준 1~2일 소요되며 완료되면 검토 결과에 따른 메시지가 보임 • 장기간 지연되면 비즈머니 충전 여부 확인
중지: 비즈채널 노출 제한	광고 가이드에 부합하지 않아 노출이 제한된 상태	[정보관리 → 비즈채널 관리] 메뉴에서 비즈채널 검토 결과 및 노출 제한 사유 확인 후 증빙서류 등 제출 혹은 가이드에 따라 비즈채널 수정하고 재검토 요청
중지: 그룹 OFF	광고그룹 OFF 상태	해당 광고그룹 앞의 [OFF] 버튼을 [ON] 상태로 변경
중지: 그룹 예산 도달	설정한 그룹의 하루예산이 초과하여 중지된 상태	• 해당 광고그룹 선택 후 [선택한 광고그룹 관리] 드롭다운 목록 상자에서 [예산 변경] 클릭 • 광고그룹 '하루예산'을 높은 금액으로 변경 혹은 '제한 없음'으로 변경
중지: 캠페인 OFF	상위 캠페인 OFF 상태	캠페인 [ON] 상태로 변경
중지: 캠페인 기간 외	상위 캠페인의 광고 노출 기간이 종료된 상태	• 해당 캠페인 선택 뒤 [선택한 캠페인 관리] 드롭다운 목록 상자에서 [기간 변경] 클릭 • 광고 노출 기간을 '오늘부터 종료일 없이 계속 노출'로 변경하거나 종료 날짜 재설정
중지: 캠페인 예산 도달	상위 캠페인의 하루예산이 초과하여 중지된 상태	• 해당 캠페인 선택 뒤 [선택한 캠페인 관리] 드롭다운 목록 상자에서 [예산 변경] 클릭 • 캠페인 '하루예산'을 높은 금액으로 변경하거나 '제한 없음'으로 변경
일부 노출 가능: PC	PC 매체만 노출 가능한 상태	[정보관리 → 비즈채널 관리] 메뉴에서 비즈채널 모바일 검토 결과 및 노출 제한 사유 확인 후 가이드에 따라 비즈채널을 수정하고 재검토 요청
일부 노출 가능: 모바일	모바일 매체만 노출 가능한 상태	[정보관리 → 비즈채널 관리] 메뉴에서 비즈채널 PC 검토 결과 및 노출 제한 사유 확인 후 가이드에 따라 비즈채널을 수정한 뒤 재검토 요청
노출 가능	광고 노출이 가능한 상태	불필요

2) 카카오 그룹 관리

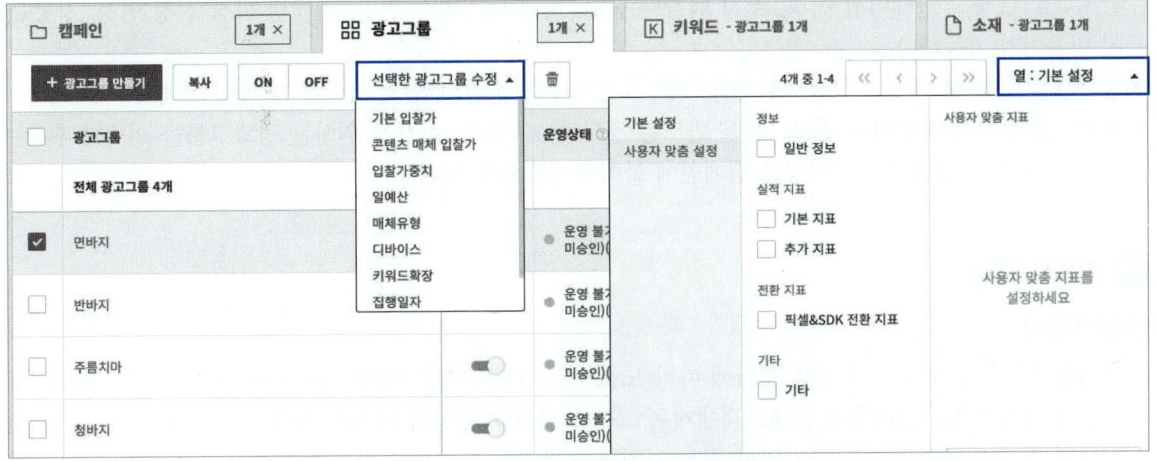

- 캠페인 이름을 클릭하면 캠페인에 속한 광고그룹을 확인할 수 있다.
- 그룹 목록에서 기본 지표로 '광고그룹 이름, ON/OFF, 운영상태, 기본 입찰가, 일예산, 집행일자, 노출수, 클릭수, 클릭률, 비용, 기간' 정보를 확인할 수 있다.
- 그룹 리스트는 등록일순과 수정일순으로 변경하여 정렬할 수 있다.
- [선택한 광고그룹 수정]을 통해 '기본 입찰가, 콘텐츠 매체 입찰가, 입찰가중치, 일예산, 매체 유형, 디바이스, 키워드 확장, 집행일자, 집행요일/시간' 수정이 가능하다.
- [열: 기본 설정]을 선택하여 전체노출수, 클릭당비용, 평균 노출 순위 정보도 확인 가능하며 픽셀&SDK 전환 지표 등의 사용자 맞춤 지표를 선택할 수 있다.

3) 구글 그룹 관리

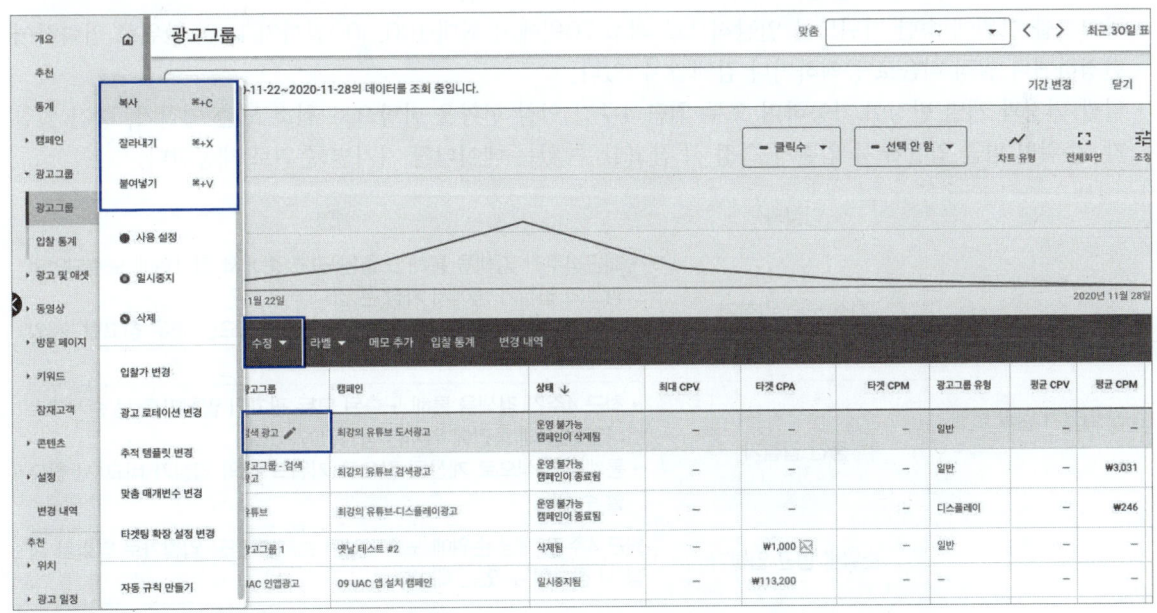

- 좌측 메뉴의 광고그룹을 선택하면 성과 그래프와 광고그룹 목록이 표시된다.
- 그룹 목록에서는 광고그룹 이름, 상태, 타겟 CPA, 전환수, 전환당비용, 광고그룹 유형, 클릭수, 노출수, 클릭률, 평균 CPC, 비용, 전환율이 제공된다.

- 개별 그룹을 선택한 후 [수정] 버튼을 눌러 복사, 잘라내기, 붙여넣기, 사용설정, 일시 정지, 삭제를 진행할 수 있고, 광고 로테이션 변경, 추적 템플릿 변경, 맞춤 매개변수 변경, 타겟팅 확장 설정 변경, 자동규칙 만들기가 가능하다.
- 광고그룹 수정 시 변경할 설정으로 마우스를 가져가서 설정 옆의 '연필 아이콘'을 클릭한다.
- 광고그룹을 복사해서 다른 광고그룹을 만드는 것도 할 수 있다. 복사를 원하는 광고그룹을 선택한 후 [수정]에서 복사를 선택하여 붙여넣을 캠페인에 붙여넣기를 하면 된다.

04 키워드 관리

1) 입찰 관리
- 검색광고는 특정 키워드의 검색 결과에 따라 노출되는 광고이므로 키워드 관리가 무엇보다 중요하며, 키워드를 지속적으로 관리해야 잠재고객에게 광고를 노출할 가능성이 더 높아진다.
- 고객의 검색 의도와 트렌드를 반영한 최신 키워드를 발굴하고 실시간 입찰 경쟁에서 노출 기회를 확보해야 잠재고객의 관심을 끌 수 있다.
- 입찰 경쟁 시 노출 가능 광고 개수 안에 속해야 광고가 노출되므로, 검색량이 높은 키워드의 경우 노출을 위해 많은 광고주가 입찰 경쟁을 한다.
- 입찰 경쟁을 위한 키워드 입찰 관리 방법으로는 '선택 키워드 입찰가 변경'과 '자동입찰 기능'이 있다.

2) 선택 키워드 입찰가 변경
① 네이버 입찰가 변경
- 광고그룹에서 기본 입찰가를 변경(최소 70원~최대 100,000원)할 수 있다.
- [캠페인 → 광고그룹 → 키워드]에 있는 입찰가 변경 기능 이용 시 최근에 노출된 광고들의 평균입찰금액 확인 가능 및 조회된 금액을 참고하여 입찰가 변경이 가능하다.
- 광고그룹 하위에 속한 키워드를 일괄적으로 최소 70원에서 최대 100,000원까지 10원 단위로 입력하여 변경하거나 일정 비율로 증액하거나 감액할 수 있다.
- 일괄 변경과 개별 변경이 가능하며 모두 최근 4주간 입찰 현황을 바탕으로 최소 노출 입찰가, 중간 입찰가, 순위별 평균 입찰가 등 입찰가 결정 시 참고할 수 있는 데이터를 기기별 순위로 제공한다.

구분	입찰가	설명
① 입찰가 일괄 변경	최소 노출 입찰가	• 최근 4주간 검색을 통해 노출된 광고 중에서 최하위에 노출되었던 광고의 입찰가 중에서 가장 큰 값 • 상위 노출과 무관하게 광고 노출 여부가 중요한 경우 참고할 수 있는 정보
	중간 입찰가	• 최근 4주간 검색을 통해 노출된 모든 광고의 입찰가를 큰 순서대로 나열했을 때 중간에 위치한 중앙값(Median) • 통계적 방식으로 계산된 값으로 키워드 간의 입찰가 비교 시 참고할 수 있음
	순위별 평균 입찰가	최근 4주간 해당 순위에 노출되었던 순위별 평균 입찰가로 입찰가 결정 시 참고할 수 있는 데이터
② 입찰가 개별 변경		광고그룹 안에 있는 키워드를 각각 선택하여 입찰가를 직접 변경하는 기능

네이버 파워링크 최소 노출 입찰가와 중간 입찰가 산정 방법

1. 최소 노출 입찰가 산정 방법

① 최소 노출 입찰가의 개념

- 과거 4주간 검색을 통해 노출된 광고 중에서 최하위에 노출되었던 광고의 입찰가 중 가장 큰 값을 말한다.
- 예를 들어 과거 4주간 '마스카라' 키워드로 3번의 검색을 통해서 총 12개의 광고가 아래 표와 같이 노출했다. 이때 최하위 입찰가는 검색1은 70원, 검색2는 150원, 검색3은 100원이며, 이 값 중 가장 큰 값이 150원이므로 '최소 노출 입찰가'는 150원이 된다.

노출된 광고 순위	노출된 광고의 입찰가		
	검색1	검색2	검색3
1위	1,000원	500원	300원
2위	700원	300원	200원
3위	500원	200원	150원
4위	70원	150원	100원

② 최소노출 입찰가 조회 방법

'캠페인 선택 〉 광고그룹 선택 〉 [키워드] 탭 클릭 〉 키워드 선택 〉 선택 키워드 입찰가 변경'을 선택하여 입찰가를 조회할 수 있으며, 필요한 경우 입찰가를 변경할 수 있다.

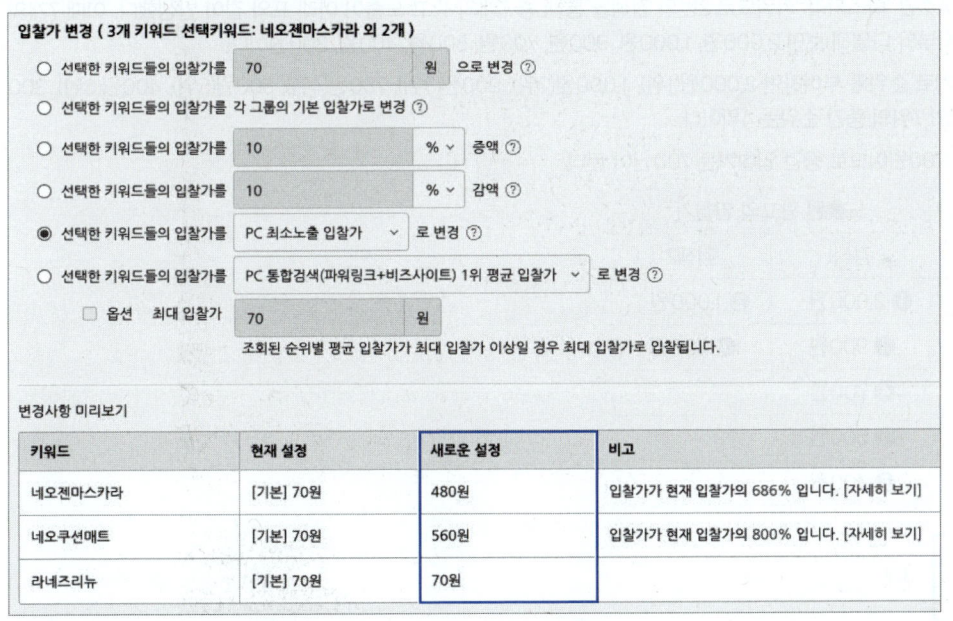

③ 최소 노출 입찰가 활용 방법

- 4주 전에 150원으로 입찰을 했다면, 입찰 후 어제까지 4주간 검색 결과에 내 광고가 계속 노출될 수 있음을 의미한다.
- 따라서 최소 노출 입찰가는 노출 순서와 상관없이 항상 검색 결과에 노출되기를 희망할 때 참고할 수 있는 가장 작은 광고 비용이다.

④ 조회된 최소 노출 입찰가 변경 방법

- 최소 노출 입찰가를 기준으로 나의 예산과 노출 목표를 설정하는 것이 좋다.

키워드명	조회된 최소 노출 입찰가	예상노출수	예상클릭수	예상평균 클릭비용	예상비용
마스카라	100원	608	34	100원	3,400원
마스카라추천	150원	27,505	2,811	150원	421,650원

- 예를 들어 '마스카라' 키워드와 '마스카라추천' 키워드를 최소 노출 입찰가로 조회했을 때, '마스카라' 키워드는 100원으로 입찰하면 34회 클릭에 3,400원의 비용이 예상되지만, 비용을 조금 더 쓰더라도 클릭을 더 받아야 하니 100원보다 높은 금액으로 입찰가를 조정한다.
- '마스카라추천' 키워드는 150원으로 입찰하면, 2,811회 클릭에 421,650원의 비용이 예상되어 내가 쓸 수 있는 비용보다 많아 입찰가를 140원으로 조정하고 예상 클릭수와 예상 비용을 낮췄다.
- 최소 노출 입찰가는 과거 데이터이므로 노출을 보장하지 않는다. 반드시 다른 광고주들의 입찰가 변경, 광고 ON/OFF 상태 등 다양한 요인을 검토해야 한다.

2. 중간 입찰가 산정 방법

① 중간 입찰가의 개념

- 과거 4주간 검색을 통해 노출된 광고의 입찰가를 크기순으로 나열한 후 중간에 있는 중앙값이 중간 입찰가를 말한다.
- 예를 들어 과거 4주간 '마스카라' 키워드로 2번의 검색을 통해 총 7개의 광고 노출이 아래 표와 같이 발생했다. 이때 7개의 입찰가를 큰 숫자부터 나열해 보면 2,000원, 1,000원, 900원, 700원, 500원, 400원, 300원이다.
- 이 입찰가에 크기로 순위를 부여하면 2,000원(1위), 1,000원(2위), 900원(3위), 700원(4위), 500원(5위), 400원(6위), 300원(7위)이며, 1위와 7위의 중간 순위는 4위이다.
- 4위의 입찰가는 700원이므로 중간 입찰가는 700원이 된다.

노출된 광고 순위	노출된 광고의 입찰가	
	검색1	검색2
1위	❶ 2,000원	❷ 1,000원
2위	❸ 900원	❼ 300원
3위	❹ 700원	
4위	❺ 500원	
5위	❻ 400원	

2,000원(1위)
1,000원(2위) 3개
900원(3위)
700원(4위) → 중간 입찰가
500원(5위)
400원(6위) 3개
300원(7위)

② 중간 입찰가 활용 방법

• 중간 입찰가를 참고하여 입찰가를 정하고 광고를 집행해 본다.

• 집행한 후에 원하는 클릭수에 미치지 못한다면 높은 금액으로 입찰가를 조정한다.

• 반대로 원하는 클릭수보다 더 많은 클릭을 받았다면 낮은 금액으로 입찰가를 조정한다.

• 조회된 중간 입찰가로 입찰할 경우 향후 4주간 중간 순위 노출을 보장하는 것은 아니다.

• 중간 입찰가는 과거 데이터로 계산된 값이므로 오늘 700원으로 입찰한다고 해도 향후 4주 동안 중간 정도 순위에 노출되는 것을 보장하지는 않는다.

③ 중간 입찰가보다 최소 노출 입찰가가 높은 경우

• 변동 폭이 클 경우 최소 노출 입찰가가 중간 입찰가보다 클 수 있다.

• 네이버는 중간 입찰가와 최소 노출 입찰가는 광고 예산 설정 시 참고할 수 있는 제안 중의 하나라고 생각할 것을 권장한다.

② 카카오 입찰가 변경

• 카카오 키워드 광고 플랫폼에서 자동입찰 메뉴는 제외되었으나, 예상 입찰가(순위별 평균 입찰가)를 설정할 수는 있다.

• [캠페인 → 광고그룹 → 키워드]에 있는 입찰가 변경 기능 이용 시 키워드별 예상 실적을 참고하여 일괄 변경과 개별 변경으로 입찰가 조정이 가능하고 순위별 평균 입찰가 설정도 할 수 있다.

• 랜딩 URL 역시 일괄 변경과 개별 변경이 가능하다.

③ 구글 입찰가 변경

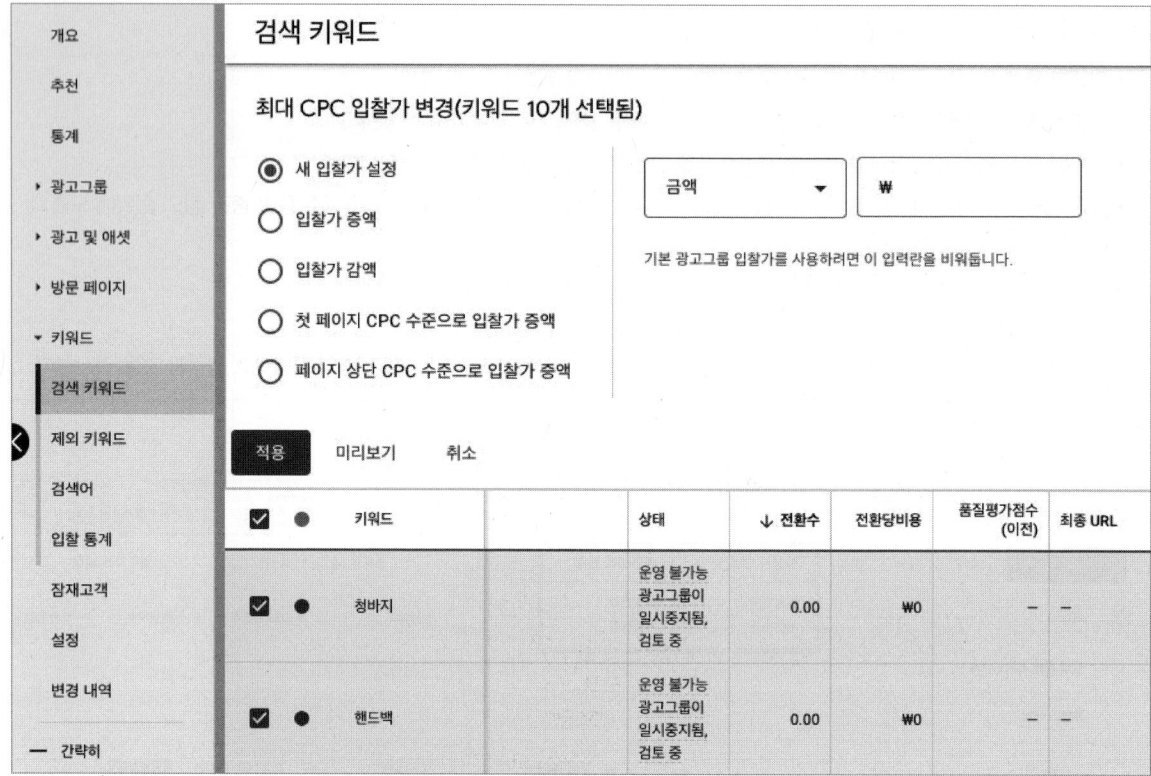

- 캠페인과 광고그룹 단계에서 모두 입찰가 조정 설정이 가능하다.
- 일반적으로는 자동입찰 방식을 사용하며, 타겟 CPA, 타겟 ROAS, 전환수 최대화 등의 머신러닝이 자동으로 작동한다.
- 수동 CPC 이용 시 최대 CPC 입찰가를 조정하여 광고비 및 광고 클릭수를 조절할 수 있으며, 입찰가를 직접 입력하여 새 입찰가를 설정하거나 증액과 감액 등을 선택할 수 있다.
- 키워드 목록에서 입찰가 변경을 원하는 키워드를 선택한 다음 '최대 CPC 입찰가 변경'을 클릭한다.
- 수동 CPC 입찰을 하는 경우는 다음과 같다.
  - 개별 광고그룹, 키워드 혹은 게재 위치 상위에 노출하려는 경우
  - 웹사이트 트래픽 증가가 브랜드 인지도 향상보다 더 중요할 때
  - 매월 타겟 예산을 다 소진할 필요가 없을 때

3) 자동입찰 기능

① 네이버 자동입찰

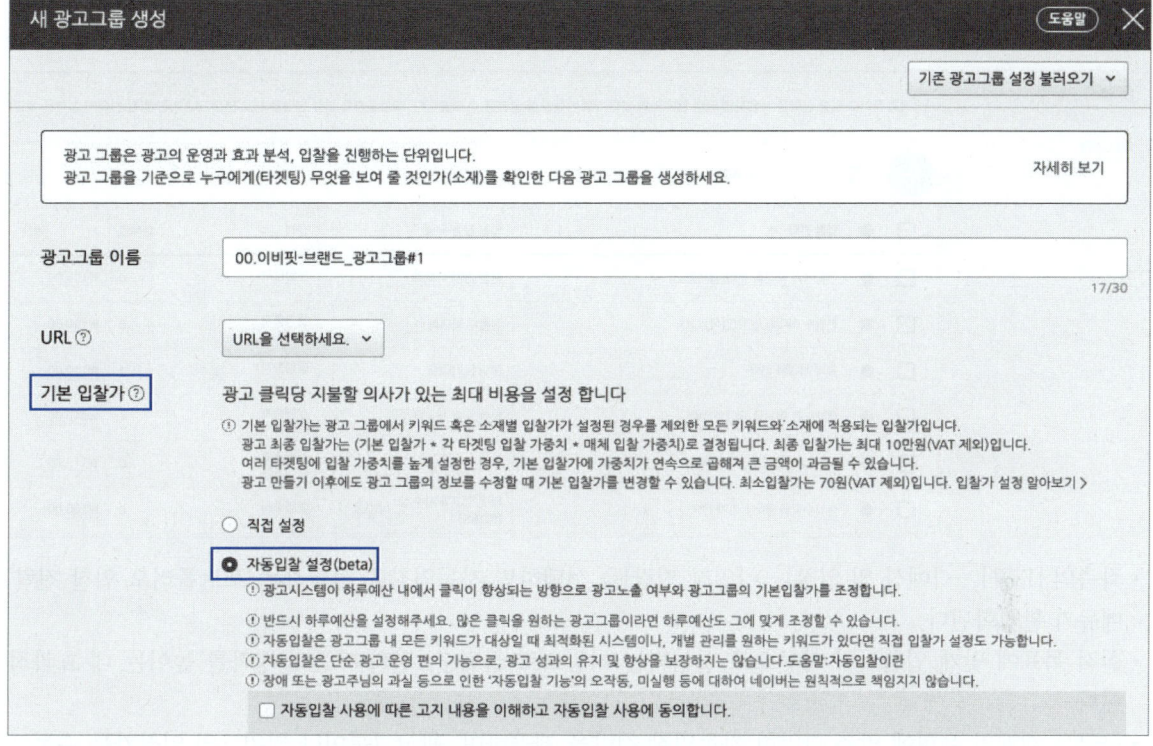

- 자동입찰이란 광고그룹 단위의 기본 입찰가를 시스템이 조정해주는 기능으로 네이버의 경우 파워링크 캠페인과 쇼핑 검색 캠페인의 두 가지 유형에 제공되고 있다.
- 광고그룹 신규 생성 및 수정 화면의 '기본 입찰가' 설정에서 [자동입찰 설정(beta)]을 선택하면 사용할 수 있다.
- 예산 내 클릭 향상 목표를 선택하면 자동입찰이 가능하며, 쇼핑 검색 캠페인의 경우 제품 카탈로그형 캠페인은 자동입찰에서 제외된다.
- 설정한 하루예산 내에서 클릭 및 전환이 향상되는 방향으로 기본 입찰가 및 입찰가 변경 시점이 자동으로 결정된다.
- 자동입찰의 기본 입찰가는 머신러닝 알고리즘을 통해 시스템이 결정하므로 광고 노출이나 성과 향상을 보장하지는 않는다.

🚩 기적의 TIP

카카오는 자동입찰 설정 '기능'이 없다. 광고를 게재하면 기본값으로 자동입찰이 설정되기 때문이다. 관련 문제가 출제된다면 출제자의 의도를 잘 파악하고 풀어야 한다. 이러한 방식은 카카오 소재 노출 방식에도 그대로 적용되어 있다. 카카오는 과거에 랜덤 노출 방식과 성과 우선 노출 방식을 선택할 수 있었지만, 최근 선택 메뉴 자체를 제거하였다. 따라서 성과 없는 소재는 자동으로 노출이 되지 않는 것이다.

---

② 구글 자동입찰

- 좌측의 [도구] → [예산 및 입찰] → [입찰 전략]을 선택하면 자동입찰을 선택하는 '포트폴리오 입찰 전략' 메뉴가 활성화된다.
- 실적 목표에 맞게 입찰가가 자동으로 설정되는 기능으로 클릭수, 전환수 등의 성과를 높이는 데 효과적이다.
- 구글은 캠페인 유형에 맞춘 다양한 자동입찰 전략을 제공하며, 광고그룹이나 키워드의 입찰가를 수동으로 수정할 필요가 없다.

자동입찰 전략의 유형

입찰 전략	목표	설명
클릭수 최대화 전략	사이트 방문수 늘리기	예산 내에서 최대한 많은 클릭이 발생하도록 입찰가가 자동 설정됨
타겟 노출 점유율 전략	가시성 높이기	검색 결과 페이지 절대 상단이나 가시성 높이기 원하는 곳에 광고가 게재될 수 있도록 입찰가 자동 설정됨
타겟 CPA 끌어올리기 전략	타겟 CPA를 유지하면서 전환수 증가	설정된 타겟 전환당비용(CPA)으로 전환수 증가를 최대화할 수 있게 입찰가 자동 설정
투자수익률 끌어올리기 전략	전환별로 가치가 다를 때 ROAS 달성하기	타겟 광고 투자수익 ROAS 달성으로 전환 가치를 최대화할 수 있게 입찰가 자동 설정
전환수 최대화 전략	전환수 늘리는 방향으로 예산 지출	전환수를 기준으로 최적화하는 데 도움이 됨
전환 가치 극대화 전략	전환 가치 높이는 방향으로 예산 지출	• 캠페인의 전환 가치를 높이는 방향으로 예산이 지출되도록 입찰가 자동 설정 • 타겟 광고 투자수익(ROAS)을 설정하지 않고 전환 가치 극대화를 사용하는 경우: 캠페인의 전환 가치 극대화를 목표로 예산이 지출됨 • 타겟 광고 투자수익(ROAS) 설정 상태에서 전환 가치 극대화를 사용하는 경우: 타겟 광고 투자수익 최대화를 목표로 예산이 지출됨

- 구글의 스마트 자동입찰 전략은 머신러닝을 통해 전환수 또는 전환 가치를 기준으로 최적화를 진행하는 자동입찰 전략이며, '실시간 입찰'이라고도 한다.
- 타겟 CPA, 타겟 광고 투자수익(ROAS), 전환수 최대화, 전환 가치 극대화는 모두 스마트 자동입찰 전략에 해당되며, 웹사이트에 추적 코드를 추가하는 등의 전환 추적을 설치해야 한다.
- 스마트 자동입찰 전략에서 입찰가를 최적화할 때 고려하는 요소는 기기, (사용자의) 위치 요일 및 시간대, 리마케팅 목록, 광고 특성(모바일용/앱용 여부 등), 언어, 브라우저, 실제 검색어, 검색 네트워크 파트너(검색광고에만 해당), 웹 게재 위치(디스플레이 광고에만 해당), 상품 속성(쇼핑) 등이다.

스마트 자동입찰 전략

비즈니스 목표	캠페인 목표	스마트 자동입찰 전략
판매 또는 리드 늘리기	고정 예산 또는 고정 ROI로 최대한 많은 전환수 확보	전환수 최대화, 타겟 CPA
이익 증대	고정 예산 또는 고정 ROAS로 최대한 많은 전환수 확보	타겟 ROAS, 전환 가치 최대화

전환수 최대화 입찰과 전환 가치 극대화 입찰의 차이

입찰 전략	특징
전환수 최대화 입찰	전환 가치와 관계없이 지정된 예산으로 최대한 많은 전환이 발생하도록 시도
전환 가치 극대화 입찰	• 지정된 예산으로 전환 가치를 최대한 많이 발생시키려고 시도 • 입찰 시 전환 가치가 낮은 것보다 전환 가치가 높은 입찰에 더 높은 입찰가를 설정할 수 있음

4) 키워드 발굴

① 대표 키워드와 세부 키워드

구분	설명
대표 키워드	• '치킨', '신발' 등과 같이 업종을 대표하여 잠재고객들이 자주 검색하는 키워드 • 검색량이 많으므로 광고가 많이 노출된다는 것이 장점 • 선호하는 광고주가 많아서 경쟁률이 높으므로 입찰가가 비싼 것이 단점
세부 키워드	• '개포동 치킨', '여자아이 돌 신발' 등과 같이 고객의 검색 의도에 맞는 지역명이나 수식어 등을 포함한 목적이 분명한 키워드 • 구매 및 서비스 이용으로 이어질 수 있는 확률이 높다는 것이 장점 • 검색량이 적어서 광고를 통한 유입수가 적은 것이 단점

② 세부 키워드 발굴

- 검색량이 많고 입찰가가 비싼 대표 키워드 대신 주력 상품 및 서비스와 관련된 단어를 중심으로 고객의 검색 의도를 반영한 세부 키워드의 발굴이 중요하다.
- 검색 의도가 명확한 잠재고객에게 최적화된 키워드를 정기적으로 발굴하여 누적으로 관리하면 저렴한 비용으로 더 많은 클릭과 전환을 확보할 수 있다.

PART 01
PART 02
PART 03
PART 04
PART 05
PART 06
PART 07

검색사이트별 세부 키워드 발굴 시스템

매체	시스템 명칭	내용
네이버	키워드 도구	• 키워드 입력 시 구매한 키워드의 클릭 정보 등을 기반으로 통계시스템에서 연관 키워드를 추천하는 도구 • 추천된 연관 키워드는 '월간 검색수, 월평균 클릭수, 클릭률' 등 최근 한 달간의 광고 성과에 대한 데이터 제공
카카오	키워드 플래너	• 키워드 입력 시 연관 키워드를 추천하고 키워드별 과거 성과에 대한 데이터 및 예상 실적 데이터 제공 • 최근 30일(어제부터 직전 30일까지) 기준으로 광고요청수, 클릭수, 클릭률, 평균 경쟁 광고 수, 최고 입찰가 및 선택한 키워드의 예상 실적 제공
구글	키워드 플래너	• '새 키워드 찾기' 또는 선택한 키워드의 '검색량 및 예상 실적 조회하기'를 통해 예상 실적을 제공 • 최근 7~10일(어제부터 직전 7~10일) 기준으로 선택한 키워드의 '클릭수, 노출수, 비용, 클릭률, 평균 CPC' 등의 데이터 제공

③ 연관검색어(키워드) 발굴
• 빅데이터를 바탕으로 사용자의 검색 의도와 관련된 검색어를 제공하는 서비스이다.
• 네이버는 '자동완성 서비스'와 '연관검색어', 카카오는 '관련 검색어', '제안검색어', '추천검색어', 구글은 '관련 검색어'라는 명칭으로 해당 서비스를 제공한다.

5) 키워드 확장

① 키워드 확장의 필요성
• 키워드 확장이란 광고그룹에 등록한 키워드와 유사한 의미가 있는 키워드에 자동으로 광고가 노출되는 것을 말한다.
• 키워드 확장 기능을 통해 더 많은 키워드에 광고 노출이 가능하다.

② 매체별 키워드 확장 방법

구분	설명
네이버	• 광고그룹 신규 생성 및 수정 화면의 '고급옵션'에서 [키워드 확장 beta] 탭을 클릭하여 적용 • 네이버 통합검색 영역에만 광고가 노출됨 • '중간 입찰가'로 자동입찰되므로, 키워드 확장으로 추가 노출되는 키워드의 입찰가는 등록된 키워드의 입찰가보다 높아지지 않음 • 키워드 확장 시 특정 키워드에서 노출을 원하지 않을 경우 '노출 제외 키워드'를 등록
카카오	• [광고그룹]에서 수정하고자 하는 광고그룹을 선택한 뒤 메뉴에서 [선택한 광고그룹 수정] 탭 클릭 후 [키워드 확장]을 선택하여 적용할 수 있음 • 제외 키워드를 입력하면 해당 키워드 검색 시 광고에 노출되지 않음
구글	• 일치 검색, 구문 검색, 제외어 검색으로 지정하지 않으면 기본적으로 확장 검색 유형으로 설정됨 • 제외 키워드를 사용하여 고객에게 중요한 키워드만 집중적으로 사용할 수 있음 • 동의어, 단수·복수형, 맞춤법 오류, 파생어, 기타 유사어 검색어에도 자동으로 광고가 게재되므로 이에 대한 각각의 문구를 추가해야 제외됨

6) 키워드 복사

매체	설명
네이버	• 선택한 키워드를 다른 그룹으로 복사하여 추가 등록할 수 있으나 다른 그룹으로 이동은 불가 • 키워드 목록 위의 [선택한 키워드 관리]를 클릭하여 '다른 그룹'으로 복사가 가능하나, 품질지수는 복사되지 않음
카카오	• 광고그룹 상단 메뉴에서 [복사] 버튼을 누르면 키워드뿐 아니라 키워드별 입찰가와 랜딩 URL까지 모두 복사되지만 다른 그룹으로 이동은 불가 • 추가 설정에서 키워드 OFF 상태로도 복사할 수 있음
구글	• 키워드 선택 후 [수정] 버튼을 누르면 키워드 입찰가와 방문페이지 URL까지 복사됨 • 복사한 키워드에서는 별도로 예산 설정을 하지 않으면 붙여넣을 캠페인의 예산이 자동으로 사용됨

05 소재 관리

1) 개요

• 검색 결과에 노출되는 광고 문구를 '광고 소재'라고 부르며 기본 소재와 확장 소재가 있다.
• 기본 소재는 사이트 제목, 사이트에 대한 설명, 클릭하면 연결되는 연결 URL로 구성되며, 전화번호, 위치정보, 홍보 문구, 이미지, 서브링크 등 다양한 확장 소재 추가가 가능하다.
• 매체별 등록 가능한 광고 소재 개수와 소재 노출 방식은 다음과 같다.

매체	소재 노출 방식과 등록 개수
네이버	광고그룹당 소재는 최대 5개까지 등록 가능하며, 둘 이상의 소재만 등록하면 노출 방식 선택 가능 – 성과 기반 노출: 반응이 좋은 소재가 우선적 노출 – 동일 비중 노출: 등록된 소재가 같은 비중으로 번갈아 노출
카카오	광고그룹당 소재는 최대 20개까지 등록 가능하며 소재 노출 방식에 대한 별도의 선택 옵션은 없음
구글	• 광고그룹당 소재는 최대 50개까지 등록 가능 • 구글은 소재 노출 방식을 광고 로테이션이라고 부르며, '최적화'와 '최적화 사용 안 함' 중 선택 가능 – 최적화: CTR(클릭률)이 가장 높은 광고 소재가 더 자주 표시됨 – 최적화 사용 안 함: 광고 소재별로 임의로 균등하게 표시됨

2) 성과 기반 노출과 광고 최적화 로테이션

• 네이버의 성과 기반 노출과 구글의 광고 최적화 로테이션은 AB테스트의 일종이다.
• AB테스트란 소재 A와 B의 노출수와 클릭수를 측정하여 클릭 확률이 높은 소재를 선택하는 방법이다.
• 네이버의 성과 기반 노출과 구글의 광고 최적화 로테이션을 선택하면 시스템에서 일정 기간 두 소재의 우열을 비교하는 AB테스트를 빠르게 진행하여 성과가 높은 광고 소재의 노출 비율을 자동으로 높여준다.

ⓕ 기적의 TIP

네이버의 반응형 소재와 단일형 소재
• 반응형 소재: 여러 개의 제목과 설명이 노출되는 광고 소재로, 최대 15개의 제목과 4개의 설명을 등록할 수 있으며, 제목과 설명 입력을 돕는 생성형 AI의 아이디어 제공 기능을 사용할 수 있다.
• 단일형 소재: 제목 1개와 설명 1개가 노출되는 광고 소재로, 생성형 AI의 아이디어 제공 기능은 사용할 수 없다.

PART 01
PART 02
PART 03
PART 04
PART 05
PART 06
PART 07

3) 키워드 삽입과 대체 키워드

- 키워드 삽입이란 사용자가 검색창에 입력한 키워드가 설명 문구에 자동으로 삽입되어 노출하는 기능을 말한다.
- 검색 키워드에 볼드 처리가 되므로 이용자에게 연관도 높은 사이트로 인식될 수 있어 클릭률 향상에 도움이 되며, 광고 품질에도 영향을 주기 때문에 효율적인 광고 운영을 할 수 있다.
- 키워드 삽입 기능을 사용하려면 대체 키워드를 필수로 입력해야 하는데, 대체 키워드는 소재 전체 글자 수가 초과하거나 미달할 때 대신 노출되는 키워드를 말한다.
- 매체별 대체 키워드는 제목에 1개, 설명에 2개만 사용할 수 있으며 삽입 방법은 다음과 같다.

매체	대체 키워드 삽입 코드	예시
네이버	{키워드:대체 키워드}	{키워드:최강의 쇼핑몰}
카카오	〈키워드:대체 키워드〉	〈키워드:최강의 쇼핑몰〉
구글	{keyword:기본텍스트(대체 키워드)}	{keyword:기본텍스트(최강의 쇼핑몰)}

4) 확장 소재

① 네이버 확장 소재

- 제목과 설명 문구 등 기본적으로 노출되는 소재에 추가하여 썸네일 이미지, 전화나 메시지 버튼, 부가링크, 가격 정보, 말머리 등 다양한 반응을 끌어올리기 위한 광고 소재를 말한다.
- 전화번호, 위치정보, 네이버 예약, 계산, 추가 제목, 홍보 문구, 서브링크, 가격링크, 파워링크 이미지, 이미지형 서브링크, 플레이스 정보, 홍보 영상, 블로그 리뷰 유형이 있으며 캠페인 또는 광고그룹 단위로 만들 수 있다.

단위별 확장 소재

구분	확장 소재 등록 한도
캠페인 단위	전화번호, 위치정보, 네이버 예약 → 유형별로 1개씩 등록 가능
광고그룹 단위	• 전화번호, 위치정보, 네이버 예약 → 유형별로 1개씩 등록 가능 • 계산, 추가 제목, 추가설명, 홍보 문구, 서브링크, 가격링크, 파워링크 이미지, 이미지형 서브링크, 플레이스 정보 → 유형별로 2개씩 등록 가능 • 홍보 영상, 블로그 리뷰 → 하나의 광고그룹 내 최대 5개 등록 가능 ※ 성인, 병/의원 업종의 광고에는 파워링크 이미지가 노출되지 않음

- 캠페인 단위와 광고그룹 단위에서 둘 다 확장 소재를 등록하면 하위 단위인 광고그룹 단위의 확장 소재가 노출된다.
- 고급옵션을 선택하면 해당 확장 소재의 노출 요일/시간대 및 기간 등을 설정할 수 있다.
- 등록한 확장 소재는 통합검색과 더보기 영역에 노출되며, PC와 모바일 등의 노출 영역에 따라 노출 기준 및 형태가 다를 수 있다.

노출 기준과 형태

영역	노출 기준
PC 통합검색	• 상위 7개 광고 중에서 기여도가 높은 확장 소재가 우선 노출 • PC 더보기 영역에서는 등록된 확장 소재가 동시에 노출
모바일 통합검색	• 광고 성과에 기여도가 높은 확장 소재가 우선 노출 • 파워링크 더보기 영역에서는 각각의 유형이 동일한 비율로 노출

② 카카오 확장 소재
- 제목과 설명 문구 등 기본적으로 노출되는 소재에 추가하여 이미지, 가격 등을 추가로 노출하여 광고 효과 상승을 유도하는 기능을 한다.
- [소재 등록하기]에서 기본 소재와 함께 노출될 확장 소재 추가가 가능하다.
- 포털사이트 다음과 네이트 등 제휴사이트의 PC 통합검색 결과 및 모바일 앱·웹 검색 결과, 카카오톡 #(샵)탭 검색 결과 등의 프리미엄 광고 영역에 PC는 최대 10개, 모바일은 최대 6개가 노출된다.
- 여러 확장 소재가 함께 노출되는 믹스 타입도 가능하며 확장 소재 유형은 다음과 같다.

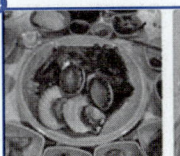

강릉여행 추천 배니닭강정
② 강릉닭강정 50년 2대째 전통의 맛집!
gsbaenni.modoo.at
강릉닭강정 맛집, 50년 전통 **강릉**중앙시장 **맛집**, 2대째 내려온 닭강정의 깊은맛.

코다리마을, 강릉초당마을맛집
place.map.kakao.com/1959015701
경포강문해변 부근, 전복+가리비+코다리조림, 양푼이동태탕, 코다리강정 단체예약가능

코다리조림   양푼이동태탕   오징어볶음

라식라섹 서울연세안과의원 ⑦ ☎ 전화
www.lasik75.com
첨단레이저EX500, 라식라섹 결과로 말하겠습니다, 구로디지털단지역, 의45819.
⑨ 병원소개 · 진료안내 · 오시는길

우주마켓
③ www.uzumarket.co.kr/?cafe_mkt=u...
이벤트 선착순 나이키 한정판 7,000
나이키 한정판 7,000원 선착순

11번가 강릉맛집
m.11st.co.kr
2023년 새해 쇼핑은 11번가에서! 빠르고 저렴하게 강릉맛집 구매하기!
⑤ T멤버십 추가할인 ························· 3,000원
오늘 장보기 쿠폰 ························· 7,000원
신년맞이 쿠폰최대 ························ 31,000원

책임관리, 퍼스트삼성안과의원 ⑥ 💬 문의
www.firstsamsung.co.kr
노안백내장수술(부작용주의), 라식라섹, 재수술, 망막질환, 원추각막, 강남역 위치

DB손해보험다이렉트자동차보험 ⑧ 🖩 계산
m.directdb.co.kr
1~2월 내차 **보험료**는?신한/삼성/KB/하나/농협카드 최대 3만원 결제혜택

방식	설명
❶ 썸네일이미지형	텍스트 이외에 이미지까지 노출하여 관심을 끌고 클릭과 전환 가능성을 높이는 형태의 확장 소재
❷ 추가 제목	제목 아래 추가설명이 들어가는 형태로 제목에 들어가지 못한 내용을 추가해서 강조 가능
❸ 말머리	할인, 이벤트, 인증, 연관기사 중 1개를 말머리로 선택하여 최대 17자까지 노출 가능
❹ 멀티썸네일	3개의 이미지를 이용하여 풍부한 정보를 제공 가능
❺ 가격테이블	• 주요 상품의 가격 정보를 함께 제시하며 최대 3개까지 가능 • 1개당 최대 9자까지 입력할 수 있으며 가격은 숫자만 입력 가능
❻ 톡채널	• 비즈채널에 연동된 톡채널 1개 설정 가능 • 버튼 클릭 시 연결되는 카카오톡 채널을 통해 사용자에게 마케팅 메시지를 지속적으로 제공할 수 있는 채널 구독 유도 장치
❼ 전화번호	버튼 클릭 시 업체로 직접 연결되는 전화번호를 설정 가능
❽ 계산 버튼	보험 · 대출 업종에 한하여 금액을 계산해 볼 수 있는 링크로 연결
❾ 부가링크	• 주요 상품이나 핵심 페이지 URL을 부가링크 형태로 제공 • 링크 1개당 최대 6자까지 최대 4개의 부가링크 설정 가능

③ 구글 확장 소재

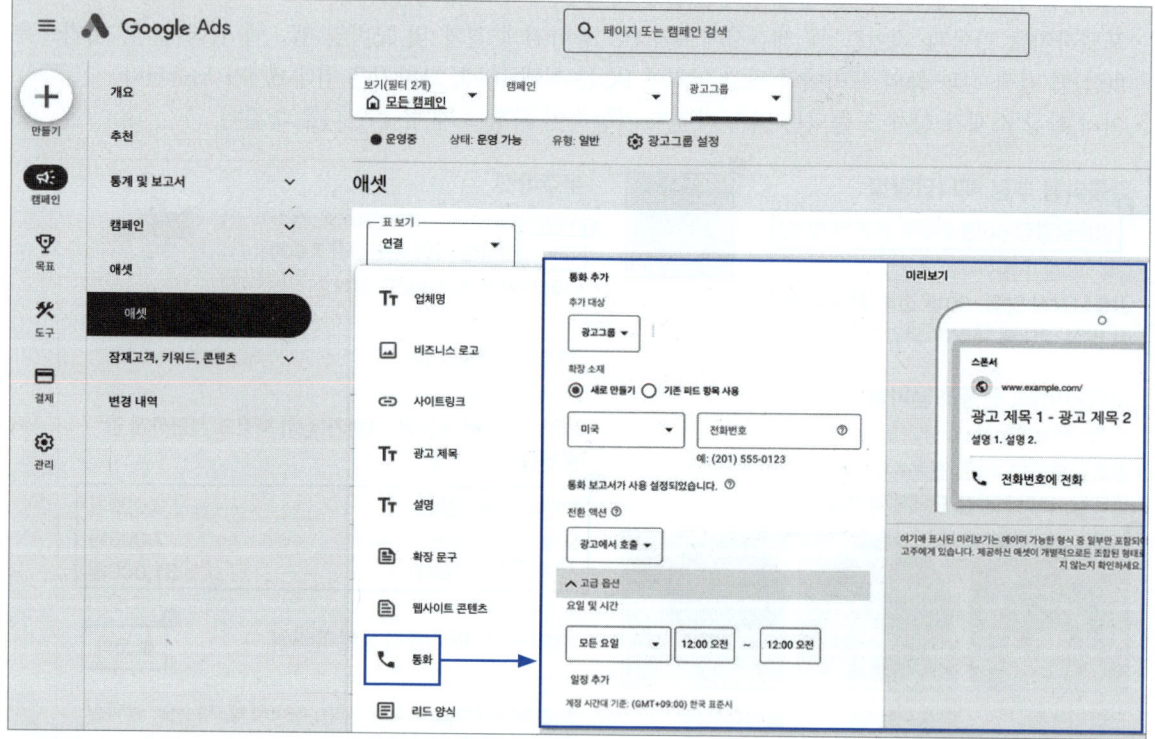

• 구글애즈 좌측의 [캠페인] → [애셋]을 선택한 후 (+)버튼을 누르면 사이트링크, 확장 문구, 웹사이트 콘텐츠, 통화, 피드 양식, 위치, 제휴사 위치, 가격, 앱, 프로모션 등의 확장 소재를 선택할 수 있다.
• 애셋(Asset, 자산)은 제목, 설명, 통화 버튼, 위치정보, 웹사이트 링크, 텍스트 등 광고에 사용되는 소재의 작은 단위를 말한다.
• 구글애즈는 기본적으로 동적 사이트링크 광고 확장, 동적 구조화된 스니펫 광고 확장, 판매자 평점 광고 확장, 동적 콜아웃 광고 확장 등을 통해 광고 성과를 자동으로 높여준다.

- 확장 소재의 경우는 광고주가 추가하는 것과 별개로 실적을 개선할 것으로 예상되거나 광고 게재 순위 및 광고 순위가 일정 순위 이상이 된다고 판단할 때만 노출시킨다.

구글에서 추가할 수 있는 소재

광고목표	확장 유형
사업장에서 구매하도록 유도	위치 확장, 제휴사 위치 확장, 콜아웃 확장
고객 연락 유도	전화번호 확장
웹사이트에서 고객 전환 유도	사이트링크 확장, 콜아웃 확장, 구조화된 스니펫 확장, 가격 확장
앱 다운로드 유도	앱 확장
사용자의 정보 제출 유도	리드 양식 확장

➕ **더 알기 TIP**

등록 가능한 최대 소재 개수

구분		네이버	카카오	구글
(광고) 소재		광고그룹당 5개	• 광고그룹당 20개 • 캠페인당 20,000개 • 비즈채널당 10,000개 • 계정당 20,000,000개	광고그룹당 50개
확장 소재		광고그룹당 유형별 1~15개	광고그룹당 1~8개	• 계정당 광고그룹 수준 250,000개 • 계정당 캠페인 수준 50,000개 • 캠페인당 광고그룹 수준 10,000개

5) 랜딩페이지 전략

- 랜딩페이지는 광고를 클릭하면 나타나는 웹페이지나 다운로드 앱의 링크로 표시 URL과 연결 URL로 나뉜다.
- 표시 URL은 최상위 도메인으로 광고에 표시되는 웹페이지 주소이다.
- 연결 URL은 광고를 클릭했을 때 실제로 연결되는 웹페이지이다.
- 랜딩페이지는 사이트의 메인페이지, 상품 상세페이지, 이벤트페이지 등 광고의 목표에 따라 다양하게 연결될 수 있다.
- 다만, 금융거래나 카드 결제를 위한 보안 모듈이나 팝업창 등이 사용자의 정상적인 사이트 진입을 방해하면 구매전환율이 낮아질 위험이 있다.

🏳 **기적의 TIP**

효율적인 광고 소재를 작성하는 방법
- 사용자의 요구와 혜택에 초점을 맞추어 차별화된 장점을 강조한다.
- 검색한 키워드에 직접 대응하는 표현을 사용하여 원하는 것을 보유하고 있다는 것을 직관적으로 알린다.
- 구체적인 클릭 유도 문안을 사용한다.
- 광고 소재는 복수로 등록하여 우수한 실적의 소재를 끊임없이 발굴해야 한다.
- 광고 확장을 사용하면 광고가 눈에 더 잘 띄고 유용한 정보도 더 많이 표시할 수 있으므로 광고 확장을 최대한 사용한다.
- 구글에서는 성과를 높이기 위해서 광고 확장 소재를 4개 이상 추가할 것을 권장하고 있다.

06 비즈채널 및 광고 대상 관리

1) 네이버 비즈채널 관리 방법

① 비즈채널의 등록

- 비즈채널은 광고를 클릭한 고객이 확인할 수 있는 정보로, 광고 집행을 위해서는 비즈채널을 먼저 등록해야 한다.
- 등록은 네이버 광고 시스템에 접속하여 [도구 → 비즈채널 관리] 메뉴에서 [채널 추가] 버튼을 누르면 된다.
- 계정당 총 1,000개의 비즈채널을 추가할 수 있으며 전화번호 유형 중 통화추적번호는 최대 50개, 네이버 톡톡 계정은 최대 5개까지 등록할 수 있다.
- 등록이 완료되면 확장 소재 탭에서 노출을 원하는 채널을 선택하여 노출할 수 있다.

② 비즈채널의 종류

비즈채널	설명
웹사이트	PC와 모바일 사이트를 별도의 비즈채널로 등록하여 관리
쇼핑몰	• 쇼핑 검색광고를 집행하려면 '쇼핑몰 비즈채널'이 설정되어야 함 • 네이버쇼핑에 입점한 쇼핑몰이 있는 경우에만 비즈채널을 추가할 수 있으며 해당 쇼핑몰의 정보 및 상품을 광고관리자에서 불러와 연동시킬 수 있음
콘텐츠	파워콘텐츠 광고를 집행하려면 블로그, 포스트, 카페 등의 콘텐츠 비즈채널을 추가해야 함
쇼핑 제조사	네이버쇼핑 카탈로그 제품의 제조사라면 네이버쇼핑에 등록된 정보를 조회하여 등록할 수 있음
네이버 TV	네이버 TV에 등록된 채널과 영상을 연동하여 등록
플레이스	네이버 스마트 플레이스에 등록된 업체 정보와 연동하여 등록
전화번호	• '전화번호'와 '통화추적번호' 중 선택할 수 있음 • 통화추적번호를 선택하면 광고에 가상의 전화번호를 노출하여 광고를 통한 문의인지 확인 가능
위치정보	상품 구매 및 상담 등을 위해 방문할 수 있는 사업장 이름 및 주소를 등록
네이버 예약	네이버 예약서비스를 통해 계정을 생성할 수 있으며, 홈페이지, 지도, 블로그, SNS 등 다양한 곳에 노출 가능
네이버 톡톡	고객과 직접 대화할 수 있는 채팅 서비스 등록 가능

③ 비즈채널 관리

- 네이버 광고 시스템에 접속하여 [정보관리 → 비즈채널]을 선택하면 수정과 삭제 등의 관리가 가능하다.
- 비즈채널 삭제 시 해당 채널을 사용하는 캠페인 하위 광고그룹, 광고그룹 내 키워드 소재, 확장 소재 전체와 품질지수도 삭제되며 복구되지는 않는다.
- 전화번호, 위치정보 비즈채널은 삭제 시 해당 채널을 사용한 확장 소재는 삭제되지만, 광고그룹은 삭제되지 않는다.
- 전화번호 채널에 통화추적번호가 연결된 경우 추적번호 삭제 후 전화번호 채널 삭제가 가능하다.
- 웹사이트 채널 정보에 노출되는 이미지는 시스템이 일정 주기로 자동 캡처되고 검색 결과 미리보기 등에서 사용되므로 임의 수정이 불가능하다.
- 사전에 등록한 비즈채널이 없으면, 광고그룹에서 비즈채널을 등록할 수 있다.

2) 카카오 비즈채널 관리 방법

- 카카오의 비즈채널은 광고 시작을 위해 반드시 입력해야 하며 캠페인 단위로 필요하다.
- [도구 → 비즈채널 관리]에서 비즈채널을 새로 등록하거나 기존 비즈채널 관리가 가능하다.

비즈채널 등록을 위한 주요 항목

구분	소재
웹사이트 URL	광고하고자 하는 웹사이트 주소를 입력
검수 계정	회원제로 운영되는 사이트이거나 성인 사이트일 경우 심사를 위해 개인정보가 포함되지 않은 테스트용 아이디와 비밀번호를 기재해야 함
카카오톡 채널	접속한 카카오 계정을 기준으로 비즈채널에 연동할 카카오톡 채널을 불러옴
업종 선택	광고주의 업종을 선택
서류 첨부	업종 카테고리에 필요한 서류를 등록해야 하며 필요 서류가 모두 등록되지 않은 경우 비즈채널 심사에서 보류될 수 있음
저장	기재한 내용이 저장되어 자동으로 심사담당자에게 등록이 요청됨

07 검색 엔진별 등록 가능한 개수 총정리

구분	네이버	카카오	구글
가입	사업자 최대 5개, 개인 2개	제한 없음	제한 없음(관리자 계정에서 연결할 수 있는 비관리자 계정 한도 85,000개)
비즈채널	• 계정당 최대 1,000개 • 전화번호 최대 50개 • 네이버톡 최대 5개	• 계정당 최대 1,000개 • 카카오톡 채널 2개 연동 가능	비즈채널 없음
캠페인	계정당 최대 200개	계정당 최대 1,000개 (안정적인 권장 계정수 200개)	• 계정당 최대 10,000개 • 계정당 스마트 쇼핑 캠페인 100개
광고그룹	• 캠페인당 최대 1,000개 • 계정당 최대 10,000개	캠페인당 최대 1,000개	• 캠페인당 20,000개 • 지역과 앱 캠페인은 100개 • 광고그룹당 이미지 광고 혹은 갤러리 광고 300개, 텍스트 광고 50개 • 계정당 광고 400만 개 • 광고그룹당 반응형 검색광고 3개 • 광고그룹당 타겟팅 항목(키워드, 게재위치, 잠재고객 목록 등) 20,000개
키워드	• 광고그룹당 최대 1,000개 • 캠페인당 최대 100,000개 • 계정당 최대 100,000개 ◼ 제외 키워드 한도 • 광고그룹당 50개 • 쇼핑 검색광고는 140개(광고그룹당 70개 + 상품 소재당 70개)	• 광고그룹당 최대 1,000개 • 계정당 최대 300,000개 ◼ 제외 키워드 한도 광고그룹당 50개	• 광고그룹당 20,000개 　(그룹 5~20개 권장) ◼ 타겟팅 항목 수 • 계정당 광고그룹 최대 5백만 개 • 계정당 캠페인 최대 1백만 개 ◼ 제외 키워드 한도 • 목록당 5,000개 • 캠페인당 10,000개 • 디스플레이 네트워크 및 동영상 캠페인당 최대 5,000개
소재	광고그룹당 최대 5개	광고그룹당 최대 20개	광고그룹당 최대 50개

08 광고 노출 전략 관리

1) 네이버의 광고 노출 전략

① 캠페인 단위

- 캠페인을 선택하면 상단 우측의 '캠페인 정보'에서 [수정]을 클릭하여 하루예산을 설정하면 예산 범위 내에서 하루 동안 꾸준히 광고가 유지되도록 시스템이 자체적으로 조절한다.
- '캠페인 정보'의 [ON/OFF] 상태를 선택하여 캠페인의 광고 노출 여부를 제어할 수 있다. 'OFF'로 설정할 경우 해당 캠페인 하위에 포함되는 광고는 모두 노출 중단된다.
- [고급옵션]을 눌러 '기간'에서 원하는 날짜를 선택하여 광고를 노출할 수 있다.
- '추적 기능'을 선택하여 클릭된 광고에 대한 정보를 URL 파라미터로 광고주의 사이트에 전달하는 기능을 활성화할 수 있다.
- URL 파라미터란 'http://www.motor-abc.com/model-a.html?q=최강의쇼핑몰'과 같이 q나 query 등의 약속된 항목에 검색어 등을 연결해서 추적하는 기능을 말한다.
- 추적 기능을 활성화한 웹사이트를 네이버 애널리틱스에 연결하면 해당 유입을 자동 인식해 분석한다.
- 네이버 애널리틱스(analytics.naver.com)는 방문자수, 인기 페이지, 유입 경로, 체류 시간, 재방문 비율 등을 무료로 제공하여 캠페인 효율 판단과 크리에이티브 최적화에 도움을 주며, 권한 공유 기능을 통해 팀 협업 분석이 가능하고 설치 및 사용이 구글 애널리틱스에 비해 쉽다.

네이버 광고 캠페인 단위에서 변경할 수 있는 사항

캠페인 단위		항목
기본 설정		ON/OFF, 상태, 캠페인 이름, 캠페인 유형, 노출수, 클릭수, 클릭률, 평균클릭비용, 총비용
사용자 설정	일반정보	노출 기간, 하루예산, 예산 배분, 광고그룹 수, 키워드 수
	성과 지표	전환수, 전환율
	기타	캠페인 ID, 등록 시각, 수정 시각

② 광고그룹 단위

- 광고그룹을 선택하면 상단 우측의 '광고그룹 정보'에서 [수정]을 클릭하여 하루예산, 매체, 지역, 요일 및 시간대, 콘텐츠 매체, PC 및 모바일 입찰가중치, 소재 노출 방식 등의 광고 노출 관리가 가능하다.
- [매체] 설정에서 '모든 매체'를 선택하면 네이버 및 네이버 검색광고 제휴 파트너사의 광고 영역에 광고가 노출된다.
- 세부 매체 유형 선택을 통해 검색 매체와 콘텐츠 매체 그리고 네이버 매체와 파트너 매체로 나누어 선택할 수 있으며, 노출하고 싶지 않은 경우에는 노출 제한 매체도 설정할 수도 있다.
- [광고그룹명] 클릭 → [타겟팅 탭 추가] 클릭 → [지역] 선택 → [지역 타겟팅 변경] 클릭의 과정을 통해 광고 노출 지역 설정 혹은 노출 제외 지역을 최대 100개까지 등록하여 광고 노출 지역을 보다 세분화하고 편리하게 관리할 수 있다.
- '국내-상세위치 확인 불가'의 경우 기술적으로 대한민국에 위치한 이용자인 것은 확인이 가능하지만 시/도, 시/군/구, 읍/면/동의 상세 위치에 대한 확인은 불가능한 경우를 말한다.
- 상세데이터 메뉴에서 성별 구분, 연령대 구분을 선택하면 운영 중인 소재/그룹별로 성별/연령대의 광고 성과를 확인할 수 있다.

- 설정이 가능한 타겟 연령은 14세 이상이며, 14세 미만 연령대에도 노출하고자 한다면 모든 연령대로 설정해야 한다.
- 기존 노출수/클릭수/비용 외 기본 항목으로 추가된 전환 관련 지표까지 함께 볼 수 있으며 해당 보고서를 통해 성별/연령대별 광고 효과를 확인할 수 있다.

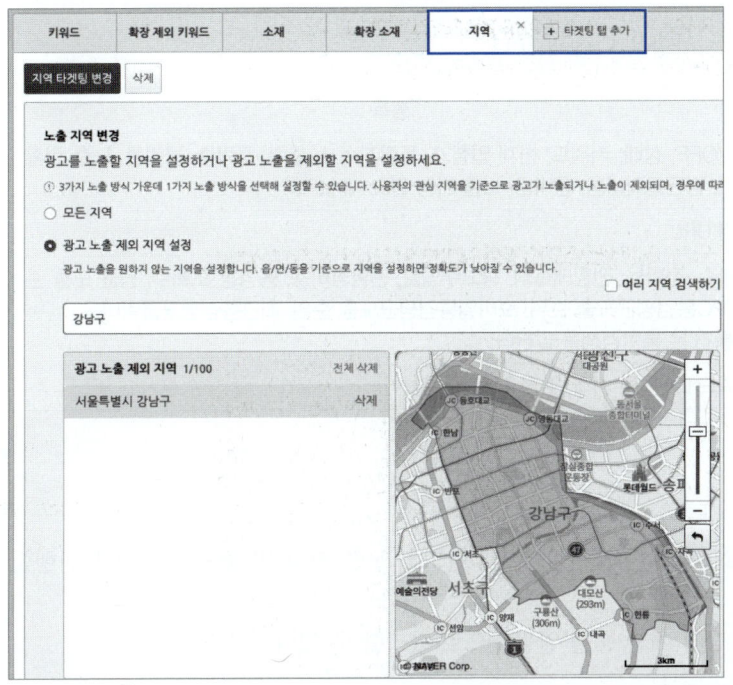

- 검색광고는 네이버 검색 결과뿐 아니라, 네이버 뉴스, 지식인 등의 내부 페이지와 제휴 콘텐츠 파트너 페이지에 노출할 수 있으며, 콘텐츠 매체별로 전용가를 입력할 수 있다.
- 네이버 광고그룹 단위에서 변경할 수 있는 사항은 다음과 같다.

그룹 단위		항목
기본 설정		ON/OFF, 상태, 광고그룹 이름, 기본 입찰가, 채널 정보, 노출수, 클릭수, 클릭률, 평균클릭비용, 총비용
사용자 설정	일반정보	키워드 수, 소재 개수, 매체, 하루예산 사용여부, 키워드 확장 사용 여부, 예산 잠김, 소재 노출 방식, 자동입찰 유형
	성과 지표	전환수, 전환율, 전환매출액, 광고수익률, 전환당비용, 동영상 조회수
	기타	광고그룹 ID, 등록 시각, 수정 시각, 즐겨찾기

🏳 **기적의 TIP**

즐겨찾기 설정하기
- 네이버 검색광고 관리시스템 좌측 상단에는 '즐겨찾기'라는 메뉴가 있다.
- 즐겨찾기 묶음은 총 10개가 제공되며 하나의 즐겨찾기 묶음에는 광고그룹, 키워드, 소재를 합쳐 총 1,000개까지 추가할 수 있고 즐겨찾기의 이름도 바꿀 수 있다.
- 즐겨찾기에 키워드·소재 등을 추가하면 다른 계정으로 로그인한 관리자나 모바일 광고 시스템에서도 확인할 수 있으므로 누구나 어떤 환경에서도 '입찰가 변경', 'ON/OFF' 등 작업을 쉽게 진행할 수 있다.

③ 키워드 단위

- 키워드를 선택하면 상단에 키워드, 확장 제외 키워드, 소재, 확장 소재 등을 관리할 수 있는 메뉴 탭이 보인다.
- 탭의 맨 우측에 있는 [+] 타겟팅 탭 추가 버튼을 누르면 지역, 요일/시간대, 성별, 연령대 등의 상세 타겟팅 설정이 가능하다.
- 네이버 키워드 단위에서 변경할 수 있는 사항은 다음과 같다.

키워드 단위		항목
기본 설정		ON/OFF, 상태, 키워드, 현재 입찰가, 품질지수, 노출수, 클릭수, 클릭률, 노출 현황 보기, 평균클릭비용, 총비용, 노출 가능 광고 개수(PC)
사용자 설정	일반정보	연결 URL
	성과 지표	전환수, 전환율, 전환매출액, 광고수익률, 전환당비용, 동영상 조회수, 평균 노출 순위, PC통검평균노출 순위, 모바일통검평균노출 순위, 최근통검평균클릭비용 ※'통검'은 통합검색을 말한다.
	기타	키워드 ID, 등록 시각, 수정 시각, 즐겨찾기

2) 카카오의 광고 노출 전략

① 캠페인 단위

- 카카오의 대시보드 좌측 상단에는 [ON/OFF] 버튼이 있어서 광고의 노출 시작 및 중단을 손쉽게 진행할 수 있다.
- 다수의 캠페인·광고그룹·키워드 설정의 예산 등을 일괄적으로 관리할 수 있다.

② 광고그룹 단위

- 선택한 광고그룹의 기본 입찰가, 콘텐츠 매체 입찰가, 입찰가중치, 일예상, 매체 유형, 디바이스, 키워드 확장, 집행일자에 대한 일괄적인 수정이 가능하다.
- 집행일자 수정으로 원하는 날짜를 지정하여 광고하는 것이 가능하며, 1시간 단위로 노출 요일 및 시간을 설정할 수 있다.
- '키워드 확장'을 설정하면 광고그룹 하위에 등록된 키워드 외에 연관된 키워드에 자동으로 광고를 노출할 수 있으며, 확장된 키워드 내에서도 제외 키워드를 추가할 수 있다.

③ 키워드 단위

- 입찰가를 변경하려는 키워드 옆의 체크박스를 클릭하면 '고정입찰'과 '광고그룹의 기본입찰가' 중에서 선택할 수 있는데, '고정입찰'을 설정하면 키워드별 입찰가를 별도로 설정할 수 있다.
- 입찰 가중치는 광고그룹에 설정된 값을 그대로 사용하며 콘텐츠 매체의 경우 키워드별 입찰가 사용이 불가하다.

④ 소재 단위

- '소재 만들기'를 클릭하면 캠페인 〉 광고그룹을 선택한 뒤 새 소재와 기존 소재 사용하기 중에서 선택하여 등록하게 된다.
- '확장 소재 추가하기'를 눌러 여러 확장 소재를 등록할 때는 너무 많은 소재를 선택하기보다 광고목표에 적합한 소재를 선택적으로 적용하는 것이 중요하다.

⑤ 보고서
- 좌측의 '보고서'를 누르면 맞춤보고서를 만들 수 있고, 이미 집행한 광고 결과를 바탕으로 원하는 항목별로 구성할 수 있다.
- 광고 계정, 캠페인, 광고그룹, 키워드, 소재별로 단위를 구분하여 다양한 보고서를 만들 수 있으며, 저장 및 수정, 다운로드가 가능하다.
- 열 항목 설정을 통해 광고 노출수, 클릭수, 비용, 클릭률 등의 기본 지표, 시작일~종료일 동안의 전체 노출수와 클릭비용, 평균 노출 순위 등의 추가 지표 그리고 픽셀&SDK 전환지표 등을 확인할 수 있다.
- 분석데이터 설정을 통해 광고가 노출 및 클릭된 디바이스 · 매체 유형 · 시간대를 기준으로 광고 효율 분석이 가능하다.

3) 구글의 광고 노출 전략

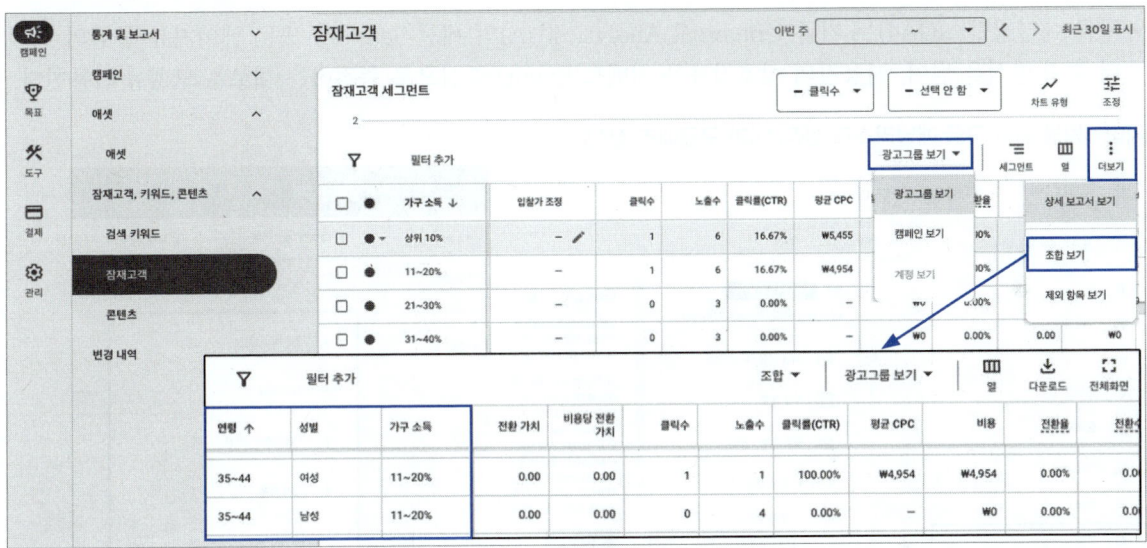

① 노출 전략 설정
구글애즈 좌측 메뉴의 [잠재고객] 탭을 클릭하고 '광고그룹 보기' 드롭다운 메뉴에서 '광고그룹 보기, 캠페인 보기, 계정 보기'를 선택하면 각 단위에서 노출 전략에 맞게 네트워크, 위치, 언어, 예산, 시작일 및 종료일을 설정할 수 있다.

② 타겟팅 설정
- 우측 맨 끝의 더보기(:)를 누르면 연령, 성별, 가구 소득 등의 인구통계 탭을 통해 타겟팅을 설정할 수 있다.
- 고객이 사용하는 언어와 광고가 게재될 특정 위치의 타겟팅도 할 수 있다. 국가, 국내 일부 지역, 특정 위치를 중심으로 하는 반경 지역과 같은 위치 유형도 설정할 수 있다.

③ 리마케팅 설정하기
- 특정 웹사이트나 페이지에 방문했던 사람들에게 쿠키를 심어 다시 노출하는 광고를 말한다.
- 사이트를 방문한 적이 있는 사용자를 대상으로 디스플레이 광고 캠페인을 맞춤설정하고, 이들 사용자가 구글 및 검색 파트너 사이트에서 검색하거나 앱을 사용할 때 사용자에게 맞춰 입찰가와 광고를 설정하는 기능이다.

- 리마케팅은 '사이트 방문자 데이터'를 모수로 진행된다. 리마케팅 활용 시 모수에 해당되는 유저가 검색하면 일반노출과 다른 광고를 설정할 수 있으며, 각 모수에 맞는 광고 문안의 작성이 가능하다.
- 리마케팅을 진행하려면 모수를 모아야 하므로 먼저 구글애즈와 구글 애널리틱스를 연결한 뒤 데이터 수집 설정을 해야 한다.
- 좌측의 '도구'에서 [데이터 관리자 → Google 애널리틱스]를 선택하여 구글 애널리틱스를 연결한다.
- 구글 애널리틱스 좌측 맨 하단의 '관리'를 누르고 [계정설정 → 추적 정보 → 데이터 수집]을 누른 후 설정을 ON으로 바꾼다.
- 다시 구글애즈로 돌아와 계정 좌측의 [도구 → 공유 라이브러리 → 잠재고객 관리자] 순으로 접속하여 '잠재고객 관리자' 페이지를 통해 리마케팅 목록을 만든다.
- (+)를 눌러 목록의 '웹사이트 방문자, 앱 사용자, YouTube 사용자, 고객 목록, 맞춤조합' 중 선택할 수 있다.
- 구글 애널리틱스(GA4)는 기존 Universal Analytics(UA)의 세션(Session) 또는 페이지뷰 중심의 데이터 수집 방식을 넘어, 사용자의 상호작용을 이벤트(Event) 중심으로 측정하는 새로운 모델을 사용한다.

리마케팅을 위한 구글 애널리스트 설정(좌)과 구글애즈 설정(우)

09 광고 품질 관리

1) 네이버 품질지수

- 네이버 품질지수는 7단계로 분류하여 막대의 형태로 보여준다. 막대 1~2개는 다른 광고에 비해 광고 품질이 좋지 않다는 의미이고, 3~5개는 보통 수준, 6~7개는 다른 광고에 비해 광고 품질이 높다는 뜻이다.
- 광고 순위는 입찰가와 품질지수 두 가지를 고려하여 결정되므로 실제 광고 클릭비용은 품질지수를 고려하여 산정된다.
- 품질지수가 높을수록 실제 지불하는 광고비가 낮아진다.

2) 카카오 품질지수

- 카카오의 품질지수는 7단계의 막대 형태로 보여주며, 높을수록 상대적으로 좋은 품질을 의미한다.
- 신규로 등록한 그룹의 키워드에는 막대 0개가 부여되며, 0~3개는 각별한 주의를 요하는 경우, 4~5개는 보통 수준, 6~7개는 우수한 품질이다.
- 카카오의 광고 노출 순위 역시 입찰가 및 품질지수에 따라 결정된다.

3) 구글 품질평가점수

- 구글의 품질평가점수는 키워드 단위로 CTR(예상클릭률), 광고 관련성, 방문 페이지 만족도의 실적을 통합적으로 고려하여 산출된다.
- 지난 90일 동안 같은 키워드로 게재된 타 광고주의 광고와 비교한 결과를 바탕으로 1~10점으로 평가된다.
- 품질평가점수가 높을수록 다른 광고주에 비해 내 광고 및 방문 페이지가 내 키워드 검색 사용자에게 관련성 높고 유용하다는 것을 의미한다.
- 품질평가점수가 높은 경우 클릭당 지불 비용이 감소하며, 광고 게재 위치가 상승하는 등 여러 혜택을 누릴 수 있다.

02   무효 클릭 관리

01 무효 클릭의 의미

- 무효 클릭이란 비정상적인 상황에서 발생하는 클릭을 말하며 예시는 다음과 같다.
    - 의도적인 광고비 소진, 품질지수 상승 등 특정한 목적을 가진 인위적인 클릭
    - 로봇 및 자동화된 도구 등의 각종 소프트웨어에 의하여 발생하는 클릭
    - 사용자의 실수나 관리자의 내용 검수 등에 의해 발생하는 광고 성과와 무관한 클릭
    - 그 외 일반적으로 유저의 검색 패턴에서 벗어난 클릭
    - 검색광고 본래 취지에 맞지 않는 무의미한 클릭

02 매체별 무효 클릭 관리

1) 네이버

① 네이버 클린센터

무효 클릭이 의심되는 경우 네이버 클린센터로 광고 클릭이 일어난 날짜와 시각, 해당 키워드, 광고를 클릭한 기기의 IP 주소, 광고 게재 중인 URL 등을 제공하여 검증을 요청할 수 있다.

② 노출 제한 IP 등록

광고 노출 제한 IP는 광고 시스템 상단의 [광고 시스템 → 도구 → 광고 노출 제한관리] 페이지에서 최대 600개까지 등록할 수 있다.

③ 유동 IP 차단

계속 변경되어 접속하는 유동 IP의 경우 마지막 네 번째 자리에 와일드카드 문자(∗)를 사용하는 확장 IP를 입력하여 차단할 수 있다. 예 '211.162.32.∗'로 입력

④ 로그분석 시스템으로 확인

부정 클릭이 의심되는 사이트 방문자의 경우 호스팅 업체나 별도 로그분석 시스템을 통하여 IP를 확인할 수 있다.

PART 01
PART 02
PART 03
PART 04
PART 05
PART 06
PART 07

2) 카카오

① 카카오 고객센터

무효 클릭이 의심되는 경우 카카오 고객센터에 클릭 날짜, 의심키워드, 의심 IP와 클릭 로그 파일을 제공하여 접수한다.

② 광고 노출 제한

- 의심되는 IP나 사이트가 있다면 좌측의 [광고자산관리 → 광고 노출 제한] 설정 메뉴에서 최대 500개까지 등록할 수 있다.
- 유동 IP의 경우에는 마지막 네 번째 자리에 와일드카드 문자(*)를 입력하여 차단할 수 있다.

3) 구글

① 구글이 생각하는 무효 클릭

- 사용자가 의도하지 않은 클릭이나 악성 소프트웨어로부터 발생한 클릭 등, 구글에서 불법으로 간주하는 광고 클릭을 무효 클릭으로 규정한다.
- 구글 시스템은 광고에 발생한 클릭을 자세히 검사하여 무효 클릭 및 노출을 파악하고 계정 데이터에서 삭제한다.
- 구글에서 무효로 간주하는 클릭의 사례는 다음과 같다.
  - 광고비 및 광고 호스팅 웹사이트 소유자의 이익을 늘리기 위한 인위적 클릭
  - 자동화된 클릭 도구, 로봇 또는 기타 사기성 소프트웨어를 이용한 클릭
  - 더블클릭의 두 번째 클릭처럼 광고주에게 무의미한 클릭

② 무효 클릭 환불

- 무효 클릭으로 확인되면 무효 클릭에 대해 비용이 청구되지 않도록 보고서와 결제 금액에서 해당 클릭을 자동으로 필터링한다.
- 자동 감지 시스템에서 잡아내지 못한 무효 클릭이 있으면 해당 클릭에 대해 크레딧(환불)을 받을 수 있다.

? Quiz

PART 01
PART 02
PART 03
PART 04
PART 05
PART 06
PART 07

01 캠페인 예산 도달의 경우, 광고그룹 하루예산을 변경하거나 제한 없음으로 변경한다.　　 O X

02 검색광고 예산 전략은 최소 1만 원부터 설정할 수 있다.　　 O X

03 네이버 광고관리 시스템에서 지역 전략은 국내의 경우 전국 17개 시/도 단위로 노출 지역을 설정할 수 있다.　　 O X

04 네이버의 경우 그룹 전략의 성과 기반 노출을 선택하면 그룹 내 성과가 좋은 소재 위주로 노출이 된다.　　 O X

05 카카오 키워드 광고의 품질지수는 그룹 단위로 부여되므로 그룹 내의 키워드와 소재의 조합, 사이트와의 연관성이 중요한 변수가 될 수 있다.　　 O X

06 캠페인 기간 외인 경우, 광고 노출 기간을 광고그룹 요일 및 시간대를 자유롭게 재설정할 수 있다.　　 O X

07 네이버는 광고품질지수를 7개의 막대로 나타내고 있으며 초기 광고주의 품질지수는 4개가 부여된다.　　 O X

08 광고 품질은 광고의 노출 순위지수 결정에 영향을 미친다.　　 O X

09 품질지수를 통해 광고가 얼마나 효율적으로 운영되고 있는지 파악할 수 있다.　　 O X

10 그룹에 부여되는 품질지수가 높을 경우, 광고 입찰가가 낮더라도 높은 순위에 노출될 수 있다.　　 O X

11 한 그룹 안에 서로 관련성이 있고 성과가 높은 키워드를 넣으면 품질지수가 높아질 수 있다.　　 O X

12 그룹 예산 도달의 경우, 캠페인 '하루예산'을 높은 금액으로 변경 혹은 '제한 없음'으로 변경한다.　　 O X

13 구글은 입찰 시점의 경쟁 현황과 상관없이 매번 동일한 결과가 제공된다. ☐O ☒X

14 네이버 사이트검색광고 클릭당 광고비는 입찰가와 동일하게 과금된다. ☐O ☒X

15 카카오는 자동입찰 기능으로 랜덤 노출 방식과 성과 우선 노출 방식을 선택할 수 있다. ☐O ☒X

16 네이버 입찰가 변경은 희망 순위와 한도액을 설정하여 진행된다. ☐O ☒X

17 구글 검색광고는 광고그룹당 최대 50개까지 등록할 수 있다. ☐O ☒X

18 네이버 사이트검색광고의 경우, 광고그룹당 최대 5개까지 등록할 수 있다. ☐O ☒X

19 카카오 키워드 광고는 광고그룹당 최대 50개까지 등록할 수 있다. ☐O ☒X

20 네이버, 카카오, 구글 검색광고 모두 광고 소재에 키워드를 삽입하는 기능을 제공한다. ☐O ☒X

정답				
01 ×	02 ×	03 ×	04 ○	05 ×
06 ×	07 ○	08 ○	09 ○	10 ○
11 ○	12 ×	13 ×	14 ×	15 ×
16 ×	17 ○	18 ○	19 ×	20 ○

해설
01 캠페인 예산 도달의 경우, 캠페인 하루예산을 변경하거나 제한 없음으로 변경한다.
02 통상적으로 70원부터 시작되며 쇼핑 검색은 50원부터이다.
03 읍/면/동까지 가능하다.
05 품질지수는 키워드 단위로 부여된다.
12 그룹 예산 도달의 경우, 광고그룹 '하루예산'을 높은 금액으로 변경 혹은 '제한 없음'으로 변경한다.
13 매번 다른 결과가 나온다.
14 차순위 입찰가+10원에 부가가치세가 포함된 금액이 과금된다.
15 카카오는 광고를 게재하면 기본값으로 자동입찰이 설정되기 때문에 자동입찰 설정 '기능'이 없다.
16 희망순위와 평균 입찰가를 설정하여 진행된다.
19 광고그룹당 소재는 네이버 최대 5개, 카카오가 최대 20개, 구글이 최대 50개까지 가능하다.

01 다음 중 키워드를 선택하고 발굴하는 방법으로 옳지 않은 것은?

① 인기 연예인 등 다양한 사회적 이슈와 관련된 키워드는 제품과 상관이 없는 경우에도 매출을 높일 수 있다.

② 검색 목적을 포괄적으로 나타내는 대표 키워드를 선택하면 노출을 증대시킬 수 있으나 비용이 많이 소요된다.

③ 세부 키워드를 효율적으로 확장하면 낮은 가격으로 광고 효과를 높일 수 있다.

④ 네이버의 키워드 도구 등 키워드를 추천해 주는 기능을 활용하면 손쉽게 키워드를 발굴할 수 있다.

02 다음 중 네이버 광고 노출 전략에 대한 설명으로 가장 알맞은 것은?

① 요일/시간대 설정에서 1시간 단위로 ON/OFF 할 수 있다.

② 매체 설정을 통해 광고 노출을 원하는 개별 블로그를 선택할 수 있다.

③ 지역은 시/군/구 단위가 최소노출 설정 단위이다.

④ 모바일 입찰가중치를 200%로 하면, PC 대비 모바일 광고 노출수를 2배로 높이겠다는 뜻이다.

[3~5] 다음의 '반바지'와 '청바지' 두 키워드에 대해 각의 상황에서 올바른 답을 구하라.

> – 광고그룹: 바지 (기본 입찰가 500원, 콘텐츠 매체 전용 입찰가 100원)
> – PC 입찰가 가중치 100%, 모바일 입찰가 가중치 200%
> – 광고 키워드: 반바지(키워드 입찰가 설정되지 않음, 기본 입찰가 사용), 청바지(키워드 입찰가 700원)

03 두 키워드가 모바일 노출 매체인 네이버 모바일 통합검색에 노출될 때의 입찰가는 얼마인가?

① 반바지:　　500원, 청바지:　　700원
② 반바지:　　500원, 청바지: 1,000원
③ 반바지:　　700원, 청바지: 1,400원
④ 반바지: 1,000원, 청바지: 1,400원

04 두 키워드가 PC 노출 매체인 네이버 PC 통합검색에 노출될 때의 입찰가는 얼마인가?

① 반바지:　　500원, 청바지:　　700원
② 반바지:　　500원, 청바지: 1,000원
③ 반바지:　　700원, 청바지: 1,400원
④ 반바지: 1,000원, 청바지: 1,400원

05 두 키워드가 콘텐츠 매체인 네이버 블로그에 노출될 때 PC 환경과 모바일 환경에서의 입찰가는 얼마인가?

① PC 100원, 모바일 100원
② PC 100원, 모바일 200원
③ PC 200원, 모바일 100원
④ PC 200원, 모바일 200원

06 다음 중 카카오의 전략 설정과 그 설정 그룹이 짝지어진 것으로 옳지 <u>않은</u> 것은?

① 키워드 확장 – 캠페인
② 일예산 – 그룹
③ 노출 요일, 시간 – 캠페인
④ 입찰가중치 – 그룹

07 다음 중 구글 검색광고에서 제공하는 자동입찰 기능이 <u>아닌</u> 것을 고르시오.

① 타겟 CPA
② 타겟 ROAS
③ 전환수 최대화
④ 입찰 최대화

08 다음 중 검색광고 관리 전략에서 검색광고의 키워드 확장 방법이 <u>아닌</u> 것은?

① 계절, 이슈 등을 반영하여 주기적으로 확장하는 것이 좋다.
② 실제 광고주가 판매하고 있는 다양한 상품 등의 키워드를 확장한다.
③ 경쟁사의 브랜드 키워드를 먼저 확장하는 것이 중요하다.
④ 키워드와 키워드 간의 조합으로 확장하기도 한다.

09 다음 중 네이버 검색광고의 그룹 전략 설정에 대한 설명으로 옳은 것은?

① 네이버 파워콘텐츠가 노출되는 영역은 통합검색, 지식인, 뉴스와 제휴 네트워크 등이 있다.
② 일예산 전략은 최소 1만 원부터 설정할 수 있다.
③ 지역 전략은 국내의 경우 전국 1특별시, 6광역시, 1특별자치시, 8도, 1특별자치도의 17개 시/도 단위로 노출 지역을 설정할 수 있다.
④ 그룹 전략의 성과 기반 노출을 선택하면 그룹 내 성과가 좋은 소재 위주로 노출이 되는 방식이다.

10 다음 중 검색광고의 광고 품질 관리에 대한 설명으로 <u>틀린</u> 것은?

① 카카오 키워드 광고의 품질지수는 키워드 단위로 부여되므로 그룹 내의 키워드와 소재의 조합, 사이트와의 연관성이 중요한 변수가 될 수 있다.
② 노출 순위는 최대노출수와 광고 품질을 고려하여 설정된다.
③ 네이버는 광고 품질지수를 7개의 막대로 나타내고 있으며 초기 광고주의 품질지수는 4개가 부여된다.
④ 광고 품질은 광고의 노출 순위지수 결정에 영향을 미친다.

11 다음 중 광고품질지수 관리 전략에 관한 설명으로 틀린 것은?

① 품질지수를 통해 광고가 얼마나 효율적으로 운영되고 있는지 파악할 수 있다.

② 그룹에 부여되는 품질지수가 높을 경우, 광고 입찰가가 낮더라도 높은 순위에 노출될 수 있다.

③ 한 그룹 안에 서로 관련성이 있고 성과가 높은 키워드를 넣으면 품질지수가 높아질 수 있다.

④ 비용이 큰 키워드를 구매하면 많은 클릭을 받을 수 있어 품질지수를 높일 수 있다.

12 다음 중 입찰 관리에 대한 설명으로 가장 알맞은 것은?

① 구글은 입찰 시점의 경쟁 현황과 상관없이 매번 동일한 결과가 제공된다.

② 네이버 사이트검색광고 클릭당 광고비는 입찰가와 동일하게 과금된다.

③ 카카오는 자동입찰을 설정할 수 있는 기능이 없다.

④ 네이버 자동입찰은 희망순위와 한도액을 설정하여 진행된다.

13 다음 중 소재 관리에 대한 설명으로 틀린 것은?

① 구글 검색광고는 광고그룹당 최대 50개까지 등록할 수 있다.

② 네이버 사이트검색광고의 경우, 광고그룹당 최대 5개까지 등록할 수 있다.

③ 카카오 키워드 광고는 광고그룹당 최대 50개까지 등록할 수 있다.

④ 네이버, 카카오, 구글 검색광고 모두 광고 소재에 키워드를 삽입하는 기능을 제공한다.

14 다음 중 무효 클릭에 대한 설명으로 틀린 것은?

① 구글은 자동 감지 시스템에서 잡아내지 못한 무효 클릭에 대해 크레딧을 받을 수 있다.

② 사전/사후 모니터링이 진행되며, 필터링 로직 및 결과는 공개하지 않고 있다.

③ 네이버는 광고 노출 제한 설정 메뉴에서 사이트를 등록하여 광고가 노출되지 않도록 제한할 수 있다.

④ 검색광고 본래의 취지에 맞지 않는 무의미한 클릭을 의미한다.

15 다음 중 네이버의 무효 클릭에 대한 설명으로 틀린 것은?

① 부정 클릭에 대해 광고주를 보호하기 위해 클린 센터를 운영하고 있다.

② 광고 시스템에서 광고 노출 제한 기능을 통해 특정 IP에 대해 광고 노출 제한 기능을 사용할 수 있다.

③ 네이버는 광고 노출 제한 기능을 통해 최대 600개의 IP 주소 또는 블록 등록이 가능하다.

④ 네이비 검색광고는 부정 클릭을 원천적으로 봉쇄할 수 있는 시스템을 갖추고 있다.

PART 01
PART 02
PART 03
PART 04
PART 05
PART 06
PART 07

16 다음 중 검색광고의 무효 클릭에 대한 설명으로 틀린 것은?

① 무효 클릭은 악의적인 광고비 소진, 인위적인 클릭 등 검색광고 본래의 취지에 맞지 않는 무의미한 클릭을 말한다.

② 네이버는 클린센터를 운영하며 광고주를 보호하고 있으며 의심되는 IP가 있을 경우 현재 최대 600개까지 등록하여 광고 노출 제한을 할 수 있다.

③ 무효 클릭 IP를 등록하기 위해서는 네이버 광고 시스템의 '도구 – 광고 노출 제한 설정' 메뉴에서 할 수 있다.

④ 유동 IP를 차단하기 위해서는 IP 주소의 마지막 네 번째 자리에 #(샵)을 입력하여 차단할 수 있다.

17 다음 중 무효 클릭에 대한 설명으로 틀린 것은?

① 네이버는 클린센터를 운영하여 무효 클릭으로 인한 광고주의 피해를 최소화하고 있다.

② 네이버는 광고 노출 제한 IP 관리를 실행하고 있는데, IP 주소의 맨 앞자리에 와일드카드(*)를 사용하여 IP를 차단한다.

③ 특정 광고주에게 악의적으로 요금을 부과하기 위해 다양한 방법의 불법 클릭을 방지하기 위한 방안이다.

④ 특정 시스템을 사용한 클릭, 반복적인 클릭 패턴 등을 분석하여 필터링된 클릭을 무효 클릭이라고 한다.

18 다음 중 네이버와 카카오의 무효 클릭에 관련된 설명으로 옳지 않은 것은?

① 합리적인 사용자의 실수로 발생한 반복 클릭 패턴도 무효 클릭에 해당할 수 있다.

② 노출 제한 IP를 많이 등록할 경우 필요한 이용자에게 노출되지 않을 수 있다.

③ 악의적인 클릭을 필터링한 것으로, 원천적인 차단은 불가능하다.

④ 네이버의 노출 제한 IP 차단은 광고주 계정에서는 불가능하지만, 네이버 클린센터를 통해 차단을 신청할 수 있다.

19 다음 중 아래에서 설명하는 검색광고 관리 전략 용어는?

사용자 내면의 의도가 악의적인지 여부를 확실하게 파악하는 것은 불가능하지만, 불법 시스템으로 인한 클릭, 특정 형태의 반복 클릭 패턴을 분석하여 필터링된 클릭을 말하며, 해당 클릭은 과금되지 않는다.

① 무효 클릭   ② 반복 클릭
③ 불법 클릭   ④ 악의 클릭

20 다음 중 네이버의 광고 노출 제한 IP 관리 기능에 대한 설명으로 틀린 것은?

① 특정 IP에 대해 광고를 노출하고 싶지 않을 때 사용한다.

② IP 주소 마지막 네 번째 자리에 와일드카드(*)를 사용하면 IP 블록을 차단할 수 있다.

③ 유동 IP 차단을 위해 IP를 블록으로 차단할 경우 일반 고객까지 차단할 수 있다.

④ 최대 100개까지 IP 주소 또는 블록 등록이 가능하다.

21 다음 중 네이버와 카카오의 검색광고 키워드를 추가할 경우 각 최저 CPC 단가는?

① 네이버: 60원, 카카오: 50원
② 네이버: 60원, 카카오: 60원
③ 네이버: 70원, 카카오: 70원
④ 네이버: 70원, 카카오: 60원

22 다음 중 카카오와 구글의 그룹 및 키워드 관리에 대한 설명으로 틀린 것은?

① 구글 검색광고는 직접입찰 외에도 순위 유지를 위한 모든 입찰 방식을 아우른다.
② 구글은 특별히 일치 검색, 구문 검색, 제외어 검색 유형으로 지정하지 않으면 각 키워드는 기본적으로 확장 검색 유형으로 설정된다.
③ 카카오의 경우, 노출수, 클릭수, 총비용 등의 지표를 통해 광고그룹의 품질을 확인할 수 있다.
④ 카카오는 그룹 복사 기능이 있고, 구글은 없다.

23 다음 중 카카오와 구글의 광고 노출 전략에 대한 설명으로 틀린 것은?

① 카카오는 노출 요일과 시간을 1시간 단위로 설정할 수 있다.
② 카카오는 노출 영역을 선택할 수 있으나 세부 매체를 제외하는 기능은 없다.
③ 구글은 그룹에서 네트워크와 위치, 언어, 예산, 시작일 및 종료일 설정을 통해 노출 전략을 설정할 수 있다.
④ 구글은 고객이 사용하는 언어를 타겟팅할 수 있다.

24 네이버, 카카오, 구글은 검색 사용자와 광고주 모두의 만족도를 높이기 위해 광고 품질을 측정한다. 다음 중 품질에 대한 설명으로 틀린 것은?

① 구글의 품질평가점수는 1~10점 부여한다.
② 네이버 품질지수는 7단계로 분류되고 처음 등록 시 4단계를 부여받는다.
③ 카카오는 그룹 등록 시 4개의 품질지수를 부여받는다.
④ 네이버와 카카오는 품질지수, 구글은 품질평가점수라고 한다.

25 다음 중 검색광고의 품질지수에 대한 설명으로 옳지 않은 것은?

① 품질지수를 평가하는 기준은 여러 개의 항목이 있는데, 그중 주요하게 작용하는 것이 클릭률이다.
② 네이버와 카카오 모두 신규 그룹인 경우 품질지수의 초기값은 1에서 출발하여 품질지수가 높아질수록 점수가 높아진다.
③ 품질지수가 높아질수록 더욱 효율적인 광고 집행을 할 수 있다.
④ 광고의 노출 영역 중 제휴 네트워크 영역에서 발생하는 광고의 성과는 품질지수에 영향을 끼치지 않는다.

26 다음 중 광고 품질지수를 향상하는 방법으로 옳지 않은 것은?

① 연결 URL은 메인페이지를 활용하는 것이 가장 효과적이다.

② 관련 있는 키워드를 그룹핑하여 성과를 관리한다.

③ 광고 소재를 다양하게 집행한 후 최적화된 광고 소재를 선택하면 클릭률이 증대된다.

④ 키워드 삽입 기능을 활용한다.

27 다음 중 품질평가점수에 대한 설명으로 옳은 것은?

① 신규 등록한 키워드의 네이버 품질지수 기본 점수는 0점이다.

② 품질지수 최대 점수는 네이버는 7점, 카카오는 5점이다.

③ 품질평가점수에 영향을 미치는 요인으로는 CTR, T&D, 랜딩페이지 연관성, 웹사이트 디자인 등이 있다.

④ 네이버는 광고 게재 후 최소 24시간 이내에 정확한 품질지수가 적용된다.

28 다음 중 품질평가점수에 관한 내용으로 옳지 않은 것은?

① 네이버와 카카오의 최대 품질평가점수는 7점이다.

② 대표 키워드일수록 품질평가점수가 높아진다.

③ 클릭률이 높아질수록 품질평가에 긍정적인 영향을 끼친다.

④ 품질평가점수가 높아질수록 CPC를 절감할 수 있다.

29 다음 중 네이버/카카오/구글의 검색광고 구조에 대한 설명으로 틀린 것은?

① 네이버는 광고그룹에서 매체/지역/시간 전략을 설정할 수 있다.

② 네이버/카카오/구글 모두 키워드 단위의 품질지수를 반영하고 있다.

③ 카카오에서 검색광고를 등록하면 네이트 등의 제휴사이트에 노출된다.

④ 구글 검색광고는 광고그룹에서 일일예산을 설정할 수 있다.

30 다음에서 설명하는 내용 중 <u>틀린</u> 것은?

① 네이버의 경우 캠페인 명을 클릭하면 해당 캠페인 하위에 등록된 그룹 목록을 조회할 수 있다.

② 가중치에 따라 계산된 입찰가의 원 단위 값이 있는 경우 반올림한 입찰가로 입찰된다.

③ 카카오의 경우 키워드 복사를 해도 품질지수는 복사할 수 없다.

④ 구글의 경우 캠페인, 키워드, 광고, 광고그룹 수준으로 복사하기가 가능하다.

31 구글 검색광고에서 리마케팅(사이트 방문자 재타겟팅 광고)을 진행하기 위해 필요한 선행 조건은 무엇인가?

① 광고 계정에 최소 500만 원의 광고비를 충전한다.

② 구글애즈와 구글 애널리틱스를 연결한 뒤 데이터 수집 설정을 해야 한다.

③ 광고 소재에 반드시 이미지와 동영상을 포함해야 한다.

④ 사이트 방문자들이 구독과 '좋아요'를 눌러야 한다.

32 네이버 검색광고 시스템에서 클릭된 광고에 대한 정보를 광고주 사이트에 전달하는 데 사용되는 기술은 무엇인가?

① 노출수(Impression) 코드

② 고객 경험(Customer Experience) 태그

③ 전환 추적 스크립트

④ URL 파라미터

33 다음 중 구글 애널리틱스(GA4)가 기존 Universal Analytics(UA)의 세션/페이지뷰 중심의 데이터 수집 방식을 넘어, 사용자의 모든 상호작용을 측정하는 새로운 모델의 핵심 요소는 무엇인가?

① 이벤트

② 세션

③ 사용자 ID

④ 페이지뷰

PART 01
PART 02
PART 03
PART 04
PART 05
PART 06
PART 07

01 검색광고에서는 키워드 확장 및 발굴을 통해 광고 효과를 향상할 수 있다. 카카오 키워드 광고의 기능 중에서 미리 키워드를 발굴하고 키워드를 저장함에 저장하였다가 활용할 수 있으며, 추천받은 키워드를 바로 등록할 수 있는 기능을 무엇이라고 하는가?

02 어떤 검색광고가 아래와 같은 조건으로 진행될 때, 가장 상위 순위로 노출되는 광고주는 무엇인가?

광고주	입찰가	품질지수
A사	500원	▦▦▦▦▦
B사	500원	▦▦▦▦▦▦▦▦
C사	500원	▦▦▦
D사	500원	▦▦▦▦▦▦

03 다음 내용의 괄호 안에 들어갈 용어는 무엇인가?

> 불법 시스템을 이용한 클릭 여부 또는 특정 형태의 반복 클릭 패턴을 분석하여 일부 클릭에 대해서는 무효화하고 과금을 하지 않는다. 이렇게 과금되지 않는 클릭을 (   )(이)라고 한다.

04 네이버와 카카오는 매체별 특화된 품질평가 정책을 시행 중이다. 아래의 (①), (②) 안에 들어갈 올바른 점수는 얼마인가? (부분 점수 없음)

매체사	최대 품질지수
네이버	(①)
카카오	(②)

PART 01
PART 02
PART 03
PART 04
PART 05
PART 06
PART 07

05 인터넷 쇼핑몰이 검색광고를 집행하기 위하여 홈페이지에 총 6개의 필수 항목을 기재해야 하는데, 아래 내용의 괄호 안에 들어갈 항목은 무엇인가?

> 상호명, 사업장 소재지, 전화번호, 대표자 성명, (   ), 통신판매신고번호

06 다음 내용의 괄호 안에 들어갈 숫자는 얼마인가?

> 카카오의 광고 문안은 제목과 광고 설명을 합쳐 (   )자 이내로 작성할 수 있다.

07 청바지 키워드의 입찰가는 200원, 해당 그룹의 기본 입찰가는 100원이라면 청바지 키워드의 입찰가는 얼마로 적용되는가?

08 다음 내용에서 설명하는 용어는 무엇인가?

> 해당 광고그룹에 등록한 키워드와 유사한 의미가 있는 키워드에 자동으로 광고를 노출해주는 것으로, 더 많은 광고 노출 기회를 가질 수 있도록 하는 기능이다.

09 네이버쇼핑 검색광고에서 제외 키워드는 총 몇 개까지 등록할 수 있는가?

10 다음 내용의 괄호 안에 들어갈 숫자는 각각 무엇인가?

> 카카오 계정의 광고관리 탭에서 무효 클릭이 의심되는 최대 (   )개의 IP 노출 제한 설정이 가능하다. .

객관식

01 ①
인기 연예인 등 다양한 사회적 이슈와 관련된 키워드는 클릭수 증대에 도움이 될 수 있을지 모르겠지만, 제품과 상관이 없다면 매출로 이어지는 데에는 큰 도움이 되지 않는다.

02 ①

오답 피하기
- ②: 개별 사이트 단위로 선택할 수 있다.
- ③: 읍/면/동까지 선택할 수 있다.
- ④: 모바일 입찰가중치를 200%로 하면, 모바일 기본 입찰가의 2배 가격으로 입찰하겠다는 뜻이다.

03 ④
- 반바지: 기본 입찰가 500원×모바일 입찰가 가중치 200% =1,000원으로 입찰
- 청바지: 키워드 입찰가 700원×모바일 입찰가 가중치 200% =1,400원으로 입찰

04 ①
- 반바지: 기본 입찰가 500원×PC 입찰가 가중치 100%= 500원으로 입찰
- 청바지: 키워드 입찰가 700원×PC 입찰가 가중치 100%= 700원으로 입찰

05 ②
- 콘텐츠 매체 전용 입찰가 100원×PC 입찰가 가중치 100% =100원으로 입찰
- 콘텐츠 매체 전용 입찰가 100원×모바일 입찰가 가중치 200%=200원으로 입찰

06 ①
카카오 키워드 확장은 광고그룹에서 가능하다.

07 ④
구글은 캠페인 유형에 맞춘 다양한 자동입찰 전략을 제공하지만, 입찰 최대화 전략은 제공하지 않는다.

오답 피하기
- ①: 설정된 타겟 전환당비용(CPA)으로 전환수 증가를 최대화할 수 있게 입찰가 자동 설정되는 전략
- ②: 타겟 광고 투자수익 ROAS 달성으로 전환 가치를 최대화할 수 있게 입찰가 자동 설정
- ③: 전환수를 기준으로 최적화하는 데 도움이 되는 전략

08 ③
키워드 확장이란 광고그룹에 등록한 키워드와 유사한 의미가 있는 키워드에 자동으로 광고가 노출되는 것을 말한다. 경쟁사의 브랜드 키워드를 확장하는 것은 품질지수에 좋지 못한 영향을 줄 수 있고, 비용대비 효율성도 높지 않은 전략이다.

09 ④

오답 피하기
- ①: 통합검색 VIEW 영역, 모바일 콘텐츠 지면, ZUM 통합검색 영역에 노출되며, 블로그에 등록한 콘텐츠가 검색 결과에 링크된다.
- ②: 광고그룹 일예산은 최소 1,000원~최대 1천만 원까지 10원 단위로 설정할 수 있다.
- ③: 읍/면/동까지 선택할 수 있다.

10 ②
광고 순위는 입찰가와 품질지수 두 가지를 고려하여 결정된다.

11 ④
비용과 품질지수는 상관이 없다.

12 ③
카카오 키워드 광고 플랫폼에서 자동입찰 설정 기능이 제외되었다. 카카오는 광고를 게재하면 기본값이 자동입찰이기 때문에, 자동입찰을 별도로 '설정'할 수 없다.

오답 피하기
- ①: 구글은 입찰 시점의 경쟁 현황에 따라 자동입찰 방식을 사용하며, 타겟 CPA, 타겟 ROAS, 전환수 최대화 등의 머신러닝이 자동으로 작동한다.
- ②: 차순위 입찰가+10원에 부가가치세가 포함된 금액이 과금된다.
- ④: 네이버 자동입찰은 자동으로 진행되고 네이버 입찰가 변경은 희망순위와 평균 입찰가를 설정하여 진행된다.

PART 01
PART 02
PART 03
PART 04
PART 05
PART 06
PART 07

13 ③

광고그룹당 소재는 네이버가 최대 5개, 카카오가 최대 20개, 구글이 최대 50개까지 가능하다.

14 ③

IP를 등록하여 광고가 노출되지 않도록 제한할 수 있다.

15 ④

사용자가 의도하지 않은 무효 클릭이나 의도적으로 경쟁 업체의 광고 키워드를 클릭하거나 악성 소프트웨어를 사용하는 부정 클릭의 경우에는 원천적인 봉쇄가 힘들다. 다만, 의심되는 IP를 제한하는 등 검색엔진 별로 이를 막기 위한 시스템을 갖추기 위해 노력 중이다.

16 ④

계속 변경되어 접속하는 유동 IP의 경우 마지막 네 번째 자리에 와일드카드 문자(*)를 사용하는 확장 IP를 입력하여 차단할 수 있다. **예** '211.162.32.*'로 입력

17 ②

IP 주소의 맨 끝자리인 네 번째 자리에 와일드카드(*)를 사용하여 IP를 차단한다.

18 ④

네이버의 광고 노출 제한 IP는 광고주가 광고 시스템 상단의 [광고 시스템 → 도구 → 광고 노출 제한관리] 페이지에서 직접 등록할 수 있다.

19 ①

무효 클릭은 비정상적인 상황에서 발생하는 다음과 같은 클릭을 말한다.
- 의도적인 광고비 소진, 품질지수 상승 등 특정한 목적을 가진 인위적인 클릭
- 로봇 및 자동화된 도구 등의 각종 소프트웨어에 의하여 발생하는 클릭
- 사용자의 실수나 관리자의 내용 검수 등으로 인하여 발생하는 광고 성과와 무관한 클릭
- 그 이외의 일반적으로 유저의 검색 패턴에서 벗어난 클릭으로, 검색광고 본래 취지에 맞지 않는 무의미한 클릭

20 ④

네이버의 광고 노출 제한 IP는 최대 600개까지 등록할 수 있다.

21 ③

네이버와 카카오 모두 최저 CPC 단가는 70원으로 동일하다.

22 ④

그룹 복사 기능은 네이버, 카카오, 구글에 모두 있는 기능이다.

23 ③

구글은 캠페인 만들기에서 노출 전략을 설정할 수 있다.

24 ③

카카오는 그룹 등록 시 0개의 품질지수를 부여받는다.

25 ②

네이버는 4단계에서 출발하고, 카카오는 0개에서 출발한다.

26 ①

연결 URL은 광고를 본 소비자들이 구매나 전화 등의 액션을 할 수 있도록 상세페이지나 이벤트페이지를 활용하여 전환을 유도하는 것이 효과적이다.

27 ④

오답 피하기
- ①: 신규 등록한 키워드의 네이버 품질지수 기본 점수는 4점이다.
- ②: 품질지수 최대 점수는 네이버와 카카오 모두 7점이다.
- ③: 품질평가점수에 영향을 미치는 요인으로 웹사이트 디자인은 해당하지 않는다.

28 ②

품질지수는 사용자의 실제 검색어나 광고가 노출되는 매체 및 소재(확장 소재) 등 여러 가지 요소를 종합적으로 산정하여 적용되며, 대표 키워드 여부는 상관없다.

29 ④

구글 검색광고는 캠페인에서 일일예산을 설정할 수 있다.

30 ②

입찰가 가중치에 따라 계산된 입찰가의 원 단위 값이 있을 경우 '올림'한 입찰가로 입찰된다. 예를 들어 키워드 기본 입찰가가 100원인 경우 PC 입찰가 가중치가 112%인 경우 100원×112%=112원 → 120원으로 입찰된다.

31 ②

구글의 리마케팅 광고는 '사이트 방문자 데이터'를 모수로 진행되므로, 이를 위해서는 먼저 구글애즈와 구글 애널리틱스를 연결한 뒤 데이터 수집 설정을 해야 한다.

32 ④

'추적 기능'을 선택하여 클릭된 광고에 대한 정보를 URL 파라미터로 광고주의 사이트에 전달하는 기능을 활성화할 수 있다. 예를 들어 네이버에서 '박노성'으로 검색을 했다면 다음과 같은 URL 파라미터가 나타나게 되며 query에 검색어가 연결되어 있음을 알 수 있다. 📌 https://search.naver.com/search.naver?where=nexearch&sm=top_hty&fbm=0&ie=utf8&query=박노성&ackey=zhnljg8n

33 ①

구글 애널리틱스(GA4)는 기존 Universal Analytics(UA)의 세션/페이지뷰 중심의 데이터 수집 방식을 넘어, 사용자의 모든 상호작용을 이벤트 중심으로 측정하는 새로운 모델을 사용한다.

단답식

01 키워드 플래너, 키워드 맞춤제안 도구, 키워드 맞춤제안기능, 키워드 제안, 키워드 도구(모두 정답)

검색사이트의 키워드 발굴 시스템은 다음과 같다.

매체	시스템 명칭	내용
네이버	키워드 도구	키워드 입력 시 구매한 키워드의 클릭 정보 등을 기반으로 통계시스템에서 연관 키워드를 추천하는 도구
카카오	키워드 플래너	키워드 입력 시 연관 키워드를 추천하고 키워드별 과거 성과에 대한 데이터 및 예상 실적 데이터 제공
구글	키워드 플래너	'새 키워드 찾기' 또는 선택한 키워드의 '검색량 및 예상 실적 조회하기'를 통해 예상 실적을 제공

02 B사

노출 순위는 입찰가와 품질지수를 합산하여 결정된다.

03 무효 클릭(부정 클릭은 부분 점수 1점)

무효 클릭에 대한 설명이다.

04 ① 7, ② 7

네이버와 카카오 모두 7단계의 광고 품질지수를 가지고 있다.

05 사업자등록번호

인터넷 쇼핑몰이 검색광고를 집행하기 위하여 홈페이지에 상호명, 사업장 소재지, 전화번호, 대표자 성명, 사업자등록번호, 통신판매신고번호 등 총 6개의 필수 항목을 기재해야 한다.

06 60자

카카오의 광고 문안은 제목, 설명, URL 3가지를 등록하며 띄어쓰기를 포함하여 제목은 15자, 설명은 45자까지 입력할 수 있다.

07 200원

그룹의 입찰가와 키워드의 입찰가가 경합하는 경우는 키워드의 입찰가가 우선 적용된다.

08 키워드 확장, 확장 검색(모두 정답)

네이버에서는 키워드 확장, 카카오에서는 확장 검색이라는 이름으로 키워드를 구매하지 않아도 관련성이 높은 검색어 결과에 자동으로 광고가 노출되어 더 많은 고객을 확보하도록 하는 기능을 제공하고 있다. 하지만 관련성이 낮거나 원치 않은 키워드에도 노출될 수 있는데 이러한 키워드는 제외 키워드로 등록함으로써 불필요한 노출을 방지할 수 있다.

09 140

네이버 제외 키워드는 광고그룹당 50개이고, 쇼핑 검색광고는 140개(광고그룹당 70개 + 상품 소재당 70개)이다. 구글 제외 키워드는 목록당 최대 5,000개, 캠페인당 최대 10,000개이다.

10 500

무효 클릭이 의심되는 IP의 노출 제한 설정 가능 개수는 카카오는 500개, 네이버는 600개이다.

03

검색광고 활용 전략

난도가 높아지는 계산문제와 산출식을 충분히 숙지하고, 문제를 여러 번 반복해서 풀어보기 바랍니다.

출제빈도

SECTION 01	상	12%
SECTION 02	하	6%

효과 분석을 위한
사전이해 및 실제 효과 분석

빈출 태그 ▶ 검색광고 효과 측정, ROAS, CVR, CTR, CPC, 광고 전환

▶ 합격 강의

01 검색광고 효과 분석을 위한 사전이해

01 사용자의 행동 단계와 효과 분석의 관계

1) 검색광고 소비자의 행동 단계
- 일반적으로 소비자의 행동은 '인지 → 방문 → 구매'의 과정을 거친다.
- 인터넷에서 검색하는 소비자의 행동으로 연결하여 검색 사용자의 행동 프로세스를 살펴보면 '노출 → 클릭 → 구매(전환)'의 단계가 만들어진다.

> **기적의 TIP**
>
> 한 소비자가 핸드폰 케이스를 구매하기 위해 검색창에 '스마트폰 케이스'를 검색했다고 하자. 검색 결과 다양한 스마트폰 케이스의 후기와 이미지, 쇼핑몰 사이트 등이 '노출'된다(인지). 하지만 자신이 원하는 스타일의 케이스를 발견할 수 없었고, 다시 검색창에서 '갤럭시 폴더 가죽 케이스'를 검색했다. 드디어 자신의 원하는 스타일의 케이스를 발견하고 그중 자신이 가장 원하는 제품을 판매하는 사이트를 '클릭'했다(방문). 해당 사이트에는 그가 원하는 디자인의 케이스가 있었고, 구매 후기 및 상세설명을 확인한 후 마음에 드는 케이스를 구매(전환)하였다(구매).

2) 소비자 행동을 분석하는 도구의 활용
- 검색엔진 서비스는 사용자들의 검색 성향을 추적할 수 있는 트렌드 데이터를 제공하고 있다.
- 제공된 데이터를 바탕으로 광고 효과를 분석하고 새로운 키워드를 발굴할 수 있다.
- 각 검색엔진에서 제공하는 키워드 트렌드 데이터의 특징은 다음과 같다.

트렌드 데이터	사례
네이버 데이터 랩	• 가장 많은 사용자를 보유하고 있어 데이터 신뢰도가 높음 • 급상승검색어, 검색어 트렌드, 쇼핑인사이트, 지역 통계, 댓글통계 등을 제공하며 댓글통계를 제외한 나머지 서비스는 검색어를 활용
카카오 데이터 트렌드	• 다음 통합검색의 검색어 트렌드를 통해 단일 검색어의 검색량 변화를 성별 · 연령별 · 지역별로 확인 가능하며 검색어를 추가한 비교 검색어를 통해 검색량 변화도 비교할 수 있음 • 카카오에서 운영하는 서비스인 만큼 모바일에 최적화된 결과를 제공
구글 트렌드	• 검색어뿐 아니라 주제별 트렌드도 확인 가능 • 전세계 사용자를 대상으로 하여 데이터가 방대하고, 10년 이상의 검색어 동향을 제공하므로 활용 가치가 높음

02 검색광고 효과를 매일 분석하는 이유

1) 계속 바뀌는 키워드
- 키워드는 계절, 날씨, 요일 등 다양한 사유로 바뀌고 새로운 검색어가 계속 등장한다.
- 사용자의 검색 활동은 검색광고의 노출수부터 전환 성과까지 영향을 미치므로, 키워드 선택 시 이를 고려해야 한다.
- 매일 광고 효과를 분석하고 키워드 변화에 빠르게 대응해야 불필요한 광고비 소진을 막고 더 많은 전환 기회를 가져올 수 있다.

2) 실시간 분석 가능
- 검색광고 시스템은 관리자가 직접 광고 운영을 할 수 있으며, 이를 통해 즉시 효과 분석을 할 수 있고 광고 캠페인의 성과를 구체적으로 판단할 수 있다.
- 노출수, 클릭수, 총비용 등 지표와 전환 지표 추이를 파악해 목표 및 예산에 맞는 탄력적 운영이 가능하다.

3) 광고 상품이 다양하게 존재
- 검색하는 사용자가 꾸준히 증가하면서 매체별로 광고 상품이 다양해졌다.
- 대표적인 매체로 네이버, 구글, 카카오가 있으며 네이버도 파워링크, 쇼핑 검색광고, 파워콘텐츠, 브랜드 검색, 플레이스 등 다양한 광고 상품이 존재한다.
- 최근에는 오픈마켓과 앱 관련 키워드 광고의 중요성이 커지고 있다.
- 디바이스별 광고 상품 차이도 존재하는데, PC에서는 파워링크가 최상단에 노출되고 있지만, 모바일에서는 파워콘텐츠가 최상단에 노출되는 등 검색 사용자의 편의를 위한 동적 노출 기능으로 항상 유동적으로 변화하고 있다.
- 갑자기 상위에 노출되어 파워링크 성과가 급증하거나 반대의 경우가 발생할 수도 있다.
- 한정된 예산으로 목표한 성과를 얻으려면 다양한 종류의 매체와 광고 상품을 믹스하여 효과를 분석하고 최적화하는 작업이 필요하다.

4) 실시간 입찰 방식을 효과적으로 운영하기 위해
- 검색광고 입찰 방식은 실시간으로 진행되므로 시간을 많이 투자하여 세심하게 운영할 필요가 있다.
- 검색광고는 정해진 시간에 고정으로 노출되는 광고 상품과 달리 소비자의 행동에 맞는 키워드를 발굴하고 효율적인 매체 발굴에 시간을 투자할수록 성과가 점점 개선되는 경향이 있다.

03 광고 효과 분석의 한계
- 키워드라는 광고 소재의 한계로 인해 구체적인 개선안을 도출하는 데에는 제약이 있다.
- 결과적인 목표 달성 여부를 명확히 파악하기 어렵다.
- 광고를 통한 매출 여부가 확실하지 않으므로 빠르게 성과를 파악할 수 없다.
- 키워드 개별 성과나 입찰 경쟁을 고려한 대안을 마련할 수 없다.

PART 01
PART 02
PART 03
PART 04
PART 05
PART 06
PART 07

02 효과 분석 방법 기초

01 단계별 효과 분석 방법

일반적인 소비자 행동	인지	방문	구매
검색광고 소비자 행동	노출	클릭	구매(전환)
효과 측정 지표	노출수, 노출 비용	클릭수, 클릭비용, 클릭률	전환수, 전환비용, 전환율
측정 단위	CPI	CPC, CTR	CPS, CPA, CVR
측정 목표	광고가 충분히 노출되고 있는가	광고가 노출된 만큼 사이트에 방문하고 있는가	클릭한 사람의 프로모션 참여 비율은 적절한가

1) 노출

① CPI(노출당비용)$=\dfrac{총광고비}{노출수}$

- 노출당 광고비를 뜻하며, 동일한 광고비에 비해 노출수가 많은 것이 더 효과적이다.
- CPI(Cost Per Impression, 노출당 광고비)는 배너 광고 상품 등에서 도달률을 분석하는 데 사용되지만, 광고의 노출수로 해당 키워드에 대한 사용자의 관심도를 알 수 있으므로 검색광고에서도 유의미한 지표이다.

② 노출수를 통해 사용자의 관심이 적다고 판단되면 키워드 순위를 조정하거나 다른 키워드로 확장하는 등의 조치를 해야 한다.

2) 클릭

① CPC(클릭당비용)$=\dfrac{총광고비}{클릭수}$

- 클릭당 광고비를 의미하는 CPC(Cost Per Click)는 한 사람의 사용자가 검색광고를 통해 사이트를 방문하는데 소요된 비용이다.
- 일반적으로 1회 클릭당 지불되는 비용이 낮을수록 광고 효과가 높다고 보며 경쟁이 치열한 대표 키워드보다는 경합이 치열하지 않은 세부 키워드의 경우 CPC가 낮다.

② CTR(클릭률)$=\dfrac{클릭수}{노출수}\times100$

- 클릭률(CTR, Click Through Rate)은 광고 노출수 대비 클릭수의 비율을 말한다.
- 클릭률이 높을수록 광고에 대한 반응이 높다고 볼 수 있다.

➕ 더 알기 TIP

CPC와 CTR 계산해보기

검색광고에서는 CPC와 CTR이 중요한 지표이다. 다음 세 가지 캠페인의 사례를 통해 노출수, 클릭수, 광고비 총비용 데이터를 통해 CPC(클릭당비용)와 CTR(클릭률)을 구해보면 다음과 같다.

캠페인	노출수 Ⓐ	클릭수 Ⓑ	총비용 Ⓒ	CPC(=Ⓒ÷Ⓑ)	CTR(=Ⓑ÷Ⓐ×100)
㉮	10,000	1,500	500,000원	333원	15%
㉯	50,000	10,000	1,000,000원	100원	20%
㉰	100,000	12,000	2,000,000원	166원	12%

- ㉮ 캠페인의 경우 CPC가 333원으로 가장 높고, CTR은 15%로 중간 수준이다. 키워드 선별 작업을 통해 클릭당 광고비를 낮추고 광고 소재를 점검하여 클릭률을 끌어올릴 필요가 있다.
- ㉯ 캠페인의 경우 CPC는 가장 낮은 100원을, CTR은 가장 높은 20%를 기록했다. CPC는 낮을수록, CTR은 높을수록 효과적이므로 가장 성과가 좋은 캠페인이다.
- ㉰ 캠페인의 경우 CPC가 166원으로 가장 낮았지만, CTR도 12%로 다른 캠페인에 비해 낮은 편이다. 광고 소재를 좀 더 점검해볼 필요가 있다.

3) 구매(전환)

① CPA(전환비용)=$\dfrac{\text{총광고비}}{\text{전환수}}$

- 전환비용(Cost Per Action)은 광고목표에 맞는 전환 액션이 실제로 이루어지는 데 투입된 비용이다.
- 전환비용이 낮을수록 광고 효과가 높다.

② CPS(판매당비용)=$\dfrac{\text{총광고비}}{\text{구매건수}}$

- 판매당비용(Cost Per Sale)은 오픈마켓, 공동구매, 쇼핑몰 등에서 검색광고를 통해 사이트를 방문한 사용자가 최종적으로 상품 및 서비스를 구매했을 때 쇼핑몰 운영업체가 일정 비율의 금액을 수수료로 가져가는 것을 말한다.
- CPA(전환비용)와 비슷한 개념이며 구매건당 비용이 낮을수록 광고 효과가 높다.
- CPS=$\dfrac{\text{CPC}}{\text{CVR}}$을 해도 근사치의 값을 구할 수 있다(소수점이 발생하는 경우 값이 일치하지 않으므로 검토 차원에서 활용).

③ CVR(전환율)=$\dfrac{\text{전환수}}{\text{클릭수}}$×100

- 전환율(CVR, Conversion Rate)은 노출과 클릭을 통해 웹사이트에 방문한 고객이 광고목표에 맞는 전환 액션을 한 비율을 말한다.
- 전환 액션이 구매라면 구매전환율이라고도 부르며 값이 클수록 광고 효과가 높다.

➕ 더 알기 TIP

CPS, CPA, CVR 계산해보기

검색광고 이후 실제 매출로 이어지는 마케팅 성과를 측정하는 데에 필요한 CPS(판매당비용), CPA(전환비용)과 CVR(전환율)의 계산은 클릭수, 총비용, 전환수 데이터를 통해 다음과 같이 계산할 수 있다.

캠페인	클릭수 Ⓐ	총비용 Ⓑ	판매건수 Ⓒ	CVR(=Ⓒ÷Ⓐ×100)	CPS(=Ⓑ÷Ⓒ)
㉮	1,500	500,000원	100	7%	5,000원
㉯	10,000	1,000,000원	1,000	10%	1,000원
㉰	12,000	2,000,000원	1,000	8%	2,000원

- ㉮ 캠페인의 경우 CVR은 7%(반올림)로 가장 낮지만 CPS는 5,000원으로 다른 캠페인에 비해 너무 높다. 이벤트나 방문 페이지에 대한 대대적인 개선이 필요하다.
- ㉯ 캠페인의 경우 CVR은 10%로 가장 높고 CPS는 1,000원으로 가장 낮아서 성과가 좋다.
- ㉰ 캠페인의 경우 CVR은 8%(반올림)로 적당한 편이나 CPS는 2,000원으로 약간 높은 수준이므로 키워드 순위와 세부 키워드를 조정할 필요가 있다.

02 광고비용 대비 효과 분석

1) 투자수익률(ROI)과 광고수익률(ROAS) 분석

① $ROI(투자수익률)=\dfrac{\text{광고를 통한 매출}\times\text{이익률}}{\text{광고비}}\times100$

- 투자수익률(ROI, Return On Investment)은 가장 널리 사용되는 투자 대비 수익률 측정 기준으로 검색광고의 경우 광고를 통해 발생한 수익을 광고비로 나누어 계산한다.
- 전체수익과 매출 등 전체 성과를 가지고 계산할 수도 있지만, 매체, 캠페인, 그룹, 키워드 단위로 계산할 수도 있으며 ROI가 높을수록 광고 효과도 높다.

② $ROAS(광고수익률)=\dfrac{\text{광고를 통한 매출}}{\text{광고비}}\times100$

- 광고수익률(ROAS, Return On Advertising Spend)은 사용한 광고비를 통해 직접 발생하는 매출액의 비율로, 검색광고의 경우 매출액을 광고비로 나눈 값이다.
- 디지털 광고에서는 ROAS를 향상하기 위한 광고 노출의 극대화가 가장 우선적이다.
- ROAS 값이 100% 이상이면 광고 효과가 있다고 볼 수 있다. **예** ROAS가 120%라면 100원의 광고비를 투입하여 120원의 매출을 올렸다는 의미
- ROAS는 매체별 개별 광고 성과를 확인하는 지표(ROI는 기업 운영 전반을 관리하기 적합한 지표)로 주로 사용되며 전체 성과로 계산할 수도 있고 매체, 캠페인, 그룹, 키워드 단위로 계산할 수도 있다.

＋ 더 알기 TIP

ROAS와 ROI

키워드 광고	매출액 Ⓐ	이익률 Ⓑ	광고비 Ⓒ	ROAS(=Ⓐ÷Ⓒ×100)	ROI(=(Ⓐ×Ⓑ)÷Ⓒ)
㉮	2,400,000	70%	1,000,000	240%	168%
㉯	3,000,000	50%	1,000,000	300%	150%
㉰	4,000,000	30%	1,000,000	400%	120%

- ROI를 구하기 위해서는 광고비, 매출액, 판매 이익률이 필요하고, ROAS를 구하기 위해서는 광고비와 매출액만 알면 된다.
- ㉮ 키워드 광고의 경우 ROAS가 가장 낮고 ROI가 가장 높다. 광고단가는 비싼 편이라 광고비 지출 부담은 크지만, 객단가가 높아서 판매 제품의 수익성 자체는 높은 키워드라는 뜻이다.
- 반면 ㉰ 키워드 광고의 경우 ROAS는 400%로 가장 높아서 광고비 대비 매출 효과는 좋지만, 수익률은 ㉮ 키워드 광고에 비해서 떨어진다. 키워드 자체는 저렴하지만, 객단가가 낮다는 의미다.
- ROI의 경우 매출액에서 광고비를 비롯하여 제품 원가나 기타 부대 비용을 모두 제외한 순이익을 나타내므로 파악하기 힘들다는 단점 때문에 검색광고에서는 주로 ROAS 분석 방법을 활용한다.

PART 01
PART 02
PART 03
PART 04
PART 05
PART 06
PART 07

03 광고 효과 분석 산출식과 용어 설명

행동	용어	산출식	설명
클릭	CPC(Cost Per Click)	$\dfrac{\text{총광고비}}{\text{클릭수}}$	클릭당비용
	CTR(Click Through Rate)	$\dfrac{\text{클릭수}}{\text{노출수}} \times 100$	클릭률
전환	CVR(Conversion Rate)	$\dfrac{\text{전환수}}{\text{클릭수}} \times 100$	클릭이 구매, 가입 등의 전환으로 연결된 비율
	CPA(Cost Per Action)	$\dfrac{\text{총광고비}}{\text{전환수}}$	전환당비용(구매, 전화, 가입 등)
	CPS(Cost Per Sale)	$\dfrac{\text{총광고비}}{\text{구매건수}}$	구매당비용
효율성	ROI(투자수익률)	$\dfrac{\text{광고를 통한 매출} \times \text{이익률}}{\text{광고비}} \times 100$	수익률 대비 광고비
	ROAS(비용매출비율)	$\dfrac{\text{광고를 통한 매출}}{\text{광고비}} \times 100$	매출 대비 광고비

+ 더 알기 TIP

광고 효과 분석 산출식 적용 예시

구분	항목	액수 또는 횟수
수익	매출(원)	12,000,000
비용	광고비(원)	6,000,000
성과	노출수(회)	500,000
	클릭수(회)	5,000
	전환수(회)	1,000
판매 마진	이익률	60%

① CPC(클릭당비용) $= \dfrac{\text{총광고비}}{\text{클릭수}} = \dfrac{6,000,000}{5,000} = 1,200$원

② CTR(클릭률) $= \dfrac{\text{클릭수}}{\text{노출수}} \times 100 = \dfrac{5,000}{500,000} \times 100 = 1\%$

③ CPA(전환당비용) $= \dfrac{\text{총광고비}}{\text{전환수}} = \dfrac{6,000,000}{1,000} = 6,000$원

④ CVR(구매전환율) $= \dfrac{\text{전환수}}{\text{클릭수}} \times 100 = \dfrac{1,000}{5,000} \times 100 = 20\%$

⑤ ROAS $= \dfrac{\text{광고를 통한 매출}}{\text{광고비}} \times 100 = \dfrac{12,000,000}{6,000,000} \times 100 = 200\%$

⑥ ROI $= \dfrac{\text{광고를 통한 매출} \times \text{이익률}}{\text{광고비}} \times 100 = \dfrac{12,000,000 \times 0.6}{6,000,000} \times 100 = 120\%$

∴ 광고 효과 분석

- 총광고비 6,000,000원을 사용하여 사이트에 5,000명이 방문하였다.
- 방문자들은 1,000건(전환수)의 물품을 구매하였으며, 이에 따라 방문이 구매로 전환된 구매전환율은 20%이다.
- 클릭이 구매로 전환되는 데 발생한 비용은 1건당 1,000원이다.
- 광고비 6,000,000원을 사용하여 매출액은 12,000,000원, 이익은 6,000,000원 발생했다.
- 건당 평균 판매단가는 $\dfrac{\text{총매출액}}{\text{구매전환수}} = \dfrac{12,000,000}{1,000} = 12,000$원이고,

  건당 판매 이익은 $\dfrac{\text{총매출} \times \text{이익률}}{\text{구매전환수}} = \dfrac{12,000,000 \times 0.6}{1,000} = 7,200$원이다.
- ROAS는 200%, ROI는 120% 달성했다.

03 실제 검색광고 효과 분석

01 광고 효과 분석

1) 기본 정보 분석

다음의 조명유통 업체가 실제로 집행한 키워드 광고 데이터를 보고 광고 효과를 분석해보자.

키워드	노출수	클릭수	클릭률(%)	클릭당비용	총비용
학생가구	442,868	1,870	0.42%	877	1,639,375
학생조명	111,552	1,289	1.16%	787	1,014,019
장스탠드	183,087	1,213	0.66%	952	1,154,714
수입스탠드조명	111,239	1,141	1.03%	1,237	1,411,290
수입식탁등	17,028	1,105	6.49%	1,127	1,245,124
명품조명	359,170	986	0.27%	1,135	1,119,075
조명소품	11,433	235	2.06%	4,820	1,132,703
수입벽시계	136,385	132	0.10%	1,291	170,455
논현동조명	164,693	126	0.08%	1,334	168,090
대형샹들리에	7,836	47	0.60%	699	32,835
소파조명	3,947	46	1.17%	1,596	73,403
플로어스탠드	1,332	46	3.45%	688	31,647
협탁조명	1,047	37	3.53%	1,103	40,810
엔틱스탠드	3,432	35	1.02%	2,134	74,690
고급조명	33,853	35	0.10%	1,410	49,357
고급벽시계	6,400	33	0.52%	3,183	105,028
식탁 조명	4,659	31	0.67%	1,448	44,902
명품스탠드	3,897	30	0.77%	1,479	44,363

수입스탠드	104,023	29	0.03%	1,704	49,423
고급스탠드	1,252	29	2.32%	1,542	44,726
침실스탠드	2,458	26	1.06%	1,284	33,374
안방스탠드	703	25	3.56%	1,456	36,388
명품스탠드조명	3,325	25	0.75%	1,224	30,591
리빙편집샵	6,311	24	0.38%	2,119	50,853
이태리벽시계	2,637	23	0.87%	1,419	32,637
식탁등	1,887	22	1.17%	2,738	60,236
거실샹들리에	18,017	20	0.11%	3,396	67,914
엔틱가구	45,216	19	0.04%	1,868	35,486
해외조명	15,722	14	0.09%	3,356	46,981
수입식탁조명	32,832	8	0.02%	6,045	48,356
합계	1,838,241	8,701	1.15%	1,848	10,088,845

① 광고 데이터 정보

소요 예산	10,088,845원
클릭수	8,701회
노출수	1,838,241회
클릭률(CTR)	1.15%
클릭당 광고비(CPC)	1,848원

- 이 광고주는 해당 기간 10,088,845원의 광고비를 집행하였고, 그 결과 광고 노출수는 1,838,241회를 기록했다.
- 광고를 통한 방문자의 방문 횟수 즉, 클릭수는 약 8,701회였고, 노출된 광고를 클릭한 비율은 1.15%다.
- 1명의 사용자를 웹사이트에 끌어들이는 데 투입된 비용은 1,848원이다.

② 매출 목표(광고주와의 협의를 통해서 파악)

고객 1명당 평균 주문 금액	84,000원
평균 이익(60%)	50,400원
월간 목표 판매량	500개
주문 1건당 목표광고비(CPS)	20,000원

- 광고를 집행하면서 목표로 삼았던 매출 금액, 구매 개수, 이익 등에 관한 내용이다.
- 매출 목표의 경우, 광고주와의 협의를 통해서 파악해야 하는 정보이다.

2) 광고 효과 분석

① 전체적인 효과 분석

구매 및 총매출		
항목	판매량	총매출액
목표	500개	84,000원×500개=42,000,000원
결과	643개	84,000원×643개=54,012,000원
초과(미달)	143개 초과	+12,012,000원

- 광고를 통한 판매 개수는 643개, 총매출은 54,012,000원 발생하였다.
- 평균 이익률인 60%를 고려하면, 이익은 54,012,000×60%=32,407,200원 발생했다.

② 광고주가 목표로 한 지표들

지표	공식	목표	실제
ROAS	$\dfrac{\text{광고를 통한 매출}}{\text{광고비}} \times 100$	500%	$\dfrac{54,012,000}{10,088,845} \times 100 = 535\%$
ROI	$\dfrac{\text{광고를 통한 매출} \times \text{이익률}}{\text{광고비}} \times 100$	300%	$\dfrac{54,012,000 \times 60\%}{10,088,845} \times 100 = 321\%$
CPS	$\dfrac{\text{총광고비}}{\text{전환수}}$	20,000원	$\dfrac{10,088,845}{643} = 15,690$원

- 광고 효율성을 측정하는 ROAS와 ROI 측면에서 광고비용 대비 매출 결과를 목표치와 비교하면, 목표 ROAS보다 35% 증가하였고, 목표 ROI보다 21% 증가하여 광고비용 대비 매출에서 목표보다 높은 성과를 거두었다.
- 전환당 발생한 광고비용을 측정하는 CPS 측면에서 주문 1건당 목표광고비는 20,000원을 예상했으나 광고 결과 15,690원이므로 효율적인 광고를 집행했다고 볼 수 있다.

③ 적정 CPC 산정을 통한 광고 효과 분석 방법

- 적정 또는 허용되는 최대 CPC는 ROAS가 100%가 되는 값을 말한다.
- 주어진 자료에서 광고를 통한 목표매출이 84,000원×500개=42,000,000원이므로 지출 가능한 최대 광고비 지출은 42,000,000원을 넘지 않아야 한다.
- 과거 마케팅 데이터의 전환율이 3%라고 가정하면, 목표 판매량인 500개의 전환을 발생시키기 위해서는 16,667회의 클릭이 필요하며 허용 최대 적정 CPC는 2,520원을 넘지 않아야 한다.
- 전체적인 광고 효과 분석은 CPC 전체 평균이 1,848원이므로 적정 CPC인 2,520원과 비교할 때 효과적으로 진행되었다고 볼 수 있다.
- 개별적인 광고 효과 분석은 해당 캠페인에서 조명소품(4,820원), 고급벽시계(3,183원), 식탁등(2,738원), 거실샹들리에(3,396원), 해외조명(3,356원), 수입식탁조명(6,045원) 등의 키워드는 CPC가 2,520원을 초과하므로 광고 재검토를 통해 성과를 향상시키도록 노력해야 한다. 반면 학생가구나 대형샹들리에처럼 CPC가 낮은 키워드는 공격적으로 키워드 확장이나 다른 매체에 관련 키워드를 광고할 필요가 있다.
- 키워드별 효과 분석을 통해 고객의 구매하는 데 기여한 키워드와 비용만 소진하고 있는 키워드, 적정한 CPC 등을 파악하여 실시간으로 반영할 수 있다.

02 키워드 분석

1) 로그분석

- 로그란 웹사이트를 방문한 사용자의 데이터를 기록하는 도구로, 별도의 엑셀 작업 없이 노출, 클릭, 비용 데이터와 전환데이터를 한눈에 파악할 수 있다.
- 이미 '구글 애널리틱스(Google Analytics)', '에이스카운터' 등의 별도 로그분석 시스템을 사용 중이더라도 매체별 로그분석은 해당 사이트의 환경에 최적화되어 있으므로 효과적이다.
- 다매체를 운영하여 트래픽이 중복되는 경우, 단일 통합 트래킹 툴을 사용하는 것보다는 매체별 전환 성과의 합산 데이터가 다소 과도하게 집계되어 보일 수 있다.
- 네이버, 구글 검색광고 시스템에서는 다음과 같은 로그분석 서비스를 무료로 지원하고 있는데, 광고 관리 플랫폼 내에서 성과 데이터를 손쉽게 확인하며 빠르게 성과 개선 작업을 할 수 있다.

로그분석 서비스	사례
네이버	[광고 시스템 → 도구 → 프리미엄 로그분석]에서 비즈채널(등록한 홈페이지)이 '노출 가능' 상태인 경우 신청하여 사용
카카오	[광고관리자센터 → 광고자산 관리 → 픽셀&SDK 연동 관리]
구글	[도구 → 설정 → 연결된 계정 → 구글 애널리틱스] 연결

- 로그를 분석하려면 웹사이트에 전환 추적 스크립트 삽입을 해야 하며 직접 설치할 수도 있고 전문 프로그래머나 대행사의 도움을 받아 설치할 수도 있다.

2) 보고서 분석

로그분석 도구를 설치한 다음에는 검색광고 시스템에서 보고서를 통해 지표를 확인할 수 있다.

① 네이버 보고서

- 네이버 검색광고 시스템 상단의 [보고서 → 다차원 보고서] 메뉴를 클릭하여 [새 보고서]에서 원하는 보고서의 형태를 선택한다.

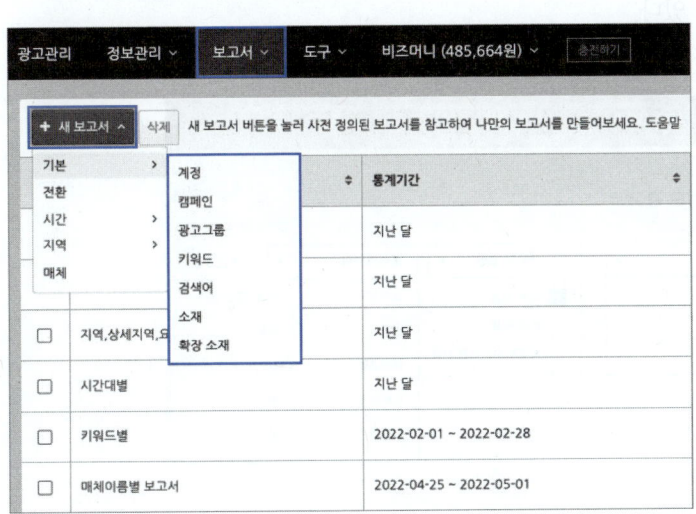

- [새 보고서] 드롭다운 메뉴에서 원하는 보고서 형식을 선택한다. 항복에서 제공된 샘플 보고서를 활용하여 그대로 사용하거나 일부 지표를 수정하여 사용할 수 있다.

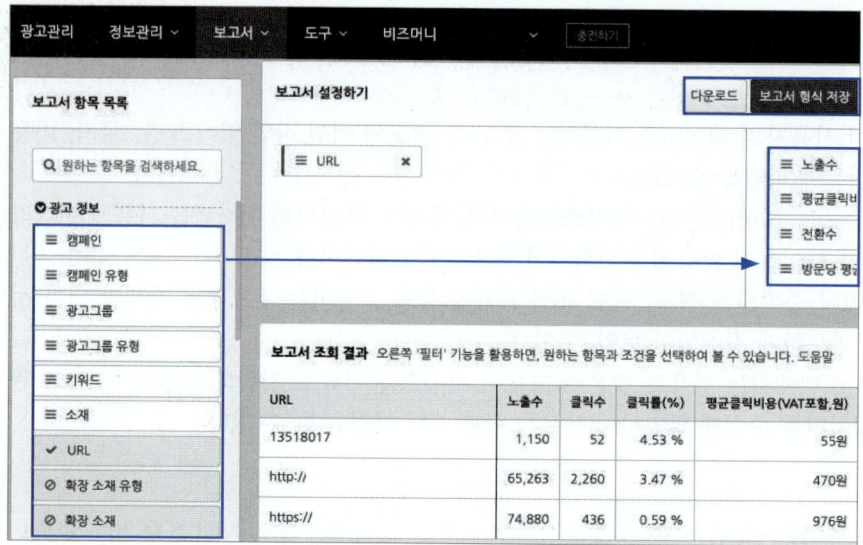

- 화면 왼쪽 목록에서 원하는 항목을 더블 클릭하거나 오른쪽 영역으로 항목을 끌어와 추가할 수 있다.
- 다차원 보고서에서는 실시간이 아니므로 당일 광고 성과는 [광고관리] 메뉴에서 확인할 수 있다.
- 좌측 화면 아래 메뉴의 '확장 소재 유형'이나 '확장 소재'처럼 보고서 항목에 선택 불가 표시(◎)가 있다면 함께 조회할 수 없는 항목이 선택되어 있거나 제공 가능한 통계 기간보다 길게 설정된 경우이므로, 선택된 항목 일부를 제거하거나 통계 기간을 조정하여 데이터를 확인할 수 있다.
- 오른쪽 상단의 [다운로드] 버튼 클릭 시 생성된 보고서를 Excel 파일로 다운로드할 수 있다.
- 다운로드 바로 옆의 [보고서 형식 저장] 버튼을 클릭하면 지금 설정한 보고서 템플릿이 저장되어 지속적으로 해당 보고서로 모니터링할 수 있다.
- 저장된 맞춤형 보고서 형식은 [광고관리]에서 각 광고 구조별(캠페인, 광고그룹, 키워드, 소재) 광고 성과를 한눈에 확인할 수 있다.
- 기본값으로 설정된 성과 지표 외 추가로 확인하고 싶은 지표가 있으면 [광고관리 → 기본설정 → 새로운 사용자 설정] 메뉴에서 항목을 추가할 수 있다.

② 카카오 맞춤보고서

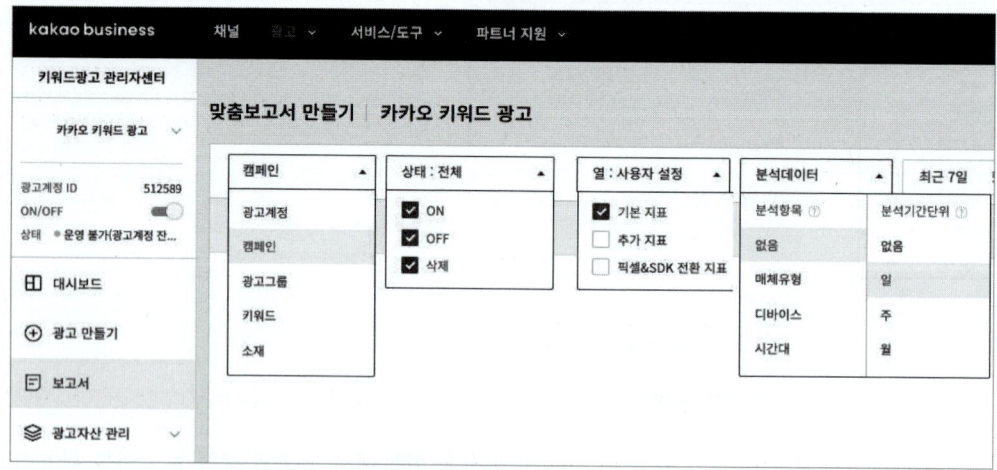

- 카카오 역시 집행한 광고 결과를 원하는 항목별로 구성하여 확인할 수 있는 맞춤형 보고서를 광고 계정, 캠페인, 광고그룹, 키워드, 소재별로 구분하여 제공한다.
- 노출수, 클릭수, 비용 등의 기본 지표는 물론 전환 지표 등을 다음의 항목들을 추가하여 맞춤보고서를 만들 수 있다.

항목	설명
광고 계정	등록된 캠페인을 기준으로 하위 광고그룹, 키워드, 소재까지 필요한 사항을 선택할 수 있음
상태	선택한 카테고리 리스트 기준으로 '전체' 혹은 'ON, OFF, 삭제' 등 필요한 상태 선택 가능
세부 항목	세부 항복 선택된 카테고리 기준으로 캠페인, 그룹 등 지정 가능
열 항목	• 보고서 지표에 항목을 추가하는 기능 • 기본 지표: 광고의 노출수. 클릭수, 비용, 클릭률 등 기본적인 지표 • 추가 지표: 광고 기간 전체의 노출수와 클릭비용, 평균 노출 순위 • 픽셀&SDK 전환 지표: 연동된 픽셀&SDK의 지표

분석데이터	• 광고가 노출, 클릭된 디바이스 혹은 매체 유형, 시간대 선택 가능
	• '시간대' 항목: 오늘 포함 최근 1개월 내 조회 기간 선택 시 제공
	  – '일' 단위: 조회 기간을 1개월(31일) 내로 선택할 경우 제공
	  – '주' 단위: 조회 기간을 2개월(62일) 내로 선택할 경우 제공
	  – '월' 단위: 조회 기간을 12개월 내로 선택할 경우 제공

기간	맞춤보고서에 반영할 기간 설정
다운로드	설정한 지표 다운로드

- 맞춤보고서 작성 후 제목을 기재하고 [확인] 버튼을 누르면 설정 항목이 저장되며, 다운로드할 수 있다.

3) 프리미엄 로그분석을 통해 광고 전환 확인

검색어	노출수	클릭수	클릭률(%)	평균노출순위	전환수	전환율(%)	전환매출액(원)
(보고서 조회 결과 / 필터 ∨)							
▓▓▓	627	158	25.20 %	1.5	3	1.90 %	2,344,000원
▓▓▓	6	2	33.34 %	1	0	0.00 %	0원

- '보고서 조회 결과'는 네이버 검색광고에 네이버 프리미엄 로그분석을 연결하여 전환매출액을 확인한 것이다.
- 프리미엄 로그분석 서비스 이용 시 보고서에서 전환수를 비롯한 다양한 정보를 받을 수 있으며, 전환수가 표시되려면 프리미엄 로그분석 서비스의 전환 스크립트를 설치해야 한다.
- 네이버 프리미엄 로그분석을 통해 매출을 추적할 수 있는 광고 상품은 파워링크, 쇼핑 검색, 브랜드 검색/신제품 검색이다.

- 프리미엄 로그분석을 통해 검색광고 보고서에서 확인할 수 있는 광고별 전환 분석 및 광고별 방문/체류 시간 보고서 항목은 다음과 같다.

항목	설명
전환수	• 전환 유형별로 발생한 전환 개수의 합 • 직접전환수와 간접전환수를 합한 수와 동일
직접전환수	광고 클릭 이후 30분 이내에 마지막 클릭으로 전환이 일어난 경우의 전환수
간접전환수	• 광고 클릭 이후 30분부터 전환 추적 기간 내에 발생한 전환수 • 전환 추적 기간은 7~20일 사이의 기간으로 직접 설정할 수 있음
전환율	• 전환수를 광고 클릭수로 나눈 값(전환수/광고 클릭수) • 광고로 유입된 숫자(광고 클릭수)에 비해 얼마나 전환이 발생하였는지(전환수)를 비율로 나타낸 것 • 전환수를 기준으로 광고 효율을 측정하는 지표 중 하나
전환매출액	• 전환별 전환 가치(일반적으로 매출액)의 합계 • 사전에 설명된 전환 별 전환 가치로 계산
직접전환매출액	직접전환으로 인한 전환매출액의 합
간접전환매출액	간접전환으로 인한 전환매출액의 합
전환당비용	• 광고비를 전환수로 나눈 값(광고비/전환수) • 전환 1회당 사용된 평균 광고비
방문당 평균 페이지뷰	• 페이지뷰를 방문수로 나눈 값(페이지뷰/방문수) • 사용자가 사이트 방문 1회당 조회한 페이지 수
방문당 평균 체류 시간	• 체류 시간을 방문수로 나눈 값(체류 시간/방문수) • 사용자가 사이트 방문 1회당 사이트에 머문 시간
전환수(네이버페이)	사용자가 검색광고를 통해 사이트에 방문하여 네이버페이로 결제한 경우의 전환수
전환매출액(네이버페이)	네이버페이를 통해 발생한 전환매출액의 합계
광고수익률	• 전환매출액을 총비용으로 나눈 값(전환매출액/총비용×100) • 단위 광고비용당 전환매출액으로, 사용한 광고비용에 비해 어느 정도의 매출이 발생하였는지를 비율로 나타낸 것 • 전환매출액을 기준으로 광고 효율을 측정하는 지표 중 하나

- 프리미엄 로그분석과 연동하여 검색광고 효과를 개선할 방법은 다음과 같다.
  - 전환매출액과 전환율을 검토하여 성과가 높은 키워드와 낮은 키워드를 분류
  - 성과 낮은 키워드 제외하고, 성과 높은 키워드와 유사한 키워드 발굴
  - 전환율이 낮은 키워드는 키워드와 랜딩페이지의 연관성 검토
  - 요일별, 시간대별 등 특정 기간에 대한 전환데이터를 통해 구체적인 개선 방안 발견
- 키워드 차원의 광고 효과 분석은 네이버, 카카오, 구글에서 모두 제공한다.

? | **Quiz**

PART 01
PART 02
PART 03
PART 04
PART 05
PART 06
PART 07

01 노출수는 검색 사용자가 키워드를 검색할 때 광고가 노출된 수치이다. ☐ O ☐ X

02 로그를 분석하려면 웹사이트에 전환 추적 스크립트를 삽입해야 하는 데 직접할 수 없 ☐ O ☐ X
고 전문가의 도움을 받아야 한다.

03 ROI는 광고를 집행할 때 1원의 비용으로 얼마의 이익이 발생했는지를 나타내는 비율 ☐ O ☐ X
을 말한다.

04 클릭수는 검색 사용자가 해당 키워드로 검색한 후 광고를 클릭한 수치를 말한다. ☐ O ☐ X

05 검색 사용자가 해당 키워드로 검색한 후 광고를 클릭한 수치를 나타내는 효과 지표는 ☐ O ☐ X
클릭률이다.

06 전환율은 전환수를 클릭률로 나눈 후 100을 곱하여 산출한다. ☐ O ☐ X

07 총광고비는 노출수×CPC로 산출한다. ☐ O ☐ X

08 구매전환율은 클릭수 대비 구매건수이다. ☐ O ☐ X

09 CPI는 클릭당 광고비를 말한다. ☐ O ☐ X

10 광고비보다 노출수가 많은 것이 광고 효과가 높다고 말할 수 있다. ☐ O ☐ X

11 검색광고 대부분의 상품이 CPI 방식으로 운영되고 있다. ☐ O ☐ X

12 네이버 검색광고의 경우 키워드 도구를 이용하여, 의미 있는 키워드를 발굴할 수 있다. ☐ O ☐ X

13 클릭률이 평균보다 높은 키워드는 노출 순위를 무조건 올린다. ☐ O ☐ X

14 광고 효율이 낮은 키워드는 가장 먼저 상위 입찰 전략을 고려해본다. ☐O ☒X

15 구매전환율이 낮은 키워드는 랜딩페이지를 메인페이지로 일괄 조정해 본다. ☐O ☒X

16 카카오 검색광고의 로그분석은 광고자산 관리 〉 픽셀&SDK 관리 메뉴에서 설정할 수 있다. ☐O ☒X

17 네이버 검색광고의 로그분석은 계정 〉 전환 추적(CTS) 설정 메뉴에서 할 수 있다. ☐O ☒X

18 구글 검색광고: 도구 및 설정 〉 전환 〉 구글 애널리틱스 메뉴에서 설정할 수 있다. ☐O ☒X

19 매체별 로그분석은 유료 결제 후 이용할 수 있다. ☐O ☒X

20 네이버 프리미엄 로그분석은 웹사이트에 전환 추적 스크립트를 삽입해야만 확인할 수 있는 보고서이다. ☐O ☒X

정답				
01 ○	02 ×	03 ○	04 ○	05 ○
06 ×	07 ×	08 ○	09 ×	10 ○
11 ×	12 ○	13 ×	14 ×	15 ×
16 ○	17 ×	18 ○	19 ×	20 ○

해설
06 전환수를 클릭수로 나눈다.
07 클릭수×CPC로 산출한다.
09 노출당 광고비를 말한다.
11 CPC 방식으로 운영되고 있다.
13 이미 효과가 좋으므로 현재의 순위를 유지하고 클릭률이 평균보다 낮은 키워드의 순위를 올린다.
14 광고비가 비싸서 효율이 낮은 경우 상위 입찰을 하면 지나치게 많은 광고비가 소진될 우려가 있다.
15 이벤트페이지로 조정하는 것이 효과적이다.
17 네이버 검색광고의 로그분석은 '도구 〉 프리미엄 로그분석' 메뉴에서 할 수 있다.
19 무료로 이용할 수 있다.

PART 01
PART 02
PART 03
PART 04
PART 05
PART 06
PART 07

합격을 다지는

예상문제

01 다음 중 아래 표에서 괄호 안에 들어갈 용어가 순서대로 바르게 나열된 것은?

일반적인 소비자 행동	인지	방문	구매
검색광고 소비자 행동	(ㄱ)	클릭	(ㄷ)
단계별 효과 측정	CPI	(ㄴ)	CVR

① ㄱ. 노출 / ㄴ. CTS / ㄷ. 구매
② ㄱ. 노출 / ㄴ. CPC / ㄷ. 구매
③ ㄱ. 노출 / ㄴ. CVA / ㄷ. 이탈
④ ㄱ. 인지 / ㄴ. CPM / ㄷ. 이탈

02 다음 중 검색광고의 소비자 행동 단계로 옳은 것은?

① 노출 – 클릭 – 구매
② 노출 – 구매 – 클릭
③ 클릭 – 구매 – 노출
④ 클릭 – 노출 – 구매

[3~4] 다음을 보고 물음에 답하여라.

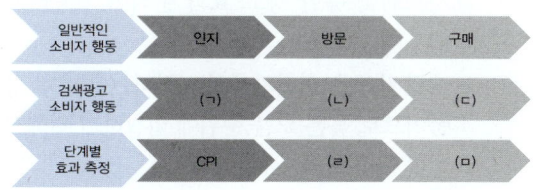

- 총광고비: 20,000원
- 클릭수: 10건
- 전환율: 10%
- 제품 단가: 50,000원

03 위의 예시에서 구매전환율이 10%일 때, 다음 중 각 명칭과 그 값으로 올바르게 묶인 것은?

① (ㄱ) – 인지, (ㄹ) – 1,000원
② (ㄴ) – 클릭, (ㄹ) – 1,000원
③ (ㄴ) – 노출, (ㄹ) – 2,000원
④ (ㄷ) – 구매, (ㄹ) – 2,000원

04 위의 예시에서 광고비는 동일하지만 매출과 전환수가 2배로 성장했을 때, 그에 대한 설명으로 옳지 **않은** 것은?

① ROAS는 500%로 상승한다.
② CPC가 줄어든다.
③ CPS가 줄어든다.
④ CVR이 늘어난다.

05 다음 중 검색광고에서 ROAS를 상승시키는 방법으로 옳지 **않은** 것은?

① 사용자의 의도를 파악하여 랜딩페이지를 수정한다.
② ROAS가 100% 이상인 키워드 광고를 진행한다.
③ 입찰 단가가 낮은 키워드를 선정한다.
④ 랜딩페이지의 반송률을 낮추도록 개선한다.

[6~10] 다음을 보고 물음에 답하여라.

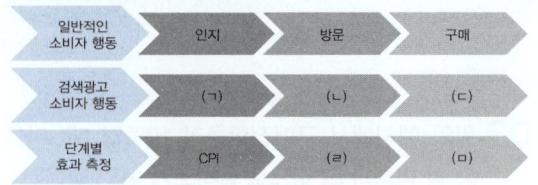

일반적인 소비자 행동	인지	방문	구매
검색광고 소비자 행동	(ㄱ)	(ㄴ)	(ㄷ)
단계별 효과 측정	CPI	(ㄹ)	(ㅁ)

06 위의 예시에서 광고비가 5,000,000원, (ㄹ)의 값이 1,000원, 구매전환율 20%일 때 (ㅁ)의 값으로 옳은 것은?

① 3,500원　　　② 4,000원
③ 4,500원　　　④ 5,000원

07 위의 예시에 대한 설명으로 옳지 <u>않은</u> 것은?

① CPI는 노출당 광고비를 말한다.
② 동일한 광고 예산으로 클릭수가 늘어나면 (ㄹ)은 낮아진다.
③ 동일한 광고 예산으로 노출수가 늘어나면 (ㅁ)은 높아진다.
④ 구매전환율에 의해 가장 많이 영향을 받는 것은 (ㅁ)이다.

08 위의 예시에서 (ㅁ)에 대한 설명으로 옳지 <u>않은</u> 것은?

① 구매건수가 많아지면 (ㅁ)은 낮아진다.
② 구매전환율이 높으면 대체로 (ㅁ)은 낮아진다.
③ 산출식은 '광고비용/구매건수'이다.
④ 클릭수(방문수)×구매전환율로 계산할 수 있다.

09 만약 상품의 단가가 20,000원이고 비용이 광고비 이외는 없다고 가정한다면, 위의 예시에서 ROI(①)와 ROAS(②)로 옳은 것은?

① ①: 200%, ②: 300%
② ①: 300%, ②: 400%
③ ①: 400%, ②: 500%
④ ①: 500%, ②: 600%

10 위의 예시에 대한 설명으로 옳지 <u>않은</u> 것은?

① 반송률이 50%로 줄어든다면 (ㅁ)은 50% 줄어든다.
② 만약 상품의 단가가 20,000원이고 이익률이 30%라면 ROI는 낮아진다.
③ 만약 상품의 단가가 20,000원이라면 적정(허용 최대) CPC는 4,000원이다.
④ 현재 이 캠페인은 효과가 있다고 할 수 있다.

11 다음 중 검색광고마케터가 검색광고의 효과 분석을 매일 시행하게 되는 이유로 옳지 <u>않은</u> 것은?

① 다양한 매체에서 다양한 광고 상품이 존재하기 때문이다.
② 구매에 영향을 주는 키워드가 매일 변화하기 때문이다.
③ 시스템을 통한 광고 효과 분석이 가능하기 때문이다.
④ 매일 새로운 입찰가에서 시작하는 경매형 상품이므로 높은 노출 순위에 입찰하기 위해서이다.

12 다음 중 검색광고 효과 분석에 대한 설명으로 옳지 <u>않은</u> 것은?

① 검색광고 효과 분석은 특별한 상황이 발생했을 경우에만 실시하는 것이 좋다.

② 효과 분석은 개선의 과정이며 출발점이라고 볼 수 있다.

③ 효과 분석은 일반적으로 사후관리를 통해서 개선할 수 있다.

④ 효과 분석은 변하는 상황에 맞도록 광고를 최적화시키는 것이다.

13 다음 중 광고 효과 측정 단위에 대한 설명으로 옳지 <u>않은</u> 것은?

① 광고 효과 보고서를 볼 때는 클릭률보다 클릭수를 중요하게 고려하여야 한다.

② 전환율은 전환수를 클릭수로 나누어 100을 곱한 것이다.

③ 구매건수는 클릭수를 구매전환율로 곱하여 산출한다.

④ 총광고비용을 구매건수로 나눈 것을 CPS라고 한다.

14 다음 중 검색광고의 광고 효과를 증대시키기 위해 검색광고 관리 전략에 포함되는 요소로 옳지 <u>않은</u> 것은?

① 노출수 증대
② 반송률 감소
③ 클릭률 증대
④ 전환율 증대

15 다음 중 광고 효과 분석 후 취해야 할 조치로 적절하지 <u>않은</u> 것은?

① 성과가 낮은 키워드는 페이지뷰와 체류 시간 데이터도 점검한다.

② 성과가 높은 키워드는 유사 키워드로 확장한다.

③ 클릭률이 평균보다 낮은 키워드는 소재를 변경한다.

④ 간접전환만 주로 발생하는 키워드는 입찰 순위를 낮춘다.

16 검색광고에서 더욱 효과적인 광고 집행을 위해 키워드를 확장할 경우 고려해야 할 내용으로 옳지 <u>않은</u> 것은?

① 동종업종 경쟁사의 키워드를 참고하여 반영할 수 있다.

② CPM이 낮은 키워드가 최우선으로 고려되어야 한다.

③ 메인 키워드에서 형용사, 명사 등을 조합하여 키워드를 활용할 수 있다.

④ 계절, 이벤트 시즌 등을 반영하여 키워드를 관리/운영하는 것이 유리하다.

17 다음 중 검색광고에서 키워드 확장을 하는 이유로 옳지 <u>않은</u> 것은?

① 매일 새로운 키워드가 쏟아져 나오므로
② 잠재고객의 범위를 넓히기 위해서
③ 사이트 방문자를 늘이기 위해서
④ CPC를 절감하기 위해서

PART 01
PART 02
PART 03
PART 04
PART 05
PART 06
PART 07

18 다음 중 검색광고의 키워드 확장 방법으로 **틀린** 것은?

① 매출 발생 키워드를 중심으로 세부 키워드를 확장하면 효율적이다.

② 키워드 확장을 위해 키워드 제안 도구를 잘 활용하면 효과적인 키워드 발굴이 가능하다.

③ 조회수는 낮지만 경쟁이 치열하지 않은 키워드를 발굴하면 저렴한 CPC로 운영할 수 있어 효율적이다.

④ 조회수가 높은 대표 키워드를 많이 사용하면 저렴한 CPC로 운영할 수 있어 효율적이다.

19 다음의 키워드에 대한 성과보고서 자료에서 알맞은 클릭수는? (100단위 미만의 숫자는 반올림하여 근사치를 선택한다.)

- 노출수: 300,000
- 광고비: 2,500,000
- CTR: 0.33%
- CPC: 2,500원
- CPS: 16,667
- 구매율: 15%
- 구매건수: 150
- 클릭수: (?)

① 2,000

② 1,000

③ 5,000

④ 10,000

20 다음 중 로그분석에 대한 설명으로 옳지 **않은** 것은?

① 로그분석은 웹사이트를 방문한 유저의 데이터를 수집하여 분석하는 도구이다.

② 매체사에서 제공하는 로그분석을 사용할 경우 별도의 엑셀 작업 없이 키워드별 전환성과를 볼 수 있다.

③ 로그분석이 가능하기 위해서는 검색광고관리자 센터에 로그인만 하면 된다.

④ 네이버, 카카오, 구글 검색광고는 모두 로그분석을 지원하고 있다.

21 다음 중 검색광고 전략을 표현하는 공식으로 옳지 **않은** 것은?

① CPA=(CPC×클릭수)÷(전환율×클릭수÷100)

② CVR={전환수÷(광고비÷CPC)}×100

③ ROAS={(클릭수×CPC)÷(구매건수×객단가)}×100

④ 매출액=(광고비÷CPS)×객단가

22 다음 중 검색광고 단계별 효과 분석에서 CPA에 대한 설명으로 옳지 **않은** 것은?

① 노출수, 클릭수가 높아지면 CPA는 낮아진다.

② 구매전환율이 높아지면 대체로 CPA는 낮아진다.

③ CPA를 낮추기 위해 전환율이 좋은 매체/키워드 등을 관리한다.

④ CPA는 전환당비용(Cost Per Action)으로 소비자가 행동을 하는 데 들어가는 비용이다.

23 다음 중 아래와 같은 조건에서 ROI, ROAS를 바르게 나열한 것으로 옳은 것은?

> – 광고비: 5,000,000원
> – 광고를 통한 방문수: 20,000명
> – 전환율: 10%
> – 물품 단가: 10,000원
> – 물품 이익: 4,000원

① ROI=300%, ROAS=700%
② ROI=260%, ROAS=600%
③ ROI=200%, ROAS=500%
④ ROI=160%, ROAS=400%

24 다음 중 아래와 같은 조건에서의 CPS로 옳은 것은?

> – 광고비용: 5,000,000원
> – 광고를 통한 방문수: 10,000명
> – 전환율: 10%

① 3,000원
② 4,000원
③ 5,000원
④ 6,000원

25 다음 중 광고 성과 지표 중 CPA와 CPS에 관한 설명으로 틀린 것은?

① CPS보다 CPA의 값이 더 크다.
② 광고비가 동일한 경우 CPC가 낮아질수록 CPA와 CPS는 효과적이다.
③ 광고 예산을 많이 투입할수록 CPS와 CPA는 모두 증가한다.
④ 구매전환율이 낮으면 CPA는 높아질 수 있다.

26 다음의 데이터를 바탕으로 [A스토어]와 [B스토어]의 알맞은 CPS는?

[A스토어]	
광고비	5,000,000원
매출액	10,000,000원
객단가	10,000원

[B스토어]	
CPC	1,000원
클릭수	1,000건
전환율	20%

① 1,000원, 1,000원
② 1,000원, 5,000원
③ 5,000원, 1,000원
④ 5,000원, 5,000원

27 다음 중 구매전환율이 25%이고 매출이익이 15,000원인 쇼핑몰 사이트의 적정 CPC로 옳지 <u>않은</u> 것은?

① 구매전환율이 동일하다면 CPC가 3,000원인 키워드는 광고하지 않아야 한다.
② 구매전환율이 높아지면 광고비를 적게 집행하여도 목표매출을 달성할 수 있다.
③ 매출이익이 상승한다면 최대허용 CPC도 상승한다.
④ 구매전환율이 감소한다면 CPC도 낮은 키워드를 구매해야 한다.

PART 01
PART 02
PART 03
PART 04
PART 05
PART 06
PART 07

28 다음 중 디지털 광고 효과 측정에 대한 설명으로 틀린 것은?

① 웹사이트 내 스크립트 설치를 통해 트래킹이 가능하다.

② 원재료를 어느 경로를 통해 조달하는 것이 저렴한지 한눈에 쉽게 파악할 수 있다.

③ 트래킹 솔루션을 통해 측정할 수 있는 데이터는 광고의 노출수와 클릭수, 사이트를 통한 매출 발생까지 다양하다.

④ 오프라인 광고 대비 정밀하고 즉각적인 효과측정이 용이하다.

29 다음 중 검색광고에서 1회 전환을 발생시키는 데 소요되는 비용을 설명하는 용어로 옳은 것은?

① CVR
② ROI
③ ROAS
④ CPA

30 다음 중 광고 노출 효과의 산출 방법으로 옳지 않은 것은?

① 전환당비용$=\dfrac{컨버전비용}{전환수}$

② 구매전환율$=\dfrac{구매건수}{클릭수}\times100$

③ 클릭률$=\dfrac{클릭수}{노출수}\times100$

④ CPC$=\dfrac{총광고비}{클릭수}$

31 웹사이트 방문자의 데이터를 기록하는 도구인 로그분석 시스템의 장점으로 가장 적절한 것은?

① 광고비 대비 투자 수익률(ROI) 100% 달성을 보장한다.

② 광고 노출 순위가 영구적으로 1위에 고정된다.

③ 별도의 엑셀 작업 없이 노출, 클릭, 비용 데이터와 전환 데이터를 한눈에 파악할 수 있다.

④ 경쟁사 웹사이트의 실시간 방문자 수의 추적이 가능하다.

32 네이버 애널리틱스의 주요 특징 및 제공 기능에 대한 설명으로 옳지 <u>않은</u> 것은?

① 사이트 방문자의 유입 경로, 인기 페이지, 체류 시간 등을 제공한다.

② 사이트 방문자의 신규·재방문 비율 등을 파악할 수 있다.

③ 권한 공유 기능을 통해 팀 협업 분석이 가능하며 설치 및 사용 난이도가 낮다.

④ 광고 관리 플랫폼 내에서 비용을 지불해야 전환 데이터를 확인할 수 있다.

PART 01
PART 02
PART 03
PART 04
PART 05
PART 06
PART 07

단답식

01 광고비용이 10,000,000원, 광고를 통한 매출이 25,000,000원이다. 이 상황에서 광고비 외에 다른 비용은 투입되지 않았다고 가정하면 ROAS와 ROI는 얼마인가? (단위 누락 시 오답 처리, 부분 점수 없음)

02 다음은 검색광고에서 사용자의 행동 단계와 효과 분석의 관계를 요약한 내용이다. 괄호 안에 들어갈 용어를 순서대로 작성하시오. (부분 점수 없음)

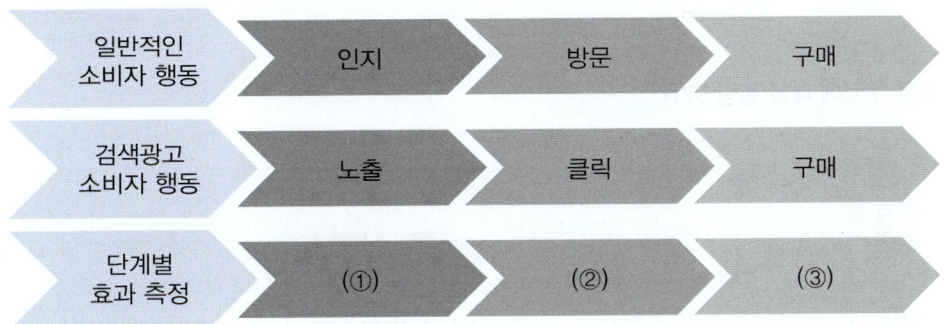

03 구매전환율 10%, 매출이익이 50,000원인 아래 배달음식 서비스 키워드의 적정(최대 허용) CPC와 그 CPC 를 바탕으로 제외해야 할 키워드는 무엇인가? (부분 점수 없음)

키워드	노출수	클릭수	클릭률	CPC	광고비
배달음식	78,323	372	0.5%	8,606	3,201,340
음식배달서비스	15,009	189	1.3%	4,673	883,230
배달할인	3,872	72	1.9%	4,056	292,000
음식배달	2,729	92	3.4%	2,057	189,200
배달음식서비스	1,720	31	1.8%	3,852	119,420
야식배달	712	12	1.7%	5,933	71,200
배달전문점	526	12	2.3%	4,433	53,200
한집배달	324	9	2.8%	3,901	35,110

04 광고비용이 1,000,000원이고, 광고를 통한 매출이 3,000,000원인 경우 광고비 외에 다른 비용은 투입되지 않았다면 ROI는 얼마인가?

05 다음의 설명에서 괄호 안에 들어갈 용어는 무엇인가?

> (   )은(는) '광고비÷(클릭수×구매전환율)'의 공식으로 구할 수 있다.

06 다음은 무엇에 대한 설명인가?

> – 네이버 검색광고에서 제공하는 자동 추적(Auto tracking) 기능으로 체류 시간, PV, 전환분석 보고서 등의 데이터를 제공
> – 어떤 키워드로 들어온 사용자가 얼마나 사이트를 많이 보는지, 얼마나 오래 머무는지, 구매로 이어진 광고는 무엇이고 아닌 광고는 무엇인지 등 효과적인 광고와 효과가 작은 광고를 알아내고 광고 효율을 개선

07 아래와 같은 조건에서 CPS는 얼마인가?

광고비	광고를 통한 방문수	구매전환율
1,000,000원	4,000건	5%

PART 01
PART 02
PART 03
PART 04
PART 05
PART 06
PART 07

08 '이것'은 광고 효과를 측정하고자 할 때 필요한 항목으로, 투자한 광고비 대비 광고주가 얻은 매출을 의미한다. '이것'은 무엇인가?

09 다음은 검색광고와 관련된 설명이다. 괄호 안에 들어갈 용어는 무엇인가?

> CTR은 클릭수를 노출수로 나눈 값을 백분율로 표시한 값이며, (   )은(는) 광고를 클릭하여 사이트에 들어온 방문자가 장바구니 담기, 구매 등 광고주가 원하는 특정 행위를 하는 비율을 뜻한다.

10 다음은 '화장품'이라는 키워드를 활용한 검색광고의 결과 지표이다. 표를 보고 빈칸에 들어갈 올바른 수치는 얼마인가? (소수점 둘째 자리를 반올림하여 소수점 첫째 자리까지 기입하며, 단위 생략 시 오답 처리)

키워드	노출수	클릭수	CTR	광고비	CPC	구매율	구매건수
화장품	400,000	24,000		3,543,000	148	1.67%	400

객관식

01 ②

일반적으로 소비자의 행동은 '인지 → 방문 → 구매'의 과정을 거친다. 이를 인터넷에서 검색하는 소비자의 행동으로 연결하여 살펴보면 '노출 → 클릭 → 구매'의 단계가 만들어진다. 측정 단위는 CPI → CPC → CPS가 된다.

02 ①

검색하는 소비자의 행동 단계는 '노출 → 클릭 → 구매'로 이어진다.

03 ④

(ㄱ) 노출, (ㄴ) 클릭, (ㄷ) 구매, (ㄹ) CPC, (ㅁ) CPS

$$CPC = \frac{\text{총광고비}}{\text{클릭수}} = \frac{20,000}{10} = 2,000원$$

04 ②

기존 CPC는 클릭당비용 $= \frac{\text{총광고비}}{\text{클릭수}} = \frac{20,000}{10} = 2,000$이고, 매출이 2배 증가한 경우에도 $\frac{20,000}{10} = 2,000$으로 변하지 않는다.

오답 피하기

기존	매출이 2배 증가한 경우
① ROAS(광고수익률) $= \frac{\text{광고를 통한 매출}}{\text{광고비}} \times 100$ $= \frac{50,000 \times 10 \times 10\%}{20,000} \times 100$ $= 250$	$\frac{50,000 \times 10 \times 20\%}{20,000} \times 100$ $= 500 (\blacktriangle)$
③ CPS(판매당비용) $= \frac{\text{총광고비}}{\text{구매건수}} = \frac{20,000}{10 \times 10\%}$ $= 20,000$	$\frac{20,000}{10 \times 20\%} = 10,000 (\triangledown)$
④ CVR(전환율) $= \frac{\text{전환수}}{\text{클릭}} \times 100$ $= \frac{10 \times 10\%}{10} \times 100$ $= 10\%$	$\frac{10 \times 20\%}{10} \times 100 = 20\% (\blacktriangle)$

* 수험용 문제에서 광고비를 늘리지 않았다는 조건이 있다면 매출이 늘어난 이유를 전환율 증가로 보는 것이 합리적이므로 전환율이 높아졌다고 가정하고 풀이한다.

05 ③

입찰 단가가 낮은 키워드를 선정하면 검색수가 적어서 클릭수가 적고 매출(Return)이 발생할 가능성도 작기 때문에 ROAS를 상승시키는 방법이라고 보기 어렵다. ROAS를 상승시킨다는 말은 광고비를 사용한 만큼 매출이 늘어야 하는 의미이므로 광고비를 사용한 만큼 매출(Return)을 늘리기 위해서는 광고비 100원을 지출했을 때 100원 이상을 벌어들여야 한다. 이를 ROAS 지표로 설명하면 100%을 기준으로 100%보다 낮은 키워드를 제외해야 효율을 높일 수 있다고 해석할 수 있다.

오답 피하기

①과 ④는 전환율을 높여서, ②는 광고 효율을 높여서 ROAS를 100% 이상으로 상승시킬 가능성이 높은 방법이다.

06 ④

광고비가 5,000,000인 상황에서 CPC(ㄹ)가 1,000원이므로 클릭수는 5,000이다. 구매전환율이 20%이므로 전환수는 5,000×20%=1,000이다. 따라서 CPS(ㅁ)는 $\frac{\text{총광고비}}{\text{구매건수}} = \frac{5,000,000}{1,000} = 5,000원$이다.

07 ③

노출수가 늘어나도 광고 예산과 판매건수가 동일하면 CPS(ㅁ)은 변하지 않으며, 동일한 광고 예산으로 클릭수가 늘어나면 클릭당 광고비는 낮아지는 게 맞다.

08 ④

(ㅁ)은 CPS에 대한 설명이다. '클릭수(방문수)×구매전환율'은 CPS가 아닌 전환수(구매건수)를 계산하는 산출식이다.

09 ②

- $ROI = \frac{\text{광고를 통한 매출} \times \text{이익률}}{\text{광고비}} \times 100$

  $= \frac{20,000 \times 1,000 - 5,000,000}{5,000,000} \times 100 = 300\%$

- $ROAS = \frac{\text{광고를 통한 매출}}{\text{광고비}} \times 100$

  $= \frac{20,000 \times 1,000}{5,000,000} \times 100 = 400\%$

PART 01
PART 02
PART 03
PART 04
PART 05
PART 06
PART 07

10 ①

반송률과 CPS는 상관없다.

오답 피하기

- ②: 매출이 줄어들면 ROI도 낮아진다.
- ③: ROAS가 100%가 되는 것이 적정 CPC이므로,

$$ROAS = \frac{광고를 \ 통한 \ 매출}{광고비} \times 100$$

$$= \frac{20,000 \times 250}{5,000,000} \times 100 = 100\%$$

→ 전환수 250을 만들기 위한 클릭수=250/20%(전환율)=1,250 광고비가 5,000,000이므로

$$\frac{5,000,000}{1,250} = 4,000$$ 따라서 적정 CPC(ㄹ)는 4,000원이다.

- ④: ROI와 ROAS가 모두 100%를 넘으므로 효과적인 광고이다.

11 ④

매일 새로운 입찰가로 시작하지는 않는다.

12 ①

키워드는 계절, 날씨, 요일 등 다양한 사유로 바뀌고 새로운 검색어가 계속 등장한다. 사용자의 검색 활동은 검색광고의 노출수부터 전환 성과까지 영향을 미치므로, 키워드 선택 시 이를 고려해야 한다. 매일 광고 효과를 분석하고 키워드 변화에 빠르게 대응해야 불필요한 광고비 소진을 막고 더 많은 전환 기회를 가져올 수 있다.

13 ①

검색광고의 광고 효과를 증대시키기 위해 검색광고 관리 전략에 포함되는 요소는 노출수와 클릭수 증대, 반송률 감소, 클릭률과 전환율 증대 등을 들 수 있다. 따라서 클릭률과 클릭수는 모두 중요하게 고려하여야 한다.

14 ②

반송률 관리는 랜딩페이지 운영 전략에 해당된다.

15 ④

직접전환은 광고 클릭 이후 30분 이내에 전환이 일어난 경우를 말하고, 간접전환은 광고 클릭 이후 30분부터 7~20일 사이의 설정한 기간에 전환이 일어난 경우를 말한다. 경쟁이 치열해지고 광고 매체가 다양해지면서 간접전환 역시 광고 효과에 중요한 요인이라고 할 수 있다.

16 ②

CPM은 배너 광고에서 사용되는 지표다.

17 ①

키워드가 매일 쏟아져 나오는 것은 아니다.

18 ④

클릭당 광고비를 의미하는 CPC(Cost Per Click)는 한 사람의 사용자가 검색광고를 통해 사이트를 방문하는데 소요된 비용이다. 일반적으로 1회 클릭당 지불되는 비용이 낮을수록 광고 효과가 높고, 경쟁이 치열한 대표 키워드보다는 경합이 치열하지 않은 세부 키워드의 경우 CPC가 낮다.

19 ②

CPC와 CTR이 클릭수와 관계된 산출식이다.

- $CPC(클릭당비용) = \dfrac{총광고비}{클릭수} = \dfrac{2,500,000}{클릭수} = 2,500 = 1,000$
- $CTR(클릭률) = \dfrac{클릭수}{노출수} \times 100 = \dfrac{클릭수}{300,000} \times 100 = 0.33\%$

$$= 990 = 1,000$$

20 ③

검색광고 관리자센터에 로그인만 하면 되는 것이 아니라 웹사이트에 전환 추적 스크립트 삽입이 필요하다.

21 ③

$$\{(클릭수 \times CPC) \div (구매건수 \times 객단가)\} \times 100$$

$$= \frac{클릭수 \times \dfrac{광고비}{클릭수}}{구매건수 \times 객단가} \times 100$$

$$= \frac{광고비}{광고를 \ 통한 \ 매출} \times 100$$

$$\neq ROAS = \frac{광고를 \ 통한 \ 매출}{광고비} \times 100$$ 이므로

맞게 고치면 $\dfrac{구매건수 \times 객단가}{클릭수 \times CPC}$ 이다.

오답 피하기

- ①: (CPC × 클릭수) ÷ (전환율 × 클릭수 ÷ 100)

$$= \frac{\dfrac{광고비}{클릭수} \times 클릭수}{\dfrac{전환수}{클릭수} \times 클릭수} = \frac{광고비}{전환수} \rightarrow CPA \ (\bigcirc)$$

- ②: {전환수 ÷ (광고비 ÷ CPC)} × 100

$$= 전환수 \div \frac{광고비}{\dfrac{1}{\dfrac{광고비}{클릭수}}} \times 100 = \frac{전환수}{클릭수} \times 100 \rightarrow CVR \ (\bigcirc)$$

- ④: (광고비 ÷ CPS) × 객단가

$$= (광고비 \div \frac{광고비}{구매건수}) \times 객단가$$

$$= 구매건수 \times 객단가 \rightarrow 매출액 \ (\bigcirc)$$

22 ①

CPA는 노출수나 클릭수 이외에 랜딩페이지나 반송률 등 다른 요인에도 영향을 받으므로 반드시 낮아진다고만 볼 수는 없다.

23 ④

방문수가 20,000이고 전환율이 10%이므로 전환수는 2,000임을 알 수 있다. 전환수가 2,000이면, 매출액은 물품 단가 10,000원에 전환수 2,000을 곱하여 20,000,000원으로 구할 수 있다. 따라서 매출액 20,000,000÷광고비 5,000,000×100=400%로 ROAS를 구할 수 있다. ROI는 물품 이익으로 봤을 때 이익률이 40%이므로 400%×40%×100=160%로 산출된다.

24 ③

$$CPS(판매당비용)=\frac{총광고비}{구매건수}=\frac{5,000,000}{10,000\times10\%}=5,000원$$

25 ①

CPS와 CPA는 동일하다.

- ②: $CPC(클릭당비용)=\frac{총광고비}{클릭수}$ 에서 광고비가 동일한 경우 CPC가 낮아진다는 것은 클릭수가 높아졌다는 의미이므로 CPA와 CPS는 효과적이다.
- ③: $CPA(전환비용)=\frac{총광고비}{전환수}$ 에서 광고 예산을 많이 투입하면 분자가 커지므로 두 CPA는 증가한다.
- ④: $CPA(전환비용)=\frac{총광고비}{전환수}$ 에서 전환율이 낮으면 전환수가 적다는 의미이므로 CPA는 높아진다.

26 ④

- $CPS(판매당비용)=\frac{총광고비}{구매건수}$
- A스토어: 구매건수=10,000,000/10,000=1,000
  → CPS=5,000,000/1,000=5,000원
- B스토어: 구매건수=1,000×20%=200,
  총광고비=CPC×클릭수=1,000,000
  → CPS=1,000,000/200=5,000원

27 ①

주어진 조건에 따르면 CPC가 3,000원이고 전환율이 25%이므로 4회의 클릭이 발생하면 1번의 전환으로 15,000원의 매출이 발생(12,000원의 광고비 지불)한다고 볼 수 있다. 따라서 해당 키워드 광고는 집행하는 것이 바람직하다.

- ①: 적정 CPC는 15,000원을 벌어들이기 위해 지불 가능한 총광고비(ROAS=100%)이므로 15,000/4클릭=3,750원이다. 따라서 CPC가 3,000원인 키워드라면 적정 CPC보다 낮으므로 광고를 하는 것이 바람직하다. 구매전환율이 동일한 경우(25%) 15,000원의 매출이익을 얻기 위해 지출하는 총광고비는 3,000×4회 클릭이므로 12,000원이 소요된다.
- ④: 구매전환율이 감소한다는 것의 의미는 25%에서 10%로 감소한다면 1회의 매출을 일으키기 위해서 이번에는 10번의 클릭을 유도해야 한다는 뜻이다. 이때 적정 CPC는 3,750원에서 1,500원으로 낮아진다. 15,000÷10회 클릭=1,500원이 되는 것이다. 따라서 구매전환율이 동일한 경우보다 더 저렴한 키워드를 구매해야 한다고 볼 수 있다.

28 ②

디지털 광고와는 무관한 설명이다.

29 ④

CPA(Cost Per Action, 전환비용)는 광고목표에 맞는 전환 액션이 실제로 이루어지는 데 투입된 비용이다. 전환비용이 낮을수록 광고 효과가 높다.

30 ①

$$CPA(전환당비용 또는 전환비용)=\frac{총광고비}{전환수}$$

31 ③

로그분석은 별도의 엑셀 작업 없이 광고 노출, 클릭, 비용 데이터와 전환 데이터를 한눈에 파악할 수 있게 해주는 도구이다.

32 ④

네이버, 구글 검색광고 시스템에서는 로그분석 서비스를 무료로 지원하고 있다.

PART 01

PART 02

PART 03

PART 04

PART 05

PART 06

PART 07

단답식

01 ROAS 250%, ROI 150%

- ROAS=$\dfrac{\text{광고를 통한 매출}}{\text{광고비}} \times 100 = \dfrac{25,000,000}{10,000,000} \times 100$

  =250%

- ROI=$\dfrac{\text{광고를 통한 매출} \times \text{이익률}}{\text{광고비}} \times 100$

  =$\dfrac{25,000,000-10,000,000}{10,000,000} \times 100 = 150\%$

02 ① CPI, ② CPC, ③ CPS 또는 CPA

① CPI, ② CPC 또는 CTR(모두 정답) ③ CPS 또는 CPA 또는 CVR(모두 정답)

03 CPC: 5,000원, 키워드: 배달음식, 야식배달

- ①: 최대허용 CPC(클릭당비용)는 ROAS가 100%가 되는 광고비이므로, ROAS=$\dfrac{\text{광고를 통한 매출}}{\text{광고비}} \times 100$에서 50,000 원의 매출을 올리기 위해서 50,000원의 광고비를 사용하는 것이 적정하다. 구매전환율이 10%라면 10번의 클릭을 유도해서 1개가 팔리므로 10회 클릭에 50,000원의 비용이 소요되기 때문에 1회 클릭당비용인 적정 CPC는 5,000원 이다.
- ②: CPC가 5,000원 이상인 키워드 배달음식과 야식배달은 제외하는 것이 좋다.

04 200%

ROI=$\dfrac{\text{광고를 통한 매출} \times \text{이익률}}{\text{광고비}} \times 100$

=$\dfrac{3,000,000-1,000,000}{1,000,000} \times 100 = 200\%$

(광고비 외에 다른 비용이 투입되지 않았으므로 광고를 통한 매출에서 광고비를 제외한 금액은 2백만 원이다.)

05 CPS, CPA, 전환당비용, 판매당비용(모두 정답)

전환비용(Cost Per Action)은 광고목표에 맞는 전환 액션이 실제로 이루어지는 데 투입된 비용이다. 판매당비용(Cost Per Sale)은 오픈마켓, 공동구매, 쇼핑몰 등에서 검색광고를 통해 사이트를 방문한 사용자가 최종적으로 상품 및 서비스를 구매했을 때 쇼핑몰 운영업체가 일정 비율의 금액을 수수료로 가져가는 것을 말한다. CPS(판매당비용)는 CPA(전환비용)와 비슷한 개념이며 구매건당비용이 낮을수록 광고 효과가 높다.

06 로그분석, 프리미엄 로그분석(모두 정답)

로그분석이란 검색광고에서 제공하는 자동 추적(Auto tracking) 기능으로 체류 시간, PV, 전환분석 보고서 등의 데이터를 제공한다. 로그분석을 통해 사용자가 어떤 키워드로 들어와 어떤 사이트를 보는지, 얼마나 오래 머무는지, 어떤 광고가 구매로 이어지고 그렇지 않은 광고는 무엇인지 등을 확인할 수 있고, 이 데이터를 바탕으로 광고의 효율을 개선할 수 있다.

07 5,000원

CPS(판매당비용)=$\dfrac{\text{총광고비}}{\text{구매건수}} = \dfrac{1,000,000}{4,000 \times 0.05} = 5,000원$

08 ROAS

광고를 통한 매출률(ROAS, Return On Advertising Spend)은 사용한 광고비를 통해 직접적으로 발생하는 매출액의 비율로, 검색광고의 경우 매출액을 광고비로 나눈 값이다.

09 CVR, 전환율(모두 정답)

클릭률(CTR, Click Through Rate)은 광고 노출수 대비 클릭수의 비율을 말한다. 전환율(CVR, Conversion Rate)은 노출과 클릭을 통해 웹사이트에 방문한 고객이 광고목표에 맞는 전환 액션을 한 비율을 말한다.

10 6.0%

CTR(클릭률)=$\dfrac{\text{클릭수}}{\text{노출수}} \times 100 = \dfrac{24,000}{400,000} \times 100 = 6.0\%$

SECTION 02 사후관리

출제빈도 상 중 하
반복학습 1 2 3

빈출 태그 ▶ 키워드 관리, 랜딩페이지 관리, 고객 유입률

▶ 합격 강의

01 사후관리의 중요성

- 검색광고 시스템에서 데이터를 살펴보는 이유는 사후관리를 통해 광고 성과를 개선하기 위해서이다.
- 사후관리의 핵심은 고객 유입률을 높이고 이탈률을 줄이는 것으로, '키워드 사후관리'와 '랜딩페이지 관리'의 두 가지 방법이 있다.
- 키워드 사후관리는 효과 없는 키워드를 확인하고 새로운 키워드를 발굴하는 것을 말한다.
- 랜딩페이지 사후관리는 키워드와의 연관성을 높이고 구매율을 높이기 위한 요소들을 검토하는 것을 말한다.

02 키워드 사후관리

01 사후관리의 의미

키워드는 광고 노출수 대비 클릭수인 CTR(클릭률)과 클릭을 통해 방문한 고객이 전환 행동을 한 비율인 CVR(전환율)을 통해 사후관리한다.

사후관리		CTR	
		▲(높다)	▽(낮다)
CVR	▲(높다)	키워드/소재/랜딩페이지 모두 매력적	키워드/소재는 불충분 랜딩페이지는 매력적
	▽(낮다)	키워드/소재는 매력적 랜딩페이지는 불충분	키워드/소재/랜딩페이지 모두 불충분

02 지표에 따른 키워드 사후관리 방법

1) CTR, CVR이 모두 높은 경우

- 키워드 광고에 대한 클릭률이 높고, 방문한 사용자의 전환도 높은 상태로 광고를 잘 운영하고 있다.
- 키워드, 소재, 랜딩페이지 모두 매력적이며 서로 연관성이 높다고 할 수 있다.
- 효율이 높은 키워드의 경우 입찰 순위를 높여 더 많은 클릭을 유도한다.
- 매출에 효과적인 키워드를 바탕으로 연관 키워드와 세부 키워드는 물론, 계절성 키워드와 이슈 키워드도 확장하는 전략을 펼친다.

2) CTR은 높고, CVR은 낮은 경우

- 키워드와 소재는 매력적이라 클릭률은 높으나 실제로 방문한 사이트에서 전환이 충분하지 못한 상태이다.
- 광고 소재와 랜딩페이지 간의 연관성이 부족하여 전환으로 이루어지지 못하고 이탈하는 것이다.
- 키워드와 광고 소재 그리고 랜딩페이지의 다음 항목을 점검한다.

개선 방법	설명
키워드	고객의 검색 의도를 파악하여 키워드와 적합한 랜딩페이지를 제작
광고 소재	• 광고 소재를 보고 방문하였으나 랜딩페이지에서 해당 내용을 찾지 못한다면 전환이 일어나지 않음 • 광고 소재와 랜딩페이지의 연관성 높이기
랜딩페이지	• 사이트의 메뉴가 복잡하면 구매전환 전에 이탈할 가능성이 큼 • 사이트에서 원하는 정보를 바로 찾을 수 있도록 랜딩페이지 단순화

- 로그분석 서비스를 이용하면 사용자의 유입 경로와 사이트 이용 내역 등을 파악하여 랜딩페이지 개선에 반영함으로써 구매율을 높일 수 있다.
- 로그분석에 사용되는 마케팅 솔루션으로 구글 옵티마이저(Google Optimizer), 구글 애널리틱스(Google Analytics), 핫자(Hotjar), 네이버 프리미엄 로그분석, 에이스카운터(Ace counter), 로거(Logger) 등이 있다.

3) CTR은 낮고, CVR은 높은 경우

- 키워드 검색 후 클릭률은 낮은 편이지만 방문한 사용자의 전환 행동은 많이 일어나는 상태이다.
- 광고 소재가 문제인지, 키워드 입찰 순위가 낮아서인지를 확인해야 한다.

개선 방법	설명
업종에 적합한 광고 소재 사용	패션 관련 광고라면 요즘 유행하는 광고 소재를, 식료료 광고라면 신선함이나 맛 등을 강조하는 광고 소재를, 가전제품 광고라면 상세설명을 강조하는 광고 소재로 클릭률을 끌어올림
타겟의 특성에 맞는 광고 소재 사용	남녀별, 연령대별, 지역별 등 제품의 타겟 특성을 파악한 광고 소재를 사용 예 남성은 성능을 강조하고 여성은 디자인이나 감성적인 면을 강조하는 것이 대표적
차별점 강조	기존 제품과는 다른 차별화된 특성이나 경쟁력 있는 부분을 충분히 강조하는 광고 소재를 만듦
확장 소재 활용	제품의 썸네일 이미지나 이벤트, 할인 혜택, 가격링크, 예약기능, 위치, 이미지, 전화번호 정보 등 다양한 확장 소재를 활용하여 주목도를 높임

- 제품 카테고리에 따라 차이가 있지만, 광고 노출 순위에 따라 클릭률 차이가 큰 업종이 있다. 전환율이 높으나 클릭률이 낮다면 광고 순위를 높일 수 있도록 키워드 입찰 전략을 수정한다.

4) CTR, CVR이 모두 낮은 경우

- 클릭도 저조하고, 그 클릭한 사람들이 전환 행동도 하지 않으므로 키워드와 광고 소재, 랜딩페이지 모두 부적합한 상황이다.
- 광고비만 소진하고 일정 기간 성과가 없는 키워드는 순위를 낮춘다.
- 키워드는 여러 이유로 항상 변화 가능성이 있으므로 광고비 비중이 높으나 전환이 없는 키워드, 부정적인 이슈가 있는 키워드, 품절상품 키워드 등을 찾아내서 광고를 중단한다.
- 키워드 확장 기능을 이용하여, 의미 있는 키워드 발굴하는 등 키워드 및 광고 소재, 랜딩페이지에 대한 전반적인 점검을 거친 뒤에 다시 광고를 시작한다.

01 랜딩페이지의 중요성

- 랜딩페이지(Landing page)는 광고를 클릭하면 연결되는 링크로 광고주의 웹사이트일 수도 있고, 카테고리, 제품 상세페이지, 혹은 이벤트페이지가 될 수도 있다.
- 좋은 키워드를 발굴하고 훌륭한 광고 소재로 방문자를 유입시켰다고 해도 전환이 일어나지 않는다면 성과 없는 광고가 된다.
- 사이트에 들어온 잠재고객이 구매나 상담 등을 통해 실제 고객으로 전환될 수 있도록 랜딩페이지를 관리해야 한다.
- 검색어와 정보의 관련성이 높고 게재된 정보가 유용하며, 사용자가 페이지를 탐색하기 쉽도록 랜딩페이지를 꾸며야 전환율이 높아진다.

02 방문자수와 페이지뷰

- 랜딩페이지 효과는 방문자수, 페이지뷰, 체류 시간, 반송률 등 웹사이트의 여러 가지 로그분석 지표를 통해 측정할 수 있다.
- 방문자수와 페이지뷰를 통해 사이트가 사용자들에게 매력적인지를 검토할 수 있다.

방문자수	페이지뷰	효율성
▲(많다)	▲(높다)	방문자수가 많다면 광고가 성공적인 것이며, 페이지뷰가 높다면 사이트의 제품이나 콘텐츠가 매력적이기 때문이라고 해석 가능
▲(많다)	▽(낮다)	광고를 통한 신규 방문객 수는 늘었지만, 방문자들이 페이지를 거의 열어보지 않고 사이트를 이탈하고 있으므로 랜딩페이지나 콘텐츠를 점검할 필요 있음
▽(적다)	▲(높다)	기존 방문자들이 자주 찾아갈 만큼 검증된 콘텐츠를 보유한 사이트로, 광고하면 훨씬 더 성장할 수 있는 경우이며, 사이트 내에서 별도의 마케팅을 진행해도 좋음
▽(적다)	▽(낮다)	광고를 재점검하고 콘텐츠의 경쟁력이나 제품의 차별점에 대해서 전면적인 검토가 필요

03 체류 시간과 반송률(이탈률)

- 반송이란 사이트 접속 후 사이트 내의 다른 페이지로 이동이 이루어지지 않고 바로 이탈하여 방문품질이 낮은 상황을 의미한다.
- 방문품질을 측정하는 데이터로 반송률이 있는데, 방문자수 대비 반송수의 비율(×100)로 확인할 수 있다.
- 반송률이 높다면 접속자들의 랜딩페이지에서 제품을 구매하거나 상담을 하는 등의 전환으로 이어질 가능성이 낮다는 뜻이다.

04 광고 효과 극대화를 위한 랜딩페이지 구성 요소

1) 키워드가 포함된 랜딩페이지

- 광고에 노출되는 T&D(Title & Description)의 문구는 랜딩페이지에도 기재되어 있어야 한다.
- T&D와 랜딩페이지는 연관성이 높게 구성되어야 한다.
- 검색광고의 설명과 랜딩페이지의 내용에 일관성이 있어야 한다.

2) 업종의 성격과 맞는 매체 선택

- 업종의 성격에 맞는 매체와 광고 상품을 발굴하면 비용대비 효율성을 높일 수 있다.
- 특정한 타겟 혹은 시그널 이슈와 같이 세부적인 니즈에 따라 페이지를 별도 구성한다.
- PC와 모바일 등 디바이스의 환경에 맞게 랜딩페이지를 별도로 노출하는 것도 좋은 전략이다.
- 업종과 무관한 설명이나 너무 많은 팝업, 진입을 방해하는 보안 모듈 등은 최대한 자제한다.

3) 혜택 강조

- 소비자가 원하는 정보나 중요한 정보는 가장 상단에 위치시킨다.
- 제품의 경우는 특별한 판매조건이나 구매 결정을 바로 내릴 수 있는 혜택을 포함시킨다.
- 서비스의 경우는 상세설명이나 사용 후기를 제시한다.

4) 직관적인 페이지 구성

- 깔끔한 UI와 잘 정리된 콘텐츠로 전환을 유도하는 것이 필요하다.
- 예상되는 고객들의 행동 방향과 구매 동선을 파악하여 페이지가 전체적으로 소비자가 무엇을 해야 할지 안내하듯 명확하게 구성되어야 한다.
- 전환 행동을 일으킬 수 있게 하는 구매나 예약 등의 요소가 랜딩페이지에서 가장 잘 보이는 곳에 있어야 한다.
- '장바구니', '상담하기', '주문하기' 등 해당 페이지에서 목표하는 고객의 액션이 신속하고 쉽게 진행될 수 있도록 명확한 입력란을 설정해야 한다.
- 모바일 쇼핑 증가에 따라 웹사이트를 모바일 친화적으로 제작한다. 속도는 빠르게, 탐색은 간단하게, 고객 문의는 편리하게 진행할 수 있도록 구성한다.

PART 01
PART 02
PART 03
PART 04
PART 05
PART 06
PART 07

Quiz

01 CTR이 높고 CVR이 높다면, 지속적인 키워드 확장을 통해 광고 효율을 더 높여야 한다. ◯ ✕

02 CTR이 높고 CVR이 낮다면, 반송률을 체크해 검색 의도에 적합한 상품과 콘텐츠가 충분히 갖추어져 있는지 확인한다. ◯ ✕

03 CTR이 낮고 CVR이 낮다면, 광고를 즉시 중단해 효율을 개선한다. ◯ ✕

04 CTR이 낮고 CVR이 높다면, 광고 순위를 높여 더 많은 유입을 통해 전환 규모가 커질 수 있도록 해야 한다. ◯ ✕

05 랜딩페이지 내 키워드 및 광고 문구를 포함하기 위해 동일한 콘텐츠를 여러 번 복사해서 반복적으로 붙여넣으면 좋다. ◯ ✕

06 고객에게 혜택을 제공하는 이벤트가 진행 중이어서, 전체 키워드의 랜딩페이지를 모두 이벤트페이지로 연결하면 효과적이다. ◯ ✕

07 모든 고객에게 만족스러운 페이지를 운영하기 위해 다소 복잡하더라도 최대한 많은 수의 카테고리와 페이지를 운영하는 것이 효과적이다. ◯ ✕

08 상품 구매나 신청/예약 등의 전환을 최대한 끌어내기 위해서는 버튼을 여러 곳에 배치하고, 컬러 및 사이즈 등을 강조한 디자인으로 적용한다. ◯ ✕

09 랜딩페이지는 사이트를 대표하는 페이지라고 할 수 있다. ◯ ✕

10 비효율 키워드는 효과가 나올 때까지 노출 순위 상승, 매체 확대를 시행한다. ◯ ✕

11 비효율 키워드에 대해 랜딩페이지 변경, 순위입찰 테스트 등으로 다시 한번 재검토를 하는 것이 좋다. ◯ ✕

12 비효율 키워드는 삭제해야 하며, 추가 키워드 등록은 비용을 증가시키므로 절대 하지 않는다. ◯ ✕

PART 01
PART 02
PART 03
PART 04
PART 05
PART 06
PART 07

13 효율 키워드는 무조건 최상위 전략으로만 운영한다. ○ ✕

14 효율성이 높은 키워드는 연관 키워드를 추출하여 확대 집행한다. ○ ✕

15 효율성이 낮은 키워드는 매체를 확대하여 집행한다. ○ ✕

16 효율성이 높은 키워드는 순위를 낮추어 비용을 절감한다. ○ ✕

17 효율성이 낮은 키워드는 순위를 높여 집행한다. ○ ✕

18 키워드의 성격에 따라 목표 ROAS를 달리 적용하여 관리한다. ○ ✕

19 네이버 검색광고의 최소 노출 입찰가 기능으로 원하는 순위에 광고를 노출할 수 있다. ○ ✕

20 반송률은 '(반송수÷방문수)×100'으로 나타낸다. ○ ✕

정답				
01 ○	02 ○	03 ✕	04 ○	05 ✕
06 ✕	07 ✕	08 ○	09 ✕	10 ✕
11 ○	12 ✕	13 ✕	14 ○	15 ✕
16 ✕	17 ✕	18 ○	19 ✕	20 ○

해설
03 광고비 비중이 높으나 전환이 없는 키워드, 부정적인 이슈가 있는 키워드, 품절 상품 키워드 등을 우선적으로 찾아내서 해당 광고를 중단한다.
05 반복되는 내용은 반송률을 높일 위험이 있다.
06 키워드에 맞는 랜딩페이지 연결이 효과적이다.
07 직관적이고 단순한 페이지가 전환율을 높이는 데 효과적이다.
09 검색광고와 연관된 페이지다.
10 광고를 중단하고 소재나 랜딩페이지를 점검한다.
12 클릭하는 만큼만 과금되므로 추가 키워드를 등록하는 것이 바람직하다.
13 예산과 마케팅 목표에 맞춰서 전략을 세운다.
15 소재와 랜딩페이지를 점검한다.
16 순위를 높여서 광고 효과를 극대화한다.
17 소재와 랜딩페이지를 먼저 점검한다.
19 희망하는 순위를 지정할 수 있을 뿐, 원하는 순위에 노출까지 보장하는 것은 아니다.

01 다음 중 광고 효과 분석 후에 실행하는 일반적인 사후관리로 옳지 않은 것은?

① ROAS가 낮은 키워드는 랜딩페이지와 키워드 간 연관성을 보완하도록 한다.
② ROAS가 높은 키워드는 노출 순위 상승 조정보다 다른 매체로 확대하는 것이 좋다.
③ 새로운 키워드를 구준히 발굴하고 새로운 매체를 연구한다.
④ ROAS 효과가 떨어지는 키워드는 삭제를 고려한다.

02 다음 중 광고 효과 측정 후 사후관리에 대한 설명으로 옳지 않은 것은?

① 목표 CPC값보다 초과하면 CPC가 높은 키워드는 순위를 낮춘다.
② 목표치보다 ROAS가 낮을 경우, ROAS가 낮은 키워드를 분석하여 조치한다.
③ 구매전환율이 낮은 키워드는 랜딩페이지를 메인페이지로 일괄 조정하면 전환율을 높일 수 있다.
④ ROAS가 낮은 하위 키워드들은 다른 키워드로 대체하거나 삭제한다.

03 다음 중 광고 집행 후 사후관리에 대한 설명으로 옳지 않은 것은?

① 효율성이 낮은 키워드는 일괄적으로 삭제하고 재등록한다.
② 새로운 키워드를 발굴하고 광고 집행 후 다시 분석한다.
③ 효율성 높은 키워드는 새로운 매체 추가, 상순위 노출 등으로 광고 집행을 많이 한다.
④ 효과적이지 않은 키워드는 랜딩페이지와의 매칭을 확인하는 점검도 필요하다.

04 다음 중 검색광고 효과 분석 후의 사후관리에 대한 설명으로 옳지 않은 것은?

① 비효율 키워드는 랜딩페이지를 먼저 점검해 본다.
② 효율 키워드는 매체 확대와 키워드 확장을 동시에 진행한다.
③ 비효율 키워드는 사후관리를 해도 효율을 높이기 어려우므로 삭제한다.
④ 비효율 키워드는 노출 순위 조정, 문구변경, 랜딩페이지 변경 등 사후관리를 한다.

05 다음 중 랜딩페이지에 대한 설명으로 <u>틀린</u> 것은?

① 일반적으로 메인페이지의 전환율이 가장 우수하다.
② 광고를 통해 방문하게 되는 페이지를 말한다.
③ 메인페이지, 카테고리페이지, 상품 상세페이지, 이벤트페이지 등 다양하게 선택할 수 있다.
④ 구매전환율에 큰 영향을 주므로 광고 성과 향상을 위해 반드시 잘 관리해야 할 영역이다.

06 다음 중 검색광고의 성과를 높이기 위해 실행하는 방법으로 <u>틀린</u> 것은?

① 매체, 지역, 시간대별 성과 분석을 통해 예산을 재분배한다.
② 노출 영역에 따른 성과를 파악하여 CPC를 조절한다.
③ 소재 A/B 테스트를 통해 클릭률을 개선한다.
④ ROAS가 200%보다 낮은 키워드는 가능하면 광고를 중지한다.

07 다음 중 랜딩페이지에 관한 내용으로 <u>틀린</u> 것은?

① 랜딩페이지는 키워드 광고를 통해 유입된 방문자가 처음 접속하는 페이지이다.
② 유입된 고객이 랜딩페이지에 오래 머무를 수록 광고비가 더 적게 소진된다.
③ 키워드와 랜딩페이지의 연관도가 높아야 체류 시간을 높일 수 있다.
④ 광고 효율성을 높이기 위해, 주기적으로 랜딩페이지 A/B 테스트를 진행하는 것이 좋다.

08 다음 중 랜딩페이지 효과를 올리기 위한 설명으로 <u>틀린</u> 것은?

① 텍스트가 있는 랜딩페이지는 검색엔진 알고리즘이 발견하기 어려우므로 가능하면 이미지로 제작한다.
② 판매 혜택 등이 포함되어 있으면 구매 결정을 빨리 내릴 수 있어 전환율을 높일 수 있다.
③ 다양한 세부적인 유저들의 니즈를 반영하기 위해서라면 별도의 설명 페이지를 제작한다.
④ 텍스트 설명으로만 상세페이지를 만들기보다는 적절한 이미지와 함께 사용하는 게 더 효과적이다.

PART 01
PART 02
PART 03
PART 04
PART 05
PART 06
PART 07

09 다음 중 광고 효과를 높이기 위한 랜딩페이지 관리 방안으로 적절하지 <u>않은</u> 것은?

① 유입을 확대하기 위해 다양한 디바이스로 유입할 수 있도록 고려해야 한다.
② 구매 결정을 바로 할 수 있도록 특별한 판매조건이나 혜택이 포함되어 있는 것이 효과적이다.
③ 키워드 광고에 사용했던 광고 문구가 들어가면 사용자들로 하여금 빠른 반응을 끌어내어 효과적이다.
④ 상품이나 서비스의 상세한 설명은 구매 결정을 오래 걸리게 하므로 지양한다.

10 다음 중 광고 성과를 극대화하기 위한 랜딩페이지 구성 요소에 대한 설명으로 <u>틀린</u> 것은?

① 이벤트나 사은품 중 고객 구매 혜택이 드러나도록 구성하는 것이 좋다.
② 랜딩페이지 내에는 키워드 광고에서 사용했던 키워드와 광고 문구가 포함되어야 좋다.
③ 제품에 대한 복잡한 설명을 생략하고, 될 수 있으면 단순하게 구성하는 것이 좋다.
④ 특정한 타겟에게만 반응할 수 있는 내용이라면 별도의 페이지로 구성하는 것이 좋다.

11 다음 중 랜딩페이지 전략에 관한 설명으로 옳은 것은?

① 랜딩페이지의 반송률이 높아도 전환율이 높은 경우가 있을 수 있다.
② 상세페이지보다는 메인페이지를 랜딩페이지로 설정하는 것이 바람직하다.
③ 랜딩페이지에서는 구매율 증대에 대한 광고 문구를 최대한 많이 사용해야 한다.
④ 구매 혜택을 바로 랜딩페이지에서 제시하는 경우 고객이 부담을 느껴 구매율이 하락할 수 있다.

12 다음 중 효과적인 랜딩페이지 전략 예시로서 적절하지 <u>않은</u> 것은?

① 일반 고객들도 알기 쉬운 용어와 Q&A 방식의 콘텐츠 구성 포맷을 적용하였다.
② 상담 신청수를 늘리기 위해 가급적 민감한 개인정보 입력 필드를 축소하고 꼭 필요한 정보만 입력하도록 구성하였다.
③ 공신력 있는 모델 이미지를 활용하였다.
④ 방문자의 체류 시간이 짧을 경우, 상단에 요즘 유행하는 유머 영상을 여러 가지 추가하여 체류 시간을 늘린다.

13 다음 중 전환율이 높은 랜딩페이지 진단을 위한 체크리스트로 적절하지 <u>않은</u> 것은?

① 전환으로 연결되는 프로세스는 쉽고 직관적이어야 한다.

② 키워드별 맞춤 콘텐츠가 풍부하게 있어야 한다.

③ 다소 난해하더라도 신뢰감을 주기 위해 전문적인 용어를 사용한다.

④ 통일성 있는 UI와 디자인으로 방문자에게 안정감을 주어야 한다.

14 다음 중 검색광고의 랜딩페이지 운영 전략으로 옳지 <u>않은</u> 것은?

① 대표 키워드의 경우 메인페이지로 연결하는 것이 효과적이다.

② 세부 키워드의 경우 상세페이지나 상품 구매 페이지로 연결하는 것이 효과적이다.

③ 동일 카테고리 내에서 가장 인기 있는 상품이나 브랜드로 연결하는 것이 효과적이다.

④ 검색 사용자별로 키워드의 특성에 따라 다른 랜딩페이지를 보여주는 것이 효과적이다.

15 다음 중 사이트 랜딩페이지에 대한 설명으로 옳지 <u>않은</u> 것은?

① 외부 캠페인 등에 링크된 페이지를 의미한다.

② 원하는 것을 바로 찾지 못하면 이탈하기 때문에 랜딩페이지는 메인페이지로 한다.

③ 경유하는 페이지와 무관하게 클릭한 사용자에게 처음 보여지는 페이지이다.

④ 다양한 광고 또는 경로를 통해 사이트 인입될 때 처음 접속되는 페이지를 말한다.

16 다음 중 반송률의 의미에 대한 설명으로 옳은 것은?

① 반송은 처음 유입하는 페이지와 마지막 이탈하는 페이지가 서로 다른 것을 의미한다.

② 반송률이 높다는 것은 클릭율이 높을 것으로 해석될 수 있다.

③ 일반적으로 반송률이 높으면 랜딩페이지가 효율적이라는 것을 말한다.

④ 반송률은 랜딩페이지의 효과 분석을 위해서 사용되는 좋은 지표가 된다.

17 다음 중 검색광고 효과를 높이기 위한 사후관리로 틀린 것은?

① 캠페인의 목표가 ROAS를 높이는 것이라면, 대표 키워드를 상위로 입찰해야 한다.

② 세부 키워드를 꾸준히 확장해서 비용대비 효율을 높인다.

③ 효율이 높은 키워드의 경우 입찰 순위를 높여 더 많은 클릭을 유도한다.

④ ROAS가 평균보다 낮은 키워드는 문제점을 찾아본다.

18 다음 중 광고 효과 분석을 끝낸 이후 관리 활동으로 **틀린** 것은?

① 비효율 키워드는 무조건 삭제하기보다는 키워드와 랜딩페이지의 연관성을 한 번 더 확인한다.

② 세부 키워드를 계속 발굴하면 관리하는 데 큰 노력이 필요하므로 대표 키워드 및 브랜드 키워드로만 운영한다.

③ 사후관리는 키워드 관리와 랜딩페이지 관리 2가지로 구분한다.

④ 키워드와 랜딩페이지 간의 연관성을 확인하면서 구매율을 높이기 위해 랜딩페이지 구성 요소를 점검한다.

19 다음 중 광고 효과 분석에 따른 의사결정으로 **틀린** 것은?

① 광고비만 소진하고 일정 기간 성과가 없는 키워드는 순위를 낮춘다.

② 경쟁사 조사를 통해, 상품 경쟁력을 비교하고 랜딩페이지를 개선한다.

③ ROAS를 높이는 게 목표인 캠페인은 키워드 상위 전략을 가장 우선시해야 한다.

④ 랜딩페이지를 꾸준히 관리하여, 구매율 및 체류 시간 상승을 유도한다.

20 다음 중 검색광고를 최적화하기 위한 방법으로 알맞은 것은?

① 클릭률과 전환율은 항상 정비례한다는 것을 잊지 말아야 한다.

② 클릭률이 낮은 키워드는 가장 먼저 상위 입찰 전략을 고려해본다.

③ 목표수익률에 도달하지 못하는 키워드는 광고비를 절약하기 위해 모두 삭제한다.

④ 키워드 확장 기능을 이용하여, 의미 있는 키워드 발굴에 힘쓴다.

21 다음 중 랜딩페이지 반송수/반송률에 대한 설명으로 **틀린** 것은?

① 반송률은 방문수/반송수×100으로 나타낸다.

② 사이트에 방문한 후 페이지뷰 1을 발생시키고 종료된 세션의 수를 말한다.

③ 반송수가 높은 것은 랜딩페이지의 의도와 방문자의 관심이 매칭되지 않기 때문이다.

④ 반송률을 낮추기 위해서는 연관 상품 노출 등과 또 다른 특정 액션 유도하는 페이지를 구성한다.

22 다음 중 사이트 반송수/반송률에 설명으로 옳지 않은 것은?

① 반송수가 높다는 것은 방문자의 관심과 매칭되지 않는다는 의미로 해석할 수 있다.

② 반송률이 높으면 구매전환율이 높아지고 결과적으로 ROAS가 높아지게 된다.

③ 반송수가 높을 경우 다른 액션을 유도하는 페이지 및 추천 서비스를 구성하는 것이 좋다.

④ 반송률이 낮다는 것은 랜딩페이지가 방문자의 의도를 잘 파악하여 제작되었다고 판단할 수 있다.

23 랜딩페이지 효과 측정을 위해 반송률을 확인한 결과 방문자는 200명이고 반송수는 60명이라고 할 때, 다음 중 반송률은 얼마인가?

① 10% ② 20%
③ 30% ④ 40%

24 다음 중 키워드 사후관리로 틀린 것은?

① 삭제된 키워드를 대신하여 새로운 키워드를 추가하여 운영한다.

② 효율이 높은 키워드는 유입을 많이 발생시키는 대표 키워드이기 때문에 항상 높은 순위로 노출시킨다.

③ 효율이 나쁜 키워드는 랜딩페이지와 매칭을 확인하고 다른 페이지로도 변경하여 이전 랜딩페이지의 성과와 비교 분석한다.

④ 효율이 높은 키워드는 노출 순위를 상승시켜 더욱 많은 유입을 가져온다.

25 다음 중 검색광고 클릭률에 대한 설명으로 틀린 것은?

① 클릭률을 높이면 품질지수 향상에 도움이 된다.

② T&D 내 키워드를 포함하면 클릭률 상승에 도움이 된다.

③ 클릭률을 높이기 위해서는 키워드 검색 의도별 맞춤 T&D를 노출하는 것이 좋다.

④ 검색엔진 사용자가 늘면서 검색광고 클릭률은 줄어들고 있다.

26 다음 중 광고 문안 작성 방법에 대한 설명으로 적절하지 않은 것은?

① 고객을 사이트로 유입시키며 전환을 유발할 수 있으므로 효율적인 광고 문안 작성이 필요하다.

② 표시 URL은 사이트의 대표 주소며, 연결 URL은 광고 클릭 시 이동하는 세부주소를 말한다.

③ 광고 설명과 세부주소 연관성이 높으면 대체로 높은 전환율을 기대할 수 있다.

④ 광고 문안의 제목은 제목, 설명, 표시 URL, 연결 URL로 구성되어 있다.

27 다음 중 검색광고의 효과 분석 후 해야 할 사후 관리로 옳지 <u>않은</u> 것은?

① 광고비용만 소진하고 일정 기간 성과가 없는 키워드는 노출 순위를 낮춘다.

② 전환율이 높은 키워드는 공격적인 운영을 한다.

③ 광고 성과가 좋은 키워드만 광고를 유지하고, 나머지 키워드는 소재와 랜딩페이지를 점검한다.

④ 전환율이 낮지만, 클릭률이 높은 키워드는 랜딩페이지가 잘 만들어진 것으로 볼 수 있다.

28 다음 중 검색광고를 최적화하는 방법으로 옳은 것은?

① 설문 조사나 그룹 인터뷰 등을 통해 사용자가 관심 있는 키워드를 발굴한다.

② 목표수익률에 도달하지 못하는 키워드는 광고비를 절약하기 위해 모두 삭제하는 것이 좋다.

③ 클릭률이 낮으나 전환율이 높은 키워드는 상위 입찰 전략을 검토한다.

④ 검색광고 전략을 수립할 때는 클릭률과 전환율은 정비례한다는 점을 활용한다.

29 다음 중 검색광고 효과를 높이기 위한 사후관리 방법으로 옳지 <u>않은</u> 것은?

① 캠페인의 목표가 ROAS를 높이는 것이라면 모든 키워드를 상위로 입찰한다.

② 효율이 높은 키워드의 경우 입찰 순위를 높여 더 많은 클릭을 유도한다.

③ 세부 키워드를 꾸준히 확장해서 전체 클릭당비용을 줄일 수 있도록 한다.

④ 전환율이 낮은 키워드는 랜딩페이지와의 매칭 현황을 확인한다.

30 다음 중 효과적인 사이트 구성을 위한 UI/UX 전략으로 옳지 <u>않은</u> 것은?

① 최초 방문한 고객도 쉽게 상품을 탐색할 수 있도록 검색 기능을 구현한다.

② 보안 모듈을 사이트 앞단에 설치하는 것이 구매전환율 상승에 도움이 된다.

③ 많이 클릭하기를 원하는 요소는 가장 눈에 잘 띄는 곳에 주목도가 높게 배치한다.

④ 고객의 이탈률이 높은 페이지부터 먼저 UI/UX 개선을 진행해야 한다.

PART 01
PART 02
PART 03
PART 04
PART 05
PART 06
PART 07

단답식

01 새로운 랜딩페이지를 제작하여 효과를 측정하고자 반송률을 확인하였다. 방문자가 200명이고 반송수는 50명이라고 가정하면 반송률은 몇 %인가?

02 검색량도 많고 CPC도 저렴한 키워드의 CPA가 너무 높게 나타난다면, 해당 키워드의 성과 개선을 위해서 해당 키워드의 입찰가 조정 외에 무엇을 변경해 보는 것이 좋은가?

03 다음 내용에서 설명하는 것은 무엇인가?

> 웹사이트 접속자가 웹사이트에 접속했으나 사이트 내에서 다른 페이지로 접속하거나 정보를 얻지 않고 그냥 나가는 비율을 의미한다.

04 검색광고를 분석한 결과 다음과 같은 문제점이 나타났다. 사후관리를 위해 아래 '광고관리 지표' 중 개선해야 할 지표를 한 가지만 고르시오.

> – 광고 키워드는 자전거인데 연결되는 랜딩페이지는 오토바이 정보였다.
> – 효과 좋은 키워드의 랜딩페이지가 오류로 유실되었다.
> – 성과 지표인 구매 완료 페이지에 전환 스크립트가 누락되었다.

▶ 광고관리 지표: CPI, CTR, CPC, CVR, CPM

※ [5~6] 아래의 내용을 보고 '① 매력적'과 '② 불충분' 중에서 선택하여 물음에 답하여라.

사후관리		CTR	
		▲(높다)	▽(낮다)
CVR	▲(높다)	• 키워드: 매력적 • 소재: 매력적 • 랜딩페이지: 매력적	• 키워드: (ㄱ) • 소재: (ㄴ) • 랜딩페이지: (ㄷ)
	▽(낮다)	• 키워드: (ㄹ) • 소재: (ㅁ) • 랜딩페이지: (ㅂ)	• 키워드: 불충분 • 소재: 불충분 • 랜딩페이지: 불충분

05 위 표에서 (ㄱ), (ㄴ), (ㄷ)에 맞는 용어는 무엇인가? (부분 점수 없음)

06 위 표에서 (ㄹ), (ㅁ), (ㅂ)에 맞는 용어는 무엇인가? (부분 점수 없음)

07 다음의 설명에서 괄호 안에 들어갈 용어는 무엇인가?

( )이 상승하면 ROAS도 상승해 랜딩페이지 관리를 통한 ( ) 상승은 광고 효과에도 긍정적이다.

PART 01
PART 02
PART 03
PART 04
PART 05
PART 06
PART 07

08 아래의 설명에서 괄호 안에 들어갈 용어는 무엇인가?

> 광고를 클릭했을 때 보여주는 사이트는 광고의 내용과 연관도가 높은 사이트로 연결하는 것이 필요하며, 이를
> (   )전략이라 한다. 해당 전략의 활용을 위해서는 키워드 특성과 검색 사용자의 의도, 인기 있는 상품이나
> 브랜드 등 세부적인 니즈까지 파악하여 전략을 운영하면 더욱 효율적이다.

[9~10] 아래의 내용을 보고 물음에 답하여라.

> – 구매고객 평균 객단가: 200,000원
> – 광고주의 목표 광고수익률(ROAS): 400%

09 이 광고주가 지불할 수 있는 최대 CPS는 얼마인가?

10 랜딩페이지의 최적화로 구매율이 20%에서 30%로 상승하게 되면 ROAS는 몇 %인가?

객관식

01 ②

ROAS가 높은 키워드부터 관리해야 한다. 만약 노출 순위가 낮다면 순위 상승만으로도 더 많은 매출을 끌어올릴 수 있으므로, 우선 순위는 먼저 노출 순위를 조정한 뒤에 다른 매체로 확대하는 것이 효과적이다.

02 ③

구매전환율이 낮은 키워드는 랜딩페이지를 상세페이지나 이벤트페이지로 조정하면 전환율을 높일 수 있다.

03 ①

경쟁상황으로 인해 효율성이 낮아도 유지해야 하는 키워드가 있다. 따라서 개별적으로 점검하고 필요한 키워드는 유지하되 불필요한 키워드는 삭제한다.

04 ③

비효율 키워드는 순위 조정이나 소재 점검 등의 사후관리를 먼저 한 뒤에 효율이 높아지지 않는 경우에, 광고비용이 너무 부담된다면 삭제를 검토하는 것이 좋다.

05 ①

전환율은 메인페이지보다 행사 내용을 구체적으로 알 수 있는 이벤트페이지나 상품 소개가 자세한 상세페이지가 더 우수하다.

06 ④

ROAS가 200%라는 의미는 100원의 광고비를 지불하여 200원의 매출을 올린다는 의미이다. 따라서 키워드 광고를 유지하는 것이 바람직하다.

07 ②

랜딩페이지에 머무르는 시간과 광고비 소진은 관계가 없다.

08 ①

랜딩페이지는 광고를 통해 유입되므로 검색엔진 알고리즘과 무관하다.

09 ④

다른 사이트로 빠져나가지 않고 우리 사이트 내에서 의사결정을 할 수 있으므로 상세설명이 풍성할수록 좋다.

10 ③

구매 의사에 영향을 미칠 수 있는 결정이라면 가능한 자세히 설명하는 것이 좋다.

11 ①

반송률이 높다면 접속자들의 랜딩페이지에서 제품을 구매하거나 상담을 하는 등의 전환으로 이어질 가능성이 작다는 뜻이다. 하지만 제품에 관한 상세페이지 하나만 있고 인기 있는 제품이 구매가 간편한 경우라면, 반송률이 높아도 전환율이 높을 수 있다.

> **오답 피하기**
> - ②: 메인페이지 보다는 상세페이지를 랜딩페이지로 설정하는 것이 바람직하다.
> - ③: 구매율 증대에 대한 광고 문구를 무조건 많이 사용하는 것은 바람직하지 않다.
> - ④: 구매 혜택과 같은 상세페이지 내용은 랜딩페이지에 있는 것이 구매율을 끌어올린다. 소비자의 부담을 배려하여 '공지사항'이나 '첫 화면' 등 소비자의 구매 여정이 아닌 곳에 구매 혜택을 제공하면 소바자가 발견하지 못할 수 있기 때문이다.

12 ④

키워드와 관련 없는 영상이나 콘텐츠는 오히려 전환율을 끌어내릴 수 있어서 효과가 떨어진다.

13 ③

전문적인 용어가 난해한 경우 구매자의 이탈을 촉진할 가능성이 크다.

14 ①

대표 키워드든 세부 키워드든 전환을 일으킬 수 있는 상세페이지로 연결하는 것이 효과적이다.

15 ②

사이트에 들어온 잠재고객이 구매나 상담 등을 통해 실제 고객으로 전환될 수 있도록 랜딩페이지를 관리해야 한다. 검색어와 정보의 관련성이 높고 게재된 정보가 유용하며, 사용자가 페이지를 탐색하기 쉽도록 랜딩페이지를 꾸며야 전환율이 높아진다. 따라서 메인페이지보다는 상세페이지나 이벤트페이지가 효과적이다.

16 ④

- ①: 반송은 사이트 접속 후 사이트 내의 다른 페이지로 이동이 이루어지지 않고 바로 이탈한 경우로 방문자의 사이트 체류 시간이 낮다는 것을 의미한다.
- ②: 반송률이 높다는 것은 광고가 정확한 타겟에게 노출되지 않고 있다는 것으로 해석될 수 있다.
- ③: 반송률이 높다면 접속자들의 랜딩페이지에서 제품을 구매하거나 상담을 하는 등의 전환으로 이어질 가능성이 작다는 뜻이다.

17 ①

ROAS를 높이려면 광고비를 줄여야 하므로 세부 키워드 순위를 높이고 대표 키워드의 순위를 내리는 것이 효과적이다.

18 ②

광고 효율성을 높이려면 세부 키워드를 계속 발굴하고 관리하는데 많은 노력을 기울여야 한다.

19 ③

캠페인의 목표가 ROAS를 높이는 것이라면, 키워드를 일반적으로 상위로 입찰해야 한다. 하지만 경합이 높은 대표 키워드처럼 지나치게 비용이 높은 키워드는 낮은 순위를 유지하여야 ROAS를 높일 수 있다.

20 ④

- ①: 클릭률은 $\frac{클릭수}{노출수} \times 100$이고 전환율(CVR)은 $\frac{전환수}{클릭수} \times 100$ 이므로 서로 반비례한다.
- ②: 클릭률이 높은 키워드에 대해 가장 먼저 상위 입찰 전략을 고려하는 것이 일반적이다.
- ③: 목표수익률에 도달하지 못하는 키워드는 소재를 점검하고 순위 조절을 통해 별도로 관리한다.

21 ①

반송률은 반송수/방문수×100으로 나타낸다.

22 ②

반송률이 높으면 구매전환율이 낮아지고 결과적으로 ROAS가 낮아지게 된다.

23 ③

$$반송률 = \frac{반송수}{방문자수} \times 100 = \frac{60}{200} \times 100 = 30\%$$

24 ②

효율이 높은 키워드가 항상 대표 키워드인 것은 아니다.

25 ④

검색광고 클릭률은 키워드와 경쟁 상황에 따라 다르다. 검색광고 사용자가 늘고 있는 것과는 무관하다.

26 ④

광고 문안의 제목은 제목만 존재한다.

27 ④

전환율이 낮지만, 클릭률이 높은 키워드는 키워드와 소재는 매력적이라 클릭률은 높으나 실제로 방문한 사이트에서 전환이 충분하지 못한 상태이다. 광고 소재와 랜딩페이지 간의 연관성이 부족하여 전환으로 이루어지지 못하고 이탈하는 것이다. 이런 경우 랜딩페이지 개선이 가장 필요하다.

28 ③

- ①: 키워드 도구나 키워드 플래너 등을 통해 브랜드와 연관된 키워드의 조회수를 확인하여 발굴한다.
- ②: 목표수익률에 도달하지 못하는 키워드는 소재를 점검하고 순위 조절을 통해 별도로 관리한다.
- ④: 클릭률은 $\frac{클릭수}{노출수} \times 100$이고 전환율(CVR)은 $\frac{전환수}{클릭수} \times 100$ 이므로 서로 반비례한다.

29 ①

캠페인의 목표가 ROAS를 높이는 것이라면, 키워드를 일반적으로 상위로 입찰해야 한다. 하지만 경합이 높은 대표 키워드처럼 지나치게 비용이 높은 키워드는 낮은 순위를 유지하여야 ROAS를 높일 수 있다.

30 ②

보안 모듈이나 각종 팝업창 등을 설치하여 사용자의 정상적인 사이트 진입을 방해하면 구매전환율이 낮아질 위험이 있다.

PART 01
PART 02
PART 03
PART 04
PART 05
PART 06
PART 07

01 **25%**

$$반송률=\frac{반송수}{방문자수}\times100=\frac{50}{200}\times100=25\%$$

02 **① 광고 소재 점검, ② 랜딩페이지 또는 연결 URL 개선**
(둘 중 하나만 작성하면 정답 처리)

검색량도 많고 CPC도 저렴한 키워드가 CPA가 너무 높게 나타난다면 광고 소재와 랜딩페이지의 내용에 차이가 있거나 실제로 방문한 사이트에서 전환이 충분하지 못한 상태이다. 광고 소재와 랜딩페이지 간의 연관성이 부족하여 전환으로 이루어지지 못하고 이탈하는 것이므로 광고 소재를 점검하고 랜딩페이지를 개선하는 것이 필요하다.

03 **반송률**

반송은 사이트 접속 후 사이트 내의 다른 페이지로 이동이 이루어지지 않고 바로 이탈한 경우로 방문자의 사이트 체류 시간이 낮다는 것을 의미한다. 이러한 방문품질을 측정하는 데이터로 반송률이 있는데, 반송률이 높다면 접속자들의 랜딩페이지에서 제품을 구매하거나 상담을 하는 등의 전환으로 이어질 가능성이 작다는 뜻이다.

04 **CVR**

랜딩페이지가 부족하여 전환율이 떨어지는 상황이다.

05 **(ㄱ ② 불충분), (ㄴ ② 불충분), (ㄷ ① 매력적)**

CTR은 낮고, CVR은 높은 경우는 키워드 검색 후 클릭률은 낮은 편이지만 방문한 사용자의 전환 행동은 많이 일어나는 상태이다.

06 **(ㄹ ① 매력적), (ㅁ ① 매력적), (ㅂ ② 불충분)**

CTR은 높고, CVR은 낮은 경우는 키워드와 소재는 매력적이라 클릭률은 높으나 실제로 방문한 사이트에서 전환이 충분하지 못한 상태이다.

07 **CVR, 구매전환율, 전환율, 구매율(모두 정답)**

CVR이 상승하면 ROAS도 상승해 랜딩페이지 관리를 통한 CVR 상승은 광고 효과에도 긍정적이다.

08 **랜딩페이지**

랜딩페이지 효과는 방문자수, 페이지뷰, 체류 시간, 반송률 등 웹사이트의 여러 가지 로그분석 지표를 통해 측정할 수 있다. 방문자수와 페이지뷰를 통해 사이트가 사용자들에게 매력적인지를 검토할 수 있다.

09 **50,000원, 50,000(모두 정답)**

$CPS(판매당비용)=\dfrac{광고비}{구매건수}$ 이므로 광고비와 구매건수의 비율을 구하면 된다.

주어진 자료에서

$$ROAS=\frac{광고를\ 통한\ 매출}{광고비}\times100$$

$$=\frac{200,000\times구매건수}{광고비}=400\%$$

따라서 $\dfrac{광고비}{구매건수}=\dfrac{200,000}{400\%}=50,000$원이 된다.

10 **600%, 600(모두 정답)**

$$ROAS=\frac{광고를\ 통한\ 매출}{광고비}\times100$$

$$=\frac{200,000\times구매건수\times\dfrac{30\%}{20\%}}{광고비}\times100$$

$$=400\%\times\frac{30\%}{20\%}=600\%$$

PART
04

기출 복원문제

시험 일자	문항 수(소요 시간)	감독위원 확인
2503회(2025년 9월)	총 60문항(90분)	(비대면온라인)

수험번호 : _____

성   명 : _____

정답 & 해설 ▶ 380p

객관식

※ 다음 사항을 확인하신 후 시험을 시작하시기 바랍니다.
⊙ 본 문제지는 총 60문제(객관식: 1번~40번, 단답식: 41번~60번)로 구성되어 있습니다.
⊙ 과목별 문제수 및 문제당 배점
   – 객관식: 40문제 × 1.5점 = 60점
   – 단답식: 20문제 × 2.0점 = 40점
⊙ 합격 기준
   – 합계 70점 이상
   – 유형별 점수의 40% 미만 과락

01 다음 중 디지털 마케팅이 전통적 마케팅 대비 가지는 장점으로 옳지 않은 것은?

① 고객의 반응(클릭, 구매 등)을 보다 빠르고 정확하게 측정할 수 있다.
② 막대한 플랫폼 개발 비용이나 시스템 유지 비용이 크게 절감되어 경제적 부담이 적다.
③ 통신 기술 발달로 뛰어난 아이디어만 있으면 특별한 기반이나 조직력 없이도 비즈니스 모델 구축이 용이하다.
④ 타겟 고객을 행동 특성이나 선호에 따라 그룹화하여 정교한 타겟 마케팅을 적용하기 용이하다.

02 다음 중 디지털 시대의 커뮤니케이션 및 소비자 역할 변화에 대한 설명으로 옳지 않은 것은?

① 인터넷의 발달로 정보 수용에 수동적이었던 사람들이 송신자 역할까지 하게 되었다.
② 디지털 시대 소비자는 기업보다 더 빨리 정보를 얻는 '정보 역전 현상'이 발생하기도 한다.
③ 디지털 미디어의 등장으로 소비자 주도적인 양방향 커뮤니케이션에서 기업 중심의 일방향 소통 구조로 회귀하였다.
④ IBM은 1997년에 'e-비즈니스' 개념을 통해 기존 기업 경영 활동이 온라인으로 이전되는 현상을 알렸다.

03 다음 중 검색광고 효과 측정 지표와 그 정의가 옳게 짝지어진 것은?

① CVR(전환율): 검색 사용자가 광고를 클릭한 횟수를 의미한다.
② CTR(클릭률): 총광고비용을 전환 건수로 나눈 비율을 의미한다.
③ IMP(노출수): 이용자에게 광고가 노출된 횟수를 의미한다.
④ ROAS(광고수익률): 광고를 통해 발생한 순이익을 광고비로 나눈 비율이다.

04 다음 중 온라인 비즈니스 메커니즘 중 '가격 결정'에 대한 설명으로 옳은 것은?

① 가격은 제품 생산에 드는 원가와 이윤을 계산해서 결정하는 것이 일반적이다.
② 오프라인 경험을 완벽히 재현하는 것이 가격 경쟁력의 핵심이다.
③ 디지털 시대에도 가격은 소수의 전문가 그룹에 의해 결정되며 소비자의 의견은 반영되지 않는다.
④ 고객들이 해당 제품에 대해 어느 정도 지불할 의사가 있는지에 따라 가격이 결정되는 경향이 있다.

05 디지털 광고 기획 단계에서 경쟁사 분석 및 전략 수립에 대한 설명으로 옳지 않은 것은?

① 경쟁사의 전략을 분석하여 앞으로 나타날 기회와 위협을 예측할 수 있다.
② 경쟁사 분석 시 기존 시장 경쟁사뿐만 아니라 고객 입장에서 대체 가능한 브랜드도 포함해야 한다.
③ 경쟁사의 이미지를 조사하기 위해서는 소비자들이 어떻게 지각하는지를 분석하는 것이 유용하다.
④ 경쟁사 광고를 실시간 모니터링하여 자사 광고에 그대로 반영하는 것이 가장 효과적인 경쟁력 확보 방안이다.

06 다음 중 디지털 광고 및 디지털 커뮤니케이션의 특징에 대한 설명으로 가장 옳은 것은?

① 디지털 커뮤니케이션을 통해 오가는 정보는 실제 경험에 근거한 것이 많다.
② 디지털 광고는 4대 매체 광고보다 많은 예산이 필요하나, 막강한 매체력을 가지지는 않는다.
③ 광고 캠페인의 성공 여부를 정밀하게 확인할 수 없다는 한계가 있다.
④ 디지털 시대에는 뛰어난 아이디어만으로는 비즈니스 모델을 구축할 수 없고, 반드시 특별한 기반이나 조직력이 필요하다.

07 다음 중 디지털 광고의 효과 측정 및 특징에 대한 설명으로 옳지 않은 것은?

① 광고 클릭률, 이벤트 참여율, 구매 전환율 등 고객의 다양한 반응 지표를 측정할 수 있다.
② 디지털 광고의 광고 관리는 주로 광고주의 랜딩페이지가 있는 서버가 담당한다.
③ 어떤 경로를 통해 소비자가 방문하거나 구매하게 되는지 트래킹할 수 있다.
④ 광고 캠페인의 성과를 구체적으로 확인하고 효과를 정밀하게 측정할 수 있다.

08 다음 중 배너 광고(디스플레이 광고)의 특징에 대한 설명으로 옳은 것은?

① 배너 광고는 검색광고보다 클릭률이 높은 편이며 전환에 유리하다.
② 노출수를 보장하는 방식의 경우 고객의 지역, 연령, 성별 등 세부 타겟팅이 항상 가능하다.
③ 노출을 통해 제품의 브랜드를 알리는 데 효과적인 광고이다.
④ 크기에 제한이 없으며, 많은 정보를 한꺼번에 보여줄 수 있다는 장점이 있다.

09 네이버 및 카카오 키워드 관리 시스템의 기능 및 특징에 대한 설명으로 옳지 않은 것은?

① 카카오 키워드 광고그룹은 최초 등록 시 0개의 품질지수를 부여받는다.
② 네이버 키워드 도구에서는 최대 5개까지 키워드를 동시에 입력하여 관련성 높은 키워드를 조회할 수 있다.
③ 네이버 광고 관리 시스템에서는 즐겨찾기, 키워드 도구, 대량관리, 자동 규칙 등의 기능을 제공한다.
④ 네이버 키워드 도구에서는 키워드별 월간 검색수, 클릭수 외에도 구매전환 등의 성과 데이터를 바로 확인할 수 있다.

10 다음 중 디지털 광고 운영 시스템에서 광고의 직접적인 효과를 측정하기 위해 사용하는 대표적인 지표로 보기 어려운 것은?

① 매출 성장률
② 구매 전환율
③ 클릭당 비용
④ 이벤트 참여율

11 네이버 검색광고의 광고 게재 제한 사유 및 등록 기준에 대한 설명으로 옳은 것은?

① 사이트가 완성되지 않은 경우에도 광고주는 1주일 이내에 완성할 것을 약속하고 광고할 수 있다.
② 의약품, 콘택트렌즈, 주류, 담배 등 온라인 판매가 제한되는 상품은 광고할 수 없다.
③ 의료기관 사이트라 하더라도 문신, 반영구 시술 등 모든 의료 행위에 대한 광고가 허용된다.
④ 네이버 검색광고주 계정은 사업자, 개인 모두 동일하게 최대 5개까지 생성할 수 있다.

12 다음 중 검색광고 기획 프로세스 및 예산 책정 방법에 대한 설명으로 옳지 않은 것은?

① 환경 분석 단계에서는 시장 트렌드, 경쟁사 상황 등을 분석하여 전략의 기초를 마련한다.
② 목표 설정은 검색광고를 통해 달성할 성과를 구체적인 수치로 설정해야 한다.
③ 목표 과업법은 광고 목표를 설정하고 이를 달성하기 위한 논리적인 예산 설정 방법이다.
④ 경쟁이 치열하여 광고 지출이 많은 기업은 가용 예산 활용법을 사용하는 것이 적합하다.

13 다음 중 네이버 검색광고의 자동 규칙 기능에 대한 설명으로 옳지 않은 것은?

① 일일 광고 예산이 모두 소진될 경우, 설정된 규칙에 따라 자동으로 일일 예산을 일정 비율 상승시켜 광고 노출을 지속한다.

② 자동 규칙은 캠페인, 광고그룹, 키워드 등의 규칙 대상에 대해 입찰가 변경, 광고 ON/OFF 등의 작업을 수행할 수 있다.

③ 자동 규칙은 광고 운영의 효율성을 높이고 수동 관리에 드는 시간을 절약할 수 있도록 돕는 기능이다.

④ 자동 규칙을 통해 캠페인의 '하루예산 변경하기'를 설정할 수 있다.

14 다음 중 네이버 프리미엄 로그분석 시스템에 대한 설명으로 옳지 않은 것은?

① 네이버 스마트스토어 판매자는 별도의 신청이나 전환 추적 스크립트 설치 과정 없이 프리미엄 로그분석을 이용할 수 있다.

② 프리미엄 로그분석 보고서를 활용하면 키워드별 전환수, 전환매출액, 광고수익률 등의 데이터를 확인할 수 있다.

③ 로그분석을 위해 웹사이트에 전환 추적 스크립트를 삽입할 경우, 반드시 광고대행사를 통해서만 설치해야 한다.

④ 매체사에서 제공하는 로그분석을 활용하면 별도의 엑셀 작업 없이도 기본 데이터와 전환 데이터를 간편하게 분석할 수 있어 용이하다.

15 다음 중 구글 검색광고 운영 및 품질 지수에 대한 설명으로 옳지 않은 것은?

① 구글애즈의 캠페인 개수는 곧 광고 목표의 개수라고 볼 수 있다.

② 예상 클릭률(CTR), 광고 관련성, 방문 페이지 만족도의 실적을 통합적으로 고려하여 광고그룹 단위로 평가된다.

③ 머신러닝의 학습은 최소 7~14일간 안정적인 예산과 설정을 유지해야 한다.

④ 구글의 스마트 자동입찰 전략은 사용자의 기기, 위치, 언어 등 다양한 문맥 신호를 활용하여 실시간으로 입찰가를 조정한다.

16 다음 중 네이버 검색광고 등록 및 게재 정책에 대한 설명으로 옳지 않은 것은?

① 사이트 광고 등록 시, 광고주의 웹사이트가 완성되지 않은 상태여도 가능하다.

② 온라인 판매가 제한되는 상품 또는 서비스를 제공하는 경우에도 광고는 가능하다.

③ 동일한 사업자가 소유하고 운영하는 유사한 사이트일 경우, 중복하여 노출될 수 없다.

④ 키워드의 노출 횟수나 클릭률이 지나치게 낮은 경우 광고 게재가 제한될 수 있다.

17 네이버 검색광고 운영 시 입찰가 설정의 적용 우선순위에 대한 설명으로 가장 옳은 것은?

① 키워드별 입찰가를 개별 설정한 경우, 이는 광고그룹의 기본 입찰가보다 우선하여 적용된다.

② 키워드 확장을 통해 광고가 노출될 경우, 키워드별로 설정된 개별 입찰가가 무조건 반영된다.

③ 키워드별 입찰가가 설정되어 있지 않으면, 시스템에서 실시간으로 평균 입찰가를 산정하여 적용한다.

④ 광고그룹의 기본 입찰가를 변경할 경우, 키워드별로 설정된 개별 입찰가도 함께 변경되어 적용된다.

18 카카오 키워드 광고 운영 시스템에서 그룹 전략 설정 항목에 대한 설명으로 옳은 것은?

① 일일 예산 설정은 캠페인 단위에서만 전략 설정이 가능하다.

② 노출 요일 및 시간 설정은 캠페인 단위에서만 설정할 수 있다.

③ 광고그룹 하위 메뉴의 [타겟팅 탭 추가]를 눌러 노출 요일/시간대, 지역 등을 설정할 수 있다.

④ 광고 소재의 노출 방식을 '랜덤 노출'과 '성과 우선 노출' 중에서 선택할 수 있다.

19 네이버 사이트 검색광고(파워링크)의 노출 영역에 대한 설명으로 옳은 것은?

① 네이버 PC 통합검색 결과의 상단 영역에 최대 10개의 광고가 노출된다.

② 모바일 통합검색 결과에서는 파워링크가 최상단에 4개까지 노출되며, 검색 결과 하단에는 노출되지 않는다.

③ 파워링크는 네이버 PC/모바일 블로그 영역의 스마트블록 영역에만 노출된다.

④ 파워링크는 네이버 사이트 내부에서만 노출되는 광고 상품이다.

20 다음과 같이 광고를 진행하였을 때 전환율은 얼마인가?

> 영화사 제비는 천만 관객 돌파 기념 이벤트를 통해 다음과 같은 성과를 얻었다.
> – 노출수 40만 회
> – 클릭수 3,200회
> – 광고비 160만 원
> – 이벤트 참여수 640건

① 5%

② 10%

③ 15%

④ 20%

21 다음 중 구글 검색광고에서 제공하는 자동입찰 전략에 대한 설명으로 옳지 않은 것은?

① 타겟 CPA: 설정된 목표 전환당 비용으로 전환수 증가를 최대화할 수 있게 입찰가가 자동 설정되는 전략이다.

② 입찰 최대화: 광고비를 최대한 많이 사용하여 노출 순위를 항상 1순위로 유지하는 데 도움이 되는 전략이다.

③ 타겟 ROAS: 목표 광고 투자수익 ROAS 달성을 통해 전환 가치를 최대화하도록 입찰가가 자동 설정되는 전략이다.

④ 전환수 최대화: 정해진 예산 내에서 전환수를 기준으로 최적화하는 데 도움이 되는 전략이다.

22 구글 광고에서 노출 점유율에 대한 설명 중 옳은 것은?

① 노출 순위를 결정하는 순위지수와 동일한 용어이다.

② 광고주가 총입찰가 중 실제 지불하는 금액을 의미한다.

③ 광고 품질평가점수, 예상 클릭률(CTR), 광고 관련성 등을 종합적으로 평가하는 지수이다.

④ 광고가 노출될 수 있었던 총횟수 대비 실제 노출된 횟수의 비율을 의미한다.

23 다음 중 구글 검색광고에 대한 설명으로 틀린 것은?

① 광고 로테이션은 광고 시스템이 성과가 가장 좋은 소재에 노출 비중을 높여주는 방식만 제공한다.

② 반응형 검색광고는 여러 개의 제목과 설명 문구를 시스템이 최적의 조합을 자동으로 결정하여 노출한다.

③ 품질평가점수는 예상 클릭률, 광고 관련성, 방문 페이지 만족도를 종합적으로 고려하여 산출된다.

④ 캠페인에서 하루 평균 예산을 설정할 수 있으며, 한 달을 기준으로 초과 지불되지 않는다.

24 네이버 검색광고의 캠페인 운영 및 수정에 대한 설명으로 옳은 것은?

① 캠페인이 만들어진 후, 광고주가 원하면 언제든지 캠페인 유형을 다른 유형으로 전환할 수 있다.

② 캠페인 목록 화면에서 [선택한 캠페인 관리] 메뉴를 통해 캠페인의 세부 내용을 수정할 수 있다.

③ 캠페인이 만들어지고 광고가 시작되면 해당 캠페인 유형을 다른 캠페인 유형으로 전환할 수 없다.

④ 네이버 광고 시스템의 자동규칙은 캠페인, 광고그룹, 키워드에 규칙을 적용할 수 있으나, 캠페인 단위에서는 하루 예산 변경 기능은 사용할 수 없다.

PART 01
PART 02
PART 03
PART 04
PART 05
PART 06
PART 07

25 네이버 키워드 도구의 기능 및 특징에 대한 설명으로 옳은 것은?

① 키워드 도구에서는 최대 10개의 키워드를 동시에 입력하여 관련 키워드를 조회할 수 있다.

② 키워드별 월간 검색수, 클릭수, 클릭률 등 예상 실적 데이터를 확인할 수 있다.

③ 키워드별 전환수, 전환 매출, ROAS 등의 전환 성과 데이터까지 기본으로 제공한다.

④ 네이버는 카카오와 달리 키워드를 대량으로 다운로드 및 업로드하는 기능을 지원하지 않는다.

26 광고 등록 후 광고 검수 및 재검수 요청 절차에 대한 설명으로 옳지 않은 것은?

① 카카오 키워드 광고는 광고캐시를 충전하지 않아도 광고 검수 절차가 진행된다.

② 구글 광고는 광고 제목, 설명, 키워드, 도착 페이지를 포함한 모든 광고 구성 요소가 검토 대상이 된다.

③ 검수 통과가 보류되거나 노출이 제한된 경우, 광고 문안 또는 비즈채널을 수정하여 매체사에 재검수 요청을 할 수 있다.

④ 네이버 검색광고는 비즈머니 잔액이 없어도 모든 캠페인 유형의 검수가 자동으로 진행된다.

27 네이버 쇼핑 검색광고의 운영 및 관리에 대한 설명으로 가장 옳은 것은?

① 쇼핑 검색광고의 모든 상품형의 최소 입찰가는 70원부터 시작한다.

② 네이버 쇼핑에 반영된 상품 정보가 광고 시스템에 연동되는데 시스템 상황에 따라 최대 24시간까지 소요될 수 있다.

③ 쇼핑 검색광고는 일반 사이트 검색광고와 마찬가지로 지역, 요일 및 시간 타겟팅 설정이 가능하다.

④ 상품 카테고리는 광고그룹당 최대 5개까지 등록하여 노출할 수 있다.

28 네이버 쇼핑 검색광고의 등록 기준 및 광고 운영 정책에 대한 설명으로 옳지 않은 것은?

① 중고, 리퍼, 임대, 렌탈 관련 상품은 네이버 쇼핑 검색광고를 집행할 수 없다.

② 광고 품질이 낮거나 해당 상품 정보에 이용자 반응이 낮은 경우 노출이 제한된다.

③ 네이버 쇼핑 검색광고를 집행하기 위해서는 네이버 쇼핑에 입점된 쇼핑몰이 있어야 한다.

④ 쇼핑 검색광고는 전화번호, 위치정보 등 모든 유형의 확장 소재를 등록할 수 있다.

29 검색광고의 특징 및 운영에 대한 설명으로 가장 옳은 것은?

① 클릭당 과금되는 종량제(CPC) 방식이므로 광고 운영 시스템을 통해 예산을 탄력적으로 운영할 수 있다.

② 광고 노출 순위는 오직 입찰가에 의해서만 결정되며, 품질지수는 노출 순위에 영향을 미치지 않는다.

③ 검색광고는 정액제 광고 상품이 늘어나는 추세이며, 정액제 광고의 경우에도 클릭에 대해서만 과금된다.

④ 검색광고는 광고가 노출되는 순간 과금되며 사용자의 클릭 여부와 관계없이 비용이 발생한다.

30 카카오 키워드 광고의 등록 프로세스 및 운영 전략 설정에 대한 설명으로 옳은 것은?

① 카카오 키워드 광고의 계정 구조는 '계정 → 캠페인 → 광고그룹 → 키워드 → 확장 소재'로 구성된다.

② 노출 요일과 시간, 일일 예산 설정은 캠페인 단위에서만 전략 설정이 가능하다.

③ 확장 검색 기능은 광고그룹 단위에서 설정하며, 등록하지 않은 연관된 키워드에도 광고가 자동으로 노출된다.

④ 광고 소재의 노출 방식은 '랜덤 노출'과 '성과 우선 노출' 중에서 광고주가 선택할 수 있다.

31 네이버 검색광고 상품 중 파워콘텐츠(콘텐츠 검색광고)의 특징으로 가장 옳은 것은?

① 파워콘텐츠 광고는 검색광고 시스템과 분리된 별도 플랫폼에서 등록 및 운영된다.

② 광고 등록과 운영은 네이버 광고 시스템에 통합되었으며, CPC 과금 방식을 사용한다.

③ 파워콘텐츠는 네이버 통합검색 결과 페이지 중 일반 블로그 영역에 노출된다.

④ 파워콘텐츠의 광고 소재는 키워드가 포함되어 있거나 키워드의 핵심 단어가 포함되지 않아도 노출이 가능하다.

32 구글 검색광고의 캠페인 설정 단계에서 광고주가 관리할 수 있는 전략 설정 항목으로 옳은 것은?

① 키워드별 품질평가점수와 키워드별 입찰가를 설정한다.

② 광고그룹당 최대 50개까지 등록 가능한 광고 소재의 최적화 점수를 확인한다.

③ 광고가 노출될 네트워크, 위치, 언어, 입찰 전략 및 예산을 캠페인 단위에서 설정한다.

④ 광고그룹 수준에서 성과가 가장 좋은 소재에 노출 비중을 높여주는 '광고 순환 게재'를 선택할 수 있다.

PART 01
PART 02
PART 03
PART 04
PART 05
PART 06
PART 07

33 다음 중 카카오 키워드 광고의 입찰 및 운영 전략에 대한 설명으로 옳지 않은 것은?

① PC 및 모바일 입찰가중치는 10%부터 500%까지 10% 단위로 설정할 수 있다.

② 광고그룹 단위에서 노출 요일과 시간을 30분 단위로 세부적으로 설정할 수 있다.

③ 광고 노출 순위는 입찰가뿐만 아니라 광고의 품질지수도 함께 고려하여 결정된다.

④ 카카오 품질지수의 경우 4~5개는 보통 수준, 6~7개는 우수한 품질로 평가된다.

34 광고그룹 A, B, C, D의 성과 지표가 다음과 같다고 가정했을 때, ROAS(광고수익률)이 가장 높은 그룹은?

그룹	클릭수(회)	CPC(원)	전환수(건)	객단가(원)
A	2,000	400	20	50,000
B	3,000	500	45	50,000
C	2,000	400	40	50,000
D	3,000	500	50	50,000

① A 그룹
② B 그룹
③ C 그룹
④ D 그룹

35 다음 중 광고 효율(ROAS)을 높이기 위한 광고 운영 전략으로 가장 적절한 것은?

① ROAS(광고수익률)를 상승시키기 위해 입찰 단가가 낮은 키워드를 우선으로 선정했다.

② 클릭률(CTR)이 높은 키워드는 광고비를 절감하기 위해 노출 순위를 낮추었다.

③ 광고비용이 크더라도 타겟과 지면 광고가 가장 적합한 매체는 효율성이 낮다고 판단하여 제외했다.

④ 구매 전환율을 높이기 위해 모든 키워드의 랜딩페이지를 메인페이지로 일괄 조정했다.

36 검색광고가 집행될 때 소비자의 행동 단계와 광고 효과 분석에 대한 설명으로 옳은 것은?

① 검색광고에서 소비자의 일반적인 행동 단계는 '클릭 → 노출 → 구매' 순서로 진행된다.

② 노출당 비용(CPI)은 소비자가 광고를 클릭하여 광고주 사이트로 유입된 경우에만 과금된다.

③ 전환율(CVR)은 광고 노출 단계와 구매 전환 단계 사이의 효율성을 측정하는 지표이다.

④ 검색광고의 소비자는 노출 → 클릭 → 구매(전환) 단계를 거치며, 이는 광고의 매출 효과 분석의 기본이 된다.

37 다음과 같이 광고를 진행하였을 때, 전환수는 얼마인가?

> 인테리어 업체를 운영하는 정OO 대표의 광고 결과는 다음과 같다.
> – 노출수 1,000,000회
> – 클릭률 4%
> – 전환율 5%

① 2,000회
② 4,000회
③ 5,000회
④ 10,000회

38 광고 효과 분석 지표(CTR, CVR)에 따른 일반적인 광고 관리 전략 수정 내용으로 옳지 않은 것은?

① CTR이 낮고 CVR이 높을 경우, 광고 소재와 노출 순위 관리를 통해 클릭률을 개선했다.
② CVR이 낮을 경우, 랜딩페이지와 페이지 뷰, 체류 시간을 확인하여 개선했다.
③ CTR과 CVR이 모두 낮을 경우, 키워드, 광고 소재, 랜딩페이지에 대한 전반적인 점검을 수행했다.
④ CTR과 CVR이 모두 높을 경우, 랜딩페이지와 광고 소재를 수정하여 효율을 개선했다.

39 다음 중 광고 효과 측정 지표에 대한 설명으로 옳은 것은?

① CPL(Cost Per Lead)이 낮을수록 잠재고객 확보에 대한 광고 효율이 높다고 해석된다.
② CPC(클릭당 비용)가 높으면 CPS(판매당 비용)도 항상 낮아지는 경향이 있다.
③ ROAS(광고수익률)는 투입한 광고비 대비 거둬들인 이익(Profit)을 나타내는 지표이다.
④ 구매 전환율(CVR)이 낮아질수록 CPA(전환당 비용)는 낮아지는 경향이 있다.

40 다음은 검색광고 성과 측정 지표 중 하나에 대한 설명이다. 해당 지표로 알맞은 것은?

> 웹사이트 접속자가 웹사이트에 접속했으나, 사이트 내에서 다른 페이지로 접속하거나 정보를 얻지 않고 바로 나가는 비율을 의미한다.

① 클릭률(CTR)
② 전환율(CVR)
③ 이탈률(반송률)
④ 체류 시간

PART 01
PART 02
PART 03
PART 04
PART 05
PART 06
PART 07

41 다음 설명에 해당하는 약어는 무엇인가? (2점, 정확한 명칭만 인정)

> 온라인 비즈니스 유형 중, 정부가 시민이나 소비자에게 행정 및 공공 서비스, 상품 등을 제공하는 전자상거래 모델을 일컫는다.

42 다음은 무슨 기술에 대한 설명인가? (2점, 정확한 명칭만 인정)

> 구글, 네이버 등 IT 기업의 인터넷 기반 서버를 활용하여 데이터 저장, 처리, 콘텐츠 사용 등의 서비스를 사용자가 필요할 때마다 네트워크를 통해 이용할 수 있게 해주는 컴퓨팅 기술이다.

43 다음 설명의 괄호 안에 들어갈 용어를 순서대로 작성하시오. (2점)

> 배너, 검색, 동영상 광고 등 다양한 온라인 광고를 집행하여 웹사이트 방문 (ㄱ)을(를) 생성할 수 있으며, 특히 디스플레이 광고는 (ㄴ) 인지도와 선호도를 높이는 데 효과적이다.

44 다음은 무엇에 대한 설명인가? (2점, 정확한 명칭만 인정)

> 네이버 검색광고의 전환 추적 기능에서, 광고를 클릭한 후 30분 이내에 마지막 클릭을 통해 발생한 전환을 일컫는다.

45 다음 광고 결과를 바탕으로 구매전환율을 계산하시오. (2점, 단위 누락 시 0점)

구분	관련 정보	광고 효과
광고 정보	광고비: 3,000,000원	CPC=150원 ROAS=700%
매출 정보	물품 단가: 35,000원 물품 이익: 15,000원	

46 마케팅 전략 중 다음 설명에 해당하는 용어는 무엇인가? (2점, 정확한 명칭만 인정)

고객이 브랜드를 인지한 순간부터 구매를 결정하고 브랜드와 상호작용하는 순간까지 거치는 일련의 단계를 포괄적으로 일컫는다.

47 네이버 광고에서 다음 소재의 명칭은 무엇인가? (2점, 정확한 명칭만 인정)

소재 만들기에서 사용되는 유형으로 광고주가 최대 15개의 제목과 4개의 설명을 입력하면 시스템이 자동으로 최적의 조합을 테스트하여 노출된다.

48 다음 설명에 해당하는 광고 상품의 용어는 무엇인가? (2점, 정확한 명칭만 인정)

구글 검색광고 플랫폼을 통해 집행 가능하며, 사용자의 검색어 입력 여부와 상관없이 다양한 웹사이트나 유튜브 등의 콘텐츠 기반 환경에서 이미지, 동영상 등의 형태로 노출되는 광고 네트워크를 말한다.

49 다음 괄호 안에 들어갈 적절한 용어는 무엇인가? (2점, 정확한 명칭만 인정)

네이버 검색광고에서 무효 클릭 피해가 의심되어 네이버 클린센터에 검증을 요청할 때, 광고 클릭이 일어난 날짜와 시각, 해당 키워드, 광고가 게재된 URL, (　　　　)를 필수적으로 제공해야 한다.

50 다음 괄호 안에 들어갈 적절한 용어는 무엇인가? (2점, 정확한 명칭만 인정)

검색광고 효과 분석 결과, 전환율(CVR)은 높지만 (　　　　)이(가) 낮다면 광고 소재, 제목, 문구, 이미지 변경 및 입찰 순위 변경을 고려해야 한다.

51 다음 자료에서 해당 캠페인의 CPC(클릭당 비용)는 얼마인가? (2점, 부분 점수 없음)

다음은 온라인 쇼핑몰이 집행한 검색광고 캠페인의 성과 지표이다.
– 노출수: 500,000회
– 클릭률: 4%
– 총광고비: 5,000,000원

52 다음 괄호 안에 들어갈 네이버와 카카오 캠페인 생성 가능 개수는 얼마인가? (2점, 부분 점수 없음)

네이버 캠페인은 계정당 최대 (　　)개, 카카오는 검색광고에서 계정당 최대 (　　)개의 캠페인을 생성할 수 있다.

53 다음은 구글애널리틱스 UA의 데이터 수집 기준에 관한 설명이다. 빈칸에 알맞은 용어는 무엇인가? (2점, 정확한 용어만 인정)

구글 애널리틱스 4(GA4)가 사용자 상호작용을 '이벤트(Event)' 중심으로 측정하는 것과 달리, 과거 Universal Analytics(UA) 시스템이 데이터를 수집하고 분석하는 주요 기준은 (　　　　)이다.

54 다음은 온라인 교육 서비스 업체가 진행한 검색광고 캠페인의 성과 지표이다. 이 자료를 바탕으로 해당 캠페인의 CVR(전환율)은 얼마인가? (2점)

광고 클릭수: 10,000회
매출액: 10,000,000원
총광고비: 3,000,000원
회원 가입수: 2,000건
CPC: 3,000원

55 다음 광고 결과를 바탕으로 광고 클릭율을 계산하시오. (2점, 단위 누락 시 0점)

구분	관련 정보	광고 효과
광고 정보	광고비: 3,000,000원 광고 노출수: 2,000,000회	구매전환율: 3% ROAS: 700%
매출 정보	물품 단가: 35,000원 물품 이익: 15,000원	

56 다음과 같은 광고 캠페인 결과에서 ROAS(광고수익률)는 얼마인가? (2점, 단위 누락 시 0점)

광고주 양OO 씨는 검색광고를 집행한 결과 다음과 같은 성과를 얻었다.
– 노출수: 1,000,000회
– 클릭률(CTR): 5%
– CPC(클릭당 비용): 200원
– 전환율(CVR): 5%
– 상품 단가: 16,000원

PART 01
PART 02
PART 03
PART 04
PART 05
PART 06
PART 07

57 다음과 같은 검색광고 집행 결과가 나왔을 때, 총전환수(구매횟수)는 몇 회인가? (2점)

> 검색광고를 집행한 결과 다음과 같은 성과를 얻었다.
> – 노출수: 400,000회
> – 클릭률(CTR): 1.5%
> – CPC(클릭당 비용): 500원
> – 전환율(CVR): 5%
> – 상품 단가: 40,000원

58 다음은 무엇에 대한 설명인가? (2점, 정확한 명칭만 인정)

> 광고주의 비즈니스 목표에 적합한 전략을 제시하고, 장기 계약을 맺어 광고주 입장에서 마케팅 전반적인 업무를 대신 제공하는 회사를 말한다.

59 다음은 무엇에 대한 설명인가? (2점, 정확한 명칭만 인정)

> 검색광고 캠페인을 기획할 때, 네이버, 구글, 카카오 등 복수의 검색광고 매체와 매체별 광고 상품의 특성을 전략적으로 조합하여 광고 효과를 극대화하고자 하는 기획 방식이다.

60 다음은 무엇에 대한 설명인가? (2점, 정확한 명칭만 인정)

> 검색광고 노출 순위를 결정하는 핵심 요소 중 하나로, 입찰가와 함께 고려되며 광고 효과, 키워드와 광고 문안의 연관도, 방문 페이지 만족도 등 여러 요소를 종합적으로 산출하는 것을 말한다.

정답 & 해설 ▶ 387p

객관식

※ 다음 사항을 확인하신 후 시험을 시작하시기 바랍니다.
⊙ 본 문제지는 총 60문제(객관식: 1번~40번, 단답식: 41번~60번)로 구성되어 있습니다.
⊙ 과목별 문제수 및 문제당 배점
– 객관식: 40문제 × 1.5점 = 60점
– 단답식: 20문제 × 2.0점 = 40점
⊙ 합격 기준
– 합계 70점 이상
– 유형별 점수의 40% 미만 과락

01 다음 중 온라인 비즈니스에 대한 설명으로 옳지 않은 것은?

① 기존의 비즈니스에 IT 기술이 접목되어 만들어진 새로운 비즈니스 영역이다.
② 디지털 비즈니스에서는 실물이나 가시적인 서비스 보다 정보가 먼저 움직인다.
③ 디지털 형태의 정보, 데이터를 바탕으로 하는 지식 등이 주요한 투입요소이다.
④ 제품 생산, 물류, 판촉 활동 등이 주요한 경영 활동 대상이다.

02 다음 중 OTT의 특징에 대한 설명으로 옳지 않은 것은?

① TV, 스마트폰 등 여러 기기의 스크린을 통해 하나의 콘텐츠를 끊김 없이 이용할 수 있다.
② 콘텐츠 이용 시 물리적인 하드디스크 저장 장치가 필수적으로 요구된다.
③ 비디오 대여 산업을 디지털 산업으로 전환한 넷플릭스와 같은 기업이 대표적이다.
④ 5G 기술의 상용화와 분산 컴퓨팅 기술을 활용하여 확산되었다.

03 다음 중 대화형 AI 챗봇 서비스의 특징으로 옳지 않은 것은?

① 검색된 정보를 단순히 나열하는 대신, 내용을 정리하고 요약하여 제공하는 데 활용된다.
② 음성 입력으로만 정보 검색 서비스를 이용할 수 있다.
③ 강화 학습 기법을 활용하여 스스로 오류를 바로잡는다.
④ 사용자 질문의 의도에 맞게 답변을 생성한다.

04 다음 중 디지털 마케팅 패러다임 전환으로 옳지 않은 것은?

① 소비자들이 다른 사용자의 평가를 탐색하고 유통 채널별로 가격을 비교하게 되었다.
② 소비자의 참여가 중요한 양방향 커뮤니케이션이 핵심 전략이 되었다.
③ 디지털 사회에서의 구매 결정은 제품에 대한 인지적 요인보다 감성적 요인이 더 큰 영향을 미친다.
④ 광고를 불특정 다수에게 일방적으로 노출(Push)하는 매스 마케팅 방식이 마케팅의 중심이 되었다.

05 다음 중 매체믹스 전략의 장점에 대한 설명으로 적합하지 않은 것은?

① 단일 매체가 가진 노출 영역의 한계를 극복하고 잠재고객에게 광고 도달률을 높일 수 있다.
② 광고 목표에 따라 클릭수 극대화를 위한 매체를 선택하여 효율을 높일 수 있다.
③ 단일 매체에 집중함으로써 많은 고객에게 광고가 도달되고 다양한 전환 기회를 확보한다.
④ 실시간 입찰 방식에서 발생하는 가격 변동성을 보완하여 안정적인 광고 성과를 기대할 수 있다.

06 다음 중 모바일 광고 유형과 그에 대한 설명으로 적합하지 않은 것은?

① 컨텍스트 광고: 뉴스나 블로그 등의 주요 콘텐츠와 비슷한 형식으로 제작한 광고를 말한다.
② 제휴 광고: 광고주가 구매한 키워드를 소비자가 검색했을 때 보여주는 광고 형태이다.
③ 스냅 광고 : 스냅챗에서만 사용된 광고이다.
④ 인터스티셜 광고: 인터넷 페이지가 이동하는 막간에 띄우는 광고 기법을 말한다.

07 다음 중 검색광고의 정의로 적합하지 않은 것은?

① 광고주가 등록한 키워드를 소비자가 검색했을 때 웹사이트 연결 고리를 보여주는 광고이다.
② 검색을 하여 광고가 노출되었을 경우에만 과금되는 정액제(CPT) 방식의 광고 상품이다.
③ 해당 정보에 관심을 가지고 있는 잠재고객을 대상으로 하기 때문에 광고 효과가 상대적으로 높다.
④ 광고 게재 여부, 노출 지면, 입찰가, 예산 등을 광고주가 탄력적으로 운영할 수 있다.

08 다음 중 검색광고의 장단점에 대한 설명으로 옳지 않은 것은?

① 노출 기간에 따라 광고비를 지불하므로 예산 관리가 쉽다는 장점이 있다.
② 초기 브랜딩 광고로 적합하지 않다는 단점이 있다.
③ 관리 리소스가 많이 투여되는 단점이 있다.
④ 경쟁이 치열한 키워드의 경우 광고비 지출이 과다해질 수 있다는 단점이 있다.

09 다음 중 디지털 마케팅의 장단점에 대한 설명으로 옳지 않은 것은?

① 4대 매체 광고보다 상대적으로 저렴한 비용으로 다양한 광고를 집행할 수 있다.

② 광고 클릭률, 구매전환율 등 고객의 반응을 정밀하게 측정할 수 있다.

③ 정보는 주로 실제 경험에 근거한 것으로 신뢰도가 낮은 것이 특징이다.

④ 뛰어난 아이디어만 있다면 특별한 기반이나 조직력 없이도 훌륭한 비즈니스 모델을 구축할 수 있다.

10 다음 중 디지털 시대의 마케팅 커뮤니케이션에 대한 설명으로 옳지 않은 것은?

① 기업의 브랜드 관리는 개인화나 의인화 등의 캐릭터 구축 중심으로 변화하고 있다.

② 네트워크로 연결되어 있어 인적 네트워크를 통한 목표 고객 타겟팅이 가능하다.

③ 인지도나 전환율을 높이는 것이 주된 목적이며, 새로운 고객을 창출하는 장기적인 목표와는 무관하다.

④ 디지털 마케팅은 기존의 마케팅에 비해 타겟팅이 용이하다.

11 다음 중 디지털 광고의 차별적 특징에 대한 설명으로 옳지 않은 것은?

① 광고 클릭률(CTR), 구매전환율(CVR) 등 고객의 활동을 지표로 정밀하게 측정할 수 있다.

② 막대한 예산이 소요되는 전통 매체 광고에 비해 적은 예산으로 다양한 광고를 집행할 수 있다.

③ 광고 디바이스가 다양화 됨에 따라 플랫폼 개발 및 운영비 투자 부담이 줄어들었다.

④ 고객의 특성에 따라 그룹화하여 특정 잠재 고객 집단에 초점을 맞춘 정교한 타겟팅이 용이하다.

12 다음 중 검색광고 효과 분석에 대한 설명으로 올바르지 않은 것은?

① 특별한 상황이 발생했을 경우에만 실시하는 것이 바람직한 효과 분석 방법이다.

② 효과 분석은 광고 성과를 개선하는 과정이며, 문제 해결을 위한 출발점이라고 볼 수 있다.

③ 효과 분석은 현재의 상황에 맞도록 광고를 최적화시키는 것이다.

④ 광고 캠페인의 성공 여부를 구체적으로 확인하고 성과 지표를 정밀하게 측정할 수 있다.

13 다음 중 검색광고와 관련된 용어에 대한 설명으로 가장 알맞은 것은?

① CTR: 광고를 클릭한 수를 광고 노출 횟수가 아닌 전환수로 나눈 비율이다.
② CPI: 노출당 광고비를 뜻하며, 동일한 광고비에 비해 노출수가 많은 것이 더 효과적이라고 본다.
③ CVR: 광고를 클릭한 사용자가 광고주 사이트에 방문한 횟수를 말한다.
④ CPC: 노출 횟수와 상관없이 클릭될 때마다 비용이 지출되지만, 키워드별 정액제가 적용된다.

14 다음 중 네이버 광고 시스템의 품질지수에 대한 설명으로 옳지 않은 것은?

① 광고가 얼마나 검색 사용자의 의도와 요구를 충족하고 있는가를 나타내는 척도이다.
② 노출 순위는 입찰가와 품질지수를 함께 고려하여 결정되며, 품질지수가 높으면 적은 광고비로도 높은 노출 순위를 확보할 수 있다.
③ 검색 사용자와 광고주의 만족도를 높이기 위해 품질지수를 7단계로 분류하여 막대 형태로 보여준다.
④ 키워드를 최초로 등록하여 광고를 게재할 경우, 초기 품질지수는 0단계(막대 0개)로 부여된다.

15 다음 중 네이버에서 광고를 제한하는 경우에 해당하지 않는 것은?

① 유해 콘텐츠 포함 사이트는 성인 인증 절차 이행 후에도 광고 게재가 불가능하다.
② 담배 등 관련 법령에 따라 온라인 판매가 불가한 제품은 광고 게재가 불가하다.
③ 모조품 판매, 상표권 침해 등 제삼자의 지적 재산권 침해가 확인되는 경우 광고 집행이 불가하다.
④ '100% 보장', '업계 최저금리' 등을 광고 문구에 사용할 경우 광고 집행이 제한된다.

16 다음 중 네이버 검색광고의 검수 및 광고 게재 프로세스에 대한 설명으로 옳지 않은 것은?

① 광고 게재 승낙 이후라도 법령이나 검수 기준 위반 시 광고 게재 중단 조치가 취해질 수 있다.
② 회원제 사이트의 경우 테스트 계정의 ID 및 비밀번호를 함께 등록해야 한다.
③ 비즈채널(웹사이트)이 검토를 통과하지 못하면 소재나 키워드 검토도 진행되지 않는다.
④ 비즈머니를 충전하지 않아도 소재와 키워드에 대한 검토가 먼저 진행된다.

17 다음 중 네이버 검색광고 시스템에서 비즈채널 관리 및 운영에 대한 설명으로 옳지 않은 것은?

① 전화번호 유형의 비즈채널을 삭제할 경우, 해당 채널을 사용하던 광고그룹 전체가 함께 삭제된다.
② 비즈채널은 광고 집행 전 반드시 등록해야 한다.
③ 웹사이트 유형의 비즈채널을 삭제하면 해당 채널을 사용하는 캠페인까지 삭제되며 복구할 수 없다.
④ 웹사이트 비즈채널 정보에 노출되는 대표 이미지는 광고주가 임의로 수정할 수 없다.

18 다음과 같이 광고를 진행하였을 때, CPC, CVR, ROAS가 바르게 연결된 것은?

광고비: 2,500,000원
클릭수: 25,000회
판매량: 1,000개
매출액: 10,000,000원

① CPC 100원, CVR 2%
② CPC 200원, CVR 4%
③ CPC 100원, ROAS 400%
④ CPC 200원, ROAS 500%

19 다음 중 카카오 키워드 광고 상품인 프리미엄링크의 운영 및 특징에 대한 설명으로 옳지 않은 것은?

① 프리미엄링크는 Daum 및 Nate 등 주요 포털의 통합검색 결과 영역에 노출되는 키워드 광고이다.
② 광고그룹에 등록된 키워드의 품질지수는 신규 등록 시 7단계 중 4단계(막대 4개)부터 부여받는다.
③ 모바일 검색 영역 외에 카카오톡 대화방 내의 #검색결과 키워드 광고 탭에도 노출될 수 있다.
④ 광고그룹 입찰과 키워드 개별 입찰 방식을 모두 선택할 수 있다.

20 다음과 같이 광고를 진행하였을 때, CPC는 얼마인가?

1,000,000원으로 2주 동안 광고 후 노출 4,000회, 클릭 2,000회의 성과를 얻었다.

① 100원　　　　② 300원
③ 500원　　　　④ 1,000원

21 다음 중 카카오 광고 시스템의 광고 검수에 대한 설명으로 옳지 않은 것은?

① 광고그룹, 키워드, 소재 등 모든 광고 구성요소를 심사한다.
② 광고캐시가 충전되어야 검수가 진행된다.
③ 광고그룹 하위에 등록된 키워드와 소재가 검토를 통과한 후 광고 노출이 시작된다.
④ 신규 광고뿐만 아니라 게재 중인 광고도 다시 검수할 수 있다.

22 다음 중 로그분석에 대한 설명으로 옳지 않은 것은?

① 전환 추적을 위한 스크립트 삽입은 광고주가 직접 하거나 대행사의 도움을 받아 설치할 수 있다.

② 로그분석 보고서를 통해 노출수, 클릭수, 전환수 등 다양한 광고 성과 지표의 추이를 파악할 수 있다.

③ 웹사이트를 방문한 유저의 구매 전환, 매출 등의 데이터를 수집하여 분석하는 도구이다.

④ 네이버, 카카오, 구글 검색광고에서 전환수 및 매출액 추적을 위한 모든 로그분석 기능은 유료로 지원하고 있다.

23 다음 중 구글애즈 도구에서 키워드 성과 예상 실적을 제공받을 수 있는 것은?

① 키워드 도구
② 광고 미리보기 및 진단 도구
③ 맞춤 보고서
④ 키워드 플래너

24 다음 중 구글 광고 효력 개선을 위해 클릭 유도 문구를 바꾸는 가장 효과적인 방법은?

① 광고그룹 내에 가장 클릭률이 높은 광고 제목 하나만 반복해서 입력한다.

② 광고 소재의 품질평가점수만 높이기 위해 입찰가를 1위로 설정하여 광고 순위를 극대화한다.

③ 반응형 검색광고를 활용하여 광고 문구의 다양성을 확보한다.

④ 광고 문구를 통일하여 다양성을 낮추고 '최적화 사용 안 함'을 선택한다.

25 다음 중 이미지 확장 소재 사용에 대한 설명으로 옳지 않은 것은?

① 등록한 확장 소재는 광고 노출 시 모든 매체에 함께 노출된다.

② 파워링크의 이미지 확장 소재는 성인 또는 병/의원 업종에 노출이 제한될 수 있다.

③ 모바일 통합검색 영역에서는 광고 성과에 기여도가 높은 확장 소재가 우선 노출된다.

④ 이미지형 서브링크 확장 소재는 지면에 따라 광고 형태 및 노출 개수가 달라질 수 있다.

26 다음 중 구글 광고의 광고 순위와 품질평가점수에 대한 설명으로 옳지 않은 것은?

① 순위는 입찰가에 의해서만 결정되며, 품질평가점수는 순위 결정에 영향을 미치지 않는다.

② 품질평가점수가 높으면 동일한 순위 도달을 위해 지불해야 할 클릭당 비용이 낮아진다.

③ 품질평가점수는 예상 클릭률 및 광고 관련성 등 여러 요소를 반영하여 산정된다.

④ 품질평가점수가 높은 광고는 더 많은 사용자에게 더 자주 노출될 가능성이 높다.

27 다음 중 수익성 극대화를 목표로 하는 이커머스 광고주가 검색광고 성과 분석을 위해 활용해야 할 가장 중요한 성과 지표는?

① 클릭당 비용(CPC)
② 노출수(Impression)
③ 클릭률(CTR)
④ 광고수익률(ROAS)

28 총광고비 500만 원, 광고를 통한 방문수(클릭수) 10,000건, 구매 전환율 5%일 때, 전환당 비용(CPA)은 얼마인가? (단, CPA=총광고비÷전환수)

① 5,000원 ② 10,000원
③ 20,000원 ④ 15,000원

29 검색광고의 효과 분석 지표인 ROAS(광고수익률)와 ROI(투자수익률)에 대한 설명 중 옳은 것은?

① ROAS는 투입한 광고비 대비 거둬들인 이익(수익)을 말하며 ROI는 매출액을 말한다.
② 광고비 외에 다른 비용이 전혀 없다고 가정하면 ROAS와 ROI는 항상 동일한 값이다.
③ ROI는 항상 ROAS보다 클 수 없다.
④ ROAS를 상승시키기 위해 입찰 단가가 낮은 키워드만 선정하여 광고를 진행하는 것이 좋다.

30 다음 중 검색광고 성과 지표와 효율성 해석에 대한 설명으로 옳지 않은 것은?

① 구매 전환율(CVR)이 높으면 일반적으로 전환당 비용은 낮아지는 경향이 있다.
② CPS(판매당비용)가 낮을수록 광고 효과가 좋다고 평가된다.
③ 클릭률(CTR)이 높으면 광고 소재가 매력적이라는 것을 의미한다.
④ 전환당 비용(CPA)이 낮아질수록 광고의 효율성은 떨어진다.

31 다음 중 광고 소재의 클릭률(CTR)은 낮지만 전환율(CVR)이 높은 경우 광고 성과를 개선하기 위한 가장 적절한 조치는?

① 광고 소재와 랜딩페이지 모두 부적합한 상태로 판단하고 해당 키워드 광고를 즉시 중단한다.
② 광고 소재는 매력적이나 랜딩페이지가 불충분한 상태이므로, 광고 소재 및 확장 소재를 변경한다.
③ 랜딩페이지에 고객이 원하는 상품/콘텐츠가 충분히 갖추어져 있는지 확인하고 반송률을 체크한다.
④ 현재 입찰 순위가 낮아 충분한 클릭을 받지 못하고 있는 상황인지 점검하고, 입찰 순위를 높여 방문자 수를 확대한다.

32 다음 중 검색광고의 주요 성과 지표 산출 공식에 대한 설명으로 옳은 것은?

① 클릭률(CTR)은 광고를 클릭한 사용자가 구매와 같은 특정한 행동을 실제로 한 비율을 의미한다.
② 전환당 비용(CPA)은 총광고비를 노출수로 나눈 값이다.
③ 클릭당 비용(CPC)은 총광고비용을 클릭수로 나눈 값이다.
④ 구매전환율(CVR)은 구매건수를 광고 노출수로 나누어 산출한다.

PART 01
PART 02
PART 03
PART 04
PART 05
PART 06
PART 07

33 다음의 사례에서 ROAS를 구하면 얼마인가?

> 야식을 제조·판매하는 전○○씨는 검색광고를 집행하여 키워드를 90,000회 노출했고 3,000개의 클릭을 얻었다. CPC는 300원이며 이를 통해 540개의 제품을 판매할 수 있었다. 매출당 단가는 5,000원이다.

① 300
② 400
③ 500
④ 600

34 구글 검색광고에서 무효 클릭이 발생했을 경우 처리되는 정책으로 가장 알맞은 것은?

① 무효 클릭으로 확인된 금액은 광고주에게 현금으로 즉시 환불된다.
② 구글은 무효 클릭을 발생시킨 IP를 파악하여 해당 IP 소유자에게 벌금을 부과한다.
③ 자동 감지 시스템에서 잡아내지 못한 무효 클릭에 대해 크레딧을 적용하여 다음 달 광고비에서 정산된다.
④ 구글은 무효 클릭을 완벽하게 필터링하므로 광고 보고서나 청구 금액에 무효 클릭이 기록되지 않는다.

35 다음 광고 성과 중에서 ROAS가 가장 효율적인 키워드는 무엇인가?

키워드	클릭수	물품 단가	전환수	CPC
A	5,000	10,000원	100개	80원
B	4,000	5,000원	200개	125원
C	10,000	20,000원	300개	300원
D	5,000	5,000원	400개	200원

① A 키워드
② B 키워드
③ C 키워드
④ D 키워드

36 검색광고의 품질평가지수 운영에 대한 설명으로 옳은 것은?

① 네이버 검색광고의 품질지수는 신규 등록한 키워드의 초기 점수로 3점을 부여받는다.
② 품질평가지수는 웹사이트의 디자인보다 페이지의 유용성 및 관련성이 영향을 미친다.
③ 구글의 품질평가점수는 광고그룹 단위로 적용된다.
④ 네이버, 카카오, 구글 세 매체 모두 품질평가 지수의 최대 점수는 10점이다.

37 다음 사례에서 CPC는 얼마인가?

대행사에서 근무하는 조OO 씨는 광고주의 검색광고를 집행한 결과 다음과 같은 성과를 얻었다.
- 광고비 13,500,000원
- 매출액 90,000,000원
- 노출수 345,000회
- 클릭수 45,000회
- 전환수 17,000회

① 200
② 300
③ 400
④ 500

38 검색광고 사후 관리 단계에서 클릭률(CTR)과 구매 전환율(CVR)이 모두 높은 상태일 때, 효율 극대화를 위해 취해야 할 행동으로 가장 적절한 것은?

① 비용 소진이 너무 높지는 않은지 점검한 후, 입찰 순위를 낮춰 광고 효율을 유지한다.
② 광고 소재와 랜딩페이지가 모두 매력적이므로 추가적인 작업을 진행할 필요가 없다.
③ 효율이 높은 대표 키워드 중심으로만 광고를 운영한다.
④ 매출에 효과적인 키워드를 바탕으로 연관 키워드, 세부 키워드 등을 확장한다.

39 다음 설명에 해당하는 용어는 무엇인가?

랜딩페이지가 방문자의 검색 의도와 광고 문구에 얼마나 잘 매칭되어 효과적인지를 분석하는 핵심 지표로, 사이트 접속 후 추가적인 페이지 이동 없이 바로 이탈한 방문자의 비율을 나타낸다.

① 전환율(Conversion Rate, CVR)
② 반송률(Bounce Rate)
③ 광고수익률(Return On Ad Spend, ROAS)
④ 페이지뷰(Page View, PV)

40 랜딩페이지 관리를 통한 광고 성과 개선 방안에 대한 설명으로 옳은 것은?

① 광고 키워드와 랜딩페이지의 연관성이 높을수록 이탈률은 낮아지고 체류 시간은 길어진다.
② 랜딩페이지의 반송률이 높아지면 구매 전환율도 일반적으로 함께 높아진다.
③ 전환율이 낮은 키워드의 랜딩페이지를 메인페이지로 일괄 조정한다.
④ 랜딩페이지에 동일한 콘텐츠를 여러 번 복사해서 반복적으로 붙여넣는 것이 효과적이다.

PART 01
PART 02
PART 03
PART 04
PART 05
PART 06
PART 07

[답안 작성 요령]
⊙ 답안은 주어진 문제에 맞게 국문, 영문, 숫자, 기호 등으로 작성하시기 바랍니다.
  ※ 단답식 문항은 각 2점이며, 부분 점수는 없습니다.
  ※ 철자, 맞춤법이 틀릴 경우 오답처리 될 수 있습니다.

41 다음 설명이 나타내는 마케팅 용어는 무엇인가? (2점, 부분 점수 없음)

> 제품에 관심을 가질 것으로 예상되는 커뮤니티 플랫폼에 지원하거나 직접 광고를 노출하여 잠재고객을 확보하는 마케팅 활동

42 다음은 설명의 괄호 안에 들어갈 알맞은 용어는 무엇인가? (2점, 부분 점수 없음)

> 광고를 클릭하고 들어온 사용자가 회원가입, 구매, 이벤트 참가 등 광고주가 지정한 최종 행동(전환)을 했을 때마다 지불하는 과금 방식을 (   )라고 부른다.

43 다음은 네이버 검색광고의 콘텐츠 네트워크 노출 영역 중 하나를 설명한다. 이 용어는 무엇인가? (2점)

> 네이버 통합검색 및 모바일 콘텐츠 영역에 노출될 수 있으며, 이용자가 만화 형태로 된 스토리 콘텐츠를 소비하는 지면을 의미한다.

44 SNS나 플랫폼의 콘텐츠 흐름(피드) 사이에 등장하여 광고 메시지가 해당 플랫폼의 고유 콘텐츠 형식과 유사하게 제작되어 노출되는 광고 유형은 무엇인가? (2점)

45 네이버 사이트 검색광고 관리 시스템에서 광고 운영을 위해 설정하는 구조를 상위 개념부터 하위 개념 순서대로 네 단계를 모두 작성하시오. (2점, 부분 점수 없음)

46 네이버 광고 시스템에서 광고 집행을 위해 반드시 등록하고 관리해야 하는 사업자의 웹사이트, 전화번호, 앱, 위치정보, 네이버 예약 등의 정보를 통칭하는 명칭은 무엇인가? (2점, 정확한 명칭만 인정)

47 네이버 검색광고 시스템에서 광고주가 신규 키워드를 등록했을 때 초기값으로 부여받는 품질지수 단계는 몇 단계인가? (2점)

48 네이버 검색광고(파워링크) 시스템에서 광고그룹에 등록된 복수의 광고 소재가 노출되는 방식을 선택할 수 있는데, 이 두 가지 노출 방식을 모두 작성하시오. (2점, 정확한 명칭만 인정)

49 네이버 검색광고 캠페인/광고그룹에 설정된 하루 예산을 광고 노출이 가능한 시간 동안 균등하게 분배하여 광고가 노출되도록 하는 자동 예산 관리 기능은 무엇인가? (2점, 정확한 명칭만 인정)

50 네이버 검색광고 시스템에서 브랜드 검색광고 등록 시, 광고그룹당 키워드는 최대 몇 개까지 등록 가능한가? (2점)

PART 01

PART 02

PART 03

PART 04

PART 05

PART 06

PART 07

51 다음은 구글 검색광고의 입찰 통계 보고서에서 활용되는 지표에 대한 설명이다. 괄호 안에 들어갈 용어를 순서대로 작성하시오. (2점, 정확한 명칭만 인정)

> – (ㄱ): 내 광고와 다른 광고주의 광고가 동시에 노출된 빈도를 의미하는 지표
> – (ㄴ): 동일한 경매에 참여한 광고 중에서 상대방 광고보다 내 광고가 더 높은 순위로 노출된 빈도를 의미하는 지표

52 네이버 파워링크 광고 운영 시, 특정 타겟(서울시 거주 여성)에게 노출될 때의 최종 입찰가를 계산하시오. (단, 키워드 입찰가와 지역 및 성별 가중치가 동시에 적용되며, 가중치는 중복 적용된다고 가정, 2점)

> – 키워드 기본 입찰가: 100원 / 현재 입찰가: 200원
> – 서울 지역 가중치: 150% / 여성 성별 가중치: 120%

53 여름 온라인 이벤트 6/23~7/25의 검색광고 집행 결과가 다음과 같을 때, 해당 캠페인의 전환율(CVR)은 얼마인가? (2점)

> – 노출수 200,000회
> – 클릭수 2,000회
> – 참여완료 인원 500명

54 다음 설명의 괄호 안에 들어갈 용어를 작성하시오. (2점, 정확한 명칭만 인정)

> 구글 애널리틱스(GA4)는 기존 Universal Analytics(UA)의 세션/페이지뷰 중심의 데이터 수집 방식을 넘어, 사용자의 모든 상호작용을 ( ) 중심으로 측정하는 새로운 모델을 사용한다.

PART 01

PART 02

PART 03

PART 04

PART 05

PART 06

PART 07

55 다음과 같은 광고 집행 결과가 나왔을 때, 이 캠페인의 ROAS(광고수익률)는 얼마인가? (2점, 단위 누락 시 0점)

- 클릭수: 10,000회
- CPC: 200원
- 매출액: 4,000,000원
- 광고비: 2,000,000원

56 신제품 광고 집행 후 다음과 같은 성과가 나왔다. CPC(클릭당 비용)는 얼마인가? (2점)

- 노출수: 500,000
- 클릭률: 2%
- 광고비: 5,000,000원

57 다음과 같은 광고 성과가 도출되었을 때, 이 캠페인의 구매 전환율(CVR)은 얼마인가? (2점, 단위 누락 시 0점)

- 노출수 80,000회
- 클릭수: 4,000회
- CPC: 500원
- 판매가(객단가): 25,000원
- ROAS: 500%

58 네이버 광고 시스템에서 등록 및 관리가 필요한 비즈채널 관련 최대 개수를 순서대로 작성하시오. (2점)

- 계정당 최대 (ㄱ)개까지 등록할 수 있다.
- 전화번호는 최대 (ㄴ)개까지, 네이버 톡톡은 (ㄷ)개까지 쓸 수 있다.

59 다음과 같은 광고 성과가 도출되었을 때, CTR(클릭률)은 얼마인가? (2점, 단위 누락 시 0점)

- 노출수: 200,000회
- 광고비: 2,000,000원
- CPC: 500원

60 다음과 같은 검색광고 집행 결과가 나왔을 때, 총전환수(구매건수)는 몇 건인가? (2점)

노출수	클릭수	광고비	판매가	ROAS
2,000,000	5,000	2,000,000원	20,000	400%

2025년 기출 복원문제 03회

PART 01
PART 02
PART 03
PART 04
PART 05
PART 06
PART 07

시험 일자	문항 수(소요 시간)	감독위원 확인
2501회(2025년 3월)	총 60문항(90분)	(비대면온라인)

수험번호 : _____

성　　명 : _____

정답 & 해설 ▶ 392p

객관식

※ 다음 사항을 확인하신 후 시험을 시작하시기 바랍니다.
⊙ 본 문제지는 총 60문제(객관식: 1번~40번, 단답식: 41번~60번)로 구성되어 있습니다.
⊙ 과목별 문제수 및 문제당 배점
　– 객관식: 40문제 × 1.5점 = 60점
　– 단답식: 20문제 × 2.0점 = 40점
⊙ 합격 기준
　– 합계 70점 이상
　– 유형별 점수의 40% 미만 과락

01 다음 중 온라인 비즈니스의 성공 요인으로 적절하지 않은 것은?

① 직접 배송 시스템 구축과 오프라인 매장의 확장
② 고객 경험 극대화와 같은 새로운 가치 제안
③ 과감한 신규 서비스 도입 등 신속한 자원 운용 시스템
④ 지식 재산(IP) 확보를 통한 차별화된 콘텐츠 제공

02 다음 중 제공 가치에 따른 온라인 비즈니스 유형에 대한 분류로 적절하지 않은 것은?

① 전자상거래는 웹사이트를 이용한 물건 및 서비스 판매로 가장 오래된 온라인 비즈니스 형태이다.
② 정보 검색은 인터넷상에서 정보를 수집하여 고객에게 원하는 결과를 제공하는 서비스이다.
③ 소셜미디어는 고객의 정보를 마음대로 활용할 수 있으므로 직접 판매가 쉬운 채널이다.
④ 대행 서비스는 주문, 예약 또는 호출하고 판매자에게 수수료를 받는 비즈니스이다.

03 다음 중 디지털 마케팅 개념에 대한 설명으로 옳지 않은 것은?

① 불특정 다수에게 광고를 푸시(Push) 하는 형태가 일반적이다.
② 디지털 시대의 소비자는 수동적이 아니라 능동적이다.
③ 커뮤니케이션 전략의 핵심은 소비자 욕구이며 양방향 커뮤니케이션이 매우 중요하다.
④ 노출수, 클릭수, 전환 비용 등과 같은 데이터를 통해 마케팅 성과 분석이 용이하다.

04 다음 중 디지털 마케팅이 아닌, 전통적인 마케팅의 특징에 해당하는 것은?

① 데이터 활용 기술을 통한 정교한 타겟팅이 가능하다.

② 고객의 반응을 정밀하고 즉각적으로 측정할 수 있다.

③ 브랜드 인지도나 브랜드 선호도를 높이는 데 효과적이다.

④ 아이디어와 데이터 중심의 양방향 커뮤니케이션이 가능하다.

05 다음 중 기업의 올바른 소셜미디어 채널 활용 방법으로 적절하지 않은 것은?

① 고객과의 관계 구축을 위해 고객들의 피드백이나 고객 서비스를 활용한다.

② 개인의 생각, 경험, 정보 등을 공유하고 관계를 확장하는 공간으로 활용한다.

③ 브랜드 메시지를 콘텐츠 형태로 녹여 유용한 정보와 재미를 함께 제공한다.

④ 투자 대비 효과를 극대화하기 위해 인게이지먼트보다 클릭률과 전환율 개선에 우선순위를 둔다.

06 네이버 사이트 검색광고의 실제 지불 광고비에 대한 설명으로 옳지 않은 것은?

① 클릭당 광고비(VAT 제외)는 광고주가 설정한 최대 입찰가를 초과하여 과금된다.

② '확장 검색' 속성이 아닌 키워드에 대한 클릭당 광고비는 차순위 광고의 입찰가와 품질지수를 바탕으로 결정된다.

③ '확장 검색' 속성이 아닌 키워드에 대한 광고 노출 순위는 입찰가와 품질지수를 종합적으로 반영하여 결정된다.

④ 네이버 사이트 검색광고는 광고 등록과 광고 노출에는 비용이 발생하지 않고, 클릭 시에만 과금되는 CPC 방식이다.

07 다음 중 디지털 광고의 특징 및 장점에 대한 설명으로 옳지 않은 것은?

① 데이터 활용 기술을 통한 정교한 타겟팅이 가능하다.

② 노출수, 클릭수, 전환 비용 등과 같은 데이터를 통해 마케팅 성과 분석이 용이하다.

③ 광고 메시지의 전달 속도가 빠르고 실시간으로 교체할 수 있는 유연성이 있다.

④ 전통적인 매체에 비해 적은 예산으로 더 많은 광고 효과를 얻을 수 있다.

08 다음 중 검색광고 효과 측정 지표에 대한 설명으로 가장 옳지 않은 것은?

① CPC는 한 사람의 사용자가 검색광고를 통해 사이트를 방문하는 데 소요된 비용을 의미한다.

② CTR은 광고 노출수 대비 클릭수의 비율을 나타내며, 광고에 대한 반응도를 보여준다.

③ CPA는 광고 목표에 맞는 전환 액션(회원가입, 구매 등)이 실제로 이루어지는 데 투입된 비용을 의미한다.

④ ROAS는 투입한 광고비 대비 거둬들인 이익을 나타내는 비율이다.

09 다음 중 디지털 마케팅 전략인 마케팅 4E 중 'Evangelist'에 대한 설명으로 옳은 것은?

① 브랜드에 대한 고객의 다양하고 인상적인 경험을 만들어 주는 것이다.

② 브랜드에 대해 호감과 충성도를 가진 고객을 '브랜드 전도사'로 활용하는 것이다.

③ 브랜드에 대한 고객의 개인적 관련성을 만들어 주는 것이다.

④ 눈앞의 매출보다 고객과의 유기적인 관계 관리를 중요하게 여기는 마케터의 열정을 말한다.

10 다음 중 검색광고 키워드 유형에 대한 설명으로 가장 옳은 것은?

① 대표 키워드는 고객의 검색 의도를 반영하여 지역명이나 수식어 등이 포함된 목적이 분명한 키워드이다.

② 세부 키워드는 조회량이 대표 키워드에 비해 낮아 광고 금액도 저렴한 편이며, 구매 및 서비스 이용 확률이 높다는 장점이 있다.

③ 계절성 키워드(시즈널 키워드)는 계절이나 특정한 시기에 따라 조회수가 급증하지만, 광고 금액은 항상 저렴하게 유지된다.

④ 대표 키워드는 경쟁률이 낮아 노출이 용이하며, 광고를 통한 유입수가 적다는 단점이 있다.

11 다음 중 전통적인 비즈니스와 온라인 비즈니스의 구조 및 요소에 대한 설명으로 옳지 않은 것은?

① 온라인 비즈니스의 산출물은 정보나 지식재, 고객에게 제공되는 솔루션 등 다양한 형태이다.

② 온라인 비즈니스의 경영 활동 대상은 고객 정보의 양과 질, 고객 경험과 가치의 공유 등이다.

③ 전통적 비즈니스의 주요 경영 활동 대상은 생산, 물류, 판촉이었다.

④ 전통적 비즈니스에서는 디지털 형태의 정보가 투입 요소인 반면 온라인 비즈니스에서는 원자재, 부품, 중간재가 투입된다.

12 다음 중 광고 목표를 설정하고 이를 달성하기 위한 광고비를 추정하여 예산을 편성하는 가장 논리적인 방법은?

① 매출액 비율법
② 경쟁사 비교법
③ 목표 과업법
④ 가용예산 활용법

13 광고주 A는 총광고비 500만 원으로 10,000회의 클릭을 얻었고, 이 중 500건의 구매(전환)가 발생했다. 이 광고 캠페인에 대한 설명으로 옳은 것은?

① CPC(클릭당 비용)는 5,000원이다.
② CVR(전환율)은 5%이다.
③ CPA(전환당 비용)는 5,000원이다.
④ CPA는 CPC보다 낮은 것이 일반적이다.

14 다음 중 구글애즈의 검색 캠페인 최적화를 위해 AI를 활용하는 스마트 자동입찰 전략에 해당하지 않는 것은?

① 타겟 CPA
② 전환수 최대화
③ 타겟 ROAS
④ 수동 CPC 입찰

15 다음 중 검색광고의 품질지수 관리에 대한 설명으로 옳지 않은 것은?

① 품질지수가 높을수록 광고주의 CPC(클릭당 비용)가 낮아지는 경향이 있다.
② 광고 순위는 입찰가와 품질지수를 함께 고려하여 결정된다.
③ 품질지수가 낮더라도 광고 클릭률(CTR)이 높으면 광고 순위는 항상 상위권을 유지할 수 있다.
④ 품질지수는 광고 문안의 관련성, 랜딩페이지 경험, 예상 클릭률 등 여러 요인을 종합적으로 평가한다.

16 다음 캠페인의 ROI(투자수익률)와 ROAS(광고수익률)로 바르게 짝지어진 것은?

> 광고비 10,000,000원으로 매출 40,000,000원을 달성했으며, 이익률은 40%였다. 광고비 외 다른 비용은 없다.

① ROI 400%, ROAS 160%
② ROI 200%, ROAS 400%
③ ROI 160%, ROAS 400%
④ ROI 400%, ROAS 200%

17 다음 중 국내외 주요 검색광고 플랫폼의 운영 방식에 대한 설명으로 옳은 것은?

① 네이버 광고 시스템은 캠페인 → 키워드 → 광고그룹의 3단계 구조를 가진다.

② 네이버와 카카오의 최소 클릭당 비용(CPC) 단가는 70원부터 시작한다.

③ 구글은 광고그룹 복사 기능을 제공하지 않아 키워드 단위로만 복사가 가능하다.

④ 카카오 검색광고는 광고주가 광고비 충전(캐시 충전)을 완료해야만 광고 심사가 진행된다.

18 다음 중 구글 검색광고에서 광고 노출 범위와 커버리지를 극대화하는 데 가장 효과적인 키워드 검색 유형은?

① 일치 검색 [운동화]

② 구문 검색 "운동화"

③ 제외 키워드

④ 확장 검색

19 다음 중 네이버 및 카카오 검색광고 플랫폼에서 광고 게재가 제한될 수 있는 사유로 가장 적절한 것은?

① 객관적인 근거 없이 '업계 최저', '최대 효과 보장' 등의 최상급 표현을 사용하는 경우

② 광고 소재 내에 키워드를 포함하지 않은 경우

③ 광고주가 광고그룹에 등록 가능한 최대 키워드 개수를 초과하여 등록한 경우

④ 광고주의 사이트가 단일 페이지로만 구성되어 있는 경우

20 검색광고의 운영 효율을 극대화하기 위한 올바른 광고그룹 구성 전략은?

① 광고의 실적 데이터 확보를 위해 모든 키워드를 단일 그룹에 등록한다.

② 키워드의 주제 및 광고 소재의 내용이 서로 관련성이 높도록 그룹을 세분화하여 구성한다.

③ 광고 예산 배분의 용이성을 위해 예산 규모가 큰 키워드들만을 모아 그룹을 만든다.

④ 캠페인별로 매체 유형(검색/콘텐츠)을 분리하여 광고그룹을 생성한다.

PART 01
PART 02
PART 03
PART 04
PART 05
PART 06
PART 07

21 다음 중 검색광고의 품질지수를 향상시키는 데 직접적인 영향을 미치지 않는 요소는?

① 광고의 예상 클릭률(CTR)을 높이는 광고 소재를 사용하는 행위
② 광고 소재 내에 키워드를 삽입하여 광고 문안의 관련성을 높이는 행위
③ 랜딩 페이지의 콘텐츠와 광고 문안의 연관성을 높이는 행위
④ 키워드의 최대 클릭 비용(Max CPC)을 높게 설정하는 행위

22 네이버의 콘텐츠 검색광고(파워콘텐츠)에 대한 설명으로 옳은 것은?

① 모든 광고주에게 CPC 방식이 아닌 정액제(CPT) 방식으로 과금된다.
② 네이버 통합검색 결과 페이지 중 일반 블로그 영역에만 노출된다.
③ 이용자의 정보 탐색 의도를 충족시키기 위해 광고주가 직접 작성한 양질의 콘텐츠를 제공하는 형식이다.
④ 모바일 통합검색 결과에 제목, 설명 형태의 텍스트로만 노출된다.

23 광고 클릭률(CTR)은 높은데 전환율(CVR)이 현저히 낮은 키워드에 대한 사후 관리 조치로 가장 적절한 것은?

① 해당 키워드의 입찰 순위를 높여 노출을 극대화한다.
② 해당 키워드의 성과가 불량하므로 즉시 광고 노출을 중단하고 삭제한다.
③ 키워드와 광고 소재의 내용이 랜딩 페이지와 일치하는지 연관성을 확인한다.
④ 광고 소재에 흥미를 유발하는 문구와 이미지를 추가하여 클릭률을 더욱 높인다.

24 다음 중 네이버 검색광고에서 제외 키워드를 등록하는 주된 목적으로 옳은 것은?

① 관련성이 낮거나 불필요한 검색어에 광고 노출을 방지하여 비용 효율성을 높인다.
② 광고 품질 지수를 높여 광고 순위를 개선한다.
③ 경쟁사 브랜드 키워드를 등록하여 경쟁사의 광고 노출을 방해한다.
④ 확장 검색 기능을 활성화하여 노출 기회를 확대한다.

25 다음 중 네이버 검색광고의 확장 소재에 대한 설명으로 옳은 것은?

① 확장 소재는 캠페인 단위에서만 등록이 가능하다.
② 캠페인 단위로 설정된 확장 소재보다 광고그룹 단위로 설정된 확장 소재가 우선 노출된다.
③ 이미지 확장 소재인 '파워링크 이미지'는 금융/보험 업종에서만 사용이 가능하다.
④ '전화번호', '네이버 예약' 등 모든 확장 소재는 PC 매체에 노출될 수 있다.

26 네이버 검색광고의 광고그룹 관리에 대한 설명으로 옳지 않은 것은?

① 광고그룹은 광고 운영의 단위로, 키워드와 소재가 등록된다.
② 광고그룹 복사 시, 해당 그룹의 품질지수가 함께 복사되어 새로운 캠페인에도 유지된다.
③ 광고그룹 단위에서 노출 지역, 요일 및 시간대 설정이 가능하다.
④ 광고그룹의 기본 입찰가를 수정하면, 키워드별 입찰가가 별도로 설정되어 있지 않은 키워드에 적용된다.

27 다음 중 네이버 검색광고 자동입찰 기능에 대한 설명으로 적절한 것은?

① 네이버 자동입찰은 광고주가 설정한 목표 전환 가치를 유지하도록 입찰가를 조정한다.
② 네이버 자동입찰은 실시간 입찰을 통해 광고 노출 및 성과 향상을 보장한다.
③ 네이버의 자동입찰 전략은 타겟 노출 점유율, 타겟 CPA 등 다양한 목표를 제공한다.
④ 네이버 자동입찰 기능은 쇼핑 검색 캠페인의 제품 카탈로그형에는 적용되지 않는다.

28 다음 중 검색광고에서 제공하는 입찰가 설정 기능에 대한 설명으로 옳은 것은?

① 구글의 스마트 입찰 전략은 전환 추적 설정 없이도 광고 성과를 최적화할 수 있다.
② 네이버 자동입찰은 광고 소재의 품질점수가 낮더라도 높은 입찰가를 설정하면 원하는 순위를 항상 보장한다.
③ 네이버, 카카오, 구글 모두 광고 소재에 키워드를 자동으로 삽입하는 기능을 제공한다.
④ 광고 품질 점수가 낮은 광고는 입찰가를 높이더라도 CPC는 낮아지고 노출은 증가한다.

PART 01
PART 02
PART 03
PART 04
PART 05
PART 06
PART 07

29 광고를 집행한 결과가 다음과 같을 때 CVR이 가장 높은 광고그룹은?

그룹	노출수	전환수	클릭율
A 그룹	80,000	240	3%
B 그룹	100,000	300	4%
C 그룹	120,000	360	3%
D 그룹	60,000	270	2%

① A그룹
② B그룹
③ C그룹
④ D그룹

30 다음은 어느 온라인 쇼핑몰의 광고 결과이다. ROAS는 얼마인가?

- 구매 1,200건
- 단가 25,000원
- 노출 132,000회
- 클릭 7,500회
- CPC 800원

① 300%
② 400%
③ 500%
④ 600%

31 다음 중 광고 성과 지표에 대한 해석으로 가장 옳은 것은?

① 구매 전환율(CVR)이 높으면 일반적으로 전환당 비용(CPA)은 낮아진다.
② 클릭당 비용(CPC)이 작을수록 광고수익률(ROAS)은 항상 높아진다.
③ 클릭률(CTR)이 높으면 광고 품질지수(Quality Score)는 높아지지만, 광고비는 변동이 없다.
④ 일반적으로 CPA는 클릭당 비용(CPC)보다 낮아야 효율적이다.

32 다음 중 구글애즈에서 AI 기반의 스마트 입찰 전략의 특징으로 가장 옳지 않은 것은?

① 스마트 입찰은 전환 데이터를 충분히 확보하지 않아도 알고리즘이 예측을 통해 최적화할 수 있도록 설계되어 있다.
② AI는 입찰 시점에 존재하는 고유한 문맥 신호를 활용하여 실시간으로 입찰가를 조정한다.
③ 타겟 CPA, 타겟 ROAS, 전환수 최대화 등 다양한 비즈니스 목표에 맞는 전략을 제공한다.
④ 전략을 변경하면 일정 기간 학습을 거쳐야 하므로 빈번한 변경은 성과 최적화를 방해한다.

33 다음 중 검색광고 캠페인의 성과 지표에 대한 해석으로 가장 옳지 않은 것은?

① 광고수익률(ROAS)이 100%보다 낮은 키워드는 매출을 창출하지 못하므로 즉시 삭제해야 한다.

② 전환당 비용(CPA)이 낮아질수록 광고주의 투자수익률(ROI)은 높아질 가능성이 크다.

③ 광고 클릭률(CTR)이 높아지면 일반적으로 광고 품질지수가 개선된다.

④ 동일한 광고비 지출 조건에서 구매 전환율(CVR)이 2배 상승하면 CPS(판매당 비용)는 절반으로 감소한다.

34 광고 캠페인 결과, 클릭률(CTR)은 높지만 구매 전환율(CVR)이 낮은 키워드가 발견되었다. 이 키워드에 대한 사후 관리 조치로 가장 적절한 것은?

① 광고 소재를 변경하여 매력도를 높인다.

② 키워드와 광고 소재의 내용이 랜딩 페이지와 일치하는지 연관성을 확인한다.

③ 해당 키워드의 입찰 순위를 낮춰 광고비 지출을 줄인다.

④ 이탈률(반송률)을 줄이기 위해 랜딩페이지에 구매 버튼을 여러 곳에 배치한다.

35 네이버 및 카카오 검색광고 등록 시, 광고 게재가 제한될 수 있는 사유로 가장 적절한 것은?

① 광고 소재에 키워드를 삽입하여 볼드(Bold) 처리가 되는 경우

② 회원제 사이트에 대해 테스트 계정의 아이디와 비밀번호를 함께 등록한 경우

③ 광고주를 대표하는 최상위 도메인과 다른 연결 URL(랜딩페이지)을 설정한 경우

④ 객관적인 근거 없이 '업계 최고', '최대 효과 보장' 등의 최상급 표현을 사용하는 경우

36 다음 중 구글애즈의 AI 기반 최적화 기능 및 운영 전략에 대한 설명으로 가장 옳지 않은 것은?

① 계정이 얼마나 좋은 실적을 낼 수 있을지 추정한 최적화 점수는 숫자가 높을수록 캠페인 실적 개선에 긍정적이다.

② AI는 입찰 시점에 존재하는 고유한 문맥 신호를 활용하여 실시간으로 입찰가를 조정한다.

③ AI 챗봇을 활용하여 광고 문구와 키워드를 자동 생성하는 대화형 경험을 제공한다.

④ AI 기반의 실적 최대화 캠페인은 검색광고 전용 캠페인으로 디스플레이나 유튜브에서는 노출되지 않는다.

PART 01
PART 02
PART 03
PART 04
PART 05
PART 06
PART 07

37 광고 캠페인 결과, 클릭률(CTR)은 낮지만 구매 전환율(CVR)은 높은 키워드가 발견되었다. 이 경우 광고 성과를 개선하기 위한 가장 적절한 조치는?

① 광고 노출 순위를 높여 더 많은 유입을 통해 전환 규모가 커질 수 있도록 입찰 전략을 수정한다.
② 광고 소재와 랜딩페이지 간의 연관성이 부족한 상태이므로, 랜딩페이지를 점검한다.
③ 광고 소재의 매력도가 충분하지 않은 상태이므로, 광고 소재 및 확장 소재를 변경한다.
④ 키워드와 랜딩페이지 모두 부적합하므로, 해당 키워드의 광고를 즉시 중단한다.

38 다음 중 네이버와 카카오의 광고 등록 및 운영 정책에 대한 설명으로 옳지 않은 것은?

① 객관적으로 인정받지 못하거나 확인할 수 없는 최상급 표현(예 업계 최저)은 광고 게재가 제한될 수 있다.
② 네이버의 광고 노출 제한 IP 등록 한도는 최대 600개이며, 카카오는 최대 500개까지 등록할 수 있다.
③ 네이버 파워링크의 소재 설명 문구는 띄어쓰기를 포함하여 최대 60자까지 입력할 수 있으며, 제목은 최대 15자이다.
④ 의료기관은 광고 문안 말미에 각 의료협회에서 심의/승인을 받아 부여된 의료광고 심의필번호를 반드시 기재해야 한다.

39 다음 중 구글애즈의 키워드 검색 유형에 대한 설명으로 가장 옳은 것은?

① 일치 검색은 키워드와 동의어, 맞춤법 오류 등 유사 검색어에 대해서도 광고가 자동으로 게재되어 가장 넓은 도달 범위를 가진다.
② 확장 검색은 키워드의 의미와 관련 있는 검색어에 광고를 게재하며, 가장 광범위한 도달 범위를 가진다.
③ 구문 검색은 키워드와 일치하는 검색어에만 광고가 게재되며, 광고 게재 대상을 가장 세부적으로 설정할 수 있다.
④ 제외 키워드는 광고주가 원치 않는 검색어에 광고가 노출되더라도, 광고비가 소진되지 않도록 필터링하는 기능을 한다.

40 다음 중 ROAS가 가장 효율적인 키워드는 무엇인가?

키워드	가격	전환수	클릭수	CPC
A키워드	30,000	150	4,000	450
B키워드	20,000	150	3,000	350
C키워드	30,000	150	4,000	550
D키워드	20,000	150	3,000	450

① A키워드
② B키워드
③ C키워드
④ D키워드

단답식

41 기업의 비즈니스 모델이 가진 자산 가치를 구현하는 수단인 지식재산권의 일종으로, 선점자에게 독점적 지위를 인정하고 후발 주자에게 진입 장벽으로 작용하는 권리는 무엇인가? (2점, 부분 점수 없음)

42 소비자가 모바일 기기를 통해 특정 정보를 찾거나 구매 결정을 내리는, 짧고 즉각적인 순간을 의미하는 용어는 무엇인가? (2점, 부분 점수 없음)

43 모바일 애플리케이션 내에 노출되는 광고 유형으로, 주로 배너 형태로 나타나며, 사용자가 앱을 사용하는 경험을 방해하지 않도록 자연스럽게 광고를 노출하는 상품은 무엇인가? (2점, 부분 점수 없음)

44 사용자가 광고주 웹사이트에 들어온 후, 사이트 내에서 둘러본 페이지의 총수를 의미하며, 사용자 화면에 표시되는 요청수를 세는 단위로 활용되는 지표는 무엇인가? (2점, 부분 점수 없음)

PART 01
PART 02
PART 03
PART 04
PART 05
PART 06
PART 07

45 네이버 검색광고 상품 중, 다음 (ㄱ), (ㄴ)에 각 각 알맞은 용어는 무엇인가? (2점, 부분 점수 없음)

(ㄱ)은(는) 사용자가 검색한 키워드에 맞춰 검색 결과 상단이나 하단에 노출되는 클릭형 광고로, 원하는 키워드에 맞춰 즉각적인 방문을 유도할 수 있는 가장 대표적인 검색광고이다. (ㄴ)은(는) 브랜드 공식성과 신제품 알리기에 특화된 광고로, 검색 결과 상단에 이미지 · 동영상 · 링크 등 다양한 정보를 함께 노출하며, 신제품의 경우 출시 6개월 이내 제품만 광고할 수 있다.

46 네이버 검색광고 시스템에서 특정 이벤트, 계절 행사, 노출 기간, 하루 예산 등의 목적에 따라 광고를 관리하기 위해 임의로 만든 '광고 전략의 단위'를 무엇이라고 하는가? (2점, 부분 점수 없음)

47 다음에서 설명하는 용어는 무엇인가? (2점, 부분 점수 없음)

광고 목표 달성 여부를 측정하기 위해 사용되는 핵심 성과 지표로, 회원가입 수, 유입수, 예약 건수, 구매량 등 수치로 표현한다.

48 다음에서 설명하는 네이버 광고 상품은 무엇인가? (2점, 부분 점수 없음)

- CPC 방식
- 원하는 키워드를 등록해서 광고 가능
- 언제든지 게재/중지 가능
- 매체 전략, 시간 전략 등 다양한 전략 기능을 통해 탄력적 광고 운영이 가능함

49 다음 빈칸에 들어갈 정확한 숫자는 무엇인가? (2점, 부분 점수 없음)

> 네이버 브랜드 검색 앰배서더형 광고는 정액제 상품으로, 노출 기간은 최소 (ㄱ)일에서 최대 (ㄴ)일까지 선택할 수 있다.

50 네이버 쇼핑 검색광고 중 '쇼핑 브랜드형' 광고에서 내 브랜드와 유사한 카테고리 상품을 취급하는 브랜드와 관련된 키워드 영역에 노출되는 키워드 유형은 무엇인가? (2점, 부분 점수 없음)

51 국내 검색엔진 시장에서 높은 점유율을 차지하고 있는 두 포털사이트를 (ㄱ)과 (ㄴ)에 맞게 쓰시오. (2점, 부분 점수 없음)

> 국내 검색광고 시장에서 (ㄱ)이(가) 검색 엔진 점유율의 대부분을 차지하며, 가장 인기 있는 포털사이트이다. (ㄴ) 역시 전 세계적으로 높은 점유율을 가지고 있으며 국내에서도 주요 검색 포털로 이용자가 빠르게 늘고 있어, 주요 광고 플랫폼으로 활용되고 있다.

52 네이버 검색광고 시스템에서 무효 클릭(부정 클릭)을 방지하기 위해 광고 노출을 제한할 수 있는 IP 주소 또는 IP 블록의 최대 등록 가능 개수는 몇 개인가? (2점, 부분 점수 없음)

53 구글애즈의 자동입찰 전략을 사용할 때, 입찰 금액을 조정했을 경우 클릭수, 전환수, 노출수 등 광고 성과 변화 가능성을 예측하고 그 결과를 시뮬레이션해 주는 기능은 무엇인가? (2점, 부분 점수 없음)

PART 01
PART 02
PART 03
PART 04
PART 05
PART 06
PART 07

54 검색광고 집행 결과가 다음과 같았다. 광고의 클릭률(CTR, Click Through Rate)은 얼마인가? (2점, 단위 누락 시 0점)

- 광고비 6,000,000원
- 노출수 500,000회
- 전환수 100,000회
- 클릭수 5,000회

55 다음 광고의 광고수익률(ROAS, Return On Ad Spend)은 얼마인가? (2점, 단위 누락 시 0점)

- 광고비 10,000,000원
- 물품 단가 30,000원
- 노출수 235,000회
- 클릭수 12,500회
- 전환수 1,000개

56 다음 결과에서 광고를 통해 발생한 구매건수(전환수)는 얼마인가? (2점, 부분 점수 없음)

- 제품단가 238,400원
- 광고비 6,400,000원
- 노출수 123,000회
- 전환율 25%
- ROAS 745%

57 다음 빈칸에 공통적으로 들어갈 숫자는 얼마인가? (2점, 부분 점수 없음)

- 직접전환은 광고를 클릭한 사용자가 (   )분 이내 회원가입이나 구매 등의 행동을 일으키는 것을 말한다.
- 간접전환은 광고를 클릭한 사용자가 (   )분 이내에는 아무런 행동을 하지 않았지만, 이후 7~20일 정도의 전환 추적 기간 내에 회원가입이나 구매 등의 행동을 일으키는 것을 말한다.

58 검색광고 집행 결과 다음과 같은 자료가 나왔다면 CPC는 얼마인가? (2점)

노출수	클릭수	제품단가	ROAS	CVR
3,000,000	3,750	26,500	530%	16%

59 다음 설명의 빈칸에 알맞은 용어는 무엇인가? (2점, 부분 점수 없음)

검색광고의 (   )은 특정 광고 캠페인이 매출에 기여한 영향을 측정하는 핵심성과지표로, 검색광고를 통해 발생한 매출 대비 검색광고 비용의 비율로 표시한다.

60 다음 설명에 알맞은 용어는 무엇인가? (2점, 부분 점수 없음)

광고를 클릭하여 사이트에 들어온 방문자가 회원가입, 구매 등 광고주가 원하는 특정 행위를 하는 비율을 의미하는 마케팅 용어이다.

PART 01
PART 02
PART 03
PART 04
PART 05
PART 06
PART 07

시험 일자	문항 수(소요 시간)	감독위원 확인
2403회(2024년 9월)	총 60문항(90분)	(비대면온라인)

수험번호 : _____

성   명 : _____

정답 & 해설 ▶ 400p

객관식

※ 다음 사항을 확인하신 후 시험을 시작하시기 바랍니다.
⊙ 본 문제지는 총 60문제(객관식: 1번~40번, 단답식: 41번~60번)로 구성되어 있습니다.
⊙ 과목별 문제수 및 문제당 배점
　– 객관식: 40문제 × 1.5점 = 60점
　– 단답식: 20문제 × 2.0점 = 40점
⊙ 합격 기준
　– 합계 70점 이상
　– 유형별 점수의 40% 미만 과락

01 다음 중 온라인 비즈니스의 특성에 대한 설명으로 옳지 않은 것은?

① 고객들이 어느 정도 지불할 의사가 있는지에 따라 가격이 결정된다.
② 지식 콘텐츠 제작이 누구나 참여할 수 있는 오픈 메커니즘으로 변화하고 있다.
③ 통신 기술의 발달로 TV와 같은 대중 매체에 의한 광고가 점점 더 그 위력을 발휘하고 있다.
④ 선도적, 배타적 경쟁 전략보다 상생적, 협력적 경쟁 전략이 성공 전략으로 떠오르고 있다.

02 다음 중 온라인 비즈니스의 메커니즘에 대한 설명으로 옳지 않은 것은?

① 콘텐츠 생산에 소수의 전문가만이 참여할 수 있는 메커니즘으로 변했다.
② 소비자가 자신이 원하는 가격대나 기타 요구사항들을 구체화하는 경향이 있다.
③ 늦게 시작했더라도 다른 파트너와 협력을 통해 이루어 냄으로써 새로운 승자가 될 수 있다.
④ 미디어가 모바일로 확대되어 가면서 보안 문제는 오히려 확대되고 있다.

03 다음 중 디지털 마케팅 패러다임에 대한 설명으로 옳지 않은 것은?

① 소비자들은 다른 사용자들의 평가를 탐색하고, 브랜드 이미지까지 비교할 수 있게 되었다.
② 제품에 대한 정보를 기업보다 소비자가 더 많이 갖는 현상이 발생한다.
③ 불특정 다수에게 광고를 푸시(Push) 하는 마케팅 방식이 인기를 끌고 있다.
④ 커뮤니케이션 전략의 핵심은 양방향 소통 능력이다.

04 다음 중 전통적인 마케팅과 비교할 때 디지털 마케팅의 장점에 해당하지 않는 것은?

① 효과에 대한 즉각적인 확인은 어렵지만 비교적 정밀하게 측정할 수 있다.
② 고객이 마케팅에 참여할 수 있는 가능성이 높다.
③ 수많은 고객을 행동 특성이나 선호에 따라 타겟팅이 용이하다.
④ 광고클릭률, 이벤트참여율, 회원가입률, 구매전환율 등을 측정할 수 있다.

05 다음 중 검색광고의 개념과 특징에 관한 내용으로 옳지 않은 것은?

① 검색 엔진의 검색 결과에 기업의 브랜드 및 웹사이트 기타 정보를 노출하는 광고를 말한다.
② 잠재고객에게 정확한 타겟팅이 가능하다.
③ 저렴하게 운영할 수 있는 것이 장점인 검색광고는 정액제 광고가 점점 늘어나는 추세이다.
④ 소비자의 자발적인 검색 활동으로 광고가 노출되는 방식이다.

06 다음 중 검색광고에서 키워드 확장을 하는 이유로 옳지 않은 것은?

① 타겟팅 효과를 높이기 위해서
② 광고 관리를 쉽게 하기 위해서
③ CPC를 절감하기 위해서
④ 클릭수를 확대하기 위해서

07 다음 중 디지털 세대에 대한 설명으로 옳은 것은?

① 자기 생각을 적극적으로 표현하거나 다양한 의견 개진에 대한 거부감이 있다.
② 태어나면서부터 고도의 디지털 기기에 둘러싸여 있어서 Digital Immigrant라 부른다.
③ 인터넷 사용 시간은 지속해서 늘어나고 있지만 헤비 유저의 비율은 낮아지고 있다.
④ 인터넷을 통한 정보 공유, 수평적 토론 등 사회적 관계 형성을 매우 중시한다.

08 다음 중 전환율(CVR)의 공식으로 옳은 것은?

① 광고를 클릭한 숫자 ÷ 광고를 노출한 숫자
② 구매로 이어진 숫자 ÷ 광고를 클릭한 숫자
③ 광고를 클릭한 숫자 ÷ 구매로 이어진 숫자
④ 구매로 이어진 숫자 ÷ 광고를 노출한 숫자

09 다음 중 디지털 시대 마케팅 커뮤니케이션에 대한 설명으로 옳지 않은 것은?

① 디지털 커뮤니케이션에서 오가는 정보는 신뢰도가 높은 것이 특징이다.
② 인적 네트워크를 통해서 목표 고객 타겟팅이 가능하다.
③ 디지털 시대 마케팅 커뮤니케이션은 고객을 만들기 위한 싸움이다.
④ 디지털 마케팅은 기존의 마케팅에 비해 타겟팅이 불리하다.

PART 01
PART 02
PART 03
PART 04
PART 05
PART 06
PART 07

10 다음 중 디지털 광고의 차별적 특성으로 가장 적절하지 않은 것은?

① 트래킹의 용이성
② 광고 메시지 전달의 융통성
③ 전통 매체 광고보다 높은 신뢰도
④ 정교한 타겟팅

11 다음 중 디지털 광고를 위한 경쟁사 분석에 대한 설명으로 옳지 않은 것은?

① 경쟁사의 전략을 파악하면 앞으로 나타날 기회와 위협을 예측할 수 있다.
② 경쟁사의 광고 집행 내역을 매체사별로 확보하여 예산 책정에 반영한다.
③ 경쟁사 분석을 통해 자사가 가지는 강점과 약점을 알 수 있다.
④ 경쟁사 분석은 전략적 불확실성을 파악하여 자사의 경쟁력을 확보할 수 있다.

12 다음 중 모바일 광고의 특징에 대한 설명으로 옳지 않은 것은?

① 거리와 시간 등의 한계를 극복하여 먼 곳의 고객에게 광고 메시지를 도달시킬 수도 있다.
② 즉각적인 클릭 등의 반응성으로 구매 연결이 빠르게 이루어진다.
③ ROI를 향상하기 위해서는 더 많은 광고 노출이 필수적이다.
④ 모바일 기기의 특성상 위치기반 지역 광고나 개인 맞춤형 광고로 진화하고 있다.

13 카카오의 검색광고 등록 기준에 대한 설명으로 옳지 않은 것은?

① 상호, 주소, 연락처 등 소비자들이 알 수 있는 내용을 표시해야 한다.
② 사이트는 사용자 환경과 무관하게 항상 접속할 수 있어야 한다.
③ 일물일가의 법칙에 따라 하나의 캠페인에 하나의 광고그룹이 포함된다.
④ 콘텐츠가 충분하지 않을 때 광고 집행이 안 될 수 있다.

14 다음 중 네이버 검색광고 시스템에 대한 설명으로 옳지 않은 것은?

① 완벽히 동일한 UI와 콘텐츠로 구성된 사이트의 경우 중복 광고 노출이 불가하다.
② 네이버 아이디 하나로 검색광고, 성과형 디스플레이 광고 모두 가능하다.
③ 네이버 검색광고의 중복 광고 노출 정책은 동일 사업자 기준 최대 5개까지의 사이트 노출을 허용한다.
④ 동일한 사업자가 다른 사이트를 2개 이상 제작하여 검색광고에 활용함으로써 광고 점유율을 늘릴 수 있다.

15 다음 중 네이버 쇼핑 광고에서 상품 부가 정보 확장 소재 등록 경로로 옳은 것은?

① 캠페인 〉 확장 소재
② 키워드 〉 선택한 키워드 관리 〉 확장 소재
③ 소재 〉 선택한 소재 관리 〉 확장 소재
④ 광고그룹 〉 확장 소재

16 다음 중 네이버 검색광고 반응형 소재에 대한 설명으로 옳지 않은 것은?

① 반응형 소재는 높은 효과가 기대되는 광고 조합을 자동으로 구성해 주는 소재를 말한다.

② 15개의 제목과 4개의 설명으로 최적의 조합을 학습한다.

③ 최대 3개의 제목과 2개의 설명으로 조합된 최적화된 소재를 자동으로 노출한다.

④ 반응형 소재는 모든 업종에서 사용할 수 있다.

17 다음 중 광고 소재 작성에 대한 설명으로 옳지 않은 것은?

① 일반적으로 키워드를 소재에 포함하는 것이 유입 효과에 좋다.

② 최대한 차별성이 잘 드러나도록 장점과 혜택을 작성하는 것이 좋다.

③ 자유롭게 작성할 수 있고, 등록 후 바로 노출된다.

④ 사용자가 검색 후 최초로 만나는 상품이나 서비스에 대한 정보이다.

18 다음 중 네이버 쇼핑 광고의 타겟팅에 대한 설명으로 옳지 않은 것은?

① 14세 미만에만 노출되도록 타겟팅할 수는 없다.

② 쇼핑 검색광고는 지역 타겟팅이 가능하다.

③ 원하는 요일과 시간대를 설정할 수 있다.

④ 타겟팅 지표 보고서는 노출 설정된 타겟만 확인이 가능하다.

19 다음 중 네이버 플레이스의 광고 태그 기능에 대한 설명으로 옳지 않은 것은?

① 플레이스 광고는 지역 검색 의도에 적합한 키워드를 자동으로 매칭해 주는 상품이다.

② 광고 태그는 1~10자로 입력하여야 한다.

③ 대표 키워드만 광고 태그로 등록할 수 있다.

④ 광고 태그는 광고그룹당 최대 50개까지 등록할 수 있다.

20 네이버 광고 대량 관리에 대한 설명으로 옳지 않은 것은?

① 대량 광고그룹 복사 시 소재나 확장 소재는 포함할 수 없다.

② 대량 등록은 CSV 형식의 파일만 업로드할 수 있다.

③ 대량 관리는 등록된 소재를 파일로 대량 다운로드 및 업로드하는 기능이다.

④ 대량 광고그룹 복사에서는 광고그룹을 원하는 캠페인에 대량 복사할 수 있다.

21 다음 중 네이버의 광고 예산 관리에 대한 설명으로 옳지 않은 것은?

① 기본 입찰가는 70원부터 10만 원까지 가능하다.

② 하루 예산 한도는 캠페인과 광고그룹에서 모두 설정할 수 있다.

③ 균등 배분은 캠페인과 광고그룹에서 설정할 수 있다.

④ 하루 예산은 과다하게 광고비가 지출되는 것을 예방하기 위한 기능을 한다.

PART 01
PART 02
PART 03
PART 04
PART 05
PART 06
PART 07

22 네이버 광고 캠페인 관리에 대한 설명으로 옳지 않은 것은?

① 광고주의 광고 목표에 따라 캠페인에서 파워링크 유형, 쇼핑 검색 유형, 파워콘텐츠 유형 중 선택할 수 있다.

② 광고그룹은 캠페인의 하위 개념으로 광고 입찰/성과 확인 등의 광고 운영 단위이다.

③ 광고 진행 중에도 네이버 검색광고 시스템에서 언제든지 캠페인 유형을 수정할 수 있다.

④ 캠페인을 생성할 때 광고 목표(마케팅 목표)를 명확히 설정해야 그에 따른 결과를 측정하고 새로운 목표를 재설정할 수 있다.

23 다음 중 네이버 광고의 지역 타겟팅에 대한 설명으로 옳지 않은 것은?

① 광고 노출 지역과 노출 제외 지역을 설정할 수 있다.

② 광고를 노출할 요일/시간대를 설정할 수 있다.

③ '국내-상세 위치 확인 불가'의 경우 해외 거주자를 말한다.

④ 지역 타겟팅은 A/B 테스트를 진행할 수 없다.

24 다음 중 검색광고의 효율성을 높이는 방법으로 옳지 않은 것은?

① 효과가 검증된 키워드는 다른 매체에 추가 집행한다.

② 효과가 낮은 키워드는 소재와 랜딩페이지를 수정한다.

③ 경쟁사 분석을 통해 광고를 소재를 기획하고 적절한 예산을 반영한다.

④ 전체 키워드의 입찰 순위를 높여 더 많은 클릭을 유도한다.

25 다음 중 구글 품질평가점수에 영향을 미치는 요소가 아닌 것은?

① 방문페이지 만족도

② 광고 관련성

③ 예상 클릭률(CTR)

④ 광고 집행 가능 예산

26 다음 중 구글 검색광고 상품에 대한 설명으로 옳은 것은?

① 최대 3~5개의 광고가 검색 결과 상단에 게재될 수 있다.

② 광고 순위는 입찰가, 입찰 시 광고 품질 등을 복합적으로 고려하여 계산된다.

③ 광고 게재 영역은 검색 매체(구글), 콘텐츠 매체(유튜브), SNS 매체(페이스북)로 나뉜다.

④ 모바일 검색 결과에서는 최대 3개까지 광고가 제한된다.

27 다음 중 검색광고 목표 설정 방법으로 옳지 않은 것은?

① 광고 목표에 따라 캠페인의 유형을 다양하게 선택할 수 있다.

② 광고 목표는 구체적이고 명확하게 설정해야 한다.

③ 광고 목표는 측정이 가능하고 현실적이어야 한다.

④ 실제 전환수와 예상 전환수가 반드시 일치해야 한다.

28 다음 중 CPC 공식으로 옳은 것은?

① 총광고비를 전환수로 나눈 값

② 광고를 통해 발생한 매출을 광고비로 나눈 값 곱하기 100

③ 총광고비를 클릭수로 나눈 값

④ 클릭수를 노출수로 나눈 값 곱하기 100

29 다음 중 검색광고 효과 분석에 대한 설명으로 옳지 않은 것은?

① 광고비 200을 투자해서 500의 매출을 올렸다면 ROAS는 250이다.

② 광고비 200을 투자해서 400의 이익을 얻었다면 ROI는 200이다.

③ ROAS는 투입한 광고비 대비 거둬들인 이익을 말한다.

④ ROI는 항상 ROAS보다 클 수 없다.

30 다음 중 검색광고 성과 관리에 대한 설명으로 옳은 것은?

① CPA가 높을수록 광고 효율성이 높다.

② CVR이 낮을수록 광고 효율성이 높다.

③ CPC가 높을수록 광고 효율성이 낮다.

④ CPI가 낮을수록 앱 설치당 효율성이 낮다.

31 다음 사례에서 CPC는 얼마인가?

> 광고주 황OO 씨는 검색광고 집행 결과 다음과 같은 성과를 얻었다.
> – 광고비 2,000,000원
> – 노출수 20,000회
> – 클릭수 5,000회

① 200

② 300

③ 400

④ 500

32 다음 중 광고 효과 산출 방법으로 옳지 않은 것은?

① CTR=클릭수÷노출수×100

② CPS=총광고비÷구매건수

③ CPC=총광고비÷클릭수

④ CVR=클릭수÷전환수×100

33 다음 사례에서 ROAS를 구하면 얼마인가?

> 윤○○ 씨는 검색광고를 통해 제품을 50,000회 노출했고 2,500개의 클릭을 얻었다. CPC는 200원이며 이를 통해 250개의 제품을 판매할 수 있었다. 매출당 단가는 1만 원이다.

① 250
② 500
③ 550
④ 700

34 다음 중 구글의 무효 클릭 정책으로 옳은 것은?

① 무효 클릭된 횟수만큼 광고주에게 현금으로 보상해 준다.
② 무효 클릭한 사용자를 적발하여 벌금을 청구한다.
③ 해당 클릭에 대해 크레딧을 적용하여 다음 달 광고비에서 정산된다.
④ 구글은 필터링이 완벽해서 네이버나 카카오와 달리 무효 클릭이 발생하지 않는다.

35 다음 사례로 분석한 CPC, CVR, ROAS가 바르게 짝지어진 것은?

> 광고비 5,000,000원
> 클릭수 50,000번
> 판매량 1,000개
> 매출   10,000,000원

① CPC 200, CVR 4%
② CPC 100, CVR 2%
③ CVR 4%, ROAS 200%
④ CPC 200, ROAS 400%

36 다음 중 품질평가점수에 대한 설명으로 옳은 것은?

① 신규 등록한 키워드의 네이버 품질지수 기본 점수는 3점이다.
② 품질지수 최대 점수는 네이버는 5점, 카카오는 7점, 구글은 10점이다.
③ 품질평가점수에는 랜딩페이지 연관성과 웹사이트 디자인이 영향을 미친다.
④ 네이버는 광고 게재 후 최소 24시간 이내에 정확한 품질지수가 적용된다.

37 다음 중 광고 성과개선을 위해 취해야 할 행동으로 가장 적절한 것은?

① CVR이 높고 ROAS가 낮은 키워드는 순위를 낮춘다.

② CTR이 낮고 ROAS가 낮은 키워드는 순위를 높인다.

③ CTR이 낮은 키워드는 랜딩페이지 및 페이지뷰, 체류 시간을 체크한다.

④ CVR이 낮은 키워드는 광고 소재 및 확장 소재를 변경한다.

38 다음 중 키워드 차원에서 효과를 높이는 방법으로 가장 적절한 것은?

① CTR은 낮고 CVR은 높을 때는 키워드 입찰 순위를 낮춘다.

② CTR은 높지만 CVR이 낮을 때는 광고 소재를 변경한다.

③ CTR과 CVR 모두 낮을 때는 키워드를 확장하거나 입찰가를 높여 방문수를 늘린다.

④ CTR과 CVR이 모두 높을 때는 세부 키워드를 적극적으로 발굴한다.

39 다음 중 사이트 접속 후 사이트 내의 다른 페이지로 이동이 이루어지지 않고 바로 이탈하여 방문 품질이 낮은 상황을 의미하는 용어로 옳은 것은?

① 전환율

② 반송률

③ 이동율

④ 클릭율

40 다음 중 광고 사후관리에 대한 분석으로 옳지 않은 것은?

① 일반적으로 랜딩페이지와 키워드의 연관성이 높을수록 이탈률이 낮다.

② 클릭률이 낮은 키워드는 키워드 확장 기능이나 확장 소재를 사용하여 성과를 높일 수 있다.

③ 구매 전환율이 낮은 키워드는 랜딩페이지를 메인페이지로 일괄 조정한다.

④ 랜딩페이지 내에 구매 버튼, 예약 버튼과 같은 행동을 유발할 수 있는 요소를 포함시킨다.

41 다음 설명에 해당하는 용어는 무엇인가? (2점, 부분 점수 없음)

> 개인 간에 각종 굿즈나 물품을 직접 교환하는 거래 방식을 일컫는 용어로 대표적으로 '당근마켓', '중고나라' 등이 있다.

42 기업의 마케팅 메시지를 소비자의 목소리로 다른 소비자에게 퍼뜨리는 마케팅 방법을 부르는 용어는 무엇인가? (2점, 부분 점수 없음)

43 다음 자료를 바탕으로 CPA를 구하시오. (2점, 단위 누락 시 0점)

노출수	클릭수	CPC	전환수
90,000회	7,200회	100원	288

44 브랜드가 시장에서 차지하는 위치를 말하는 마케팅 용어는 무엇인가? (2점)

45 검색광고와 함께 다양한 미디어를 조합하여 최고의 성과를 내는 것은 무엇인가? (2점)

46 카카오 검색광고 시스템에서 광고그룹 하위에 등록된 키워드 외에 연관된 키워드에 자동으로 광고를 노출하는 기능으로 확장된 키워드 내에서도 제외 키워드를 추가하는 메뉴를 부르는 용어는 무엇인가? (2점, 정확한 명칭만 인정)

47 네이버 검색광고 시스템의 광고그룹 하위 단위에서 광고 플랫폼이 하루예산 내에서 클릭이 향상되는 방향으로 광고 노출 여부와 광고그룹의 기본입찰가를 설정하는 메뉴를 부르는 용어는 무엇인가? (2점, 정확한 명칭만 인정)

48 네이버 검색광고의 플레이스 유형 중에서 네이버 콘텐츠 이용자에게 네이버 스마트플레이스에 등록한 점포 정보를 노출하는 배너 광고 상품의 명칭은 무엇인가? (2점, 정확한 명칭만 인정)

49 카카오 검색광고의 기본 입찰가는 얼마부터 시작하는가? (2점, 부분 점수 없음)

50 다음 설명에 해당하는 용어는 무엇인가? (2점, 정확한 명칭만 인정)

> – 광고를 클릭하면 나타나는 웹페이지나 다운로드 앱의 링크로 표시 URL과 연결 URL로 나뉜다.
> – 사이트의 메인페이지, 상품 상세페이지, 이벤트페이지 등 광고의 목표에 따라 다양하게 연결될 수 있다.

51 네이버 검색광고에서 특정한 조건을 만족하면 이메일 받기, OFF하기, 입찰가 변경하기, 하루 예산 변경하기 등을 자동으로 수행해 주는 기능은 무엇인가? (2점, 정확한 명칭만 인정)

PART 01
PART 02
PART 03
PART 04
PART 05
PART 06
PART 07

52 구글 애즈 계정이 얼마나 좋은 실적을 낼 수 있을지를 추정한 수치로 점수는 0~100% 사이로 매겨지며, 100%는 계정이 최고의 실적을 낼 수 있음을 나타내는 것은 무엇인가? (2점, 정확한 명칭만 인정)

53 네이버 콘텐츠 검색광고의 그룹당 소재 등록수는 몇 개인가? (2점)

54 다음 괄호 안에 알맞은 용어는 무엇인가? (2점, 정확한 명칭만 인정)

검색광고의 (   )는 투입한 검색광고 비용 대비 판매된 매출액을 말한다.

55 다음 내용을 보고 CTR을 구하시오. (2점, 단위 누락 시 0점)

- 노출수   25,000회
- 광고비   5,000,000원
- CPC   1,000원

56 다음 내용을 보고 CPC를 구하시오. (2점, 단위 누락 시 0점)

노출수	클릭률	전환율	평균 판매단가	ROAS
500,000원	4%	10%	20,000원	500%

57 다음 괄호 안에 알맞은 단어는 무엇인가? (2점)

> 네이버 프리미엄 (　　)분석은 네이버 검색광고에서 무료로 제공하는 자동 추적(Auto Tracking) 기능으로 효과적인 광고와 효과가 낮은 광고를 알아내고 광고 효율을 개선할 수 있다.

58 다음 내용을 보고 반송률(이탈률)을 구하시오. (2점, 단위 누락 시 0점)

> 건강보조식품을 판매하는 송OO 씨는 검색광고를 통해 노출을 200,000번 시켰다. 이에 따라 총 2,000명이 클릭을 하고 설명 페이지에 방문했다. 그중 1,000명이 참여 페이지에 접속했고 그중 500명이 참여를 완료했다.

59 다음 내용에서 설명하는 성과지표 용어는 무엇인가? (2점, 정확한 명칭만 인정)

> 광고를 클릭한 사용자가 전화 또는 장바구니 담기, 구매 등의 전환을 한 비율을 뜻한다.

60 다음의 자료를 바탕으로 구매전환율을 구하시오. (2점, 단위 누락 시 0점)

광고비	노출수	CPC	구매완료건수
5,000,000원	2,000,000	1,000원	500

시험 일자	문항 수(소요 시간)	감독위원 확인
2402회(2024년 6월)	총 60문항(90분)	(비대면온라인)

수험번호 : _____

성   명 : _____

정답 & 해설 ▶ 404p

객관식

※ 다음 사항을 확인하신 후 시험을 시작하시기 바랍니다.
- ⊙ 본 문제지는 총 60문제(객관식: 1번~40번, 단답식: 41번~60번)로 구성되어 있습니다.
- ⊙ 과목별 문제수 및 문제당 배점
  - 객관식: 40문제 × 1.5점 = 60점
  - 단답식: 20문제 × 2.0점 = 40점
- ⊙ 합격 기준
  - 합계 70점 이상
  - 유형별 점수의 40% 미만 과락

01 다음 중 온라인 비즈니스의 성공 요인으로 적절하지 않은 것은?

① 고객 경험 등의 새로운 가치를 제안한다.
② 특허를 통해 경쟁사의 진입을 방해한다.
③ 효율적인 자원 운용 시스템을 개발한다.
④ 네트워크와 결합하여 지속적인 수익 창출 모델을 활용한다.

02 다음 중 제공 가치에 따른 온라인 비즈니스 유형에 대한 분류로 적절하지 않은 것은?

① 전자상거래는 가격 비교가 쉬워 소비자에 유리하나 고객 이탈을 막지 못하는 기업에는 불리하다.
② 검색 엔진은 인터넷상에서 수많은 정보를 수집해서 원하는 고객에게 제공하는 서비스이다.
③ 소셜미디어는 고객의 정보를 마음대로 활용할 수 있으므로 직접 판매가 쉬운 채널이다.
④ 디지털 콘텐츠의 대표적인 온라인 비즈니스는 음원이다.

03 다음 중 디지털 마케팅 개념에 대한 설명으로 옳지 않은 것은?

① 디지털 시대의 소비자는 수동적이 아니라 능동적이다.
② 시장의 주도권은 생산자가 아닌 소비자가 갖게 되었다.
③ 커뮤니케이션 전략의 핵심은 소비자 욕구이며 양방향 커뮤니케이션이 매우 중요하다.
④ 불특정 다수에게 광고를 푸시(Push) 하는 형태가 일반적이다.

04 다음 중 디지털 마케팅이 아닌, 전통적인 마케팅의 특징에 해당하는 것은?

① 노출수, 클릭수, 클릭률, 전환 비용 등과 같은 데이터를 통해 마케팅 성과 분석이 용이하다.
② 디지털은 인터랙티브 측면에서 고객이 마케팅에 참여할 수 있도록 하였다.
③ 수많은 고객을 행동 특성이나 선호에 따라 타겟팅이 용이하다.
④ 브랜드 인지도, 브랜드 선호도를 높이는 데 효과적이다.

05 다음 중 기업의 올바른 소셜미디어 채널 활용 방법으로 적절하지 않은 것은?

① 소비자와 기업 간의 소통 채널이다.
② 기업의 이미지 제고가 가능하다.
③ 신제품 소식을 빠르게 알릴 수 있다.
④ 소비자의 의견을 수렴할 수 있는 공간이다.

06 다음 중 소셜미디어의 유형으로 가장 적절하지 않은 것은?

① 블로그
② 인스타그램
③ 웹 브라우저
④ 유튜브

07 다음 중 디지털 시대 마케팅 커뮤니케이션에 대한 설명으로 옳지 않은 것은?

① 디지털 마케팅은 전통적인 마케팅에 비해 타겟팅이 용이하다.
② 디지털 커뮤니케이션에서 오가는 정보는 주로 실제 경험에 근거한 것으로 신뢰도가 낮은 것이 특징이다.
③ 네트워크로 연결되는 디지털의 특성상 인적 네트워크를 통한 목표 고객 타겟팅이 가능하다.
④ 디지털 시대 마케팅 커뮤니케이션은 인지도나 전환율을 높이기 위한 싸움이 아니라 고객을 만들기 위한 싸움이다.

08 다음 중 디지털 마케팅에 대한 설명으로 옳지 않은 것은?

① 디지털 시대에는 사업 다각화라는 명목으로 영역 간 이동이 빈번해졌다.
② 마케팅 캠페인의 주요 내용은 소비자 생활이 중심이 되어야 한다.
③ 유사한 특성의 제품이 많아지다 보니 차별화에 대한 압박이 심해졌다.
④ 소비자가 브랜드에 대해 어떻게 느끼느냐 하는 감성적 요인보다 브랜드에 대해 얼마나 아느냐 하는 인지적 요인이 더 큰 영향을 미친다.

PART 01
PART 02
PART 03
PART 04
PART 05
PART 06
PART 07

09 다음 중 디지털 마케팅의 타겟팅에 관한 설명으로 옳지 않은 것은?

① 제한된 예산을 가지고 제한된 타겟을 공략할 필요가 있으면, 비차별적 마케팅을 펼치기도 한다.
② 수많은 고객을 행동 특성이나 선호에 따라 그룹화할 수 있다.
③ 디지털 마케팅은 종래 마케팅에 비해 타겟팅이 용이하다는 장점이 있다.
④ 사람 간의 연결 네트워크를 통한 목표 고객 타겟팅이 가능하다.

10 다음 중 디지털 광고의 특징 및 장점에 대한 내용으로 옳지 않은 것은?

① TV, 라디오 광고 등 전통적인 4대 매체보다 효율성이 높다.
② 광고 클릭률, 이벤트 참여율, 회원가입 등 고객의 활동을 지표로 측정할 수 있다.
③ 일방향적인 광고로 고객의 니즈와 상관없이 많은 고객에게 보일 수 있다.
④ 스마트폰, 태블릿 등 모바일 기기의 보급 확대로 파급력이 더 커지고 있다.

11 다음 중 경쟁사 분석에 대한 설명으로 옳지 않은 것은?

① 경쟁사의 현재 전략과 미래 전략을 알게 되면 앞으로 나타날 기회와 위협을 예측할 수 있다.
② 경쟁사 분석을 통해 경쟁사를 이해하게 되면 경쟁사에 비해 자사가 가지는 강점과 약점을 알 수 있다.
③ 경쟁사 분석을 할 때는 기존의 시장에서 활동하고 있는 경쟁사만을 대상으로 한다.
④ 경쟁사 분석은 장기간에 걸쳐 모니터링을 해야 하는 전략적 불확실성을 파악할 수 있게 하여 자사의 경쟁력을 확보할 수 있다.

12 다음 중 모바일 광고의 특징에 대한 설명으로 가장 적절하지 않은 것은?

① 시간과 공간의 한계를 뛰어넘어 넓은 광고 메시지 도달이 가능하다.
② 모바일 기기의 특성상 위치기반 지역 광고나 개인 맞춤형 광고가 가능하다.
③ 광고를 클릭하여 즉시 구매로 연결될 수 있다.
④ ROI를 향상시키기 위해서는 전국민 대상 광고 노출 극대화가 필요하다.

13 다음 중 카카오 관리자 센터 메뉴에 대한 설명으로 적절하지 않은 것은?

① 대시보드: 캠페인과 광고그룹, 키워드, 소재 등을 등록하고 운영 현황을 한꺼번에 파악할 수 있는 현황판이다.

② 광고 만들기: 키워드 광고 캠페인을 만드는 메뉴이다.

③ 보고서: 집행한 광고 결과를 원하는 항목별로 구성하여 확인할 수 있는 '맞춤 보고서'를 만들 수 있다.

④ 서류 제출: 광고 수정 사항과 변경 이력을 관리한다.

14 다음 중 네이버 검색광고 노출 위치에 대한 설명으로 옳지 않은 것은?

① 파워링크와 비즈사이트 영역은 동시에 광고를 노출할 수 없다.

② 네이버쇼핑에서 키워드 검색 시 하단에 최대 5개의 광고가 노출된다.

③ 모바일 네이버 통합검색의 1페이지에는 키워드별로 최대 3~5개의 광고가 노출된다.

④ 블로그(VIEW), 지식iN, 동영상 탭을 클릭하면 우측 상단에 파워링크 광고가 최대 3개까지 노출된다.

15 다음 중 '네이버쇼핑 검색광고–쇼핑몰 상품형' 광고에 대한 설명으로 적절하지 않은 것은?

① 디지털/가전 카테고리에는 액세서리만 광고할 수 있다.

② 렌털/대여 상품을 광고하는 경우, '표시 대상 중요정보 항목'을 광고의 랜딩페이지에 표시해야 한다.

③ 동일한 '쇼핑몰'의 동일한 '상품'은 원칙적으로 동일한 광고 영역에 중복하여 광고할 수 없다.

④ 면세 및 도서 카테고리에 등록된 상품은 광고가 불가하다.

16 다음 중 네이버 검색광고 등록 기준에 대한 설명으로 옳지 않은 것은?

① 담배, 주류는 온라인 판매가 제한되는 상품이므로 광고가 불가하다.

② 파워콘텐츠는 소재 내 구매한 '키워드'가 포함되어 있거나 '키워드'의 핵심 단어가 포함되어 있어야 광고할 수 있다.

③ 유흥업소 사이트 및 해당 업소의 직업정보 제공 사이트는 성인인증 등의 청소년 보호 조치를 취할 경우 광고가 가능하다.

④ 사이트가 접속되지 않거나 완성되지 않은 경우에는 광고가 불가하다.

17 다음 중 '네이버 쇼핑 검색광고–쇼핑 브랜드형' 광고에서 다른 브랜드 키워드 광고에 대한 설명으로 옳은 것은?

① 내 브랜드와 유사 카테고리 상품을 취급하는 브랜드와 관련된 키워드를 말한다.
② 브랜드 소유권을 가진 브랜드사가 등록할 수 있는 키워드를 말한다.
③ 브랜드 키워드가 아닌 그 외의 키워드를 말한다.
④ 브랜드명, 브랜드명 포함 키워드, 시리즈, 모델명 등의 키워드를 말한다.

18 다음 중 네이버 파워콘텐츠 광고에 대한 설명으로 옳은 것은?

① 네이버모바일 통합검색 결과에 제목, 설명 형태의 텍스트로 노출된다.
② 모든 키워드에 대해 광고 노출이 가능하다.
③ 고관여 핵심 이용자들에게 양질의 콘텐츠 전달을 통해 브랜딩을 할 수 있다.
④ 광고는 첫 페이지에 최대 5개까지 노출되고 '더보기'를 통해 더 많은 광고를 볼 수 있다.

19 다음 중 네이버 검색광고의 운영 시스템에 관한 설명으로 옳지 않은 것은?

① 연결 URL은 표시 URL 사이트 내의 페이지가 아니어도 되고, 동일 사업자의 다른 도메인으로 연결되어도 된다.
② 광고그룹에서는 노출 매체, 노출 지역, 노출 시간/요일 설정이 가능하다.
③ 광고그룹별로 다수의 광고 소재를 등록하여 키워드와 효율이 가장 좋은 소재를 발굴할 수 있다.
④ 사업자등록번호를 가진 광고주라면 동일한 사업자등록번호로 여러 개의 광고주 계정을 생성할 수 있다.

20 다음 중 네이버 키워드 광고 등록 정책 공통 기준으로 옳지 않은 것은?

① 사이트는 완성된 홈페이지여야 하며 사용자 환경과 무관하게 항상 접속이 가능해야 한다.
② 동일한 사이트는 동일한 광고 영역 내에서 동일한 키워드로 중복 등록이 불가능하다.
③ 홈페이지가 단일 페이지로만 구성된 사이트라 하여도 광고 등록이 가능하다.
④ 한글 도메인인 경우에는 등록이 불가하다.

21 다음 중 세부 키워드에 대한 설명으로 옳지 않은 것은?

① 비교적 저렴한 입찰가로 광고를 노출할 수 있는 장점이 있다.
② 잠재고객들이 쉽게 검색하는 키워드로 검색수가 높아 광고를 많이 노출할 수 있는 장점이 있다.
③ 수식어나 지역명 등을 조합한 키워드이다.
④ 세부 타겟팅되어 메인 키워드 대비 CPC가 저렴한 경우가 많다.

22 다음 중 네이버 광고의 즐겨찾기에 추가할 수 있는 단위에 해당하지 않는 것은?

① 확장 소재
② 키워드
③ 소재
④ 광고그룹

23 다음 중 카카오 검색광고 등록 기준에 대한 설명으로 옳지 않은 것은?

① 상호명, 주소, 연락처 등 소비자들이 알 수 있는 내용을 표시해야 한다.
② 콘텐츠가 충분하지 않으면 광고 집행이 안 될 수 있다.
③ 사이트는 완성된 홈페이지여야 하며, 사용자 환경과 무관하게 접속이 항상 가능해야 한다.
④ 회원제 사이트를 등록할 경우 심사 단계에서 ID와 패스워드는 필요하지 않다.

24 다음 중 네이버 검색광고의 확장 소재 탭에서 추가할 수 있는 항목이 아닌 것은?

① 전화번호   ② 위치정보
③ 예약   ④ 카카오톡

25 다음 중 구글 검색광고에서 제공하는 자동입찰 기능이 아닌 것은?

① 타겟 CPA
② 타겟 ROAS
③ 입찰 최대화
④ 전환수 최대화

26 다음 중 ROAS와 ROI에 대한 설명으로 옳은 것은?

① 광고비를 매출액으로 나눈 것이 ROI다.
② 광고비로 매출액을 나눈 것이 ROAS다.
③ 광고비로 이익을 나눈 것이 ROAS이다.
④ 광고비를 이익으로 나눈 것이 ROI이다.

27 다음 중 네이버 검색광고 시스템의 구조에 대한 설명으로 옳지 않은 것은?

① 광고 목표에 따라 캠페인의 5가지 유형 중에서 선택할 수 있다.
② 광고그룹은 광고 입찰/성과 확인 등의 광고 운영 단위이다.
③ 동일한 키워드를 다른 캠페인이나 그룹에 중복하여 등록할 수 없다.
④ 캠페인 설정 단계에서 광고 목표를 명확히 설정해야 성과를 끌어올릴 수 있다.

PART 01
PART 02
PART 03
PART 04
PART 05
PART 06
PART 07

28 다음 중 네이버 검색광고에서 제공하는 입찰가 설정 기능과 그에 대한 설명으로 옳지 않은 것은?

① 최소 노출 입찰가: 기준 기간 동안에 최하위에 노출되었던 광고의 입찰가 중 가장 큰 값
② 중간 입찰가: 기준 기간 동안에 노출된 광고의 입찰가 중 중간에 위치한 값
③ ○○위 평균 입찰가: 기준 기간 동안에 해당 순위에 노출되었던 입찰가의 평균값
④ 인공지능 입찰가: 인공지능이 실시간으로 특정 순위에 정확히 도달하기 위해 사용하는 입찰가

29 다음 중 네이버에서 파워링크 캠페인을 만드는 방법으로 옳지 않은 것은?

① 캠페인 설정에서 하루에 지불할 비용의 최대 금액을 설정할 수 있다.
② 광고 시스템에 접속 후 [광고 관리] 메뉴에서 [새 캠페인] 버튼을 클릭하여 생성할 수 있다.
③ 캠페인 하루 예산은 한번 클릭당 지불 가능한 금액을 기재하는 것이다.
④ 클릭된 광고에 대한 정보를 URL 파라미터로 전달하는 추적 기능을 설정할 수 있다.

30 다음 중 아래의 어느 온라인 쇼핑몰의 자료를 바탕으로 구한 ROAS로 옳은 것은?

- 구매 100건
- 단가 50,000원
- 클릭 2,000회
- CPC 500원

① 400%   ② 500%
③ 600%   ④ 700%

31 다음 중 CPL에 대한 설명으로 옳은 것은?

① 1건의 판매당 지출한 광고비를 말한다.
② 게임이나 앱을 다운로드받을 때 지불되는 비용을 의미한다.
③ 클릭이 발생할 때마다 지불한 비용을 말한다.
④ 전환으로 얻은 잠재고객당 평균 비용을 의미한다.

32 각 그룹에 모두 100,000회의 광고를 노출한 결과 전환수 실적이 다음과 같을 때 CVR이 가장 높은 광고그룹은?

그룹	전환수	클릭율
A 그룹	400	4%
B 그룹	500	4%
C 그룹	500	5%
D 그룹	750	5%

① A 그룹   ② B 그룹
③ C 그룹   ④ D 그룹

33 다음 중 ROAS가 가장 비효율적인 키워드는?

키워드	가격	전환수	클릭수	CPC
A 키워드	30,000	150	3,000	450
B 키워드	20,000	150	3,000	400
C 키워드	30,000	150	3,000	500
D 키워드	20,000	150	3,000	500

① A 키워드
② B 키워드
③ C 키워드
④ D 키워드

34 다음 중 카카오 검색광고에 대한 설명으로 옳지 않은 것은?

① 캠페인 전략 설정 버튼을 통해 캠페인명, 일예산, 노출기간, 요일, 시간을 변경할 수 있다.
② 키워드는 다른 그룹으로 이동할 수 없고, 복사만 가능하다.
③ 광고 소재는 입찰 금액과 성과우선 로직에 따라 노출 위치가 결정된다.
④ 그룹 소재에서 링크URL을 통해서 랜딩페이지 등록이 가능하다.

35 다음 중 카카오 확장 소재에 대한 설명으로 옳지 않은 것은?

① 확장 소재는 기본 소재와 함께 6가지 타입으로 구성되어 있다.
② Daum 모바일, PC의 검색 결과에만 노출된다.
③ 사용자의 관심을 유발하고 적합한 확장 소재 제공으로 유의미한 전환에 기여할 수 있는 주요 기능이다.
④ 업종 제한 없이 확장 소재 운영이 가능하며 다양한 상품 정보를 사용자에게 제공할 수 있다.

36 다음 중 구글 검색광고 등록 시 캠페인 설정에 대한 설명 중 옳지 않은 것은?

① 확장 검색, 구문 검색, 일치 검색 등의 검색 유형을 선택할 수 있다.
② 캠페인(광고) 목표(판매, 리드, 웹사이트 트래픽)를 선택하고, 캠페인 유형 중 '검색'을 선택한다.
③ 설정 더보기에서 시작일 및 종료일 설정이 가능하며 캠페인 URL 옵션과 동적 검색광고 설정이 가능하다.
④ 타겟팅 잠재고객에서 광고가 도달하려는 사용자를 선택할 수 있다.

PART 01
PART 02
PART 03
PART 04
PART 05
PART 06
PART 07

37 다음 중 구글 광고 시스템에 대한 설명으로 옳지 않은 것은?

① 도구 및 설정 탭에서 키워드 플래너를 통해 키워드에 대한 예상 실적을 확인할 수 있다.

② 보고서는 이메일로 전송 예약이 가능하다.

③ 캠페인 단위에서 네트워크, 타겟팅 및 잠재고객, 예산 및 입찰, 광고 확장을 관리할 수 있다.

④ 상세한 운영보고서는 개요 페이지에서 확인이 가능하다.

38 다음 중 광고 효과 분석 후 성과 개선을 위해 취해야 할 행동으로 가장 적절하지 않은 것은?

① CTR이 낮고 ROAS가 낮은 키워드는 순위를 높인다.

② CVR이 높은 키워드를 중심으로 키워드를 확장한다.

③ CTR이 낮은 키워드는 광고 소재 및 확장 소재를 변경한다.

④ CVR이 낮은 키워드는 랜딩페이지 및 페이지뷰, 체류 시간을 체크한다.

39 다음 중 CTR과 CVR이 모두 높은 키워드에 대한 사후관리 방법으로 적합하지 않은 것은?

① 유사한 키워드를 발굴하여 노출 범위를 확장한다.

② 기존 키워드의 광고 순위를 높여 더 많은 유입을 유도해야 한다.

③ 비용 대비 효율성이 떨어지지는 않는지 점검한다.

④ 시즌 키워드나 이슈 키워드 등을 추가한다.

40 다음 중 광고의 클릭률이 낮고 전환율이 0%인 키워드에 대한 사후관리 방법으로 적절하지 않은 것은?

① 입찰가를 높여 광고 노출 순위를 상향 조정 후 방문수를 늘린다.

② 키워드의 랜딩페이지가 적합한지 점검한다.

③ 키워드의 광고 소재와 확장 소재가 적합한지 점검한다.

④ 키워드 OFF를 고려하거나 입찰가를 낮춰 노출수와 방문수를 줄인다.

PART 01

PART 02

PART 03

PART 04

PART 05

PART 06

PART 07

단답식

41 네이버플러스나 쿠팡와우 등의 멤버십 서비스처럼 전략적 자산으로 고객 이동을 제한하여 가치를 창출하는 활동을 부르는 용어는 무엇인가? (2점, 부분 점수 없음)

42 파워블로거나 유튜버 혹은 소셜미디어에서 다른 소비자에게 많은 영향을 미치는 사람들을 부르는 용어는 무엇인가? (2점, 부분 점수 없음)

43 사용자가 경험하는 콘텐츠의 일부처럼 보이도록 하여 자연스럽게 관심을 이끄는 형태의 광고는 무엇인가? (2점, 부분 점수 없음)

44 광고 예산 책정 방법 중에서 광고 목표를 달성하기 위한 광고비를 추정하여 예산을 편성하는 가장 논리적인 방법은 무엇인가? (2점, 부분 점수 없음)

45 검색광고 기획 순서에서 빈칸에 들어갈 내용을 쓰시오. (2점, 부분 점수 없음)

환경 분석 → (　　　　) → 매체 전략 → 일정 계획 → 예산 책정

46 네이버 검색광고 캠페인의 유형은 총 몇 가지인가? (2점, 부분 점수 없음)

47 네이버 검색광고에서 노출되는 파워링크(PC)와 비즈사이트의 개수는 최대 몇 개인지 순서대로 작성하시오. (2점, 부분 점수 없음)

48 다음 빈칸에 알맞은 숫자를 쓰시오. (2점, 부분 점수 없음)

> 브랜드 검색광고의 노출 개수: (　　　)개
> 등록 가능한 그룹당 키워드의 수: (　　　)개

49 브랜드 연관 키워드(브랜드 검색)나 제품 및 서비스 관련 일반 키워드로 검색했을 때 네이버 통합검색 결과에 다양한 콘텐츠를 노출하는 브랜딩형 검색광고 상품의 명칭은 무엇인가? (2점, 부분 점수 없음)

50 다음 설명에 해당하는 네이버 검색광고의 반응형 광고 영역의 명칭은 무엇인가? (2점, 부분 점수 없음)

> - 이용자가 최근 둘러본 파워링크 기반으로 선호할 만한 파워링크를 노출하는 반응형 광고 영역
> - 통합검색 및 광고 더보기에서 파워링크를 클릭 후 다시 검색화면으로 돌아왔을 때, 파워링크 하단에 최대 5개의 광고가 노출

51 네이버 검색광고 시스템에서 다음 광고 상품의 최소 입찰가는 얼마인가? (2점, 부분 점수 없음)

> – 쇼핑몰 상품형과 제품 카탈로그형
> – 쇼핑 브랜드형

52 네이버 플레이스 유형 캠페인의 하루 최대 예산과 네이버 플레이스 검색 광고그룹의 하루 최대 예산은 각각 얼마인가? (2점, 부분 점수 없음)

53 네이버 검색광고에서 확장 이미지나 추가 이미지에 별도의 연결 URL을 설정하는 확장 소재 유형은 무엇인가? (2점, 부분 점수 없음)

54 광고를 클릭한 사용자가 회원가입이나 구매 등의 행동을 일으키는 직접전환은 몇 분인가? (2점, 부분 점수 없음)

55 검색광고 집행 결과 500,000회의 노출에 5,000회의 클릭이 발생했다면 CTR은 얼마인가? (2점, 부분 점수 없음)

56 투입한 광고비 대비 판매된 매출액을 부르는 광고 용어는 무엇인가? (2점, 부분 점수 없음)

PART 01
PART 02
PART 03
PART 04
PART 05
PART 06
PART 07

57 검색광고를 집행한 결과 다음과 같은 자료가 만들어졌을 때 CPC는 얼마인가? (2점, 부분 점수 없음)

> – 노출수 400,000건 판매단가 10,000원
>
> – 클릭율 5% ROAS 500%
>
> – 전환율 10%

58 구매 완료 페이지의 (　　)이(가) 40% 하락해서 페이지를 수정했더니 (　　)이(가) 60% 상승했다. 빈칸에 들어갈 용어는 무엇인가? (2점, 부분 점수 없음)

59 다음의 여성 운동화를 판매하는 업체의 검색광고 결과를 바탕으로 ROAS는 얼마인가? (2점)

클릭수	CPC	매출	ROAS
5,000	500	5,000,000	?

60 다음의 검색광고 결과 자료에서 구매전환율은 얼마인가? (2점)

노출수	클릭수	CPC	판매가	ROAS
40,000	2,000	1,000	50,000	500%

P A R T

05

실전 모의고사

학습 방향

– 시행된 9개년 기출문제와 최신 기출 복원문제를 철저히 분석한 데이터를 바탕으로 개발한 모의고사입니다.
– 앞으로 시험이 어떻게 출제될지 파악하며 실전처럼 풀어보세요.

출제빈도

– 객관식: 40문제 × 1.5점 = 60점
– 단답식: 20문제 × 2.0점 = 40점
– 총점 70점 이상
– 유형별 각 점수 40% 미만 시 과락(불합격)

시험 일자	문항 수(소요 시간)	감독위원 확인
년 월 일	총 60문항(90분)	(비대면온라인)

수험번호 : _____

성 명 : _____

정답 & 해설 ▶ 409쪽

객관식

※ 다음 사항을 확인하신 후 시험을 시작하시기 바랍니다.
⊙ 본 문제지는 총 60문제(객관식: 1번~40번, 단답식: 41번~60번)로 구성되어 있습니다.
⊙ 과목별 문제수 및 문제당 배점
  - 객관식: 40문제 × 1.5점 = 60점
  - 단답식: 20문제 × 2.0점 = 40점
⊙ 합격 기준
  - 합계 70점 이상
  - 유형별 점수의 40% 미만 과락

01 다음의 온라인 비즈니스의 속성과 구조에 대한 설명에서 괄호 안에 공통으로 들어갈 단어로 옳은 것은?

> 온라인 비즈니스는 실물이나 가시적인 서비스보다 ( )이(가) 먼저 움직인다. ( )이(가) 실물 비즈니스를 이끌어가는 구조이다.

① 기업
② 화폐
③ 검색
④ 정보

02 다음 중 온라인 비즈니스 메커니즘을 설명한 것으로 틀린 것은?

① 고객들이 어느 정도 지불할 의사가 있는지에 따라 가격이 결정된다.
② 콘텐츠 생산에 소수의 인플루언서만 참여할 수 있는 메커니즘으로 변했다.
③ 디지털 환경에서는 소비자가 인터넷을 이용하여 제품의 가격과 기능을 자유롭게 비교 검토할 수 있다.
④ 온라인 비즈니스에서는 늦게 시작했더라도 선도자가 가지지 못한 부분을 다른 파트너와 협력을 통해 이루어냄으로써 새로운 승자가 될 수 있다.

03 다음 중 디지털 사회로 변화하면서 생기는 문제점으로 옳지 않은 것은?

① 시장 독과점
② 사생활 침해
③ 저작권 침해
④ 정보 격차

04 아래의 디지털의 진화에 대한 설명에서 괄호 안에 들어갈 단어가 순서대로 올바르게 나열된 것은?

> 미디어 관련 기술과 미디어 수용자의 모습은 컴퓨터 발전의 역사에 따라 진화해왔다. 마이크로소프트와 인텔이 주도하는 (　　　) 시대, 구글과 야후가 주도하는 (　　　) 시대, 애플과 페이스북이 주도하는 (　　　) 시대, 애플과 구글, 마이크로소프트가 주도하는 (　　　) 시대가 순차적으로 진행되고 있다.

① 미니 컴퓨팅 → 데스크톱 인터넷 컴퓨팅 → 모바일 인터넷 컴퓨팅 → 클라우드 컴퓨팅
② 메인프레임 컴퓨팅 → 퍼스널 컴퓨팅 → 모바일 인터넷 컴퓨팅 → 클라우드 컴퓨팅
③ 퍼스널 컴퓨팅 → 데스크톱 인터넷 컴퓨팅 → 모바일 인터넷 컴퓨팅 → 클라우드 컴퓨팅
④ 미니 컴퓨팅 → 데스크톱 인터넷 컴퓨팅 → 모바일 인터넷 컴퓨팅 → 클라우드 컴퓨팅

05 다음 중 디지털 시대의 소비자 주도 패러다임에 대한 설명에서 괄호 안에 들어갈 용어로 옳은 것은?

> 인터넷의 발달과 함께 소비자가 기업보다 정보를 더 빨리 얻는 (　　　)이 발생하기도 한다.

① 지식 왜곡 현상
② 정보 역전 현상
③ 지식 추월 현상
④ 정보 이상 현상

06 다음 중 디지털 시대의 4E에 대한 설명에서 괄호 안에 들어갈 단어가 순서대로 짝지어진 것은?

> 마케팅은 과거 4P의 단계에서 4E(Experience, Engagement, Evangelist, Enthusiasm)의 단계로 발전하고 있다. 'Experience'란 브랜드에 대한 고객의 다양하고 인상적인 (　　　)를(을) 만들어 주는 것을 말한다. 'Engagement'란 브랜드에 대한 고객의 (　　　)를(을) 만들어주는 것을 말한다.

① 경험 – 관련성
② 경험 – 충성도
③ 가치 – 충성도
④ 가치 – 관련성

07 아래에서 설명하는 디지털 시대의 마케팅 전략 모델 AIDEES이 순서대로 바르게 나열된 것은?

> – 2006년 일본 경제학자 카타히라 히데키 교수는 소셜미디어의 공유 환경에 맞춰 소비자의 경험과 열광을 반영한 새로운 소비자 행동 모델 AIDEES를 소개했다.
> – 소비자가 상품에 대한 자신의 경험을 공유하고 능동적으로 참여하는 디지털 사회 소비자의 주된 정보 처리 과정이라고 볼 수 있다.

① Awareness → Indication → Demand → Enthusiasm → Experience → Search
② Attention → Indication → Demand → Enthusiasm → Experience → Share
③ Attention → Interest → Desire → Experience → Enthusiasm → Share
④ Awareness → Interest → Desire → Experience → Enthusiasm → Search

PART 01
PART 02
PART 03
PART 04
PART 05
PART 06
PART 07

08 다음 중 아래의 시장 세분화(Segmentation)에 대한 설명에서 괄호 안에 들어갈 단어가 순서대로 짝지어진 것은?

> 시장 세분화란 소비자를 연령, 소득수준, 성별, 라이프 스타일 등에 따라 집단으로 나누는 것을 말한다. 세분화된 각 집단은 선호하는 제품의 종류, 쇼핑 패턴, 태도 등에서 차이를 보인다. 집단 간에는 (   )이 확보되고, 집단 내에서는(도) (   )이 확보된다.

① 이질성 – 동질성
② 이질성 – 이질성
③ 동질성 – 동질성
④ 동질성 – 이질성

09 다음 중 디지털 광고를 게재하거나 삭제하며 각종 타겟팅 기법을 적용해 주고, 광고 통계 리포트를 산출해 주는 자동시스템을 무엇이라 하는가?

① 미디어믹스　　　② 애드서버
③ 레버리지　　　　④ 비즈채널

10 다음 중 디지털 광고의 특징 및 장점에 대한 설명으로 옳지 않은 것은?

① 기존 광고에 비해 적극적인 참여와 빠른 피드백 제공 등 상호작용성의 한계가 있다.
② 매스미디어 광고에 비해 적은 예산으로 다양한 광고를 집행할 수 있다.
③ 광고 클릭률, 이벤트 참여율, 회원가입률, 구매전환율 등 고객의 반응을 정밀하고 즉각적으로 측정할 수 있다.
④ 광고 규제가 덜 심하여 기존 매체 광고에 비해 다양하고 재미있는 방법을 사용할 수 있다.

11 다음 중 디지털 광고 효과에 대한 설명으로 옳은 것은?

① 어떤 경로를 통해 소비자가 방문을 하거나 구매를 하게 되는지까지는 트래킹할 수 없다.
② 광고 클릭률과 이벤트참여율은 측정할 수 있으나 개인정보보호법으로 인해 회원가입률은 측정할 수 없다.
③ 소비자 타겟팅 기법을 정확하게 적용할 수 있다.
④ 광고 캠페인의 성공 여부를 즉각적으로 확인하고 정밀하게 측정할 수 있다.

12 다음 중 디지털 광고에 대한 설명으로 옳지 않은 것은?

① 디지털 광고는 대부분 애드서버를 통해 제공된다.
② 디지털 광고관리는 대부분 광고주의 랜딩페이지가 있는 서버가 담당한다.
③ 애드서버는 광고물을 게재할 수도 있고 삭제할 수도 있다.
④ 애드서버는 광고 통계 리포트를 자동 산출해준다.

13 다음 중 광고 노출 효과와 관련된 용어와 그에 대한 설명으로 옳지 않은 것은?

① 광고 소재: 검색 결과에 노출되는 광고 문구로 제목과 설명 문구(T&D), URL 등의 기본 소재와 이미지와 전화번호 등의 부가 정보를 추가하는 확장 소재로 구성된다.

② ROI: 투입한 광고비 대비 판매된 매출액으로 광고수익률이라고도 부른다.

③ 표시 URL: 검색 결과에서 사용자에게 보이는 주소로 모든 검색 결과에 공통으로 사용되는 대표 주소라고 볼 수 있다.

④ 품질지수: 광고 소재가 키워드와 얼마나 연관성이 있는가를 숫자로 나타내는 광고적합도를 말한다.

14 다음 보기 중에서 광고 노출 효과 산출식으로 옳은 것은?

① $ROI = \dfrac{\text{광고를 통한 매출} \times \text{이익률}}{\text{광고비}} \times 100$

② $\text{구매전환율} = \dfrac{\text{전환수}}{\text{노출수}} \times 100$

③ $CPA = \dfrac{\text{총전환비용}}{\text{전환수}}$

④ $CPC = \dfrac{\text{총광고비}}{\text{전환수}}$

15 다음 중 검색광고의 특징에 대한 설명으로 옳은 것은?

① 모든 광고는 현재 시간 기준이므로 실시간 성과 측정이 가능하다.

② 검색광고는 배너 광고 등을 같이 활용하면 효과가 떨어진다.

③ 검색한 이용자에게만 광고가 노출되므로 배너 광고에 비해 광고 노출이 제한적이다.

④ 최근에는 알고리즘의 발달로 부정 클릭 발생을 원천적으로 봉쇄할 수 있다.

16 다음 중 검색광고 용어에 대한 설명으로 틀린 것은?

① KPI: 검색 시 노출되는 제목과 설명에 사용되는 문장을 말한다.

② 품질지수: 광고 소재와 키워드의 연관성을 숫자로 나타내는 광고적합도를 말한다.

③ 세부 키워드: 구체적인 키워드나 제품명으로 조회량이 적어 광고 금액이 저렴한 편이다.

④ 연결 URL: 광고를 클릭할 때 연결되는 랜딩페이지 주소를 말한다.

PART 01
PART 02
PART 03
PART 04
PART 05
PART 06
PART 07

17 다음 중 아래의 검색광고 상품에 대한 설명에 해당하는 용어는 무엇인가?

> – 광고 소재의 반응을 측정하는 지표로 노출수 대비 클릭수 비율을 의미한다.
> – 값이 커지면 광고의 성과가 매우 좋다고 볼 수 있다.
> – 이 지표의 성과가 좋을수록 광고비는 계속 증가하는 단점이 있다.

① 투자수익률(ROI)
② 전환당비용(CPA)
③ 전환율(CVR)
④ 클릭률(CTR)

18 다음 중 광고목표 및 예산 설정에 관한 설명으로 옳은 것은?

① 광고목표는 도전적이면서도 달성하기 어려운 목표로 설정되어야 이상적이다.
② 광고–판매 반응 함수법은 기업에서 가장 널리 활용하는 예산 설정 방법이다.
③ 매출액 비율법은 기업의 모든 예산을 다른 분야에 우선 배정하고 남은 예산을 광고비에 투입하는 방법이다.
④ 목표과업법은 광고의 목표를 설정하고 이를 달성하기 위한 예산을 설정하는 방법이다.

19 다음 중 검색광고 기획에서 광고 예산 책정 방법에 대한 설명으로 옳은 것은?

① 광고–판매 반응 함수법은 계량화된 방법을 사용하기 때문에 노하우가 적은 신규 광고주에게 적합하다.
② 가용예산 활용법은 기업 운영에 필요한 고정 비용을 먼저 책정하고 남은 비용을 광고에 사용하는 방식이다. 경쟁이 치열해서 광고 지출이 많은 사업 분야나 온라인 광고에 집중하는 기업에는 부적절하다.
③ 경쟁사 비교법은 매출액의 일정 비율을 광고 예산으로 책정하는 방법으로 다소 주먹구구식이라 오류가 많이 발생할 수 있다.
④ 매출액 비율법은 가장 논리적인 방법으로 광고목표를 우선 설정한 후 광고비를 추정하는 방식이다.

20 다음 중 광고목표를 설정하는 방법으로 옳지 않은 것은?

① 목표가 명확해야 방안도 구체화할 수 있으며 캠페인 참여자들의 활동 방향을 제시할 수 있다.
② 명확한 목표로는 클릭수 20,000회, 전환율 7% 등이 있다.
③ 실시간 데이터에 기반하여 목표를 정확하게 설정한다.
④ 구체적 목표로는 클릭당비용(CPC), 전환율(CVR), ROAS, 전환당비용(CPA) 등이 있다.

21 다음 중 네이버 광고 계정 구조의 '키워드/소재' 단계에 대한 설명으로 틀린 것은?

① 표시 URL은 사이트를 대표하는 최상위 도메인을 기재하며, 기재 후 언제든지 수정할 수 있다.

② 타사와의 차별화를 위해 제목/문구에 볼드 처리를 하는 것도 하나의 방법이다.

③ 법 검토가 필요한 의료, 보험 등의 업종은 관련 서류를 제출해야 등록 심사를 받을 수 있다.

④ 소재 등록은 크게 제목, 설명, URL 3가지를 등록한다.

22 다음 중 네이버 검색광고 관리 전략에서 그룹 전략 변경 설정에 포함되지 않는 요소는?

① 매체 전략　　　　② CPC 전략
③ 지역 전략　　　　④ 예산 전략

23 다음 중 아래 내용에서 설명하는 광고 상품으로 알맞은 것은?

> - 이용자의 정보탐색 의도가 깊은 키워드에 대해 해당 분야의 전문가인 광고주가 블로그, 포스트, 카페 등의 콘텐츠를 이용해 더욱 정확하고 신뢰성 있는 정보를 제공하는 광고 상품이다.
> - 네이버 PC/모바일 검색 결과 페이지 및 모바일 콘텐츠 지면에 제목, 설명 등의 정보와 썸네일 이미지가 함께 노출된다.

① 콘텐츠 검색광고(파워콘텐츠)
② 파워링크
③ 브랜드 검색
④ 비즈사이트

24 다음 중 네이버쇼핑 검색 관리에 대한 설명으로 옳은 것은?

① 쇼핑 검색광고 검토는 통상 12시간 이내 완료된다.

② 소재별 입찰가 설정은 불가하고, 광고그룹 단위의 설정만 가능하다.

③ 입찰가는 최소 50원부터 설정할 수 있다.

④ 상품 카테고리 설정은 상품별로 최대 3개까지 등록할 수 있다.

25 다음 중 온라인 광고 운영정책 중 광고 게재 제한에 해당하는 내용으로 옳지 않은 것은?

① 검색광고 키워드의 노출횟수가 지나치게 낮은 경우

② 온라인 도박 서비스, 이미테이션 판매 등 관련 법령 위반의 우려가 있는 경우

③ 검색광고의 내용과 관련성이 지나치게 떨어지는 사이트에 연계되어 검색광고 서비스의 품질을 떨어뜨릴 가능성이 있는 경우

④ 광고 계정 내에서 5개 이하의 키워드를 운영하는 경우

PART 01
PART 02
PART 03
PART 04
PART 05
PART 06
PART 07

26 다음 중 광고그룹 상태에 대한 설명 및 조치가 가장 적절한 것은?

① 비즈채널 노출 제한일 경우, 증빙서류 등 제출 혹은 가이드에 따라 비즈채널을 수정하고 재검토를 요청한다.

② 캠페인 예산 도달의 경우, 광고그룹 하루예산을 변경하거나 제한 없음으로 변경한다.

③ 캠페인 기간 외인 경우, 광고그룹 요일 및 시간대를 재설정한다.

④ 그룹 예산 도달의 경우, 캠페인 '하루예산'을 높은 금액으로 변경 혹은 '제한 없음'으로 변경한다.

27 다음 중 카카오 검색광고의 소재 관리에 대한 설명으로 틀린 것은?

① 키워드는 다른 그룹으로 이동할 수 없고, 복사만 가능하다.

② 캠페인 전략 설정 버튼을 통해 캠페인명, 일예산을 변경할 수 있다.

③ 소재 노출 방식은 랜덤 노출과 성과 우선 노출 중 선택할 수 있다.

④ 그룹 소재에서 링크 URL을 통해서 랜딩페이지 등록이 가능하다.

28 다음 중 카카오 검색광고의 품질지수에 대한 설명으로 옳지 않은 것은?

① 신규 그룹인 경우 품질지수의 초기값은 1이다.

② 콘텐츠 네트워크 영역에 노출되는 광고의 성과는 품질지수 점수에 영향을 주지 않는다.

③ 키워드를 삭제하면 해당 성과는 그룹 품질지수 산정에서 제외된다.

④ 키워드 복사 시에는 키워드별 입찰가와 랜딩 URL까지 모두 복사된다.

29 다음 중 구글 검색광고 운영 시스템에 대한 설명으로 옳은 것은?

① 캠페인 생성을 시작으로 광고주가 달성하고자 하는 주요 목적(검색네트워크, 쇼핑플러스, 스타일포커스)에 부합하는 목표를 중심으로 광고가 운영된다.

② 구글 검색광고는 구글애즈 보고서에서 볼 수 있으며, 공유나 이메일로 보내는 등의 기능도 있다.

③ 광고 소재 생성 단계에서 네트워크와 기기, 위치 및 언어, 입찰 및 예산, 광고 확장을 설정할 수 있다.

④ 광고그룹은 캠페인의 하위 단위로 쇼핑몰 상품형과 제품 카탈로그형으로 구분된다.

30 다음 중 국내 매체별 광고 운영 시스템에 대한 설명으로 옳은 것은?

① 네이버는 광고 효과보고서를 제공하고 있는데 기본 보고서와 맞춤보고서 2종류의 보고서를 제공하고 있다.
② 카카오는 그룹별로 광고 전략을 설정한다.
③ 카카오는 입찰가와 사이트 품질지수를 반영하여 검색 결과 내 프리미엄링크 영역에서 최대 10개의 광고가 노출된다.
④ 네이버는 데이터 랩에서 광고 등록, 관리, 효과 분석에 관련된 작업을 할 수 있다.

31 다음 중 구글 검색광고에서 제공하는 자동입찰 기능이 아닌 것은?

① 타겟 CPA
② 타겟 ROI
③ 전환수 최대화
④ 클릭수 최대화

32 다음 중 입찰관리에 대한 설명으로 가장 알맞은 것은?

① 카카오는 자동입찰 기능이 있다.
② 카카오 키워드 광고 클릭당 광고비는 입찰가와 동일하게 과금된다.
③ 카카오 키워드 광고는 자동입찰 기능이 제외되고 예상 입찰가 설정도 할 수 없다.
④ 네이버 자동입찰의 기본 입찰가는 광고 노출과 성과 향상을 보장하지 않는다.

33 다음 중 소재 관리에 대한 설명으로 틀린 것은?

① 네이버, 카카오, 구글 검색광고 모두 광고 소재에 키워드를 삽입하는 기능을 제공한다.
② 카카오 키워드 광고는 광고그룹당 최대 50개까지 등록할 수 있다.
③ 네이버 사이트 검색광고의 경우, 광고그룹당 최대 5개까지 등록할 수 있다.
④ 구글 검색광고는 광고그룹당 최대 50개까지 등록할 수 있다.

34 다음 중 무효 클릭에 대한 설명으로 틀린 것은?

① 검색광고 본래의 취지에 맞지 않는 무의미한 클릭을 의미한다.
② 사전/사후 모니터링이 진행되며, 필터링 로직 및 결과는 공개하지 않고 있다.
③ 구글은 자동 감지 시스템에서 잡아내지 못한 무효 클릭에 대해 크레딧을 받을 수 있다.
④ 네이버는 광고 노출 제한 관리에서 IP와 사이트를 등록하여 광고가 노출되지 않도록 제한할 수 있다.

[35~38] 다음을 보고 물음에 답하여라.

새로운 상품의 캠페인 결과
– 총광고비: 10,000,000원
– CPC: 1,000원
– 전환율: 20%
– 상품 단가: 30,000원

35 위의 예시에서 CPS의 값으로 옳은 것은?

① 4,000원
② 5,000원
③ 6,000원
④ 7,000원

36 위의 예시에서 CPS에 대한 설명으로 옳지 않은 것은?

① 구매건수가 많아지면 CPS은 낮아진다.
② 구매전환율이 높으면 대체로 CPS도 높아진다.
③ 산출식은 $\dfrac{총광고비}{구매건수}$ 이다.
④ $\dfrac{총광고비}{전환수}$ 로도 계산할 수 있다.

37 위의 예시에서 비용이 광고비 이외는 없다면, ROI와 ROAS는 얼마인가?

① ROI 200%, ROAS 300%
② ROI 300%, ROAS 400%
③ ROI 400%, ROAS 500%
④ ROI 500%, ROAS 600%

38 위의 예시에서 비용이 광고비 이외는 없는 상태에서 광고비가 5,000,000원으로 줄어든 경우, 다음 설명 중에서 옳지 않은 것은?

① 전환율이 동일한 경우 CPS은 50% 줄어든다.
② 이익률이 30%인 경우 ROAS는 600%다.
③ 적정(허용최대) CPC는 500원이다.
④ ROI와 ROAS에 따르면 이 캠페인은 효과가 있다.

39 다음 중 반송률의 의미에 대한 설명으로 옳은 것은?

① 반송은 처음 유입하는 페이지와 마지막 이탈하는 페이지가 서로 같은 것을 의미한다.
② 반송률이 낮다는 것은 클릭률이 낮을 것으로 해석될 수 있다.
③ 반송률은 랜딩페이지의 효과 분석을 위해서 사용되는 좋은 지표가 된다.
④ 일반적으로 반송률이 낮으면 랜딩페이지가 비효율적이라는 것을 말한다.

40 다음 중 검색광고의 성과를 높이기 위해 실행하는 방법으로 틀린 것은?

① 클릭률, 전환율, 반송률 등의 성과 분석을 통해 예산을 재분배한다.
② 노출 영역에 따른 성과를 파악하여 광고 소재를 조절한다.
③ 키워드 입찰 순위 조정을 통해 클릭수를 끌어올린다.
④ ROAS가 120%보다 낮은 키워드는 가능하면 광고를 중지한다.

[답안 작성 요령]
⊙ 답안은 주어진 문제에 맞게 국문, 영문, 숫자, 기호 등으로 작성하시기 바랍니다.
  ※ 단답식 문항은 각 2점이며, 부분 점수는 없습니다.
  ※ 철자, 맞춤법이 틀릴 경우 오답 처리될 수 있습니다.

41 최근 네이버, 카카오, 구글을 중심으로 인공지능을 활용한 검색 기술이 향상되고 있다. 다음에서 설명하고 있는 기술은 무엇인가? (2점)

> – 기계가 사람 대신 검색을 해서 그 결과를 알려주는 기술로 미국의 비영리 연구소 '오픈AI'가 개발한 대화형 AI 챗봇이다.
> – 시행착오를 거쳐 최적의 방법을 터득하는 방식인 '강화 학습' 기법으로 스스로 오류를 바로잡고 잘못된 전제를 지적할 수 있도록 설계됐다.
> – 키워드 입력만으로 인간과 소통하거나 정해진 과제를 수 초 내로 수행하는 능력을 지녔다.

42 다음은 에버렛 로저스의 기술수용주기(Technology Adoption Life–Cycle) 모델에 대한 설명이다. 괄호 안에 알맞은 유형은 무엇인가? (2점)

소비자의 유형	특징
( )	기술 자체에 관심이 매우 많음, 비싼 가격을 지불함
선각수용자	기술에 가치를 알고 있음, 가격에 둔감
전기 다수수용자	실용주의자들, 가격에 민감함, 전체 시장의 1/3
후기 다수수용자	첨단 기술에 두려움을 느낌, 유명상표 기업을 중시함
지각수용자	회의주의자들, 신기술이나 제품에 대한 거부 및 방해

43 다양한 형태의 마케팅 수단들을 적절하게 조합하여 사용하는 전략을 마케팅믹스(Marketing Mix)라고 부른다. 다음의 괄호 안에 적합한 마케팅믹스는 무엇인가? (2점, 부분 점수 없음)

산업사회 – 4P	정보사회 – 4C	디지털시대 – 4E
Product(제품)	Customer Value(소비자 가치)	(①)
Price(가격)	Cost(비용)	Engagement(참여)
Place(유통)	Convenience(편리성)	Evangelist(전파자)
(②)	Communication(의사소통)	Enthusiasm(열정)

44 다음은 온라인 비즈니스의 경쟁력 중 무엇에 대한 설명인가? (2점)

전용 표준 구축과 같은 네트워크 효과, 마일리지 같은 로열티 프로그램, 브랜드 신뢰도와 같은 전략적 자산으로 고객 이동을 제한하여 가치를 창출하는 활동을 말한다. 이런 가치를 높이는 대표적인 프로그램으로 네이버플러스 멤버십, 아마존 프라임 서비스, 쿠팡와우 등의 멤버십 서비스를 들 수 있다.

45 다음은 디지털 광고에 관한 내용 중 어떤 특징에 대한 설명인가? (2점)

– 다수의 사람을 대상으로 하는 TV, 라디오, 신문 등의 전통적인 매체와 달리 원하는 대상에게만 광고 노출시킬 수 있다.
– 성별, 연령, 지역 등에 대해 노출할 수 있을 뿐 아니라 로그인 정보 등의 고객의 개별적인 특성을 반영하여 광고를 노출하여 정확도가 높아진다.
– 단기적인 퍼포먼스를 중심으로 하는 중소형 광고주들에게는 TV, 라디오 광고 등 전통적인 4대 매체보다 효율성이 높다.

PART 01
PART 02
PART 03
PART 04
PART 05
PART 06
PART 07

46 다음은 네이버에서 새로 선보이는 서비스 내용이다. 무엇에 대한 설명인가? (2점)

> - 모바일의 발달과 소셜미디어의 해시태그를 통한 동시다발적인 검색이 증가하면서 네이버에서 새롭게 선보인 검색 서비스이다.
> - 사용자가 장소, 쇼핑, 관심사 등을 검색하면 여러 주제의 스마트블록을 통해 연관 키워드의 검색 결과를 노출해 준다.

47 다음은 구글 검색광고의 계정 구조에 대한 설명이다. 괄호 안에 공통으로 들어갈 용어는 무엇인가? (2점)

> - 계정 구조는 '(   ) (목표 → 유형) → 광고그룹 → 광고'이다.
> - (   ) 설정에서 기본 지표로는 예산, 상태, 유형, 클릭수, 노출수, 클릭률, 평균 CPC, 비용, 전환당비용, 전환수, 전환율 등을 제공한다.

48 다음은 네이버 검색광고 상품 중에서 어떤 캠페인 유형의 과금 방식에 관한 설명인가? (2점)

> - 최저 입찰가 50원으로 시작하며 클릭 시에만 과금되는 CPC 방식이다.
> - 클릭이나 전환에 가까운 클릭(전화, 예약)에 대해서만 과금된다.
> - 검색 결과는 네이버 통합검색(PC/모바일) 지면에 한해 입력한 '광고 입찰가'와 검색 결과와 업체 정보의 '연관도'에 의해 광고 순위가 결정된다.
> - 업체명과 같이 검색 의도 및 대상이 명확한 키워드에 대해서는 광고 노출이 제외되며, 노출하고 싶지 않은 키워드를 직접 제외할 수도 있다.

49 네이버 검색광고에서 키워드 기본 입찰가가 200원이고 PC 입찰가 가중치가 123%인 경우 실제 입찰가는 얼마인가? (2점)

50 네이버 입찰가 일괄 변경은 최소 노출 입찰가, 중간 입찰가, 순위별 평균 입찰가가 있다. 다음의 설명에 해당하는 입찰가는 무엇인가? (2점)

> – 최근 4주간 검색을 통해 노출된 광고 중에서 최하위에 노출되었던 광고의 입찰가 중에서 가장 큰 값을 말한다.
> – 상위 노출과 무관하게 광고 노출 여부가 중요한 경우 참고할 수 있는 정보이다.

51 과거 4주간 '가방' 키워드로 2번의 검색을 통해 광고 노출이 아래와 같이 발생했다. 다음의 보고서에서 중간 입찰가는 얼마인가? (2점)

노출된 광고 순위	노출된 광고의 입찰가	
	검색1	검색2
1위	3,000원	2,100원
2위	1,800원	1,900원
3위	1,000원	800원
4위	900원	500원
5위	700원	–

52 다음은 구글 검색광고 중 무엇에 대한 설명인가? (2점)

> – 머신러닝을 통해 전환수 또는 전환 가치를 기준으로 최적화를 진행하는 전략이며, '실시간 입찰'이라고도 한다.
> – 타겟 CPA, 타겟 광고 투자수익(ROAS), 전환수 최대화, 전환 가치 극대화가 모두 여기에 해당된다.
> – 입찰가를 최적화할 때 고려하는 요소는 기기, 위치 요일 및 시간대, 광고 특성, 언어, 브라우저, 실제 검색어, 검색 네트워크 파트너 등이다.

PART 01

PART 02

PART 03

PART 04

PART 05

PART 06

PART 07

53 다음에서 설명하는 검색광고 용어는 무엇인가? (2점)

> 광고를 클릭한 사용자가 30분 이내에는 아무런 행동을 하지 않았지만, 이후 7~20일 정도의 전환 추적 기간 내에 회원가입이나 구매 등의 행동을 일으키는 것을 말한다.

54 아래 설명에서 (①), (②) 안에 각각 들어갈 숫자는 얼마인가? (2점, 부분 점수 없음)

> 카카오 키워드 광고 노출 순위는 입찰가와 품질지수를 기준으로 산출된 순위에 따라 결정된다. 입력한 입찰가는 노출 영역 중 PC 검색 네트워크, PC 콘텐츠 네트워크, 모바일 검색 네트워크에 적용되며, 최저가로 입찰 가능한 금액은 (①)원이다. 내 순위보다 차순위인 입찰액이 190원이라면 내 과금액은 (②)원에 부가세가 포함되어 계산된다.

55 어떤 검색광고가 아래와 같은 조건으로 진행 중이다. 편의상 입찰가와 품질지수의 증가 폭이 같은 격차라고 가정할 때, 다음의 A, B, C, D 중에서 가장 상위 순위로 노출되는 키워드는 무엇인가? (2점)

키워드	입찰가	품질지수
A	70원	■■■■
B	70원	■■■■■■■
C	100원	■■
D	80원	■■■■■

56 아래의 설명에서 괄호 안에 공통으로 들어갈 용어는 무엇인가? (2점)

> 랜딩페이지는 방문객을 인구통계 기준으로 분석하고 방문객의 특성을 고려하여 디자인이나 카피를 구성해야 한다. 랜딩페이지에 방문한 고객의 특성을 파악하기 위해서 (   ) 서비스를 이용하는 것이 좋다. (   ) 서비스를 통해 방문객의 유입 출처와 홈페이지 이용 내역 등을 추가로 파악할 수 있고, 이를 홈페이지 개선에 반영함으로써 구매율을 높일 수 있다. 대표적인 서비스 브랜드로는 에이스카운터, 로거, 구글 애널리틱스 등이 있다.

[57~60] 다음은 어느 패션 소품 사이트의 주간 검색광고 결과 보고서이다. 보고서를 참고하여 물음에 답하여라.

키워드	노출수	클릭수	CPC(원)	광고비(원)	구매전환수	매출액(원)	ROAS
롱장갑	34,937	120	1,370	164,358	12	246,500	150%
숏장갑	31,573	26	5,973	155,287	3	270,000	174%
버킷햇	23,235	57	2,088	119,025	6	256,400	215%
양면벨트	19,356	23	4,208	96,780	3	1,235,700	1277%
캠프캡	18,346	365	882	321,794	37	2,359,700	733%
선글라스	12,421	215	654	140,678	22	1,275,900	907%
머플러	9,105	790	471	371,976	80	3,625,900	975%
볼캡	8,274	236	500	117,971	24	5,102,300	4325%
페이크삭스	7,234	251	1,987	498,617	25	1,340,000	269%
투웨이삭스	6,957	123	963	118,479	12	280,000	236%
헤어핀	6,239	486	552	268,120	49	360,000	134%
에어팟 케이스	5,874	594	232	137,937	60	480,000	348%
남자멜빵	5,210	247	193	47,605	25	935,000	1964%
블랙헤어핀	4,328	439	267	117,164	44	749,000	639%
양말 5종세트	3,920	97	1,659	160,960	5	152,800	95%
가죽 키홀더	3,304	88	417	36,652	9	1,235,700	3371%
넥타이	2,650	24	889	21,325	2	53,180	249%
실크 스카프	2,398	78	785	61,199	8	198,560	324%
카드지갑	1,475	58	1,323	76,738	6	159,780	208%
손목밴드	950	69	645	44,475	7	351,870	791%
합계/평균	207,786	4,386	1,303	3,077,136	439	20,668,290	672%

57 위의 보고서에서 클릭당비용이 1,000원 이상인 키워드 중에서, 전환율이 가장 낮으면서 비용대비 광고 효과가 좋지 못한 키워드는? (2점)

58 위의 보고서에서 ROAS가 가장 높은 '볼캡' 키워드에 대하여 더욱 공격적으로 광고를 진행하고자 한다. 해당 사이트가 ROAS를 600% 이상 유지하고자 하는 조건으로 '볼캡' 키워드에 대하여 CPC를 더욱 높여서 클릭을 유도하고자 할 때 최대 CPC는 얼마인가? (2점, 원 단위 절삭하여 10원 단위까지만 기재)

59 위의 보고서에서 해당 사이트가 명절 연휴를 맞이하여 주간 광고비를 2배로 늘리고, 경품 행사를 통해 전환율도 2배로 증가시켰고 광고비와 전환수가 일정하게 비례한다고 가정하는 경우, 기대할 수 있는 전체 평균 ROAS는? (2점, 소수점 이하는 올림)

60 위의 보고서에서 매출이 가장 저조한 키워드의 상품인 '넥타이'의 객단가를 2배 증가하고, 클릭수가 절반으로 낮아졌을 때 최대 CPC는 몇 배가 증가하는가? (2점)

시험 일자	문항 수(소요 시간)	감독위원 확인
년 월 일	총 60문항(90분)	(비대면온라인)

수험번호 : _____

성   명 : _____

정답 & 해설 ▶ 416쪽

객관식

※ 다음 사항을 확인하신 후 시험을 시작하시기 바랍니다.
⊙ 본 문제지는 총 60문제(객관식: 1번~40번, 단답식: 41번~60번)로 구성되어 있습니다.
⊙ 과목별 문제수 및 문제당 배점
  – 객관식: 40문제 × 1.5점 = 60점
  – 단답식: 20문제 × 2.0점 = 40점
⊙ 합격 기준
  – 합계 70점 이상
  – 유형별 점수의 40% 미만 과락

01 다음 중 전통적 비즈니스와 달리 온라인 비즈니스가 가진 요소로 옳은 것은?

① 원자재, 부품, 중간재 등이 중심 요소로 투입된다.
② 신규 비즈니스의 등장과 몰락 그리고 대체는 과거 어느 시대보다 빠르고 쉽게 이루어진다.
③ 제품 생산, 물류, 판촉 등이 주요한 경영 활동 대상이다.
④ 간접재, 완제품 형태의 산출물이 생산된다.

02 다음 중 온라인 비즈니스의 메커니즘에 대한 설명으로 옳지 않은 것은?

① 고객이 많이 모이는 곳을 찾아가 고객과 1:1로 커뮤니케이션하고 있다.
② 디지털 콘텐츠는 다양하고 많은 사람의 기여가 가장 큰 원동력이다.
③ 제품 생산에 드는 원가와 이윤을 계산해서 그에 따라 가격이 결정된다.
④ 늦게 시작했더라도 선도자가 가지지 못한 부분을 다른 파트너와 협력을 통해 이루어 냄으로써 새로운 승자가 될 수 있다.

03 다음 중 포털사이트의 특성에 대한 설명으로 옳지 않은 것은?

① 포털사이트는 인터넷을 사용자가 처음 웹 브라우저에 접속할 때 정문 역할을 하는 웹사이트를 지칭하는 말이다.
② 검색엔진은 키워드를 입력한 사람에게 원하는 정보를 제공하는 서비스이다.
③ 네이버와 다음은 포털사이트이고 구글은 검색엔진이다.
④ 포털사이트와 검색엔진은 같은 의미이다.

04 다음 중 웹3.0 시대의 특징으로 볼 수 없는 것은?

① 스마트폰의 등장으로 인터넷이 생활화되었다.

② 웨어러블 AR/VR기기로 상호작용하는 기술이 등장했다.

③ 5G 기술의 상용화로 분산 컴퓨팅 기술을 사용한 OTT 서비스가 확산되었다.

④ 블록체인을 활용하여 하나의 정보를 여러 곳에 나누어 안전하게 저장할 수 있다.

05 다음 중 아래의 제품이나 서비스가 공통으로 추구하는 온라인 비즈니스의 성공 요인은?

- 인스타그램의 맞춤형 피드
- 질문자의 의도에 맞게 답변하는 생성형 AI 서비스
- 안경처럼 착용하는 애플 비전프로와 메타 오라이언
- 국가 간 송금을 대체하는 블록체인 서비스

① 최신 기술력 과시

② 새로운 가치 제안

③ 오프라인 경험의 완벽 재현

④ 젊은 세대를 겨냥한 이슈형 제품

06 다음 중 디지털의 진화로 인해 최근 애플과 구글, 마이크로소프트, 아마존이 공통적으로 주도하는 서비스는 무엇인가?

① 모바일 컴퓨팅　　② 미니 컴퓨팅

③ 퍼스널 컴퓨팅　　④ 클라우드 컴퓨팅

07 다음 중 디지털 미디어 분류에 대한 내용 중에서 틀린 것은?

① 디지털 미디어는 기업의 입장에서 Owned media, Paid media, Earned media로 분류할 수 있다.

② Paid media는 디스플레이 광고, 검색광고, 브랜드 검색광고 등이 있다.

③ Owned media는 기업이 소유하고는 있지만, 콘텐츠는 통제할 수 없는 채널을 말한다.

④ Earned media는 언론사 웹사이트, 파워블로그, 유튜버 등이 있다.

08 다음 중 디지털 마케팅 캠페인을 효과적으로 설명하는 일본의 광고대행사 덴츠가 개발한 AI-SAS 전략 모델을 바르게 나열한 것은?

① Awareness → Interest → Search → Action → Share

② Attention → Interest → Share → Action → Search

③ Attention → Indication → Share → Action → Search

④ Awareness → Interest → Search → Adoption → Share

09 다음 중 디지털 마케팅 시대의 특징에 대한 설명으로 옳은 것은?

① 오늘날에는 소수의 제품이 특정 영역을 독점하다시피 한다.
② 마케팅 캠페인의 주요 내용은 제품에 대한 보다 구체적인 내용이 중심이 되어야 한다.
③ 유사한 특성의 제품이 많아지다 보니 차별화에 대한 압박이 심해졌다.
④ 소비자가 어떻게 느끼느냐 하는 감성적 요인보다 얼마나 아느냐 하는 인지적 요인이 더 큰 영향을 미친다.

10 다음 중 인터넷 광고의 발전 역사 중에서 2차 성장기에 대한 설명으로 옳은 것은?

① 스마트폰의 보급과 함께 GPS를 연동한 지역 기반의 검색광고 등 모바일 광고가 부상하였다.
② 인터랙티브 배너, Push mail 등 새로운 형태의 광고가 처음 시도되었으며 웹진이 등장하였다.
③ 단순한 이벤트성 광고가 아니라 브랜딩 광고를 하려는 움직임이 시작되었다.
④ 온라인 광고에 관한 관심이 증가하면서 동영상이나 플래시 기법의 광고들이 선보여지며 멀티미디어 광고가 시작되었다.

11 다음 중 검색광고와 SNS광고의 특징에 대한 설명으로 틀린 것은?

① 검색광고는 온라인 광고 영역에서 가장 많은 광고주가 이용하는 광고이다.
② SNS광고는 클릭당 과금으로만 비용을 지불하는 방식이다.
③ SNS광고는 페이스북, 인스타그램, 카카오스토리 등 SNS 매체에 노출되는 광고이다.
④ SNS광고는 네이티브 광고라고 하며, 정보성으로 인식되는 장점이 있다.

12 다음 중 광고 노출 효과와 관련된 용어와 그에 대한 설명으로 옳지 않은 것은?

① 전환: 검색 시 노출되는 제목과 설명에 사용되는 문장을 바꾸는 작업을 말한다.
② ROI: 광고를 집행할 때 1원으로 얼마의 이익이 발생했는지를 나타내는 비율이다.
③ 연결 URL: 광고 소재를 클릭하면 표시되는 웹페이지 주소이다.
④ 품질지수: 광고 소재가 키워드와 얼마나 연관성이 있는가를 숫자로 나타내는 광고적 합도를 말한다.

13 다음 중에서 광고 노출 효과 산출식으로 옳은 것은?

① $CPA = \dfrac{총광고비}{전환수} \times 100$

② $구매전환율 = \dfrac{전환수}{노출수} \times 100$

③ $ROAS = \dfrac{광고를 통한 매출}{광고비} \times 100$

④ $CPC = \dfrac{총광고비}{클릭수} \times 100$

14 다음 중 검색광고의 특징에 대한 설명으로 옳은 것은?

① 모든 광고는 현재 시간 기준이므로 실시간 성과측정이 가능하다.
② 검색광고는 배너 광고 등을 같이 활용하면 효과가 증가한다.
③ 성별, 연령별, 지역별 타겟팅이 가능하다.
④ 최근에는 알고리즘의 발달로 부정 클릭 발생을 원천적으로 봉쇄할 수 있다.

15 다음 중 검색광고의 단점으로 적절하지 않은 것은?

① 직접 노출을 통한 웹사이트 유입에 적합하지 않다는 단점이 있다.
② 무효 클릭으로 의심되는 IP는 광고가 노출되지 않도록 제한할 수 있다.
③ 검색량이 많은 키워드의 경우 입찰 경쟁이 심할 수 있다.
④ 관리 리소스가 많이 투여되는 경향이 있다.

16 다음 중 검색광고 용어에 대한 설명으로 틀린 것은?

① KPI: 핵심성과지표, 수치로 표현 가능한 광고의 목표를 말한다.
② 시즈널 키워드: 계절이나 시기적 이슈로 조회수가 높은 키워드를 말한다.
③ 세부 키워드: 구체적인 키워드나 제품명으로 조회량이 적어 광고 금액이 저렴한 편이다.
④ 확장 소재: 검색 결과에 노출되는 제목과 설명에 해당한다.

17 다음 중 검색광고 상품 중 검색광고의 종량제 (CPC) 광고에 대한 설명으로 틀린 것은?

① 비용대비 효율성이 높은 세부 키워드와 연관 키워드를 선별하는 것이 중요하다.
② 선택한 키워드 수에 따라 비용이 증가한다.
③ 효율적으로 상위 노출 순위를 결정하기 위해서는 품질지수 관리가 중요하다.
④ 광고를 클릭할 때만 비용이 발생하는 방식이다.

18 다음 중 검색광고 기획에서 광고 예산 책정 방법에 대한 설명으로 옳은 것은?

① 광고−판매 반응 함수법은 과거 데이터를 통해 광고 지출 및 이를 통한 판매 반응함수가 존재할 경우 한계이익을 극대화할 수 있는 광고 예산을 편성하는 방법이다.
② 가용예산 활용법은 남은 예산으로 광고에 투입하는 방법으로 온라인 광고에 집중하는 기업에게 가장 적합한 방법이다.
③ 경쟁사 비교법은 계량화된 방법을 사용하기 때문에 노하우가 적은 신규 광고주에게 적합하다.
④ 매출액 비율법은 가장 논리적인 방법으로 광고목표를 우선 설정한 후 광고비를 추정하는 방식이다.

PART 01
PART 02
PART 03
PART 04
PART 05
PART 06
PART 07

19 다음 중 검색광고를 기획하기 위해 사용자의 패턴을 분석하는 방법으로 옳지 않은 것은?

① 검색광고의 효과를 거두기 위해서는 사용자의 욕구를 이해하는 것이 필요하다.

② 제품 사용 과정에서 감성 및 정서상의 만족감을 가지려는 것은 감각적 욕구라고 할 수 있다.

③ 고객이 제품을 통해 가지는 편익과 유용성을 충족시키는 욕구는 우월감을 강조하려는 경우다.

④ 비용대비 효율성이 높은 키워드를 발굴하고 전환을 높일 수 있는 사용자 특성 분석이 필요하다.

20 다음 중 검색광고 기획 과정으로 틀린 것은?

① 여러 사이트에 광고하는 것보다 사이트 하나에 광고를 집중하면 더 많은 타겟 고객에게 도달할 수 있다.

② 제품이나 서비스를 이용할 사용자의 특성을 파악하는 사용자 패턴 분석을 한다.

③ 경쟁사와의 비교분석을 통해 기회 요인을 발굴하여 유리한 입지를 확보해야 한다.

④ 검색광고를 통해 달성하고자 하는 구체적인 목표를 수립한다.

21 다음 중 네이버 광고관리 시스템에서 '그룹 만들기' 단계의 설명으로 틀린 것은?

① 광고 노출 지역과 노출 제외 지역을 설정할 수 있다.

② 광고를 노출할 요일/시간대를 설정할 수 있다.

③ 콘텐츠 매체 전용 입찰가를 따로 설정할 수 있다.

④ 여러 그룹을 만들 수 있는 특성상 각 그룹에는 한 개의 소재만 등록할 수 있다.

22 다음 중 네이버 검색광고의 구조에 대한 설명으로 옳지 않은 것은?

① 네이버 검색광고는 캠페인 → 광고그룹 → 키워드 및 소재로 구성되어 있다.

② 동일 사업자등록번호로 3개의 광고주 계정 생성이 가능하다.

③ 개인 광고주의 경우 광고주 계정은 2개까지 생성할 수 있다.

④ 광고그룹 내 키워드와 광고 소재가 여러 개면 다수 대다수로 매칭되어 롤링 노출된다.

23 다음 중 광고 게재 제한 사유에 해당하지 않는 것은?

① 문신/반영구 시술 서비스를 제공하는 의료기관 사이트

② 온라인 도박 서비스 제공하는 사이트

③ 모조품 판매가 확인되는 사이트

④ 브랜드 제품의 정보만을 제공하는 사이트

24 다음 중 네이버에서 파워링크 캠페인을 생성하는 과정에서 선택할 수 있는 옵션이 아닌 것은?

① 캠페인 노출 기간을 설정할 수 있으며, 선택하지 않으면 광고는 계속 진행된다.
② 광고가 노출될 지역을 다양하게 설정할 수 있다.
③ 해당 캠페인에서 하루에 지불할 비용의 최대 금액을 설정할 수 있다.
④ 클릭된 광고에 대한 정보를 URL 파라미터로 전달하는 추적 기능을 설정할 수 있다.

25 다음 중 네이버 검색광고 관리 전략에서 광고그룹에서 설정할 수 없는 것은?

① 랜딩페이지 설정
② 노출 지역 설정
③ 광고 예산 설정
④ 노출 시간 설정

26 다음 중 네이버 검색 광고그룹 관리 전략에 대한 설명으로 옳지 않은 것은?

① 예산 전략: 일 단위로 PC와 모바일 콘텐츠 네트워크 예산까지 설정할 수 있다.
② 매체 전략: 노출 영역의 입찰 전략을 설정할 수 있다.
③ 지역 전략: 해외 광고 노출도 가능하며, 국내는 전국 읍면동 단위의 타겟팅 설정이 가능하다.
④ 스케줄 전략: 월요일~일요일까지 모두 개별적으로 시간대별 광고 노출 시간 설정이 가능하다.

27 다음 중 카카오 키워드 광고에서 그룹 전략에 대한 설명으로 옳지 않은 것은?

① 키워드 확장을 통하여 광고를 노출할 경우 광고 효과가 극대화되는 장점이 있다.
② 노출 요일/시간을 설정하면 자유롭게 요일을 설정할 수 있고, 30분 단위의 시간으로 광고를 세팅할 수 있다.
③ 광고 노출 영역은 PC 검색 네트워크, PC 콘텐츠 네트워크, 모바일 검색 네트워크, 모바일 콘텐츠 네트워크로 설정할 수 있다.
④ 일예산은 최소 1,000원부터 최대 1천만 원까지 10원 단위로 설정 가능하다.

28 다음 중 카카오 검색광고 관리에 관한 설명으로 옳지 않은 것은?

① 개별 그룹별로 광고 노출 영역 설정이 가능하다.
② 등록 키워드에 키워드 등록은 한 번에 300개씩 최대 1,000개까지 설정할 수 있다.
③ 그룹 단위에서 키워드 확장, PC와 모바일 입찰가중치를 설정할 수 있다.
④ 캠페인 단위에서 추적 URL, 일예산 설정은 불가능하다.

29 다음 중 구글 검색광고에 대한 설명으로 틀린 것은?

① 실적 목표에 맞게 입찰가를 자동으로 설정하는 자동입찰 기능이 있다.

② 키워드 플래너를 통해 연관 키워드를 추천받을 수 있다.

③ 키워드와 소재에 최종 도착 URL을 설정할 수 있으며 둘 다 설정했을 경우 소재에 입력한 URL이 우선 적용된다.

④ 키워드 복사 시 입찰가, 최종 도착 URL을 포함하여 복사할 수 있다.

30 다음 중 검색광고 등록 시스템에 대한 설명으로 옳은 것은?

① 대표 키워드는 보통 검색 사용자가 원하는 수식어가 포함된 상품명이나 내 사이트의 콘텐츠와 직접적으로 연관된 키워드를 말한다.

② 네이버쇼핑 검색광고는 키워드 도구 기능을 이용하여 원하는 키워드를 선택하여 광고할 수 있다.

③ 네이버 파워링크의 명칭은 PC 통합검색에는 파워링크로, 모바일 통합검색에는 비즈사이트로 구분된다.

④ 네이버와 카카오의 설명 문구는 공백을 포함하여 45자 이내로 작성하여야 한다.

[31~33] 다음의 '귀고리'와 '목걸이' 두 키워드에 대해 각 상황에서 올바른 답을 구하라.

> – 광고그룹: 액세서리(기본 입찰가 300원, 콘텐츠 매체 전용 입찰가 700원)
> – PC 입찰가 가중치 200%, 모바일 입찰가 가중치 100%
> – 광고 키워드: 귀고리(키워드 입찰가 설정되지 않음, 기본 입찰가 사용), 목걸이(키워드 입찰가 500원)

31 두 키워드가 모두 PC 노출 매체인 네이버 PC 통합검색에 노출될 때의 입찰가는 얼마인가?

① 귀고리: 300원, 목걸이: 500원

② 귀고리: 500원, 목걸이: 1,000원

③ 귀고리: 600원, 목걸이: 1,000원

④ 귀고리: 1,000원, 목걸이: 1,500원

32 두 키워드가 모두 모바일 노출 매체인 네이버 모바일 통합검색에 노출될 때의 입찰가는 얼마인가?

① 귀고리: 300원, 목걸이: 300원

② 귀고리: 300원, 목걸이: 500원

③ 귀고리: 500원, 목걸이: 1,500원

④ 귀고리: 1,000원, 목걸이: 1,500원

33 두 키워드가 모두 콘텐츠 매체인 네이버 블로그에 노출될 때 PC 환경과 모바일 환경에서의 입찰가는 얼마인가?

① PC:　　700원, 모바일:　　700원
② PC: 1,400원, 모바일:　　700원
③ PC:　　700원, 모바일: 1,400원
④ PC: 1,400원, 모바일: 1,400원

34 ROAS(Return On Advertising Spend, 광고수익률)는 사용한 광고비를 통해 직접적으로 발생하는 매출액의 비율을 말한다. 검색광고에서 ROAS를 상승시키는 방법으로 옳지 않은 것은?

① 입찰 단가가 낮은 키워드를 선정한다.
② 사용자의 의도를 파악하여 랜딩페이지를 수정한다.
③ 랜딩페이지의 반송률을 낮추도록 개선한다.
④ ROAS가 100% 이상인 키워드 광고만 진행한다.

[35~37] 다음은 스마트폰 액세서리를 제조하는 A사의 캠페인 결과와 이를 바탕으로 소비자 행동을 정리한 표이다. 해당 결과를 보고 물음에 답하여라.

– A사의 캠페인 결과

- 총광고비: 100,000원
- 클릭수: 10건
- 전환율: 50%
- 제품 단가: 50,000원

– A사 고객의 소비자 행동을 정리한 표

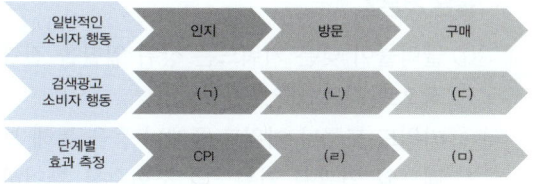

35 위의 그림에서 (ㄹ)에 들어갈 명칭과 그 값으로 올바르게 묶인 것은?

① CPS, 10,000원
② CPC, 10,000원
③ CPM, 20,000원
④ CPA, 20,000원

36 위의 예시에서 광고비는 동일하지만 매출이 2배 감소했을 때 그에 대한 설명으로 옳지 않은 것은?

① ROAS는 증가한다.
② CPC는 변하지 않는다.
③ CPS가 증가한다.
④ CVR이 감소한다.

37 위의 문제에서 제품의 매출은 동일하고, 클릭수가 2배로 늘었다고 했을 때 다음 중 옳지 않은 것은?

① ROAS는 증가한다.
② CPC는 변하지 않는다.
③ CPS가 감소한다.
④ CVR이 변하지 않는다.

PART 01
PART 02
PART 03
PART 04
PART 05
PART 06
PART 07

38 다음 중 검색광고를 최적화하기 위한 방법으로 옳은 것은?

① 클릭률이 낮은 키워드는 상위 입찰을 전략적으로 검토한다.

② 키워드 도구나 키워드 플래너 등을 통해 브랜드와 연관된 키워드의 조회수를 확인하여 발굴한다.

③ 목표수익률에 미달하는 키워드는 광고비를 절약하기 위해 모두 삭제하는 것이 좋다.

④ 검색광고 전략을 수립할 때는 클릭률과 전환율은 정비례한다는 점을 활용한다.

39 다음 중 키워드와 소재는 매력적이라 클릭률은 높으나 실제로 방문한 사이트에서 전환이 충분하지 못한 상태는 어떤 경우인가?

① CTR, CVR이 모두 높은 경우

② CTR, CVR이 모두 낮은 경우

③ CTR은 낮고, CVR은 높은 경우

④ CTR은 높고, CVR은 낮은 경우

40 다음 중 효과적인 사이트 구성을 위한 UI/UX 전략으로 옳지 않은 것은?

① 전환을 유도할 수 있는 메뉴는 가장 눈에 잘 띄는 곳에 주목도가 높게 배치한다.

② 보안 모듈이나 각종 팝업창을 제거하는 것이 구매전환율 상승에 도움이 된다.

③ 최초 방문한 고객도 쉽게 상품을 탐색할 수 있도록 검색엔진 성능을 향상한다.

④ 고객의 이탈률이 높은 페이지부터 먼저 UI/UX 개선을 진행해야 한다.

PART 01
PART 02
PART 03
PART 04
PART 05
PART 06
PART 07

[답안 작성 요령]

⊙ 답안은 주어진 문제에 맞게 국문, 영문, 숫자, 기호 등으로 작성하시기 바랍니다.

※ 단답식 문항은 각 2점이며, 부분 점수는 없습니다.

※ 철자, 맞춤법이 틀릴 경우 오답 처리될 수 있습니다.

41 디지털 비즈니스의 구성 요소 중 새로운 가치 제안을 설명하는 아래의 내용 중에서 빈칸에 들어갈 용어는 무엇인가? (2점, 부분 점수 없음)

> – 디지털 활용도가 높은 신세대 고객의 경험과 눈높이에 맞는 콘텐츠와 서비스를 제공하는 (   ) 극대화가 중요하다.
>
> – 사람과 기기를 연결하는 장치를 개선하여 고객에게 편리한 환경을 제공하는 것으로 가치 제안이 가능한데, 이를 (   )라고 한다.

42 디지털 마케팅 시대의 소비자 변화에 대한 아래의 설명에서 괄호 안에 공통적으로 들어갈 용어는 무엇인가? (2점)

> – (   )는 특정한 기업의 제품 및 서비스를 식별하는 데 사용되는 명칭·기호·디자인 등의 총칭을 의미한다.
>
> – 디지털 소비자는 인지 후에 감성이 생기는 것이 아니라 감성이 생긴 후 (   )에 대한 정보를 탐색한다.
>
> – 광고의 역할은 제품에 대한 기능, 편익 전달을 넘어 (   )에 대한 느낌을 긍정적으로 변화시키는 것이다.

43 다음에서 설명하는 광고 용어는 무엇인가? (2점)

> 노출횟수 대비 클릭수를 의미하는 용어로, 광고가 방문자에게 노출된 횟수 중 몇 번의 클릭이 일어났는지를 백분율로 나타낸 광고 효과 지표이다.

44 검색광고의 효과를 거두기 위해서는 사용자의 욕구를 이해하는 것이 필요한데, 사용자의 욕구는 기능적 욕구, 감각적 욕구, 상징적 욕구 등에 따라 다양한 검색 패턴을 보인다. 다음의 사례에 적합한 욕구를 순서대로 입력하시오. (2점, 부분 점수 없음)

사례	사용자 욕구
롤렉스 시계, 벤츠 자동차	①
입안이 상쾌한 치약	②

45 디지털 광고의 산업구조에서 다음 설명에 해당하는 곳은 어디인가? (2점)

> – 매체사를 대신하여 수많은 광고대행사에 접촉하여 광고 지면을 판매하고 효율적으로 집행하는 것을 돕는 미디어 전문 관리 회사를 말한다.
> – 매체사 대신 광고를 수주하고 광고 인벤토리를 판매하는 것은 물론, 광고 효과를 극대화하는 매체 구성, 광고 소재 게재와 광고 효과를 측정하는 역할을 수행한다.

46 소비자의 5가지 유형 중에서 다음 설명에 해당하는 유형은 무엇인가? (2점)

> – 카테고리에 대한 강한 애정을 가지고 있으며, 제품 간의 미묘한 차이를 구분해 낼 수 있는 전문적인 지식도 가진 유형의 소비자를 말한다.
> – 애정과 지식이 있다고 해서, 특정 브랜드를 좋아하는 것은 아니며, 많은 정보를 바탕으로 다양한 브랜드들을 까다롭게 선택한다.
> – 다양성을 추구하면서 여러 가지 브랜드 제품들을 동시에 소비하기도 한다.

47 다음의 광고 보고서에서 총광고비는 얼마인가? (2점)

키워드	노출수	클릭수	CTR	CPC	구매율	구매건수	CPS
꽃다발	1,370,000	13,000	0.95%	1,200	7.69%	1,000	15,600

PART 01
PART 02
PART 03
PART 04
PART 05
PART 06
PART 07

48 광고관리 시스템에서 캠페인과 광고그룹, 키워드, 소재 등을 등록하고 운영 현황을 한꺼번에 파악할 수 있는 현황판을 부르는 명칭은 무엇인가? (2점)

49 구글애즈에서 다음에 해당하는 용어는 무엇인가? (2점)

> 세일즈에서 시작된 용어로, 집을 방문하는 세일즈맨이 구매 가망 고객의 연락처나 주소를 확보하는 것을 말한다. 구글애즈에서는 구매나 전환 직전에 연락처를 받는 행동으로 방문 예약, 설문 참여, 이벤트 신청 등을 통해 연락처 정보를 기입해 제품이나 서비스에 관심을 남기도록 유도하는 마케팅 전략을 부르는 명칭이다.

50 네이버와 카카오의 검색광고에 대한 설명으로 다음에 해당하는 용어는 무엇인가? (2점)

> 광고를 클릭한 고객이 확인할 수 있는 정보로, 광고 집행을 위해서는 이것을 먼저 등록해야 한다. 웹사이트, 전화번호, 앱, 스토리 채널 등 검색 사용자가 광고를 통해 도달하게 되는 사업자의 다양한 정보 등이 바로 이것에 해당한다.

51 다음은 네이버와 카카오 검색광고의 키워드 확장 검색 기능에 대한 설명이다. 괄호 안에 들어갈 숫자는? (2점)

> 카카오 키워드 광고의 과금 방식은 차순위 입찰가+(   )원으로, 차순위가 없으면, 최소 과금액인 70원이 과금된다.

52 의료기관이 검색광고를 집행할 때 꼭 필요한 다음의 번호는 무엇인가? (2점, 부분 점수 없음)

> 의료기관은 각 의료협회에서 의료광고 문안 사용에 대해 심의/승인을 받아 부여된 번호로, 설명 문안 말미에 반드시 기재해야 한다.

53 매체별 특화된 품질평가 정책을 시행하고 있는 ① 네이버와 ② 카카오의 PC 검색광고를 진행하고자 할 때 기본 품질평가점수는 각각 몇 점인가? (2점, 부분 점수 없음)

54 다음은 검색광고의 키워드 삽입에 관한 내용이다. 괄호 안에 공통적으로 들어갈 내용은 무엇인가? (2점)

> – 키워드 삽입이란 사용자가 검색창에 입력한 키워드가 설명 문구에 자동으로 삽입되어 노출하는 기능을 말한다.
> – 키워드 삽입 시 소재 전체 글자 수가 초과하거나 미달할 때 노출되기 위해서는 (   )를 입력해야 한다. 키워드 삽입 기능을 사용하면 (   )를 필수로 입력해야 하며, 매체별로 제목에 1개, 설명에 2개만 사용할 수 있다.

55 다음은 구글 검색광고에 관한 내용이다. 무엇에 대한 설명인가? (2점)

> – 특정 웹사이트나 페이지에 방문했던 사람들에게 쿠키를 심어 다시 노출하는 광고를 말한다.
> – 사이트를 방문한 적이 있는 사용자가 구글 및 검색 파트너 사이트에서 검색하거나 앱을 사용할 때 사용자에게 맞춰 입찰가와 광고를 설정하는 기능이다.
> – '사이트 방문자 데이터'를 모수로 진행되며, 모수에 해당하는 유저가 검색하면 일반 노출과 다른 광고를 설정할 수 있으며, 각 모수에 맞는 광고 문안의 작성이 가능하다.

56 비용은 광고비 이외는 없고, 판매단가는 25,000원인 광고주가 CPS가 2,000원인 키워드에 10,000,000원의 광고비를 사용하였다고 하였을 때 ① ROI와 ② ROAS를 구하여라. (2점, 부분 점수 없음)

57 아래에서 괄호 안에 공통적으로 들어갈 용어는 무엇인가? (2점)

$$- \text{CPC} = \frac{총광고비}{(\quad)}$$

$$- \text{CTR} = \frac{(\quad)}{노출수} \times 100$$

$$- \text{CVR} = \frac{전환수}{(\quad)} \times 100$$

58 아래와 같은 광고 효과 보고서를 분석하였다. 아래 (①)과 (②)에 알맞은 값은 얼마인가? (각 1점, 소수점 이하는 반올림)

구분	관련 정보	광고 효과
광고 정보	– 광고비: 10,000,000원 – 광고를 통한 방문자수: 13,000명 – 광고를 통한 구매건수: 1,000개	– 구매전환율=7.69% – ROI=300% – ROAS=700%
매출 정보	– 개당 판매 가격: 50,000원 – 개당 판매 비용: 20,000원	– CPC=(①)원 – CPS=(②)원

[59~60] 다음은 어느 건강식품 쇼핑몰의 광고결과표이다.

키워드	노출수	클릭수	클릭률 (%)	CPC (원)	총비용 (원)	전환수	전환율 (%)	전환 매출액 (원)	직접 전환수	간접 전환수	직접 전환 매출액 (원)	간접 전환 매출액 (원)
식이섬유	4,132	743	18%	615	456,720	31	4.2%	1,270,400	3	28	43,200	1,227,200
식물성캡슐	2,546	545	21%	634	345,720	28	5.1%	1,329,500	8	20	132,000	1,197,500
홍삼정	2,235	321	14%	881	282,654	25	7.8%	317,200	3	22	17,200	300,000
오메가3	1,235	105	9%	2,050	215,302	6	5.7%	840,700	2	4	40,700	800,000
비타민D	924	123	13%	1,623	199,689	10	8.1%	994,400	4	6	46,000	948,400
프로바이오	724	92	13%	1,858	170,901	8	8.7%	752,600	2	6	52,600	700,000
미네랄	652	56	9%	2,601	145,631	15	26.8%	546,300	2	13	46,300	500,000
생유산균	456	34	7%	1,764	59,990	12	35.3%	322,000	2	10	122,000	200,000
칼슘	325	27	8%	501	13,540	6	22.2%	36,300	2	4	26,300	10,000
사과즙	243	22	9%	352	7,754	5	22.7%	24,400	1	4	14,400	10,000
합계	13,472	2,068	15%	918	1,897,901	146	7.1%	6,433,800	29	117	540,700	5,893,100

59 위 키워드 중에서 전환당비용이 가장 높은 키워드 ①과 광고수익률이 가장 높은 키워드 ②는 각각 무엇인가? (2점, 부분 점수 없음)

60 위의 데이터를 참고하여, 아래 설명에서 괄호 안에 들어갈 숫자의 모든 합은 얼마인가? (2점, 소수점 이하 버림)

> − 전체 간접전환수는 직접전환수의 (①)배로 간접전환의 비중이 큰 쇼핑몰이다.
> − 전체 키워드 광고수익률은 (②)%를 기록했다(직/간접전환 포함).
> − 평균 광고수익률보다 낮은 광고수익률을 기록한 키워드의 수는 (③)개이다.

PART

06

정답 & 해설

2025년 기출 복원문제 01회 278p

객관식

01 ②	02 ③	03 ③	04 ④	05 ④
06 ①	07 ②	08 ③	09 ④	10 ①
11 ②	12 ④	13 ①	14 ③	15 ②
16 ③	17 ①	18 ③	19 ①	20 ④
21 ②	22 ④	23 ①	24 ③	25 ②
26 ④	27 ②	28 ④	29 ①	30 ③
31 ②	32 ③	33 ①	34 ③	35 ①
36 ④	37 ①	38 ④	39 ①	40 ③

단답식

41 G2C(또는 GtoC)
42 클라우드 (컴퓨팅)
43 트래픽, 브랜드
44 직접전환(수)
45 3%
46 고객여정(Customer Journey)
47 반응형 소재
48 GDN(Google Display Network)
49 IP(주소)
50 CTR(또는 클릭률)
51 250원
52 200, 1000
53 세션(Session)
54 20%
55 1%
56 400%
57 300(회)
58 (광고)대행사
59 매체믹스 (전략) 또는 미디어믹스 (전략)
60 품질지수, QI(Quality Index)

객관식

01 ②
디지털 미디어의 보급과 디바이스 다양화에 따라 기업은 오히려 막대한 플랫폼 개발, 운영비 투자가 필요하며, 이를 유지하기 위한 인건비, 시스템 비용 등이 지속적으로 지출되므로 비용 부담이 적다는 것은 사실과 다르다.

02 ③
디지털 시대의 커뮤니케이션 전략 핵심은 소비자 욕구이며, 양방향 커뮤니케이션이 매우 중요하므로 기업 중심의 일방향 소통으로 회귀했다는 설명은 옳지 않다.

03 ③
IMP(노출수)는 이용자에게 광고가 보여진 횟수를 의미하는 지표이다.

> **오답 피하기**
> - ①: CVR(전환율)은 (전환수÷클릭수)×100으로 계산되며 지문의 설명은 클릭수에 해당한다.
> - ②: CTR(클릭률)은 CTR(클릭률)은 (클릭수÷노출수)×100으로 계산되며, 지문의 설명은 CPA(전환당 비용)에 해당한다.
> - ④: ROAS(광고수익률) ROAS(광고수익률)는 투입한 광고비 대비 판매된 매출액을 뜻한다. 지문의 설명은 ROI(투자수익률)에 해당한다.

04 ④
디지털 경제 시대에는 고객들이 어느 정도 지불할 의사가 있는지에 따라 가격이 결정된다.

> **오답 피하기**
> - ①: 과거 산업 경제 시대의 가격 결정 방식이며, 디지털 경제 시대의 가격 결정 방식은 아니다.
> - ②: 오프라인 경험을 완벽히 재현하는 것이 가격 결정의 핵심 메커니즘은 아니다.
> - ③: 디지털 경제 시대의 특징은 소비자가 가격과 기능을 자유롭게 비교 검토할 수 있다는 점이다.

05 ④

경쟁사 광고를 실시간 모니터링하는 것은 좋으나, 자사 광고에 그대로 반영할 경우 광고를 타사 광고로 오해하게 하거나 소비자로부터 호감을 얻지 못하는 경우가 발생할 수 있어 바람직하지 않다.

06 ①

디지털 커뮤니케이션에서 오가는 정보는 일반적인 광고와 달리 주로 실제 경험에 근거한 것이 많다.

오답 피하기

- ②: 디지털 광고는 4대 매체보다 상대적으로 저렴한 비용으로 광고 집행이 가능하지만, 폭넓고 막강한 매체력을 가지지는 않는다.
- ③: 디지털 광고는 고객의 반응을 정밀하고 즉각적으로 측정할 수 있다.
- ④: 디지털 시대에는 뛰어난 아이디어만 있으면 특별한 기반이나 조직력 없이도 훌륭한 비즈니스 모델을 구축할 수 있다.

07 ②

애드서버(Adserver)는 광고물을 게재·삭제하고 광고 통계 리포트를 자동 산출해 주는 자동 시스템을 말한다. 디지털 광고는 대부분 애드서버를 통해 제공되며, 광고 관리 서버는 주로 매체사의 콘텐츠가 있는 서버에 있으므로 광고 관리를 광고주의 랜딩페이지가 있는 서버가 담당한다는 설명은 옳지 않다.

08 ③

배너 광고는 이미지, 동영상 형태로 노출되며, 많은 노출을 통해 브랜드 인지도를 향상시키는 데 효과적이다.

오답 피하기

- ①: 일반적으로 검색광고가 이용자 의도가 뚜렷해 클릭률(CTR)과 전환율이 더 높다.
- ②: 세부 타겟팅(지역/연령/성별 등)이 항상 가능한 것이 아니다.
- ④: 배너 광고는 규격이 정해져 있으며, 공간이 크지 않아 한꺼번에 많은 정보를 주는 것이 장점은 아니다.

09 ④

네이버 키워드 도구는 키워드별 조회수, 클릭수 등 예상 실적을 제공하지만, 전환, 전환 매출, 광고수익률(ROAS) 등의 전환 성과를 확인하려면 프리미엄 로그분석(무료) 설치가 필요하다. 따라서 구매전환 데이터를 바로 확인할 수 있다는 설명은 옳지 않다.

10 ①

매출 성장률은 기업의 경영 성과 및 시장 규모에 대한 지표로, 디지털 광고 시스템에서 제공하는 직접적인 광고 효과 측정 지표(CTR, CVR, CPC, CPA 등)로 보기에는 어렵다. 따라서 디지털 광고 효과 지표에는 매출 성장률이 포함되지 않는다.

11 ②

의약품이나 콘택트렌즈 등은 온라인 판매가 제한되는 상품에 해당하므로 광고가 불가하다.

오답 피하기

- ①: 사이트가 접속되지 않거나 완성되지 않은 경우는 원천적으로 광고할 수 없다.
- ③: 문신이나 반영구 시술 서비스 등을 제공하는 의료기관 사이트는 광고 등록이 제한된다.
- ④: 네이버 검색광고주 계정은 사업자의 경우 최대 5개, 개인은 최대 2개까지 생성할 수 있다.

12 ④

가용예산 활용법은 기업 운영에 필요한 고정 비용을 먼저 책정하고 남은 비용을 광고에 사용하는 방식인데, 이는 경쟁이 치열해서 광고 지출이 많은 사업 분야나 온라인 광고에 집중하는 기업에는 부적절하다.

13 ①

네이버 광고 시스템에서 예산이 모두 소진되었을 때 시스템이 자동으로 예산을 상승시키는 것이 아니라, 광고주가 미리 '광고비가 5만 원 이상이면 예산 변경' 등의 규칙을 등록해야만 작동한다. 자동 규칙은 '하루예산 변경하기' 기능을 제공하지만, 이는 광고주가 설정한 특정한 조건이 충족될 때 지정된 작업을 수행하는 기능이기 때문이다. 또한, 광고 예산 도달 시에는 광고그룹 또는 캠페인 단위의 하루 예산을 변경해야 한다(25.8.31 기준으로 네이버 검색광고의 자동 규칙 기능 서비스가 종료됨).

14 ③

로그분석을 위한 전환 추적 스크립트 삽입은 광고주 본인이 직접 할 수 있으며, 대행사를 통해서만 설치 가능하다는 설명은 옳지 않다.

15 ②

구글의 품질평가점수는 예상 클릭률, 광고 관련성, 방문 페이지 만족도를 통합적으로 고려하지만, 평가 단위는 키워드 단위로 산출된다(1~10점).

PART 01
PART 02
PART 03
PART 04
PART 05
PART 06
PART 07

16 ③

동일 사업자가 소유 · 운영하더라도 제공하는 상품 또는 서비스가 차별적인 사이트는 동일한 키워드로 동일 광고 영역에 최대 3개까지 중복하여 노출될 수 있다.

17 ①

네이버에서 입찰가는 키워드 개별 입찰가가 광고그룹 기본 입찰가보다 우선하여 적용된다.

오답 피하기

- ②: 키워드 확장을 통한 광고 노출 시에는 해당 광고그룹의 기본 입찰가를 반영한다.
- ③: 키워드 개별 입찰가가 입력되어 있지 않은 경우 광고그룹의 기본 입찰가를 따르므로 시스템에서 실시간으로 평균 입찰가를 산정하여 적용한다는 설명은 옳지 않다.
- ④: 광고그룹의 기본 입찰가는 그룹 내 키워드에 대한 기본 입찰 기준이 되지만, 이미 키워드별로 '고정입찰'을 설정한 경우 해당 키워드의 개별 입찰가는 광고그룹의 기본 입찰가 변경에 영향을 받지 않는다.

18 ③

카카오 광고그룹 하위 메뉴에는 키워드, 확장 제외 키워드, 소재, 확장 소재 탭이 있으며, [+ 타겟팅 탭 추가]를 통해 노출 요일/시간대, 지역 등을 설정할 수 있다.

오답 피하기

- ①: 일일 예산은 캠페인 및 광고그룹 단위에서 전략 설정이 가능하다.
- ②: 카카오 광고그룹 단위에서 집행 일자 수정 및 1시간 단위로 노출 요일 및 시간을 설정하는 것이 가능하다.
- ④: 카카오는 사용자가 선택할 수 있는 옵션 없이 성과 우선으로만 노출된다.

19 ①

네이버 통합검색 탭 결과에 파워링크는 최대 10개까지 노출되며, 위치 특성상 광고 주목도가 매우 높다.

오답 피하기

- ②: 네이버 모바일 통합검색 결과에서 파워링크는 상위에 노출되며, 하위에도 노출될 수 있다.
- ③: 네이버 PC/모바일 블로그 영역의 스마트블록 영역에 노출되는 것은 주로 파워콘텐츠 광고이다.
- ④: 파워링크는 네이버뿐만 아니라 제휴된 다른 매체를 통해서도 노출되는 광고 상품이다.

20 ④

- 전환율(CVR)=(전환수÷클릭수)×100
- 문제에서 이벤트 참여수 640건이 전환수에 해당하며, 클릭수는 3,200회이다.
- 전환율=(640건÷3,200회)×100=20%

21 ②

구글 검색광고는 타겟 CPA, 타겟 ROAS, 전환수 최대화 등 다양한 자동입찰 전략을 제공한다. 입찰 최대화는 광고 성과를 높이는 방법과 거리가 멀며, 광고비를 최대한 많이 사용하겠다는 의미이므로 구글 검색광고에서 제공하지 않는다.

22 ④

노출 점유율(Impression Share)은 광고가 잠재적으로 노출될 수 있었던 총 노출 가능 횟수 중에서 실제로 노출된 횟수의 비율을 의미한다. 광고 노출 여부는 순위지수(입찰가와 품질평가점수의 곱으로 결정)에 의해 결정된다.

오답 피하기

- ①: 구글 광고의 노출 순위(광고 순위)는 입찰가, 입찰 시의 광고 품질, 광고 순위 기준, 사용자 검색의 문맥, 광고 확장 및 다른 광고 형식의 예상 효과 등을 복합적으로 고려하여 계산된다.
- ②: 노출 점유율은 금액이 아닌 잠재적인 노출 기회 대비 실제 노출된 횟수의 비율을 의미하므로, 실제 지불 금액과는 거리가 있다.
- ③: 해당 내용은 구글 광고의 품질평가점수(Quality Score)에 대한 설명이다.

23 ①

광고 로테이션은 성과가 좋은 소재에 노출 비중을 높여주는 방식(최적화) 외에도, 소재를 균등하게 노출하는 방식 등 다양한 설정이 가능하다. 따라서 '성능 최적화 방식만 제공한다'는 설명은 틀린 내용이다.

24 ③

캠페인이 만들어지고 광고가 시작되면 다른 캠페인 유형으로 전환할 수 없다.

오답 피하기

④의 자동규칙 기능은 캠페인, 광고그룹, 키워드 등의 규칙 대상에 적용할 수 있으며, 하루 예산 변경하기 기능 역시 캠페인 단위에서도 수행할 수 있다.

25 ②

키워드 도구는 키워드 입력 시 연관 키워드를 추천하며, 키워드별 월간 검색수, 클릭수, 클릭률 등 예상 실적 데이터를 제공한다.

오답 피하기
- ①: 네이버 키워드 도구에서는 최대 5개까지 키워드를 동시에 입력하여 관련성 높은 키워드를 조회할 수 있다.
- ③: 전환, 전환매출, 광고수익률 등의 전환 성과를 보고서에서 확인하려면 프리미엄 로그분석 설치가 필요하다. 키워드 도구에서 기본으로 제공하는 기능은 아니다.
- ④: 네이버 광고 시스템은 대량관리 기능을 통해 키워드, 소재 등의 정보를 파일로 대량 다운로드 및 업로드를 지원한다.

26 ④

네이버 파워링크나 쇼핑 검색 캠페인에 한하여 검수가 진행되며, 광고주는 비즈머니를 충전한 후 검토 진행 현황을 확인할 수 있다.

27 ②

네이버 쇼핑에 반영된 정보가 광고 시스템으로 연동되는 시간은 시스템 상황에 따라 최대 24시간까지 소요될 수 있으므로 실제 광고 노출까지 시간이 걸릴 수 있다.

오답 피하기
- ①: 쇼핑 검색광고는 일반 상품형과 제품 카탈로그형의 최소 입찰가는 50원부터 시작한다.
- ③: 쇼핑 검색광고는 지역, 요일 및 시간 타겟팅이 제한된다.
- ④: 상품 카테고리는 상품별로 최대 3개까지 등록하는 것이 가능하다.

28 ④

쇼핑 검색광고의 확장 소재는 톡톡, 추가 홍보 문구만 등록할 수 있다. 따라서 파워링크 광고의 확장 소재(전화번호, 위치정보, 네이버 예약 등 다양한 유형)도 모두 등록할 수 있는 것은 아니다.

29 ①

검색광고는 클릭에 대해서만 비용이 부과되는 종량제(CPC) 광고 상품이다. 광고 운영 시스템을 통해 ON/OFF, 입찰가, 예산 등을 실시간으로 탄력적 운영하는 것이 가능하다.

30 ③

카카오에서 확장 검색을 설정하는 단위는 광고그룹이며, 이는 등록 키워드와 연관성 있는 키워드에 광고를 노출하는 기능이다.

오답 피하기
- ①: 카카오 키워드 광고 구조는 '계정 → 캠페인 → 광고그룹 → 키워드 → 소재'로 구성된다.
- ②: 일일 예산 설정은 캠페인 및 광고그룹 단위에서 모두 가능하고, 노출 요일/시간은 광고그룹 단위에서 설정할 수 있다.
- ④: 카카오의 광고 소재 노출 방식은 과거에는 랜덤 노출과 성과 우선 노출 중 선택 가능했으나, 현재는 성과 우선 노출만 가능하다.

31 ②

파워콘텐츠는 네이버 광고 시스템에 통합되었으며, 노출 기간 동안 클릭이 일어난 횟수에 따라 비용을 지불하는 CPC 과금 방식이다.

오답 피하기
- ①: 파워콘텐츠는 네이버 광고 시스템에 통합되어 등록 및 운영된다.
- ③: 파워콘텐츠는 통합검색 결과의 스마트블록 영역 등에 노출되며, 일반 블로그 영역이 아니다.
- ④: 파워콘텐츠는 소재 내 구매한 '키워드'가 포함되어 있거나 '키워드'의 핵심 단어가 포함되어야 광고가 가능하다.

32 ③

구글 광고는 캠페인 설정 단계에서 네트워크, 위치, 언어, 입찰 및 예산, 광고 확장 등의 노출 전략을 설정한다.

오답 피하기
- ①: 키워드별 품질평가점수는 키워드 단위로 산출되며, 캠페인 설정 단계의 항목이 아니다.
- ②: 소재 등록은 광고그룹 단위에서 이루어진다.
- ④: 광고 순환 게재 설정은 광고그룹 수준이 아니라 캠페인 단위에서 선택할 수 있다.

33 ①

카카오 광고 시스템의 입찰가중치 설정 범위는 10~500%이며, 1% 단위로 설정이 가능하다.

34 ③

- ROAS(Return On Ad Spend)=(광고를 통한 매출액÷총광고비)×100
- 각 그룹의 광고비는 클릭수×CPC로 산출
  - A 그룹 광고비: 2,000×400=800,000원
  - B 그룹 광고비: 3,000×500=1,500,000원
  - C 그룹 광고비: 2,000×400=800,000원
  - D 그룹 광고비: 3,000×500=1,500,000원
- 각 그룹의 매출액은 전환수×객단가로 산출
  - A 그룹 매출액: 20×50,000=1,000,000원
  - B 그룹 매출액: 45×50,000=2,250,000원
  - C 그룹 매출액: 40×50,000=2,000,000원
  - D 그룹 매출액: 50×50,000=2,500,000원
- 각 그룹의 ROAS 계산
  - A 그룹 ROAS: (1,000,000÷800,000)×100=125%
  - B 그룹 ROAS: (2,250,000÷1,500,000)×100=150%
  - C 그룹 ROAS: (2,000,000÷800,000)×100=250%(가장 높음)
  - D 그룹 ROAS: (2,500,000÷1,500,000)×100÷166.67%
- 따라서 ROAS가 가장 높은 그룹은 C 그룹이다.

35 ①

ROAS를 상승시키는 방법 중 하나는 입찰 단가가 낮은 키워드를 선정하는 것이다. 또한 예산이 한정된 경우에는 CPC가 낮은 키워드를 선별하여 운영하는 것이 필요하다.

오답 피하기

- ②: CTR이 높다는 것은 광고 소재와 키워드가 매력적임을 의미한다. 이러한 키워드는 일반적으로 노출 순위를 높여 더 많은 클릭(유입)을 유도하는 것이 효과적이며, 노출 순위를 낮추는 것은 효율 개선 조치로 보기 어렵다.
- ③: 광고비용이 다소 높더라도 타겟과 지면이 가장 적합한 매체라면 전략적으로 선택하여 미디어 믹스를 할 수 있으므로 효율만을 이유로 적합한 매체를 제외하는 것은 옳지 않다.
- ④: 일반적으로 이벤트 페이지나 상세 상품 페이지가 메인페이지 보다 전환율이 더 우수한 경우가 많으므로 랜딩페이지를 메인페이지로 일괄 조정하는 것은 구매 전환율을 높이는 효과적인 방법이 아닐 수 있다.

36 ④

검색광고는 소비자가 능동적으로 노출, 클릭, 구매의 단계를 거치며, 이 단계를 분석하여 광고 효과를 극대화한다.

오답 피하기

- ①: 검색광고의 소비자 행동 단계는 노출 → 클릭 → 구매(전환) 순서로 진행된다.
- ②: 노출당 비용(CPI)은 노출 횟수당 비용을 의미하며, CPC가 클릭에 대한 과금이다.
- ③: 전환율(CVR)은 일반적으로 클릭수 대비 전환수를 나타내며, 클릭 단계와 구매 단계 사이의 효율성을 측정한다.

37 ①

- 클릭수=노출수×클릭률(CTR)=1,000,000회×4%(0.04)=40,000회
- 전환수=클릭수×전환율(CVR)=40,000회×5%(0.05)=2,000회

38 ④

CTR과 CVR이 모두 높다는 것은 키워드, 소재, 랜딩페이지가 모두 매력적이고 최적의 상태에 있음을 의미한다. 이 경우 기존 요소를 '수정'할 필요는 없고, 효율이 높은 키워드를 중심으로 유사 키워드를 발굴하거나 매체를 확장하는 등의 공격적인 전략을 통해 성과를 극대화해야 한다.

39 ①

CPL은 잠재고객(Lead) 1명을 얻는 데 투입된 평균 비용으로, 전환당 비용(CPA)의 일종이다. CPA나 CPL과 같은 비용 지표는 낮을수록 광고 효율이 높다.

오답 피하기

- ②: CPC가 높아지면 총광고비가 커지므로, CPS(총광고비÷구매건수)도 높아지는 경향이 있으므로 항상 낮아진다는 설명은 옳지 않다.
- ③: ROAS는 투입된 광고비 대비 매출액을 나타내는 비율이며, 이익을 나타내는 지표는 ROI(투자수익률)이다.
- ④: CVR(전환수÷클릭수)이 낮아지면, 전환수(구매건수)가 적어지므로, CPA(총광고비÷전환수)는 높아지게 된다.

40 ③

웹사이트에 방문한 사용자가 해당 페이지에서 다른 페이지로 이동하지 않고 바로 이탈한 횟수의 비율은 반송율을 의미하며, 랜딩페이지의 효과 분석에 사용되는 중요한 지표이다.

단답식

41 G2C(또는 GtoC)

G2C는 Government to Citizen 또는 Government to Consumer의 약어로, 정부 기관이 시민이나 소비자에게 전자적인 방법으로 서비스나 정보를 제공하는 형태의 온라인 비즈니스 모델을 의미한다. 온라인 비즈니스는 전통적인 비즈니스와 달리 고객 정보의 양과 질, 고객 경험과 가치 공유 등을 주요 경영 활동 대상으로 한다.

42 클라우드 (컴퓨팅)

클라우드 컴퓨팅은 구글, 네이버 등 검색광고 서비스 업체에서 활용될 수 있는, 인터넷 기반 서버를 통해 데이터 저장 및 처리, 콘텐츠 사용 서비스를 제공하는 기술을 말한다. 이는 사용자가 물리적인 자원을 직접 소유하거나 관리하지 않고도 컴퓨팅 자원을 이용할 수 있게 해주는 기술이다.

43 트래픽, 브랜드

온라인 광고를 집행하는 목적 중 하나는 웹사이트로의 방문자 수, 즉 트래픽(Traffic)을 늘리는 것이다. 특히 구글 디스플레이 광고(GDN) 등 이미지나 동영상 형태의 광고는 브랜드(Brand) 인지도 향상과 새로운 고객층 확보에 효과적이다. 광고의 역할은 제품의 기능이나 편익 전달을 넘어 브랜드에 대한 느낌을 긍정적으로 변화시키는 것이다.

44 직접전환(수)

네이버 검색광고는 전환을 직접전환과 간접전환으로 구분하여 측정한다. 직접전환은 광고 클릭 이후 30분 이내에 발생한 전환을 의미하며, 즉각적이고 명확한 광고 성과로 간주된다. 반면, 간접전환은 광고 클릭 후 30분부터 전환 추적 기간(7~20일 사이) 내에 발생한 전환수를 말한다.

45 3%

- 방문자 수=3,000,000원÷150원=20,000명
- 매출액=3,000,000원×(700%÷100)=3,000,000원×7=21,000,000원
- 구매건수=21,000,000원÷35,000원=600건
- 구매전환율=(구매건수÷방문자 수)×100=(600건÷20,000명)×100=3%

46 고객여정(Customer Journey)

온라인 비즈니스에서 기업 경영 활동의 주요 대상은 고객 정보의 양과 질, 고객 경험과 가치의 공유 등이다. 고객 여정은 고객이 브랜드를 인식하고 최종적으로 구매에 이르기까지 상호작용하며 경험하는 모든 단계를 의미하며, 이는 디지털 마케팅 전략 수립의 핵심 요소가 된다.

47 반응형 소재

네이버 검색광고 소재 유형은 반응형 소재와 단일형 소재로 나뉘며 반응형 소재의 경우 광고 제목은 총 15개까지, 설명은 총 4개까지 등록할 수 있다.

48 GDN(Google Display Network)

구글애즈 캠페인 유형 중 검색광고 외에 디스플레이 광고를 선택할 수 있으며, 노출 위치를 '검색 네트워크'와 '디스플레이 네트워크' 중에서 선택할 수 있다. 검색광고가 키워드 검색 시 노출되는 반면, 디스플레이 네트워크는 사용자의 검색 여부와 무관하게 콘텐츠 기반 환경(웹사이트, 유튜브 등)에 노출되는 광고이며, 일반적으로 GDN(Google Display Network)이라고 불린다.

49 IP(주소)

네이버는 무효 클릭으로부터 광고주를 보호하기 위해 클린센터를 운영한다. 무효 클릭이 의심되는 경우, 네이버 클린센터에 광고 클릭이 일어난 날짜와 시각, 해당 키워드, 광고를 클릭한 기기의 IP 주소, 광고 게재 중인 URL 등을 제공하여 검증을 요청할 수 있다. 또한, 네이버는 광고 노출 제한 기능을 통해 최대 600개의 IP 주소 또는 블록 등록이 가능하다.

50 CTR(또는 클릭률)

광고 성과 분석 시, 전환율과 클릭률을 함께 고려한다. 전환율은 높지만, 클릭률(CTR)이 낮은 키워드는 랜딩페이지의 품질(전환 유도 능력)은 좋지만, 광고 소재나 노출 순위가 낮아 잠재고객의 유입(클릭)이 충분하지 않은 상태로 해석된다. 이 경우, 클릭률을 높이기 위해 광고 소재와 문구를 다양하게 집행하여 최적화하거나, 입찰 순위를 높이는 전략(상위 입찰 전략 검토)을 취해야 한다.

51 250원

CPC(Cost Per Click, 클릭당 비용)는 총광고비를 클릭수로 나눈 값이다. 제공된 자료에서 클릭수가 직접 주어지지 않았으므로, 노출수와 클릭률(CTR)을 이용하여 클릭수를 먼저 구해야 한다. 클릭률(CTR)은 (클릭수÷노출수)×100으로 산출된다.

- 클릭수=노출수×(CTR÷100)
- 클릭수=500,000×(4÷100)
- 클릭수=500,000×0.04=20,000

↓ 계산된 클릭수를 공식에 대입하여 CPC를 산출한다.
- 총광고비: 5,000,000원
- 클릭수: 20,000회
- CPC=5,000,000÷20,000=250원

52 200, 1000

네이버 캠페인은 계정당 최대 200개, 카카오는 검색광고에서 계정당 최대 1,000개의 캠페인을 생성할 수 있다.

53 세션(Session)

구글 애널리틱스(GA)는 데이터 수집 방식을 Universal Analytics(UA)에서 GA4로 변경했다. GA4는 사용자의 모든 행동을 이벤트(Event)를 중심으로 측정하며, 이는 기존 UA가 웹사이트 방문 시점부터 이탈 시점까지의 활동을 묶어 측정했던 세션(Session)을 주요 기준으로 삼았던 방식과 대비된다.

54 20%

CVR(Conversion Rate, 전환율)은 웹사이트에 방문한 고객 중 광고 목표에 맞는 전환 액션(이 문제에서는 회원 가입)을 수행한 비율을 의미한다. 주어진 클릭수(방문수)와 전환수 데이터를 공식에 대입하여 CVR을 산출한다. 총광고비는 CVR 계산에는 직접 사용되지 않는다.

- CVR=전환수÷클릭수×100
- 클릭수: 10,000회
- 전환수: 2,000건
- CVR=2,000÷10,000×100=0.2×100=20%

55 1%

- 매출액=광고비×(ROAS÷100)
  =3,000,000원×7
  =21,000,000원
- 구매건수=매출액÷물품 단가
  =21,000,000원÷35,000원
  =600건
- 클릭수=구매건수÷(구매전환율÷100)
  (구매전환율(CVR)=(구매건수÷클릭수)×100 공식을 역산함)
  =600건÷(3÷100)
  =600건÷0.03
  =20,000회
- 광고클릭율(CTR)=(클릭수÷노출수)×100
  =(20,000회÷2,000,000회)×100
  =0.01×100
  =1%

56 400%

- 클릭수=1,000,000(노출수)×5%(클릭률)=50,000
- 광고비=50,000(클릭수)×200(CPC)=10,000,000
- 전환수=50,000(클릭수)×5%(전환율)=2,500
- 매출액=2,500(전환수)×16,000(상품단가)=40,000,000
- ROAS=40,000,000(매출액)÷10,000,000(광고비)×100= 400%

57 300(회)

- 전환수는 클릭수(방문수)와 전환율(CVR)을 이용하여 산출할 수 있다.
- 클릭률(CTR)=클릭수÷노출수×100이므로 클릭수를 먼저 계산해야 한다.
- 클릭수=노출수×CTR÷100=400,000×(1.5÷100)= 400,000×0.015=6,000
- 전환수(구매건수)=클릭수×CVR÷100=6,000×(5÷100)= 6,000×0.05=300
- 따라서 총전환수는 300회이다.

58 (광고)대행사

광고대행사는 광고 예산을 편성하고 광고 게재를 희망하는 광고주를 대신하여, 비즈니스 목표에 적합한 전략을 제시하고 마케팅 전반적인 업무를 수행하는 주체이다. 이는 광고주, 미디어 렙, 검색광고 서비스 업체와 함께 검색광고의 주요 참여 주체 중 하나이다.

59 매체믹스 (전략) 또는 미디어믹스 (전략)

미디어 믹스는 다양한 미디어(매체)와 비히클(광고 상품)을 조합하여 최고의 성과를 낼 수 있는 방법을 의미하며, 매체 믹스라고도 부른다. 검색광고 기획에서 매체의 특성과 사용자 검색 형태를 고려하여 복수의 매체를 조합하는 것은 광고 효과를 극대화하는 데 매우 주요한 단계이다.

60 품질지수, QI(Quality Index)

검색광고의 노출 순위는 입찰가와 품질지수를 고려하여 결정된다. 이 지수(품질평가점수)는 광고 효과, 광고하는 키워드와 광고 문안의 연관도, 키워드와 사이트의 연관도 등 사용자 입장에서 고려하여 중요한 여러 요소를 포함한다. 품질이 높은 광고는 낮은 광고와 비교하여 더 낮은 비용으로 높은 순위에 노출될 수 있으며, 네이버와 카카오에서는 이 지수를 7단계 막대 형태로 보여준다. 구글에서는 1~10점으로 산정한다.

2025년 기출 복원문제 02회

293p

객관식

01	④	02	②	03	②	04	④	05	③
06	②	07	②	08	①	09	③	10	③
11	③	12	①	13	②	14	④	15	①
16	④	17	①	18	③	19	②	20	③
21	②	22	④	23	④	24	③	25	①
26	①	27	④	28	②	29	③	30	④
31	④	32	③	33	①	34	③	35	①
36	②	37	②	38	④	39	②	40	①

단답식

41 커뮤니티 마케팅
42 CPA
43 웹툰
44 인-피드 광고
45 (1) 캠페인, (2) 광고그룹, (3) 키워드,
 (4) (광고)소재
46 비즈채널
47 4
48 성과 기반 노출, 동일 비중 노출 ※ 순서 무관
49 균등배분(하루예산 균등 배분)
50 30, 30개
51 중복률, 높은 게재순위비율
52 360원, 360
53 25% ※ 단위 누락 시 0점
54 이벤트(Event)
55 200% ※ 단위 누락 시 0점
56 500원(오백원), 500
57 10% ※ 단위 누락 시 0점
58 (ㄱ) 1,000, (ㄴ) 50, (ㄷ) 5
59 2% ※ 단위 누락 시 0점
60 400, 400회, 400번

객관식

01 ④

온라인 비즈니스의 주요한 경영 활동 대상은 고객 정보의 양과 질, 고객 경험 등이다.

02 ②

어디서나 필요한 콘텐츠를 바로 찾아볼 수 있으므로 하드디스크 저장 장치가 필수적으로 요구되는 것은 아니다.

03 ②

음성 입력(Voice Input)뿐 아니라 텍스트 입력을 통해서도 정보 검색 서비스를 이용할 수 있다.

04 ④

개인정보보호의 중요성이 커지고 광고 회피 가능성이 커지면서 불특정 다수에게 광고를 푸시(Push) 하는 마케팅 방식은 점차 줄어들고 있다.

05 ③

매체믹스 전략의 장점은 다양한 종류의 매체와 광고 상품을 믹스하여 효과를 극대화하는 것이다. 점유율이 높은 사이트 하나에 광고를 집중하는 것은 다양한 고객에게 도달하고 다양한 전환 기회를 확보하는 데 부적절하다.

06 ②

제휴 광고는 광고주가 직접 운영하는 웹사이트, 블로그나 카페에 제휴를 맺어 광고를 노출하는 광고 기법을 말한다. 제시된 설명은 검색광고의 정의이므로 틀린 설명이다.

더 알아보기

스냅 광고(Snap Ads)는 스냅챗 플랫폼에서 집행하는 세로형·체험형 광고 상품의 명칭이다. 풀스크린 세로형 동영상에 스와이프 업(랜딩/구매 연결)을 결합하거나 AR 체험을 연동하는 것이 특징이다. 우리나라에서는 잘 사용하지 않는 스냅챗에 대한 지문이 출제되었다. 이런 경우는 먼저 교재와 다른 설명이 있는지 먼저 검토하고, 다른 것이 없는 경우에 해당 지문과 같이 교재에 없는 내용을 의심하는 것이 효과적이다. 문제에서 ②는 검색광고에 해당하여 명백하게 틀렸으므로 스냅 광고에 대한 설명은 검토할 필요가 없다.

07 ②

검색광고는 클릭이 발생했을 때만 과금되는 종량제(CPC) 방식이다. 노출 시 과금되거나 정액제인 것은 검색광고의 일반적인 특징과 거리가 먼 설명이다.

08 ①

검색광고는 클릭당 비용(CPC)이 발생하는 종량제 상품이다. 노출 기간에 따라 광고비가 지불되는 방식이라는 설명은 틀리다.

09 ③

디지털 커뮤니케이션은 주로 실제 경험에 근거하는 특징이 있어 신뢰도가 높은 편이다. 다만, 출처나 플랫폼에 따라 신뢰도에 편차가 존재할 수 있다.

10 ③

디지털 마케팅은 과거처럼 인지도나 전환율을 높이는 것을 넘어 고객을 만들기 위한 싸움이다.

오답 피하기

①의 현대의 마케팅 패러다임은 브랜드 구축 중심에서 개인화나 의인화 등의 캐릭터 구축 중심으로 변화하고 있으므로 맞는 설명이다.

11 ③

디지털 미디어의 보급과 고객 사용 디바이스의 다양화는 오히려 막대한 플랫폼 개발, 운영비 투자를 필요로 하므로 기업의 비용 상승으로 이어진다.

12 ①

효과 분석은 광고를 최적화하고 개선하는 과정이며, 변하는 상황에 맞도록 지속적으로 수행되어야 한다.

13 ②

CPI는 노출수 대비 총광고비로 산출되며, 배너 광고 등에서 주로 사용되지만, 검색광고에서도 유의미한 지표로 활용된다.

오답 피하기

- ①: CTR은 노출수(IMP) 대비 클릭수(Clicks)의 비율을 말한다.
- ③: CVR은 광고를 클릭한 사용자가 구매나 회원가입 등의 전환 행동을 한 비율을 의미한다.
- ④: CPC는 클릭당 비용이 발생하는 종량제 광고 방식이며, 정액제는 CPT(Cost Per Time) 또는 CPM(Cost Per Mille) 광고의 특징이다.

14 ④

네이버는 최초 등록 시 같은 키워드가 노출되고 있는 광고 평균에 근접한 값으로 4단계(막대 4개)의 품질지수를 부여받는다. 참고로, 카카오의 경우 최초 등록 시 막대 0개에서 시작한다.

15 ①

네이버 광고 심사 가이드에 따르면, 사이트가 「청소년 보호법」에 따른 '청소년 유해 매체물'에 해당할 경우, 해당 사이트는 청소년 접근 제한 조치(성인 인증 절차)를 필수적으로 이행해야 한다. 따라서, 원천적으로 금지된 업종 (예 도박, 유흥업소, 성인 화상 채팅 등)이 아니라, 법령에 따른 청소년 유해 매체물이라면, 적법한 성인 인증 절차를 이행하는 경우 광고 게재가 가능하다.

16 ④

네이버 광고 시스템의 검수 절차는 광고주가 광고를 등록하고 비즈머니(광고비)를 충전한 후에야 비로소 시작된다. 반면, 카카오 광고 시스템은 광고캐시를 충전하지 않아도 검수가 진행된다. 따라서 네이버는 비즈머니 충전이 검수 진행의 필수적인 선행 조건이다.

17 ①

전화번호, 위치정보 비즈채널은 삭제 시 해당 채널을 사용한 확장 소재는 삭제되지만, 광고그룹은 삭제되지 않는다.

오답 피하기

- ②: 비즈채널은 광고주가 고객에게 상품 정보를 전달하고 판매하는 모든 채널을 의미하며, 광고 집행을 위한 필수 요소이다.
- ③: 웹사이트 유형의 비즈채널 삭제는 하위의 모든 요소와 품질지수에 치명적인 영향을 미치며 복구되지 않는다.
- ④: 웹사이트 채널 정보의 이미지는 시스템에 의해 자동 캡처되며, 임의 수정이 불가능하다.

18 ③

- CPC(클릭당비용, Cost Per Click)는 총광고비÷클릭수로 계산
- → CPC=2,500,000÷25,000=100원
- CVR(전환율, Conversion Rate)은 전환수÷클릭수×100으로 계산
- → CVR=1,000÷25,000×100=4%
- ROAS(광고수익률, Return On Ad Spend)는 광고를 통한 매출÷광고비×100로 계산
- → ROAS=10,000,000÷2,500,000×100=400%

19 ②

카카오의 품질지수는 네이버와 마찬가지로 7단계로 분류되지만, 최초 등록 시 막대 0개에서 시작하는 것이 특징이다.

PART 01
PART 02
PART 03
PART 04
PART 05
PART 06
PART 07

20 ③
- CPC(클릭당 비용)는 총광고비를 클릭수로 나눈 값이다.
- CPC=총광고비÷클릭수=1,000,000÷2,000=500
- CPC는 500원이다.

21 ②
광고캐시가 충전되지 않아도 검수가 진행된다.

22 ④
네이버는 전환매출액 추적 등을 위해 프리미엄 로그분석 서비스를 제공하며, 무료로 이용 가능하다. 또한, 카카오나 구글역시 기본적인 기능은 무료 사용이 가능하므로 모든 로그분석 기능을 유료로 지원하고 있다는 것은 틀린 표현이다.

23 ④
구글애즈 시스템 내에서 키워드의 성과 예상 실적을 확인할수 있는 도구는 키워드 플래너이다. 구글애즈의 '도구 및 설정' 탭에 있는 키워드 플래너를 통해 키워드에 대한 예상 실적을 확인할 수 있는 키워드 플래너는 키워드의 평균 조회수와 클릭수 등 예상 실적을 확인할 수 있다.

24 ③
구글애즈는 여러 광고 제목과 설명을 입력하면 자동으로 조합을 테스트하여 실적이 가장 좋은 조합을 학습하게 하는데, 이것이 반응형 광고의 핵심이며 광고 효력을 높여 실적을 극대화하는 데 도움이 된다.

오답 피하기
- ①: 구글은 광고 효력을 측정할 때 광고 문구의 다양성을 중요하게 평가하며, 여러 광고 제목과 설명을 입력하여 다양한 조합을 테스트하는 것을 권장한다.
- ②: 광고 효력 개선은 문구 자체의 품질, 관련성, 다양성 관리가 핵심이다. 입찰가 설정은 광고 순위 및 클릭당 비용(CPC)에 영향을 미치지만, 이는 광고 문구의 품질과 다양성을 개선하는 근본적인 방법이라기보다는 입찰 전략에 해당한다.
- ④: 구글 광고 효력은 광고 문구의 관련성, 품질, 다양성을 측정한다. 다양성을 낮추는 것은 광고 효력을 떨어뜨리는 행동이며, 구글 반응형 광고는 여러 문구를 등록하여 자동으로 조합을 테스트하는 방식이다.

25 ①
확장 소재는 노출 로직이나 지면 특성, 광고 성과 기여도 등에 따라 노출 여부 및 형태가 달라질 수 있으며, 특정 매체/업종에는 노출이 제한되기도 한다. 예를 들어, 네이버의 경우 모바일 통합검색에서는 광고 성과에 기여를 많이 하는 확장 소재가 우선 노출되며, 파워링크 이미지 확장 소재는 성인이나 병/의원 업종에 노출되지 않는다.

26 ①
순위 지수는 '입찰가×품질지수'로 이루어져 있으며, 광고 순위는 입찰가와 품질평가점수(품질지수)를 복합적으로 고려하여 결정된다.

27 ④
ROAS(광고수익률)는 광고비용 대비 매출액을 의미하며, 광고에서 발생하는 수익에 초점을 맞추는 비즈니스(이커머스)에 적합하다. 퍼포먼스 중심의 이커머스 광고주가 주로 사용하는 KPI로 ROAS, 전환수, CPC 등을 추가로 검토할 수 있다. CPC는 비용 지표, CTR는 소재 매력도 및 클릭 유도 지표, 노출수는 인지/도달 지표로, 모두 중요하지만 직접적으로 '수익성 극대화'를 목표로 할 때는 매출 대비 광고비를 측정하는 ROAS가 가장 핵심 KPI가 된다.

28 ②
1. 전환수(구매건수)=클릭수×구매전환율=10,000×0.05=500건
2. CPA(전환당 비용)=총광고비÷전환수=5,000,000÷500=10,000원

29 ③
ROI는 이익률을 측정하고 ROAS는 매출액을 측정하므로, ROI는 광고를 통한 수익(매출에서 비용을 뺀 값)을 광고비로 나눈 값이기 때문에, 매출액을 광고비로 나눈 값인 ROAS보다 클 수 없다.

오답 피하기
- ①: ROAS는 투입 광고비 대비 매출액을 말한다.
- ②: ROI=(매출−광고비)÷광고비×100이고, ROAS=매출÷광고비×100이므로 광고비 외에 다른 비용이 없을 때에도 두 값은 다르다(예 광고비 100만 원, 매출 200만 원이면 ROI=100%, ROAS=200%).
- ④: ROAS를 상승시킨다는 것은 광고비 대비 매출을 늘려야 한다는 의미이다. 입찰 단가가 낮은 키워드는 검색수와 매출 발생 가능성이 작아 ROAS 상승에 효과적이지 않을 수 있다.

30 ④
CPA(전환당 비용)는 전환을 발생시키는 데 소요되는 비용으로 이 비용이 낮을수록 광고 효과 또는 효율성이 높다고 평가할 수 있다.

31 ④

CTR 낮고 CVR 높은 경우 클릭률(CTR)이 낮다는 것은 노출 순위가 낮거나 광고 소재의 매력이 떨어진다는 것을 의미한다. 반면, 일단 사이트에 들어온 방문자가 전환(CVR)을 많이 한다는 것은 랜딩페이지 자체가 매우 효과적이고 매력적이라는 뜻이다. 따라서 가장 먼저 취해야 할 조치는 낮은 클릭률의 원인(주로 낮은 입찰 순위)을 파악하고 순위를 높여 잠재고객의 유입 규모를 늘리는 것이다.

32 ③

CPC(클릭당 비용)는 총광고비를 클릭수로 나눈 값으로 계산된다.

33 ①

- 클릭수=3,000, CPC(클릭당 비용)=300원
∴ 광고비=3,000×300=900,000원
- 판매량=540개, 단가=5,000원
∴ 매출=540×5,000=2,700,000원
- ROAS=(2,700,000÷900,000)×100=300%

34 ③

구글 시스템은 무효 클릭 및 노출을 파악하여 계정 데이터에서 삭제하지만, 자동 감지 시스템에서 잡아내지 못한 무효 클릭이 있을 경우 해당 클릭에 대해 크레딧(환불)을 받을 수 있다.

35 ①

1. 키워드별 총광고비 및 매출 계산

키워드	총광고비	광고를 통한 매출
A	5,000×80=400,000	100×10,000=1,000,000
B	4,000×125=500,000	200×5,000=1,000,000
C	10,000×300=3,000,000	300×20,000=6,000,000
D	5,000×200=1,000,000	400×5,000=2,000,000

2. 키워드별 ROAS 계산

키워드	ROAS(광고를 통한 매출÷총광고비×100)
A	1,000,000÷400,000×100=250%
B	1,000,000÷500,000×100=200%
C	6,000,000÷3,000,000×100=200%
D	2,000,000÷1,000,000×100=200%

A 키워드(250%)가 다른 모든 키워드에 비해 ROAS가 가장 높으므로, 가장 효율적인 키워드라고 볼 수 있다.

36 ②

품질평가지수에 영향을 미치는 주요 요소는 예상 클릭률(CTR), 광고 관련성, 방문 페이지 만족도(랜딩페이지 경험)이다. 웹사이트 디자인 자체보다는 페이지의 유용성 및 관련성이 중요하다.

오답 피하기

- ①: 네이버는 키워드 최초 등록 시 같은 키워드가 노출되고 있는 광고의 평균에 근접한 값인 4단계(막대 4개)의 품질지수를 부여한다.
- ③: 구글의 품질평가점수는 키워드 단위로 적용된다.
- ④: 네이버와 카카오의 품질지수는 7단계로 분류하여 막대 형태로 보여주며, 구글의 품질평가점수는 1~10점으로 평가된다.

37 ②

CPC=광고비÷클릭수=13,500,000÷45,000=300

38 ④

CTR과 CVR이 모두 높은 경우 클릭률과 전환율이 모두 높다는 것은 키워드, 광고 소재, 랜딩페이지의 연관성이 높고 광고가 성공적으로 운영되고 있음을 의미한다. 이 경우, 광고 효과를 극대화하기 위해 효율성이 검증된 이 키워드들을 기반으로 연관 키워드나 세부 키워드를 적극적으로 발굴하고 확장하여 더 많은 매출 기회를 확보해야 한다.

39 ②

반송률(Bounce Rate)은 사이트에 접속한 방문자가 한 페이지만 보고 사이트 내의 다른 페이지로 이동하거나 특정 액션 없이 바로 이탈하는 비율을 의미한다. 반송률은 랜딩페이지가 사용자의 검색 의도에 얼마나 부합하는지를 분석하는 중요한 지표가 된다.

40 ①

랜딩페이지는 키워드 광고를 통해 유입된 방문자가 처음 접속하는 페이지로, 키워드와 랜딩페이지의 연관성이 높으면 방문자는 원하는 정보를 빠르게 찾을 수 있어 이탈률(반송률)이 낮아지고 체류 시간(페이지뷰)이 길어진다.

오답 피하기

- ②: 반송률이 높으면 전환율은 낮아진다.
- ③: 구매 전환율이 낮은 키워드의 경우, 메인페이지보다 구체적인 상품 페이지나 이벤트 페이지가 더 높은 전환율을 보이는 경우가 많으므로 일괄 조정은 적절하지 않다.
- ④: 키워드나 광고 문구를 반복적으로 붙여 넣는 것은 오히려 사용자에게 피로도를 주고 웹사이트 품질 지수에 악영향을 미쳐 광고 효과도 떨어질 수 있다.

41 커뮤니티 마케팅

제품에 관심을 가질 것으로 예상되는 커뮤니티 플랫폼에 지원하거나 직접 광고를 노출하여 잠재고객을 확보하는 마케팅 활동은 커뮤니티 마케팅에 대한 설명이다. 관심사 기반 커뮤니티(카페 · 포럼 · SNS 그룹 등)에 협찬/콘텐츠/광고로 침투해 잠재고객을 확보한다.

42 CPA

광고클릭당 비용에 대한 설명이다. 해당 광고 용어는 CPA (Cost Per Click)이다.

43 웹툰

네이버에서 이용자가 만화 형태로 된 스토리 콘텐츠를 소비하는 영역은 웹툰이다. 웹툰은 통합검색 및 모바일 콘텐츠 영역에 노출 네트워크에도 포함되는 광고 지면에 해당한다.

44 인-피드 광고

피드는 '먹이를 준다'라는 의미의 영어단어 Feed에서 유래한 용어이다. 플랫폼 피드 흐름 안(In)에서 콘텐츠와 유사한 방식으로 노출되어 광고에 대한 거부감을 줄이고 클릭 등의 반응을 높이는 특징이 있다.

45 (1) 캠페인, (2) 광고그룹, (3) 키워드, (4) (광고)소재

네이버 사이트검색광고의 운영 구조는 캠페인 → 광고그룹 → 키워드 → 소재의 4단계로 이루어진다.

46 비즈채널

비즈채널이란 사업자의 웹사이트, 전화번호, 앱, 위치정보, 네이버 예약 등 잠재적 고객에게 상품 정보를 전달하고 판매하기 위한 모든 채널을 의미한다.

47 4

네이버 검색광고 시스템에서 광고주가 신규 키워드를 등록했을 때 초기값으로 부여받는 품질지수 단계는 4단계이며 막대 4개로 표시한다.

48 성과 기반 노출, 동일 비중 노출 ※ 순서 무관

네이버 검색광고(파워링크) 시스템에서 광고그룹에 등록된 복수의 광고 소재가 노출되는 방식은 성과 기반 노출과 동일 비중 노출 두 가지가 존재한다. 성과 기반 노출은 실적 좋은 소재가 더 많이 노출되며, 동일 비중 노출은 균등하게 노출되는 특징이 있다.

49 균등배분(하루예산 균등 배분)

균등배분은 네이버 검색광고의 자동 예산 관리 기능으로 캠페인/광고그룹에 설정된 하루 예산을 광고 노출이 가능한 시간 동안 균등하게 분배하는 방법이다.

50 30, 30개

네이버 검색광고 시스템에서 브랜드 검색광고 등록 시, 광고그룹당 키워드는 최대 30개까지 가능하다.

51 (ㄱ) 중복률, (ㄴ) 높은 게재순위비율

내 광고(현재 집행 중인 광고)와 다른 광고주의 광고가 동시에 노출된 빈도를 의미하는 지표는 중복률이라고 부르며, 동일한 경매에 참여한 광고 중에서 상대방 광고보다 내 광고(현재 집행 중인 광고)가 더 높은 순위로 노출된 빈도를 의미하는 지표는 높은 '게재순위비율'이라고 부른다.

52 360원, 360

최종 입찰가=현재 입찰가×지역 가중치×성별 가중치
=200원×1.5×1.2=360원

53 25% ※ 단위 누락 시 0점

CVR=(전환수÷클릭수)×100=(500÷2,000)×100=25%

54 이벤트(Event)

구글 애널리틱스(GA4)는 기존 Universal Analytics(UA)의 세션/페이지뷰 중심의 데이터 수집 방식을 넘어, 사용자의 모든 상호작용을 이벤트 중심으로 측정하는 새로운 모델을 사용한다.

55 200% ※ 단위 누락 시 0점

ROAS=(광고를 통한 매출÷광고비)×100=(4,000,000÷2,000,000)×100=200%

56 500원(오백원), 500

- 클릭수=노출수×CTR=500,000×0.02=10,000회
- CPC=광고비÷클릭수=5,000,000÷10,000=500원

57 10% ※ 단위 누락 시 0점

- 광고비=4,000×500=2,000,000원
- 매출액=ROAS 공식에 의해 2,000,000×500%=10,000,000원
- 전환수=10,000,000원÷25,000원=400건
- CVR=400건÷4,000회×100=10%

58 (ㄱ) 1,000, (ㄴ) 50, (ㄷ) 5
- 계정당 최대 등록 가능한 비즈채널 개수: 100개
- 계정당 등록 가능한 전화번호 개수: 50개
- 계정당 등록 가능한 네이버 톡톡 ID 개수: 5개

59 2% ※ 단위 누락 시 0점
- 클릭수=광고비÷CPC=2,000,000÷500=4,000회
- CTR=(클릭수÷노출수)×100=(4,000÷200,000)×100 =2%

60 400, 400회, 400번
- ROAS=매출÷광고비×100=400%=매출÷2,000,000× 100=400%
- ∴ 매출=8,000,000
- 매출=판매 수량(전환수)×단가(판매가)=판매 수량×단가 (20,000)=8,000,000
- ∴ 판매 수량=400 → 전환수

객관식

01 ①	02 ③	03 ①	04 ③	05 ④
06 ①	07 ④	08 ④	09 ②	10 ②
11 ④	12 ③	13 ②	14 ④	15 ③
16 ③	17 ②	18 ④	19 ①	20 ②
21 ④	22 ③	23 ③	24 ①	25 ②
26 ②	27 ④	28 ③	29 ④	30 ③
31 ①	32 ①	33 ①	34 ①	35 ④
36 ④	37 ①	38 ③	39 ②	40 ②

단답식

41 특허 또는 특허권

42 마이크로 모먼트(Micro-Moment)

43 인 앱 광고(In-App Advertising)

44 PV 또는 페이지뷰(Page View)

45 (ㄱ) 파워링크, (ㄴ) 브랜드 검색 또는
(ㄱ) 파워링크, (ㄴ) 브랜드/신제품검색
※ (ㄱ), (ㄴ) 순서 무관, 부분 점수 없음

46 캠페인

47 KPI(Key Performance Indicator)

48 사이트 검색광고 또는 파워링크 또는 파워콘텐츠

49 (ㄱ) 7, (ㄴ) 31 ※ 부분 점수 없음

50 다른 브랜드 키워드

51 (ㄱ) 네이버, (ㄴ) 구글 ※ 부분 점수 없음

52 600개(600) ※ 단위 기재 필수 아님

53 스마트 자동입찰 시뮬레이터

54 1%(일퍼센트 또는 1퍼센트) ※ 단위 누락 시 0점

55 300%(삼백퍼센트 또는 300퍼센트)
※ 단위 누락 시 0점

56 200회(200번 또는 이백회, 이백번)
※ 단위 기재 필수 아님

57 30(삼십) ※ 단위 기재 필수 아님

58 800원(팔백원, 800) ※ 단위 기재 필수 아님

59 ROAS

60 CVR(Conversion Rate 또는 전환율)

PART 01
PART 02
PART 03
PART 04
PART 05
PART 06
PART 07

객관식

01 ①

온라인 비즈니스의 성공 요인으로는 새로운 가치 제안, 신속한 자원 운용 시스템, 지속적인 수익 창출 모델, 그리고 차별화된 콘텐츠가 있다. 오프라인 매장의 확장은 전자상거래의 물리적 측면 강화에 해당하며, 온라인 비즈니스 모델의 성공을 위한 필수 요소로 보기는 어렵다.

오답 피하기

- ②: 고객 경험(CE) 극대화나 고객 관점의 사용자 인터페이스(UI)는 새로운 가치 제안에 해당한다.
- ③: 온라인 비즈니스가 빠르게 변화하는 환경 속에서 효율적인 자원 운용 시스템에 의한 의사 판단은 성패를 좌우한다.
- ④: 차별화된 콘텐츠와 IP는 법적 보호 및 권리로 인해 모방이 어려우므로 높은 부가가치를 창출할 가능성이 높다.

02 ③

소셜미디어는 개인 간 정보를 공유하고 관계를 확장하는 개방형 플랫폼을 말한다. 소셜미디어는 고객의 정보를 마음대로 활용할 수 없으며, 사생활 침해 문제가 사회적으로 대두되고 있어, 고객의 정보를 마음대로 활용할 수 있다는 설명은 옳지 않다.

03 ①

디지털 마케팅은 고객이 능동적으로 원하는 정보를 탐색할 때 광고를 노출하는 풀(Pull) 마케팅 방식이 중심이 된다. 불특정 다수에게 일방적으로 광고를 노출하는 푸시(Push) 형태는 전통적인 마케팅의 특징이다.

오답 피하기

- ②, ③: 디지털 시대에는 소비자가 정보력이 생겨나면서 시장의 주도권을 가지게 되었고, 양방향 커뮤니케이션이 중요해졌다.
- ④: 디지털 마케팅은 데이터 활용 기술을 통해 광고비용이 비교적 저렴하며, 높은 투자수익률(ROI)을 기대할 수 있고, 고객의 반응을 구체적인 숫자로 파악하는 것이 가능하다.

04 ③

전통적인 마케팅은 넓은 도달 범위를 바탕으로 브랜드 인지도나 브랜드 선호도를 높이는 데 효과적이지만, 디지털 마케팅은 클릭, 전환 등 성과를 구체적인 숫자로 파악하는 데 중점을 둔다.

오답 피하기

①, ②, ④는 모두 디지털 마케팅의 장점 및 특징이다. 디지털 마케팅은 데이터 활용 기술을 통해 타겟팅이 가능하여 적은 광고로 마케팅 목표를 달성하기 용이하고, 효과에 대한 즉각적인 확인은 어렵지만 고객 반응을 비교적 정밀하게 측정할 수 있다. 또한 양방향 커뮤니케이션이 가능하여 높은 투자수익률을 기대할 수 있다.

05 ④

소셜미디어는 개방, 참여, 연결이 가능한 디지털 네트워크 기반의 플랫폼이다. 기업은 소셜미디어를 통해 고객과 관계를 구축할 수 있는 인게이지먼트(참여도)를 끌어올리고 양방향 커뮤니케이션을 통해 소비자의 요구와 반응을 즉각적이고 지속적으로 피드백 받아야 한다. 따라서 투자 대비 효과를 극대화하기 위해 클릭률과 전환율 개선에 우선순위를 둔다는 설명은 실제로는 소셜미디어의 핵심인 관계 구축과 커뮤니티 형성을 무시하는 접근법이므로 옳지 않다.

06 ①

네이버 사이트 검색광고(파워링크)에서 클릭당 광고비(CPC)는 광고주가 설정한 최대 입찰가(최대 클릭 비용)를 절대로 초과하여 과금되지 않는다.

07 ④

디지털 광고는 아이디어와 데이터 중심의 양방향 커뮤니케이션이 가능하고, 광고비용이 비교적 저렴하며 높은 투자수익률(ROI)을 기대할 수 있다. 또한, 시공간의 제약이 없어 광고 게재 속도가 빠르며 실시간으로 광고를 교체할 수 있는 유연성을 가진다. 그러나 디지털 광고도 캠페인 목표에 따라 대규모의 예산이 필요한 경우도 발생하므로 전통적인 매체에 비해 적은 예산으로 더 많은 광고 효과를 얻을 수 있다는 내용은 적절하지 않다.

08 ④

ROAS(광고수익률)는 투입한 광고비 대비 판매된 매출액의 비율로, 광고를 통한 매출을 광고비로 나눈 값이다. 이익을 기준으로 계산하는 지표는 ROI(Return On Investment, 투자수익률)이다. 상품 마진·기타비용 등을 고려할 때 일반적으로 ROAS 값이 100% 이상이면 광고 효과가 있다고 판단한다.

09 ②

마케팅 4E는 Experience, Engagement, Evangelist, Enthusiasm 네 가지로 구성된다. Evangelist(전파자, 전도사)는 브랜드에 대해 호감과 충성도를 가진 고객을 '브랜드 전도사'로 활용하는 방법으로 의도적으로 역할을 부여하는 것이 아니라 고객이 자발적으로 참여하고 활동할 수 있는 장을 만들어주는 것을 말한다.

> **오답 피하기**
> - ①: Experience(경험)에 대한 설명이다.
> - ③: Engagement(참여)에 대한 설명이다.
> - ④: Enthusiasm(열정)에 대한 설명이다.

10 ②

세부 키워드는 사용자가 목적을 가지고 검색하는 구체적인 키워드나 제품명으로, 조회량이 대표 키워드에 비해 낮아 광고 금액도 저렴한 편이다. 세부 키워드는 구매 및 서비스 이용으로 이어질 수 있는 확률이 높다는 장점이 있다.

> **오답 피하기**
> - ①: 세부 키워드에 대한 설명이다.
> - ③: 계절성 키워드는 조회수가 높은 계절이나 시기에는 광고 금액도 올라간다.
> - ④: '신발'이나 '의자' 등의 대표 키워드는 조회량이 많고 경쟁이 치열하며, 입찰가가 비싼 것이 단점이다.

11 ④

④는 전통적 비즈니스와 온라인 비즈니스의 투입 요소를 반대로 설명하고 있다. 온라인 비즈니스에서는 디지털 형태의 정보나 데이터를 바탕으로 한 지식이 투입 요소이며, 산출물은 가공한 정보 제공이나 지식재, 고객에게 제공되는 솔루션 등 다양한 형태다. 반면, 전통적인 비즈니스에서는 제품 생산을 위해 원자재, 부품, 중간재가 투입된다.

12 ③

광고 예산을 책정하는 방법 중 목표 과업법(목표 및 과업 기준법)은 광고 목표를 달성하기 위해 필요한 광고비를 추정하여 예산을 편성하는 방식으로, 가장 논리적인 예산 설정 방법으로 쓰인다. 처음 광고를 집행하는 경우 하루 평균 웹사이트 클릭수의 목표를 설정하고 키워드의 평균 클릭 비용을 곱하여 대략적인 광고비를 추정할 수 있다.

13 ②

- 전환율(CVR)은 광고를 클릭한 수 대비 전환이 발생한 비율이다.
- CVR=(전환수÷클릭수)×100=(500건÷10,000회)×100 =5%

> **오답 피하기**
> - ①: CPC(클릭당 비용)=(총광고비÷클릭수)=5,000,000원÷ 10,000회=500원
> - ②: CPA(전환당 비용)=(총광고비÷전환수)=5,000,000원÷ 500건=10,000원
> - ④: 클릭(방문)이 전환(구매)으로 이어지는 비율(CVR)이 100% 미만이기 때문에, 전환당 투입되는 비용은 클릭당 비용보다 높을 수밖에 없다. 따라서 CPA는 CPC보다 낮을 수 없다.

14 ④

Google Ads는 AI 기반의 스마트 자동입찰 전략을 통해 광고 캠페인의 전환 또는 전환 가치를 극대화한다. 스마트 자동입찰 전략은 AI가 입찰 시점에 존재하는 고유한 문맥 시그널을 반영하여 최적의 입찰가를 정하도록 개발된 솔루션이다. 스마트 자동입찰 전략에는 타겟 CPA, 타겟 ROAS, 전환수 최대화, 전환 가치 극대화 등이 포함된다. 수동 CPC 입찰은 광고주가 직접 입찰가를 설정하는 방식으로, 스마트 자동 입찰 전략에는 해당하지 않는다.

15 ③

광고 순위는 입찰가와 품질지수를 고려하여 결정되므로, 품질지수가 낮다면 높은 입찰가를 지불하더라도 효율적인 노출 순위를 확보하기 어렵다. 품질지수가 높으면 상대적으로 적은 광고비로도 높은 노출 순위를 확보할 수 있어 광고 효과를 높일 수 있다. 따라서 품질지수 관리는 광고주에게 매우 중요한 요소이다.

16 ③

ROI(투자수익률)는 광고를 통한 이익을 광고비로 나눈 비율이고, ROAS(광고수익률)는 광고를 통한 매출을 광고비로 나눈 비율이다.

- ROAS=(광고를 통한 매출÷광고비)×100=(40,000,000원 ÷10,000,000원)×100=400%
- 이익=매출×이익률=40,000,000원×40%=16,000,000원
- ROI=(광고를 통한 이익÷광고비)×100=(16,000,000원÷ 10,000,000원)×100=160%

PART 01
PART 02
PART 03
PART 04
PART 05
PART 06
PART 07

17 ②

네이버 파워링크와 카카오 키워드 광고의 기본 입찰가(최소 CPC)는 70원부터 시작한다.

오답 피하기

- ①: 네이버 검색광고의 계정 구조는 캠페인 → 광고그룹 → 키워드/소재의 3단계 구조를 가진다.
- ③: 구글은 캠페인, 광고그룹, 키워드 수준으로 복사 기능을 제공한다.
- ④: 카카오 키워드 광고는 광고캐시를 충전하지 않아도 광고 심사가 진행된다. 네이버는 비즈머니(광고비)가 충전되어야 심사가 진행된다.

18 ④

구글 광고는 일치 검색, 구문 검색, 확장 검색 등 다양한 키워드 매칭 옵션을 제공한다. 확장 검색은 키워드의 의미와 관련 있는 검색어에 광고를 게재하며, 키워드 자체가 포함되지 않은 유사어에도 광고가 자동으로 게재되어 가장 광범위한 도달 범위를 가진다.

19 ①

네이버와 카카오 모두 객관적으로 인정받지 못하거나 확인할 수 없는 최상급 표현을 사용하는 것을 제한하며, 이는 허위/과장 광고로 분류되어 광고 집행이 불가하거나 제한될 수 있다.

오답 피하기

- ②: 키워드를 광고 소재에 포함하는 것은 클릭률 향상에는 좋지만, 포함하지 않았다고 해서 광고 게재가 제한되는 것은 아니다.
- ③: 키워드 등록 한도를 초과하면 등록이 안 될 뿐, 게재 제한 사유가 아니다.
- ④: 네이버 광고는 홈페이지가 단일 페이지로만 구성된 사이트라도 광고 등록이 가능하다.

20 ②

올바른 전략은 광고 소재와 입찰 전략이 유사한 관련성 높은 키워드를 묶어 그룹으로 관리하는 것이다. 특히 구글에서는 키워드와 광고 메시지의 일치도가 높아지면 품질평가점수가 개선되어 광고 효율이 높아진다.

오답 피하기

- ①, ③: 데이터와 예산을 비효율적으로 분산시키거나, 관련성이 낮은 키워드를 섞는 경우 광고 품질지수를 낮출 수 있다.
- ④: 캠페인 유형 자체가 파워링크(검색)와 파워콘텐츠로 구분되는 경우가 많으며, 광고그룹 내에서 매체 유형을 설정할 수 있다. 캠페인 단위로 매체 유형을 분리하는 것은 전략이 될 수 있으나, 광고그룹을 매체 유형에 따라 분리하는 것이 '올바른 구성 전략'이라고 보기는 어렵다.

21 ④

광고 순위는 입찰가와 품질지수를 함께 고려하여 결정되지만, 입찰가 자체는 품질지수를 산정하는 직접적인 요소가 아니다. 품질지수는 광고 문안의 관련성, 랜딩페이지 경험, 예상 클릭률(CTR) 등 광고 품질 및 사용자 만족도를 기반으로 한다. 품질지수가 높으면 낮은 CPC로도 높은 순위를 확보할 수 있다.

22 ③

파워콘텐츠는 해당 분야 전문가인 광고주가 블로그, 포스트, 카페 등의 콘텐츠를 이용해 정확하고 신뢰성 있는 정보를 제공하는 상품이다.

오답 피하기

- ①: 파워콘텐츠는 광고 등록과 노출에 비용이 발생하지 않고, 클릭 시에만 과금되는 CPC 방식이다.
- ②: 네이버 PC/모바일 통합검색의 인기글 영역 또는 스마트블록 영역, 네이버 모바일 콘텐츠 지면, 파트너 매체 지면에 노출된다.
- ④: 파워콘텐츠는 제목, 설명 외에도 썸네일 이미지가 함께 노출될 수 있으며, 블로그 콘텐츠 형태로 노출된다.

23 ③

CTR(광고 소재 매력도)은 높은데 CVR(랜딩페이지 전환 효율)이 낮다는 것은, 광고를 보고 들어온 사용자가 랜딩 페이지에서 원하는 정보나 행동 유발 요소를 찾지 못하고 이탈하고 있다는 의미이다. 따라서 가장 먼저 키워드와 광고 소재가 랜딩 페이지의 내용과 일치하는지(연관성)를 점검하여 이탈률(반송률)을 낮춰야 한다.

24 ①

제외 키워드는 광고주가 원치 않는 검색어에 광고가 게재되지 않도록 하는 기능이다. 이는 불필요한 노출과 클릭을 걸러내 광고비 낭비를 막고, 광고를 더 관련성 있는 사용자에게만 노출시켜 비용 효율성을 높이는 것이 주된 목적이다.

25 ②

확장 소재는 하위 단위(광고그룹)가 상위 단위(캠페인)보다 우선 적용되는 계층 구조를 따른다.

오답 피하기

- ①: 확장 소재는 캠페인과 광고그룹 단위로 모두 등록할 수 있다.
- ③: '파워링크 이미지'는 성인, 병/의원 업종에 노출이 제한될 수 있다. 금융/보험 업종은 '이미지형 서브링크', '쇼핑 정보', '웹사이트 정보' 확장 소재 노출이 제한된다.
- ④: '전화번호', '네이버 예약', '계산' 등의 확장 소재는 PC 매체에서는 노출되지 않는다.

26 ②

광고그룹 복사 시 키워드는 복사되지만, 품질지수는 복사되지 않고 복사 후 해당 그룹의 광고 성과에 따라 재산정된다.

27 ④

네이버 자동입찰은 파워링크와 쇼핑 검색 캠페인에 제공되지만, 쇼핑 검색 캠페인의 제품 카탈로그형은 자동입찰에서 제외된다.

오답 피하기

- ①: 목표 전환 가치를 기반으로 입찰가를 조정하는 스마트 자동입찰 전략은 주로 구글애즈에서 제공하는 기능이다. 네이버는 이러한 전략을 제공하지 않는다.
- ②: 네이버 자동입찰(자동입찰 설정)은 하루 예산 내에서 클릭 및 전환을 향상시키는 방향으로 작동하지만, 머신러닝 알고리즘을 통해 시스템이 입찰가를 결정하므로 광고 노출이나 성과 향상을 보장하지 않는다.
- ③: 네이버 자동입찰은 파워링크 캠페인과 쇼핑 검색 캠페인의 두 가지 유형에 제공되지만, 구글처럼 타겟 ROAS, 타겟 CPA, 전환 가치 극대화 등 다양한 스마트 입찰 전략 옵션을 제공하지 않는다.

28 ③

네이버, 카카오, 구글 모두 광고 소재(제목이나 설명)에 사용자가 검색한 키워드를 자동으로 삽입하여 노출하는 기능(키워드 삽입 기능)을 제공하며, 이는 광고의 연관성을 높여 클릭률(CTR)과 품질지수 향상에 도움이 된다.

오답 피하기

- ①: 구글의 스마트 자동입찰 전략(타겟 CPA, 타겟 ROAS 등)을 활용하려면 광고 시스템이 전환 데이터를 학습해야 하므로, 전환 추적 설정이 필수적이다.
- ②: 광고의 노출 순위는 입찰가와 광고 품질 지수(품질평가점수)의 함께 고려한 기준으로 결정된다.
- ④: 광고 품질 점수(품질평가점수)가 낮은 경우, 경쟁 광고주에 비해 높은 클릭 비용(CPC)을 지불해야 하며, 광고 도달률 및 노출 빈도도 낮아질 수 있다.

29 ④

- CVR(전환율)=전환수÷클릭수
- 클릭수=노출수×클릭율
- A 그룹: 240÷(80,000×3%)=240÷2,400=10%
- B 그룹: 300÷(100,000×4%)=300÷4,000=7.5%
- C 그룹: 360÷(120,000×3%)=360÷3,600=10%
- D 그룹: 270÷(60,000×2%)=270÷1,200=22.5%

30 ③

- 매출액=단가×전환수=25,000원×1,200건=30,000,000원
- 광고비=클릭수×CPC=7,500회×800원=6,000,000원
- ROAS=매출액÷광고비×100=30,000,000원÷6,000,000원×100=500%

31 ①

전환율(CVR)은 광고 클릭수 대비 전환이 발생한 비율이며, CPA(전환당 비용)는 총광고비를 전환수로 나눈 값이다. 따라서 전환율이 높으면 전환 효율이 좋다는 뜻이므로, 일반적으로 전환당 비용(CPA)은 낮아진다.

오답 피하기

- ②: ROAS는 매출액을 광고비로 나눈 비율이므로, CPC가 낮더라도 객단가(물품 단가)나 전환율에 따라 ROAS는 달라질 수 있다.
- ③: 클릭률(CTR)이 높아지면 광고 소재의 매력도가 높다고 판단되어 품질평가점수가 개선될 수 있으며, 품질평가점수가 높아지면 동일 순위를 유지하는 데 필요한 클릭당 비용(CPC)이 오히려 낮아지는 혜택을 받는다.
- ④: CPA는 총광고비를 전환수로 나눈 값이고, CPC는 총광고비를 클릭수로 나눈 값이다. 일반적으로 클릭수가 전환수보다 많기 때문에, CPA는 CPC보다 항상 높게 산출된다.

32 ①

Google Ads의 스마트 입찰 전략이 효과적으로 작동하려면 머신러닝이 학습할 수 있는 충분한 전환 데이터(최소한의 전환수)가 필요하다. 전환 데이터가 부족한 상태에서 전략을 변경하면 알고리즘이 효과적으로 최적화되지 않아 성과가 불안정할 수 있다.

33 ①

ROAS가 100%보다 낮은 것은 광고비 지출 대비 매출이 적다는 의미지만 반드시 삭제해야 하는 것은 아니다. 키워드가 즉시 매출을 창출하지 못하더라도 브랜드 인지도 강화나 시장 점유율 확보 등 장기적인 마케팅 목표를 위해 유지될 수 있으므로 순위를 낮추거나 광고 품질을 올리는 등 CPC를 낮추기 위한 노력이 필요하다.

34 ②

CTR(클릭률)이 높다는 것은 키워드와 광고 소재의 매력도가 높고, CVR(전환율)이 낮다는 것은 사이트에 방문한 사용자가 전환 행동을 완료하지 못하고 이탈한다는 의미이다. 이러한 상황(CTR 높고 CVR 낮음)은 광고 소재와 키워드가 랜딩 페이지의 내용과 충분히 연결되지 않았음을 나타낸다. 따라서 가장 먼저 키워드와 광고 소재의 내용이 랜딩 페이지의 콘텐츠와 일치하는지 연관성을 확인해야 한다.

오답 피하기

- ①: CTR이 낮을 때 고려할 조치이다.
- ③: 광고비 소진이 과도할 때 고려할 수 있다.
- ④: 랜딩페이지 개선 방법 중 하나이지만, 근본적인 문제(연관성) 확인이 우선이다.

35 ④

네이버와 카카오 모두 객관적으로 인정받지 못하거나 확인할 수 없는 최상급 표현 (예 '업계 최저금리', '100% 효과 보장')을 사용하는 것은 허위/과장 광고로 분류되어 광고 게재가 제한된다.

오답 피하기

- ①: 키워드 삽입은 광고 문구의 관련성을 높여 클릭률 향상에 도움을 줄 수 있다.
- ②: 회원제 사이트는 광고 심사를 위해 내부 콘텐츠를 확인할 수 있도록 테스트 계정을 등록해야 한다.
- ③: 연결 URL은 광고 클릭 시 연결되는 상세 페이지 주소이며, 표시 URL(최상위 도메인)과 다르게 설정하는 것이 일반적이다.

36 ④

실적 최대화 캠페인은 검색광고 전용이 아니라, Google의 모든 광고 채널(검색, 디스플레이, YouTube, Gmail, Discover, Maps 등)을 아우르는 통합 자동화 캠페인이다. 실적 최대화 캠페인은 AI를 활용하여 광고주의 목표에 맞춰 최적의 채널 조합과 소재를 자동으로 선택한다.

37 ①

CTR(클릭률)이 낮고 CVR(전환율)이 높다는 것은 전환 효율(랜딩페이지/제품)은 우수하지만, 광고 노출이나 클릭률 자체에 문제가 있다는 의미이다. 이러한 키워드는 일단 사이트에 들어오면 구매할 가능성이 높으므로, 노출 순위를 높여 더 많은 트래픽을 유입시키는 것이 가장 효과적으로 성과를 확대할 수 있는 방법이다.

오답 피하기

- ②, ③: CTR이 높지만 CVR이 낮을 때(랜딩페이지 문제) 또는 CTR이 낮을 때(광고 소재 문제) 고려할 수 있는 조치이지만, 이 상황에서는 노출 확대가 최우선이다.
- ④: CTR과 CVR이 모두 낮을 때 고려할 수 있다.

38 ③

네이버 파워링크의 소재 설명 문구는 띄어쓰기를 포함하여 최대 45자까지 입력할 수 있다. 제목은 최대 15자이다.

39 ②

확장 검색은 키워드의 의미와 관련성이 높은 검색어에 광고를 게재하며, 세 가지 검색 유형 중 가장 광범위한 도달 범위를 제공한다.

오답 피하기

- ①: 일치 검색은 키워드와 의미 또는 의도가 동일한 검색어에 광고를 게재하며, 가장 세부적인 설정이 가능하므로 가장 좁은 도달 범위를 가진다.
- ③: 구문 검색은 키워드의 의미가 포함되는 검색어에 광고를 게재할 수 있으며, 일치 검색 보다는 넓고 확장 검색보다는 좁은 도달 범위를 갖는다.
- ④: 제외 키워드는 광고주가 원치 않는 검색어에 광고가 게재되지 않도록 방지하여, 불필요한 광고비 소진을 막는 기능을 한다.

40 ②

A키워드
- 매출액=가격×전환수=30,000원×150건=4,500,000원
- 광고비=클릭수×CPC=4,000회×450원=1,800,000원
- ROAS=매출액÷광고비×100=4,500,000원÷1,800,000원×100=250%

B키워드
- 매출액=가격×전환수=20,000원×150건=3,000,000원
- 광고비=클릭수×CPC=3,000회×350원=1,050,000원
- ROAS=매출액÷광고비×100=3,000,000원÷1,050,000원×100=286%(정답)

C키워드
- 매출액=가격×전환수=30,000원×150건=4,500,000원
- 광고비=클릭수×CPC=4,000회×550원=2,200,000원
- ROAS=매출액÷광고비×100=4,500,000원÷2,200,000원×100=205%

D키워드
- 매출액=가격×전환수=20,000원×150건=3,000,000원
- 광고비=클릭수×CPC=3,000회×450원=1,350,000원
- ROAS=매출액÷광고비×100=3,000,000원÷1,350,000원×100=222%

PART 01
PART 02
PART 03
PART 04
PART 05
PART 06
PART 07

41 특허 또는 특허권

디지털 비즈니스 환경에서 차별화된 콘텐츠와 서비스 등 지식 재산(IP, Intellectual Property)은 모방할 수 없어 그 자체로 높은 부가가치를 창출한다. 이러한 지식 자산을 보호하여 기업에게 독점적 지위를 부여하는 대표적인 법적 장치가 특허(특허권)이다.

42 마이크로 모먼트(Micro−Moment)

소비자가 모바일 기기를 통해 특정 정보를 찾거나 구매 결정을 내리는, 짧고 즉각적인 순간을 의미하는 용어는 마이크로 모먼트이다. 이는 구글이 정의한 개념으로 '알고 싶은 순간(I−want−to−know)', '가고 싶은 순간(I−want−to−go)', '하고 싶은 순간(I−want−to−do)', '사고 싶은 순간(I−want−to−buy)'의 4가지로 나뉜다. '즉각적이고 목적지향적이며 정보에 대한 기대치가 높은 소비자'가, '필요한 순간'에 모바일 검색을 통해 문제를 해결하고 행동으로 연결되는 디지털 소비자 여정의 핵심 포인트이다. 실시간 맞춤 메시지, 개인화된 경험, 모바일 최적화, 위치 기반 서비스, 숏폼ㆍ영상 콘텐츠 제공 등이 마이크로 모먼트 마케팅의 전략적 요소이다.

43 인 앱 광고(In−App Advertising)

인 앱(In−app) 광고는 모바일 애플리케이션 내에 배너 형태로 나타나는 광고 유형이며, 사용자가 앱을 사용하는 다양한 위치에 노출된다.

44 PV 또는 페이지뷰(Page View)

PV(Page View)는 광고주 홈페이지에 들어온 접속자가 이동한 페이지의 수를 나타내는 지표이다. PV는 랜딩페이지의 효과를 분석하는 데 사용되며, 페이지뷰가 높다면 사이트의 콘텐츠가 매력적이라고 해석할 수 있다.

45 (ㄱ) 파워링크, (ㄴ) 브랜드 검색 또는 (ㄱ) 파워링크, (ㄴ) 브랜드/신제품검색 ※ (ㄱ), (ㄴ) 순서 무관, 부분 점수 없음

파워링크는 사용자가 검색한 키워드에 맞춰 검색 결과 상단이나 하단에 노출되는 클릭형 광고로, 원하는 키워드에 맞춰 즉각적인 방문을 유도할 수 있는 가장 대표적인 검색광고이다. 브랜드/신제품검색은 브랜드 공식성과 신제품 알리기에 특화된 광고로, 검색 결과 상단에 이미지ㆍ동영상ㆍ링크 등 다양한 정보를 함께 노출한다.

46 캠페인

캠페인은 특정 목표, 기간, 예산 등의 목적에 따라 광고를 관리하기 위한 '광고 전략의 단위'를 의미한다. 캠페인은 광고 목표에 따라 파워링크, 쇼핑 검색, 파워콘텐츠 등 유형을 선택하여 생성할 수 있다.

47 KPI(Key Performance Indicator)

광고 목표 달성 여부를 측정하기 위해 사용되는 핵심 성과 지표는 KPI이다. 주로 회원가입 수, 유입, 예약수, 구매 등 수치화된 목표로 표현한다.

48 사이트 검색광고 또는 파워링크 또는 파워콘텐츠

사이트 검색광고(파워링크)는 클릭당과금(CPC) 방식이며, 원하는 키워드를 등록할 수 있고, 광고 게재 및 중지가 자유로워 매체 전략, 시간 전략 등 다양한 기능을 통해 탄력적인 운용이 가능하다.

49 (ㄱ) 7, (ㄴ) 31 ※ 부분 점수 없음

브랜드 검색 앰배서더형 광고는 정액제 상품으로, 광고 노출 기간은 최소 7일부터 최대 31일까지 선택할 수 있다.

50 다른 브랜드 키워드

쇼핑 검색광고의 쇼핑 브랜드형에서 상단 노출 기준을 충족하면 '내 브랜드 키워드', '다른 브랜드 키워드', '일반 키워드'가 상단에 단독으로 노출될 수 있다. 이때 내 브랜드와 유사한 카테고리 상품을 취급하는 브랜드와 관련된 키워드 영역에 노출되는 키워드 유형은 '다른 브랜드 키워드'이다.

51 (ㄱ) 네이버, (ㄴ) 구글 ※ 부분 점수 없음

국내 검색 시장에서 네이버는 가장 인기 있는 포털사이트이다. 하지만 구글 역시 전 세계적으로 높은 점유율을 가지고 있으며 국내에서도 주요 검색 포털로 이용자가 빠르게 늘고 있어, 구글 검색엔진이 네이버와 더불어 주요 광고 플랫폼으로 활용된다.

52 600개(600) ※ 단위 기재 필수 아님

네이버 검색광고의 무효 클릭 관리 방법 중 하나로, 광고 시스템 상단의 메뉴를 통해 최대 600개까지 광고 노출 제한 IP를 등록할 수 있다. 유동 IP의 경우 마지막 네 번째 자리에 와일드카드 문자(*)를 사용하여 IP 블록으로 차단할 수 있다.

53 스마트 자동입찰 시뮬레이터

스마트 자동입찰 시뮬레이터(Bid Strategy Simulator)는 구글 애즈의 자동입찰 캠페인에서 입찰 금액 변경이 성과에 미칠 영향을 분석하고, 변화된 클릭수·전환수·노출수를 예측해 광고 최적화에 도움을 준다. 이를 활용하면 데이터에 기반한 입찰 금액 조정이 가능하다.

54 1%(일퍼센트 또는 1퍼센트) ※ 단위 누락 시 0점

클릭률(CTR)=클릭수÷노출수×100=5,000÷500,000×100 =0.01×100=1%

55 300%(삼백퍼센트 또는 300퍼센트)
　　　 ※ 단위 누락 시 0점

- 광고수익률(ROAS)은 투입한 광고비 대비 발생한 매출액의 비율을 의미한다.
- 광고수익률(ROAS)=광고를 통한 매출÷광고비×100
- 광고를 통한 매출액=판매된 물품 수×물품 단가=1,000× 30,000원=30,000,000원
- 광고수익률(ROAS)=30,000,000원÷10,000,000원×100 =3×100=300%

56 200회(200번 또는 이백회, 이백번)
　　　 ※ 단위 기재 필수 아님

- 전환수는 ROAS 공식에서 찾을 수 있다.
- ROAS=(제품단가×전환수)÷광고비×100
- → 745(ROAS)=[238,400(제품단가)×x(전환수)]÷6,400,000 (광고비)×100
- → 전환수=(745×6,400,000)÷238,400×100
- → 전환수=200회

57 30(삼십) ※ 단위 기재 필수 아님

직접전환은 광고를 클릭한 사용자가 30분 이내 회원가입이나 구매 등의 행동을 일으키는 것을 말하고, 간접전환은 광고를 클릭한 사용자가 30분 이내에는 아무런 행동을 하지 않았지만, 이후 7~20일 정도의 전환 추적 기간 내에 회원가입이나 구매 등의 행동을 일으키는 것을 말한다.

58 800원(팔백원, 800) ※ 단위 기재 필수 아님

- CPC=광고비÷클릭수
- 광고비가 직접 제시되지 않았지만 ROAS 공식을 사용해서 유추할 수 있다.
- ROAS=(제품단가×전환수)÷광고비×100
- 전환수=클릭수×CVR=3,750×0.16=600
- ROAS=26,500×600÷광고비×100=530%
- 광고비=26,500×600×100÷530=3,000,000
- CPC=광고비÷클릭수=3,000,000÷3,750=800
- 따라서, 클릭당 비용(CPC)은 800원이다.

59 ROAS

ROAS(Return On Ad Spend)는 투입된 광고비 대비 발생한 매출액을 측정하는 핵심 성과 지표(KPI)로, 광고의 효율성을 판단하는 데 사용된다. ROAS가 100% 이상이면 광고비 대비 매출이 더 많음을 의미하여 광고 효과가 있다고 평가한다.

60 CVR(Conversion Rate 또는 전환율)

CVR(Conversion Rate, 전환율)은 광고를 클릭한 사용자(클릭수)가 광고주가 목표로 설정한 특정 행동(구매, 회원가입 등의 전환)을 실제로 완료한 비율을 의미한다.

객관식

01 ③

통신 기술의 발달로 TV와 같은 대중 매체보다 SNS 등의 디지털 매체에 의한 광고가 점점 더 그 위력을 발휘하고 있다.

02 ①

일반인도 콘텐츠 생산에 참여할 수 있는 메커니즘으로 변했다.

03 ③

개인정보보호의 중요성이 커지고 광고 회피 가능성이 커지면서 불특정 다수에게 광고를 푸시(Push) 하는 마케팅 방식은 점차 줄어들고 있다.

04 ①

효과에 대한 즉각적인 확인도 가능하고 비교적 정밀하게 측정할 수도 있다.

05 ③

검색광고는 클릭한 만큼만 비용이 부과되는 종량제(CPC, Cost Per Click) 방식으로 효율적이다.

06 ②

해설 키워드를 확장하면 광고 관리가 어렵다. 하지만 타겟팅 효과가 높아지고, CPC를 절감할 수 있으며, 클릭수를 확대할 수 있다.

07 ④

오답 피하기

- ①: 자기 생각을 적극적으로 표현하고 자신이 추구하는 것을 숨기거나 참지 않으므로 다양한 의견 개진에 대한 거부감이 상대적으로 적다.
- ②: 태어나면서부터 고도의 디지털 기기에 둘러싸여 있어서 Digital Native라 부른다.
- ③: 인터넷 사용 시간은 지속해서 늘어나고 있으며 헤비 유저의 비율이 높아지고 있어 인터넷 사용을 줄이자는 의견이 나오고 있다.

08 ②

전환율(CVR)은 광고를 클릭한 사용자가 구매 등의 행동으로 전환된 비율이다.

09 ④

디지털 마케팅은 기존의 마케팅에 비해 타겟팅이 유리하다.

> **오답 피하기**
> - ①: 디지털 커뮤니케이션에서 오가는 정보는 주로 실제 경험에 근거한 것으로 신뢰도(신빙성)가 높은 것이 특징이다.
> - ②: 디지털은 개인의 데이터를 바탕으로 생성한 알고리즘을 바탕으로 개인과 개인을 연결하기 때문에 인적 네트워크를 통해서 목표 고객 타겟팅이 가능하다.
> - ③: 디지털 시대 마케팅 커뮤니케이션은 제품을 판매하는 것에서 그치는 것이 아니라 고객을 만들기 위한 싸움이다.

10 ③

광고는 일반적으로 과장된 정보를 바탕으로 매출을 끌어올리는 속성이 있으므로 신뢰도 측면에는 한계가 있다. 따라서 디지털 광고가 전통 매체 광고보다 높은 신뢰도를 갖는다고 보기는 어렵다.

11 ②

방송 시간 청약이나 지면 노출 등을 바탕으로 비용이 정산되는 전통 매체와 달리 검색광고와 SNS 광고 등의 디지털 광고는 클릭과 반응을 기준으로 광고 플랫폼에서 광고주나 대행사가 직접 비용을 관리하므로 경쟁사의 광고 집행 내역을 매체사 별로 확보하는 것은 불가능하다.

12 ③

ROI를 향상하기 위해서는 비용효율성을 고려하여 적합한 광고 소재 제작과 적절한 광고 노출이 필요하다.

13 ③

하나의 캠페인에 최대 1,000개의 광고그룹을 만들 수 있다.

14 ③

동일한 사업자 또는 개인이 소유하고 관리 · 운영하는 유사한 사이트는 동일한 키워드로 동일한 광고 영역에서 중복하여 노출될 수 없다. 다만, 동일한 사업자 또는 개인이 소유하고 관리 · 운영하더라도 제공하는 상품 또는 서비스가 차별적인 사이트는 동일한 키워드로 동일한 광고 영역에서 최대 3개까지 중복하여 노출될 수 있다.

15 ④

확장 소재 등록은 캠페인과 광고그룹 단위에서 가능하다. 캠페인 단위에서는 '전화번호, 위치정보, 네이버 예약' 유형만 등록할 수 있으며, 캠페인 〉 확장 소재에서 등록할 수 있다. 광고그룹 단위에서는 '전화번호, 위치정보, 네이버 예약' 유형과 '계산, 추가 제목, 추가 설명, 홍보 문구, 서브링크, 가격링크, 파워링크 이미지, 이미지형 서브 링크, 플레이스 정보, 홍보 영상, 쇼핑 정보' 등의 상품 부가 정보 유형을 등록할 수 있으며 광고그룹 〉 확장 소재에서 등록할 수 있다.

16 ④

반응형 소재는 사전 심의가 요구되는 의료 업종은 사용할 수 없다.

17 ③

등록 후 심사를 거쳐 승인된 경우만 노출된다.

18 ④

기존 노출수, 클릭수, 비용 외 기본 항목으로 추가된 전환 관련 지표까지 함께 볼 수 있으며 해당 보고서를 통해 성별/연령대별 광고 효과를 확인할 수 있다.

19 ③

대표 키워드 외에 광고그룹별로 메뉴명, 상세 서비스 등 연관 있는 정보를 광고 태그로 등록하여 노출 가능성을 높일 수 있다.

20 ①

대량 광고그룹 복사 시 소재나 확장 소재도 포함할 수 있다.

21 ③

균등 배분은 캠페인 단위에서 설정할 수 있다.

22 ③

캠페인이 만들어지고 광고가 시작되면 다른 캠페인 유형으로 전환할 수 없다.

23 ③

'국내—상세 위치 확인 불가'의 경우 기술적으로 대한민국에 있는 이용자인 것은 확인이 가능하지만 시/도, 시/군/구, 읍/면/동의 상세 위치에 대한 확인은 불가능한 경우를 말한다.

> **오답 피하기**
> ④: 지역 타겟팅의 노출 시역 변경 옵션은 ❶ 모든 지역, ❷ 광고 노출 제외 지역 설정, ❸ 광고 노출 지역 설정 3가지가 존재한다. 따라서 동일 타겟에서 서로 다른 광고 소재를 노출하는 A/B 테스트는 진행할 수 없다.

PART 01
PART 02
PART 03
PART 04
PART 05
PART 06
PART 07

24 ④

비싼 키워드의 입찰 순위를 높이면 유입은 많을 수 있지만 비용 지출이 과도해져서 광고 효율성은 떨어질 가능성이 높다.

25 ④

구글 품질평가점수에 영향을 미치는 요소는 예상 클릭률(CTR), 광고 관련성, 방문 페이지 만족도이다.

26 ②

오답 피하기

- ①: 구글 검색 결과 페이지 상단, 측면, 하단에 광고 라벨과 함께 최대 4개까지 게재된다.
- ③: 페이스북에는 광고가 게재되지 않는다.
- ④: 모바일의 경우는 구글 검색 결과 페이지 상단과 하단에 광고 라벨과 함께 최대 4개까지 게재된다.

27 ④

실제 전환수와 예상 전환수가 일치할 필요는 없다.

28 ③

클릭당 비용(CPC, Cost Per Click)은 총광고비를 클릭수로 나눈 값으로 구할 수 있다.

29 ③

ROAS는 투입한 광고비 대비 판매된 매출액을 말한다.

30 ③

오답 피하기

- ①: CPA(전환당 비용)가 높을수록 광고비 지출이 많아서 광고 효율성이 낮다.
- ②: CVR(전환율)이 낮을수록 매출이 적어서 광고 효율성이 낮다.
- ④: CPI(설치율)가 낮을수록 광고비 지출이 적어서 앱 설치당 효율성이 높다.

31 ③

$CPC = 광고비 \div 클릭수 = 2,000,000 \div 5,000 = 400$

32 ④

$CVR = 전환수 \div 클릭수 \times 100$

33 ②

$ROAS = \dfrac{가격 \times 전환수}{클릭수 \times CPC} \times 100 = \dfrac{10,000 \times 250}{2,500 \times 200} \times 100 = 500$

34 ③

구글은 무효 클릭으로 확인되면 무효 클릭에 대해 비용이 청구되지 않도록 보고서와 결제 금액에서 해당 클릭을 자동으로 필터링하며, 자동 감지 시스템에서 잡아내지 못한 무효 클릭이 있으면 해당 클릭에 대해 크레딧(환불)을 적용하여 다음 달 광고비에서 정산된다.

35 ②

- $CPC = \dfrac{광고비}{클릭수} = \dfrac{5,000,000}{50,000} = 100$
- $CVR = \dfrac{판매량}{클릭수} \times 100 = \dfrac{1,000}{50,000} \times 100 = 2\%$
- $ROAS = \dfrac{매출}{광고비} \times 100 = \dfrac{10,000,000}{5,000,000} \times 100 = 200\%$

36 ④

오답 피하기

- ①: 신규 등록한 키워드의 네이버 품질지수 기본 점수는 4점이다.
- ②: 품질지수 최대 점수는 네이버와 카카오는 7점, 구글은 10점이다.
- ③: 품질평가지수에 웹사이트 디자인이 영향을 미치지 않는다.

37 ②

오답 피하기

- ①: CVR이 높고 ROAS가 낮은 키워드는 광고비 투입 대비 성과가 높으므로 순위를 높인다.
- ③: CTR이 낮은 키워드는 클릭을 높이기 위해 광고 소재 및 확장 소재를 변경한다.
- ④: CVR이 낮은 키워드는 전환을 높이기 위해 랜딩페이지 및 페이지뷰, 체류 시간을 체크한다.

38 ④

CTR과 CVR이 모두 높을 때는 키워드를 많이 사용할수록 매출과 연결될 가능성이 높으므로 세부 키워드를 적극적으로 발굴한다.

39 ②

사이트 접속 후 사이트 내의 다른 페이지로 이동이 이루어지지 않고 바로 이탈하여 방문 품질이 낮은 상황을 의미하는 용어는 반송률 또는 이탈률이다.

40 ③

랜딩페이지를 이벤트 페이지나 제품 안내 페이지로 직접 설정하면 구매 전환율을 높일 수 있다.

단답식

41 C2C(Customer to Customer)

소비자 간의 직접 거래 형태로, 중간 판매자 없이 상품이나 서비스를 거래하는 방식을 부르는 용어는 C2C(Customer to Customer)이다. 대표적인 C2C 플랫폼으로는 당근마켓, 번개장터, 이베이 등이 있으며, 이러한 플랫폼은 개인이 물건을 사고팔 수 있는 환경을 제공한다. 주로 중고 상품 거래나 개인 소유물의 교환이 활발하며, 거래 편의성과 저렴한 가격이 강점이지만, 거래 안전성 확보가 중요한 과제로 꼽힌다.

42 바이럴 마케팅

소비자가 자발적으로 콘텐츠를 공유하도록 유도해 자연스러운 확산을 노리는 마케팅 전략을 바이럴 마케팅이라고 부른다. 주로 SNS나 메신저를 활용하며, 흥미로운 스토리나 감정적인 요소를 담아 대중의 관심을 끄는 것이 핵심이다.

43 2,500원

CPA=총광고비÷전환수=7,200×100÷288=2,500원

44 포지셔닝

브랜드가 소비자의 마음속에 특정 이미지를 구축해 경쟁사와 차별화하는 전략은 포지셔닝이다. 브랜드의 강점과 가치를 명확히 하여 목표 고객에게 독특하고 긍정적인 인식을 심어주는 것이 목표이며, 이를 통해 브랜드 충성도를 높이고 시장에서의 입지를 강화한다.

45 미디어 믹스(매체 믹스)

광고 목표를 달성하기 위해 다양한 매체를 조합하여 사용하는 전략을 미디어 믹스라고 한다. 검색광고와 소셜미디어, 디지털 광고 등 각 매체의 장점을 살려 효과적으로 메시지를 전달하고, 도달 범위와 광고 효과를 극대화하는 것이 목표이다. 카카오 검색광고 시스템에서 광고그룹 하위에 등록된 키워드 외에 연관된 키워드에 자동으로 광고를 노출하는 기능으로 확장된 키워드 내에서도 제외 키워드를 추가하는 메뉴를 부르는 용어는 키워드 확장이다.

46 키워드 확장

카카오 검색광고 시스템에서 광고그룹 하위에 등록된 키워드 외에 연관된 키워드에 자동으로 광고를 노출하는 기능으로 확장된 키워드 내에서도 제외 키워드를 추가하는 메뉴를 부르는 용어는 키워드 확장이다.

47 자동입찰

네이버 검색광고 시스템의 광고그룹 하위 단위에서 광고 플랫폼이 하루예산 내에서 클릭이 향상되는 방향으로 광고 노출 여부와 광고그룹의 기본 입찰가를 설정하는 메뉴를 부르는 용어는 자동입찰이다.

48 지역소상공인 광고

네이버 검색광고의 플레이스 유형 중에서 네이버 콘텐츠 이용자에게 네이버 스마트플레이스에 등록한 점포 정보를 노출하는 배너 광고 상품의 명칭은 지역소상공인 광고이다.

49 70원

카카오 검색광고의 기본 입찰가는 네이버와 동일하게 70원부터 시작한다.

50 랜딩페이지

광고를 클릭하면 나타나는 웹페이지나 다운로드 앱의 링크를 부르는 용어는 랜딩페이지이다. 렌딩페이지는 표시 URL과 연결 URL로 나뉘며, 사이트의 메인페이지, 상품 상세페이지, 이벤트페이지 등 광고의 목표에 따라 다양하게 연결할 수 있다.

51 자동규칙

네이버 검색광고에서 특정한 조건을 만족하면 이메일 받기, OFF하기, 입찰가 변경하기, 하루 예산 변경하기 등을 자동으로 수행해 주는 기능을 자동규칙이라고 부른다.

52 최적화 점수

구글 애즈 계정이 얼마나 좋은 실적을 낼 수 있을지를 추정한 수치를 최적화 점수라고 부른다. 점수는 0~100% 사이로 매겨지며, 최고점은 100%이다.

53 5

네이버 콘텐츠 검색광고의 그룹당 소재 등록수는 5개까지 등록할 수 있다. 이를 통해 다양한 소재를 테스트하고, 최적의 광고 성과를 위한 조합을 시도할 수 있다.

54 ROAS

ROAS(Return on Ad Spend)는 광고비용 대비 매출을 나타내는 지표로, 광고의 효율성을 평가하는 데 사용된다. 계산 방식은 매출액을 광고비로 나누어 산출하며, 높은 ROAS는 광고 투자 대비 높은 수익을 의미한다.

55 **20%**

CTR=클릭수÷노출수×100=5,000÷25,000×100=20%

56 **400원**

$ROAS=\dfrac{가격×전환수}{클릭수×CPC}×100$

전환수=노출수×클릭률×전환율
클릭수=노출수×클릭률

$\therefore \dfrac{20,000×500,000×0.04×0.1}{500,000×0.04×CPC}×100=500\%$

→ CPC=400원

57 **로그**

네이버 검색광고에서 제공하는 무료로 제공하는 자동 추적 (Auto Tracking) 기능은 네이버 프리미엄 로그분석이다.

58 **50%**

반송률은 반송수÷방문수×100으로 나타낸다. 방문자 2,000 명 중에서 참여 페이지에 접속한 1,000을 제외하고 설명 페 이지에서 바로 이탈한 사람의 수를 반송수로 계산한다. 따라서 반송률=1,000÷2,000×100=50%

59 **전환율(CVR)**

전환율(CVR, Conversion Rate)은 광고나 웹사이트 방문자 중 실제로 목표 행동(전화 또는 장바구니 담기, 구매 등)을 완 료한 비율을 나타내는 지표이다. 전환율은 전환수를 방문자 수로 나누어 계산하며, 이 수치가 높을수록 마케팅 또는 광고 의 효과가 좋은 것으로 평가된다.

60 **10%**

• 구매전환율=구매완료건수÷클릭수×100
• 클릭수=광고비÷CPC=5,000,000÷1,000=5,000
• 구매전환율=500÷5,000×100=10%

2024년 기출 복원문제 02회

334p

객관식

01 ②	02 ③	03 ④	04 ④	05 ②
06 ③	07 ②	08 ④	09 ①	10 ③
11 ③	12 ④	13 ④	14 ④	15 ①
16 ③	17 ①	18 ③	19 ①	20 ④
21 ②	22 ①	23 ④	24 ④	25 ③
26 ②	27 ③	28 ④	29 ③	30 ②
31 ④	32 ④	33 ④	34 ①	35 ②
36 ①	37 ④	38 ①	39 ②	40 ①

단답식

41 록인(Lock-in)
42 인플루언서
43 네이티브
44 목표과업법
45 목표 설정
46 5
47 10, 5
48 1, 30
49 신제품 검색광고
50 함께 찾은 파워링크
51 50원, 300원
52 30,000원, 20,000원
53 이미지형 서브링크(이미지 서브링크)
54 30
55 1%
56 ROAS(Return on Advertising Spend)
57 200원
58 전환율(CVR)
59 200%
60 10%

객관식

01 ②

특허를 통해 경쟁사의 진입을 방해하는 것은 온라인 비즈니스만 해당하는 방법은 아니며, 성공 요인과도 거리가 있다.

02 ③

소셜미디어는 고객의 정보를 마음대로 활용할 수 없다. 또한 판매를 강요하는 경우 거부감을 줄 수 있으므로 직접 판매도 쉽지 않다.

03 ④

관심 있는 키워드를 검색하거나 즐겨보는 콘텐츠의 피드를 통해 광고를 노출하여 관심을 끌어당기는(Pull) 방식이 일반적이다.

04 ④

디지털 마케팅은 즉각적인 반응을 통한 마케팅 성과 분석과 상호작용(Interactive), 타겟팅 등이 유리하다. 반면 디바이스를 접속해야만 광고를 확인할 수 있고 작은 화면이나 한정된 광고지면 등의 오프라인과 다른 특징으로 인해 브랜드 인지도와 선호도를 높이는 데에는 한계가 있다.

05 ②

소셜미디어는 제품 소개와 소통 등의 기능을 담당하며 이 과정에서 기업의 이미지가 훼손될 가능성도 존재한다. 기업의 이미지 제고는 일반적으로 광고를 통해 가능하다.

06 ③

웹 브라우저는 소셜미디어에 해당하지 않는다.

07 ②

실제 경험에 근거한 것이므로 신뢰도가 낮지 않다.

08 ④

소비자가 브랜드에 대해 어떻게 느끼느냐 하는 감성적 요인이 더 큰 영향을 미친다.

09 ①

제한된 예산이라면 정교한 타겟팅과 차별적 마케팅을 펼쳐야 한다.

10 ③

디지털 광고의 특징은 일방적인 광고가 아니라 양방향성이다.

11 ③

경쟁사 분석을 할 때는 기존의 시장에서 활동하고 있는 경쟁사 말고도 다른 카테고리지만 고객의 입장에서 동일한 편익을 줄 수 있는 대체 가능한 잠재적 경쟁사를 포함한다.

12 ④

ROI를 향상시키기 위해서는 정교한 타겟팅이 필요하므로 전국민 대상 광고 노출 극대화가 필요하다는 내용은 옳지 않다.

13 ④

광고 수정 사항과 변경 이력을 관리하는 곳은 '설정 〉 변경이력' 관리이다.

14 ④

해설 우측 상단 파워링크 영역에 최대 3개가 아니라 5개까지 노출된다.

15 ①

가전/디지털 카테고리에는 액세서리뿐만 아니라 다양한 제품도 광고할 수 있다.

16 ③

유흥업소 사이트 및 해당 업소의 직업정보 제공 사이트는 성인인증 등의 청소년 보호조치를 취할 경우에도 광고가 불가하다.

17 ①

> **오답 피하기**
> - ②: 내 브랜드 키워드에 대한 설명이다.
> - ③: 일반 키워드에 대한 설명이다.
> - ④: 내 브랜드 키워드에 대한 설명이다.

18 ③

> **오답 피하기**
> - ①: 모바일과 PC 모두 가능하다.
> - ②: 네이버가 지정한 키워드에 한하여 광고 노출이 가능하다.
> - ④: 광고는 모바일 첫 페이지에 최대 2개, PC 첫 페이지에 최대 3개까지 노출되고 '더보기'를 통해 더 많은 광고를 볼 수 있다.

19 ①

연결 URL은 표시 URL 사이트 내의 페이지여야 하며, 동일 사업자의 도메인으로 연결되어야 한다.

20 ④

한글 또는 영어 도메인을 사용하는 사이트는 광고할 수 있다.

21 ②

검색수가 적은 대신 필요한 사람에게 노출되는 것이 장점이다.

22 ①

즐겨찾기는 광고그룹, 키워드, 소재 단위로 추가할 수 있으며, 하나의 즐겨찾기는 광고그룹, 키워드, 소재의 묶음으로 구성된다. 광고그룹, 키워드, 소재를 여러 즐겨찾기 묶음에 중복으로 추가할 수 있으며, 하나의 즐겨찾기 묶음에는 광고그룹, 키워드, 소재를 합쳐 총 1,000개까지 추가할 수 있다. 즐겨찾기의 묶음은 총 10개가 제공되며, 즐겨찾기 이름('즐겨찾기-1'~'즐겨찾기-10')은 변경할 수 있다.

23 ④

회원제 사이트를 등록할 경우 심사 단계에서도 ID와 패스워드가 필요하다.

24 ④

확장 소재로 추가할 수 있는 항목은 쇼핑 정보, 전화번호, 위치정보, 네이버 예약, 계산, 추가 제목, 추가설명, 홍보 문구, 서브링크, 가격링크, 파워링크 이미지, 이미지형 서브링크, 플레이스 정보, 홍보 영상, 블로그 리뷰 등이 있다.

25 ③

구글 검색광고의 자동입찰 기능은 타겟 CPA, 타겟 광고 투자 수익(ROAS), 전환수 최대화, 전환 가치 극대화가 있다. 입찰 최대화는 광고비를 최대한 많이 사용하겠다는 의미인데, 이는 광고 성과를 높이는 방법과 거리가 있다.

26 ②

ROAS는 투입한 광고비용 대비 거둬들인 매출액을 의미한다.

27 ③

네이버 검색광고 시스템에서 동일한 키워드를 다른 캠페인이나 그룹에 중복하여 등록할 수 있다.

28 ④

인공지능 입찰가라는 설정은 존재하지 않는다.

29 ③

캠페인 하루 예산은 하루 동안 지불 가능한 금액을 기재하는 것이다.

30 ②

$$\frac{100(건) \times 500,000 \times 0.04 \times 0.1}{500,000 \times 0.04 \times CPC} \times 100$$

$$= \frac{5,000,000}{1,000,000} \times 100 = 500\%$$

31 ④

오답 피하기

①은 CPS, ②는 CPI, ③은 CPC에 대한 설명이다.

32 ④

CVR(전환율)=(전환수÷클릭수)×100, 클릭수=노출수×클릭율
④: D 그룹의 클릭수=100,000(광고 노출수)×5%=5,000 → 750÷5,000×100=15%

오답 피하기

- ①: A 그룹의 클릭수=100,000(광고 노출수)×4%=4,000 → 400÷4,000×100=10%
- ②: B 그룹의 클릭수=100,000(광고 노출수)×4%=4,000 → 500÷4,000×100=12.5%
- ③: C 그룹의 클릭수=100,000(광고 노출수)×5%=5,000 → 500÷5,000×100=10%

33 ④

- ROAS$= \dfrac{가격 \times 전환수}{클릭수 \times CPC} \times 100$
- ④ D 키워드: $\dfrac{20,000 \times 150}{3,000 \times 500} \times 100 = 200\%$

오답 피하기

- ① A 키워드: $\dfrac{30,000 \times 150}{3,000 \times 450} \times 100 = 333\%$
- ② B 키워드: $\dfrac{20,000 \times 150}{3,000 \times 400} \times 100 = 250\%$
- ③ C 키워드: $\dfrac{30,000 \times 150}{3,000 \times 500} \times 100 = 300\%$

34 ①

캠페인 전략 설정 버튼을 통해 캠페인명, 일예산을 변경할 수 있다. 노출기간, 요일, 시간은 변경할 수 없다.

35 ②

확장 소재는 기본 소재와 함께 6가지 타입으로 구성되어 있으며, Daum, 제휴 매체의 PC, 모바일 앱/웹 검색 결과와 카카오톡 #(샵)탭 검색 결과의 프리미엄링크 영역은 물론 Daum 모바일 일부 콘텐츠 네트워크 지면(썸네일 이미지 한정)에도 노출된다.

36 ①

검색유형은 캠페인 설정이 아니라 키워드 설정에서 변경할 수 있다.

37 ④

상세한 운영보고서는 좌측 메뉴의 [캠페인 〉 통계 및 보고서 〉 보고서 에디터] 항목에서 확인할 수 있다.

38 ①

CTR이 낮아서 광고비만 소진하고 ROAS가 낮아서 매출에도 도움이 안 된다면 비용만 낭비되는 키워드로 볼 수 있다. 따라서 순위를 낮추어서 낭비되는 비용을 줄이는 것이 효과적이다.

39 ②

CTR이 높은 것은 여러 이유가 있겠지만 기존 키워드의 광고 순위가 충분히 높거나 적절하다고 볼 수 있으므로 기존 키워드 보다 새로운 키워드나 시즌 키워드, 이슈 키워드 등으로 확장하는 것이 바람직하다.

40 ①

노출 순위를 상향 조정하면 방문수가 늘어날 수 있지만, 클릭률을 높여도 전환율이 0%이므로 비용만 소진될 가능성이 높다. 키워드를 OFF하거나 입찰가를 낮춰 노출수를 줄인 뒤 랜딩페이지를 먼저 점검하는 것이 바람직하다.

단답식

41 록인(Lock-in)

록인 효과(Lock-in Effect)는 네이버플러스, 쿠팡와우 같은 멤버십 서비스에서 볼 수 있듯이 고객이 특정 서비스나 플랫폼에 머물도록 유도해 경쟁사로의 이동하는 것을 제한하는 전략이다. 이를 통해 고객 충성도를 높이고 장기적인 매출 증대를 도모하며, 고객이 받는 혜택이 커질수록 이 효과는 강화된다.

42 인플루언서

인플루언서는 SNS, 블로그 등에서 다수의 팔로워에게 영향력을 미치는 개인으로, 패션, 뷰티, 여행 등 특정 분야에서 신뢰를 구축해 팔로워의 구매 결정에 영향을 준다. 마케팅에서도 이들의 영향력을 활용하여 브랜드 인지도를 높이는 전략이 주목받고 있다.

43 네이티브

네이티브 광고는 광고가 게재되는 매체의 콘텐츠와 자연스럽게 어우러져, 광고처럼 느껴지지 않도록 설계된 광고 형식을 말한다. 기사, 피드, 추천 콘텐츠 형태로 제공되며, 사용자의 거부감을 줄이고 몰입을 높여 효과적인 광고 성과를 내는 것이 특징이다.

44 목표과업법

광고 예산 책정 방법 중에서 광고 목표를 달성하기 위한 광고비를 추정하여 예산을 편성하는 가장 논리적인 방법은 목표과업법이다.

45 목표 설정

검색광고 기획 순서는 '환경 분석 → 목표 설정 → 매체 전략 → 일정 계획 → 예산 책정' 순으로 진행된다.

46 5

네이버의 캠페인은 파워링크, 쇼핑 검색, 파워콘텐츠, 브랜드 검색/신제품검색, 플레이스의 5개 유형이 있다.

47 10, 5

네이버 검색광고에서 노출되는 파워링크의 개수는 10개, 비즈링크의 개수는 5개이다.

48 1, 30

브랜드 검색광고의 노출 개수는 1개, 그룹당 등록할 수 있는 키워드의 수는 30개이다.

PART 01
PART 02
PART 03
PART 04
PART 05
PART 06
PART 07

49 신제품 검색광고

제품 및 서비스 관련 일반 키워드로 검색했을 때 네이버 통합검색 결과에 다양한 콘텐츠를 노출하는 브랜딩형 검색광고 상품은 신제품 검색광고이다.

50 함께 찾은 파워링크

이용자가 최근 둘러본 파워링크 기반으로 선호할 만한 파워링크를 노출하는 반응형 광고 영역의 명칭은 '함께 찾은 파워링크'이다. '통합검색 및 광고 더보기'에서 파워링크를 클릭 후 다시 검색 화면으로 돌아왔을 때, 파워링크 하단에 최대 5개의 광고가 노출되는 상품이다(25.01.23부터 서비스종료).

51 50원, 300원

네이버 검색광고 시스템에서 쇼핑 광고는 노출 상품에 따라 최소 입찰가가 다른데, 쇼핑몰 상품형과 제품 카탈로그형은 50원이고 쇼핑 브랜드형은 300원이다.

52 30,000원, 20,000원

네이버 플레이스 유형 캠페인의 하루 최대 예산은 30,000원이고 네이버 플레이스 검색 광고그룹의 하루 최대 예산은 20,000원이다.

53 이미지형 서브링크(이미지 서브링크)

네이버 검색광고에서 확장 이미지나 추가 이미지에 별도의 연결 URL를 설정하는 확장 소재 유형을 부르는 명칭은 이미지형 서브링크 또는 이미지 서브링크이다.

54 30

광고를 클릭한 사용자가 회원가입이나 구매 등의 행동을 일으키는 행동을 전환이라고 부르며 직접전환과 간접전환이 있다. 직접전환은 광고를 클릭한 사용자가 30분 이내 회원가입이나 구매 등의 행동을 일으키는 것을 말하고, 간접전환은 광고를 클릭한 사용자가 30분 이내에는 아무런 행동을 하지 않았지만, 이후 7~20일 정도의 전환 추적 기간 내에 회원가입이나 구매 등의 행동을 일으키는 것을 말한다.

55 1%

CTR=클릭수÷노출수×100=5,000÷500,000×100=1%

56 ROAS(Return on Advertising Spend)

ROAS(Return on Ad Spend)는 광고비용 대비 매출을 나타내는 지표로, 광고의 효율성을 평가하는 데 사용된다. 계산 방식은 매출액을 광고비로 나누어 산출한다.

57 200원

CPC와 ROAS 공식으로 풀 수 있는 문제이다.
CPC=광고비÷클릭수, ROAS=매출÷광고비×100
주어진 문제에서 매출 = 판매단가×노출수×클릭율×전환율
=10,000×400,000×5%×10%=20,000,000
∴ 광고비=매출÷ROAS×100
　　　　=20,000,000÷500×100=4,000,000
∴ 클릭수=노출수×클릭율=400,000×5%=20,000
∴ CPC=4,000,000÷20,000=200원

58 전환율(CVR)

빈칸에 들어갈 용어는 전환율(CVR)이다. CVR(Conversion Rate)은 광고나 웹사이트 방문자 중 실제로 목표 행동(구매, 가입 등)을 완료한 비율을 나타내는 지표이다.

59 200%

- ROAS=매출÷광고비×100, CPC=광고비÷클릭수
- CPC(500)=광고비÷클릭수(5,000)
  → 광고비=500×5,000=2,500,000
∴ ROAS=5,000,000÷2,500,000×100=200%

60 10%

- 구매전환율(CVR)=판매량÷클릭수×100, 판매수를 알아야 한다.
- ROAS=매출÷광고비×100 공식을 통해 매출을 알아내면 판매량을 알아낼 수 있다.
- 매출=ROAS×광고비÷100
  → 500×1,000×2,000÷100=10,000,000
- 매출=판매량×판매가
  → 판매량=매출÷판매가
  　　=10,000,000÷50,000=200
∴ 구매전환율=200÷2,000×100=10%

실전 모의고사 01회　348p

객관식

01 ④	02 ②	03 ①	04 ③	05 ②
06 ①	07 ③	08 ①	09 ②	10 ①
11 ③	12 ②	13 ②	14 ①	15 ③
16 ①	17 ④	18 ④	19 ②	20 ③
21 ①	22 ②	23 ①	24 ②	25 ④
26 ①	27 ③	28 ①	29 ②	30 ③
31 ②	32 ④	33 ②	34 ④	35 ②
36 ②	37 ④	38 ①	39 ③	40 ④

단답식

41　챗GPT
42　혁신수용자
43　① 경험, Experience(모두 정답)
　　② 판매촉진, 판촉, 프로모션, Promotion(모두 정답)
44　고착성
45　정교한 타겟팅, 정교한 타기팅, 타겟팅(모두 정답)
46　에어서치, Air search(모두 정답)
47　캠페인
48　플레이스 광고, 플레이스 유형(모두 정답)
49　250원
50　최소 노출 입찰가
51　1,000원
52　스마트 자동입찰, 자동입찰, 스마트 입찰(모두 정답)
53　키워드 확장
54　① 70, ② 200
55　B
56　로그분석
57　양말 5종 세트
58　3,600원
59　1344%
60　4배

객관식

01 ④

온라인 비즈니스는 실물이나 가시적인 서비스보다 정보가 먼저 움직인다. 따라서 정보가 실물 비즈니스를 이끌어가는 구조라고 할 수 있다.

02 ②

기존의 아날로그 콘텐츠는 소수의 전문가 그룹에 의해 제작되고 다수의 일반인이 이를 소비했지만, 디지털 콘텐츠는 다양하고 많은 사람의 기여가 가장 큰 원동력이다.

03 ①

디지털 사회로 변화하면서 보안 문제는 오히려 확대되고 있고, 소셜미디어의 발달과 함께 프라이버시 문제가 사회 문제로 대두되고 있다. 오픈된 사생활과 개인정보를 타인들이 쉽게 접하게 됨으로써 사생활 침해가 발생하고 원치 않는 사람의 친구 요청과 맺기 등 새로운 갈등 요소도 생기고 있다. 고령사회에 진입함에 따라 기술에 대한 이해가 부족한 노령인구의 정보 격차 문제도 발생한다. 반면, 시장 독과점은 디지털 사회로 변화하면서 생기는 문제점으로 보기 어렵다.

04 ③

미디어 관련 기술과 미디어 수용자의 모습은 컴퓨터 발전의 역사에 따라 진화해왔다. IBM이 주도하는 메인프레임 컴퓨팅 시대, HP가 주도하는 미니 컴퓨팅 시대, 마이크로소프트와 인텔이 주도하는 퍼스널 컴퓨팅 시대, 구글과 야후가 주도하는 데스크톱 인터넷 컴퓨팅 시대, 애플과 페이스북이 주도하는 모바일 인터넷 컴퓨팅 시대, 애플과 구글, 마이크로소프트가 주도하는 클라우드 컴퓨팅 시대가 순차적으로 진행되고 있다.

05 ②

인터넷의 발달과 함께 소비자들에게 정보력이 생겨나면서, 다른 사용자들의 평가를 탐색, 브랜드 이미지를 조사하고, 유통 채널 별로 가격까지 비교할 수 있게 되었다. 인터넷의 발달과 함께 기업보다 소비자가 더 빨리 정보를 얻는 정보 역전 현상이 발생하기도 한다

06 ①

마케팅 4E는 다음과 같다.

- Experience(경험): 브랜드에 대한 다양하고 인상적인 경험을 만들어주는 것이다.
- Engagement(참여): 브랜드에 대한 고객의 관련성을 만들어주는 것이다
- Evangelist(전파자): 브랜드에 대해 호감과 충성도를 가진 고객을 '브랜드 전도사'로 활용하는 방법으로써, 의도적으로 역할을 부여하는 것이 아니라 고객이 자발적으로 참여하고 활동할 수 있는 장을 만들어주는 것이다.
- Enthusiasm(열정): 다양한 미디어는 물론 고객들과의 유기적인 관계를 관리하는 브랜드에 대한 마케터의 열정을 말한다.

07 ③

AIDEES는 Awareness 또는 Attention(주목) → Interest(흥미) → Desire(욕구) → Experience(경험) → Enthusiasm(열광) → Share(공유)이다.

08 ①

시장 세분화란 소비자를 연령, 소득수준, 성별, 라이프 스타일 등에 따라 집단으로 나누는 것을 말한다. 시장 세분화를 통해 집단 간에는 이질성이 확보되고, 집단 내에서는 동질성이 확보된다.

09 ②

애드서버는 광고물을 게재하거나 삭제하며 각종 타겟팅 기법을 적용해 주고, 광고 통계 리포트를 산출해 주는 자동시스템으로 웹사이트나 앱을 보유했지만, 영업력이 부족한 영세한 매체들의 다양한 광고 인벤토리를 발견하고 구성하여 미디어 렙이나 광고대행사에게 판매하는 애드 네트워크 회사에서 사용한다.

10 ①

디지털 광고의 특징은 전달의 유연성(융통성), 정교한 타겟팅, 상호작용성, 트래킹의 용이성으로 크게 4가지가 있다. 즉 적극적 참여와 빠른 피드백 제공 등 상호작용이 뛰어나다.

11 ③

오답 피하기

- ①: 어떤 경로를 통해 소비자가 방문을 하거나 구매를 하게 되는지까지 트래킹할 수 있다.
- ②: 광고 클릭률, 이벤트참여율, 회원가입률, 구매전환율 등을 측정할 수 있다.
- ④: 광고 캠페인의 성공 여부는 결국 소비자의 인지도가 높아지고 매출로 이어져야 한다. 이는 즉각적인 클릭수나 이벤트 참여율 같은 수치로 쉽게 분석하기는 어렵고 추후 광고 효과 조사 과정을 통해 분석하게 된다.

12 ②

검색광고를 포함한 대부분의 디지털 광고는 매체사에서 제공하는 광고관리 시스템을 통해 직접 관리할 수 있다.

13 ②

ROI는 광고를 집행할 때 1원으로 얼마의 이익이 발생했는지를 나타내는 비율이다.

14 ①

오답 피하기

- ②: CVR(구매전환율, Conversion Rate)=$\dfrac{\text{전환수}}{\text{클릭수}}\times100$
- ③: CPA(전환당비용, Cost Per Action)=$\dfrac{\text{총광고비}}{\text{전환수}}$
- ④: CPC(클릭당비용, Cost Per Click)=$\dfrac{\text{총광고비}}{\text{클릭수}}$

15 ③

오답 피하기

- ①: 광고 노출수, 클릭수, 등의 측정 지표는 현재 시간 기준이 아니므로 실시간 성과측정이 아니라는 점에 유의한다.
- ②: 검색광고는 배너 광고 등을 같이 활용하면 효과가 증가한다.
- ④: 부정 클릭 발생을 원천적으로 봉쇄하기는 어렵다.

16 ①

KPI(Key Performance Indicators)는 핵심성과지표로 회원가입수, 유입수, 예약건수, 상담신청건수, 구매량 등 수치로 표현 가능한 광고의 목표를 말한다.

17 ④

$\dfrac{\text{클릭수}}{\text{노출수}}\times100$을 공식으로 삼는 지표는 클릭률(CTR, Click Through Rate)이다. 클릭률이 상승하면 클릭수가 늘어서 광고 효과가 상승하지만, 광고비 역시 증가한다.

18 ④

오답 피하기

- ①: 광고목표는 매출 달성이 가능한 목표로 설정되어야 한다.
- ②: 광고-판매 반응 함수법은 함수를 얻는 것이 불가능하여 현실적으로는 거의 사용하지 않는다.
- ③: 매출액 비율법은 매출액의 일정 비율을 광고 예산으로 책정하여 기업들이 가장 많이 사용하는 예산 설정 방법이나 다소 주먹구구식이라 오류가 많이 발생할 수 있다.

19 ②

오답 피하기

- ①: 광고–판매 반응 함수법은 과거 데이터를 통해 광고 지출 및 이를 통한 판매 반응 함수가 존재할 경우 광고를 통한 한계이익을 극대화할 수 있는 광고 예산을 편성하는 방법이다. 현실적으로는 거의 사용하지 않는다.
- ③: 경쟁사 비교법은 경합이 예상되는 키워드를 중심으로 가격을 조사하고 순위를 조절하여 예산을 편성하는 방법이다.
- ④: 매출액 비율법은 매출액의 일정 비율을 광고 예산으로 책정하는 방법으로 다소 주먹구구식이라 오류가 많이 발생할 수 있다.

20 ③

광고목표는 회사의 영업 전략을 바탕으로 제품 개발과 마케팅 계획에 의해 세워지는 것이므로 실시간 데이터에 기반하여 설정한다는 설명은 적절치 못하다.

21 ①

표시 URL은 사이트를 대표하는 최상위 도메인을 기재하며, 기재 후 수정할 수 없다.

22 ②

광고그룹을 선택하면 상단 우측의 '광고그룹 정보'에서 [수정]을 클릭하여 하루예산, 매체, 지역, 요일 및 시간대, 콘텐츠 매체, PC 및 모바일 입찰가중치, 소재 노출 방식 등의 광고 노출 관리가 가능하다. CPC 전략은 입찰가를 조정하는 것으로 키워드 단위에서 설정할 수 있다.

23 ①

파워콘텐츠(=파워컨텐츠)에 대한 설명이다.

24 ③

오답 피하기

- ①: 쇼핑 검색광고 검토는 24시간 이내 완료된다.
- ②: 소재별 입찰가 설정과 광고그룹 단위 설정 모두 가능하다.
- ④: 광고 대상 '상품'별로 1개의 '상품 카테고리'를 등록해야 하며 해당 상품 카테고리는 광고 대상 '상품'의 유형을 포괄할 수 있어야 한다. 등록한 '상품 카테고리'가 광고 대상 '상품'과 관련이 없거나 적으면 광고가 제한될 수 있다.

25 ④

광고 계정 내에서 운영하는 키워드의 숫자는 제한되지 않는다.

26 ①

오답 피하기

- ②: 캠페인 예산 도달의 경우, '캠페인' 하루예산을 변경하거나 제한 없음으로 변경한다.
- ③: 캠페인 기간 외인 경우, 광고 노출 기간을 '오늘부터 종료일 없이 계속 노출'로 변경하거나 종료 날짜 재설정한다.
- ④: 그룹 예산 도달의 경우, '광고그룹' '하루예산'을 높은 금액으로 변경 혹은 '제한 없음'으로 변경한다.

27 ③

네이버는 반응이 좋은 소재가 우선적 노출되는 '성과 기반 노출'과 등록된 소재가 번갈아 노출되는 '동일 비중 노출' 중 선택이 가능하나 카카오는 소재 노출 방식에 대한 별도의 선택 옵션이 없다.

28 ①

초기값은 1이 아니라, 0이다.

29 ②

오답 피하기

- ①: 구글애즈의 경우, 먼저 캠페인에서 달성하려는 성과에 도움이 되는 목표(판매, 리드, 웹사이트 트래픽, 제품 및 브랜드 구매 고려도 등)를 설정한 후 목표에 따른 유형을 설정한다.
- ③: 구글애즈는 '캠페인 설정' 단계에서 입찰 전략과 네트워크, 위치, 언어, 잠재고객 등의 캠페인 설정을 선택한다.
- ④: 네이버쇼핑 검색에 관한 설명이다.

30 ③

오답 피하기

- ①: 다차원 보고서와 대용량 다운로드 보고서이다.
- ②: 카카오와 네이버 모두 '캠페인'별로 광고 전략을 설정한다.
- ④: 네이버는 검색광고관리시스템에서 광고 등록, 관리, 효과 분석에 관련된 작업을 할 수 있다.

31 ②

구글은 캠페인 유형에 맞춘 다양한 자동입찰 전략을 제공하지만 타겟 ROI 입찰 전략은 제공하지 않는다.

오답 피하기

- ①: 타겟 CPA 끌어올리기 전략은 설정된 타겟 전환당비용(CPA)으로 전환수 증가를 최대화할 수 있게 입찰가 자동 설정되는 전략이다.
- ③: 전환수 최대화 전략은 전환수를 기준으로 최적화하는 데 도움이 되는 전략이다.
- ④: 클릭수 최대화 전략은 예산 내에서 최대한 많은 클릭 발생하도록 입찰가가 자동 설정되는 전략이다.

PART 01
PART 02
PART 03
PART 04
PART 05
PART 06
PART 07

32 ④

- ①: 카카오 키워드 광고 플랫폼에서 자동입찰 기능이 제외되었다.
- ②: 차순위 입찰가+10원에 부가가치세가 포함된 금액이 과금된다.
- ③: 카카오 키워드 광고 플랫폼에서 자동입찰 스펙은 제외되었으나, 예상 입찰가를 설정할 수는 있다.

33 ②

광고그룹당 소재는 네이버가 최대 5개, 카카오가 최대 20개, 구글이 최대 50개까지 가능하다.

34 ④

IP를 등록하여 광고가 노출되지 않도록 제한할 수 있다. 사이트는 등록할 수 없다.

35 ②

광고비가 10,000,000인 상황에서 CPC가 1,000원이므로 클릭수는 10,000이다. 구매전환율이 20%이므로 전환수는 10,000×20%=2,000이다.

따라서 CPS는 $\dfrac{총광고비}{구매건수} = \dfrac{10,000,000}{2,000} = 5,000$원이다.

36 ②

$CPS(판매당비용) = \dfrac{총광고비}{구매건수}$ 이므로

$CVR(전환율) = \dfrac{전환수}{클릭수} \times 100$이 높아지면 전환수, 즉 구매건수가 높아진다는 말이므로 CPS는 낮아진다.

- ①: $CPS(판매당비용) = \dfrac{총광고비}{구매건수}$ 에서 구매건수가 많아지면 CPS는 낮아진다.
- ③: $CPS(판매당비용) = \dfrac{총광고비}{구매건수}$ 이다.
- ④: 참고로 검색광고에서 $CPA(전환비용) = \dfrac{총광고비}{전환수}$ 와

  $CPS(판매당비용) = \dfrac{총광고비}{구매건수}$ 는 동일한 개념이다.

37 ④

- $ROI = \dfrac{광고를 \ 통한 \ 매출 \times 이익률}{광고비} \times 100$

  $= \dfrac{30,000 \times 2,000 - 10,000,000}{10,000,000} \times 100 = 500\%$

- $ROAS = \dfrac{광고를 \ 통한 \ 매출}{광고비} \times 100$

  $= \dfrac{30,000 \times 2,000}{10,000,000} \times 100 = 600\%$

38 ①

광고비가 5,000,000인 상황에서 CPC가 1,000원이므로 클릭수는 5,000이다. 구매전환율이 동일하므로 전환수는 5,000×20%=1,000이다.

따라서 CPS는 $\dfrac{총광고비}{구매건수} = \dfrac{5,000,000}{1,000} = 5,000$원으로 동일하다.

- ②: $ROAS = \dfrac{광고를 \ 통한 \ 매출}{광고비} \times 100$

  $= \dfrac{30,000 \times 1,000}{5,000,000} \times 100 = 600\%$

- ③: CPC(=클릭당 비용)은 1,000원으로 총광고비÷클릭수와 같다. 총광고비는 10,000,000원이기 때문에 클릭수(=총광고비÷1,000)는 10,000원이 된다. 여기서 광고비가 5,000,000원이 되면 적정 CPC는 500원이다.
- ④: ROI는 500%이고 ROAS는 600%이므로 모두 100%를 넘어 효과적인 광고로 볼 수 있다.

39 ③

- ①: 반송은 사이트 접속 후 사이트 내의 다른 페이지로 이동이 이루어지지 않고 바로 이탈한 경우로 방문자의 사이트 체류 시간이 낮다는 것을 의미한다.
- ②: 반송률이 낮다는 것은 광고가 정확한 타겟에게 노출되고 있다는 것으로 해석될 수 있다. 클릭률과는 상관없다.
- ④: 반송률이 낮다면 접속자들의 랜딩페이지에서 제품을 구매하거나 상담을 하는 등의 전환으로 이어질 가능성이 크다는 뜻이다.

40 ④

ROAS가 120%라는 의미는 100원의 광고비를 지불하여 120원의 매출을 올린다는 의미이다. 따라서 키워드 광고를 유지하는 것이 바람직하다.

PART 01
PART 02
PART 03
PART 04
PART 05
PART 06
PART 07

단답식

41 챗GPT

정보 검색은 인터넷상에서 수많은 정보를 수집해서 원하는 고객에게 제공하는 서비스이다. 특정 키워드를 검색하는 사람에게 원하는 결과를 제공하는 방식이 일반화되었고, 최근에는 미국의 비영리 연구소 '오픈AI'가 개발한 대화형 AI 챗봇인 챗GPT(Chat Generative Pre-trained Transformer)의 등장으로 빅테크 기업들을 중심으로 음성을 활용한 정보 검색을 활발하게 연구하고 있다.

42 혁신수용자

에버렛 로저스의 기술수용주기(Technology Adoption Life-Cycle) 모델에 따르면, 소비자는 혁신수용자, 선각수용자, 전기 다수수용자, 후기 다수수용자, 지각수용자 등 다섯 가지 유형으로 분류된다.

소비자의 유형	특징
혁신수용자	• 기술 자체에 관심이 매우 많음, 비싼 가격을 지불함 • 동반자적 접근 전략 필요
선각수용자	• 기술에 가치를 알고 있음, 가격에 둔감 • 전략적 가치 창출 필요
전기 다수수용자	• 실용주의자들, 가격에 민감함, 전체 시장의 1/3 • 시장에 존재하는 대부분의 제품 해당
후기 다수수용자	• 첨단 기술에 두려움을 느낌, 유명상표 기업을 중시 • 기업 인지도를 높이는 전략 필요
지각수용자	• 회의주의자들, 신기술이나 제품에 대한 거부 및 방해 • 마케팅 대상이 아님

43 ① 경험, Experience(모두 정답) ② 판매촉진, 판촉, 프로모션, Promotion(모두 정답)

산업사회	정보사회	디지털 시대
4P	4C	4E
Product(제품)	Customer Value (소비자 가치)	Experience(경험)
Price(가격)	Cost(비용)	Engagement(참여)
Place(유통)	Convenience(편리성)	Evangelist(전파자)
Promotion (판매촉진)	Communication (의사소통)	Enthusiasm(열정)

44 고착성

고착성이란 전용 표준 구축과 같은 네트워크 효과, 마일리지 같은 로열티 프로그램, 브랜드 신뢰도와 같은 전략적 자산으로 고객 이동을 제한하여 가치를 창출하는 활동을 말한다. 고착성을 높이는 대표적인 프로그램으로 네이버플러스 멤버십, 아마존 프라임 서비스, 쿠팡와우 등의 멤버십 서비스가 있다.

45 정교한 타겟팅, 정교한 타기팅, 타겟팅(모두 정답)

• 다수의 사람을 대상으로 하는 TV, 라디오, 신문 등의 전통적인 매체와 달리 원하는 타겟들에게만 광고 노출시킬 수 있다.
• 성별, 연령, 지역 등에 대해 타겟팅할 수 있을 뿐 아니라 로그인 정보 등의 고객의 개별적인 특성을 반영하여 광고를 노출하여 타겟팅의 정확도가 높아진다.
• 단기적인 퍼포먼스를 중심으로 하는 중소형 광고주들에게는 TV, 라디오광고 등 전통적인 4대 매체보다 효율성이 높다.

46 에어서치, Air search(모두 정답)

• 모바일의 발달과 소셜미디어의 해시태그를 통한 동시다발적인 검색이 증가하면서 검색엔진도 변화하고 있는데, 가장 대표적인 것이 네이버의 '에어서치'이다.
• 에어서치는 사용자가 장소, 쇼핑, 관심사 등을 검색하면 여러 주제의 스마트블록을 통해 연관 키워드의 검색 결과를 노출해주는 서비스다.
• 장소를 검색하면 △함께 가볼 만한 장소 △지역별 로컬 맛집 △TV 속 맛집 등의 스마트블록이 노출되고, 상품을 검색하면 △내돈내산 리뷰 상품 △이맘때 많이 찾는 등의 스마트블록이 제공되는 것이다.
• 예를 들어 'OO 박물관'을 검색할 경우, 해당 박물관과 함께 가볼 만한 맛집, 근처 명소, 카페 등이 블록으로 함께 제공된다.

47 캠페인

구글 검색광고의 계정 구조는 캠페인 만들기(목표 → 유형) → 광고그룹 만들기 → 광고 만들기이다. 캠페인 설정에서 기본 지표로는 캠페인명, 예산, 상태, 유형, 클릭수, 노출수, 클릭률, 평균 CPC, 비용, 전환당비용, 전환수, 전환율 등을 제공한다.

48 플레이스 광고, 플레이스 유형(모두 정답)

- 네이버 플레이스는 최저 입찰가 50원으로 시작하며 클릭 시에만 과금되는 CPC 방식이다.
- 클릭이나 전환에 가까운 클릭(전화, 예약)에 대해서만 과금되며, 길찾기 · 공유하기 등의 아이콘 클릭은 과금되지 않는다.
- 검색 결과는 네이버 통합검색(PC/모바일) 지면에 한해 입력한 '광고 입찰가'와 검색 결과와 업체 정보의 '연관도'에 의해 광고 순위가 결정된다.
- 업체명과 같이 검색 의도 및 대상이 명확한 키워드는 '네이버에 등록된' 업체의 정보가 노출되므로, 광고 판매 대상 키워드가 아니다. 따라서 광고 노출 대상에서 제외되며, 노출하고 싶지 않은 키워드를 직접 제외할 수도 있다.

49 250원

200원×123%=246원 → 250원으로 입찰

50 최소 노출 입찰가

입찰가	설명
최소노출 입찰가	• 최근 4주간 검색을 통해 노출된 광고 중에서 최하위에 노출되었던 광고의 입찰가 중에서 가장 큰 값을 말한다. • 상위 노출과 무관하게 광고 노출 여부가 중요한 경우 참고할 수 있는 정보이다.
중간 입찰가	• 최근 4주간 검색을 통해 노출된 모든 광고의 입찰가를 큰 순서대로 나열했을 때 중간에 있는 중앙값(Median)을 말한다. • 통계적 방식으로 계산된 값으로 키워드 간의 입찰가 비교 시 참고할 수 있다.
순위별 평균 입찰가	최근 4주간 해당 순위에 노출되었던 순위별 평균 입찰가로 입찰가 결정 시 참고할 수 있는 데이터를 말한다.

51 1,000원

- 과거 4주간 '가방' 키워드로 2번의 검색을 통해 총 9개의 광고 노출이 아래와 같이 발생했다. 이때 9개의 입찰가를 큰 숫자부터 나열해 보면 3,000원, 2,100원, 1,900원, 1,800원, 1,000원, 900원, 800원, 700원, 500원이다.
- 이 입찰가에 크기로 순위를 부여하면 3,000원(1위), 2,100원(2위), 1,900원(3위), 1,800원(4위), 1,000원(5위), 900원(6위), 800원(7위), 700원(8위), 500원(9위)이며, 1위와 9위의 중간 순위는 5위이다.
- 5위의 입찰가는 1,000원이므로 중간 입찰가는 1,000원이 된다.

52 스마트 자동입찰, 자동입찰, 스마트 입찰(모두 정답)

- 구글의 스마트 자동입찰 전략은 머신러닝을 통해 전환수 또는 전환 가치를 기준으로 최적화를 진행하는 자동입찰 전략이며, '실시간 입찰'이라고도 한다.
- 타겟 CPA, 타겟 광고 투자수익(ROAS), 전환수 최대화, 전환 가치 극대화는 모두 스마트 자동입찰 전략에 해당된다.
- 스마트 자동입찰 전략에서 입찰가를 최적화할 때 고려하는 요소는 기기, (사용자의) 위치 요일 및 시간대, 리마케팅 목록, 광고 특성(모바일용 앱용 여부 등), 언어, 브라우저, 실제 검색어, 검색 네트워크 파트너(검색에만 해당), 웹 게재 위치(디스플레이에만 해당), 상품 속성(쇼핑) 등이다.

53 간접전환

간접전환이란 광고를 클릭한 사용자가 30분 이내에는 아무런 행동을 하지 않았지만, 이후 7~20일 정도의 전환 추적 기간 내에 회원가입이나 구매 등의 행동을 일으키는 것을 말한다.

54 ① 70, ② 200

카카오 키워드 광고 노출 순위는 입찰가와 품질지수를 기준으로 산출된 순위에 따라 결정된다. 입력한 입찰가는 노출 영역 중 PC 검색 네트워크, PC 콘텐츠 네트워크, 모바일 검색 네트워크에 적용되며, 최저가로 입찰 가능한 금액(①)은 70원이다. 내 순위보다 차순위인 입찰액이 190원이라면 내 과금액은 200원(= 190 + 10)에 부가세가 포함된 220원이 계산되므로 (②)는 200원이다.

55 B

입찰가는 10원 단위로 증가와 감소를 반복한다. 편의상 품질지수도 같은 격차로 증가와 감소를 반복한다고 가정하면 입찰가와 품질지수를 함께 고려한 합계는 다음과 같다.
A: 70+40=110
B: 70+70=140
C: 100+20=120
D: 80+50=130

56 로그분석

로그란 과거 선박의 항해일지를 통나무(Log)에 기록한 데서 유래된 용어로 웹사이트를 방문한 사용자의 데이터를 기록하는 도구를 말한다. 로그분석을 통해 사용자가 어떤 키워드로 들어와 어떤 사이트를 보는지, 얼마나 오래 머무는지, 어떤 광고가 구매로 이어지고 그렇지 않은 광고는 무엇인지 등을 확인할 수 있고, 이 데이터를 바탕으로 광고의 효율을 개선할 수 있다. 대표적인 로그분석 예로는 구글 애널리틱스(Google Analytics)와 네이버 프리미엄 로그분석, 에이스카운터, 비즈스프링의 로거, 핫자(Hotjar) 등이 있다. 네이버, 카카오, 구글 검색광고에서는 다음과 같은 로그분석 서비스를 무료로 지원하고 있다. 로그를 분석하려면 웹사이트에 전환 추적 스크립트 삽입해야 하며 직접 설치할 수도 있고 전문 프로그래머나 대행사의 도움을 받아 설치할 수도 있다.

57 양말 5종 세트

- 전환율에 대한 정보는 없지만, 현재 비용대비 광고 효과를 나타내는 ROAS가 가장 낮은 키워드는 '롱장갑(150%)', '숏장갑(174%)', '헤어핀(134%)', '양말 5종 세트(95%)' 등이다. 이들의 전환율을 계산하면 가장 낮은 전환율을 가진 키워드를 찾을 수 있다.

- CVR(전환율)$=\dfrac{전환수}{클릭수}\times100$에 따라 계산하면 롱장갑은 10%, 숏장갑은 11.5%, 헤어핀은 10.1%, 양말 5종 세트는 5.2%이다.

58 3,600원

- 볼캡의 ROAS$=\dfrac{광고를\ 통한\ 매출}{광고비}\times100$

$=\dfrac{5,102,300}{117,971}\times100=4325\%$

→ 이 ROAS를 600%로 만들기 위한 광고비는

$\dfrac{5,102,300}{광고비}\times100=600\%$

→ 광고비=850,383이다.

- CPC(클릭당비용)$=\dfrac{총광고비}{클릭수}=\dfrac{850,383}{236}=3,603$원이므로 최대 CPC는 3,600원이다.

59 1344%

주어진 문제를 산출식에 대입해보면

$ROAS=\dfrac{광고를\ 통한\ 매출\times4배}{광고비\times2배}\times100$ 이므로

전체 평균 ROAS는 2배 증가한다. 풀이는 다음 두 가지 방법으로 가능하다.

(1) $ROAS=\dfrac{20,668,290\times4배}{3,077,136\times2배}\times100=1343.34\%$

  소수점 이하 올림 → 1344%

(2) 전체 평균 ROAS=672×2배=1344%

60 4배

최대 CPC란 ROAS가 100이 되는 CPC를 말한다. ROAS 100은 광고를 통한 매출이 광고비와 같은 상태를 말한다. 따라서 'ROAS = 100'은 '광고를 통한 매출 = 광고비'라는 것을 아는지 묻는 문제라고 할 수 있다.

객단가가 2배로 증가했다는 것은 매출이 2배로 증가했다는 뜻으로, CPC 공식의 분자에는 총광고비가 들어가기 때문에 '매출 = 총광고비'라는 점에서 총광고비도 2배가 된다고 계산할 수 있다.

CPC(클릭당비용)$=\dfrac{총광고비}{클릭수}\rightarrow\dfrac{총광고비\times2}{클릭수\times\frac{1}{2}}=4배$ 증가

객관식

01 ②	02 ③	03 ④	04 ①	05 ②
06 ④	07 ③	08 ①	09 ③	10 ①
11 ②	12 ①	13 ③	14 ②	15 ①
16 ④	17 ②	18 ①	19 ③	20 ①
21 ④	22 ②	23 ①	24 ②	25 ①
26 ③	27 ②	28 ①	29 ③	30 ④
31 ③	32 ②	33 ②	34 ①	35 ②
36 ①	37 ②	38 ②	39 ④	40 ③

단답식

41 고객 경험, Customer Experience / 사용자 인터페이스, UI, User Interface(모두 정답)

42 브랜드

43 클릭률, CTR(모두 정답)

44 ① 상징적 욕구, ② 감각적 욕구

45 미디어 렙

46 카테고리 전문가

47 15,600,000원

48 대시보드

49 리드 또는 Lead

50 비즈채널

51 10

52 의료광고 심의필번호, 의료광고 번호, 심의필번호 (모두 정답)

53 ① 4, ② 0

54 대체 키워드

55 리마케팅, 리마케팅 광고, 리타겟팅, 리타겟팅 광고 (모두 정답)

56 ① 1150%, ② 1250%

57 클릭수

58 ① 769, ② 10,000

59 ① 오메가3, ② 생유산균

60 346

객관식

01   ②

오답 피하기

- ①: 원자재, 부품, 중간재 등이 중심 요소로 투입된다.
- ③: 고객 정보의 양과 질, 고객 경험과 가치의 공유, 사용자 검증에 대한 신뢰도 구축 등이 주요한 경영 활동 대상이다.
- ④: 가공한 정보 제공이나 지식재, 고객에게 제공되는 솔루션 등 다양한 형태의 산출물이 생산된다.

02   ③

디지털 경제 시대에는 고객들이 어느 정도 지불할 의사가 있는지에 따라 가격이 결정된다.

더 알아보기

온라인 비즈니스의 메커니즘

1) 가격 결정 메커니즘

- 과거 산업 경제 시대에는 제품 생산에 드는 원가와 이윤에 따라 가격이 결정되었다.
- 디지털 경제 시대에는 고객들이 어느 정도 지불할 의사가 있는지에 따라 가격이 결정된다.

2) 광고 메커니즘

- 기존의 대중 매체에 의한 광고는 이제 점점 그 위력을 잃어 가고 있다.
- 고객이 봐주기를 기다리는 것이 아니라 아웃바운드로 고객이 많이 모이는 곳을 찾아가 고객과 1:1로 커뮤니케이션하고 있기 때문이다.

3) 콘텐츠 생산 메커니즘

기존의 아날로그 콘텐츠는 소수의 전문가 그룹에 의해 제작되고 다수의 일반인이 이를 소비했지만, 디지털 콘텐츠는 다양하고 많은 사람의 기여가 가장 큰 원동력이다.

4) 성공 메커니즘

- 온라인 비즈니스에서는 늦게 시작했더라도 선도자가 가지지 못한 부분을 다른 파트너와 협력을 통해 이루어냄으로써 새로운 승자가 될 수 있다.
- 상생과 협업이 가능한 새로운 비즈니스 형태라고 할 수 있다.

PART 01
PART 02
PART 03
PART 04
PART 05
PART 06
PART 07

03 ④

그동안 포털사이트는 웹사이트 디렉터리와 뉴스, 이메일, 자연어검색, 지식검색, 검색 등으로 변화해왔으며 당분간은 검색엔진이 포털사이트의 지위를 유지할 것으로 보인다. 하지만 사용자가 원하는 서비스가 등장한다면 언제든지 바뀔 가능성이 있으므로 포털사이트와 검색엔진이 같은 의미라고 보기는 어렵다.

오답 피하기

포털사이트란 웹브라우저 초기화면을 차지하는 사이트를 부르는 개념이다. 한 화면에 가능한 많은 정보를 제공하려는 네이버와 다음은 전통적인 포털사이트라고 부를 수 있다. 여기에 검색엔진의 기능을 강화한 것이다. 전통적인 포털사이트는 첫 페이지에 모든 정보를 가득 채워 사용자들의 시선을 끌어들이는 방식이지만, 구글(Google)은 검색창 이외의 모든 컨텐츠를 제거하는 파격적인 전략으로 전세계 포털사이트 점유율 92%를 달성하였다. 결국, 네이버와 다음은 포털사이트이지만 검색엔진 기능을 강화하여 사용자를 끌어들이고 있고, 구글은 검색엔진만으로 포털사이트의 지위를 얻은 것이므로 ①은 옳은 내용이다.

04 ①

스마트폰의 등장은 웹1.0 시대와 웹2.0 시대를 구분 짓는 대표적인 특징이다. 이 시기부터 소셜미디어가 등장했다.

05 ②

예시에 등장하는 제품이나 서비스는 고객이 자신의 취향에 따라 맞춤형으로 사용할 수 있는 제품으로 온라인 비즈니스의 성공 요인 중에서 새로운 가치를 제안하는 경우에 해당한다. 새로운 가치를 제안하는 방법으로는 고객 경험 극대화와 고객 관점의 사용자 인터페이스가 있다.

오답 피하기

③: 온라인 비즈니스는 오프라인 경험을 완벽히 재현하는 것보다는 온라인 환경에 맞는 새로운 가치를 창출해야 한다.

06 ④

최근 컴퓨터와 스마트폰, 태블릿 PC 등 사용하는 디지털 기기가 다양해지고 인터넷망의 속도가 빨라지면서 물리적인 하드디스크 저장 장치를 디지털로 관리하는 클라우드 서비스의 수요가 늘고 있다. 이는 컴퓨터 사용자들에게 더 많은 용량이 필요하다는 약미이기도 하지만, 역설적으로 비용만 지불하면 어디서나 필요한 콘텐츠를 바로 찾아볼 수 있으므로 많은 용량의 하드디스크가 필요 없다는 의미이기도 하다. 대표적으로 애플의 아이클라우드, 구글의 구글드라이브, 마이크로소프트의 원드라이브, 아마존의 AWS가 있다.

07 ③

소유 미디어(Owned media)는 기업이나 개인이 사이트 운영 권한을 가지고 콘텐츠를 통제할 수 있는 매체를 말한다. 가장 기본적인 단계는 기업은 자사의 정보를 웹사이트에 제공하는 것이다. 소셜미디어의 발달로 대다수 기업이 웹사이트 이외에 블로그, 인스타그램, 유튜브 등의 소셜미디어를 직접 운영하면서 소비자와 소통하는 것 역시 소유 미디어에 해당한다.

08 ①

AISAS 전략 모델은 다음과 같다. Awareness 또는 Attention → Interest → Search → Action → Share

09 ③

오답 피하기

- ①: 과거에는 소수의 제품이 특정 영역을 독점하다시피 했지만, 오늘날에는 사업 다각화라는 명목으로 영역 간 이동이 빈번해지면서 유사한 특성의 제품이 많아지다 보니 차별화의 압박이 심해졌다.
- ②: 마케팅 캠페인의 주요 내용은 제품의 기능적 특징과 정보를 전달하는 것보다 브랜드 경험을 제공하는 것이 브랜드 호감을 높이는 데 더욱 효과적이다.
- ④: 디지털 사회에서의 구매 결정은 제품에 대한 인지적 요인보다 해당 브랜드에 대한 감성적 요인이 더욱 큰 영향을 미친다.

10 ①

2차 성장기인 2006년 이후에는 스마트폰의 보급과 함께 QR코드를 접목한 인터랙티브 광고, 대용량의 MMS광고, GPS 연동 지역 기반의 검색광고 등의 모바일 광고가 떠오르게 되었다. 검색광고가 꾸준히 성장하고 있으며, TV 등 타 매체와 연동한 방법도 시도되고 있다.

오답 피하기

- ②: 정착기인 1997~1998년에 해당하는 설명이다.
- ③: 확대기인 2001~2005년에 해당하는 설명이다.
- ④: 1차 성장기인 1999~2000년에 해당하는 설명이다.

11 ②

SNS광고는 클릭당 과금과 노출당 과금이 혼합된 머신러닝 방식이다.

12 ①

전환은 광고를 클릭한 사용자가 회원가입, 통화, 장바구니 담기, 구매 등 특정한 행동을 실제로 하는 것을 말한다.

13 ③

- ①: CPA(전환당비용, Cost Per Action)= $\dfrac{총광고비}{전환수}$

- ②: CVR(구매전환율, Conversion Rate)= $\dfrac{전환수}{클릭수}×100$

- ④: CPC(클릭당비용, Cost Per Click)= $\dfrac{총광고비}{클릭수}$

14 ②

- ①: 광고 노출수, 클릭수, 등의 측정 지표는 현재 시간 기준이 아니므로 실시간 성과 측정이 아니라는 점에 유의한다.
- ③: 성별, 연령별, 지역별 타겟팅은 불가능하다.
- ④: 부정 클릭 발생을 원천적으로 봉쇄하기는 어렵다.

15 ①

클릭한 만큼만 비용이 부과되는 종량제(CPC, Cost Per Click) 방식으로 효율적이고 광고 클릭과 구매가 강하게 연결되는 장점이 있다.

16 ④

확장 소재는 전화번호 · 위치정보 · 추가 제목 · 추가 링크 등 검색 결과에 노출되는 메시지를 말하며, 선택적으로 광고 노출 여부를 결정할 수 있다.

17 ②

클릭한 만큼만 비용이 부과되는 방식이므로 선택한 키워드 수에 따라 비용이 증가하지는 않는다.

18 ①

- ②: 가용예산 활용법은 기업 운영에 필요한 고정 비용을 먼저 책정하고 남은 비용을 광고에 사용하는 방식이다. 경쟁이 치열해서 광고 지출이 많은 사업 분야나 온라인 광고에 집중하는 기업에는 부적절하다.
- ③: 경쟁사 비교법은 경합이 예상되는 키워드를 중심으로 가격을 조사하고 순위를 조절하여 예산을 편성하는 방법이다.
- ④: 매출액 비율법은 매출액의 일정 비율을 광고 예산으로 책정하는 방법으로 다소 주먹구구식이라 오류가 많이 발생할 수 있다.

19 ③

'고객이 제품을 통해 가지는 편익과 유용성을 충족시키는 욕구'는 기능적 욕구인데, '우월감을 강조하려는 경우'는 상징적 욕구에 대한 설명이므로 옳지 않다. 사용자의 패턴을 정리하면 다음과 같다.

사용자 욕구	설명	사례
기능적 욕구	제품을 통해 편익과 유용성을 충족시키는 욕구	잘 지워지는 지우개
감각적 욕구	제품 사용과정에서 즐거운 느낌을 경험하고 감성 및 정서상의 만족감을 가지려는 욕구	입안이 상쾌한 치약
상징적 욕구	제품구매를 통해 자아개념이나, 자신의 정체성 또는 우월감을 강조하려는 욕구	롤렉스 시계, 벤츠 자동차

20 ①

소비자들은 자신이 주로 사용하는 서비스나 자주 가는 사이트만 방문하는 경향이 있으므로 많은 고객에게 광고가 도달되고 다양한 전환기회를 확보해 구매전환 등 광고 효과를 배가시키기 위해서는 다양한 사이트에 광고를 넓게 진행하는 것이 효과적이다.

21 ④

각 그룹에 네이버는 최대 5개의 소재 등록이 가능하다. 카카오는 20개, 구글은 50개까지 가능하다는 것도 비교해서 알아두자.

22 ②

동일 사업자등록번호로 5개의 광고주 계정 생성이 가능하다.

23 ①

- ②: 『사행산업통합감독위원회법』제2조에서 사행산업으로 규정하고 있는 '카지노업', '경마', '경륜', '경정', '복권', '체육진흥투표권', '소싸움 경기' 등의 도박 및 사행 행위 사이트, 관련 영업장 창업을 위한 컨설팅 등을 제공하는 사이트, 관련 행위를 모사한 게임을 제공하는 사이트는 등록이 제한된다. → 카카오 키워드 광고
- ③: 모조품 판매, 상표권 침해 등 제삼자의 권리 침해가 확인되는 경우는 관계 법령 위반으로 등록이 제한된다. → 네이버 검색광고
- ④: 브랜드 제품의 정보만을 제공하는 사이트는 원칙적으로 광고 등록이 거절된다. → 네이버 검색광고

24 ②

캠페인 관리 지표는 노출수, 클릭수, 클릭률 등 일반적으로 가장 많이 사용하는 지표가 기본값으로 설정되어 있으며, 기본 설정 외에 다른 항목을 추가하여 조회하고 싶다면 캠페인의 광고그룹 목록 오른쪽 위의 [기본 설정] 드롭다운 목록 상자에서 [새로운 사용자 설정]을 클릭하여 관리하고자 하는 지표를 원하는 대로 선택할 수 있다.

> **더 알아보기**

메뉴		설정 항목
기본 설정		ON/OFF, 상태, 캠페인 이름, 캠페인 유형, 노출수, 클릭수, 클릭률(%), 평균클릭비용, 총비용
사용자 설정	일반정보	캠페인 유형, 상태, 기간, 하루예산, 예산배분, 광고그룹 수, 키워드수
	성과 지표	노출수, 클릭수, 클릭률(%), 평균클릭비용, 총비용, 전환수, 전환율(%)
	기타	캠페인 ID, 등록시각, 수정시각

25 ①

랜딩페이지 설정은 광고 만들기(키워드와 소재 만들기)에서 설정할 수 있다.

26 ③

해외 광고는 노출 제외만 가능하다. 따라서 '해외 광고 노출도 가능하며'라는 문장은 틀린 내용이다.

27 ②

노출 요일/시간을 설정하면 자유롭게 요일을 설정할 수 있고, '1시간' 단위의 시간으로 광고를 세팅할 수 있다.

28 ④

카카오 검색광고는 캠페인 단위에서 전환 추적, 추적 URL, 일 예산 설정을 할 수 있다.

29 ③

둘 다 설정했을 경우 키워드에 입력한 URL이 우선 적용된다.

30 ④

> **오답 피하기**
- ①: 세부 키워드에 대한 설명이다.
- ②: 네이버쇼핑에서 제시하는 키워드만 선택할 수 있다.
- ③: 파워링크와 비즈사이트는 모두 PC 통합검색의 광고 상품 명칭이며, 모바일은 파워링크만 존재한다.

31 ③

- 귀고리: 기본 입찰가 300원×PC 입찰가 가중치 200%=600원으로 입찰
- 목걸이: 키워드 입찰가 500원×PC 입찰가 가중치 200%=1,000원으로 입찰

32 ②

- 귀고리: 기본 입찰가 300원×모바일 입찰가 가중치 100%=300원으로 입찰
- 목걸이: 키워드 입찰가 500원×모바일 입찰가 가중치 100%=500원으로 입찰

33 ②

- 콘텐츠 매체 전용 입찰가 700원×PC 입찰가 가중치 200%=1,400원으로 입찰
- 콘텐츠 매체 전용 입찰가 700원×모바일 입찰가 가중치 100%=700원으로 입찰

34 ①

ROAS(Return On Advertising Spend, 광고수익률)를 상승시키기 위해서는 매출이 발생할 가능성이 큰 키워드를 선정하는 것이 중요하다. 일반적으로 입찰 단가가 낮은 키워드는 검색수가 적어서 클릭수가 적고 매출이 발생할 가능성도 작다.

35 ②

(ㄱ) 노출, (ㄴ) 클릭, (ㄷ) 구매, (ㄹ) CPC, (ㅁ) CPS

$$CPC=\frac{총광고비}{클릭수}=\frac{100,000}{10}=10,000원$$

36 ①

매출이 절반으로 감소했다는 것은 구매로 전환된 수가 절반으로 감소했다는 뜻이므로 전환수와 전환율도 감소했다는 의미이다. 따라서 매출이 절반으로 감소한 경우를 각각 산출하여 보면 아래와 같다.

기존	매출이 절반으로 감소한 경우
① ROAS(광고수익률) $=\frac{광고를 통한 매출}{광고비}\times100$ $=\frac{50,000\times10\times50\%}{100,000}\times100=250$	$\frac{50,000\times10\times25\%}{100,000}\times100$ $=125\ (\triangledown)$
② CPC(클릭당비용) $=\frac{총광고비}{클릭수}=\frac{100,000}{10}=10,000$	$\frac{100,000}{10}=10,000\ (불변)$
③ CPS(판매당비용) $=\frac{총광고비}{구매건수}=\frac{100,000}{10\times50\%}=20,000$	$\frac{100,000}{10\times25\%}=40,000\ (\blacktriangle)$
④ CVR(전환율) $=\frac{전환수}{클릭수}\times100$ $=\frac{10\times50\%}{10}\times100=50\%$	$\frac{10\times25\%}{10}\times100=25\%\ (\triangledown)$

37 ②

기존	클릭수가 2배 증가
① ROAS(광고수익률) $=\dfrac{\text{광고를 통한 매출}}{\text{광고비}}\times100$ $=\dfrac{50,000\times10\times50\%}{100,000}\times100=250$	$\dfrac{50,000\times20\times50\%}{100,000}\times100$ $=500\ (\blacktriangle)$
② CPC(클릭당비용) $=\dfrac{\text{총광고비}}{\text{클릭수}}=\dfrac{100,000}{10}=10,000$	$\dfrac{100,000}{20}=5,000\ (\triangledown)$
③ CPS(판매당비용) $=\dfrac{\text{총광고비}}{\text{구매건수}}=\dfrac{100,000}{10\times50\%}=20,000$	$\dfrac{100,000}{20\times50\%}=10,000\ (\triangledown)$
④ CVR(전환율) $=\dfrac{\text{전환수}}{\text{클릭수}}\times100$ $=\dfrac{10\times50\%}{10}\times100=50\%$	$\dfrac{20\times50\%}{20}\times100$ $=50\%\ (\text{불변})$

38 ②

오답 피하기

- ①: 클릭률이 높은 키워드에 대해 가장 먼저 상위 입찰 전략을 고려하는 것이 일반적이다.
- ③: 목표수익률에 도달하지 못하는 키워드는 소재를 점검하고 순위 조절을 통해 별도로 관리한다.
- ④: 클릭률은 $\dfrac{\text{클릭수}}{\text{노출수}}\times100$이고 전환율(CVR)은 $\dfrac{\text{전환수}}{\text{클릭수}}\times100$이므로 서로 반비례한다.

39 ④

사후관리		CTR	
		▲(높다)	▽(낮다)
CVR	▲ (높다)	키워드/소재/ 랜딩페이지 모두 매력적	키워드/소재는 불충분 랜딩페이지는 매력적
	▽ (낮다)	키워드/소재는 매력적 랜딩페이지는 불충분	키워드/소재/ 랜딩페이지 모두 불충분

40 ③

검색엔진 성능을 향상하는 것은 기업의 자유지만, 성능 향상에 비용을 투자해서 활용도는 매우 떨어질 가능성이 높다. 광고를 클릭하여 들어온 고객은 대부분 그 페이지만 머물고 나가는 경향이 있기 때문이다. 이런 경우는 타겟 고객에게 필요한 메뉴만을 직관적으로 노출하는 것이 바람직하다.

단답식

41 고객 경험, Customer Experience / 사용자 인터페이스, UI, User Interface(모두 정답)

① 고객 경험(Customer Experience) 극대화
- 디지털 활용도가 높은 신세대 고객의 경험과 눈높이에 맞는 콘텐츠와 서비스를 제공하는 것이 중요하다.
- MZ세대로 대표되는 신세대의 경험이 50∼60대 미중년에게로 이동하고 있기 때문에 그 중요성이 더욱 커지고 있다.

② 고객 관점의 사용자 인터페이스(User Interface)
- 사람과 기기를 연결하는 장치를 개선하여 고객에게 편리한 환경을 제공하는 것으로 가치 제안이 가능한데, 이를 사용자 인터페이스(UI, User Interface)라고 한다.

42 브랜드
- 브랜드는 특정한 광고주의 제품 및 서비스를 식별하는 데 사용되는 명칭·기호·디자인 등의 총칭을 의미한다.
- 디지털 소비자는 인지 후에 감성이 생기는 것이 아니라 감성이 생긴 후 브랜드에 대한 정보를 탐색 한다.
- 광고의 역할은 제품에 대한 기능, 편익 전달을 넘어 브랜드에 대한 느낌을 긍정적으로 변화시키는 것이다.

43 클릭률, CTR(모두 정답)

클릭률(CTR, Click Through Rate)은 광고 노출수 대비 클릭수의 비율을 말한다. 클릭률이 높을수록 광고에 대한 반응이 높다고 볼 수 있다. 산출식은 CTR(클릭률)=$\dfrac{\text{클릭수}}{\text{노출수}}\times100$으로 나타낸다.

44 ① 상징적 욕구, ② 감각적 욕구

사용자 욕구	설명	사례
기능적 욕구	제품을 통해 편익과 유용성을 충족시키는 욕구	잘 지워지는 지우개
감각적 욕구	제품 사용과정에서 즐거운 느낌을 경험하고 감성 및 정서상의 만족감을 가지려는 욕구	입안이 상쾌한 치약
상징적 욕구	제품구매를 통해 자아개념이나, 자신의 정체성 또는 우월감을 강조하려는 욕구	롤렉스 시계, 벤츠 자동차

45 미디어 렙

미디어 렙(Media representative)은 매체사(Media)를 대신하여(Representative) 수많은 광고대행사에 접촉하여 광고 지면을 판매하고 효율적으로 집행하는 것을 돕는 미디어 전문 관리 회사를 말한다. 광고 지면을 영어로 인벤토리(Inventory, 재고)라고 하는데, 매체사 대신 광고를 수주하고 광고 인벤토리를 판매하는 것은 물론, 광고 효과를 극대화하는 매체 구성, 광고 소재 게재와 광고 효과를 측정하는 역할을 수행한다.

46 카테고리 전문가

제품 카테고리에 대한 지식과 애착, 브랜드에 대한 충성도에 따라 소비자는 5가지 유형으로 나눌 수 있다.

구분	카테고리		브랜드
	지식	애착	충성도
카테고리 전문가	○	○	×
기회주의자	○	×	×
실용주의자	×	○	×
냉소주의자	×	×	×
브랜드 충성자	×	×	○

47 15,600,000원

총광고비는 클릭수×CPC로 구할 수 있다.
13,000×1,200=15,600,000원

48 대시보드

캠페인과 광고그룹, 키워드, 소재 등을 등록하고 운영 현황을 한꺼번에 파악할 수 있는 현황판을 대시보드라고 부른다.

49 리드 또는 Lead

구글애즈의 경우, 먼저 캠페인에서 달성하려는 성과에 도움이 되는 목표(판매, 리드, 웹사이트 트래픽, 제품 및 브랜드 구매 고려도 등)를 설정한 후 목표에 따른 유형을 설정한다. 여기서 리드(Lead)는 미국의 세일즈 기법에서 유래된 용어로 구매나 전환 직전에 연락처를 받는 행동으로 방문 예약, 설문 참여, 이벤트 신청 등을 통해 연락처 정보를 기입해 제품이나 서비스에 관심을 남기도록 유도하는 마케팅 전략을 말한다.

50 비즈채널

비즈채널은 광고를 클릭한 고객이 확인할 수 있는 정보로, 광고 집행을 위해서는 비즈채널을 먼저 등록해야 한다. 비즈채널의 종류는 웹사이트, 전화번호, 앱, 스토리 채널 등 검색 사용자가 광고를 통해 도달하게 되는 사업자의 다양한 정보가 있다.

51 10

네이버와 카카오 키워드 광고의 과금 방식은 차순위 입찰가 +10원으로, 차순위가 없으면 최소 과금액인 70원이 과금된다.

52 의료광고 심의필번호, 의료광고 번호, 심의필번호(모두 정답)

의료기관의 경우 설명 문안 말미에 각 의료협회에서 의료광고 문안 사용에 대해 심의/승인을 받아 부여된 의료광고 심의필번호를 반드시 기재해야 한다.

53 ① 4, ② 0

네이버 PC 검색광고 진행 시 기본 품질평가점수는 4점이다. 카카오 PC 검색광고 기본 품질평가점수는 0점이다.

54 대체 키워드

키워드 삽입이란 사용자가 검색창에 입력한 키워드가 설명 문구에 자동으로 삽입되어 노출하는 기능을 말한다. 검색 키워드에 볼드 처리 시 이용자에게 연관도 높은 사이트로 인식될 수 있으므로 클릭률 향상에 도움되며, 연관도와 클릭률 향상은 광고 품질에도 영향을 주어 광고를 효율적으로 운영하는 데 도움이 된다. 대체 키워드는 키워드 삽입 시 소재 전체 글자수가 초과하거나 미달할 때 노출되는 키워드로, 키워드 삽입 기능을 사용하면 대체 키워드를 필수로 입력해야 한다. 매체별 대체 키워드는 제목에 1개, 설명에 2개만 사용할 수 있다.

55 리마케팅, 리마케팅 광고, 리타겟팅, 리타겟팅 광고(모두 정답)

리마케팅은 특정 웹사이트나 페이지에 방문했던 사람들에게 쿠키를 심어 다시 노출하는 광고를 말한다. 사이트를 방문한 적이 있는 사용자를 대상으로 디스플레이 광고 캠페인을 맞춤설정하고, 이들 사용자가 구글 및 검색 파트너 사이트에서 검색하거나 앱을 사용할 때 사용자에게 맞춰 입찰가와 광고를 설정하는 기능이다. 리마케팅은 '사이트 방문자 데이터'를 모수로 진행된다. 리마케팅 활용 시 모수에 해당되는 유저가 검색하면 일반노출과 다른 광고를 설정할 수 있으며, 각 모수에 맞는 광고 문안의 작성이 가능하다.

PART 01
PART 02
PART 03
PART 04
PART 05
PART 06
PART 07

56 ① 1150%, ② 1250%

$$\text{CPS(판매당비용)}=\frac{\text{광고비}}{\text{구매건수}}=\frac{10,000,000}{\text{구매건수}}=2,000$$

→ 구매건수=5,000

광고를 통한 매출=25,000×5,000=125,000,000

$$\text{ROI}=\frac{\text{광고를 통한 매출×이익률}}{\text{광고비}}\times100$$

$$=\frac{125,000,000-10,000,000}{10,000,000}\times100=1150\%$$

$$\text{ROAS}=\frac{\text{광고를 통한 매출}}{\text{광고비}}\times100$$

$$=\frac{125,000,000}{10,000,000}\times100=1250\%$$

57 클릭수

$$\text{CPC(클릭당비용)}=\frac{\text{총광고비}}{\text{클릭수}}$$

$$\text{CTR(클릭률)}=\frac{\text{클릭수}}{\text{노출수}}\times100$$

$$\text{CVR(전환율)}=\frac{\text{전환수}}{\text{클릭수}}\times100$$

58 ① 769, ② 10,000

$$\text{CPC(클릭당비용)}=\frac{\text{총광고비}}{\text{클릭수}}=\frac{10,000,000}{13,000}=769$$

$$\text{CPS(판매당비용)}=\frac{\text{총광고비}}{\text{구매건수}}=\frac{10,000,000}{1,000}=10,000$$

59 ① 오메가3, ② 생유산균

전환당비용$=\dfrac{\text{총비용}}{\text{전환수}}$ 이므로 $\dfrac{215,302}{6}=35,884$원인(반올림) '오메가3' 키워드가 가장 높다.

광고수익률은$=\dfrac{\text{전환매출액}}{\text{총비용}}\times100$이므로

$\dfrac{322,000}{59,990}\times100=537\%$인 '생유산균' 키워드가 가장 높다.

60 346

- 전체 간접전환수는 직접전환수의 4배(①)로 간접전환의 비중이 큰 쇼핑몰이다.
- 키워드 광고수익률은×100=338%(②)를 기록했다(직/간접전환 포함).
- 평균 광고수익률보다 낮은 전환율을 기록한 키워드의 수는 식이섬유(278%), 홍삼정(112%), 칼슘(268%), 사과즙(315%)로 총 4개(③)이다.
- 모두 합하면 ① 4+② 338+③ 4=346이다.

시험 전 필수체크

구글 검색광고 등록 가이드

01 새 캠페인 만들기 및 목표 설정하기

- 내 계정에서 만들기를 클릭한다.
- 구글애즈 계정에서 캠페인 아이콘을 클릭한 뒤 섹션 메뉴에서 캠페인 드롭다운을 눌러 캠페인을 선택한다.
- 더하기 아이콘을 클릭하여 새 캠페인 만들기에서 판매, 리드, 웹사이트 트래픽 중 '목표'를 선택한다.
- '캠페인 유형 선택'에서 검색을 선택하고 '목표 달성 방법을 선택하세요'에서 비즈니스에 대한 추가 정보를 입력한 뒤 '계속'을 누른다.
- 다음 페이지에서 캠페인 이름을 입력한다.
- 참고로 캠페인을 만들 때의 변경 사항은 초안으로 자동 저장된다.

02 캠페인 설정 선택하기

- 광고의 타겟이 되는 사용자, 원하는 예산 지출 방식, 확장 소재로 캠페인을 개선하는 방법을 선택한다.
- 초기 타겟팅을 선택할 때 제품을 구매할 준비가 된 사용자, 가입하여 비즈니스에 대해 자세히 알아보는 사용자, 웹사이트를 방문하는 사용자의 유형에 대해 생각해 보는 것이 좋다.
- 구글 이외의 추가 검색 엔진에 광고를 게재하려면 구글 검색 파트너 포함 체크박스를 선택한다.
- 검색 결과 외에 다른 사이트에도 광고가 게재되도록 도달 범위를 확대하려면 디스플레이 네트워크 체크박스를 선택한다.
- 위치 옵션을 선택하면 사용자와 광고주가 선택한 위치의 관계를 바탕으로 타겟팅 범위를 조정할 수 있다.
- 광고가 게재될 지리적 위치 또는 제외할 장소를 선택한다.
- 인구 통계, 관심 분야, 온라인 활동, 리마케팅을 기반으로 타겟팅에 잠재고객을 추가할 수 있다.
- 캠페인 목표를 고려하여 입찰을 선택한다.
  - 판매 또는 리드가 목표인 경우 전환수를 늘리는 전략이 효과적이다.
  - 웹사이트 트래픽이 목표인 경우 클릭수를 늘린다.
  - 광고 게재 빈도를 극대화하려면 노출 점유율을 선택한다.
- '설정 더 보기'를 클릭하여 추가 옵션을 선택한다.

03 광고그룹 설정하기

- 캠페인 설정을 선택한 후 광고그룹을 만든다. 각 그룹은 제품에 관심이 있는 사람들이 온라인으로 검색하는 내용과 관련성이 높은 것이 효과적이다.
- 광고그룹을 만드는 방법에는 일반 광고와 동적 광고 두 가지가 있다.
- 일반 광고그룹을 만들려면 '광고그룹 유형'에서 '일반'을 선택하고 광고그룹 이름을 지정한 뒤 키워드를 새로운 줄로 구분하여 입력한다.
- 동적 광고그룹을 만들려면 '광고그룹 유형'에서 '동적'을 선택하고 광고그룹 이름을 지정한 뒤 사이트의 도메인을 입력하고 타겟팅할 카테고리를 선택한다.

04 검색광고 만들기

- 검색광고를 만들 때 가장 중요한 것은 키워드와의 관련성을 높이는 것이므로 광고그룹의 키워드와 일치하는 광고 제목과 설명을 작성하는 것이 좋다.
- 광고그룹마다 광고를 3개 이상 만드는 것이 효과적이며 최종 URL을 입력하고 광고 제목을 1~3개 작성한다.
- 광고에 URL을 더 표시하려면 표시 URL을 작성하고 최대 2줄의 설명 텍스트를 작성한다.

05 예산 선택하기

- 일일 예산은 매일 지출할 평균 금액을 말한다.
- 비슷한 조건의 다른 광고주 및 해당하는 경우 이전 캠페인 등 만들려는 새 캠페인과 유사한 여러 캠페인을 기준으로 여러 예산 옵션 추천이 표시된다.
- 클릭과 전환이 발생할 가능성이 높은 날에는 예산을 더 많이 지출할 수 있지만 한 달을 놓고 보면 예산은 입력한 금액의 평균 수준에 도달한다.

PART 01
PART 02
PART 03
PART 04
PART 05
PART 06
PART 07

구글애즈 광고 캠페인의 성공적 준비를 위한 8가지 단계(효과적인 구글 캠페인 설정 방법)

01 AI 기반 검색광고 활용하기

- AI 기반 검색광고를 사용하면 모든 사용자 검색에 가장 관련성이 높은 광고를 적절한 가격에 게재할 수 있다.
- 구글 AI를 활용하는 방법으로 관련 검색어를 파악하는 확장 검색이 있다.
- 확장 검색은 실적이 좋을 것으로 예상되는 검색어에만 입찰하는 스마트 자동입찰과 함께 사용했을 때 효과적이다.

02 전환수 최대화 등 스마트 자동입찰 전략 사용하기

- 스마트 자동입찰은 전환 또는 전환 가치를 기준으로 최적화하는 자동입찰 전략이다.
- 비즈니스에 가치 있는 활동에 맞춰 최적화하고 매일 캠페인 관리에 사용하는 시간을 절약할 수 있는 전환수 최대화를 권장한다.

03 타겟팅 확장하기

- 고객 위치 타겟팅: 사업장 위치뿐 아니라 상품을 배송하는 모든 지역을 포함한다.
- 관련 키워드 추가: 비즈니스 주요 카테고리별로 고객이 사용할 수 있는 모든 용어나 문구를 기록하고 키워드 플래너를 활용한다.

04 키워드를 2개 이상의 광고그룹으로 분산하기

- 캠페인은 여러 광고그룹을 포함할 수 있으며, 각 광고그룹의 콘텐츠는 키워드와 직접 관련이 있어야 한다.
- 제품별로 별도의 광고그룹을 만들고 관련 키워드를 포함하는 것이 좋다.

05 고객이 구매하려는 제품과 직접적인 관련이 있는 광고 작성하기

- 고객이 찾는 제품을 정확히 언급하는 광고를 작성해야 한다.
- 광고 제목에는 키워드를 포함하고 프로모션 내용을 분명히 하며 방문 페이지와 광고 내용이 일치해야 한다.
- 예를 들어 고객이 '24시간 꽃 배달 백합'을 검색하는 경우 '빠른 백합 주문 · 24시간 꽃 배달'이라는 제목의 광고가 표시되고 고객은 광고를 클릭하고 곧장 사이트에서 주문을 완료한다.

06 모든 광고그룹에 3개 이상의 광고 포함하기

- 광고를 3개 이상 만들어야 구글 애드가 각 검색에 가장 적합한 광고를 표시할 수 있다.
- 광고별로 제품이나 서비스의 다양한 요소를 강조할 수 있다.
- 광고에는 제품/서비스 설명, 장점, 브랜드, 클릭 유도 문구, 가격 정보 등을 포함할 수 있다.

07 확장 소재 4개 이상 사용하기

- 확장 소재는 통화 버튼, 추가 링크, 주소 등을 포함할 수 있다.
- 클릭률과 광고 품질을 개선하기 위해서는 최소 4종류의 확장 소재를 추가하는 것이 좋다.

PART 01

PART 02

PART 03

PART 04

PART 05

PART 06

PART 07

08 웹사이트에 전환 추적 설정하기

- 전환 추적을 설정하면 고객의 제품 구매, 뉴스레터 신청, 업체 전화, 앱 다운로드 등 광고 상호작용 데이터를 확인할 수 있다.
- 전환 액션 버튼을 활성화시키고 '태그'라는 코드를 복사한 뒤 태그를 웹사이트에 붙여넣으면 설정이 완료된다.

+ 더 알기 TIP

효과적인 검색광고 문구 작성 방법

01 차별화된 장점 강조하기

- 무료 배송 서비스, 다양한 제품, 차별된 장점 등을 홍보한다.
- 제품, 서비스 또는 특별 혜택을 강조한다.

02 가격, 프로모션, 독점 정보 포함하기

- 구글 검색을 이용하는 사용자가 쉽게 결정을 내릴 수 있는 요소를 정보로 제공하는 것이 중요하다.
- 예를 들어 제품/서비스의 특징이나 후기, 할인 행사 기간이나 한정 판매 등을 강조한다.

03 고객의 액션 유도하기

- 판매하는 제품을 장점이나 특징이 아닌 구매자의 이득 관점에서 구체적으로 소개한다.
- 서비스를 제공하는 경우에는 연락처나 위치 등을 명시한다.
- '구매하세요', '지금 전화하세요', '주문하세요', '찾아보세요', '가입하세요', '견적을 받아보세요'와 같은 클릭 유도 문안을 이용하여 고객에게 다음 단계를 명확히 알린다.

04 키워드 포함하기

- 키워드 광고 문안은 사람들이 원하는 것과의 연관성을 나타낸다.
- 예를 들어 키워드로 '스마트폰 케이스'를 추가했다면 '스마트폰 케이스 비교'를 광고 제목으로 사용할 수 있다.
- 최적의 키워드 목록을 만드는 방법은 고객의 입장에서 생각하고 특정 고객을 타겟팅하는 것이다.
- 유사한 키워드를 그룹화하고 키워드에서 기호 사용하면 더 많은 고객에게 도달할 가능성이 높아진다.

05 광고와 방문 페이지 콘텐츠 일치시키기

- 광고에서 연결되는 랜딩페이지에 기대한 내용이 없으면 방문자가 웹사이트를 떠날 가능성이 높다.
- 랜딩페이지에 광고의 프로모션이나 제품이 구체적으로 소개되어 있는지 확인한다.

06 모바일 고객의 관심 유도하기

- 모바일 광고를 보는 사용자에게는 매장 위치나 전화번호와 같은 정보가 더 유용할 수 있다.
- 위치 확장 소재 및 전화번호 확장 소재를 사용하여 위치 및 전화번호를 표시한다.
- 모바일 버전의 웹사이트를 방문 페이지로 사용하고 모바일 잠재고객에 적합한 특별 혜택을 제공하는 등 휴대기기 사용자를 겨냥하는 광고를 만든다.
- 휴대기기에서는 텍스트 광고가 다르게 표시될 수도 있다는 점에 유의한다.

07 실험하기

- 광고그룹별로 3~4개의 광고를 만들고 서로 다른 메시지를 사용하여 가장 효과적인 광고를 확인한다.
- 구글애즈는 자동으로 광고를 로테이션하여 실적이 우수한 광고를 더 자주 게재한다.

08 일반적인 광고 문안 실수 확인하기

- 광고의 품질을 높이려면 모든 광고가 전문성 및 광고 소재 기준에 부합해야 한다.
- 불필요한 공백이 있는 경우 링크가 안 열릴 수 있으며, 가급적이면 불명확한 URL 사용은 피한다.

구글 검색광고 심사 가이드

01 구글 정책 개요와 정책 시행 방법

- 광고주는 관련 법률 및 규정과 구글 정책을 모두 준수해야 한다.
- 구글 광고 정책은 금지된 콘텐츠, 금지된 행위, 제한된 콘텐츠 및 기능, 광고 소재 및 기술의 4개 영역으로 구분된다.
- 구글의 정책 시행 기술은 인적 검토자의 결정을 모델링한 구글 AI를 활용하여 사용자를 보호하고 광고 플랫폼을 안전하게 관리한다.
- 정책을 위반하는 광고를 비승인하여 광고가 게재되지 않게 하거나, 반복적이거나 심각한 위반에 해당하는 계정을 정지시킨다.
- 구글은 정책을 위반한 모든 광고에 취해진 시정 조치의 이유를 광고주에게 제공한다.
- 광고 중 하나가 비승인된 경우 해당 광고를 수정하거나 결정에 이의신청할 수 있으며, 계정 정지 결정에 대해서도 이의신청할 수 있다.

02 금지된 콘텐츠

- 위조품: 구글애즈에서는 모조품의 판매 또는 프로모션을 금지한다.
- 위험한 제품 또는 서비스: 구글은 손상, 피해 또는 부상을 입힐 수 있는 제품이나 서비스의 홍보를 허용하지 않는다.
- 부정행위 조장: 구글은 정직과 공정을 중요하게 여기며, 부정한 행위를 조장하는 제품이나 서비스에 대한 광고는 허용하지 않는다.
- 부적절한 콘텐츠: 구글은 충격적인 콘텐츠를 표시하거나 증오, 편협성, 차별, 폭력을 조장하는 광고 또는 도착 페이지를 허용하지 않는다.

03 금지된 행위

- 광고 네트워크 악용: 구글은 광고 심사 절차를 속이거나 우회하려는 광고, 콘텐츠 또는 대상을 운영하는 것을 허용하지 않는다.
- 데이터 수집 및 사용: 광고 파트너는 사용자의 정보를 오용하거나 불분명한 목적을 위해, 혹은 적절한 공개 또는 보안 조치 없이 수집해서는 안 된다.
- 허위 진술: 구글은 명확하고 정직한 정보를 제공하기 위해 노력하며, 사용자를 기만하려는 광고 또는 대상을 허용하지 않는다.

PART 01
PART 02
PART 03
PART 04
PART 05
PART 06
PART 07

04 제한된 콘텐츠 및 기능

- 구글은 민감한 콘텐츠의 경우 부적절하게 보일 수 있는 경우와 위치에 광고가 게재되지 않도록 필요한 조치를 취한다.
- 성적인 콘텐츠, 주류, 도박 및 게임, 헬스케어 및 의약품 등은 법적 규정과 사용자 환경설정을 존중하여 제한된 시나리오에서만 게재된다.
- 구글은 일부 유형의 비즈니스가 사용자의 안전 또는 환경에 부당한 위험을 주는 것으로 판단되면 관련 광고의 게재를 제한 또는 중지할 수 있다.

05 광고 소재 및 기술 요구사항

① 광고 소재
- 모든 광고, 확장 소재, 도착 페이지에는 엄격한 전문성 및 광고 소재 제작 표준을 적용한다.
- 구글 네트워크에 게재되는 광고는 전문적이고 명확해야 하며, 사용자를 관련성 있고 유용하면서 쉽게 이용할 수 있는 광고로 유도해야 한다.
- 광고 소재 및 전문성 관련 요구사항을 충족하지 못하는 홍보의 예로, 모호한 문구가 포함된 지나치게 일반적인 광고, 단어나 문장 부호, 기호를 반복적으로 또는 교묘하게 사용하는 광고 등이 있다.

② 도착 페이지 요건
- 광고를 클릭할 때 사용자에게 가치 있는 정보를 제공하고, 정상적으로 작동하고, 유용하고, 쉽게 탐색할 수 있어야 한다.
- 도착 페이지 요건을 충족하지 못하는 홍보의 예로 방문 페이지의 URL을 정확하게 반영하지 않는 표시 URL, 제작 중인 사이트나 앱, 흔히 사용되는 브라우저로 조회할 수 없는 사이트 등이 있다.

③ 기술 요구사항
- 모든 광고, 확장 소재 및 도착 페이지는 명확하고 정상적으로 작동해야 하며, 관련성이 높고 상호작용하기 쉬운 콘텐츠로 사용자를 유도해야 한다.
- 기술 요구사항을 충족하지 않는 홍보의 예로, 광고 및 기타 콘텐츠의 계정 한도 초과, 지원되지 않는 타겟팅 언어로 작성된 광고 또는 도착 페이지 콘텐츠, 제대로 작동하지 않거나 공백으로 표시되는 HTML5 광고 등이 있다.

④ 광고 형식별 요건
- 각 광고 형식에 적용되는 구체적인 요건을 준수한 광고만 허용된다.
- 이미지 광고, 동영상 광고 및 기타 텍스트 이외의 형식으로 된 광고는 허용되지 않는다.
- 새 광고 형식의 베타 프로그램에 참여하는 광고주는 형식별 정책 요구사항을 확인해야 한다.
- 광고 형식별 요건의 예로 광고 제목 또는 본문의 글자 수 제한, 이미지 크기 요건, 파일 크기 제한, 동영상 길이 제한, 가로세로 비율 등이 있다.

네이버 검색광고 등록 가이드

01 광고 게재

① 광고 게재
- 회원은 네이버 검색광고센터를 통해 관련 법령, 약관, 검수 기준, 이용안내 등에 부합하는 검색광고 게재 신청을 하여야 한다.
- 회사는 회원이 게재를 신청한 검색광고의 키워드, 제목, 설명 등에 대해 일정한 방식으로 심사를 하여 게재 여부를 결정하고, 게재 여부에 대해 회원에게 약관 제13조에 따른 방법("회원"이 제공한 전자우편주소, (휴대)전화번호, 주소, "네이버 검색광고센터" 로그인 시 동의창 등의 수단 등)으로 통지한다.
- 회사가 회원의 광고 게재 신청을 승낙한 것이 해당 검색광고 또는 해당 검색광고의 대상이 된 사이트 등이 위법하지 않거나 약관, 검수 기준, 이용안내 등에 적합함을 최종적으로 보증하거나 보장하는 것은 아니며, 따라서 광고 게재를 승낙한 이후에도 검색광고 또는 해당 검색광고의 대상이 된 사이트 등이 관련 법령 또는 약관, 검수 기준 등을 위반하는 것이 확인될 경우 회원에게 수정을 요청하거나 광고 게재 중단, 서비스 이용정지, 회원 직권 해지 등의 조치를 취할 수 있다.

② 광고 수정요청 및 재게재
- 회사는 검색광고 또는 해당 검색광고의 대상이 된 사이트 등이 관련 법령 또는 약관, 검수 기준 등을 위반하는 것이 확인될 경우 회원에게 일정한 기간을 정하여 수정을 요청할 수 있다.
- 수정 요청을 받은 회원은 정해진 기간까지 검색광고 또는 해당 검색광고의 대상이 된 사이트 등이 관련 법령 또는 약관, 검수 기준 등을 위반하지 않도록 수정을 해야 하며, 수정하지 않아 발생하는 불이익은 광고주가 부담하여야 한다.
- 관련 법령 또는 약관, 검수 기준 등을 위반하는 사유를 해소한 회원은 네이버 검색광고센터를 통해 검색광고 게재 신청을 할 수 있으며, 회사는 해당 검색광고의 게재 여부에 대해 회원에게 약관 제13조에 따른 방법으로 통지한다.

02 광고 게재 제한

① 광고 게재 제한 사유
- 회사에 법률적 또는 재산적 위험을 발생시키거나 발생시킬 우려가 있는 경우 제한된다.
  - 검색광고가 관련 법령을 위반하는 <u>사이트</u>로 연계됨으로써 회사가 민·형사적 책임을 부담할 가능성이 있는 경우
  - 검색광고가 관련 법령을 위반하는 회원의 <u>영업행위 등</u>에 연계됨으로써 회사가 민·형사적 책임을 부담할 가능성이 있는 경우

대표적 사례	• 온라인 도박 서비스 제공 확인 시 광고 게재 제한 • 이미테이션 제품 판매 확인 시 광고 게재 제한 • 웹하드등록제에 따른 미등록 P2P 사이트로 확인 시 광고 게재 제한 • 흥신소/심부름센터 사이트 내에서 개인 사생활 조사 등의 서비스 제공 확인 시 광고 게재 제한 • 출장 안마/마사지 서비스 제공 확인 시 광고 게재 제한(성매매 연계 개연성) • 경마/경정/경륜 경주에 대한 예상정보 제공 확인 시 광고 게재 제한(불법 사설경주 운영 개연성) • 의료기관이 아닌데 문신/반영구 시술 서비스 제공이 확인되는 경우 광고 게재 제한

- 회사 및 광고매체의 명예 · 평판 · 신용이나 신뢰도를 훼손하거나 훼손할 우려가 있는 경우 제한된다.
  - 검색광고가 관련 법령을 위반하지는 않더라도 도의적으로 비난의 대상이 되거나 사회 일반의 정서에 반하는 회원의 영업행위에 연계됨으로써 회사의 명예 · 평판 · 신용 · 신뢰도가 훼손될 가능성이 있는 경우
  - 검색광고가 관련 법령을 위반하지는 않더라도 도의적으로 비난의 대상이 되거나 사회 일반의 정서에 반하는 광고주의 영업행위에 연계됨으로써 회사의 명예 · 평판 · 신용 · 신뢰도가 훼손될 가능성이 있는 경우
  - 검색광고가 관련 법령을 위반하지는 않더라도 도의적으로 비난의 대상이 되거나 사회 일반의 정서에 반하는 사이트에 연계됨으로써 광고매체의 명예 · 평판 · 신용 · 신뢰도가 훼손될 가능성이 있는 경우
  - 검색광고가 관련 법령을 위반하지는 않더라도 도의적으로 비난의 대상이 되거나 사회 일반의 정서에 반하는 회원의 영업행위에 연계됨으로써 광고매체의 명예 · 평판 · 신용 · 신뢰도가 훼손될 가능성이 있는 경우

대표적 사례	• 자위기구 판매 광고로 확인 시 광고 게재 제한 • 유흥업소 직업정보 제공 광고로 확인 시 광고 게재 제한 • 성인 화상 채팅 서비스 제공 확인 시 광고 게재 제한 • 애인 대행 서비스 제공 확인 시 광고 게재 제한 • 흥신소 및 심부름센터 광고의 네이버 웹툰/블로그 광고 노출 제한

- 서비스 또는 광고 매체의 품질을 저하시키거나 저하시킬 우려가 있는 경우 제한된다.
  - 검색광고가 관련성이 지나치게 떨어지는 사이트에 연계됨으로써 검색광고 서비스의 품질을 떨어뜨릴 가능성이 있는 경우
  - 검색광고가 관련성이 지나치게 떨어지는 사이트에 연계됨으로써 광고 매체 서비스의 품질을 떨어뜨릴 가능성이 있는 경우
  - 검색광고로 신청된 키워드 자체가 회원들의 사이트나 영업행위 등에 관련성 있게 연계될 가능성이 거의 없는 경우

대표적 사례	구매한 키워드와 관련된 상품, 서비스, 정보 등에 관한 단순 소개(예 명칭, 이미지, 연락처 등의 나열 등)만 확인되는 경우

- 검색광고의 효과가 현저히 떨어지는 경우 제한된다.
  - 검색광고가 광고 매체에서 노출되는 횟수가 지나치게 적은 경우
  - 검색광고가 광고 매체에서 노출되지만, 광고 매체 이용자의 클릭률이 지나치게 낮은 경우
- 광고매체의 운영 주체가 정당하고 합리적인 이유를 근거로 자신의 광고 매체에서의 검색광고 게재 제한 등을 요청하는 경우 제한된다.

② 광고 게재 제한 절차
- 회사는 광고 매체의 요청에 의해 일정한 검색광고의 게재 제한 등을 하는 경우 회원에게 약관 제13조에 따른 방법으로 통지한다.
- 광고 매체의 요청에 의해 일정한 검색광고의 게재 제한 등을 하는 경우 원칙적으로 검색광고 게재 제한 등의 조치를 취하기 전에 회원에게 통지하며, 다만 광고 매체가 긴급한 사정을 이유로 시급히 요청해 왔을 경우에는 부득이 게재 제한 등의 조치를 취한 후에 회원에게 통지할 수 있다.

03 이용제한

① 이용제한 조치

• 회사는 회원이 관련 법령 및 약관 또는 광고 운영 정책에 따른 의무를 위반하는 경우 검색광고 게재 신청 제한, 검색광고 게재 제한, 검색광고 서비스 이용 정지, 검색광고 이용계약 해지, 회원 직권 해지 등을 할 수 있다.

- 검색광고 게재 제한(광고에 대한 제한): 광고 제목 및 문안 등이 법령, 약관, 광고 운영 정책 및 검수 기준에 부합하지 않는 광고에 대한 노출 제한 조치를 의미

대표적 사례	• 광고 제목 및 문안 등이 법령 등에 위배되거나 제3자 권리를 침해하는 경우 • 검색어와 광고 랜딩 페이지 간의 연관성이 적은 경우 • 광고 제목 및 문안 상에 특수문자 기재 및 글자 수 제한 초과하는 경우

- 검색광고 게재 신청 제한(사이트에 대한 제한): 광고를 불허하는 업종의 사이트임이 확인되거나 해당 사이트가 약관, 광고 운영 정책, 검수 기준 및 관련 법령에 부합하지 않는 경우, 해당 사이트에 대한 광고 제한 조치를 의미

대표적 사례	• 사이트의 내용이나 운영 등이 법령 등에 위배되거나 제3자의 권리를 침해하는 경우
	  예 웹하드등록제 미등록 P2P 사이트, 불법 사행 행위 관련 사이트, 최음제판매 사이트, 성매매 알선 사이트, 자위기구 판매(연계) 사이트, 사기행위 관련 사이트 등 해당 사이트가 약관(운영정책 및 검수 기준 포함) 위반 또는 불법적 사이트임이 확인된 경우 1회 적발 시 즉시 광고 제한 조치를 취함(서비스 이용정지 조치 병행)
	  예 기타 법령 위반 및 제3자침해 내용을 포함하는 경우
	• 불법 사이트는 아니나 약관, 광고 운영 정책 및 검수 기준을 반복적으로 위반하는 사이트의 경우

- 검색광고 서비스 이용정지(회원계정에 대한 제한): 중대한 법령 위반 사실이 확인되거나 약관, 광고 운영 정책 및 검수 기준의 위반이 지속적으로 확인되는 경우 등 일정 기간 서비스 이용을 제한해야 하는 경우의 서비스 이용정지조치를 의미

대표적 사례	• 무효 클릭 경고를 일정 수 이상 받은 경우
	  예 3회의 경고를 받은 경우 7일의 이용정지조치가 취해지며, 그 이후 추가로 적발되는 경우 1개월의 이용정지조치
	• 회원의 광고행위에서 중대한 법령 위반 사실이 확인되는 경우
	  예 웹하드등록제 미등록 P2P 사이트, 불법 사행 행위 관련 사이트, 최음제판매 사이트, 성매매 알선 사이트, 자위기구 판매(연계) 사이트, 사기행위 관련 사이트 등 회원의 사이트가 불법적 사이트임이 확인된 경우(사이트 제한 조치 병행)
	• 회원이 허위정보를 기재하였거나 휴폐업자로 확인되는 경우
	• 사이트에 대한 광고 제한 조치를 받은 회원이 반복하여 사이트 광고 제한 조치를 받은 경우

- 검색광고 이용계약 해지 및 회원 직권해지: 회원의 행위가 법령과 약관 및 운영정책의 심각한 위반 등에 해당하여 객관적으로 회사와 회원 사이의 신뢰관계의 회복이 어려운 정도의 현저한 것일 경우, 회사는 검색광고 이용계약을 해지하고 회원 지위를 박탈하는 행위를 할 수 있음

대표적 사례	• 회원의 사이트에서 회사의 서비스를 방해하는 어뷰징 프로그램 등을 배포하는 경우 　예 설치 시 네이버 페이지에 광고를 끼워 넣는 프로그램, 팝업을 띄우는 프로그램, 네이버 툴바 등을 무력화시키는 프로그램 등 • 무효 클릭 행위를 반복적 · 지속적으로 하는 경우

• 회사가 이용제한을 하는 경우 회원이 회사와 이용계약을 체결하여 이용하는 회사의 다른 서비스(지역광고, 지식쇼핑, 부동산 서비스 등)에 대하여도 이용을 제한하거나, 이용 계약을 해지할 수 있다.

② 이용제한 절차
• 회사는 이용제한을 하는 경우 회원에게 약관 제13조에 따른 방법으로 통지한다.
• 회사는 전항의 통지를 하는 경우 회원에게 원칙적으로 3영업일 이상의 기간을 정하여 이의신청의 기회를 부여하며, 다만 별도의 사전 이의신청 기회를 부여하지 않겠다는 뜻을 약관 제13조에 따른 방법으로 통지하였거나 회원의 관련 법령, 약관, 광고 운영 정책 등 위반행위가 중대하거나 고의적이라고 판단될 경우에는 이의신청 기회를 부여하지 않을 수 있다.
• 회사는 정액제 검색광고에 대해 이용제한을 하는 경우 남은 계약 기간만큼의 서비스 이용료를 비즈머니로 환급한다.
• 이용제한 조치에 대하여 궁금한 점이나 이의가 있는 회원은 검색광고 [온라인 고객센터] 또는 광고영업 담당자를 통하여 해당 내용을 문의하거나 이의를 제기할 수 있다.
• 이용제한 조치와 관련된 회원의 문의 및 이의가 접수될 경우, 회사는 해당 내용을 검토하고 처리하며 약관 제13조의 방법에 따라 회원에게 그 결과를 통지한다.
• 이용제한 사유를 확인하고 해소한 회원은 검색광고 [온라인 고객센터] 또는 광고영업 담당자를 통해 이용제한 철회 요청을 할 수 있으며, 회사는 해당 이용제한의 철회 여부를 검토하고 처리하며 약관 제13조의 방법에 따라 광고주에게 그 결과를 통지한다.

04 광고 문안과 권리보호

① 광고 문안과 사이트의 연관성
• 제목, 설명 등에는 해당 사이트 내에서 확인되는 내용을 기재하는 것을 원칙으로 한다.
• 제목에 기재된 광고주명, 사이트명, 수식어나 설명 등에 기재된 표현 등은 사이트 내에서 확인되는 한 원칙적으로 게재를 허용하며, 네이버 검색광고는 해당 회원에게 사용권한이 있는지에 대해 사전에 심사하지 않는다.
• 제목에 기재된 광고주명, 사이트명, 수식어나 설명 등에 기재된 표현 등이 사이트 내에서 확인되지 않을 경우 해당 광고의 게재를 중단할 수 있다.

② 상표권/서비스표권의 보호

- 회사는 상표권/서비스표권의 존재 여부 및 효력범위에 관하여 임의로 판단하지 않으며, 아울러 상표권/서비스표권을 사전에 보호하거나 대신 행사하지 않는다.
- 상표권/서비스표권을 보유한 자는 자신의 권리가 침해되었을 경우 먼저 침해한 자를 상대로 광고 게재 중지요청, 권리침해에 해당하는 기재의 삭제 요청 등의 권리행사를 해야 한다.
- 회사는 자신의 상표권/서비스표권이 침해되었음을 주장하면서 일정한 광고의 게재 중단을 요청해 오는 경우, 해당 요청인에게 상표권/서비스표권의 침해를 소명할 수 있는 서류 등의 제출을 요청할 수 있다.
- 회사는 요청인이 자신의 상표권/서비스표권의 침해를 소명하였을 경우, 요청인이 자신의 권리를 침해하고 있다고 지적한 회원에게 해당 광고의 게재 또는 해당 기재가 적법한 권리 또는 권한에 의해 행해졌다는 것을 소명할 수 있는 서류 등의 제출을 요청할 수 있다.
- 회사는 요청인의 권리를 침해하고 있다고 지적된 회원이 해당 광고의 게재 또는 해당 기재가 적법한 권리 또는 권한에 의해 행하여진 것임을 소명하지 못했을 경우 해당 광고의 게재를 중단할 수 있으며, 만약 소명하였을 경우라면 임의로 해당 광고의 게재를 중단하는 대신 지체없이 요청인에게 이러한 사정을 통지할 것이다.
- 회사는 특정 광고나 광고의 대상이 되는 영업이 타인의 상표권/서비스표권을 침해하거나 침해할 우려가 있다는 법원의 판결/결정/명령문, 기타 관련 국가기관의 유권해석 등이 제출되는 경우, 지체없이 해당 광고의 게재를 중단할 수 있다.

③ 기타 권리의 보호

회사는 광고 게재와 관련하여 상표권/서비스표권 이외의 권리에 대한 침해가 문제되는 경우에도 상표권/서비스표권에 대한 보호기준을 준용한다.

④ 부정경쟁행위의 금지

- 회사는 『부정경쟁방지 및 영업비밀의 보호에 관한 법률』상의 "부정경쟁행위"의 존재 여부 및 그 범위에 관하여 임의로 판단하지 않으며, 아울러 "부정경쟁행위"로부터 회원 등을 사전에 보호하거나 동 행위의 중단을 요청하지 않는다.
- 회사는 일정한 회원의 광고 게재 등이 "부정경쟁행위"에 해당한다는 법원의 판결문, 기타 관련 국가기관의 유권해석 등이 제출되는 경우 지체없이 해당 광고의 게재를 중단할 수 있다.

PART 01
PART 02
PART 03
PART 04
PART 05
PART 06
PART 07

네이버 검색광고 심사 가이드

01 광고 문안과 사이트의 연관성

• 제목과 설명 등에는 해당 사이트 내에서 확인되는 내용을 기재하는 것이 원칙이다.
• 제목에 기재된 광고주명, 사이트명, 수식어나 설명 등에 기재된 표현 등은 사이트 내에서 확인되는 한 원칙적으로 게재를 허용하며, 네이버 검색광고는 해당 회원에게 사용 권한이 있는지에 대해 사전에 심사하지 않는다.
• 제목에 기재된 광고주명, 사이트명, 수식어나 설명 등에 기재된 표현 등이 사이트 내에서 확인되지 않을 경우 해당 광고의 게재를 중단할 수 있다.

02 상표권/서비스표권의 보호

• 네이버는 상표권/서비스표권의 존재 여부 및 효력 범위에 관하여 임의로 판단하지 않으며, 아울러 상표권/서비스표권을 사전에 보호하거나 대신 행사하지 않는다.
• 상표권/서비스표권을 보유한 자는 자신의 권리가 침해되었을 경우 먼저 침해한 자를 상대로 광고 게재 중지요청, 권리침해에 해당하는 기재의 삭제요청 등의 권리행사를 해야 한다.
• 네이버는 요청인이 자신의 상표권/서비스표권의 침해를 소명하였을 경우, 요청인이 자신의 권리를 침해하고 있다고 지적한 회원에게 해당 광고의 게재 또는 해당 기재가 적법한 권리 또는 권한에 의해 행해졌다는 것을 소명할 수 있는 서류 등의 제출을 요청할 수 있다.
• 네이버는 요청인의 권리를 침해하고 있다고 지적된 회원이 해당 광고의 게재 또는 해당 기재가 적법한 권리 또는 권한에 의해 행하여진 것임을 소명하지 못했을 경우 해당 광고의 게재를 중단할 수 있으며, 만약 소명하였을 경우라면 임의로 해당 광고의 게재를 중단하는 대신 지체없이 요청인에게 이러한 사정을 통지할 것이다.
• 네이버는 특정 광고나 광고의 대상이 되는 영업이 타인의 상표권/서비스표권을 침해하거나 침해할 우려가 있다는 법원의 판결/결정/명령문, 기타 관련 국가기관의 유권해석 등이 제출되는 경우, 지체없이 해당 광고의 게재를 중단할 수 있다.

03 기타 권리의 보호

네이버는 광고 게재와 관련하여 상표권/서비스표권 이외의 권리에 대한 침해가 문제되는 경우에도 상표권/서비스표권에 대한 보호 기준을 준용한다.

04 부정경쟁행위의 금지

• 네이버는 『부정경쟁방지 및 영업비밀의 보호에 관한 법률』상의 "부정경쟁행위"의 존재 여부 및 그 범위에 관하여 임의로 판단하지 않으며, 아울러 "부정경생행위"로부터 회원 등을 사전에 보호하거나 동 행위의 중단을 요청하지 않는다.
• 네이버는 일정한 회원의 광고 게재 등이 "부정경쟁행위"에 해당한다는 법원의 판결문, 기타 관련 국가기관의 유권해석 등이 제출되는 경우 지체없이 해당 광고의 게재를 중단할 수 있다.

05 광고 게재

- 회원은 네이버 검색광고 플랫폼을 통해 관련 법령, 약관, 검수 기준, 이용 안내 등에 부합하는 검색광고 게재 신청을 해야 한다.
- 네이버는 회원이 검색광고 계정을 통하여 게재를 신청한 검색광고의 키워드, 제목, 설명 등에 대해 일정한 방식으로 심사를 하여 게재 여부를 결정하고, 게재 여부에 대해 회원에게 통지한다.
- 네이버가 회원의 광고 게재 신청을 승낙한 것이 해당 검색광고 또는 해당 검색광고의 대상이 된 사이트 등이 위법하지 않거나 약관, 검수 기준, 이용 안내 등에 적합함을 최종적으로 보증하거나 보장하는 것은 아니다.
- 따라서 광고 게재를 승낙한 이후에도 검색광고 또는 해당 검색광고의 대상이 된 사이트 등이 관련 법령 또는 약관, 검수기준 등을 위반하는 것이 확인될 경우 회원에게 수정을 요청하거나 광고게재 중단, 서비스 이용정지, 회원 직권 해지 등의 조치를 취할 수 있다.

06 광고 수정 요청 및 재게재

- 네이버는 검색광고 또는 해당 검색광고의 대상이 된 사이트 등이 관련 법령 또는 약관, 검수 기준 등을 위반하는 것이 확인될 경우 회원에게 일정한 기간을 정하여 수정을 요청할 수 있다.
- 수정 요청을 받은 회원은 정해진 기간까지 검색광고 또는 해당 검색광고의 대상이 된 사이트 등이 관련 법령 또는 약관, 검수 기준 등을 위반하지 않도록 수정을 해야 하며, 수정하지 않아서 발생하는 불이익은 광고주가 부담해야 한다.
- 관련 법령 또는 약관, 검수 기준 등을 위반하는 사유를 해소한 회원은 네이버 검색광고를 통해 검색광고 게재신청을 할 수 있으며, 네이버는 해당 검색광고의 게재 여부에 대해 회원에게 통지한다.

07 광고 게재 제한

- 일정한 검색광고가 다음의 각 항목 중 어느 하나에 해당할 경우, 해당 검색광고의 게재를 제한하거나 게재되는 검색광고의 수를 제한할 수 있다.
  - 유흥업소 직업정보 등을 제공하는 사이트, 안마/마사지 관련 직업 정보 제공 사이트, 법령 및 선량한 풍속, 기타 사회질서에 반하는 사이트, 체육진흥투표권 발행 사이트, 유사수신행위 사이트, 위법/부적절한 콘텐츠, 브랜드 제품 정보제공 사이트, 출장 마사지 등 사이트, 성인 화상 채팅 등 사이트, 의약품 판매/중개 사이트, 경마/경륜/경정 사이트, 복권 발행 사이트, 도박 등 관련 사이트, 공개 자료실 사이트

08 광고등록기준

- 랜딩 페이지 URL을 정확하게 기재해야 한다.
- 표시 URL은 대표 URL을 기재해야 한다.
- 사이트 이름을 정확하게 기재해야 한다.
- 적절하고 품질 높은 이미지를 등록해야 한다.
- 광고의 타겟 사용자, 예산 지출 방식, 확장 소재 등을 선택하여 캠페인을 개선해야 한다.
- 광고 노출 UI 및 소재 구성 요소를 확인하고, 썸네일 이미지, 제목/설명, 업체(브랜드명), 콘텐츠 발행일 등을 정확하게 기재해야 한다.

PART 01
PART 02
PART 03
PART 04
PART 05
PART 06
PART 07

카카오 검색광고 등록 가이드

01 카카오 키워드 광고 기본 소개

- 카카오 키워드 광고는 주요 검색의 최상단인 프리미엄링크 영역에 동시 노출되며, 키워드 검색으로 사용자의 의도를 파악하여 광고를 통해 원하는 정보를 전달할 수 있다.
- 단 한 번의 광고 등록으로 주요 포털 검색 및 제휴 매체와 각종 모바일 앱에도 광고가 노출되어 폭넓은 마케팅이 가능한 광고 상품이다.
- 키워드 광고 관리자센터에서는 좀 더 쉽고 직관적인 사용자 인터페이스가 가능하며, 다차원 보고서 제공으로 상세한 지표 분석이 가능하다.

02 노출 영역과 과금 방식

① 노출 영역

키워드 광고의 운영 목적에 따라 구분되는 노출 영역	
PC 검색 매체	• Daum을 포함한 주요 포털사이트에 노출됨 • Daum, Nate 등에서는 통합검색결과 최상단인 프리미엄링크 영역에 최대 10개의 광고가 노출됨 ※ 노출 위치는 경우에 따라 예외가 있을 수 있음 ※ 광고 수요가 많은 키워드의 Daum 통합검색결과에는 와이드링크 영역에 최대 5개 광고가 추가로 노출됨 ※ 검색 매체 영역에는 제휴 상황에 따라 검색어와 연관 있는 광고가 추가 노출될 수 있음
모바일 검색 매체	• 모바일 인터넷 검색 시 검색결과에 노출되는 카카오 키워드 광고로 Daum, 네이트 등 모바일 검색에서 노출됨 • 카카오톡 대화방 내 #검색결과 키워드 광고 탭에도 노출됨 ※ 검색 매체 영역에는 제휴 상황에 따라 검색어와 연관 있는 광고가 추가 노출될 수 있음
PC 콘텐츠 매체	• PC 검색 결과 외 다양한 PC 콘텐츠 영역에 사용자가 검색한 키워드 및 카카오 서비스에서 소비한 콘텐츠를 바탕으로 연관도 높은 광고를 노출함 • 텍스트 및 확장 소재 썸네일 이미지가 결합된 배너 형태로 노출됨(단 확장 소재 미등록 시 텍스트만 노출됨) • Daum 메인 및 내부 지면, 카페, 뉴스 및 카카오톡 등의 카카오 내부 지면 및 언론사, 커뮤니티 등의 카카오와 제휴를 맺고 있는 외부 지면에 노출됨
모바일 콘텐츠 매체	• 모바일 검색 결과 외의 다양한 모바일 콘텐츠 영역(앱, 웹)에 사용자가 검색한 키워드 및 카카오 서비스에서 소비한 콘텐츠를 바탕으로 연관도 높은 광고를 노출함 • 텍스트 및 확장 소재 썸네일 이미지가 결합된 배너 형태로 노출됨(단, 확장 소재 미등록 시 텍스트만 노출됨) • Daum 메인 및 내부 지면, 카페, 뉴스 및 카카오톡 등의 카카오 내부 지면 및 언론사, 커뮤니티 등의 카카오와 제휴를 맺고 있는 외부 지면에 노출됨 ※ 주요 콘텐츠 네트워크인 PC/모바일 콘텐츠 네트워크를 지속적으로 확장해가고 있음

② 과금 방식
- 키워드 광고는 이용자가 광고를 클릭하여 사이트에 방문하는 경우에만 과금되는 CPC(Cost Per Click)의 광고 상품이다.
- 클릭당 단가는 키워드별 입찰가, 광고 진행 과정에서 얻은 품질 지수 등을 반영하여 실시간으로 결정된다.

➕ 더 알기 TIP

품질지수란?

키워드 단위로 책정되며 일정 기간동안의 해당 키워드의 클릭률, 키워드와 소재 간의 연관도 평가, 그 외 광고그룹과 광고 대상이 획득한 성과 등을 종합적으로 계산한 지표이다.

③ 초과 과금

초과 과금이 발생할 수 있는 마이너스 잔액 및 일예산 초과 케이스는 키워드 광고에서 정상 과금으로 판단하여 광고비가 소진되니 광고 운영에 참고해야 한다.

마이너스 잔액	• 광고 계정 내 충전된 유상 캐시가 모두 소진되어 광고가 자동으로 중단되기까지 일정 시간이 소요됨 • 해당 시간 동안 노출된 광고로부터 유효한 클릭이 발생하거나 특정 시점 광고 노출 및 소진량이 증가하면서 예측된 광고 종료 지점에 비하여 빠르게 소진되어 마이너스 잔액이 발생할 수 있음 • 설정하신 일예산 금액대로 광고가 노출되었으나, 잔액 부족 시점 경에 발생한 유효한 노출 및 클릭에 대해서는 정상 과금될 수 있음

일예산 초과	• 광고그룹에 있는 소재 중 설정한 일예산 대비 입찰가가 높은 경우 일예산을 초과하는 과금액은 커질 수 있음
	• 일예산을 초과한 과금이 발생할 수 있는 경우를 참고
	  예 과금액이 설정된 허용예산에 근접했을 때, 순간적으로 많은 양의 노출/클릭 등이 발생하는 경우
	  예 일 예산이 다 소진되어 광고 노출을 중단하는 프로세스 진행 중에 노출/클릭 등이 발생하는 경우
	• 과도하게 적은 일예산, 높은 입찰금액, 짧은 광고 기간으로 운영할 경우 일예산의 초과 폭은 커질 수 있음
	• 가용 소진 예산을 고려하여 입찰가/일예산을 설정해야 함
	• 예산이나 최대 입찰금액 등 캠페인 및 광고그룹의 예산 설정을 변경한 경우 변경 내역은 실시간으로 반영되나 노출 제어 전 발생한 노출 중 발생한 유효한 클릭에만 과금 집계가 발생할 수 있음

PART 01
PART 02
PART 03
PART 04
PART 05
PART 06
PART 07

03 광고 집행

직접 집행	키워드 광고 플랫폼에 접속해 광고를 직접 집행할 수 있음
대행사를 통한 집행	직접 운영하기 어렵다면 공식 대행사의 도움을 받을 수 있음
불법 영업 피해방지 안내	• 카카오 광고를 운영하고자 하는 광고주를 대상으로 본사 직원 또는 카카오와 제휴관계(공식 대행사 등)임을 사칭하여 광고 상품의 구매를 유도하거나, 카카오에서 공식적으로 판매하지 않는 상품과의 결합 상품을 판매하는 등 상품 변형 판매 등의 불법 영업 행위가 증가하고 있음 • 위와 같은 업체들은 클릭당 과금 상품(CPC)을 월정액 상품으로 변형하여 실제 광고 집행 금액 대비 과도한 계약금이나 수수료를 요구한다거나 환불이나 계약해지 요청 시 연락을 받지 않고 계약해지 거부/과다 위약금을 공제하는 등 광고주님의 금전적 피해를 야기하는 것으로 확인되어 각별한 주의가 요구됨 • 불법 영업 행위로 인한 주요 광고주 피해 사례 및 예방 방법을 참고하여 불법 영업으로 인한 피해를 방지함

① 영업행위로 인한 주요 광고주 피해 사례
• 홈페이지/블로그 제작 등 카카오 키워드 광고 상품인 것처럼 허위 안내 후 실제 카카오 키워드 광고 상품과 결합하여 판매하는 경우가 있다.

확인하기	• 카카오에서는 홈페이지/블로그 제작 관련한 상품을 판매하거나 제작 지원하지 않음 • 카카오의 주요 상품은 키워드 광고, 메시지 광고, 디스플레이 광고 등이 있으며 홈페이지/블로그, 소재 제작과 연계한 상품은 판매하지 않고, 카카오 상품 소개는 광고 안내페이지에서 확인해볼 수 있음

• 공식 대행사 또는 카카오 내부 관리 직원을 사칭하여 광고 상품 가입 또는 연장을 제안하거나, 할인 쿠폰 제공 및 프로모션 대상자로 안내 후 결제를 유도하는 경우가 있다.

확인하기	• 카카오는 공식 대행사와의 계약을 통해 광고영업정책 준수를 의무화하고 있으며, 광고주가 보다 공정하고 안전한 환경에서 관리받을 수 있도록 공식 대행사에게 광고영업정책을 배포하고 있음 • 카카오와 제휴 또는 계약되지 않은 업체에 의한 인한 피해가 발생할 경우, 카카오와 해당 업체 간의 계약 관계가 성립하지 않기 때문에 즉각적이고 직접적인 강제 활동을 진행하기 어려울 수 있음

• 바로가기 혹은 사이트 등록 서비스를 유료 서비스로 제안하는 경우가 있다.

확인하기	• 바로가기 서비스나 사이트 등록 서비스는 카카오에서 판매하는 광고 상품이 아니며 검색 서비스임 • 사이트 등록 서비스: 사이트 등록은 무료 서비스이며 사용자가 직접 등록할 수 있음

➕ 더 알기 TIP

광고 소재 만들 때 주의사항

Daum 검색의 기준에 따라 해당 사이트가 대표성이 있을 때 노출되며, 주기적으로 검토하여 등록/수정/삭제를 진행하고 있는 검색 서비스로써 외부의 요청에 의해서 바로 대응되거나 유료로 판매되지 않는다.

• 카카오 키워드 광고 상품의 최상단 고정 노출을 제안하는 경우가 있다.

확인하기	• 프리미엄링크는 실시간 입찰에 따라 광고를 클릭한 경우에만 과금되는 CPC 키워드 광고 상품임 • 실시간 노출 순위 결정에는 입찰가 외에도 성과 및 품질 등이 고려된 품질지수가 함께 반영되기 때문에 최상단에 고정으로 노출되기는 매우 어려움

② 불법 영업행위로 인한 피해 예방 및 대처 방법
- 광고 대행사의 업체명과 담당자 성명, 연락처를 확인한다.
  - 카카오 키워드 광고 공식 대행사(계약 및 제휴) 여부는 대행사 안내 페이지 또는 카카오 키워드 광고 고객센터에서 확인할 수 있다.
  - 제휴 여부를 확인하고 후 안내받은 대행사에 연락하여서 실제 담당자가 근무하고 있는지 확인하는 것도 좋다.
- 과도한 혜택을 안내하는 경우 '공식 대행사' 여부 및 계약서를 상세히 확인한다.
  - 획기적인 신규상품, 결합상품, 프로모션 할인 기간, 서비스 무료 제공 등, 다른 대행사와는 다른 광고 제안을 받았다면 위의 안내 사항을 확인한다.
  - 안내 사항의 확인 후에도 불법 영업이 의심되는 경우, 해당 업체의 제안서 또는 계약서를 서면으로 받아보신 후 카카오 광고 고객센터의 상담을 신청한다.
  - 광고 상품의 계약 내용을 명확히 확인하고 한국온라인광고협회에서 발간한 온라인 광고 계약 확인서를 참고하면 보다 상세하게 주의사항을 확인할 수 있다.
- 상품 및 플랫폼에 대한 광고주의 지식이 많을수록 불법 영업 업체의 사기 행각이 보인다.
  - 카카오 광고 상품 안내 자료와 판매 방식은 광고 안내 사이트에서 쉽게 찾아볼 수 있다.
  - 대행사와의 계약 전 카카오광고 상품에 대해 충분히 인지한다면 불법 영업 행위를 예방할 수 있다.
- 불법 영업으로 피해 상담 및 구제 방법을 확인한다.
  - 한국인터넷광고재단과 한국인터넷진흥원은 인터넷광고 관련 중소상공인의 피해에 대해 상담, 피해구제 및 분쟁조정 등 법률 지원을 하고 있다.
  - 카카오 사칭 업체를 포함하여 비공식 광고 대행사의 불법 영업을 제안받았거나 피해를 입은 광고주는 공식 대행사의 담당자(마케터) 또는 카카오 키워드 광고 고객센터로 반드시 신고해야 한다.
  - 신고하는 내용은 익명성이 보장되며 다른 광고주의 피해를 예방하는 사례 및 해당 불법 업체에 대한 법적 대응 시 중요한 자료로 활용된다.

PART 01
PART 02
PART 03
PART 04
PART 05
PART 06
PART 07

카카오 검색광고 심사 가이드

01 집행기준 및 준수사항

① 용어의 정의
- 본 문서에서 별도로 명시하지 않는 한, 비즈채널은 사이트를 뜻한다.
- 연결화면은 랜딩페이지, 광고 소재에 등록한 '랜딩 URL'로 연결되는 페이지를 뜻한다.
- 키워드는 키워드 광고를 진행하기 위해 구매하는 키워드를 뜻한다.
- 광고 소재는 광고를 구성하는 모든 요소를 의미한다.

② 집행기준
- 광고주의 사이 및 광고주가 제작한 광고 소재를 검토하여 '카카오 키워드 광고 심사정책'에 맞지 않을 경우, 수정을 요청할 수 있으며, 당사 정책에 따라 특정 광고주의 가입 요청 또는 특정 광고물의 게재 요청을 거절할 수 있다.
- 법정사전심의 대상인 광고는 해당 기관의 사전심의를 받은 경우에만 광고 집행이 가능하다.
- 사회적인 이슈가 될 가능성이 있거나 이용자의 항의가 심할 경우, 집행 중인 광고라도 수정을 요청하거나 중단할 수 있다.
- 원칙적으로 한글과 영어로 구성된 사이트만 광고할 수 있으며, 그 외의 언어로 구성된 사이트는 광고가 제한될 수 있다.
- 카카오는 '카카오 키워드 광고 심사정책'에 따라 광고주, 광고 소재, 연결화면, 연결화면 자체의 유효성, 적합성, 연관성 등을 검수하고, 위배되는 내용이 있을 시에는 광고의 게재를 거부하거나 광고 수정을 요청할 수 있다.
- 카카오에서 제공하는 개별 서비스의 운영원칙/약관에 따라 특정 광고주의 가입 또는 특정 광고물의 게재가 제한될 수 있다.

③ 광고심사
- 심사 대상은 아래와 같다.
  - 광고주가 등록한 비즈채널 사이트에 대한 심사를 진행한다.
  - 광고주가 등록한 키워드, 광고 소재 및 랜딩URL을 통해 연결되는 화면에 대한 적합성 여부를 심사한다.
  - 연결화면의 여러 행위가 정상적으로 작동하는지 여부를 심사한다.
- 심사 프로세스는 다음과 같다.
  - 광고 심사는 광고주가 등록한 사이트와 키워드, 광고 소재가 카카오 키워드 광고 심사 정책에 따라 노출이 가능한지 심사하는 과정이다.
  - 입력한 정보와 실제 정보의 일치 여부, 업종별 서류 확인, 업종 확인, 사이트 판단, 기타 여러 운영정책에서 정하는 바를 심사하여 광고 가능 여부를 판단한다.
  - 카카오는 등록한 키워드 및 광고 소재와 랜딩 URL의 연관성, 카카오 키워드 광고 심사 정책의 부합 여부, 완성도, 기타 여러 운영징책에서 정하는 바를 심사하여 광고 노출 여부를 판단한다.
  - 심사는 광고의 최초 등록 시 및 광고 소재 수정 시 실시되며, 심사승인 이후에도 카카오 키워드 광고 심사정책 및 개별 서비스 운영원칙/약관에 따라 광고 노출이 보류 · 중단될 수 있다.

④ 광고 금지 행위
- 다음 금지 행위가 확인되는 경우 당사 정책 및 기준, 카카오 키워드 광고 심사정책 위반 여부와 상관없이 광고에 대하여 임의 수정, 취소, 중단 등의 조치를 취할 수 있다.
  - 카카오에서 제공하는 방식이 아닌, 다른 방식으로 서비스에 접속하여 이용하는 행위
  - 노출/클릭과 같이 광고의 성과를 변경하거나 부정하게 생성시키는 경우
  - 회사의 이익에 반하는 광고 등을 노출하여, 회사에 피해를 발생시키는 경우
  - 카카오 키워드 광고 심사 정책, 개별 서비스 운영 원칙/약관, 관계 법령을 빈번하고 상습적으로 위반하는 경우
  - 카카오의 정당한 광고 수정 등에 응하지 않는 경우
  - 고의적으로 카카오 키워드 광고 심사 정책, 개별 서비스 운영원칙/약관, 관계 법령을 악용하는 경우
  - 기타 카카오가 판단함에 있어 서비스의 이용을 방해하는 경우
- 위 항의 내용이 확인되어 광고주의 이용 자격이 제한되는 경우 면책을 주장할 수 없으며, 집행된 기간에 상응한 환불, 보상 또는 광고 기간의 제공을 요구할 수 없다.

⑤ 업무방해
- 본인 또는 제3자를 광고하기 위해 카카오의 이용약관, 개별 서비스의 운영원칙/약관 등에 위반하는 행위를 하거나 이를 유도하는 경우에는 광고 집행이 불가하다.
- 관련 법령, 카카오의 이용약관, 개별 서비스의 운영원칙/약관 등을 위반하여 카카오 서비스에 부당하게 영향을 주는 행위를 하거나 이를 유도하는 사이트는 광고 집행이 불가하다.

02 카카오 서비스 보호 및 디자인 모방/침해 금지

- 카카오 서비스의 이미지를 손상시킬 수 있는 내용의 경우 광고 집행이 불가하다.
- 카카오의 로고, 상표, 서비스명, 저작물 등을 무단으로 사용하는 경우 광고 집행이 불가하다(단, 카카오와 사전협의 후 사용한 경우에는 광고 집행이 가능하다.).
- 광고가 아닌 카카오 서비스 내용으로 오인될 가능성이 높은 내용은 광고 집행이 불가하다.

03 인터넷/모바일 이용자의 사용성

① 인터넷/모바일 이용자 방해
- 다음과 같이 인터넷/모바일 이용자의 인터넷 이용을 방해하거나 혼동을 유발할 수 있는 경우 광고 집행이 불가하다.
  - 이용자의 의도와 상관없이 사용자의 환경을 변화시키는 경우
  - 사이트 또는 어플이 정상적으로 종료가 되지 않은 경우
  - 사이트를 종료하면 다른 인터넷 사이트로 연결하는 경우
  - 사이트 접속 시 ActiveX 등 기타 프로그램 유포를 통하여 팝업 광고 및 사이트로 연결되는 경우
  - 스파이웨어를 통한 개인정보의 수집, 사용자 디바이스에 대한 임의의 행위를 일으키는 경우
  - 사이트로부터 본래의 인터넷 사이트로 되돌아가기를 차단하는 경우

PART 01
PART 02
PART 03
PART 04
PART 05
PART 06
PART 07

- 특정 컴퓨터 또는 모바일 디바이스 환경에서(특정 프로그램을 설치해야)만 내용 확인 가능한 경우
- 인터넷 이용자의 동의 없이 바로가기를 생성하는 경우
- 시각적 피로감을 유발할 수 있는 과도한 떨림 또는 점멸 효과를 포함하는 경우
- 시스템 또는 네트워크 문제나 오류가 있는 것처럼 표현한 경우
- 과도한 트릭으로 인터넷 이용자가 혼란을 일으킬 수 있는 경우
- 클릭을 유발하기 위한 허위 문구 및 기능을 사용하는 경우(마우스 포인트, 사운드/플레이 제어 버튼 등)
- 카카오 서비스의 접속 등 통상적인 서비스 이용을 방해하는 경우
- 이용자의 개인정보를 강제로 수집하는 경우

② 인터넷/모바일 이용자 피해
- 다음과 같이 인터넷/모바일 이용자에게 피해를 주는 경우 광고 집행이 불가하다.
  - 사이트의 관리/운영자와 연락이 되지 않는 등 상당한 기간 동안 정상적으로 운영되지 않는 사이트
  - 신용카드 결제나 구매 안전 서비스에 의한 결제가 가능함에도 현금 결제만 유도/권유하는 사이트
  - 상당한 기간 내에 상품/서비스를 제공하지 않거나, 정당한 이유 없이 환불을 해주지 않는 사이트
  - 국가기관이나 한국소비자원, 서울특별시 전자상거래센터 및 이에 준하는 기관과 언론사에서 이용자에게 피해를 유발하고 있다고 판단하거나 보도한 사이트 **예** 공정거래위원회 민원 다발 쇼핑몰 공개, 서울시 전자상거래센터 사기 사이트 공지/보도
  - 카카오 이용자로부터 피해 신고가 다수 접수된 업체 및 사이트

04 현행법 및 윤리 기준 준수

① 올바른 정보 제공 누락
- 카카오 이용자가 제품이나 서비스에 대한 올바른 정보를 제공받지 못하여 합리적인 구매 행위를 하지 못할 뿐만 아니라, 구매 행위를 하지 않더라도 광고 자체의 내용을 잘못 받아들일 가능성이 있는 표현이 확인되는 경우 광고 집행이 불가하다.
  - [표시 · 광고의 공정화에 관한 법률] 제3조 및 동법 시행령 제3조에 따라 공정한 거래 질서를 해칠 우려가 있는 광고는 광고 집행이 불가하다.
  - 카카오 키워드 광고 심사정책은 한국온라인광고협회의 [인터넷광고심의규정] 제6조에 따라 인간의 생명, 존엄성 및 문화의 존중을 위한 온라인 광고 자율권고 규정을 준수하며 이를 위반하는 경우 광고 집행이 불가하다.
  - 다음에 해당하는 콘텐츠/상품/서비스가 비즈채널, 광고 소재 또는 연결화면에서 확인되는 경우 광고 집행이 불가하다.

② 현행법 및 주요 권고 사항
- 카카오 서비스 이용자의 안전과 정서를 해치고 현행 법령에 위배되는 내용은 광고 집행이 불가하다.
- 광고 사이트 및 실제로 판매하는 제품, 제공되는 서비스는 관련된 모든 법률과 규정을 준수해야 한다.
- 정부기관 및 이에 준하는 협회/단체의 주요 권고사항에 의거하여 특정 광고를 제한할 수 있다.
- 소송 등 재판에 계류 중인 사건 또는 국가기관에 의한 분쟁조정이 진행 중인 사건에 대한 일방적 주장이나 의견은 광고 집행이 불가하다.

③ 선정/음란 광고
- 과도한 신체 노출이나 성적 수치심을 불러일으킬 수 있는 음란/선정적인 내용은 광고 집행이 불가하다.
- 강간 등 성폭력 행위를 묘사하는 내용은 광고 집행이 불가하다.

④ 폭력/혐오/공포/비속 광고
- 과도한 폭력이나 공포스러운 표현을 통해 지나친 불안감을 조성할 수 있는 내용은 광고 집행이 불가하다.
- 폭력, 범죄, 반사회적 행동을 조장하는 내용은 광고 집행이 불가하다.
- 혐오감을 불러 일으킬 수 있는 내용은 광고 집행이 불가하다. **예** 오물, 수술장면, 신체 부위를 확대하는 경우 등
- 과도한 욕설, 비속어 및 저속한 언어를 사용하여 불쾌감을 주는 내용은 광고 집행이 불가하다.

⑤ 허위/과장 광고
- '허위/과장 광고'란 광고하는 내용과 제품, 서비스의 실제 내용이 다르거나 사실을 지나치게 부풀림으로 써 소비자의 합리적인 선택을 방해하는 광고를 의미한다.
- 허위의 사실로서 사회적 혼란을 야기할 수 있는 내용은 광고 집행이 불가하다.
- 거짓되거나 확인되지 않은 내용을 사실인 것처럼 표현하는 내용은 광고 집행이 불가하다.
- 중요한 정보를 생략하거나, 부분적인 사실을 강조하여 사람들을 오인하게 할 수 있는 내용은 광고 집행이 불가하다.
- 광고주 및 캠페인 목적과 관련성이 낮은 내용을 통해 이용자를 유인하는 경우는 광고 집행이 불가하다.
- 인터넷 이용자가 실제 발생한 사실로 오인할 수 있도록 하는 표현은 광고 집행이 불가하다.

⑥ 기만적인 광고
- '기만적인 광고'란 소비자에게 알려야 하는 중요한 사실이나 정보를 은폐, 축소하는 등의 방법으로 표현 하는 광고를 의미한다.
- 소비자가 반드시 알아야 할 정보 등 소비자의 구매 선택에 있어 중요한 사항에 관한 정보의 전부 또는 일 부에 대하여, 소비자가 인식하지 못하도록 표기하거나, 아예 누락하여 표기하지 않은 경우 광고 집행이 불가하다.
- 소비자가 반드시 알아야 할 정보를 은폐 또는 누락하지 않고 표시하였으나 지나치게 생략된 설명을 제공 하는 방법으로 표시한 경우 광고 집행이 불가하다.
- 광고 내용이 사실과 다르거나, 이벤트가 종료된 후에도 계속해서 집행하는 경우는 허용되지 않는다.

⑦ 부당한 비교 광고
- '부당한 비교 광고'란 비교 대상 및 기준을 명시하지 아니하거나 객관적인 근거 없이 자신 또는 자신의 상 품, 용역을 다른 사업자(사업자 단체, 다른 사업자 등 포함)의 상품 등과 비교하여 우량 또는 유리하다고 표현하는 광고를 의미한다.
- 비교 표시 광고의 심사기준은 공정거래위원회 예규 제153호를 기준으로 심사하며, 해당 기준에 위배되 는 경우 광고 집행이 불가하다.

⑧ 비방 광고

- '비방 광고'란 다른 사업자, 사업자 단체 또는 다른 사업자 등의 상품/용역에 관하여 객관적인 근거가 없는 내용으로 광고하거나, 불리한 사실만을 광고하여 비방하는 것을 의미한다.
- 사실 유무와 관계없이 다른 업체의 제품을 비방하거나, 비방하는 것으로 의심되는 경우 광고 집행이 불가하다.

⑨ 추천/보증 광고

- 추천 · 보증 등을 포함하는 콘텐츠 사용하는 경우 공정거래위원회의 「추천 · 보증 등에 관한 표시 · 광고 심사지침」을 반드시 준수해야 한다.
- 추천 · 보증 등의 내용이 '경험적 사실'에 근거한 경우에는 당해 추천 · 보증인이 실제로 경험한 사실에 근거해야 한다.
- 광고주와 추천 · 보증인 사이의 경제적 이해관계가 있는 경우 이를 명확하게 표시해야 한다.
- 표시 문구(추천 · 보증 광고 표시, 광고주와의 고용 관계 및 경제적 이해 관계 표시)를 적절한 문자 크기, 색상 등을 사용하여 소비자들이 쉽게 인식할 수 있는 형태로 표현해야 한다.
- 이외 내용은 '공정거래위원회'의 「추천 · 보증 등에 관한 표시 · 광고 심사지침」을 따른다.

⑩ 타인 권리 침해

- 개인정보 유포 등 사생활의 비밀과 자유를 침해할 우려가 있는 내용은 광고할 수 없다.
- 지적 재산권(특허권/실용신안권/디자인권/상표권/저작권 등) 및 초상권 등 타인의 권리를 침해하는 경우 광고 집행이 불가하다.
- 다음의 경우 타인의 권리를 침해하는 광고로 판단한다.
  - 해당 연예인과의 계약관계 또는 동의 없이 사진 또는 성명 등을 사이트 또는 광고 소재에 사용하는 경우
  - 저작권자와의 계약관계 또는 동의 없이 방송, 영화 등 저작물의 캡쳐 이미지를 사이트 또는 광고 소재에 사용하는 경우
  - 저작물 콘텐츠의 무단 복제 및 컴퓨터 프로그램의 크랙(Crack) 등을 제공하거나 판매하는 경우
  - 이용자의 행위 없이 자동으로 게임을 실행할 수 있도록 도와주는 오토마우스(오토플레이) 프로그램을 판매하거나 관련 정보를 공유하는 경우
  - 위조 상품(이미테이션)을 판매하는 경우
  - 기타 타인의 권리를 침해하는 경우
- 화폐 도안을 무단으로 사용하는 행위는 [저작권법]에 의해 금지되며, 광고에 무단으로 사용될 경우에는 광고 집행이 불가하다.

⑪ 이용자(소비자)가 오인할 수 있는 표현

  - 성분, 재료, 함량, 규격, 효능 등에 있어 오인하게 하거나 기만하는 내용
  - 부분적으로 사실이지만 전체적으로 인터넷 이용자가 오인할 우려가 있는 내용
  - 객관적으로 인정받지 못하거나 확인할 수 없는 최상급의 표현
  - 난해한 전문용어 등을 사용하여 인터넷 이용자를 현혹하는 표현
  - 제조국가 등에 있어서 인터넷 이용자가 오인할 우려가 있는 표현

⑫ 보편적 사회정서 침해
- 인간의 생명 및 존엄성을 경시하는 내용은 광고 집행이 불가하다.
- 공중도덕과 사회윤리에 위배되는 내용은 광고 집행이 불가하다.
- 국가, 국기 또는 문화유적 등과 같은 공적 상징물을 부적절하게 사용하거나 모독하는 표현은 광고 집행이 불가하다.
- 도박, 또는 지나친 사행심을 조장하는 내용은 광고 집행이 불가하다.
- 미신숭배 등 비과학적인 생활 태도를 조장하거나 정당화하는 내용은 광고 집행이 불가하다.
- 의학 또는 과학적으로 검증되지 않은 건강비법 또는 심령술은 광고 집행이 불가하다.
- 출신(국가, 지역 등)·인종·외양·장애 및 질병 유무·사회 경제적 상황 및 지위·종교·연령·성별·성 정체성·성적 지향 또는 기타 정체성 요인 등을 이유로 인간으로서의 존엄성을 훼손하거나, 폭력을 선동하거나, 차별·편견을 조장하는 내용은 광고 집행이 불가하다.
- 자살을 목적으로 하거나 이를 미화/방조하여 자살 충동을 일으킬 우려가 있는 내용은 광고 집행이 불가하다.
- 범죄, 범죄인 또는 범죄단체 등을 미화하는 내용은 광고 집행이 불가하다.
- 용모 등 신체적 결함 및 약점 등을 조롱 또는 희화화하는 내용은 광고 집행이 불가하다.
- 다른 민족이나 다른 문화 등을 모독하거나 조롱하는 내용은 광고 집행이 불가하다.
- 사회 통념상 용납될 수 없는 과도한 비속어, 은어 등이 사용된 내용은 광고 집행이 불가하다.
- 저속/음란/선정적인 표현이 포함되거나 신체 부위를 언급하는 방법 등으로 성적 충동을 유발할 수 있는 내용은 광고 집행이 불가하다.
- 기타 보편적 사회정서를 침해하거나 사회적 혼란을 야기할 우려가 있는 내용은 광고 집행이 불가하다.

⑬ 청소년 보호
- [청소년 보호법]에 따라 '청소년 유해 매체물' 및 '청소년 유해 약물'로 고시된 사이트, 매체물은 청소년 유해 매체물의 표시방법 및 청소년접근제한조치(성인인증 절차)에 따라 연령 확인을 통하여 미성년자가 구매할 수 없어야 한다.
  - 청소년 유해 매체물이란 여성가족부가 청소년에게 유해한 것으로 결정하여 고시한 사이트 및 매체물을 뜻한다(청소년 보호법 제7조 및 제9조).
  - 청소년 유해 매체물로 고시되지 않았다 하더라도 해당 사이트 접근 시 청소년접근제한조치(연령 확인 및 청소년 이용 불가 표시)가 확인되는 경우 청소년 유해 매체물로 판단하여 본 기준을 적용한다.
- 청소년 유해 매체물의 표시방법(방송통신위원회 고시 제2015-17호 참조)
  - 청소년 유해 문구: 정보통신망 이용촉진 및 정보보호 등에 관한 법률 및 청소년 보호법에 따라 19세 미만의 청소년이 이용할 수 없다.
  - 청소년 유해로고: 컬러 매체의 경우 적색 테두리의 원형 마크 안에 '19'라는 숫자를 백색 바탕에 흑색으로 표시, 흑백 매체의 경우 흑색이 아닌 바탕에 흑색 테두리의 원형 마크 안에 '19'라는 숫자를 흑색으로 표시해야 한다.
  - 유해 로고와 유해 문구는 화면 전체의 1/3 이상의 크기로 상단에 표시해야 한다.
  - 일반 사이트로 연결되는 19세 미만 나가기 기능을 구비해야 한다.
  - 청소년 보호법 제17조 규정에 의한 상대방 연령 및 본인 여부 확인 기능을 구비해야 한다.

PART 01
PART 02
PART 03
PART 04
PART 05
PART 06
PART 07

개인정보보호법

목적(제1조)

이 법은 개인정보의 처리 및 보호에 관한 사항을 정함으로써 개인의 자유와 권리를 보호하고, 나아가 개인의 존엄과 가치를 구현함을 목적으로 한다.

이 법에서 사용하는 용어의 정의(제2조)

① "개인정보"란 살아 있는 개인에 관한 정보를 말한다.

② "처리"란 개인정보의 수집, 생성, 연계, 연동, 기록, 저장, 보유, 가공, 편집, 검색, 출력, 정정(訂正), 복구, 이용, 제공, 공개, 파기(破棄), 그 밖에 이와 유사한 행위를 말한다.

③ "정보주체"란 처리되는 정보에 의하여 알아볼 수 있는 사람으로서 그 정보의 주체가 되는 사람을 말한다.

④ "개인정보파일"이란 개인정보를 쉽게 검색할 수 있도록 일정한 규칙에 따라 체계적으로 배열하거나 구성한 개인정보의 집합물(集合物)을 말한다.

⑤ "개인정보처리자"란 업무를 목적으로 개인정보파일을 운용하기 위하여 스스로 또는 다른 사람을 통하여 개인정보를 처리하는 공공기관, 법인, 단체 및 개인 등을 말한다.

⑥ "공공기관"이란 다음 각 목의 기관을 말한다.

    가. 국회, 법원, 헌법재판소, 중앙선거관리위원회의 행정사무를 처리하는 기관, 중앙행정기관(대통령 소속 기관과 국무총리 소속 기관을 포함한다) 및 그 소속 기관, 지방자치단체

    나. 그 밖의 국가기관 및 공공단체 중 대통령령으로 정하는 기관

⑦ "영상정보처리기기"란 일정한 공간에 지속적으로 설치되어 사람 또는 사물의 영상 등을 촬영하거나 이를 유·무선망을 통하여 전송하는 장치로서 대통령령으로 정하는 장치를 말한다.

⑦의2. "이동형 영상정보처리기기"란 사람이 신체에 착용 또는 휴대하거나 이동 가능한 물체에 부착 또는 거치(据置)하여 사람 또는 사물의 영상 등을 촬영하거나 이를 유·무선망을 통하여 전송하는 장치로서 대통령령으로 정하는 장치를 말한다.

⑧ "과학적 연구"란 기술의 개발과 실증, 기초연구, 응용연구 및 민간 투자 연구 등 과학적 방법을 적용하는 연구를 말한다.

개인정보보호 원칙(제3조)

1. 개인정보처리자는 개인정보의 처리 목적을 명확하게 하여야 하고 그 목적에 필요한 범위에서 최소한의 개인정보만을 적법하고 정당하게 수집하여야 한다.

2. 개인정보처리자는 개인정보의 처리 목적에 필요한 범위에서 적합하게 개인정보를 처리하여야 하며, 그 목적 외의 용도로 활용하여서는 아니 된다.

3. 개인정보처리자는 개인정보의 처리 목적에 필요한 범위에서 개인정보의 정확성, 완전성 및 최신성이 보장되도록 하여야 한다.

4. 개인정보처리자는 개인정보의 처리 방법 및 종류 등에 따라 정보주체의 권리가 침해받을 가능성과 그 위험 정도를 고려하여 개인정보를 안전하게 관리하여야 한다.

5. 개인정보처리자는 개인정보 처리방침 등 개인정보의 처리에 관한 사항을 공개하여야 하며, 열람청구권 등 정보주체의 권리를 보장하여야 한다.

6. 개인정보처리자는 정보주체의 사생활 침해를 최소화하는 방법으로 개인정보를 처리하여야 한다.

7. 개인정보처리자는 개인정보를 익명 또는 가명으로 처리하여도 개인정보 수집목적을 달성할 수 있는 경우 익명처리가 가능한 경우에는 익명에 의하여, 익명 처리로 목적을 달성할 수 없는 경우에는 가명에 의하여 처리될 수 있도록 하여야 한다.
8. 개인정보처리자는 이 법 및 관계 법령에서 규정하고 있는 책임과 의무를 준수하고 실천함으로써 정보주체의 신뢰를 얻기 위하여 노력하여야 한다.

정보주체의 권리(제4조)
정보주체는 자신의 개인정보 처리와 관련하여 다음 각 호의 권리를 가진다.
① 개인정보의 처리에 관한 정보를 제공받을 권리
② 개인정보의 처리에 관한 동의 여부, 동의 범위 등을 선택하고 결정할 권리
③ 개인정보의 처리 여부를 확인하고 개인정보에 대하여 열람(사본의 발급 포함. 이하 같다)을 요구할 권리
④ 개인정보의 처리 정지, 정정·삭제 및 파기를 요구할 권리
⑤ 개인정보의 처리로 인하여 발생한 피해를 신속하고 공정한 절차에 따라 구제받을 권리
⑥ 완전히 자동화된 개인정보 처리에 따른 결정을 거부하거나 그에 대한 설명 등을 요구할 권리
⑦ 개인정보의 전송을 요구할 권리

보호위원회의 소관 사무(제7조의8)
보호위원회는 다음 각 호의 소관 사무를 수행한다.
① 개인정보의 보호와 관련된 법령의 개선에 관한 사항
② 개인정보 보호와 관련된 정책·제도·계획 수립·집행에 관한 사항
③ 정보주체의 권리침해에 대한 조사 및 이에 따른 처분에 관한 사항
④ 개인정보의 처리와 관련한 고충처리·권리구제 및 개인정보에 관한 분쟁의 조정
⑤ 개인정보 보호를 위한 국제기구 및 외국의 개인정보 보호기구와의 교류·협력
⑥ 개인정보 보호에 관한 법령·정책·제도·실태 등의 조사·연구, 교육 및 홍보에 관한 사항
⑦ 개인정보 보호에 관한 기술개발의 지원·보급 및 전문인력의 양성에 관한 사항
⑧ 이 법 및 다른 법령에 따라 보호위원회의 사무로 규정된 사항

개인정보보호 기본계획(제9조)
1. 보호위원회는 개인정보의 보호와 정보주체의 권익 보장을 위하여 3년마다 개인정보보호 기본계획(이하 "기본계획"이라 한다)을 관계 중앙행정기관의 장과 협의하여 수립한다.
2. 기본계획에는 다음 각 호의 사항이 포함되어야 한다.
    ① 개인정보보호의 기본목표와 추진방향
    ② 개인정보보호와 관련된 제도 및 법령의 개선
    ③ 개인정보 침해 방지를 위한 대책
    ④ 개인정보보호 자율규제의 활성화
    ⑤ 개인정보보호 교육·홍보의 활성화
    ⑥ 개인정보보호를 위한 전문인력의 양성
    ⑦ 그 밖에 개인정보보호를 위하여 필요한 사항
3. 국회, 법원, 헌법재판소, 중앙선거관리위원회는 해당 기관(그 소속 기관을 포함한다)의 개인정보보호를 위한 기본계획을 수립·시행할 수 있다.

개인정보의 수집ㆍ이용(제15조)

1. 개인정보처리자는 다음 각 호의 어느 하나에 해당하는 경우에는 개인정보를 수집할 수 있으며 그 수집 목적의 범위에서 이용할 수 있다.
   ① 정보주체의 동의를 받은 경우
   ② 법률에 특별한 규정이 있거나 법령상 의무를 준수하기 위하여 불가피한 경우
   ③ 공공기관이 법령 등에서 정하는 소관 업무의 수행을 위하여 불가피한 경우
   ④ 정보주체와의 계약의 체결 및 이행을 위하여 불가피하게 필요한 경우
   ⑤ 정보주체 또는 그 법정대리인이 의사표시를 할 수 없는 상태에 있거나 주소불명 등으로 사전 동의를 받을 수 없는 경우로서 명백히 정보주체 또는 제3자의 급박한 생명, 신체, 재산의 이익을 위하여 필요하다고 인정되는 경우
   ⑥ 개인정보처리자의 정당한 이익을 달성하기 위하여 필요한 경우로서 명백하게 정보주체의 권리보다 우선하는 경우. 이 경우 개인정보처리자의 정당한 이익과 상당한 관련이 있고 합리적인 범위를 초과하지 아니하는 경우에 한한다.
2. 개인정보처리자는 제1항제1호에 따른 동의를 받을 때에는 다음 각 호의 사항을 정보주체에게 알려야 한다. 다음 각 호의 어느 하나의 사항을 변경하는 경우에도 이를 알리고 동의를 받아야 한다.
   ① 개인정보의 수집ㆍ이용 목적
   ② 수집하려는 개인정보의 항목
   ③ 개인정보의 보유 및 이용 기간
   ④ 동의를 거부할 권리가 있다는 사실 및 동의 거부에 따른 불이익이 있는 경우에는 그 불이익의 내용
3. 개인정보처리자는 당초 수집 목적과 합리적으로 관련된 범위에서 정보주체에게 불이익이 발생하는지 여부, 암호화 등 안전성 확보에 필요한 조치를 하였는지 여부 등을 고려하여 대통령령으로 정하는 바에 따라 정보주체의 동의 없이 개인정보를 이용할 수 있다.

개인정보의 수집 제한(제16조)

1. 개인정보처리자는 제15조제1항 각 호의 어느 하나에 해당하여 개인정보를 수집하는 경우에는 그 목적에 필요한 최소한의 개인정보를 수집하여야 한다. 이 경우 최소한의 개인정보 수집이라는 입증 책임은 개인정보처리자가 부담한다.
2. 개인정보처리자는 정보주체의 동의를 받아 개인정보를 수집하는 경우 필요한 최소한의 정보 외의 개인정보 수집에는 동의하지 아니할 수 있다는 사실을 구체적으로 알리고 개인정보를 수집하여야 한다.
3. 개인정보처리자는 정보주체가 필요한 최소한의 정보 외의 개인정보 수집에 동의하지 아니한다는 이유로 정보주체에게 재화 또는 서비스의 제공을 거부하여서는 아니 된다.

개인정보의 제공(제17조)

1. 개인정보처리자는 다음 각 호의 어느 하나에 해당되는 경우에는 정보주체의 개인정보를 제3자에게 제공(공유를 포함한다. 이하 같다)할 수 있다.
   ① 정보주체의 동의를 받은 경우
   ② 제15조제1항제2호ㆍ제3호ㆍ제5호 및 제39조의3제2항제2호ㆍ제3호에 따라 개인정보를 수집한 목적 범위에서 개인정보를 제공하는 경우

2. 개인정보처리자는 제1항제1호에 따른 동의를 받을 때에는 다음 각 호의 사항을 정보주체에게 알려야 한다. 다음 각 호의 어느 하나의 사항을 변경하는 경우에도 이를 알리고 동의를 받아야 한다.
   ① 개인정보를 제공받는 자
   ② 개인정보를 제공받는 자의 개인정보 이용 목적
   ③ 제공하는 개인정보의 항목
   ④ 개인정보를 제공받는 자의 개인정보 보유 및 이용 기간
   ⑤ 동의를 거부할 권리가 있다는 사실 및 동의 거부에 따른 불이익이 있는 경우에는 그 불이익의 내용
3. 삭제
4. 개인정보처리자는 당초 수집 목적과 합리적으로 관련된 범위에서 정보주체에게 불이익이 발생하는지 여부, 암호화 등 안전성 확보에 필요한 조치를 하였는지 여부 등을 고려하여 대통령령으로 정하는 바에 따라 정보주체의 동의 없이 개인정보를 제공할 수 있다.

개인정보 이용·제공 내역의 통지(제20조의2)

1. 대통령령으로 정하는 기준에 해당하는 개인정보처리자는 이 법에 따라 수집한 개인정보의 이용·제공 내역이나 이용·제공 내역을 확인할 수 있는 정보시스템에 접속하는 방법을 주기적으로 정보주체에게 통지하여야 한다. 다만, 연락처 등 정보주체에게 통지할 수 있는 개인정보를 수집·보유하지 아니한 경우에는 통지하지 아니할 수 있다.
2. 제1항에 따른 통지의 대상이 되는 정보주체의 범위, 통지 대상 정보, 통지 주기 및 방법 등에 필요한 사항은 대통령령으로 정한다.

개인정보의 파기(제21조)

1. 개인정보처리자는 보유 기간의 경과, 개인정보의 처리 목적 달성 등 그 개인정보가 불필요하게 되었을 때에는 지체없이 그 개인정보를 파기하여야 한다. 다만, 다른 법령에 따라 보존하여야 하는 경우에는 그러하지 아니하다.
2. 개인정보처리자가 제1항에 따라 개인정보를 파기할 때에는 복구 또는 재생되지 아니하도록 조치하여야 한다.
3. 개인정보처리자가 제1항 단서에 따라 개인정보를 파기하지 아니하고 보존하여야 하는 경우에는 해당 개인정보 또는 개인정보파일을 다른 개인정보와 분리하여서 저장·관리하여야 한다.
4. 개인정보의 파기방법 및 절차 등에 필요한 사항은 대통령령으로 정한다.

안전조치의무(제29조)

개인정보처리자는 개인정보가 분실·도난·유출·위조·변조 또는 훼손되지 아니하도록 내부 관리 계획 수립, 접속기록 보관 등 대통령령으로 정하는 바에 따라 안전성 확보에 필요한 기술적·관리적 및 물리적 조치를 하여야 한다.

개인정보 처리방침의 수립 및 공개(제30조)

1. 개인정보처리자는 다음 각 호의 사항이 포함된 개인정보의 처리 방침(이하 "개인정보 처리방침"이라 한다)을 정하여야 한다. 이 경우 공공기관은 제32조에 따라 등록대상이 되는 개인정보파일에 대하여 개인정보 처리방침을 정한다.
    ① 개인정보의 처리 목적
    ② 개인정보의 처리 및 보유 기간
    ③ 개인정보의 제3자 제공에 관한 사항(해당되는 경우에만 정한다)
    3의 ② 개인정보의 파기절차 및 파기방법(제21조제1항 단서에 따라 개인정보를 보존하여야 하는 경우에는 그 보존근거와 보존하는 개인정보 항목을 포함한다)
    ④ 개인정보의 전송 요구에 관한 사항(해당되는 경우에만 정한다)
        – 전송 요구 대상 개인정보의 항목
        – 전송 요구의 방법 및 절차
        – 전송 방법 및 형식
    ⑤ 자동화된 결정에 관한 사항(해당되는 경우에만 정한다)
        – 자동화된 결정의 존재 여부
        – 자동화된 결정의 기준과 절차
        – 정보주체의 거부 · 설명 · 재결정 요구권

개인정보보호책임자의 지정(제31조)

1. 개인정보처리자는 개인정보의 처리에 관한 업무를 총괄해서 책임질 개인정보 보호책임자를 지정하여야 한다. 다만, 종업원 수, 매출액 등이 대통령령으로 정하는 기준에 해당하는 개인정보처리자의 경우에는 지정하지 아니할 수 있다.
2. 제1항 단서에 따라 개인정보 보호책임자를 지정하지 아니하는 경우에는 개인정보처리자의 사업주 또는 대표자가 개인정보 보호책임자가 된다.
3. 개인정보 보호책임자는 다음 각 호의 업무를 수행한다.
    ① 개인정보보호 계획의 수립 및 시행
    ② 개인정보 처리 실태 및 관행의 정기적인 조사 및 개선
    ③ 개인정보 처리와 관련한 불만의 처리 및 피해 구제
    ④ 개인정보 유출 및 오용 · 남용 방지를 위한 내부통제시스템의 구축
    ⑤ 개인정보보호 교육 계획의 수립 및 시행
    ⑥ 개인정보파일의 보호 및 관리 · 감독
    ⑦ 그 밖에 개인정보의 적절한 처리를 위하여 대통령령으로 정한 업무
    ⑧ 개인정보 전송 요구 관련 업무의 관리 · 감독
    ⑨ 자동화된 결정 시스템의 관리 · 감독
4. 개인정보보호책임자는 제3항 각 호의 업무를 수행함에 있어서 필요한 경우 개인정보의 처리 현황, 처리 체계 등에 대하여 수시로 조사하거나 관계 당사자로부터 보고를 받을 수 있다.
5. 개인정보보호책임자는 개인정보 보호와 관련하여 이 법 및 다른 관계 법령의 위반 사실을 알게 된 경우에는 즉시 개선조치를 하여야 하며, 필요하면 소속 기관 또는 단체의 장에게 개선 조치를 보고하여야 한다.

6. 개인정보처리자는 개인정보보호책임자가 제3항 각 호의 업무를 수행함에 있어서 정당한 이유 없이 불이익을 주거나 받게 하여서는 아니 되며, 개인정보 보호책임자가 업무를 독립적으로 수행할 수 있도록 보장하여야 한다.

7. 개인정보처리자는 개인정보의 안전한 처리 및 보호, 정보의 교류, 그 밖에 대통령령으로 정하는 공동의 사업을 수행하기 위하여 제1항에 따른 개인정보 보호책임자를 구성원으로 하는 개인정보 보호책임자 협의회를 구성 · 운영할 수 있다.

8. 보호위원회는 제7항에 따른 개인정보 보호책임자 협의회의 활동에 필요한 지원을 할 수 있다.

9. 제1항에 따른 개인정보보호책임자의 자격 요건, 제3항에 따른 업무 및 제6항에 따른 독립성 보장 등에 필요한 사항은 매출액, 개인정보의 보유 규모 등을 고려하여 대통령령으로 정한다.

개인정보 유출 통지 등(제34조)

1. 개인정보처리자는 개인정보가 분실 · 도난 · 유출(이하 이 조에서 "유출등"이라 한다)되었음을 알게 되었을 때에는 지체없이 해당 정보주체에게 다음 각 호의 사항을 알려야 한다. 다만, 정보주체의 연락처를 알 수 없는 경우 등 정당한 사유가 있는 경우에는 대통령령으로 정하는 바에 따라 통지를 갈음하는 조치를 취할 수 있다.

　① 유출된 개인정보의 항목

　② 유출된 시점과 그 경위

　③ 유출로 인하여 발생할 수 있는 피해를 최소화하기 위하여 정보주체가 할 수 있는 방법 등에 관한 정보

　④ 개인정보처리자의 대응조치 및 피해 구제절차

　⑤ 정보주체에게 피해가 발생한 경우 신고 등을 접수할 수 있는 담당부서 및 연락처

2. 개인정보처리자는 개인정보가 유출된 경우 그 피해를 최소화하기 위한 대책을 마련하고 필요한 조치를 하여야 한다.

3. 개인정보처리자는 개인정보의 유출등이 있음을 알게 되었을 때에는 개인정보의 유형, 유출등의 경로 및 규모 등을 고려하여 대통령령으로 정하는 바에 따라 제1항 각 호의 사항을 지체 없이 보호위원회 또는 대통령령으로 정하는 전문기관에 신고하여야 한다. 이 경우 보호위원회 또는 대통령령으로 정하는 전문기관은 피해 확산 방지, 피해 복구 등을 위한 기술을 지원할 수 있다.

4. 제1항에 따른 유출등의 통지 및 제3항에 따른 유출등의 신고의 시기, 방법, 절차 등에 필요한 사항은 대통령령으로 정한다.

노출된 개인정보의 삭제 · 차단(제34조의2)

1. 개인정보처리자는 고유식별정보, 계좌정보, 신용카드정보 등 개인정보가 정보통신망을 통하여 공중(公衆)에 노출되지 아니하도록 하여야 한다.

2. 개인정보처리자는 공중에 노출된 개인정보에 대하여 보호위원회 또는 대통령령으로 지정한 전문기관의 요청이 있는 경우에는 해당 정보를 삭제하거나 차단하는 등 필요한 조치를 하여야 한다.

개인정보의 열람(제35조)

1. 정보주체는 개인정보처리자가 처리하는 자신의 개인정보에 대한 열람을 해당 개인정보처리자에게 요구할 수 있다.

2. 제1항에도 불구하고 정보주체가 자신의 개인정보에 대한 열람을 공공기관에 요구하고자 할 때에는 공공기관에 직접 열람을 요구하거나 대통령령으로 정하는 바에 따라 보호위원회를 통하여 열람을 요구할 수 있다.

3. 개인정보처리자는 제1항 및 제2항에 따른 열람을 요구받았을 때에는 대통령령으로 정하는 기간 내에 정보주체가 해당 개인정보를 열람할 수 있도록 하여야 한다. 이 경우 해당 기간 내에 열람할 수 없는 정당한 사유가 있을 때에는 정보주체에게 그 사유를 알리고 열람을 연기할 수 있으며, 그 사유가 소멸하면 지체없이 열람하게 하여야 한다.

4. 개인정보처리자는 다음 각 호의 어느 하나에 해당하는 경우에는 정보주체에게 그 사유를 알리고 열람을 제한하거나 거절할 수 있다.

5. 제1항부터 제4항까지의 규정에 따른 열람 요구, 열람 제한, 통지 등의 방법 및 절차에 관하여 필요한 사항은 대통령령으로 정한다.

개인정보의 전송 요구(제35조의2)

1. 정보주체는 개인정보처리자에게 자신의 개인정보를 본인 또는 제3자에게 전송할 것을 요구할 수 있다. 다만, 다음 각 호의 요건을 모두 충족하는 개인정보에 한정한다.
   ① 정보주체 본인에 관한 개인정보로서 다음 중 어느 하나에 해당하는 정보
      가. 정보주체의 동의를 받아 처리되는 개인정보(민감정보, 고유식별정보 포함)
      나. 정보주체와 체결한 계약을 이행하거나 그 체결 과정에서 정보주체의 요청에 따른 조치를 이행하기 위해 처리되는 개인정보
      다. 법률 규정, 법령상 의무 준수, 공공기관 소관업무 수행을 위한 경우 중 정보주체의 이익이나 공익적 목적을 위하여 개인정보보호위원회가 심의·의결하여 전송 요구 대상으로 지정한 개인정보
   ② 개인정보처리자가 수집한 개인정보를 기초로 분석·가공하여 별도로 생성한 정보가 아닐 것
   ③ 컴퓨터 등 정보처리장치로 처리되는 개인정보

2. 제1항에 따른 전송 요구의 대상이 되는 개인정보처리자의 범위, 전송 요구 대상 개인정보의 구체적인 범위, 전송 방법 및 절차 등에 필요한 사항은 대통령령으로 정한다.

3. 정보주체는 제1항에 따라 개인정보의 전송을 요구하는 경우 대통령령으로 정하는 바에 따라 전송받을 자를 지정하여야 한다.

4. 제1항에 따라 전송 요구를 받은 개인정보처리자는 지체 없이 해당 개인정보를 정보주체가 지정한 자에게 전송하여야 한다. 다만, 다음 각호의 어느 하나에 해당하는 경우에는 전송을 거부할 수 있다.
   ① 법률에 특별한 규정이 있거나 법령상 의무를 준수하기 위하여 불가피한 경우
   ② 다른 사람의 생명·신체를 해할 우려가 있거나 다른 사람의 재산과 그 밖의 이익을 부당하게 침해할 우려가 있는 경우
   ③ 개인정보처리자의 영업상 비밀을 현저히 침해할 우려가 있는 경우
   ④ 정보통신망의 안정적 운영을 해칠 우려가 있는 등 기술적으로 전송이 현저히 곤란한 경우

5. 제1항에 따라 개인정보를 전송받은 자는 다음 각호의 사항을 준수하여야 한다.
   ① 정보주체가 지정한 목적 범위 내에서만 전송받은 개인성보를 이용할 것
   ② 전송받은 개인정보가 분실·도난·유출·위조·변조 또는 훼손되지 아니하도록 안전성 확보에 필요한 조치를 할 것
   ③ 전송받은 개인정보를 제3자에게 재전송하지 아니할 것

6. 개인정보처리자는 제4항 단서에 따라 전송을 거부한 경우 정보주체에게 지체없이 그 사유를 알려야 한다.
7. 제1항부터 제6항까지에 따른 전송 요구, 전송 거부, 전송 방법 및 절차 등에 필요한 사항은 대통령령으로 정한다.

개인정보의 정정·삭제(제36조)

1. 제35조에 따라 자신의 개인정보를 열람한 정보주체는 개인정보처리자에게 그 개인정보의 정정 또는 삭제를 요구할 수 있다. 다만, 다른 법령에서 그 개인정보가 수집 대상으로 명시되어 있는 경우에는 그 삭제를 요구할 수 없다.
2. 개인정보처리자는 제1항에 따른 정보주체의 요구를 받았을 때에는 개인정보의 정정 또는 삭제에 관하여 다른 법령에 특별한 절차가 규정되어 있는 경우를 제외하고는 지체없이 그 개인정보를 조사하여 정보주체의 요구에 따라 정정·삭제 등 필요한 조치를 한 후 그 결과를 정보주체에게 알려야 한다.
3. 개인정보처리자가 제2항에 따라 개인정보를 삭제할 때에는 복구 또는 재생되지 아니하도록 조치하여야 한다.
4. 개인정보처리자는 정보주체의 요구가 제1항 단서에 해당될 때에는 지체없이 그 내용을 정보주체에게 알려야 한다.
5. 개인정보처리자는 제2항에 따른 조사를 할 때 필요하면 해당 정보주체에게 정정·삭제 요구사항의 확인에 필요한 증거자료를 제출하게 할 수 있다.
6. 제1항·제2항 및 제4항에 따른 정정 또는 삭제 요구, 통지 방법 및 절차 등에 필요한 사항은 대통령령으로 정한다.

개인정보의 처리정지 등(제37조)

1. 정보주체는 개인정보처리자에 대하여 자신의 개인정보 처리의 정지를 요구하거나 개인정보 처리에 대한 동의를 철회할 수 있다. 이 경우 공공기관에 대하여는 제32조에 따라 등록 대상이 되는 개인정보파일 중 자신의 개인정보에 대한 처리의 정지를 요구하거나 개인정보 처리에 대한 동의를 철회할 수 있다.
2. 개인정보처리자는 제1항에 따른 요구를 받았을 때에는 지체없이 정보주체의 요구에 따라 개인정보 처리의 전부를 정지하거나 일부를 정지하여야 한다. 다만, 다음 각 호의 어느 하나에 해당하는 경우에는 정보주체의 처리정지 요구를 거절할 수 있다.
   ① 법률에 특별한 규정이 있거나 법령상 의무를 준수하기 위하여 불가피한 경우
   ② 다른 사람의 생명·신체를 해할 우려가 있거나 다른 사람의 재산과 그 밖의 이익을 부당하게 침해할 우려가 있는 경우
   ③ 공공기관이 개인정보를 처리하지 아니하면 다른 법률에서 정하는 소관 업무를 수행할 수 없는 경우
   ④ 개인정보를 처리하지 아니하면 정보주체와 약정한 서비스를 제공하지 못하는 등 계약의 이행이 곤란한 경우로서 정보주체가 그 계약의 해지 의사를 명확하게 밝히지 아니한 경우
3. 개인정보처리자는 정보주체가 제1항에 따라 동의를 철회한 때에는 지체없이 수집된 개인정보를 복구·재생할 수 없도록 파기하는 등 필요한 조치를 하여야 한다. 다만, 제2항 각 호의 어느 하나에 해당하는 경우에는 동의 철회에 따른 조치를 하지 아니할 수 있다.
4. 개인정보처리자는 제2항 단서에 따라 처리정지 요구를 거절하였을 때에는 정보주체에게 지체없이 그 사유를 알려야 한다.

PART 01
PART 02
PART 03
PART 04
PART 05
PART 06
PART 07

5. 개인정보처리자는 정보주체의 요구에 따라 처리가 정지된 개인정보에 대하여 지체없이 해당 개인정보의 파기 등 필요한 조치를 하여야 한다.

6. 제1항부터 제5항까지의 규정에 따른 처리정지의 요구, 처리정지의 거절, 통지 등의 방법 및 절차에 필요한 사항은 대통령령으로 정한다.

자동화된 결정에 대한 거부 등(제37조의2)

1. 정보주체는 완전히 자동화된 시스템(인공지능 기술을 적용한 시스템을 포함한다)으로 개인정보를 처리하여 이루어지는 결정이 자신의 권리 또는 의무에 중대한 영향을 미치는 경우에는 해당 개인정보처리자에 대하여 다음 각 호의 사항을 요구할 수 있다.
   ① 자동화된 결정을 거부하거나 이의를 제기하는 것
   ② 자동화된 결정에 대한 설명을 요구하는 것
   ③ 자동화된 결정에 대하여 사람이 개입하여 다시 결정할 것을 요구하는 것

2. 개인정보처리자는 제1항에 따른 요구를 받았을 때는 정당한 사유가 없는 한 지체없이 해당 요구에 따라 필요한 조치를 하여야 한다.

3. 제1항에 따라 설명을 요구받은 개인정보처리자는 다음 각 호의 사항을 포함하여 설명하여야 한다.
   ① 자동화된 결정의 기준과 절차
   ② 자동화된 결정에 이용된 개인정보의 종류
   ③ 자동화된 결정의 결과 및 그 결과의 산출 근거

4. 개인정보처리자는 제1항 및 제2항에 따른 정보주체의 권리 보장을 위하여 자동화된 시스템의 운영을 점검하고 필요한 조치를 하여야 한다.

5. 제1항부터 제4항까지의 규정에 따른 자동화된 결정의 거부·설명·재결정 요구 및 필요한 조치의 구체적인 방법과 절차 등에 필요한 사항은 대통령령으로 정한다.

권리행사의 방법 및 절차(제38조)

1. 정보주체는 제35조에 따른 열람, 제35조의2에 따른 전송, 제36조에 따른 정정·삭제, 제37조에 따른 처리정지 및 동의 철회, 제37조의2에 따른 거부·설명 등의 요구(이하 "열람등요구"라 한다)를 문서 등 대통령령으로 정하는 방법·절차에 따라 대리인에게 하게 할 수 있다.

2. 만 14세 미만 아동의 법정대리인은 개인정보처리자에게 그 아동의 개인정보 열람 등 요구를 할 수 있다.

3. 개인정보처리자는 열람 등 요구를 하는 자에게 대통령령으로 정하는 바에 따라 수수료와 우송료(사본의 우송을 청구하는 경우에 한한다)를 청구할 수 있다. 다만, 제35조의2제2항에 따른 전송 요구의 경우에는 전송을 위해 추가로 필요한 설비 등을 함께 고려하여 수수료를 산정할 수 있다.

4. 개인정보처리자는 정보주체가 열람 등 요구를 할 수 있는 구체적인 방법과 절차를 마련하고, 이를 정보주체가 알 수 있도록 공개하여야 한다. 이 경우 열람등요구의 방법과 절차는 해당 개인정보의 수집 방법과 절차보다 어렵지 아니하도록 하여야 한다.

5. 개인정보처리자는 정보주체가 열람 등 요구에 대한 거절 등 조치에 대하여 불복이 있는 경우 이의를 제기할 수 있도록 필요한 절차를 마련하고 안내히어야 한다.

손해배상책임(제39조)

1. 정보주체는 개인정보처리자가 이 법을 위반한 행위로 손해를 입으면 개인정보처리자에게 손해배상을 청구할 수 있다. 이 경우 그 개인정보처리자는 고의 또는 과실이 없음을 입증하지 아니하면 책임을 면할 수 없다.

2. 삭제

3. 개인정보처리자의 고의 또는 중대한 과실로 인하여 개인정보가 분실·도난·유출·위조·변조 또는 훼손된 경우로서 정보주체에게 손해가 발생한 때에는 법원은 그 손해액의 3배를 넘지 아니하는 범위에서 손해배상액을 정할 수 있다. 다만, 개인정보처리자가 고의 또는 중대한 과실이 없음을 증명한 경우에는 그러하지 아니하다.

4. 법원은 제3항의 배상액을 정할 때에는 다음 각 호의 사항을 고려하여야 한다.
   ① 고의 또는 손해 발생의 우려를 인식한 정도
   ② 위반행위로 인하여 입은 피해 규모
   ③ 위법행위로 인하여 개인정보처리자가 취득한 경제적 이익
   ④ 위반행위에 따른 벌금 및 과징금
   ⑤ 위반행위의 기간·횟수 등
   ⑥ 개인정보처리자의 재산 상태
   ⑦ 개인정보처리자가 정보주체의 개인정보 분실·도난·유출 후 해당 개인정보를 회수하기 위하여 노력한 정도
   ⑧ 개인정보처리자가 정보주체의 피해구제를 위하여 노력한 정도

손해배상의 보장(제39조의7)

1. 개인정보처리자로서 매출액, 개인정보의 보유 규모 등을 고려하여 대통령령으로 정하는 기준에 해당하는 자는 제39조 및 제39조의2에 따른 손해배상책임의 이행을 위하여 보험 또는 공제에 가입하거나 준비금을 적립하는 등 필요한 조치를 하여야 한다.

2. 제1항에도 불구하고 다음 각 호의 어느 하나에 해당하는 자는 제1항에 따른 조치를 하지 아니할 수 있다.
   ① 대통령령으로 정하는 공공기관, 비영리법인 및 단체
   ② 「소상공인기본법」 제2조제1항에 따른 소상공인으로서 대통령령으로 정하는 자에게 개인정보 처리를 위탁한 자
   ③ 다른 법률에 따라 제39조 및 제39조의2에 따른 손해배상책임의 이행을 보장하는 보험 또는 공제에 가입하거나 준비금을 적립한 개인정보처리자

4. 제1항 및 제2항에 따른 개인정보처리자의 손해배상책임 이행 기준 등에 필요한 사항은 대통령령으로 정한다.

노출된 개인정보의 삭제·차단(제39조의10)

1. 정보통신서비스 제공자 등은 주민등록번호, 계좌정보, 신용카드정보 등 이용자의 개인정보가 정보통신망을 통하여 공중에 노출되지 아니하도록 하여야 한다.

2. 제1항에도 불구하고 공중에 노출된 개인정보에 대하여 보호위원회 또는 대통령령으로 지정한 전문기관의 요청이 있는 경우 정보통신서비스 제공자 등은 삭제·차단 등 필요한 조치를 취하여야 한다.